Flemen 01.10.92

Ullstein Sachbuch

ÜBER DAS BUCH

Das Bild der 50er Jahre schwankt zwischen den ideologischen Fronten einerseits als Zeit des ökonomischen Aufschwungs, andererseits als Periode eines restaurativen CDU-Staats. Hermand bindet die kulturelle Entwicklung unmittelbar an die politisch-ökonomische Situation: „. . . dieser Art von Kulturgeschichte geht es in erster Linie um die analytische Aufarbeitung all jener politischen, gesellschaftlichen, ökonomischen und ideologischen Voraussetzungen, durch die eine bestimmte Kultur überhaupt erst möglich wird und innerhalb derer sie sich als ein auf diese Voraussetzungen zurückwirkender Faktor erweist."
Daher richtet Hermand seine Aufmerksamkeit nicht nur auf die traditionellen Künste, sondern auch auf die Massenmedienkultur, ohne die eine Kulturgeschichte der Nachkriegsjahrzehnte unvollständig bliebe.

DER AUTOR:

Jost Hermand, 1930 in Kassel geboren, studierte Germanistik, Kunstwissenschaft und Philosophie in Marburg; 1958 wurde er Professor für deutsche Literatur an der Universität Wisconsin, Madison/USA. Er ist Mitherausgeber der Wisconsin Workshop Series und der Reihe *Literatur im historischen Prozeß*.
Weitere wichtige Publikationen:
Die literarische Formenwelt des Biedermeiers (1958); *Epochen deutscher Kultur von der Gründerzeit bis zum Expressionismus*. 5 Bde. (1959–1975; mit Richard Hamann); *Literaturwissenschaft und Kunstwissenschaft* (1965); *Von Mainz nach Weimar* (1969); *Unbequeme Literatur* (1971); *Streitobjekt Heine. Ein Forschungsbericht* (1975); *Die Kultur der Weimarer Republik* (1979; mit Frank Trommler); *Sieben Arten an Deutschland zu leiden* (1979); *Konkretes Hören. Zum Inhalt der Instrumentalmusik* (1981); *Der alte Traum vom neuen Reich. Völkische Utopien und Nationalsozialismus* (1988).

Jost Hermand

Kultur im Wiederaufbau

Die Bundesrepublik Deutschland 1945–1965
Mit 111 Abbildungen

Ullstein Sachbuch

Ullstein Sachbuch
Ullstein Buch Nr. 34551
im Verlag Ullstein GmbH,
Frankfurt/M – Berlin

Ungekürzte Ausgabe (Abbildungsteil gekürzt)

Umschlagentwurf:
Theodor Bayer-Eynck

Printed in Germany 1989
Druck und Verarbeitung:
Presse-Druck Augsburg
ISBN 3 548 34551 4

Februar 1989

CIP-Titelaufnahme
der Deutschen Bibliothek

Hermand, Jost:
Kultur im Wiederaufbau :
d. Bundesrepublik Deutschland
1945–1965
Jost Hermand. – Ungekürzte Ausg. –
Frankfurt/M ; Berlin : Ullstein, 1989
(Ullstein-Buch ; Nr. 34551 :
Ullstein-Sachbuch)
ISBN 3-548-34551-4

NE: GT

Inhalt

Der Beginn der Restauration in den Künsten

Teil II
Zwischen Kaltem Krieg und Wirtschaftswunder (1949–1965)

Die ökonomische, politische und weltanschauliche Fundierung der neugeschaffenen Republik

Kultureller Pluralismus

Vorwort

Über einen Zeitraum zu schreiben, der für die Älteren unter uns noch Teil ihrer eigenen Geschichte ist, wirft eine Fülle politischer, methodologischer und menschlicher Fragen auf, die nicht leicht zu beantworten sind. Obwohl die Nachkriegszeit und die sogenannte Wiederaufbauphase nun schon dreißig bis vierzig Jahre zurückliegen, haben beide noch nicht jene Patina angesetzt, die allgemein als ein Zeichen des Wissenschaftswürdigen gilt, sondern stehen noch mitten in der Polemik der gegenwärtigen Auseinandersetzungen. Von den einen als Ära eines glanzvollen wirtschaftlichen Aufschwungs gefeiert, von den anderen als Periode eines autoritären CDU-Staats diffamiert – so widerspruchsvoll schwankt das Bild dieser Epoche weiterhin zwischen den ideologischen Fronten. Im Hinblick auf diesen Zeitraum scheint sich also noch nichts ins Objektive abgeklärt zu haben. Hier werden selbst von strengen Forschernaturen nicht bloß Faktenkenntnisse, sondern auch ideologische Stellungnahmen verlangt, wenn sie überhaupt etwas Relevantes aussagen wollen. Und solchen Stellungnahmen entziehen sich die meisten Geisteswissenschaftler lieber. Es ist daher kein Zufall, daß es zu dieser Ära lange Zeit keine zusammenfassende Kulturgeschichte gab. Ob es richtig war, einer so brisanten Aufgabe immer wieder aus dem Wege zu gehen, sei dahingestellt. Doch nehmen wir das jenen, die davor zurückschreckten, nicht allzu übel. Wer läßt sich schon gern auf die Analyse einer Epoche ein, bei der man – wie in diesem Falle – so offen Farbe bekennen muß?

Aber die Verpflichtung zur Stellungnahme ginge noch an. Fast noch schwerer wiegt, daß die Arbeit an einer Kulturgeschichte dieser Ära nicht nur politisch, sondern auch ästhetisch kein besonders dankbares Geschäft ist. Schließlich gibt es in diesem Zeitraum kaum irgendwelche künstlerischen Leistungen, die sich mit gutem Gewissen neben die Großwerke der Weimarer Republik oder des Exils stellen ließen. Was in diesen Jahren im Vordergrund steht, ist weitgehend eine Kunst, bei der das Kommerzialisierte, Formalistisch-Elitäre, Halbherzig-Verworrene oder auch offen Reaktionäre den Ton angibt.

Doch das war nach der Barbarei des Faschismus wohl kaum anders zu erwarten. Die besten Künstler hatte man damals eingekerkert, ins Exil getrieben oder durch Berufsverbote an der weiteren Ausübung ihrer Tätigkeit und Entwicklung gehindert. Besonders unerbittlich waren alle linken Kulturorganisationen von den braunen Gleichschaltungsfanatikern zerschlagen worden. Und als einige dieser antifaschistisch eingestellten Linken nach 1945 wieder nach Deutschland zurückkehrten, gingen sie wie Bertolt Brecht, Hanns Eisler, John Heartfield, Arnold Zweig, Anna Seghers, Ludwig Renn, Johannes R. Becher und andere meist in die sowjetische Besatzungszone oder die spätere DDR und nicht in den westlichen Teil dieses Landes. Die wichtigsten Künstler diesseits der Elbe – ob nun Reinhold Schneider, Ernst Wiechert, Carl Hofer oder Otto Dix – kamen dagegen fast alle aus dem Bereich der sogenannten Inneren Emigration und wiesen nach 1945 meist deutliche Narben auf. Jedenfalls schrieben oder malten diese Künstler nicht mehr mit jener ästhetischen Intensität oder auch ideologischen Zuversicht wie in den zwanziger und frühen dreißiger Jahren, weshalb ihre künstlerische Produktion entweder zum Stillstand kam oder ins Mittelmäßige verflachte.
Wie sollte sich also unter solchen Voraussetzungen ein blühendes Kunstleben entfalten? Fehlte dazu nicht alles oder zumindest das wichtigste, nämlich die Hoffnung auf eine sinnvolle Funktion der Kunst im Rahmen einer ehrlichen Vergangenheitsbewältigung und zugleich eines ebenso ehrlich gemeinten Aufbauwillens? Schließlich lastete auf dieser Ära nicht allein das schreckliche Erbe des Faschismus, sondern auch der Druck jener auf den Tod verfeindeten Großmächte, welche in ihren jeweiligen Besatzungszonen nur Interessensphären ihrer eigenen Politik erblickten. Daher wurde vieles von dem, was direkt nach 1945 an hoffnungsvollen Ansätzen einer ›Hohen Kultur für jedermann‹ entstanden war, schon in den Jahren 1947/48 durch den Ausbruch des Kalten Krieges, der auch in den drei westlichen Besatzungszonen zu einer deutlichen Vereisung des politischen und künstlerischen Klimas führte, wieder erstickt. Ja, nach 1950, als es im Zuge der Wiederherstellung der früheren Wirtschaftsordnung zu einer durch nichts gehemmten Ausbreitung der Massenmedien kam, wurde jene ›höhere Kunst‹, die weiterhin gesamtgesellschaftliche Zielsetzungen zu vertreten suchte, durch die

verschiedenen Branchen der Unterhaltungsindustrie so stark an den Rand gedrängt, daß sie im Bewußtsein der Mehrheit der westdeutschen Bevölkerung eine immer geringere Rolle spielte.
Eine Kulturgeschichte dieses Zeitraums zu schreiben, scheint also auf den ersten Blick ein recht fragwürdiges Unternehmen zu sein. Selbst nach jahrelangen Forschungen hat man hier wenig in der Hand, was sich mit gutem Gewissen als ästhetisch gelungen, bleibend oder relevant vorzeigen ließe. Auch die Aussicht, bei noch gründlicherer Beschäftigung mit diesem Zeitraum Bedeutendes, aber bisher Übersehenes zu entdecken, ist gering. Für diese allgemeine Mittelmäßigkeit die einzelnen Künstler verantwortlich zu machen, wäre selbstverständlich kurzschlüssig. Innerhalb der geradezu katastrophenartigen politischen, gesellschaftlichen und ökonomischen Umbrüche einen halbwegs konsequenten Kurs zu steuern, erwies sich nicht nur für viele Künstler, sondern für fast alle Menschen dieser Ära als eine Aufgabe, der sie einfach nicht gewachsen waren. Zugegeben, es gab auch in diesem Zeitraum einige ›Gerechte‹, die selbst unterm Faschismus, im Exil und in der unmittelbaren Nachkriegszeit ihren einmal als richtig erkannten Kurs beizubehalten versuchten. Doch die Mehrheit der Künstler verstrickte sich aufgrund der erdrückenden Zeitumstände oder auch menschlicher Schwächen in ein höchst komplexes Lügengewirr, aus dem sie sich später nur durch neue Lügen befreien konnte. So mußten etwa viele, die schon den Faschismus nur aus Opportunismus mitgemacht hatten, nach 1945 noch einmal lügen, indem sie sich erst dem idealistisch gemeinten Konzept der ›Democratic Re-Education‹ und dann dem ins Kommerzielle drängenden Kurs der späteren Wiederaufbauzeit anschlossen. Und das hatte nicht nur politische, sondern auch ästhetische Folgen.
Bei einer strikt gesellschaftswissenschaftlichen Beurteilung dieser Jahre wird man selbstverständlich jene, die nach der Schreckenszeit des Faschismus auch in ihrer Kunst eine durchgreifende Neuordnung Deutschlands befürworteten, als positiv, und jene, die sich einer Neuordnung mit regressiven Konzepten widersetzten, als negativ charakterisieren müssen. Aber damit umfaßt man sicher nicht die Gesamtheit der damaligen Situation. Die Mehrheit der Intellektuellen und Künstler, die in dem höchst verwirrenden Chaos der Jahre nach 1945 keinen rechten Bezug zur konkreten Realität fand, be-

wegte sich nämlich in einem merkwürdigen Niemandsland zwischen diesen beiden Polen. Sie wich vor den anstehenden Problemen einfach in einen nonkonformistischen Konformismus aus, das heißt überließ es von vornherein den wesentlich Mächtigeren, die entscheidenden Weichen zu stellen. Ja, selbst als sich nach 1949/50 die ideologischen Fronten allmählich klärten, fühlte sich diese Schicht vom massiven Antikommunismus und ebenso massiven Konsumismus der Folgezeit so angewidert, daß sie lieber bei ihren existentialistischen, religiösen oder modernistisch-elitären Außenseiterpositionen blieb, als sich mit einem kritischen Engagement in die politische Arena zu begeben. Man sollte deshalb bei der Betrachtung der in diesen Jahren entstandenen Kunstwerke nicht nur moralisch argumentieren und ihren Produzenten lediglich vorhalten, daß sie ideologisch und ästhetisch versagt hätten. Vielleicht wäre es besser, statt dessen lieber jene politischen, gesellschaftlichen, ökonomischen und weltanschaulichen Voraussetzungen etwas genauer unter die Lupe zu nehmen, die sich so negativ auf die damalige Kunstproduktion ausgewirkt haben. Schließlich entsteht Kunst nie in der Isolierung, hat also nicht nur persönliche und ästhetische Prämissen, sondern ist stets ein Erzeugnis jenes gesellschaftlichen Ensembles, aus dem auch alle anderen Produkte einer Gesellschaft hervorgehen.
Eine solche Sehweise, die vornehmlich von den materiellen Bedingungen der jeweiligen Kunstproduktion ausgeht, verlangt zwangsläufig eine ganz andere Betrachtung von Kunst, als sie im Rahmen der älteren Kulturgeschichten üblich war. Wenn man nämlich auch die materiellen Grundlagen einer bestimmten Kultur mitberücksichtigt, kann man bei der Darstellung der Kunst der unmittelbaren Nachkriegszeit und der auf sie folgenden Wiederaufbauphase – noch weniger als bei der Kunst der Weimarer Republik – nicht mehr von festumrissenen Stilen oder Ismen ausgehen, die früher als die wichtigsten Manifestationen der die Gesamtgesellschaft repräsentierenden Kultur galten, sondern muß außer ästhetischen Kriterien auch eine Fülle politischer, ökonomischer, sozialpsychologischer und bildungsgeschichtlicher Faktoren ins Spiel bringen, um neben der offiziösen Kunst der führenden In-Group auch allen anderen künstlerischen Erscheinungsformen dieser Zeit gerecht zu werden.
Und bei einer solchen Sehweise wird das Ganze plötzlich höchst

spannend, ja geradezu aufregend. Sobald man sich nämlich von der gesellschaftlich herrschenden Kulturvorstellung freimacht, hinter der damals sicher nur vier bis fünf Prozent der Bevölkerung standen, und auch die anderen Trägerschichten mit ihren ideologischen und ästhetischen Bedürfnissen ins Auge faßt, zeigt sich nur allzu deutlich, daß es bereits in den fünfziger und sechziger Jahren jene vier bis fünf verschiedenen Kulturkonzepte gab, welche noch heute miteinander um die kulturelle Vorherrschaft ringen. In dieser Auseinandersetzung, die gar nicht scharf genug akzentuiert werden kann, besteht das eigentliche Drama der damaligen Kulturentwicklung, die zwar nicht besonders reich an ästhetisch gelungenen Leistungen, aber dafür um so reicher an kulturpolitischen Konflikten ist, welche den Verantwortungsbewußteren unter uns noch immer auf den Nägeln brennen. Mit jener ›Hohen Kunst für jedermann‹, die vielen Kulturtheoretikern nach 1945, also vor dem Ausbruch des Kalten Krieges und der Ausbreitung der Massenmedien, als die demokratischste aller Kunstformen erschien, begannen nämlich schon um 1949/50 eine massenhaft verbreitete Unterhaltungskunst, eine mit bürgerlichem Stellvertretungsanspruch auftretende religiös-humanistische Kunst, eine modernistisch-elitäre Kunst und eine kritisch-engagierte Kunst zu konkurrieren, bei denen eher teilkulturelle als gesamtkulturelle Aspekte im Vordergrund standen. Was also eine Kulturgeschichte der Bundesrepublik, die sich der Gesamtgesellschaft verpflichtet fühlt, herausarbeiten sollte, wären vor allem die sozialen und ideologischen Implikationen dieser kulturellen Polarisierung. Schließlich ist es sehr fraglich, ob diese Aufspaltung in verschiedene Teilkulturen eine erfreuliche Wendung zu einem demokratischen Pluralismus darstellt, wie von ihren Verteidigern gern behauptet wird, oder ob darin lediglich eine Zementierung der weiterbestehenden Klassenunterschiede zum Ausdruck kommt.

Eine derart vielschichtige Fragestellung, die bei aller Gebundenheit an das historische Material nie die Möglichkeit einer kulturellen Chancengleichheit aus dem Auge verliert, verlangt zwangsläufig eine ebenso vielschichtige Darstellungsweise, die sich nicht bei liebevollen Interpretationen bestimmter Einzelwerke aufhalten kann, sondern ständig auf die materiellen und ideologischen Grundlagen der jeweils behandelten Teilkulturen zurückgreifen muß. Ein solches Bemühen, dem es eher um das Ganze als um das Einzelne geht, wird all jene, die Freude am Anekdotischen oder an charakteristischen Einzelheiten haben, notwendig unbefriedigt lassen. Aber dieses Buch beruht nun einmal auf der Überzeugung, daß die Aufgabe der Kulturgeschichte weniger in der Akzentuierung interessant verlebendigter Details à la Egon Friedell als in der Erschließung der materialistisch bedingten Wechselbeziehungen und Funktionsweisen der einzelnen Künste besteht. Noch klarer gesagt: dieser Art von Kulturgeschichte geht es in erster Linie um die analytische Aufarbeitung all jener politischen, gesellschaftlichen, ökonomischen und ideologischen Voraussetzungen, durch die eine bestimmte Kultur überhaupt erst möglich wird und innerhalb deren sie sich als ein auf diese Voraussetzungen zurückwirkender Faktor erweist.

Eine Kulturgeschichte, die ihren Namen als wissenschaftlich fundierte Disziplin wirklich verdiente, dürfte sich demnach nicht mit journalistischen Aktualitätsbezügen oder summierenden Querschnitten begnügen, sondern müßte sich bemühen, jene Gesetzmäßigkeiten der kulturellen Entwicklung herauszuarbeiten, die sich nur durch eine alle Bereiche des gesellschaftlichen Lebens erfassende Kombinatorik erschließen lassen. Der Anspruch, sich hierbei nicht völlig ins Typologische und Konzeptionelle zu verlieren, sondern bei aller gedanklichen Grundsätzlichkeit zugleich die Forderung einer gewissen Anschaulichkeit und damit bewußten Leserfreundlichkeit im Auge zu behalten, ließ sich freilich auch in diesem Buch nicht ganz einlösen. Eine Epochendarstellung, die sowohl abstrakt als auch farbig ist, wird es wohl nie oder nur in Ausnahmefällen geben. Was sich im Rahmen der vorliegenden Arbeit als machbar erwies, war lediglich der Versuch, die kombinatorisch erschlossenen Thesen über die materialistisch bedingten Funktionsweisen der einzelnen Künste wenigstens an einigen besonders prägnanten Beispielen anschaulich zu machen. Dadurch wird den jeweiligen Fachvertretern sicher vieles ungebührlich verknappt erscheinen. Doch ein solcher Vorwurf muß bei einer Darstellung, bei der es nicht primär um die einzelnen Künste, sondern um die sich in ihnen manifestierende ›Kultur‹ geht, zwangsläufig in Kauf genommen werden. Schließlich wendet sich dieses Buch – ganz offen gesagt – weniger an Spezialisten als an Leser, die gewillt sind, über ihr jeweiliges Interessengebiet hinauszuschauen.

Wenn daher seine Benutzer zumindest neue Einsichten in das ihnen bisher Unvertraute gewännen, wäre das schon ein positives Ergebnis. Noch schöner wäre es allerdings, wenn sich alle Leser dieses Buchs in das hier praktizierte ›synthetische Interpretieren‹ einließen und somit das Ganze zu einem Buch für jedermann werden könnte. Daß mich Klaus Scherpe und Frank Trommler durch ihren Zuspruch und ihre Kritik in dieser Absicht bestärkten, dafür sei ihnen auch an dieser Stelle noch einmal ausdrücklich gedankt.

Und noch ein Letztes: die Geschichte der in diesem Buch dargestellten Konflikte, die bis heute weiterbestehen, ja an Schärfe eher zu- als abgenommen haben, in *einem* Bande darzustellen, erwies sich leider als unmöglich. Die Bundesrepublik existiert nun schon seit fast 40 Jahren – und das ist eine lange Zeit. Jedenfalls ist dies eine Zeitspanne, die ebenso weiträumig ist wie jene, die von der Jahrhundertwende über den Expressionismus und die Weimarer Republik bis zu Faschismus und Exil reicht. Und damit stellte sich auch bei diesem Projekt die unabweisliche Frage der Periodisierung, ohne die eine historisch arbeitende Forschung nun einmal nicht auskommt. Bei einer Zweiteilung der Gesamtepoche von 1945 bis zur Gegenwart bot sich als sinnvolle Grenzscheide die Zeit zwischen dem Oktober 1963 und dem November 1965 an, da in diesen 25 Monaten durch den Rücktritt Adenauers und den Sturz Erhards der Weg für jene Entwicklung frei wurde, die 1966 zur Großen Koalition und 1969 zur sozial-liberalen Koalition führte, mit denen eine zweite Großphase in der Geschichte der Bundesrepublik beginnt, deren kulturelle Manifestationen in einem weiteren Band behandelt werden sollen.

TEIL I

Von der bedingungslosen Kapitulation bis zur Gründung der Bundesrepublik (1945–1949)

Politische und ökonomische Voraussetzungen

Das Potsdamer Abkommen

Als sich Roosevelt, Churchill und Stalin vom 4. bis 11. Februar 1945 in Jalta zu einer Strategiekonferenz trafen, beschlossen sie zwar die Aufteilung Deutschlands in vier Besatzungszonen, ließen jedoch die Frage nach dem zukünftigen Schicksal dieses Landes vorläufig ausgeklammert. Bei diesem Treffen ging es erst einmal um die Abgrenzung der eigenen Einflußsphären nach dem Sieg über Nazi-Deutschland, aber noch nicht um eine mögliche ›Neuordnung‹ dieses Staates. Dieses Problem sollte weiteren Konferenzen nach der bedingungslosen Kapitulation der Deutschen vorbehalten bleiben. In Jalta war das Vertrauen, sogar in diesem Punkt eine Übereinstimmung erzielen zu können, noch relativ ungebrochen. Vor allem in der oft diskutierten Schuldfrage stimmten die drei Alliierten weitgehend überein, indem sie von einer kollektiven Verschuldung aller Deutschen sprachen und keinen Unterschied zwischen den Nazis und dem deutschen Volke machten. Selbst Stalin, der lange Zeit an der These festgehalten hatte, daß der deutsche Faschismus die »aggressivste Form des staatsmonopolistischen Kapitalismus und Imperialismus« sei und man die Deutschen nicht einfach mit den faschistischen Drahtziehern gleichsetzen könne, war unter dem Eindruck der Nazigreuel in der UdSSR schließlich dazu übergegangen, einen emotionsgeladenen Haß gegen alle Deutschen zu entwickeln. Dieser Haß begann erst gegen Ende des Krieges wieder einer rationaleren Einschätzung der Situation zu weichen, die Stalin in die bekannte Formel kleidete: »Die Hitler kommen und gehen, aber das deutsche Volk bleibt bestehen.«
In den USA gab es im Frühjahr 1945 drei verschiedene Einstellungen Deutschland gegenüber. Die sogenannten ›Linken‹ unter Franklin D. Roosevelt vertraten fast alle die Kollektivschuldthese. In ihren Augen hatten nicht nur die Nazis, sondern alle Deutschen einen ›schlechten‹, das heißt aggressiven Charakter. Wohl der schärfste Exponent dieses Kurses war der damalige Finanzminister Henry Morgenthau, der die Forderung aufstellte, Deutschland nach dem Kriege

wie ein zweites ›Karthago‹ zu behandeln. Sein *Programm zur Verhinderung der Entfesselung des Dritten Weltkrieges durch Deutschland* vom Herbst 1944 sah darum eine politische Dezentralisierung, Entmilitarisierung und Zerschlagung der deutschen Wirtschaft für alle Zeiten vor. Morgenthau war fest davon überzeugt, daß die Deutschen – aufgrund ihrer jahrhundertealten militaristischen Gesinnung – letztlich unverbesserlich und somit nicht resozialisierbar seien. Aus diesem Grunde schlug er vor, sie ein für allemal aus dem Kreis der zivilisierten Völker auszustoßen, auf die Stufe der agrarischen Produktion zurückzuwerfen und der strengen Kontrolle ihrer Nachbarn, also der Franzosen, Polen und Russen, zu unterstellen. Bei einer derart unerbittlichen Sicht der deutschen Frage, die neben Morgenthau auch Bernard Baruch, Sumner Welles und Harry Dexter White teilten, blieb die Möglichkeit einer Sinneswandlung durch ein neues politisches oder ökonomisches System von vornherein ausgeschlossen. Die einen ›mittleren‹ Kurs anvisierende Gruppe innerhalb der us-amerikanischen Führungsschicht, die zwar auch von der Kollektivschuldthese ausging, hoffte dagegen, den Deutschen nach dem Krieg durch eine ›Charakterwäsche‹ oder ›Massenumerziehung größten Stils‹ eine neue Moral beizubringen. Diese Gruppe, die von vornherein zu einem Verständigungsfrieden neigte und der unter anderem Henry Stimson, John J. McCloy, Edward R. Stettinius sowie General Dwight D. Eisenhower angehörten, blieb jedoch im Sommer und Herbst 1945 noch im Hintergrund. Ebenso einflußlos waren anfangs Männer wie Arthur H. Vandenberg, John Foster Dulles und Henry Luce auf dem rechten Flügel der republikanischen Partei, welche vornehmlich die Interessen der großen Konzerne vertraten. Um einem möglichen Linksrutsch in Deutschland vorzubeugen, befürworteten sie den sofortigen Wiederaufbau der deutschen Industrie nach dem Zusammenbruch des Nazi-Regimes. In diesen Kreisen sah man in politischen Strategien keine Fragen der Moral, sondern Fragen der Macht – und forderte deshalb schon im Winter 1945/46, aus den drei Westzonen ein antisowjetisches Bollwerk, das heißt einen ›Eckpfeiler des Abendlandes‹ zu machen. Während die Morgenthau-Anhänger Deutschland in alle Ewigkeit aus der wirtschaftlichen Konkurrenz ausschalten wollten, nahm man hier den ökonomischen Wettbewerb der Deutschen schweren Herzens in

Kauf, um so dem größeren Gegner, nämlich der UdSSR, in Mitteleuropa wirksam Paroli bieten zu können.
Auch in England gab es im Frühjahr 1945 im Hinblick auf Deutschland eine ähnliche Polarisierung der Meinungen. Wie in den USA hatten dabei die Vertreter der Kollektivschuldthese, die von der Unverbesserlichkeit des deutschen Charakters ausgingen, anfangs die überwältigende Mehrheit der Bevölkerung hinter sich. Ihr Hauptsprecher war eine Zeitlang der Außenminister Lord Robert Vansittart, der in seinem Buch *Bones of Contention* (1945) die Deutschen einfach als unzivilisierte ›Hunnen‹ abtat und sich wie Morgenthau für einen gnadenlosen Karthago-Frieden einsetzte. Erst ab 1946/47 meldeten sich auch hier die Vertreter des Umerziehungskurses und dann die antikommunistischen Kalten Krieger zu Wort.
Zum Zeitpunkt der bedingungslosen Kapitulation des Dritten Reiches am 8. Mai 1945 dominierten also bei den drei Siegermächten in ihrer Einstellung Deutschland gegenüber noch eindeutig ›punitive‹ Tendenzen, die erst später höchst verschiedenen realpolitischen Erwägungen wichen. Selbst auf der Potsdamer Konferenz, die vom 17. Juli bis zum 2. August währte, stimmten die Alliierten – trotz gewisser Differenzen – in ihrer Deutschlandpolitik noch weitgehend überein, das heißt vertraten einen ›harten‹ Kurs, dessen Ziel eine grundsätzliche Neuordnung Deutschlands war, die man sowohl mit politischen und ökonomischen Eingriffen als auch konsequenten Umerziehungsmaßnahmen durchzuführen hoffte. Die Frage nach der künftigen Form des deutschen Reiches wurde dagegen auch in Potsdam, wie schon in Jalta, wiederum auf die lange Bank geschoben. Statt dessen beschäftigte man sich um so energischer mit den unmittelbaren ›Forderungen des Tages‹, die man in dem Vierpunkteprogramm einer durchgreifenden Entmilitarisierung, Entnazifizierung, Entkartellisierung und moralischen Umerziehung beziehungsweise Demokratisierung zusammenfaßte.
Im Hinblick auf die Entmilitarisierung waren sich die Siegermächte schnell einig. Hierunter verstanden sie den Abbau und die Vernichtung des deutschen Kriegspotentials, die Auflösung aller militaristischen Organisationen und die Ausschaltung der traditionellen Führungskräfte aus den Reihen des Junkertums und der preußischen Verwaltungsbürokratie. Um eine wirksame Entnazifizierung

Deutschlands durchzuführen, entschied man, alle acht Millionen Parteigenossen und -genossinnen sowie jene vier Millionen, die anderen nazistischen Organisationen angehört hatten, politisch zu überprüfen und vor Gericht zu stellen. Außerdem wurde verordnet, alle »nazistischen Gesetze, welche die Grundlagen für das Hitlerregime geliefert oder eine Diskriminierung aufgrund der Rasse, Religion und politischen Überzeugung errichtet« hatten, mit sofortiger Wirkung aufzuheben. Für die deutsche Industrie sah das Potsdamer Abkommen – neben der »Vernichtung der bestehenden übermäßigen Konzentration der Wirtschaftskraft« in »Kartellen, Syndikaten, Trusts und anderen Monopolvereinigungen« – folgende Maßnahmen vor: die Entnahme von Industrieerzeugnissen aus der laufenden Produktion und die Zahlung von Reparationen an jene Länder, die unter der deutschen Aggression besonders gelitten hatten (also vor allem an Frankreich, Polen und die Sowjetunion), die Verurteilung der Großindustriellen als Kriegsverbrecher, die Drosselung der deutschen Schwerindustrie zugunsten der Landwirtschaft, des Bergbaus und der Leichtgüterindustrie sowie die Festsetzung eines Lebensstandards für die Bevölkerung, welcher den der angrenzenden Nationen nicht übersteigen dürfe. Im Gegensatz zu diesen höchst konkreten Forderungen blieben die alliierten Richtlinien zur Demokratisierung des öffentlichen Lebens, der Kultur und des Erziehungswesens unbestimmter. Die Umerziehung des deutschen Volkes sollte erst als zweite Phase der Besatzungspolitik auf den vordringlichen Prozeß der Entmilitarisierung, Entnazifizierung und Entkartellisierung folgen. Die genaueren Ausführungsbestimmungen hierfür wurden dem Alliierten Kontrollrat überlassen, der sich nach dem Potsdamer Abkommen als die höchste politische Instanz in Deutschland etablierte.

Solange die USA an der Kollektivschuldthese festhielten, blieb dieser Kontrollrat aus us-amerikanischen, russischen, englischen und französischen Vertretern durchaus beschlußfähig. Ja, die vier Siegermächte kamen sich im Sommer und Herbst 1945 durch die Aufdekkung der Nazigreuel in den faschistischen Vernichtungslagern emotional eher näher, als daß sie sich voneinander distanzierten. Ihr Hauptziel blieb vorerst, die politische, militärische und ökonomische Basis der faschistischen Macht so vollständig wie nur möglich zu zer-

schlagen – und dann mit Hilfe zuverlässiger Antifaschisten an eine grundsätzliche Neuordnung der deutschen Verhältnisse heranzugehen, wobei anfänglich sogar die Westmächte die Beteiligung ehemaliger Linker nicht verschmähten. Wohl der beste Beweis dieser alliierten Kooperation war der Nürnberger Prozeß, der am 20. November 1945 begann und bis zum 1. Oktober 1946 währte und bei dem achtzehn Angeklagte, unter ihnen Hermann Göring, Rudolf Heß, Joachim von Ribbentrop, Alfred Rosenberg, Julius Streicher, Wilhelm Keitel und Alfred Jodl, als Hauptverantwortliche der faschistischen Untaten von den Alliierten in einem gemeinsamen Beschluß zum Tod durch den Strang oder zu langen Gefängnisstrafen verurteilt wurden. Und zwar wies man bei diesen Verhandlungen immer wieder auf die innige Verflechtung der Faschisten mit dem deutschen Großkapital hin. So sagte nicht nur der sowjetische, sondern auch der us-amerikanische Vertreter der Anklage einmal höchst nachdrücklich: »Ohne die Zusammenarbeit der deutschen Industrie und der Nazi-Partei hätten Hitler und seine Parteigenossen niemals die Macht in Deutschland ergreifen und festigen können, und das Dritte Reich hätte nie gewagt, die Welt in einen Krieg zu stürzen.«
Die gleiche Bereitschaft zur Kooperation herrschte bei den ersten Sitzungen des Alliierten Kontrollrats, der seit dem 30. August 1945 regelmäßig in Berlin zusammentrat. Hier wurde festgelegt, alle Personen, die aufgrund ihrer militaristischen Vergangenheit »voraussichtlich undemokratische Traditionen verewigen würden«, aus »einflußreichen Stellungen zu entfernen«. Damit waren vor allem ehemalige Berufsoffiziere, preußische Junker, führende Nazifunktionäre, höhere Verwaltungsbeamte und Mitglieder schlagender Verbindungen gemeint. Außerdem wurden alle Organisationen aufgehoben, in denen eine militaristische Gesinnung vorgeherrscht hatte. Ebenso scharf gingen die Siegermächte anfangs auf dem Gebiet der Entnazifizierung vor. So wurden viele der kleinen Mitläufer 1946 zu recht hohen Geld- oder Haftstrafen verurteilt, während die höheren Partei- und Verwaltungsfunktionäre sowie die NS-Wirtschaftsführer, deren Prozesse sich länger hinzogen, in den Jahren 1947 und 1948 wesentlich milder davonkamen. Nicht ganz so einfach war die Frage der Entkartellisierung zu lösen. Einzelne Großkonzerne, wie IG-Farben und Krupp, zu beschlagnahmen oder aufzulösen, erwies

sich als relativ leicht. Auch die Entflechtung jener sechs Großbanken, die 55 Prozent des deutschen Gesamtkapitals kontrollierten, bereitete keine allzu großen Schwierigkeiten. Doch wie sollte man mit all den mittleren Betrieben und Banken verfahren? Welche Firmen sollten auf die Demontageliste gesetzt werden? Wie groß sollte die deutsche Industriekapazität sein? Und wie sollte man zwischen Kriegsindustrien und nur dem Frieden dienenden Leichtgüterindustrien unterscheiden? Über alle diese Fragen gab es im Alliierten Kontrollrat höchst erregte Debatten. Die Industriekapazität wurde schließlich am 26. März 1946 auf 50 bis 55 Prozent der Vorkriegsproduktion festgesetzt. Aber auch auf anderen Gebieten, wo es um prokapitalistische oder prosozialistische Entscheidungen ging, kam es schon im Winter 1945/46 zu Differenzen. Das betraf vor allem die Entkartellisierung gewisser Großbetriebe sowie die vom Potsdamer Abkommen in Aussicht gestellte Aufteilung des Großgrundbesitzes, die nur in der sowjetisch besetzten Zone und in Schleswig-Holstein durchgeführt wurde, während sie in den übrigen Westzonen ein unverbindlicher Diskussionsgegenstand blieb. Auch in Fragen der politischen und moralischen ›Umerziehung‹ erzielten die Siegermächte keine schnelle Einigung. So kam man zwar überein, alle militaristischen und nazistischen Schriften aus den öffentlichen Bibliotheken auszusortieren und die neuzugelassenen Zeitungen und Verlage den jeweiligen Militärbehörden zu unterstellen, entwickelte aber keine genaueren Konzepte einer gemeinsamen Demokratisierungspolitik.

Der Ausbruch des Kalten Krieges

Nach der Niederringung Nazi-Deutschlands und dem Abflauen der Siegesstimmung war es nahezu unvermeidlich, daß es zwischen den alliierten Besatzungsmächten, die nur der Kampf gegen Hitler im gleichen Lager vereint hatte, zu neuen, höchst gravierenden Auseinandersetzungen kommen mußte. Schließlich hatten die Sowjets auf der einen sowie die USA und England auf der anderen Seite nicht nur in ihrer Deutschlandpolitik, sondern auch in ihrer Weltpolitik völlig andere Vorstellungen von Machtansprüchen, Einflußsphären und Neuordnungskonzepten. Einer der ersten Anheizer des ›Kalten

Krieges, wie man diesen seit den zwanziger Jahren bestehenden Gegensatz jetzt nannte, war Sir Winston Churchill, der 1945 von der Labour-Party aus seinem Amt gedrängt wurde und zugleich zusehen mußte, daß England durch den Verlust seiner Kolonien seine alte weltpolitische Rolle einzubüßen begann. Er wandte sich schon am 16. August 1945 erbittert gegen jenen ›Eisernen Vorhang‹, der in der Mitte Europas niedergegangen sei. Noch schärfer trat er am 5. März 1946 – in Anwesenheit Harry S. Trumans – in Fulton/Missouri gegen den Machtanspruch der UdSSR und das Anwachsen der kommunistischen Parteien in den westlichen Ländern auf, die er als ›Bedrohung der christlichen Zivilisation‹ hinstellte. Als im November 1946 die Vertreter der Rooseveltschen New-Deal-Politik bei den us-amerikanischen Kongreßwahlen eine empfindliche Schlappe erlitten, schaltete auch Truman auf einen scharfen Konfrontationskurs um und bezeichnete die ›Eindämmung des Kommunismus‹ als seine politische Hauptaufgabe. Aus diesem Grunde forderte Truman am 12. März 1947 den neuen, eher ›rechts‹ gestimmten Kongreß auf, Ländern wie Griechenland und der Türkei, die bisher im englischen Einflußbereich gelegen hatten, in ihrem Kampf gegen den Kommunismus beizustehen, da es die Politik der Vereinigten Staaten sein müsse, wie er sagte, all jene »freien Völker zu unterstützen, die sich der Unterwerfung durch bewaffnete Minderheiten oder dem Druck von außen widersetzten«. Diese Formulierung wurde schnell als ›Truman-Doktrin‹ bekannt. Mit ihr konstituierten sich die USA, die unter Roosevelt eher einen Entspannungskurs gesteuert hatten, endgültig als die Führungsmacht des ›Freien Westens‹ gegen jede Form ›östlicher Tyrannei‹. Von jetzt ab gab es in den Augen der US-Außenpolitik nur noch zwei politische Systeme: demokratische und totalitäre. Den einen müsse man beistehen, erklärte Truman, die anderen müsse man bekämpfen, falls man den Endkampf um die Vorherrschaft in der Welt gewinnen wolle.
Ein solcher Kurswechsel auf weltpolitischer Ebene mußte auch in der Deutschlandpolitik der Siegermächte zu einer fortschreitenden Aufkündigung der unmittelbaren Nachkriegsvereinbarungen führen. Jedenfalls wurde die im Potsdamer Abkommen anvisierte Neuordnung Deutschlands schon im Laufe des Jahres 1946 eher gebremst als gefördert und schließlich Anfang 1947 zu den Akten gelegt. Im Ein-

klang mit dieser Entwicklung befürwortete General Lucius D. Clay bereits im März 1947 eine konsequente Eindämmung der »kommunistischen Expansion« in Deutschland und setzte seine Hoffnungen – unter Berufung auf die Hauptrichtlinien der us-amerikanischen und englischen Außenpolitik – auf ein ›Freies Europa‹, in dem eines Tages auch (West-)Deutschland eine angemessene Rolle spielen werde. Und so wurde zwar die Entmilitarisierung Deutschlands nach den im Potsdamer Abkommen festgelegten Bestimmungen zu Ende geführt, jedoch die mit großem Aplomb begonnenen Entnazifizierungsmaßnahmen zusehends verzögert und schließlich ganz eingestellt. Indem der Antikommunismus den Antifaschismus zusehends in den Hintergrund drängte, ergaben sich auf diesem Gebiet ganz andere Maßstäbe. Schon am 5. Februar 1947 sprach man innerhalb der schwebenden Entnazifizierungsverfahren eine Million der Betroffenen einfach frei. Im Herbst 1947 wurde die Zahl der höher Eingestuften von 750000 auf 250000 reduziert. Selbst Besitzer großer Werke, wie Wilhelm von Opel, kamen plötzlich mit einer Geldstrafe von 200 Dollar davon. Andere Verfahren gingen so schnell über die Bühne, daß sie fast zur Farce entarteten. Am 8. Mai 1948 fielen schließlich alle ›Nicht-Hauptschuldigen‹ unter eine Generalamnestie. Vielen der us-amerikanischen und englischen Besatzungsoffiziere, die zu den ›bürgerlichen‹ Nazifunktionären und Wirtschaftsführern oft ein wesentlich besseres Verhältnis hatten als zu jenen Antifaschisten, die aus dem Proletariat stammten, war es bei diesen Verfahren ohnehin nicht ganz wohl. So trat etwa ein Scharfmacher des Kalten Krieges, wie General George S. Patton, in Bayern von Anfang an gegen jede Form der Entnazifizierung auf. Dieser Mann hätte alle ehemaligen Nazis am liebsten sofort in den Dienst einer aggressiven Politik gegen die »goddam Bolshies« gestellt, wie er sie nannte. Das unterblieb jedoch. Allerdings wurde Reinhard Gehlen, der Chef des faschistischen Geheimdienstes, schon 1947 mit seinen engsten Mitarbeitern der CIA angegliedert. Und auch Churchill setzte sich ein Jahr später für die Amnestierung des ehemaligen Feldmarschalls Gerd von Rundstedt ein und erklärte, daß man angesichts der neuen Situation Geschehenes endgültig als geschehen betrachten müsse.

Noch deutlicher äußerte sich dieser Kurswechsel auf dem Gebiet der geplanten Entkartellisierung, die 1947/48 von den Westmächten schrittweise rückgängig gemacht wurde. Schließlich wollten die US-Amerikaner und Engländer nicht durch eine umfassende Demontage sowie Entflechtung aller Großindustrien die Basis des kapitalistischen Wiederaufbaus, nämlich das Privateigentum, in Frage stellen. Auch in diesem Punkt setzten sich 1947 die antikommunistischen ›Realpolitiker‹ unter Truman, Clay und Marshall eindeutig gegen jene durch, die in den USA noch immer Idealen wie Umerziehung oder Neuordnung anhingen. Was dadurch in den Vordergrund trat, war eine möglichst schnelle Restaurierung der deutschen Schwerindustrie, um so die drei westlichen Besatzungszonen sowohl ökonomisch als auch mentalitätsmäßig in ein ›Bollwerk gegen den Osten‹ zu verwandeln. Aus diesem Grunde ließ General Clay schon im Mai 1946 die Reparationszahlungen aus der us-amerikanischen Zone an Polen und die UdSSR einfach einstellen. Auch die Demontagepläne wurden ab Herbst 1946 allmählich rückgängig gemacht. Die Entflechtungsabsichten, die einer Stärkung der westdeutschen Wirtschaft hemmend im Wege gestanden hätten, fielen kurz darauf denselben Zielen zum Opfer. Im Zuge dieser Entwicklung wurden jene Großkapitalisten, die man nach dem Kriege als Hauptkriegsverbrecher eingestuft hatte, jetzt wieder aus der Haft entlassen. Sir Percy Mills, der Leiter der Wirtschaftsabteilung der britischen Militärregierung, sagte damals unverblümt über diese Kreise: »Sie waren keine Nazis, sie waren Geschäftsleute.« Und auch Clay erklärte, daß er nichts gegen Leute habe, die unter Hitler lediglich »Geld verdient hätten«. Der us-amerikanische General William H. Draper, der die Wallstreet-Interessen vertrat, empfahl darum seiner Regierung schon 1946/47, sich nicht mit den deutschen Großindustriellen zu überwerfen, ohne deren Hilfe weder eine wirtschaftliche Stärkung Deutschlands noch eine spätere Verteidigungsallianz mit diesem Lande möglich sei. »Größe allein ist kein Verbrechen«, hieß es plötzlich in diesen Zirkeln, als habe man nie eine Neuordnung der deutschen Wirtschaft ins Auge gefaßt. Und so hörten die westlichen Besatzungsmächte spätestens im Winter 1947/48 auf, die im Potsdamer Abkommen vorgesehene Dekartellisierung überhaupt noch ernst zu nehmen.

Ebenso halbherzig wirken nach diesem Zeitpunkt alle moralischen Umerziehungspläne oder gar Ansätze zu einer durchgreifenden demokratischen Re-Education. Da sich die Westmächte seit Mitte 1947

immer stärker von der bisherigen Kollektivschuldthese abwandten, kam es auch hier zu unverhohlen restaurativen Tendenzen, welche die auf Kontinuität bedachten Kräfte begünstigten. Falls man in der Folgezeit überhaupt noch von ›Demokratisierung‹ sprach, hatte diese Demokratisierung meist einen deutlich antikommunistischen Akzent. An die Stelle der konsequenten Vergangenheitsbewältigung und einer ebenso umfassenden Neuordnung trat jetzt in steigendem Maße die Absicht, aus den unterlegenen Faschisten gute Demokraten im Sinne der ›westlichen Freiheit‹ zu machen. Dementsprechend wurden die Deutschen in den Publikationen der Siegermächte zusehends von ihren kollektiven Schuldgefühlen entlastet und ihnen wieder ein neues Selbstbewußtsein, ja Selbstvertrauen gegeben, indem man sie auf die unleugbar guten Züge in ihrem Charakter und die ebenso guten Traditionen innerhalb ihrer Geschichte aufmerksam machte, deren sie sich keineswegs zu schämen brauchten.
Das Ziel dieser Politik war die fortschreitende Integrierung der drei westlichen Besatzungszonen in die vielbeschworene Europäische oder Atlantische Gemeinschaft, was meist als Eingliederung Deutschlands in die Welt der ›Freien Völker des Westens‹ hingestellt wurde. Zur Unterstützung dieser Entwicklung erfolgte bereits am 1. Januar 1947 der Zusammenschluß der us-amerikanischen und britischen Zone zur sogenannten ›Bi-Zone‹, durch welche die US-Amerikaner ihren Einfluß auf das Rhein-Ruhr-Gebiet ausdehnen konnten. Aufgrund dieser Tatsachen mußte jene Außenministerkonferenz, die vom 10. März bis 24. April 1947 in Moskau stattfand, im Hinblick auf eine mögliche Einigung in der deutschen Frage notwendig scheitern. Um diese neue Linie auch ökonomisch abzusichern, verkündete George C. Marshall, Trumans Außenminister, am 5. Juni 1947 jenes ›Europäische Wiederaufbauprogramm‹, das wie die Truman-Doktrin zur Eindämmung des Kommunismus beitragen sollte und unter dem Namen ›Marshall-Plan‹ in die Geschichte eingegangen ist. In diesem Programm wurde die »Wiederbelebung einer funktionierenden Weltwirtschaft« als das oberste Ziel der us-amerikanischen Außenpolitik hingestellt, um so, wie es hieß, die »Entstehung politischer und sozialer Bedingungen« zu ermöglichen, »unter denen freie Institutionen existieren können«. Kurze Zeit später, nämlich am 26. Juni, kam es in der anglo-amerikanischen Bi-Zone

zur Gründung eines deutschen Wirtschaftsrats, der den industriellen Wiederaufbau Westdeutschlands mit der Politik der Westmächte koordinieren sollte. Das Ergebnis dieser konzertierten Aktion war, daß die industriellen Produktionsraten für die drei Westzonen schon im August 1947 erheblich heraufgesetzt wurden, um so dem kapitalistischen Wirtschaftssystem, das bisher weitgehend für die unmittelbare Bedarfsdeckung gearbeitet hatte, einen neuen Profitanreiz zu geben. Überhaupt trat General Clay nach diesem Zeitpunkt immer offener für eine ›freie Unternehmerwirtschaft‹, das heißt Rückkehr zu den alten Besitzverhältnissen, ein. Und auch Marshall verkündete im November 1947 hochoffiziell: »Der Wiederaufbau Europas ist vom Wiederaufbau Deutschlands abhängig.«
Die Ereignisse des Jahres 1948 folgten darauf nur allzu zwangsläufig. Da sich die Entwicklung des West- und des Ostteils Deutschlands immer stärker auseinander bewegte, gab der sowjetische Vertreter Anfang des Jahres seine sinnlos gewordene Mitarbeit beim Alliierten Kontrollrat auf. Am 16. Juni stellte auch die Alliierte Kommandantur in Berlin ihre gemeinsamen Sitzungen ein. Um die Tatsache dieser Auseinanderentwicklung endgültig zu besiegeln, führten die US-Amerikaner, Engländer und Franzosen am 20. Juni 1948 in den Westzonen jene Währungsreform durch, welche die ökonomische Spaltung Deutschlands herbeiführte. Auch die sowjetische Blockade Westberlins, die vom 24. Juni 1948 bis zum 5. Mai 1949 währte, konnte an den hierdurch geschaffenen Verhältnissen nichts ändern. Ja, alle Gegenmaßnahmen der Sowjetunion sowie der kommunistische Coup in der Tschechoslowakei im Frühjahr 1948 heizten die Spannung nur noch weiter an. Im Gegenzug dazu forcierten die Westmächte von nun ab alle Tendenzen, die auf eine engere Eingliederung ihrer drei Besatzungszonen in das westliche Bündnis- und Wirtschaftssystem zielten. Und so kam es am 8. April 1949 durch die Einbeziehung der französischen Zone in die bereits bestehende Bi-Zone zur Bildung der sogenannten Tri-Zone und schließlich im September 1949 zur Gründung jener Bundesrepublik, die ohne den Kalten Krieg wohl nie oder jedenfalls nicht in dieser Form entstanden wäre. Dabei übertrugen die westlichen Besatzungsmächte ihre Hoheitsrechte zusehends den Führern jener Parteien, die sie in ihren Zonen bereits im Jahre 1945 zugelassen hatten.

Wenn schon die alliierte Besatzungspolitik zwischen Sommer 1945 und Herbst 1949 einen höchst spannungsreichen Wandlungsprozeß durchlief, um wieviel komplizierter mußte sich die politische Willensbildung der Deutschen im gleichen Zeitraum vollziehen. Schließlich standen die Vertreter dieses Volkes – im Gegensatz zu den Siegermächten – nicht nur im Spannungsfeld jener politischen Großsituation, welche die gesamte Welt im Zuge des Kalten Krieges an den Rand eines Dritten Weltkrieges brachte, sondern bewegten sich zugleich im Konfliktfeld weitwirkender nazistischer Traditionen und einer sich nur allmählich herausbildenden antifaschistischen Gesinnung, die zwar höchst vielversprechende Ansätze aufwies, aber von den Supermächten, den USA und der UdSSR, sofort in ihre Bahnen gelenkt wurde.

Im Sommer 1945, nach der bedingungslosen Kapitulation Nazi-Deutschlands, ließ sich eine so dramatische Zuspitzung der Verhältnisse natürlich noch nicht vorhersehen. Zu diesem Zeitpunkt waren die beiden Hauptslogans der politischen Rhetorik erst einmal ›konsequente Beseitigung des Faschismus‹ und ›demokratische Neuordnung Deutschlands‹. Als daher die Sowjets im Juni 1945 in ihrer Besatzungszone Parteien wie die SPD, KPD, CDU und LDPD zuließen, vertraten diese Organisationen allesamt einen eindeutig antimilitaristischen, antifaschistischen und antimonopolistischen Kurs. Eine durchaus verwandte Gesinnung herrschte bei den im Herbst 1945 in den westlichen Besatzungszonen zugelassenen Parteien. In bewußter Frontstellung zur Lethargie, zum Opportunismus und zur Politikmüdigkeit breiter Bevölkerungsschichten setzten sich auch diese Organisationen, welche fast die gleichen Bezeichnungen wie ihre östlichen Schwesterparteien trugen, für eine durchgreifende Neuordnung der politischen, gesellschaftlichen und ökonomischen Verhältnisse auf gesamtdeutscher Basis ein. Ihre Programme stimmten zu dieser Zeit noch weitgehend mit den Richtlinien des Potsdamer Abkommens und den ersten Verfügungen des Alliierten Kontrollrats überein, das heißt stellten die Entmachtung der Naziführer, der Großindustriellen und der Großgrundbesitzer als ihre vordringlichsten Nahziele hin. Diese Parteien erfreuten sich deshalb nicht nur der vollen Unterstützung der vier Besatzungsmächte, sondern schlossen sich auch untereinander zu Volkskomitees, Wiederaufbauausschüssen und demokratischen Blocks zusammen, um ihre politische Solidarität zu demonstrieren. Überhaupt waren in diesen Parteien zu Anfang viele erklärte Antifaschisten – ob nun Vertreter des politischen oder religiösen Widerstands – aktiv, die zum Teil schon während des Dritten Reichs miteinander kollaboriert hatten und solche Formen der Zusammenarbeit auch jetzt fortsetzen wollten. Selbst in den Westzonen kam es deshalb immer wieder zu spontanen Vereinigungen von Sozialdemokraten, Kommunisten, Vertretern der Kirchen sowie engagierten Humanisten, die im Sinne älterer Volksfronttaktiken einen konsequenten Antifaschismus und Antikapitalismus unterstützten. So forderte etwa am 8. August 1945 eine Aktionsgemeinschaft aus SPD und KPD in München die Errichtung einer »wahrhaft sozialen Gesellschaft«, in der es keine »Ausbeutung des Menschen« mehr geben dürfe. Ähnliche Stimmen wurden in den Kreisen der ehemaligen Arbeitervertreter, also der Gewerkschafter und Betriebsräte, laut. Auch hier waren die engagierten alten Linken anfänglich besonders rührig und angesehen. Aus diesem Grunde erhielten bei den ersten Betriebswahlen im Herbst 1945 in den 80 größten Betrieben des Ruhrgebietes die Kommunisten 40 Prozent der Betriebsratssitze und die SPD weitere 28 Prozent. Kein Wunder daher, daß bei der ersten Tagung der Arbeitervertreter innerhalb des Bergbaus, die im November 1945 in Bochum stattfand, die sofortige Verurteilung aller ›Grubenbarone‹ als Kriegsverbrecher und die Überführung der Schachtanlagen in die Hände der Provinzialregierung gefordert wurde.

Dieser spontane Antifaschismus und Antikapitalismus ging auch in der Folgezeit nicht sofort verloren, zumal bei den ersten Gemeinde- und Landtagswahlen, die im Laufe des Jahres 1946 stattfanden, die Linken einen erheblichen Stimmenanteil für sich verbuchen konnten. Davon legen vor allem die damals verabschiedeten Verfassungen der einzelnen Länder ein beredtes Zeugnis ab. So wurde im Artikel 39 der Hessischen Verfassung von 1946 jeder »Mißbrauch wirtschaftlicher Freiheit, insbesondere zu monopolistischer Zusammenballung und zu politischer Macht«, ausdrücklich untersagt. Ja, im Artikel 41, über den auf Wunsch der us-amerikanischen Besatzungsbehörden gesondert abgestimmt werden mußte, wurde verfügt, daß der »Bergbau, die Betriebe der Eisen- und Stahlerzeugung, die Betriebe der Energiewirtschaft und das an Schienen oder Oberleitungen gebundene Verkehrswesen« in Gemeineigentum überführt sowie die »Großbanken und Versicherungen« vom Staate beaufsichtigt oder verwaltet werden sollten. Auch die erste Gewerkschaftskonferenz in der englischen Zone beschloß Ende August 1946 mit 320 gegen 2 Stimmen eine »Entschließung zur Beseitigung der Monopole«. Das gleiche tat die Stadtverordnetenversammlung von Berlin, die am 13. Februar 1947 ein Gesetz zur »Überführung von Konzernen und sonstigen wirtschaftlichen Unternehmen in Gemeineigentum« verabschiedete. Und als es am 3. April im Ruhrgebiet zu Massenaktionen der Bergarbeiter kam, standen auch diese unter der Hauptlosung »Die Gruben in des Volkes Hand!« Der Landtag von Nordrhein-Westfalen beschloß daher noch am 6. August 1948, als sich das politische Klima bereits geändert hatte, die gesamte Kohlewirtschaft im Ruhrgebiet zu sozialisieren.

Hinter diesen Aktionen standen anfangs nicht nur die Kommunisten, wie später gern behauptet wurde, sondern die Vertreter fast aller Parteien. Wer damals gegen den Faschismus auftrat, trat zumeist auch gegen den Kapitalismus, als einen der wichtigsten Steigbügelhalter dieser Ideologie, auf. Überhaupt war die KPD zu diesem Zeitpunkt nicht unbedingt die radikalste der bestehenden Parteien. So betonte sie in ihrem *Aufruf an das schaffende Volk* vom 11. Juni 1945 nachdrücklich, daß es verfehlt wäre, Deutschland unter den gegenwärtigen Bedingungen ein Rätesystem »aufzuzwingen«, da dieses Land für eine solche Regierungsform in keiner Weise vorbereitet sei. Als die vordringlichste Aufgabe der deutschen Politik bezeichnete die KPD damals die Errichtung eines »antifaschistisch-demokratischen Regimes«, das heißt einer »parlamentarisch-demokratischen Republik mit allen demokratischen Rechten und Freiheiten für das Volk«. Angesichts der numerischen Schwäche der eigenen Partei hielt die KPD in dieser Zeit überhaupt an der bewährten Volksfrontpolitik fest, um so wenigstens im Zuge größerer Wahlbündnisse einen Einfluß auf die politische Meinungsbildung auszuüben.

Die Programme der SPD klangen dagegen anfangs wesentlich radikaler. Im Gefühl, die stärkste deutsche Partei zu sein, verstand sich die

SPD nach 1945 nicht nur als Wahrerin der Demokratie in der Weimarer Republik, sondern auch als betont antifaschistisch-sozialistische Partei, die aus ihren Fehlern, nämlich der Duldung des Großkapitals, gelernt habe. Darum trat Kurt Schumacher, ihr erster Vorsitzender in den Westzonen, schon in seinem Aufruf *Konsequenzen deutscher Politik* vom Sommer 1945 entschieden für die »Überführung der Produktionsmittel aus der Hand der großen Besitzenden ins gesellschaftliche Eigentum« ein. Es sei vor allem der »Monopolkapitalismus« gewesen, heißt es hier, der Hitler »zur Macht verholfen« habe. Wer »Demokratie« wolle, müsse deshalb alles tun, erklärte er, um eine Restauration des Kapitalismus in Deutschland zu verhindern. Nicht nur die Arbeiter, auch die Bauern, Handwerker, Gewerbetreibenden und Vertreter geistiger Berufe, mithin alle, die in »einem unüberbrückbaren Gegensatz zur eigentlichen Ausbeuterschicht« ständen, sollten sich heute zum »Sozialismus« bekennen. Überhaupt sah Schumacher in der »Verstaatlichung der Großindustrie, der Großfinanz und der Aufteilung des Großgrundbesitzes« nicht nur eine »wirtschaftliche«, sondern auch eine »politische« Notwendigkeit – ohne die es nie ein anderes, besseres Deutschland geben werde. Ebenso entschieden vertrat Schumacher die Forderung einer sofortigen Sozialisierung von Bergbau, Schwerindustrie, Energiewirtschaft sowie der großen Banken und Versicherungsgesellschaften in seinen *Leitsätzen zu einem Wirtschaftsprogramm* vom 5. Oktober 1945. Und zwar geschah dies stets mit scharfen Seitenhieben auf die KPD und die spätere SED, in denen er im Sinne der gängigen Totalitarismustheorie lediglich Instrumente einer »autoritär dirigierten Vermassung« erblickte. Wenn also Schumacher von Sozialisierung sprach, dann nie im Sinne einer Diktatur des Proletariats (was allerdings auch die KPD in diesen Jahren niemals tat), sondern stets im Sinne einer »ökonomischen Befreiung der Persönlichkeit« zu immer größerer Selbstverantwortlichkeit.

Trotz dieser scharfen Frontstellung gegen den Kommunismus hielt die SPD auch auf ihrem ersten Parteitag im Mai 1946 in Hannover an ihrem prononciert ›sozialistischen‹ Kurs fest. Viktor Agartz, der zum linken Flügel der Partei gehörte, behauptete hier, daß sich der deutsche Faschismus geradezu zwangsläufig aus der »Dynamik des kapitalistischen Systems« ergeben habe und sich ein erneuter Aus-

bruch solcher Tendenzen nur durch die Einführung einer »sozialistischen Wirtschaftsordnung« verhindern lasse. Sogar Carlo Schmid, der eher zum rechten Flügel der Partei zählte, wandte sich auf diesem Parteitag gegen den »ausbeutenden Kapitalismus in jeder Form«, der seine »Monopolstellungen« in »blindem Egoismus« gegen die »Interessen des Volksganzen« ausgenutzt habe, und erklärte: »Unser Kampf gegen den ausbeuterischen Kapitalismus ist ein absoluter.« Nicht minder scharf sagte Schumacher in Hannover der »privatkapitalistischen Unternehmerwirtschaft« den Kampf an und setzte sich nachdrücklich für eine von der SPD »gelenkte Wirtschaftspolitik« ein. Und zwar verband er diese Kampfansage mit einem massiven Bekenntnis zum Marxismus, obwohl er gegen Ende seiner Rede einschränkend bemerkte, daß man auch aus ethischen oder religiösen Gründen ein guter Sozialdemokrat sein könne.
Da jedoch die westlichen Alliierten keine einzige dieser Forderungen in die Tat umsetzten, ja ihre anfänglichen Entkartellisierungspläne schon im Laufe des Jahres 1946 wieder zu den Akten legten, wurde die SPD durch den allgemeinen Trend zur Rekapitalisierung in der Folgezeit immer stärker in die Defensive gedrängt. Das beweisen schon jene Reden, die im Juni 1947 auf dem zweiten Parteitag der SPD in Nürnberg gehalten wurden. Hier erklärte Schumacher in aller Offenheit, daß sich in Westdeutschland ein »Prozeß der Rekapitalisierung« abspiele, der zu einer neuen Konzernverflechtung und damit Gefährdung der Demokratisierungsabsichten führen könne. »Wir stehen heute«, sagte er erbittert, »mitten in einem Bürgerkrieg, der mit ökonomischen und bürokratischen Mitteln ausgefochten wird, wobei die Anwendung der Mittel leider überwiegend in der Hand unserer politischen und klassenmäßigen Gegner liegen – mit Wissen und Willen und Duldung aller militärischen Regierungen in Deutschland.« Doch Schumacher setzte dieser Drohung in Nürnberg noch einmal seinen sozialdemokratischen Traum eines »das Recht der freien Persönlichkeit bejahenden Sozialismus« entgegen, der nicht mit den Zwangsformen einer »detailliert zentralistischen Planwirtschaft« verwechselt werden dürfe. Solche Bekenntnisse verhallten jedoch 1947 bereits im Leeren, da sie bei den westlichen Besatzungsmächten keine wirksame Unterstützung mehr fanden. Daher nahmen die Sozialismuskonzepte der SPD in der Folgezeit zusehends

Elemente des Rooseveltschen New Deal sowie der Nationalisierungsvorstellungen der englischen Labour Party in sich auf und mündeten schließlich in eine Ideologie, bei welcher der Wille zur Neuordnung aller Verhältnisse mehr und mehr hinter einem reformerischen Pragmatismus zurücktrat.
Ähnliche Rückzugsmanöver lassen sich bei jenen Sprechern der CDU beobachten, die anfangs eine eindeutig antimonopolistische Linie vertraten, jedoch im Zuge der allgemeinen Rekapitalisierungsprozesse mit ihren ›sozialistischen‹ Neuordnungskonzepten immer stärker ins ideologische Gedränge kamen. So bekannten sich CDU-Politiker wie Jakob Kaiser und Ernst Lemmer in den Jahren 1946/47 noch unverhohlen zu einem »christlichen Sozialismus« und erklärten, daß der Gründung eines neuen Deutschland eine politische *und* wirtschaftliche Umstrukturierung der Gesamtverhältnisse vorausgehen müsse. Wohl den besten Beweis dafür liefert das damals häufig abgedruckte CDU-Plakat zur Berliner Stadtverordnetenwahl von 1946, auf dem es unter anderem heißt: »Arbeiter der Stirn und der Faust! Das bürgerlich-kapitalistische Zeitalter ist vorbei! Dem *Sozialismus* gehört die Zukunft! Doch wahrer Sozialismus heißt *nicht* Kollektivismus, verantwortungsbewußter Sozialismus *nicht* Vermassung! Arbeiter! Bist *Du* für eine sinnvoll gelenkte Planwirtschaft? Bist *Du* für einen gerechten Ausgleich der Kriegslasten? Bist *Du* für eine soziale Preis- und Lohnpolitik? *Dann kämpfe mit uns* für einen Sozialismus aus christlicher Verantwortung, für vollste Freiheit der Persönlichkeit, für echte demokratische Selbstverwaltung! *Arbeiter!* Darum hinein in die *Christlich-Demokratische Union Deutschlands,* hinein in die große deutsche *sozialistische Volkspartei!*«
Solche Töne hörte man 1948 nicht nur innerhalb der Berliner CDU und der Ostzonen-CDU, sondern auch auf dem linken Flügel der Westzonen-CDU, der ebenfalls einen »Sozialismus aus christlicher Verantwortung« befürwortete. Das gilt vor allem für die rheinisch-westfälische CDU, in der viele ehemals christliche Gewerkschafter tätig waren. Auch in ihren Reihen bekannte man sich anfangs ausdrücklich zu einem im christlichen Glauben verankerten ›Sozialismus‹, wie es in den *Kölner Leitsätzen* der CDU vom Juni 1945 heißt, dessen Hauptaufgabe darin bestehen müsse, die »Vorherrschaft des Großkapitals, der privaten Monopole und Konzerne« zu brechen.

Ihre bekannteste Zusammenfassung erfuhren diese Tendenzen im sogenannten *Ahlener Programm,* das die CDU am 3. Februar 1947, kurz vor den Landtagswahlen in Nordrhein-Westfalen, veröffentlichte und dem die Erkenntnis zugrunde lag: »Das kapitalistische Wirtschaftssystem ist den staatlichen und sozialen Lebensinteressen des deutschen Volkes nicht gerecht geworden.« Um dem bisherigen »Gewinn- und Machtstreben« wirksam entgegentreten zu können, stellten die christdemokratischen Parteiführer in diesem Manifest ihren Wählern eine »gemeinwirtschaftliche Ordnung« in Aussicht, die weitgehend auf jenen mittelständischen Antimonopolismus hinausläuft, den bereits frühere christliche Sozialreformer propagiert hatten. Ob die CDU damit wirklich eine Sozialisierung einleiten wollte, sei dahingestellt – vielleicht ihr linker Flügel. Ihr rechter Flügel versuchte jedoch mit solchen Slogans lediglich den Linksparteien den Wind aus den Segeln zu nehmen. Schließlich bahnte sich zu diesem Zeitpunkt bereits jener Rekapitalisierungsprozeß der westdeutschen Wirtschaft an, der gerade von CDU-Politikern wie Konrad Adenauer aufs lebhafteste unterstützt wurde und den auch die westlichen Besatzungsbehörden eher förderten als sich ihm entgegenzustellen.

Die Integration in das westliche Bündnis- und Wirtschaftssystem

Daß es aufgrund dieser Voraussetzungen im Zuge des Kalten Krieges zu einer fortschreitenden Integrierung der drei westlichen Besatzungszonen in das Gesamtgefüge der ›Freien Welt‹ kommen mußte, war unausweichlich. Selbst die energischste Gegenwehr der linksorientierten Parteien oder Länderparlamente hätte diesen Prozeß nicht verhindern können. Aber dazu kam es kaum. Trotz zahlreicher Unmutsäußerungen über die Politik der westlichen Besatzungsmächte hatte die Mehrheit der westdeutschen Bevölkerung gegen die fortschreitende Westintegrierung nur wenig einzuwenden, da sie sich von ihr einen schnellen Anstieg des allgemeinen Lebensstandards versprach. Die einzige Partei, die hierdurch – neben der KPD – in ideologische Schwierigkeiten geriet, war, wie wir gesehen haben, die SPD. Sie wurde nämlich durch diese Entwicklung gezwungen, für kurze Zeit einen Zweifrontenkrieg gegen die KPD/SED auf der einen Seite und die mit der Wiedereinführung der freien Marktwirtschaft sympathisierenden bürgerlichen Parteien auf der anderen zu führen, was sie in beträchtliche Widersprüche verwickelte. Die Rede Kurt Schumachers auf dem zweiten SPD-Parteitag in Nürnberg, in der er sich im Juni 1947 – bei allen Ausfällen gegen die Kommunisten – höchst ungehalten über die von den USA und der CDU geförderte Rekapitalisierung in den drei Westzonen äußerte, beweist das nur allzu deutlich. Um nicht in solchen Widersprüchen steckenzubleiben, schwächte die SPD schon im Herbst 1947, angesichts des immer brenzlicher werdenden Kalten Krieges, ihren Kampf gegen die ökonomischen Restaurationstendenzen zusehends ab und sah in der Folgezeit ihren Hauptwidersacher im östlichen ›Totalitarismus‹. So erklärte Schumacher bereits am 14. Oktober 1947 in einer Rede vor dem Kongreß der AFL in San Francisco, daß man die »schlummernden wirtschaftlichen Kapazitäten in Europa zu neuem Leben erwekken« müsse, wenn man sich gegen jene Gefahr wappnen wolle, die in Form des »bolschewistischen Totalitarismus« nicht nur Deutschland, sondern den ganzen europäischen Kontinent bedrohe. Aufgrund dieser Entscheidung kam es innerhalb der SPD – trotz vieler verbaler Attacken gegen die CDU – schon im Winter 1947/48 zu einer allmählichen Anpassung an jenen Kurs, der kurz darauf zur Spaltung Deutschlands und zur Gründung eines separaten Staats auf westdeutschem Territorium führen sollte. Die SPD gab also schon zu diesem Zeitpunkt ihren bisherigen Konfrontationskurs schrittweise auf und entschied sich für das Konzept einer profitorientierten Marktwirtschaft, die auf westlich verstandenen Freiheitskonzepten beruhte. Sie trat zwar weiterhin energisch für gewisse Sozialreformen ein, verzichtete jedoch auf ihre bisherigen klassenkämpferischen Parolen und stellte sogar ihren Kampf gegen die fortschreitende ›Amerikanisierung‹ Westdeutschlands ein, um der antisowjetischen Politik des Westens nicht in den Rücken zu fallen. Kurz: sie raufte sich lieber mit der CDU/CSU als mit der KPD/SED zu einer gemeinsamen Politik zusammen und knüpfte somit auch in diesem Punkt an alte Weimarer Traditionen an.

Durch das Einschwenken der SPD auf den allgemeinen Westkurs war es für die USA, England und Frankreich in der Folgezeit ein Leichtes, den Russen mit einer verschärften Konfrontationspolitik entgegenzutreten. Dazu gehörte, daß die Westmächte – nach Ausbruch des Kalten Krieges – die bis dahin relativ strikt durchgeführten Entnazifizierungs- und Entkartellisierungsmaßnahmen zusehends lockerten und zum Teil rückgängig machten. Außerdem favorisierten sie in der Folgezeit immer eindeutiger jene bürgerlichen Parteien, zu denen damals neben der CDU/CSU und der FDP noch das Zentrum und die Deutsche Partei gehörten, die weder so sozialistisch noch so gesamtdeutsch eingestellt waren wie die SPD, das heißt keine durchgreifende Neuordnung Deutschlands anstrebten, sondern sich mit der Restauration des Status quo vor 1933 begnügten. Im Jahr 1946 verabschiedete Sozialisierungsgesetze, wie der Artikel 41 der Hessischen Verfassung, für den 72 Prozent der Bevölkerung mit »Ja« gestimmt hatten, wurden deshalb von General Clay schon kurze Zeit später einfach annulliert, ja selbst das Ringen um einen ›Dritten Weg‹ als kommunistisches Störmanöver hingestellt. Überhaupt traten in der Folgezeit auf dem Gebiet der offiziellen Propaganda die antifaschistischen Slogans immer stärker hinter den antikommunistischen zurück. Der gleiche Paradigmawechsel vollzog sich auf dem Sektor der ökonomischen Theoriebildung. Während die CDU/CSU bis dahin einen ›christlichen Sozialismus‹ und die SPD einen ›demokratischen Sozialismus‹ gefordert hatten, die beide auf planwirtschaftlichen Vorstellungen beruhten, schob sich in der zweiten Hälfte des Jahres 1947 – in deutlicher Frontstellung gegen den Osten – bei allen nichtkommunistischen Parteien das Konzept der sozialen oder freien Marktwirtschaft in den Vordergrund. Eine wichtige Rolle spielte hierbei der am 29. Mai 1947 gegründete Wirtschaftsrat der Vereinigten Zonengebiete, dessen Vorsitz anfangs der SPD-Sozialist Viktor Agartz innehatte, diesen jedoch – im Zuge der sich verschiebenden Kräfteverhältnisse – schon nach wenigen Wochen an den CDU-Marktwirtschaftler Ludwig Erhard abtreten mußte, der als einer der führenden Exponenten der Westintegrierung galt. Die westlichen Alliierten begrüßten diesen Kurswechsel natürlich. Als daher die Londoner Außenministerkonferenz der vier Siegermächte zur Deutschlandfrage im Dezember 1947 an der Unnachgiebigkeit beider Seiten scheiterte, entschlossen sich die Vereinigten Staaten, England und Frankreich, in Zukunft in ihren Zonen nur noch jene Kräfte zu

unterstützen, die sich für die Gründung eines separaten Weststaates auf deutschem Boden einsetzten. Eine Bestätigung ihrer Deutschlandpolitik sahen die Westmächte vor allem in jenen Ereignissen, durch welche die Tschechoslowakei im Februar 1948 an den Ostblock fiel. Von nun ab wurde in den drei Westzonen auf einen massiven Wiederaufbaukurs umgeschaltet, um dieses Land in ein effektives ›Bollwerk gegen den Kommunismus‹ zu verwandeln. Aus diesem Grunde stellten die US-Amerikaner den Westdeutschen bereits im April 1948 die ersten Kredite aus den Marshall-Plan-Mitteln zur Verfügung. Anfang Juni beschlossen die Westalliierten, in ihren Besatzungszonen ein föderatives Regierungssystem aufzubauen. Zu diesem Zwecke führten sie am 20. Juni in den Westzonen und in West-Berlin eine allgemeine Währungsreform im Verhältnis von zehn Reichsmark zu einer Deutschen Mark durch. Hierdurch wurden die drei Westzonen endgültig zu einer wirtschaftlichen Einheit verschmolzen und zugleich von der ›Ostzone‹ abgeriegelt. Auf diese Maßnahmen antwortete die UdSSR am 24. Juni mit einer unnötig scharfen Blockade West-Berlins, welche den Kalten Krieg aufs Äußerste zuspitzte. Am 1. Juli schlugen schließlich die Westmächte den westdeutschen Länderregierungen die Einberufung einer verfassungsgebenden Versammlung vor. Darauf traten am 1. September die von den Länderparlamenten gewählten Mitglieder des Parlamentarischen Rats unter dem Vorsitz Konrad Adenauers in Bonn zur ersten Beratung einer vorläufigen Verfassung für die Westzonen zusammen, wie überhaupt Adenauer von nun ab immer stärker zum »Nr. One Man« für die Westmächte wurde.
Was sich dadurch in den drei Westzonen durchsetzte, war ein Trend zur Restauration, welcher im Zuge der fortschreitenden Westintegrierung und der von oben geförderten Stärkung aller privatwirtschaftlichen Impulse die bisherigen Neuordnungsvorstellungen weitgehend in den Hintergrund drängte. Die allein maßgebliche Leitidee auf diesem Gebiet wurde jetzt die ›soziale Marktwirtschaft‹. Mit diesem Konzept gab man zwar immer noch vor, dem Kapitalismus durch die gleichmäßige Akzentuierung von Freiheit und Gleichheit einen auf die Gesamtgesellschaft bezogenen Charakter zu verleihen, fiel aber durch die Begnadigung der Großindustriellen, die Aufhebung der Demontagepläne, die Rückgabe der großen Werke an ihre

früheren Eigentümer und die schnelle Rekartellisierung zusehends in die Gleise der älteren Profitorientierung zurück. Als wichtigster Initiator dieser Politik galt allgemein Ludwig Erhard, welcher wie Adenauer sowohl den christlichen Sozialismus eines Jakob Kaiser als auch jenen Ordoliberalismus ablehnte, der den bürgerlichen Freiheitsbegriff mit christlich-konservativen Ständestaatsvorstellungen zu verbinden suchte. Erhard vertrat von Anfang an einen Neoliberalismus im Sinne Wilhelm Röpkes, Alexander Rüstows und Alfred Müller-Armacks, der alle planwirtschaftlichen Elemente als ›totalitär‹ ablehnte und lediglich solche staatlichen Eingriffe gelten ließ, mit denen sich die Krisenanfälligkeit des älteren Kapitalismus vermindern lasse. Als kluger Taktiker kleidete er sein neoliberales Wirtschaftskonzept gern in die Vorstellung eines ›Wohlstands für alle‹ ein, welche nicht nur den Reichen, die durch ihre offene Unterstützung des Faschismus noch immer arg ›belastet‹ erschienen, sondern auch den kleinen Leuten eine echte Chance biete. Und mit solchen Konzepten hatte Erhard, vor allem mit der von ihm gutgeheißenen Währungsreform vom 20. Juni 1948, bei breiten Schichten der Bevölkerung einen ungeheuren Erfolg. Nachdem diese Schichten den ersten Umtauschschock überwunden hatten und sahen, daß sich die Läden nach der Aufhebung der zehnjährigen Planwirtschaft wieder mit den langentbehrten Konsumgütern zu füllen begannen, verloren die sozialistischen Wirtschaftskonzepte plötzlich ihre bisherige Attraktivität. Genau besehen, empfand also die Mehrheit der westdeutschen Bevölkerung die Währungsreform und die Verkündung der sozialen Marktwirtschaft gar nicht als Wiedereinführung des Kapitalismus, sondern als Aufhebung der faschistischen und postfaschistischen Zwangswirtschaft und damit als Rückkehr zu einer durch nichts eingeschränkten ›Freiheit‹.
Dieser kaum zu überschätzende psychologische Effekt bildete eine der entscheidenden Voraussetzungen für die Errichtung eines separaten Weststaates, der auf dem Prinzip der politischen, sozialen und vor allem ökonomischen Freizügigkeit beruhen sollte. Die weitere Entwicklung in den drei Westzonen verlief darum ohne große Überraschungen. Durch die Verbesserung der wirtschaftlichen Verhältnisse in Erhards ›Schlaraffenland‹ und die großzügige Unterstützung West-Berlins durch die us-amerikanische Luftbrücke bildete sich in

der Öffentlichkeit ein politisches Klima heraus, das eine deutliche Westtendenz aufwies. Die Zusammenfassung der drei westlichen Besatzungszonen zur sogenannten Trizone, welche am 1. April 1949 erfolgte und die offizielle Spaltung Deutschlands weiter vertiefte, wurde deshalb allgemein begrüßt. Doch nicht nur der ökonomische, auch der politische Zusammenschluß wurde jetzt von vielen Westdeutschen gefordert. Die Voraussetzung dazu bildete das am 8. Mai vom Parlamentarischen Rat in Bonn verabschiedete Grundgesetz der zukünftigen ›Bundesrepublik Deutschland‹. Am 15. Juni distanzierte sich daraufhin die CDU in ihren *Düsseldorfer Leitsätzen* auch öffentlich von den Sozialisierungsvorschlägen des *Ahlener Programms* von 1947 und bekannte sich zu kapitalistischen Produktionsverhältnissen im Rahmen einer sozialen Marktwirtschaft. Die Wahlen zum Ersten Deutschen Bundestag, bei welchen die CDU/CSU 31 Prozent, die SPD 29,2 Prozent, die FDP 11,9 Prozent und die KPD 5,7 Prozent der Stimmen für sich verbuchen konnten, fanden am 15. August des gleichen Jahres statt. Am 14. September wurde Adenauer im Bundestag mit einer Stimme Mehrheit zum ersten Bundeskanzler gewählt, welcher darauf ein Kabinett aus einer bürgerlichen Koalition von CDU/CSU, FDP und Deutscher Partei bildete, in dem Ludwig Erhard, der ›Vater der sozialen Marktwirtschaft‹, das Wirtschaftsministerium übernahm. Mit dieser Kabinettsbildung wurde die Wahl zwischen Neuordnung und Restauration endgültig zugunsten der Restauration entschieden. Daran konnten auch vereinzelte Proteste der SPD sowie jene Grundsatzerklärung des erst im Oktober 1949 wieder auf Bundesebene zugelassenen Deutschen Gewerkschaftsbundes nichts ändern, in der noch einmal gefordert wurde, daß der »politischen Demokratisierung« nun die »wirtschaftliche Demokratisierung« in Form einer »Überführung der Schlüsselindustrien in Gemeineigentum« folgen müsse, um nicht beim Konzept einer rein ›formalen‹ Demokratie stehenzubleiben.

Ideologische Umorientierung

Allgemeines zur Schuldfrage

Die ersten politischen Diskussionen nach dem Zusammenbruch Nazi-Deutschlands begannen meist mit Fragen wie: »Wie war es nur möglich, daß ein so hochstehendes ›Kulturvolk‹ wie die Deutschen eine so unermeßliche Schuld auf sich laden konnte?« oder »Wen soll man hierfür eigentlich zur Verantwortung ziehen: Alle Deutschen oder nur die wahrhaft Schuldigen?« Diese Fragen wurden noch dringlicher, als in den Zeitungen zum erstenmal die ungeschminkte Wahrheit über das Terrorregime der Nazis und des von ihnen angestifteten Zweiten Weltkriegs erschien, der in Europa, ja in der halben Welt zu einem Blutbad ungeahnten Ausmaßes geführt hatte. Erst jetzt hörte man, daß diesem Krieg insgesamt 55 Millionen Menschen, darunter 25 Millionen Zivilisten, zum Opfer gefallen waren. Allein die Sowjetunion hatte 20 Millionen Tote, Polen über sechs Millionen Tote zu beklagen. In Deutschland waren insgesamt sechs Millionen Menschen umgekommen. Außerdem wurde bekannt, daß die Nazis 15 Millionen ›Unpersonen‹ in Konzentrationslager verschleppt und dort 11 Millionen dieser Menschen, darunter fünf bis sechs Millionen Juden, umgebracht hatten. Bereits diese nackten Ziffern – von anderen Greueltaten wie der Zerstörung ganzer Städte, der Mißhandlung von Kriegsgefangenen, dem Schicksal der Vertriebenen und dem Verlust wertvollster Kunstwerke ganz zu schweigen – überstiegen alles, was bisherige Diktaturen oder Kriege der Menschheit an Leid zugefügt hatten.

Angesichts dieser Tatsachen, die in der ganzen Welt einen Aufschrei der Empörung hervorriefen, erwarteten die Siegermächte von den Deutschen erschütterte Bekenntnisse der Schuld, der Reue, der Buße, also das, was später als ›nationale Trauerarbeit‹ bezeichnet wurde. Doch nichts oder wenig dergleichen geschah. Die meisten Deutschen, die selber viel Leid durchgemacht hatten und in der Nachkriegszeit erst einmal mit dem unmittelbaren Überleben beschäftigt waren, schwiegen sich über diese Dinge einfach aus. Vor allem die mehr oder minder Schuldigen stellten sich aus Angst vor den drohenden Spruchkammerverfahren gern als harmlose Unschuldslämmer oder gar gebrannte Kinder hin. Plötzlich war es niemand gewesen – oder man schob die offenkundige Schuld einfach den anderen in die Schuhe. Selbst die beiden großen Parteien, die SPD und die CDU/CSU, taten nach dem Krieg fast nichts, um eine allgemeine Schulddiskussion, die auch sie selbst eingeschlossen hätte, in Gang zu setzen. Kurt Schumacher wandte sich schon in seinem Aufruf *Konsequenzen deutscher Politik* vom Sommer 1945 gegen die von den US-Amerikanern und Engländern vertretene These von der Gesamtschuld des deutschen Volkes, indem er zwar die Politik der Nazis, Großkapitalisten und Militärs, ja selbst den ›verhängnisvollen‹ Kurs der KPD vor 1933 für die folgende Katastrophe verantwortlich machte, jedoch die SPD, die immer eine Wahrerin der Demokratie gewesen sei, aus allen Schulddiskussionen herausnahm. Das gleiche taten die Sprecher der CDU/CSU und der katholischen Kirche. Auch sie wehrten sich nach 1945 ausdrücklich gegen den Vorwurf einer Mitschuld an den Nazigreueln – und machten für diese Schuld allein jene Deutschen verantwortlich, die von Gott abgefallen seien und sich jenen nihilistisch-satanischen Bewegungen angeschlossen hätten, aus denen unter anderem der Faschismus hervorgegangen sei. Zudem wies die CDU/CSU gern auf den angeblich ›tatkräftigen‹ Widerstand der Kirchen gegen das Dritte Reich hin, während sie den Widerstand der Linken, die unter dem Faschismus – neben den Juden – wohl den schwersten Verfolgungen ausgesetzt waren, fast durchweg verschwieg.

Eine ähnliche Haltung nahmen die meisten Intellektuellen – die Historiker, Philosophen, Geisteswissenschaftler, Publizisten und Journalisten – ein. Auch sie neigten nach 1945, falls sie sich überhaupt mit dem Faschismus auseinandersetzten, weitgehend zu Verschleierungen, Entlastungen, wenn nicht gar plumpen Verfälschungen, die nur allzu deutlich für ein schlechtes Gewissen sprechen. Wirkliche Schuldbekenntnisse legten in diesen Jahren fast nur jene ›Unschuldigen‹ aus den Reihen der wahrhaft Engagierten ab, die im Dritten Reich als aufrechte Antifaschisten in Zuchthäusern oder Konzentrationslagern gesessen hatten – und sich jetzt anklagten, nicht schon viel früher und viel nachdrücklicher gegen den Faschismus aufgetreten zu sein. Die sogenannten ›Mitläufer‹, die Edelkonservativen oder auch die Vertreter der Inneren Emigration schwiegen sich dagegen über die eben verstrichenen ›zwölf Jahre‹ lieber aus. Selbst ein Buch wie *Die Schuldfrage* (1946), in dem Karl Jaspers im Hinblick auf den Faschismus zwischen einer kriminellen, politischen, moralischen und metaphysischen Schuld unterschied, ließ diese Kreise kalt. Noch kälter ließ sie sein Aufruf, nicht erst die Anklage der Alliierten abzuwarten, sondern sich in aller Offenheit selbst anzuklagen. Schließlich empfanden sich die Vertreter dieser Schicht als unverwechselbare Einzelne, die man nicht für ein Kollektivphänomen wie den Nationalsozialismus verantwortlich machen dürfe. Sie wichen deshalb vor der Forderung, sich mit der kollektiven Schuld oder zumindest mit der kollektiven Haftung für die Schuld dieses Volkes auseinanderzusetzen, einfach in die Grauzone des Vertuschens aus oder entlasteten sich, indem sie den Faschismus mit irgendwelchen Pöbelbewegungen in Beziehung setzten, an denen die ›Geistigen‹ ohnehin nie teilgenommen hätten.

Statt der erwarteten Schuldbekenntnisse kam es also nur zu Schuldtheorien. Die meisten dieser Theorien hatten einen unleugbar taktischen Charakter und versuchten, die jeweils ›Anderen‹ als die Hauptsündenböcke der verfehlten Entwicklung hinzustellen. Zu der entscheidenden Frage, ob man für das faschistische Verhängnis alle Deutschen oder nur eine bestimmte Gruppe dieses Volks zur Rechenschaft ziehen solle, stießen hierbei nur wenige vor. Und selbst jene, die sich wirklich auf diese Frage einließen, verstrickten sich schnell in eine Fülle von Widersprüchen, welche ihnen reichlich verwirrend erschienen. Falls man nämlich alle Deutschen für die Nazigreuel verantwortlich machte, wies man zwar auf die Größe der deutschen Schuld hin, entlastete aber zugleich die tatsächlich Schuldigen. Falls man hingegen nur eine bestimmte Gruppe für diese Greuel haftbar machte, drohte stets die Gefahr, die Mitschuld der anderen Bevölkerungsschichten und damit die Massenbasis des Faschismus zu verharmlosen. Aber mit solchen Fragestellungen war wenigstens ein vorläufiges Feld möglicher Diskussionen abgesteckt. Und so erschien in den folgenden Jahren eine recht stattliche Reihe von Büchern, Broschüren und Aufsätzen über die ›deutsche Schuld‹, deren ideologische Spannweite von recht deutlichen Urteilen poli-

tischer und historischer Art bis zu höchst verschwommenen religiösen und moralischen Pauschalentlastungen reicht.
Wohl am konkretesten äußerten sich die Linken in dieser Hinsicht. Sie gaben im Sinne ihrer materialistischen Ableitungstheorien die Alleinschuld an der faschistischen Katastrophe der deutschen Geschichte fast durchweg jenen ›aggressiven, reaktionären und imperialistischen Kräften‹ innerhalb der deutschen Finanzoligarchie, die Hitler nach dem Ausbruch der großen Weltwirtschaftskrise von 1929 aus Angst vor einer möglichen Bolschewisierung auf den Schild gehoben hätten. In ihren Schriften gleicht darum die Machtübergabe an die Faschisten meist einem monokausalen ›Kaufakt‹, zu dessen Drahtziehern eine Reihe führender Bankiers und Industrieller gehörte. Hier wurde also der Nationalsozialismus als eine ›offene, terroristische Diktatur des Großkapitals‹ hingestellt, während man die Massenbasis der Nazipartei einfach unterschlug. Doch für eine so breite und folgenreiche Bewegung wie den deutschen Faschismus lediglich einige Großindustrielle und Militärs verantwortlich zu machen, erschien anderen Linken schon damals zu eindimensional. Aus diesem Grunde wurden innerhalb dieses Lagers auch einige Stimmen laut, welche den Nationalsozialismus in wesentlich größere Zusammenhänge einordneten, ja aus dem Gesamtverlauf der deutschen Geschichte zu erklären suchten. Allerdings hatte auch das seine Probleme. Während die erste Gruppe oft der Gefahr der Monokausalität erlag, stellte sich bei der zweiten ebensooft die Gefahr einer allzu fahrlässigen Ausweitung und damit Verunklärung ein. Beispiele dafür liefern jene Linken, die im Sinne der anglo-amerikanischen These »From Luther to Hitler« (William Montgomery McGovern) oder im Sinne des *Doktor Faustus* (1947) von Thomas Mann für die Entstehung des Faschismus das Gesamtgeschick der deutschen Geschichte oder zumindest ihren Verlauf seit den gescheiterten Bauernaufständen des frühen 16. Jahrhunderts verantwortlich machten. Immer wieder seien in Deutschland alle revolutionären Bewegungen am Druck massiver Gegenrevolutionen gescheitert, liest man hier, wodurch sich – im Gegensatz zu England oder Frankreich – nicht ein demokratisches Selbstbewußtsein, sondern ein erbärmlicher Kadavergehorsam als Nationaleigenschaft durchgesetzt habe. So beschrieb etwa Alexander Abusch in seinem Buch *Der Irrweg einer Nation*

(1946) den Verlauf der deutschen Geschichte – trotz einiger Lichtblicke wie der Bauernaufstände, der Befreiungskriege und dem Kampf der älteren SPD, in denen sich Alternativen angedeutet hätten – weitgehend als den allbekannten Weg in die ›Deutsche Misere‹. Zu ähnlichen Ergebnissen kam Ernst Niekisch in seiner Schrift *Deutsche Daseinsverfehlung,* die im gleichen Jahr erschien und in der die deutsche Geschichte ebenfalls als eine Folge verfehlter Gelegenheiten dargestellt wird, deren folgerichtiges Ergebnis der Faschismus gewesen sei. In dem Deutschland von 1945 überhaupt noch ein »völkerrechtliches Subjekt« zu erkennen, fiel daher Niekisch schwer. Fast die gleichen Thesen vertrat Fritz Helling in seinem Buch *Der Katastrophenweg der deutschen Geschichte* (1947). Wie Abusch und Niekisch sah auch er in der deutschen Geschichte lediglich eine Folge siegreicher Gegenrevolutionen, die bereits mit der Niederschlagung der Bauernaufstände begonnen habe. Da in diesem Lande später auch die bürgerliche und die proletarische Revolution gescheitert seien, hätten die Deutschen, behauptete Helling, schließlich der übelsten aller Gegenrevolutionen, nämlich der des faschisierten Großkapitals und des Junkertums, zugejubelt.
Doch auch bei weniger links eingestellten Autoren wurden nach 1945 für die Entstehung des Faschismus gern der Gesamtverlauf der deutschen Geschichte der letzten 400 Jahre oder zumindest einzelne Entwicklungsstränge dieser Geschichte verantwortlich gemacht. Besonders viele Haare mußte hierbei Preußen lassen. Nach Friedrich Wilhelm Foerster setzte die unheilvolle ›Verpreußung‹ Deutschlands bereits mit Friedrich dem Zweiten ein. Fritz Harzendorf ließ dagegen in seinem Buch *So kam es. Der deutsche Irrweg von Bismarck bis Hitler* (1946) die Faschisierung Deutschlands erst mit dem preußischen Hegemoniestreben innerhalb des Wilhelminischen Reiches beginnen. Ebenso scharf wurde im Rahmen solcher Schuldtheorien die verhängnisvolle Rolle des preußischen Generalstabs angeprangert. Andere dieser vornehmlich an historischen oder sozialgeschichtlichen Ursachen interessierten Autoren führten die Entstehung des Faschismus auf das Versagen jener deutschen Bourgeoisie zurück, die sich in den Revolutionen von 1848 und 1918 als die »politisch feigste« in der Welt erwiesen habe, wie es 1946 in der Einleitung zum ersten Heft der Zeitschrift *Umschau* hieß. Ja, nicht einmal die hohe Bildung

dieses Bürgertums, auf die es besonders stolz gewesen sei, habe Deutschland vor der faschistischen ›Höllenfahrt‹ bewahren können. Im Gegenteil. Sogar der hochgespannte Idealismus der deutschen Philosophen, lesen wir hier, weise deutliche Tendenzen ins Faschistische auf. Vor allem Kant wurde in diesen Jahren mehrfach sein angeblich ›martialisches‹ Konzept der absoluten Pflichterfüllung angekreidet. Nicht minder apodiktisch erklärte Paul Wilhelm Wengler 1947 in *Das goldene Tor,* daß von Fichte und Hegel, die nie zwischen Macht und Recht unterschieden hätten, ein direkter Weg zu den Blut- und Eisen-Taktiken Bismarcks und schließlich zu Hitler führe. Die gleiche Entwicklungslinie zog Alfred Martin in seinem Buch *Geistige Wegbereiter des deutschen Zusammenbruchs. Hegel, Nietzsche, Spengler* (1948), in welchem er Hegel als ›elitären Etatisten‹ charakterisierte, der sich über jedes Naturrecht, jedes Völkerrecht, ja über alles Übernationale in Recht und Moral, wie es vom klassischen Altertum über das christliche Mittelalter bis zum philanthropischen 18. Jahrhundert normgebend gewesen sei, einfach hinweggesetzt habe. Erst Georg Lukács hat dann 1954 in seinem Buch *Die Zerstörung der Vernunft. Der Weg des Irrationalismus von Schelling zu Hitler* weniger den Idealismus eines Kant, Fichte und Hegel als den Irrationalismus eines Schelling, Schopenhauer, Nietzsche und Heidegger für die spätere Faschisierung der deutschen Ideologie verantwortlich gemacht, um so die Dinge wieder ins linke Licht zu rücken.

Was bei diesen Autoren zusehends ins geistesgeschichtlich Verschwommene tendierte, verlor bei all jenen, die lediglich elitäre Außenseiterpositionen bezogen, vollends jeden Bezug zum Politischen. Noch die besten Äußerungen innerhalb dieser Gruppe stammen von jenen, die auch den ›Geistigen‹ eine gewisse Mitschuld am Faschismus gaben. Die Intellektuellen hätten nicht falsche Autoritäten akzeptieren dürfen, hätten Bekennermut zeigen sollen, hätten sich auflehnen müssen – wie es in dem Buch *Irrweg deutscher Geschichte* (1946) von Hans Brühl heißt. Eine ähnliche Selbstanklage liegt dem *Deutschenspiegel* von Rudolf Pechel zugrunde, der im gleichen Jahr erschien und in dem die Geistigen aufgefordert wurden, sich wieder aus dem »Sumpf der sittlichen Verkommenheit und Verlumpung« der Nazizeit zu befreien. Doch die meisten ›Geistigen‹ dieser Ära, ob nun neoliberaler oder konservativer Observanz, zogen sich bei solchen Rückblicken auf die dreißiger Jahre lieber in den Elfenbeinturm der eigenen Einmaligkeit zurück – und machten für die Greuel des Faschismus allein die Massen, den Pöbel, den wankelmütigen Mob verantwortlich. Indem sie dabei wie Ortega y Gasset von einer weltweiten Vermassung oder Verpöbelung sprachen, verlor sich das spezifisch ›Deutsche‹ dieser Schuld weitgehend im Nebel einer grauen Allgemeinheit. In ihren Schriften gab es letztlich nur die ›Schuld‹ der leicht verführbaren Massen und die ›Unschuld‹ jener moralisch integren bürgerlichen Intellektuellen, die auch im Dritten Reich vornehmlich dem ›Geist‹ gedient hätten.

Dafür einige Beispiele. So heißt es schon 1945 in Wilhelm Röpkes Buch *Die deutsche Frage* mit neoliberaler Grundtendenz, daß der Faschismus in erster Linie ein »totalitäres« Regime gewesen sei, das keinerlei Achtung »vor der Freiheit und den Rechten des Individuums« besessen habe. Daß es überhaupt zu einem solchen Regime kommen konnte, führte Röpke auf die Verpreußung Deutschlands und damit die Herausbildung jener präkollektivistischen »Einheitsdeutschen« zurück, die als »proletarisierte« Massenwesen geradezu zwangsläufig der Demagogie der aus der Tiefe der Kloake aufgestiegenen »untermenschlichen« Nazis verfallen mußten, welche ihnen die Eroberung der Welt versprochen hätten. Eine ähnliche Sicht der deutschen Geschichte herrscht in dem Band *Geist im Wandel* (1948) von Albert Erich Brinkmann, wo die Hauptschuld am Faschismus ebenfalls jener Masse zugeschoben wird, die kein »Persönlichkeitsgefühl« besitze und somit von jedem geschickt taktierenden Cäsar leicht zu verführen sei. Mit gleicher Intention griffen konservative Historiker wie Friedrich Meinecke und Gerhard Ritter diese ›Vermassungs‹-Thesen auf, rückten sie jedoch vor einen wesentlich weiteren Horizont. So ließ Meinecke in seinem Buch *Die deutsche Katastrophe* (1946) den Prozeß der steigenden ›Vermassung‹ schon mit der Mobilisierung der Unterschichten in der Französischen Revolution beginnen. Bereits damals habe jenes falsche Streben »nach dem unerreichbaren Menschenglück der Massen« eingesetzt, erklärte er, das nur auf »Erwerb, Macht und Wohlleben« aus sei. Den sich daraus ergebenden Prozeß, der stets das Symptom einer »verfallenden Kultur« sei, habe man erst Demokratisierung, dann Sozialisierung und Nationalisierung und schließlich Bolschewisierung oder Faschisierung genannt. Eine »spezifisch deutsche Schuld« konnte Meinecke in dieser Entwicklung nicht erkennen. Nicht minder entschieden wandte sich Gerhard Ritter in seiner Studie *Europa und die deutsche Frage* (1948) gegen jene »Vansittartisten«, die alles Böse in der jüngsten Geschichte den Deutschen anzulasten suchten, und charakterisierte den Faschismus ebenfalls als den Ausdruck jenes »modernen Massenmenschentums« und »proletarischen Nationalgefühls«, das sich heute überall verbreite und in seiner Neigung zur »totalitären Diktatur« selbst den Demokratien des Westens gefährlich werden könne. Der gleiche Hang zu einem Pessimismus à la Spenglers *Untergang des Abendlandes* macht sich in dem Buch *Führer und Verführte. Eine Analyse des deutschen Schicksals* (1946) von Hans Windisch bemerkbar. Auch er sah die Ursache der deutschen Katastrophe vornehmlich in der Zurückdrängung der älteren »Wert-Aristokratie« und der damit verbundenen Entstehung »riesiger uniformer Menschenmassen«, die sich zu allem mißbrauchen ließen. Die »deutsche Tragödie«, schrieb Windisch, sei höchstwahrscheinlich nur ein erster Auftakt zu weiteren Tragödien dieser Art. Andere »Kulturvölker«, behauptete er, würden im kommenden Zeitalter der »Massenbewegungen, der Massenangst, der Massenvernichtung und der Massengräber« sicher ähnliche Erfahrungen durchmachen.

Ebenso pauschal und zugleich entlastend wirken fast alle Schuldtheorien, die für die Heraufkunft des Faschismus lediglich den allgemeinen ›Abfall von Gott‹ verantwortlich machten. Von einer wirklich konkreten Schuld war in diesem Bereich höchstens bei den Vertretern der Bekennenden Kirche die Rede. So erklärte Martin Niemöller, der einen Großteil des Dritten Reiches in den Konzentrationslagern Sachsenhausen und Dachau verbracht hatte, schon im August 1945, daß sich die Männer der Kirche nicht als die »Frommen und Gerechten« aufspielen sollten. Gerade sie müßten jetzt ihre eigene Schuld, ihre eigene »übergroße Schuld« zugeben, da sie sich im Rahmen der etablierten »Behördenkirche« nach 1933 den »autoritären Formen der Staatsführung« nur allzu willig angepaßt hätten. Auch das Stuttgarter *Schuldbekenntnis des Rats der Evangelischen Kirche* vom 19. Oktober 1945 enthält eine solche Selbstanklage, nämlich unterm Faschismus viel zu lange geschwiegen zu haben, anstatt in aller Offenheit für den Geist eines friedlichen und völkerversöhnenden

Christentums eingetreten zu sein. Doch ansonsten machten es sich die ›Frommen‹ in diesem Punkte eher leicht, indem sie entweder auf den angeblich weitverbreiteten Widerstand der Kirchen nach 1933 hinwiesen oder in allgemeinste Phrasen auswichen. Auf katholischer Seite wurde die Schuld an der Wegbereitung des Faschismus, von einer selbstkritischen Schrift wie *Das Unzerstörbare* (1945) von Reinhold Schneider einmal abgesehen, meist in der ›Verpreußung‹ Deutschlands während des Zweiten Reichs gesehen, deren Ergebnis der bereits erwähnte ›Abfall von Gott‹ gewesen sei. Ein gutes Beispiel hierfür bietet das Buch *Der Weg in die Katastrophe. Von Bismarcks Sturz bis zum Ende Hitlers* (1948) von Eduard Hemmerle, das in der These gipfelt, sich endlich vom ›Borussismus‹ abzuwenden und zum Christentum zurückzukehren, um sich erneut die »Achtung der Welt« zu verdienen. Ähnliche Thesen finden sich in dem Manifest *Der Weg in den Abgrund* (1946) von Walter Hagemann, wo der Hohenzollerndynastie und dem Großkapital die Schuld an dem besagten ›Abfall‹ sowie dem daraus resultierenden ›Nihilismus‹ gegeben wird – und die Leser zum Aufbau einer »christlichen und demokratischen Staatsordnung« aufgefordert werden. Auch Carl H. Mueller-Graaf erklärte 1948 in *Irrweg und Umkehr. Betrachtungen über das Schicksal Deutschlands,* daß die Hauptaufgabe der heutigen Entnazifizierung darin bestehen müsse, das deutsche Volk – nach seiner langen »Höllenfahrt« – wieder mit den »Grundwerten des Christentums« vertraut zu machen. Wie für Hagemann gab es auch für ihn nur eine Alternative: die zwischen »Nihilismus« und »Gottvertrauen«. Sein Buch mündet darum logischerweise in die bekannte Äußerung des Novalis: »Europa wird christlich sein, oder es wird nicht sein.« Als deshalb Horst Lommer in seiner Satire *Das tausendjährige Reich* (1946) den Faschismus als ein rein ›politisches‹ Phänomen beschrieb, erklärte ein katholischer Rezensent dieses Werks in der Zeitschrift *Welt und Wort,* daß sich der Faschismus weder als ein soziales noch als ein ökonomisches Phänomen, sondern nur als etwas viel »Unheilvolleres«, nämlich als die »Herrschaft des Antichrist« oder des »Bösen schlechthin« darstellen lasse.

Ein ideologisches Pendant dazu bildeten jene Schriften, die für den ›Sturz in den Faschismus‹ lediglich irgendwelche schicksalshaften oder dämonischen Kräfte verantwortlich machten und damit der

konkreten Schuldfrage noch weiter aus dem Wege gingen. Was bei strenggläubigen Katholiken wenigstens als Sünde, nämlich als ›Abfall von Gott‹, greifbar blieb, löste sich hier vollends ins Irrationale auf. So sagte etwa der protestantisch-humanistische Theologe Helmut Thielicke 1945 im Hinblick auf die Nazizeit, daß man bei der Interpretation der letzten 12 Jahre nicht ohne die »Kategorie des Dämonischen« auskomme. Auch Carl Gustav Jung setzte zu diesem Zeitpunkt die NS-Herrschaft weitgehend mit dem »Druck von Dämonen« gleich. Ja, selbst Karl Jaspers, von dem viele etwas ›Rationaleres‹ erwartet hatten, erklärte 1945 bei der Eröffnungsrede der Heidelberger Universität mit dämonologisch-raunender Stimme: »Die Teufel haben auf uns eingehauen und uns mitgerissen, daß uns Hören und Sehen verging.« Andere solcher ›Meisterdenker‹ versuchten sich der anstehenden Schuldfrage zum Teil dadurch zu entziehen, indem sie die jüngste deutsche Geschichte einfach als ›ungewollte‹ Tragödie charakterisierten. Das beweist etwa Gerhard Ritters Buch *Geschichte als Bildungsmacht* (1946), worin die These vertreten wird, daß sich der 1933 erfolgte Umschlag der älteren deutschen Kulturwerte ins Diabolisch-Faschistische nur mit jener für eine Tragödie typischen Peripetie und der folgenden Katastrophe vergleichen lasse. Und auch Bernhard Sengefelder erklärte 1947 in seiner Schrift *Die tragische Nation,* daß die deutsche Geschichte nun einmal nicht so ›glückhaft‹ verlaufen sei wie die englische oder us-amerikanische – und man darum dem deutschen Volke eher mit »Liebe« als mit Drohungen entgegentreten solle. Nichts wäre schädlicher, heißt es hier, als im Hinblick auf die deutsche Vergangenheit lediglich einer »selbstpeinigenden Flagellantenhistorik« zu huldigen.
Manche gingen in diesem Punkt sogar noch einen Schritt weiter und sprachen – unter Ausschaltung aller ideologischen Unterschiede – einfach von der Tragik der gesamten Weltgeschichte oder des Menschseins schlechthin. So schrieb Frank Thiess 1947 im 10. Heft der Zeitschrift *Aussaat,* daß es schon immer Massenwahn und Grausamkeit, schon immer Kriege und Tyrannen gegeben habe, ja die »ganze Weltgeschichte eine solche des Leidens« sei. Auch Bernhard Schwertfeger legte 1948 seinem Buch *Rätsel um Deutschland* die These zugrunde, daß »totalitäre Regime« oder »Zusammenrottungen verbrecherischer Elemente« an sich nichts Neues unter der

Sonne darstellten. »Millionen schuldloser deutscher Menschen«, heißt es hier, dürften darum nicht »auf immer dem Elend und der Dammnis« überantwortet werden. Das gleiche forderte Friedrich von Rähnitz in seinem Aufsatz *Der Sturz in die Wirklichkeit,* der bereits 1945 in den *Berliner Heften für geistiges Leben* erschien. Statt die Deutschen, erklärte er, durch überspannte Schuldtheorien völlig »mutlos« zu machen, solle man ihnen lieber die großen Leistungen ihrer Vergangenheit vor Augen führen. Schließlich sei der Nationalsozialismus nur ein vorübergehender »Kollaps« gewesen, der überhaupt nicht in den Gesamtverlauf der deutschen Geschichte passe, wodurch sich die Frage nach einer spezifisch ›deutschen‹ Schuld eigentlich von selbst erübrige.

Sozialistische, christlich-soziale und radikaldemokratische Neuordnungskonzepte

Unter jenen Deutschen, die sich nach 1945 eine bessere Zukunft nur von einer konsequenten Neuordnung versprachen, hatte der ›Sozialismus‹, wie wir gesehen haben, anfangs eine recht gute Presse. Da sich der Faschismus nur allzu eng mit dem Kapitalismus liiert hatte, galten diese beiden Ismen als gleichermaßen kompromittiert. Deshalb wollten viele nicht einfach zu einem Wirtschaftssystem zurück, das soviel Schuld auf sich geladen hatte wie das kapitalistische, sondern strebten über dieses System hinaus. Vor allem die linksorientierten Antifaschisten, aber auch andere, die sich nach einer neuen, auf Werten wie Solidarität oder gar Bruderschaft beruhenden Gemeinschaft sehnten, konnten sich eine kommende Demokratie nicht ohne eine sozialistische Komponente vorstellen. Aus diesem Grunde erschien nach 1945 eine beachtliche Reihe von Schriften, welche die durch den Faschismus irregeführte Bevölkerung und vor allem die Jugend erneut mit Konzepten wie Marxismus oder Sozialismus vertraut zu machen suchten. So wurden etwa in dem Aufsatz *Marxismus. Was ist das eigentlich?* von Georg Engelbert Graf, der 1946 im ersten Heft der Zeitschrift *Prisma* herauskam, die Marxisten erst einmal als die Hauptgegner der Faschisten vorgestellt. Hierauf gab Graf eine kurze Einführung in die Hauptcharakteristika des historischen

Materialismus, wobei er allerdings immer wieder einschränkend bemerkte, daß der Marxismus weniger ein »Dogma« als eine »Methode« sei. Da viele Deutsche nach der Überwindung des Faschismus allen ›geschlossenen‹ Systemen verständlicherweise mit äußerster Skepsis entgegentraten, wurde schließlich selbst in einer prosozialistischen Proklamation wie dieser betont, daß man zwar keine Demokratie ohne Sozialismus, aber auch keinen Sozialismus ohne Demokratie anstreben solle, um nicht erneut in irgendwelche faschistischen, staatssozialistischen, bürokratischen, das heißt ›totalitären‹ Zwangsmechanismen zurückzufallen.
Die Hauptfülle der sich in den drei westlichen Besatzungszonen für den Sozialismus einsetzenden Schriften kam anfangs aus den Reihen der durchaus selbstbewußt auftretenden SPD, während die KPD aufgrund ihrer numerischen Schwäche in diesem Punkte eher vorsichtig taktierte. Vor allem Sozialdemokraten wie Kurt Schumacher, Viktor Agartz, Erik Nölting und Carlo Schmid haben sich damals in Wort und Schrift immer wieder für eine durchgreifende Sozialisierung der westzonalen Wirtschaft eingesetzt. »Besonders die Amerikaner müssen erkennen«, sagte Schumacher 1946, »daß der Sozialismus in Deutschland mehr als anderswo in der Welt die Voraussetzung für Demokratie und Frieden ist.« Denn nur dann, fuhr er fort, wenn die Siegermächte einer »sozialistischen Linie« in Deutschland zustimmen, könne man der Jugend, die in einem faschistisch-kapitalistischen Staat großgeworden sei, wieder einen neuen »Sinn«, eine neue »Hoffnung« geben. Schumacher ließ deshalb nicht davon ab, den Marxismus in seinen »beiden wichtigsten Formen«, nämlich der Theorie des »Klassenkampfes« und der »ökonomischen Geschichtsauffassung«, die gerade durch die »Realitäten« der jüngsten Vergangenheit wieder bestätigt worden seien, als etwas höchst Relevantes hinzustellen. Jedenfalls seien dem Marxismus, schrieb er, »mehr Kenntnisse und mehr Waffen zu verdanken« als »jeder anderen wissenschaftlichen und soziologischen Methode der Welt«. Ebenso entschieden erklärte Viktor Agartz damals immer wieder, daß sich die »spätkapitalistische Wirtschaft« und der »deutsche Imperialismus« nur durch Sozialisierung, Mitbestimmung der Arbeiter und gesamtwirtschaftliche Planung überwinden ließen. Erik Nölting faßte diese Marschroute 1947 auf dem Nürnberger Parteitag der SPD in der

Forderung zusammen, die »Grundstoffindustrie« endlich zu sozialisieren und damit der Macht des »Volkes« zu unterstellen. Und auch Carlo Schmid erklärte in der unmittelbaren Nachkriegszeit wiederholt, daß es in Zukunft in Deutschland keine »Klasse der Ausbeuter« und keine »Klasse der Ausgebeuteten« mehr geben dürfe, sondern die Voraussetzungen für eine »klassenlose Gesellschaft« geschaffen werden müßten. »Nicht die ›Bewegung‹«, behauptete Schmid emphatisch, sondern »das ›Ziel‹ ist unser Ziel«, wobei er durchblicken ließ, daß er dabei nicht an einen »automatischen«, sondern an einen kämpferischen Durchsetzungsprozeß dachte.

Doch das war nur eine Seite der Medaille. Andererseits setzte sich gerade die SPD von Anfang an gegen die Überbetonung aller planenden und ›diktatorischen‹ Elemente ein. Vor allem Schumacher ließ es selten an scharfen Ausfällen gegen die KPD und die spätere SED fehlen, denen er einen an der Sowjetunion orientierten ›Totalitarismus‹ vorwarf. Das gleiche tat der aus dem Osten in den Westen übergewechselte SPD-Führer Gustav Dahrendorf, der behauptete, daß man in der SBZ, wo eine »Diktatur über das Proletariat« herrsche, die breiten Massen – wie unterm Faschismus – weiterhin wie »Heloten und Untertanen« behandele. Wohl die meistdiskutierte SPD-Proklamation dieser Art war das 1946 erschienene Buch *Jenseits des Kapitalismus. Ein Beitrag zur sozialistischen Neuorientierung* von Paul Sering, hinter dem sich der von der Gruppe »Neubeginnen« gerade zur SOPADE in London übergewechselte Richard Löwenthal verbarg. In diesem Buch wird zur Überwindung des »Monopolkapitalismus« und »Imperialismus« nicht die rücksichtslose Enteignung aller großen Industrien, sondern eine »demokratische« Nationalisierung empfohlen, die sich an den Maßnahmen der sozialdemokratischen Parteien Skandinaviens und der englischen Labour Party orientiert. In der Politik dieser Parteien sah Löwenthal einen wahrhaft »europäischen Sozialismus« am Werke, während er den »totalitären Sozialismus« der Sowjetunion, der nicht nur Deutschland, sondern die gesamte »freie Welt« bedrohe, als »asiatisch« brandmarkte. Es sei heute die welthistorische Mission der Sozialdemokratie, erklärte Löwenthal, zwischen dem »Großraum des amerikanischen Kapitalismus« und dem »Großraum der russischen Staatswirtschaft« einen Großraum sozialdemokratisch-europäischer Kooperation zu schaffen, um so das

Abendland sowohl vor dem us-amerikanischen Profitstreben als auch vor dem östlichen Totalitarismus zu bewahren. Der freie, europäische Sozialismus solle daher soviele der »humanistischen« Traditionen dieses Kontinents in sich aufnehmen wie nur möglich – und alle kommunistischen Partnerschaftsangebote energisch zurückweisen. Nur so könne er jene Ziele erreichen, heißt es an einer Stelle, die dem »freien Sozialismus« von Anfang an vorgeschwebt hätten: die Vollbeschäftigung, die Hebung des allgemeinen Wohlstands, die Selbstbestimmung des Einzelnen und schließlich die »freie Assoziation der Produzenten«.

Fast die gleiche Linie vertraten all jene Sozialdemokraten, die damals in den Länderparlamenten der drei Westzonen führende Positionen innehatten. So wandte sich Wilhelm Hoegner, der bayerische Ministerpräsident, schon im November 1946 in der Zeitschrift *Prisma* unter dem Titel *Staatssozialismus oder genossenschaftlicher Sozialismus?* gegen jede »umfangreiche Staatsbürokratie«, die »autoritär und selbstherrlich über der ganzen Masse der Bevölkerung« throne, und erwartete eine Besserung der Verhältnisse vornehmlich von genossenschaftlich-dezentralisierten »Selbsthilfe«-Aktionen, die jedem Einzelnen ein gewisses »Maß an persönlicher Freiheit« erlaubten. Ähnliche Thesen finden sich in den Büchern *Geistige Freiheit und soziale Gerechtigkeit im neuen Deutschland* (1947) und *Personalismus, Sozialismus, Völkerfrieden* (1948) des hessischen Ministerpräsidenten Karl Geiler. Auch in ihnen wurde zwischen »Monopolkapitalismus« und »Kollektivismus« – also zwischen den USA als einem »Land der Freiheit ohne Gerechtigkeit« und der UdSSR als einem »Land der Gerechtigkeit ohne Freiheit« – ein Mittelkurs anvisiert, den Geiler mit Schlagworten wie »Dezentralisierung«, »Wirtschaftshumanismus«, »Stärkung der personalen Elemente« und »scharfer Abgrenzung von der SED« umschrieb. Dieser genossenschaftlich orientierte Wirtschaftshumanismus lehnte sich zum Teil an die ›Wirtschaftsdemokratie‹-Konzepte der SPD in den zwanziger Jahren an, wie überhaupt die von vielen Sozialdemokraten der unmittelbaren Nachkriegszeit geforderte ›Entdogmatisierung, Entbürokratisierung und Personalisierung des politischen Lebens‹ deutlich an bereits von Ebert und Scheidemann praktizierte Taktiken erinnert. Und so bildete sich innerhalb der SPD – vor allem im Zuge des einsetzenden

Kalten Krieges – ein immer stärker werdender Trend zu einem ›Freien Sozialismus‹, einem ›Sozialismus mit menschlichem Gesicht‹ oder einem ›liberalen Sozialismus‹ heraus, der schließlich dazu führte, daß ihre Führer sogar das Konzept der ›Sozialen Marktwirtschaft‹ akzeptierten. Im Einklang mit dieser Entwicklung schrieb Willy Brandt 1949 im Maiheft der Zeitschrift *Der Monat* unter dem Titel *Weitergeführte Demokratie,* daß der Kapitalismus nicht unbedingt zum Faschismus führen müsse, sondern sich durchaus mit demokratischen Planungs- und Lenkungsmaßnahmen vereinbaren lasse und auch im Rahmen einer sozialen Marktwirtschaft eine Vollbeschäftigung aller Menschen möglich sei.

Eine ähnliche Entwicklung läßt sich bei jenen Intellektuellen oder Intellektuellengruppen beobachten, die sich in den gleichen Jahren als Parteilose für bestimmte Sozialisierungsmaßnahmen einsetzten. Auch hier gab es anfangs einige, welche ihre Hoffnung vor allem auf eine möglichst schnelle und durchgreifende Verstaatlichung der gesamten Schwerindustrie setzten. Dafür sprechen Bücher wie *Das Ende der kapitalistischen Rechtsordnung* (1946) von Harold Rasch, *Irrweg deutscher Geschichte* (1946) von Hans Brühl, *Ost und West* (1947) von Ernst Niekisch und *Der Katastrophenweg der deutschen Geschichte* (1947) von Fritz Helling, die alle vier auf der These beruhen, daß der Kapitalismus durch seine enge Assoziation mit dem Faschismus endgültig abgewirtschaftet habe und einer sozialistischen Planwirtschaft weichen müsse. Im Sinne älterer Volksfrontstrategien werden in ihnen alle »fortschrittlichen Kräfte«, nämlich die »sozialistischen Arbeiterparteien und Gewerkschaften ebenso wie das aus christlicher und humanistischer Verantwortung für die Zukunftsnotwendigkeiten aufgeschlossene Bürgertum«, aufgefordert, sich rückhaltslos in den Dienst eines »demokratisch-sozialistischen Neuaufbaus« Deutschlands zu stellen, wie es auf den letzten Seiten von Hellings Buch heißt. Allerdings fehlte es selbst bei solchen Aufrufen selten an Warnungen vor der Gefahr des Totalitarismus. Beispielhaft dafür sind die Beiträge der Zeitschrift *Der Ruf* (1946–1947), deren Autoren ebenfalls für einen ›demokratischen Sozialismus‹ eintraten. So verkündete etwa Walter Mannzen in diesem Blatt am 1. September 1946, daß nur eine »Befreiung der Wirtschaft aus den Fesseln des Profits und des Marktmechanismus« zu einer Überwindung der gegenwärtigen Misere führen könne, warnte jedoch im gleichen Atemzug vor einer allzu »zentralisierten Planwirtschaft« und damit noch größeren »Entfremdung« der Menschen von sich selbst. Auch in der zukünftigen Gesellschaft, schrieb Henry Ehrmann im gleichen Heft, müsse das oberste Ziel stets die »freie Entwicklung des Individuums« sein. Aufgrund ähnlicher Prämissen erklärte Alfred Andersch am 15. März 1947 im *Ruf,* daß der »derzeitige Zustand der Sowjetunion« wohl die »stärkste Hinderung für eine sozialistische Entwicklung« Westeuropas sei, da sich dort in Form einer »Ein-Mann-Diktatur« der »totale Staat« etabliert habe. Auch er befürwortete darum eher eine »sozialistische Demokratie« als einen ins Autoritäre pervertierten Staatssozialismus. Den gleichen Standpunkt vertrat Hans Werner Richter am 1. November 1946 unter dem Titel *Die Wandlung des Sozialismus und die junge Generation,* wo er die »Neuordnung« Deutschlands zwar von bestimmten »Sozialisierungsmaßnahmen« abhängig machte, aber zugleich vor den Erstikkungsgefahren innerhalb jener »absolut geplanten Gesellschaften« warnte, deren höchstes Telos nicht die »Freiheit des Menschen«, sondern die Perfektion des Staates sei. Vor allem die Jugend, heißt es hier, die lange genug unterm Faschismus gelitten habe, werde sich sicher weigern, noch einmal irgendwelchen »Massenorganisationen« beizutreten.

Auch manche Beiträger der *Frankfurter Hefte* bekannten sich zu solchen Vorstellungen. So schrieb Eugen Kogon 1947 im zweiten Jahrgang dieser Zeitschrift unter dem Titel *Der Weg zu einem Sozialismus der Freiheit in Deutschland,* daß er eine »Markt-Planwirtschaft des freien Sozialismus« befürworte, die auf dem Grundsatz weitgehender Dezentralisation beruhe, wobei er Werke wie die Jenaer Zeiss-Stiftung, also Mischformen aus kapitalistischen und sozialistischen Elementen, als vorbildlich hinstellte. Sein höchstes Ziel war eine »Demokratie des wirtschaftlichen, sozialen und kulturellen Wohlstands«, die aufgrund ihrer in Freiheit erreichten Vergesellschaftung den besten Schutz »gegen jeden Totalitarismus« biete. Recht verwandten Anschauungen begegnet man zur gleichen Zeit in Blättern wie *Die Epoche, Neues Europa* oder der »Monatsschrift für Demokratie und Sozialismus« *Volk und Zeit.* Ja, mit solchen Konzepten erklärte sich 1946/47 sogar eine Reihe höchst prominenter Philoso-

phen, Soziologen, Historiker, Psychologen und Geisteswissenschaftler einverstanden. So trat beispielsweise der Neukantianer Julius Ebbinghaus 1946 in seinem Buch *Zu Deutschlands Schicksalswende* für einen »karitativen und ethischen Sozialismus« ein, der auf dem kategorischen Imperativ beruht und von folgenden Kriterien ausgeht: der Freiheit als dem Recht des Sozialismus gegen den Plutokratismus und der Selbständigkeit als dem Recht des staatsbürgerlichen Sozialismus gegen einen orthodox erstarrten Marxismus. Auch Alfred Weber bekannte sich 1947 in seiner Schrift *Sozialismus zugleich als Friedenssicherung* zu einer »Marktproduktion ohne kapitalistisches Erwerbsstreben«, deren Ziel nicht die fortschreitende »Versklavung« des Menschen durch eine »bürokratische Staatsmaschinerie«, sondern die persönliche »Selbstbestimmung« jedes Einzelnen ist. Ähnlichen Vorstellungen huldigte Alexander Mitscherlich in seiner mit Alfred Weber verfaßten Schrift *Freier Sozialismus* (1946), wo er angesichts des »zerstörerischen Charakters der Technik«, der »atomaren Gefahr«, der »totalitären Bürokratie« und damit der »Existenzbedrohung aller Menschen« den Gedanken einer »Diktatur des Proletariats« zugunsten eines demokratischen »Sozialismus« verwarf, der zwar die Großunternehmen verstaatlicht, aber in allen anderen Bereichen die Freiheit des Menschen beizubehalten versucht.
Und damit ging auch innerhalb der linksliberalen Intelligenz das Wunschbild des Sozialismus schließlich im Konzept einer sozialen Marktwirtschaft auf, zu deren Hauptaufgaben die Absicherung der westlichen ›Freiheit‹ gegen den östlichen ›Totalitarismus‹ gehören sollte. Doch dieser Trend war wohl kaum zu vermeiden. Da Begriffe wie Organisation, Disziplin, Einordnung, Kollektiv, ja selbst Solidarität und Volksgenossenschaft durch die Erfahrung des Faschismus eine erhebliche Bedeutungsverschlechterung durchgemacht hatten, erschien es vielen ratsam, alle Formen eines gemeinschaftlichen oder genossenschaftlichen Denkens erst einmal von der Tagesordnung abzusetzen. Von einem neuen ›Zusammenschluß‹ wollten darum die meisten Linksliberalen zu diesem Zeitpunkt nichts hören. Wonach sie sich sehnten, war eine konsequente Wiederherstellung des Rechts auf Individualität, und zwar durch Eindämmung all jener bürokratischen Apparaturen, deren Nachteile sie am eigenen Leibe nur allzu deutlich erfahren hatten. Und so mündete die Vorstellung eines

›Freien Sozialismus‹ – nach den unerträglichen Zwängen des Nationalsozialismus und unter dem Einfluß der Totalitarismustheoreme des Kalten Krieges – geradezu zwangsläufig in ein sozial-liberales Persönlichkeitsdenken, das lieber auf die sozialistische als auf die liberale Komponente verzichtete.

Eine ähnliche Entwicklung machten zwischen 1945 und 1949 all jene Neuordnungskonzepte durch, die auf der Vorstellung eines ›christlichen Sozialismus‹ beruhten. Auch auf diesem Sektor bekannten sich anfänglich große Gruppen, vor allem innerhalb der Ost-CDU (Jakob Kaiser) und der rheinischen CDU (Johannes Albers), welche aus der älteren christlichen Gewerkschaftsbewegung stammten, trotz der ständigen Vorbehalte Adenauers zu einer Neuordnung auf antikapitalistischer Grundlage. »Die letzten Reste eines bürgerlichen Daseins im deutschen Volk«, schrieb Kaiser damals, »sind vernichtet und blind wäre derjenige, der sich einer Partei verschreiben würde, die eine Restauration der bürgerlichen Gesellschaft« durchführen wolle. Eine ähnliche Gesinnung lag Teilen des am 3. Februar 1947 verabschiedeten *Ahlener Programms* der Westzonen-CDU sowie der Erklärung *Die Ruhrfrage* des CDU-Politikers und damaligen Ministerpräsidenten von Nordrhein-Westfalen Karl Arnold zugrunde, die am 22. Mai 1948 in der Zeitung *Das Andere Deutschland* erschien und sich entschieden gegen die Rekartellisierung der Schwerindustrie wandte. Hier hieß es in aller Offenheit: »Das deutsche Volk wird dafür sorgen, daß an der Ruhr niemals wieder großkapitalistische Zusammenballungen entstehen.«

Von intellektueller Seite her wurde diese christlich-soziale Politik vor allem durch den ›Frankfurter Kreis‹ unterstützt, zu dem unter anderen Walter Dirks, Marcel Schulte und Karl-Heinrich Knappstein gehörten. Die von ihnen verfaßten *Frankfurter Leitsätze* vom September 1945 kulminierten in der lapidaren Feststellung: »Wir bekennen uns zu einem wirtschaftlichen Sozialismus auf der demokratischen Grundlage«, und zwar in Form der »Überführung der Großindustrien und Banken in Gemeineigentum«. Allerdings fügten auch die ›Frankfurter‹ sofort hinzu, daß sie hierbei nicht an eine »Stärkung der Macht des Staates«, sondern lediglich an eine einheitliche und gerechte Planung dächten. Was diese Gruppe befürwortete, war deshalb ein »Sozialismus aus christlicher Verantwortung«, dem eine nichtmarxistische, aber sozialistische Politik im Sinne der englischen Labour Party zugrunde liegen sollte. Wie jene christlichen Sozialisten, die sich 1947/48 in München um die Zeitschrift *Ende und Anfang* scharten, gebrauchte Dirks für seine Nationalisierungsprogramme in den *Frankfurter Heften* gern die Formel: »Das Abendland wird sozialistisch sein, oder es wird nicht sein.« Ebenso entschieden setzte sich H. M. Seidel in seinem Aufsatz *Sozialisierung in Deutschland seit 1945,* der 1947 in *Der Standpunkt* herauskam, für eine Synthese aus »christlich-sozialer Ethik und marxistischem Sozialismus« ein, um so eine möglichst breite Basis für alle in der Luft schwebenden Sozialisierungsprogramme zu schaffen. Auch Rudolf Degkwitz schrieb 1946 in seinem Buch *Das alte und das neue Deutschland,* daß die Zeit des Kapitalismus endgültig vorüber sei und die katholische Kirche, welche sich lange genug mit dem Großkapital liiert habe, die Führung bei der Entnazifizierung und Sozialisierung Deutschlands ergreifen müssen. Andere solcher ›sozialistisch‹ eingestellten Katholiken blieben dagegen in ihren volkswirtschaftlichen Vorstellungen eher konservativ und wärmten wie Eduard Kaufmann in seinem Manifest *Der Weg in die neue Zeit* (1947) lediglich ältere Fürsorgestaatsvorstellungen auf. Das gleiche gilt für jenen Sozialkatholizismus, den Eberhard Welty in der Zeitschrift *Die neue Ordnung* vertrat, der trotz vieler Anklänge an die antikapitalistischen Tendenzen des Dominikanerordens letztlich auf eine höchst allgemeine Gleichsetzung von ›christlich‹ und ›sozial‹ hinauslief. Innerhalb der protestantischen Kirche wurde ein solcher ›Sozialismus aus christlicher Verantwortung‹ vor allem von dem Berliner CDU-Politiker und Mitglied des Kreisauer Kreises Otto Heinrich von der Gablentz sowie einem Mann wie Gotthilf Schenkel vertreten, der sich 1946 in seinem Buch *Kirche, Sozialismus, Demokratie* eine Neuordnung Deutschlands nur von einer innigen Synthese dieser drei Grundkonzepte versprach. Lediglich ein solches Zusammenwirken, heißt es hier, könne Deutschland vor einem erneuten »Abgleiten in Oligarchie und Plutokratie« bewahren.

Wer nach 1945 weder sozialistisch oder sozialdemokratisch noch christlich-sozial eingestellt war, aber dennoch sozial engagiert auftreten wollte, kleidete seine politischen Neuordnungskonzepte meist in ein ›radikaldemokratisches‹ Gedankengut ein. Auch in diesem

Lager wurde als Ausweg aus der allgemeinen Misere oft ein spezifisch deutscher, mittlerer oder dritter Weg vorgeschlagen, der sich sowohl von dem rein kapitalistischen Kurs der USA als auch von dem rein kollektivistischen Kurs der UdSSR freizuhalten versucht. Wie schon in den Volksfrontgruppen der Exilzeit knüpfte man hierbei gern an die – von den Gegenrevolutionen immer wieder in den Hintergrund gedrängten – freiheitlich-demokratischen Traditionen des deutschen Bürgertums und des deutschen Proletariats an. Ein gutes Dokument dieser Gesinnung bildet das Buch *Freiheit. Zeugnisse aus der deutschen Geschichte,* das Bruno Curth 1946 in Berlin herausgab. In ihm findet sich eine Anthologie von bewußt aufwühlenden Texten aus dem Bauernkrieg, der Aufklärung, den Befreiungskriegen, dem Vormärz, der Arbeiterbewegung, den Linken der Weimarer Republik und schließlich den Antifaschisten des inneren und äußeren Widerstands, wobei Texte von Thomas Mann, Ernst Toller, Johannes R. Becher, Erich Weinert neben solchen von Günther Weisenborn, Erich Mühsam, Adam Kuckhoff, Werner Seelenbinder, Ernst Wiechert, Dietrich Bonhoeffer, Harro Schultze-Boysen und der Geschwister Scholl stehen.

Der geeignetste Boden für eine solche Volksfrontpolitik, die zwischen Ost und West einen bewußt unabhängigen, nationalen Kurs zu steuern versuchte, war damals die Viermächtestadt Berlin, wo sich im Rahmen des ›Kulturbundes zur demokratischen Erneuerung Deutschlands‹ eine Reihe von Antifaschisten aus den verschiedensten Lagern zu einer Kooperation auf radikaldemokratischer Basis zusammenfand. Das belegen am nachdrücklichsten die ersten Jahrgänge der Zeitschrift *Aufbau,* die bereits im Herbst 1945 gegründet wurde und zu deren frühesten Mitarbeitern Heinrich Mann, Bernhard Kellermann, Theodor Plivier, Hans Fallada, Friedrich Wolf, Ernst Wiechert, Georg Lukács, Max Bense und Ernst Lemmer gehörten. In ihr wurde nicht nur an die freiheitlich republikanischen Traditionen des deutschen Volkes angeknüpft, sondern auch für die Zukunft Deutschlands ein radikaldemokratisches Konzept entworfen, das erst ab 1948/49 eindeutig marxistischen Vorstellungen zu weichen begann. Das gleiche gilt für die Zeitschrift *Ost und West,* die Alfred Kantorowicz ab Juli 1947 in Berlin herausgab. Auch ihre Beiträger setzten sich weitgehend aus den ebengenannten Antifaschisten zu-

sammen. Schon in der Einführung zum ersten Heft schlug hier Kantorowicz vor, daß sich die Deutschen bemühen sollten, zwischen Ost und West in striktester Neutralitätspolitik einen Dritten Weg zu finden, um so ihre geistige und politische »Unabhängigkeit« zu wahren. Statt lediglich den Direktiven der Besatzungsmächte zu folgen, versuchte auch er, vor allem im Jahr 1948, dem Jahr der hundertjährigen Wiederkehr der Achtundvierziger Revolution, an jene radikaldemokratischen Traditionen der deutschen Geschichte anzuknüpfen, in denen sich jenes ›andere, bessere Deutschland‹ verkörpere, auf das sich schon die Volksfrontpolitiker der Exilzeit berufen hätten. Doch auch dieses Blatt fiel 1949 dem Kalten Krieg und der durch ihn verursachten Spaltung Deutschlands zum Opfer. Ebenso ergebnislos blieben in diesen Jahren alle Aufrufe des ›Nauheimer Kreises‹ um Ulrich Noack, in denen die Deutschen aufgefordert wurden, sich wie die Schweizer, Österreicher und Finnen für eine blockfreie Neutralitätspolitik zu entscheiden, um so ihre ältere – von allen vier Besatzungsmächten garantierte – politische Unabhängigkeit zurückzuerhalten.
Ähnliche Appelle finden sich in manchen Beiträgen der Zeitschrift *Der Ruf,* wo sich die heimatlose Linke aus Enttäuschung über den östlichen ›Kollektivismus‹ anfänglich für ein freies sozialistisches Europa engagierte, jedoch auf dem Weg über den ›Sozialismus mit einem menschlichen Gesicht‹ schließlich bei einem sozialistischen oder radikaldemokratischen Humanismus landete, der sich von den politischen Machenschaften aller vier Besatzungsmächte zu distanzieren versuchte. Auf der Grundlage solcher Überlegungen stellte Alfred Andersch, unter scharfer Verurteilung des dogmatischen Marxismus, schon am 1. Dezember die »freie deutsche Republik« als eine ideale Pufferzone zwischen dem westlichen und dem östlichen Weltsystem hin. Doch selbst ein so bescheidener Ansatz zu einer möglichen Neuordnung Deutschlands erschien den Westmächten bereits als zu ›anstößig‹, weshalb *Der Ruf* 1947 wegen seiner ›unabhängigen‹ Politik von der us-amerikanischen Militärverwaltung, der seit der Verkündung der sogenannten ›Truman-Doktrin‹ weniger an einer Neuordnung Deutschlands als an einer Restauration der alten Verhältnisse in diesem Lande gelegen war, zu einem Herausgeberwechsel gezwungen wurde. Von nun ab gab es nur noch zwei, aber keine

drei Wege mehr. Entweder entschied man sich für den Kapitalismus oder für den Kommunismus. Zwischen beiden existierte seit Ausbruch des Kalten Krieges allein der Eiserne Vorhang.

Rechtsliberales Persönlichkeitsdenken

Während sich die aus dem antifaschistischen Widerstand kommenden Vertreter sozialistischer, christlich-sozialer oder radikaldemokratischer Neuordnungskonzepte – trotz ihrer betonten Abneigung gegen die fortschreitende Verstaatlichung des gesellschaftlichen Lebens – fast durchweg für Formen eines gemeinschaftsverpflichteten Sozialverhaltens einsetzten, zogen sich die meisten Anhänger der Inneren Emigration als gebrannte Kinder eines kollektivistischen Zeitalters, wie sie es nannten, nach 1945 lieber in die ideologische Unverbindlichkeit irgendwelcher ›Rühr-mich-nicht-an‹-Vorstellungen zurück. Als gehobene Mittelständler hatten sie nach der faschistischen ›Proletarisierung‹ oder ›Vermassung‹ für Dinge wie Gemeinschaft, Solidarität oder Bindung nur noch Verachtung übrig und befürworteten einen Staat, der ihnen einen ungestörten Genuß jener spezifisch bürgerlichen Besitz- und Bildungsprivilegien ermöglichen würde, in denen sie nach wie vor unveräußerliche Vorrechte ihrer sozialen Herkunft sahen. Unter ›Freiheit‹ wurde deshalb innerhalb dieser Gesellschaftsschicht stets die Freiheit der eigenen Person, das heißt einer Unabhängigkeit, Freizügigkeit, Selbstverantwortlichkeit im Sinne jener gut- und bestbürgerlichen Traditionen des 19. Jahrhunderts verstanden, an welchen die ›kultivierte‹ Bourgeoisie selbst unterm Hakenkreuz festzuhalten versucht hatte.
Im Gegensatz zu jenem ›wankelmütigen Mob‹, der sich von politischen Scharlatanen leicht enthusiasmieren, verführen oder gar engagieren lasse, strich darum diese Schicht geradezu unentwegt ihre politische und moralische ›Integrität‹ heraus, und zwar selbst dann, wenn diese nur in einem elitären Sichheraushalten aus allen aktuellen Problemstellungen bestand. Der bürgerlich-freischwebende Intellektuelle sei nicht ›fremdbestimmt‹, hieß es in ihren Schriften immer wieder, sondern könne sich aus Geschichte und Gesellschaft ohne weiteres in sein eigenes autonomes Ich zurückziehen. Doch

nicht nur die neo- bis rechtsliberal orientierten Intellektuellen, auch viele Vertreter sogenannter ›freier Berufe‹ fühlten sich damals noch in erster Linie im Bereich der Kultur, des Idealismus oder der Seele zu Hause und wandten sich hochmütig von jener ›Masse‹ ab, die in den Niederungen eines häßlichen Materialismus leben müsse, wo der Mensch keine wirkliche Entscheidungsfreiheit besitze. Wenn also diese Schichten von Liberalismus sprachen, verstanden sie darunter weniger die demokratisch-kämpferischen Freiheitskonzepte der Vormärzära als den Rechtsliberalismus jener saturierten Bourgeoisie seit dem Wilhelminismus, die ihre eigene Klassenposition bereits als den Normalzustand der Welt und damit als den ewig-einen Status quo empfand. Ja, in diesen Kreisen kursierten zum Teil noch höchst konventionelle Anschauungen wie »Ruhe ist die erste Bürgerpflicht« oder »Höchstes Glück der Erdenkinder ist doch die Persönlichkeit«. Politisch neigten die Anhänger solcher Vorstellungen nach 1945 entweder zur FDP oder betrachteten sich im konservativen Sinne als ›unpolitisch‹, das heißt distanzierten sich nachdrücklich von jenen trüben Machenschaften, bei denen man sich lediglich die Hände ›schmutzig‹ mache. Falls sie sich überhaupt engagierten, dann meist für neoliberale oder rechtshumanistische Ideologiekomplexe, die ihnen einen weitgehenden Rückzug aus dem Politischen erlaubten, ohne dabei ihren intellektuellen Führungsanspruch in Frage zu stellen. Diese Schichten unterstützten deshalb nach alter Gepflogenheit alles, was sich als westliche Freiheitsideologie gegen den Kollektivismus oder, um im Sprachbereich der unmittelbaren Nachkriegszeit zu bleiben, gegen den ›Totalitarismus‹ ausspielen ließ.

Auf dem Sektor des Ökonomischen berief man sich hierbei gern auf Wilhelm Röpke, der bereits 1945 in seinem Buch *Die deutsche Frage* einen »Antikollektivismus« propagierte, welcher allen Formen der »Vermassung«, »Verpreußung«, »Proletarisierung« und »Zentralisierung« einen »totalen Antifaschismus« entgegensetzte, der sich nicht von neuen und möglicherweise ebenso gefährlichen Massenkonzepten einfangen läßt, sondern auf der unabdingbaren Forderung der einzelpersönlichen Freiheit besteht. Das wurde noch deutlicher in seinem Buch *Civitas humana* von 1946, in dem Röpke einem »Wirtschaftshumanismus« zwischen Monopolkapitalismus und Kollektivismus das Wort redete, welcher die fortschreitende Vermassung und Proletarisierung der Gesamtgesellschaft durch eine konsequente »Wiederherstellung des Eigentums« und des »Rechts der Einzelperson« aufzuhalten versuche. In scharfer Frontstellung gegen jede »totalitäre Massenherrschaft« visierte Röpke hier auch für Deutschland eine »demokratisch-liberale« Wirtschafts- und Sozialordnung angloamerikanischer Prägung an, in der es weder Monopole noch Proletarier geben werde. Nur eine solche Gesellschaft, schrieb er, könne genug Widerstandskräfte gegen jenen »Kollektivismus« entwickeln, in dem Röpke die »eigentliche Todesgefahr des Abendlandes«, nämlich die Gefahr eines alles nivellierenden »Termitenstaates« erblickte.

Eine besonders nachdrückliche Unterstützung erfuhren diese Vorstellungen, die letztlich auf eine Verdammung jeglicher Sozialisierungsvorstellungen zugunsten einer vorsichtigen, aber effektiven Interventionspolitik von seiten des Staates hinauslief, durch jene Freiburger Schule um Walter Eucken, die sich 1948 in dem Jahrbuch *Ordo* ein vielbeachtetes Publikationsorgan schuf. In diesem *Jahrbuch für die Ordnung von Wirtschaft und Gesellschaft* meldeten sich schon im ersten Band neben Vertretern eines eher altmodischen Ordoliberalismus auch Stimmen zu Wort, welche wie Röpke das Konzept einer Sozialen Marktwirtschaft zwischen Monopolismus und Kapitalismus ins Auge faßten. Dafür sprechen der Beitrag *Umrisse einer Sozialen Marktwirtschaft* von Alfred Müller-Armack sowie der ein Jahr später erschienene Aufsatz *Zwischen Kapitalismus und Kommunismus* von Alexander Rüstow, die sich beide zu einer Marktwirtschaft des »Dritten Weges« bekannten und jede strikte Planwirtschaft, ob nun faschistischer, sozialistischer oder alliierter Art, als kollektivistische Herrschaftspraktik verwarfen. Deshalb wurde in *Ordo* sowohl der christlich-sozialistische Kurs eines Walter Dirks als auch das Buch *Freier Sozialismus* (1947) von Alfred Weber und Alexander Mitscherlich schon im Jahr 1948 von Hans Otto Lenel als höchst problematisch, das heißt als planwirtschaftlich und damit bürokratisierend abgelehnt.

Aufgrund der von Wilhelm Röpke und den Beiträgern des Jahrbuchs *Ordo* ausgehenden Anregungen setzten sich bald auch andere Vertreter des Neoliberalismus für ein Wirtschaftssystem ein, das sich einerseits von allen faschistischen oder sozialistischen Planungsvorstellungen, andererseits von allen Tendenzen ins Monopolkapitalistische freizuhalten suchte. Und so entstand schon um 1948/49 eine regelrechte ›neoliberale Wirtschaftslehre‹, welche zwar weiterhin die Ideologie des ›Dritten Weges‹ beibehielt und in Ludwig Erhards Worten einen »Wohlstand für alle« als ihr eigentliches Telos empfand, jedoch durch ihren unmißverständlichen Nachdruck auf der privaten Unternehmerinitiative und der freien Konkurrenz, in der sie die beiden wichtigsten Garanten einer allgemeinen ›Freiheit‹ erblickte, aus den Bahnen des anvisierten Dritten Weges schnell in die Bahnen des nur allzu geläufigen Ersten Weges zurückfiel. Obwohl sich also die Anhänger der Sozialen Marktwirtschaft bis weit in die fünfziger Jahre gegen alle sozialistischen, genossenschaftlichen und monopolistischen Planungsvorstellungen wandten und sich zu einem Wirtschaftssystem bekannten, das sich – als Alternative zu allen sogenannten totalitären Wirtschaftsordnungen – nicht nur als antimonopolistisch und antisozialistisch verstand, beförderte diese Forcierung aller spezifisch liberalen Elemente letztlich nur ein Wiedererstarken der großen Konzerne.

Mit den gleichen doppelschneidigen Argumenten traten die Neo- oder Rechtsliberalen auf dem Sektor der Gesellschaftstheorie allen ›Verlockungen ins Totalitäre‹ entgegen, indem sie auch hier von einem staatlich garantierten Persönlichkeitsdenken ausgingen, bei dem der Akzent eher auf dem Freiheitlichen als auf dem Sozialverpflichteten lag. Eine wichtige Rolle spielten dabei jene Theoretiker, die bereits im Exil sowohl den Faschismus als auch den Kommunismus aus dem Prinzip des Autoritären abgeleitet hatten und auch nach dem Kriege nicht nachließen, den Widerstand des Individuums gegen irgendwelche Zentralgewalten als das Hauptproblem moderner Gesellschaften hinzustellen. So sahen etwa Max Horkheimer und Theodor W. Adorno in ihrer *Dialektik der Aufklärung* (1947) im Totalitarismus vornehmlich einen Triumph all jener durch den Rationalismus des 18. Jahrhunderts ausgelösten Tendenzen ins Planerische, Technologische und Zweckinstrumentale, deren mörderischste Ausprägung der total durchorganisierte, das heißt keine Ausnahme duldende, geradezu unmenschlich ›autoritäre‹ faschistische Staat gewesen sei. Voll ausgeführt wurde diese Theorie dann in dem Buch *The Origins of Totalitarianism* (1951) von Hannah Arendt, in dem dargestellt wird, wie sich alle »totalitären Bewegungen« der jüngsten Vergangenheit aus der steigenden Vermassung und Zweckinstrumentalisierung des Lebens ergeben hätten, durch welche der Spielraum der einzelpersönlichen Subjektivität immer kleiner geworden sei.

Die einzige Gegenkraft zu solchen Tendenzen ins Totalitäre und Massenhafte sahen diese Neo- oder Rechtsliberalen in einem Persönlichkeitsdenken, das sich allen herrschenden Ideologien zu entziehen sucht und auf seiner eigenen, unabhängigen, ungefärbten, ideologielosen Meinung besteht. Allerdings blieben dabei die meisten weit unter dem geistigen Niveau von Horkheimer, Adorno oder Arendt und knüpften einfach an jenen geistesgeschichtlichen Idealismus der zwanziger Jahre an, den sie auch in der Inneren Emigration weiter kultiviert hatten. So heißt es etwa 1945 im Vorwort zum ersten Heft der Zeitschrift *Der Standpunkt,* daß man stolz sei, nach der Gleichschaltung unterm Faschismus endlich wieder seinen eigenen Standpunkt, nämlich den Standpunkt des Persönlichen, Privaten, Unabhängigen und damit im weitesten Sinne ›Unpolitischen‹ vertreten zu können. Von einem kritischen oder auf Emanzipation drängenden Liberalismus findet sich darum innerhalb dieser Richtung kaum ein Hauch. Indem sie sich gegen den Totalitarismus aussprachen, versuchten die meisten Vertreter dieser Richtung lediglich ihre eigenen Klassenprivilegien zu verteidigen. Der sogenannte Neoliberalismus dieser Ära hat deshalb bei aller prononcierten Standpunktlosigkeit stets eine deutliche Tendenz ins Ideologisierende, die in einem eklatanten Widerspruch zu seiner These des allgemeinen ›Ideologieverdachts‹ steht. Und zwar lassen sich dabei innerhalb dieses neo- oder rechtshumanistischen Persönlichkeitsdenkens etwa drei verschiedene ideologische Varianten unterscheiden: eine halbwegs religiöse, eine goethezeitliche und eine seinshafte, von der sich dann der neue Existentialismus abspaltet.

Beginnen wir mit jenem religiös gefärbten Humanismus, der nach 1945 meist unter der Kennmarke des ›Abendländischen‹ lief und die beiden Hauptquellen aller wahrhaft humanen Gesinnungen in Antike und Christentum sah. Um der Gefahr des Kollektivismus entgegenzutreten, wurde in den Schriften dieser Richtung meist jenes persönlichkeitsorientierte Glaubensideal aufgerichtet, das lediglich Gott oder den Kategorischen Imperativ anerkennt. So verstand sich beispielsweise die Zeitschrift *Die Besinnung,* die seit März 1946 erschien, als Organ eines religiösen Humanismus, dem – in den Einleitungsworten ihres Herausgebers – eine »neue Sinndurchleuchtung der Welt aus Geist, Freiheit und Gott« zugrunde liege. Statt dem gängigen Trend ins Materialistische nachzugeben, forderte sie ihre Leser auf, sich wieder als Einzelne mit einem nicht näher definierten Weltgewissen in Beziehung zu setzen, um so eine religiöse und zugleich humanistische Umorientierung einzuleiten. Überhaupt wurde in diesem Bereich ständig in höchst allgemeinen Worten zu Besinnung, Einkehr oder Wandlung aufgerufen. Allerdings ließ man dabei jede politische Konkretheit meist aus dem Spiel und schwang sich kurzerhand zu den Höhen jener religiösen und geistigen Werte auf, zu denen die ›breite Masse‹, die sich in ihren kollektivistischen Neigungen nur allzu gern der Herrschaft des ›Homo proleteus‹ unterwerfe, nun einmal keinen Zugang habe. Ob im Jargon eines protestantischen Innerlichkeitsgeredes oder einer katholischen Seinsgläubigkeit: in beiden tendierte diese Richtung zu einer ›überschwenglichen Misere‹, die ideologisch von einer solchen Verschwommenheit war, daß in diesem Umkreis selbst die nobelste Intention sofort zur bloßen Phrase erstarrte. So sprach Peter Suhrkamp 1946 in seinem *Taschenbuch für junge Menschen* einfach davon, daß es heutzutage in erster Linie darum gehe, jene »innere Gewißheit« zurückzugewinnen, deren Verlust zu einer steigenden »Unsicherheit« am Glauben an das Leben geführt habe. Noch allgemeiner klingt vieles von dem, was Karl Jaspers damals in dieser Hinsicht äußerte. Am 4. November 1945, als der Nürnberger Prozeß begann, schrieb Jaspers zum Beispiel in der *Neuen Zeitung* unter ausdrücklicher Berufung auf einen christlichen Humanismus, daß sich die gesamte Bevölkerung wieder auf den »abendländischen Boden der Bibel und der Antike« stellen müsse. Erst dann, hieß es hier, werde man in Deutschland erneut zur »Selbstverantwortlichung des Einzelnen« zurückfinden. Ähnlichen Formulierungen begegnet man in seinem Buch *Die Schuldfrage* (1946), dessen halb religiöse, halb humanistische ›Reinigungs‹-Konzepte zwar auch das Problem der politisch-konkreten Schuld umkreisen, aber ansonsten in recht verschwommenen Allgemeinmenschlichkeits-Vorstellungen befangen bleiben. Noch unbestimmter wirken die Thesen seines Manifests *Das Europa der Gegenwart* von

1947, welches in den Satz mündet, daß alle Menschen wieder wahrhaft Menschen werden mußten, und zwar »aus der Tiefe des Ursprungs und des Zieles, welche beide in Gott liegen«.
Fast die gleiche ideologische Unbestimmtheit herrschte zwischen 1945 und 1949 in jenem Bereich, der sich in idealistischer Tradition auf den antiken oder goethezeitlichen Humanismus zu stützen suchte. Hier trat zwar in Fortführung alter bürgerlicher Bildungskonzepte die Neigung zum Transzendenten zugunsten der Betonung des Guten, Schönen und Wahren etwas in den Hintergrund, aber eine größere politische und gesellschaftliche Konkretheit wurde dadurch nicht erzielt. Auch die Vertreter dieser Richtung wollten in erster Linie den sogenannten ›Fremdbestimmungen‹ aus dem Wege gehen und eindrucksvolle ›Persönlichkeiten‹ werden. Politisches wurde darum von ihnen stets ins Private, Kulturelle, Geistige umgedeutet. Selbst den Faschismus empfand man in diesem Bereich als eine idealistische Tragödie im Sinne Schillers oder als antikes Schicksal, das heißt als ein Phänomen, das mit den materiellen Grundlagen einer Gesellschaft nur wenig zu tun hat. All das spielte sich für diese Kreise weitgehend im Rahmen von Peripetie und Katharsis, aber nicht in der ›wirklichen‹ Wirklichkeit ab. Sogar die moralische Wiederaufrüstung nach dem Kriege stand für sie völlig im Zeichen jener bekannten Briefe *Über die ästhetische Erziehung des Menschen,* wo sich das Politische eindeutig dem Kulturellen unterzuordnen hat. Dafür sprechen vor allem Zeitschriften wie *Merkur, Die Wandlung, Deutsche Beiträge, Die Fähre* oder das Buch *Beiträge zur geistigen Überlieferung,* in denen seit 1946/47 ein Reich der Kultur postuliert wurde, das man jener geistigen Elite zu unterstellen versuchte, die unter Humanismus vornehmlich das ›Alte-Wahre‹ im rechtsliberalen bis konservativen Sinne verstand. Wie schon in den Schriften Friedrich Schillers oder den *Betrachtungen eines Unpolitischen* von Thomas Mann stellte man in diesen Blättern als Vorbilder wahren Menschentums immer wieder jene großen Humanisten hin, die sich im Gegensatz zu den berühmt-berüchtigten ›Zivilisationsliteraten‹ nie in die unmittelbare Tagespolitik eingelassen hätten, sondern stolz darauf waren, als einsame Größen verkannt gewesen zu sein. So appellierte Hans Domizlaff 1946 in seinem Pamphlet *Das größere Deutschland. Ein Aufruf an alle Intellektuellen* an die »Geistigen«

unter den Deutschen, sich von den leicht verführbaren Massen zu distanzieren und eine allen Gebildeten wesensgemäße, das heißt ›unpolitische‹ Haltung zu beziehen. Da in der Politik ohnehin nur Unvernunft und Massenwahn herrschten, heißt es in seiner Schrift *Vorsicht, Dämonen! Eine Warnung an die deutschen Intellektuellen* zwei Jahre später, sei jeder Humanist gut beraten, sämtlichen Ideologien und Ismen sorgfältig aus dem Wege zu gehen.
Als die drei Hauptbezugspunkte dieser Spielart des Humanismus fungierten damals weitgehend Antike, Renaissance und Goethezeit. Allerdings akzentuierte man dabei weniger diese Zeiträume als die großen Einzelnen, die ›freien Geister‹, die Künstler und Philosophen, die in ihnen gelebt haben. Vor allem in jenem Bereich, in dem noch die Traditionen eines Paul Ernst, Stefan George, Rudolf Borchardt oder Hugo von Hofmannsthal lebendig waren, galten die Größen dieser Epochen weiterhin als die geistigen ›Leuchttürme‹ des Abendlandes. So wurde in den *Beiträgen zur geistigen Überlieferung,* die Helmut Küpper 1947 herausgab, das Wesen der Humanität einfach mit jener Antike gleichgesetzt, die noch im Zeichen von Würde, Hoheit und geistiger Schöpferkraft gestanden habe, weil in ihr noch nicht die Allmacht des Staates, sondern der große Mensch tonangebend gewesen sei. Ebenso konservativ wirkt das Humanismuskonzept der *Deutschen Beiträge,* in denen Autoren wie Ernst Robert Curtius, Rudolf Alexander Schröder, Erich Kahler, Hermann Uhde-Bernays, Hans Carossa und Gustav René Hocke publizierten. Auch hier wurde das Ideal der bedeutsamen Persönlichkeit weit über alle Ismen, Ideologien oder nationalen Begrenztheiten gestellt. Eine wirkliche ›Freiheit‹, behauptete Erich Kahler bereits 1946 im ersten Heft dieser Zeitschrift, sei heute nur noch in einem privatwirtschaftlichen und damit individualitätsfördernden System möglich. Und auch Ernst Robert Curtius schrieb im gleichen Jahrgang, daß sich die ersehnte »Autonomie der Kultur« nur dann erreichen lasse, wenn man endlich von der Überschätzung des Gesellschaftlichen und Nationalen abrücken würde.
Mit besonderer Vorliebe berief man sich bei solchen Humanismus-Konzepten auf Goethe. So schrieb Hermann Uhde-Bernays schon 1946 im ersten Heft der *Deutschen Beiträge,* daß Goethe heute das höchste Sternbild des deutschen Geistes sei, ja daß sich in ihm, der

als großer Einzelner weit über allen landläufigen Ismen stehe, das andere, das bessere, das humanere Deutschland verkörpere. Was man im Rahmen dieser Richtung an Goethe besonders lobte, war seine Abneigung allem Politischen, Massenhaften und Nationalem gegenüber. Dementsprechend stellte Frank Thiess in seinem Essay *Heimkehr zu Goethe,* der 1946 in den *Nordwestdeutschen Heften* erschien, Goethe als jenen großen »Heilenden« hin, an dem einmal ganz Deutschland ›genesen‹ werde. Ebenso vage blieb das Goethesche Stirb-und-Werde-Konzept, das Eduard Spranger 1946 in *Die Sammlung* im Hinblick auf ein zukünftiges, dem Humanismus verpflichtetes Deutschland propagierte. Auch Albert Erich Brinkmann erhob 1947 Goethe in seinem Buch *Geist im Wandel* zum Leitbild jeder wahrhaft humanistischen »Re-Individualisierung» und damit zum Gegenbild des Totalitären. Eine Humanität im Sinne Goethes, heißt es bei ihm, stellt die »Würde des Einzelnen« allen gesellschaftlichen Massenerscheinungen sowie der »auf Vermassung beruhenden autoritären Staatsmaschinerie« entgegen. Ja, Friedrich Meinecke schlug 1946 im Schlußabschnitt seines Buches *Die deutsche Katastrophe* allen Ernstes vor, in sämtlichen deutschen Städten »Goethegemeinden« gleichgerichteter »Kulturfreunde« zu gründen, um so dem »Druck der Massen« das »Ideal einer persönlichen, ganz individuellen Bildung« entgegenzusetzen. Meinecke dachte dabei an Vereine, die jeden Sonntagnachmittag zu »Feierstunden« zusammenkommen würden, um neben der Darbietung großer Kompositionen deutscher Musiker vor allem dem Vortrag der Meisterschöpfungen Goethes, aber auch der Werke Schillers, Hölderlins, Mörikes und Rilkes zu lauschen. Ihren Höhepunkt erlebte diese humanistisch orientierte Goethe-Verkultung im Jahre 1949 anläßlich der zweihundertjährigen Wiederkehr von Goethes Geburt, in dem Ernst Robert Curtius am 2. April in der Schweizer Zeitung *Die Tat* all jene, die es wagen sollten, Goethes Gegenwartsbedeutung in Frage zu stellen, bereits im voraus als Verräter am deutschen Wesen anprangerte.
Eine weitere Spielart dieser dem Ideal der liberalen Persönlichkeit verpflichteten Antivermassungstendenzen war jener ›seinsverbundene‹ Humanismus, der sich weniger an religiösen oder klassischen Traditionen als an allgemeinsten Formen des Menschlich-Einfachen, Schlichten, Bescheidenen orientierte und sich dabei ebenfalls den Es-

kapismus der Inneren Emigration zum Vorbild nahm. Seine obersten Werte waren Dinge wie Muße, Stille, Einsamkeit, Besinnlichkeit oder gar Weisheit. Auch diese Form des Humanismus wandte sich entschieden gegen Phänomene wie Masse oder Staat und versprach sich eine Rettung vor der allgemeinen Bedrohung durch kollektivistische oder totalitäre Tendenzen am ehesten von einer Hinwendung zum Idyllischen, Provinziellen oder Abseitigen. Bernd Tönnies nannte diesen Rückzug 1947 in den *Berliner Heften für geistiges Leben* einen Wandel von der »Primitivität des Krieges« und der »totalitären Despotie« zur »Weisheit der Einfachheit«. Er lobte deshalb alle Menschen, die wieder aus der »Reinheit ihres Herzens« lebten, wieder nichts als »Menschen« seien, wieder die »ewigen Werte« des Universums entdeckten. Robert Pfaff-Gießberg sprach in seinem Aufsatz *Lob der Stille,* der 1946 in der Zeitschrift *Aussaat* erschien, fast im gleichen Sinne von einer »Abkehr vom lauten Tosen des alltäglichen Daseins« und dem Streben nach einem »Frieden der Seele«, wie er nur jenem »Weisen« zuteil werde, der wisse, was »stille Einkehr« sei. Während die »blökenden Herdenmenschen« nur an das »eilige Geschäft« dächten, hieß es hier, erlebe der wahrhafte Mensch seine tiefste Erfüllung allein in den »Stunden besinnlicher Einsamkeit«. Nicht minder entschieden äußerte sich Karl Korn in dieser Hinsicht, der 1946 in den *Berliner Heften für geistiges Leben* dem »Moloch der autoritären Staaten« die »individualistische Absonderung« innerhalb der Berliner Laubenkolonien und Schrebergärten als Vorbild entgegenhielt, da in diesen Bereichen jene menschenwürdige »Stille« herrsche, zu der man in der »Horde« nie finde.

Wohl ihre eindringlichste Zusammenfassung erfuhren all diese Einkehr-Vorstellungen in der seit 1945 von Herman Nohl und Otto Friedrich Bollnow herausgegebenen Zeitschrift *Die Sammlung.* Auch auf ihren Seiten erfährt man fast nichts von Politik, dafür jedoch um so mehr von jener neuen Einfachheit und Bescheidenheit, in denen diese Schichten einen neuen Halt, einen neuen Lebensgrund zu finden hofften. Unter scharfer Ablehnung aller totalitären Staaten wurde auch hier mit idealistischem Eifer unentwegt der Weg ins Einfache, in die Idylle, zur Stille gewiesen. So schlug etwa Herman Nohl im November 1947 in seinem Aufsatz *Die geistige Lage im gegenwärtigen Deutschland* vor, sich von aller »egoistischen Parteiwirtschaft« abzuwenden und das kommende Heil vornehmlich im »Rückzug in das einfache Leben«, in »einfacher Sittlichkeit« zu suchen. Er dachte dabei an eine geistige Elite, die sich aus »kleinen Gruppen«, aus »Vereinen und Bünden« zusammensetzt und sich in »selbständiger Geistigkeit« nach »innen wendet«, statt weiterhin den Idealen jener Masse nachzulaufen, die sich ein für allemal als ›unwürdig‹ entlarvt hätten. Otto Friedrich Bollnow faßte schließlich 1947 diese »Einfache Sittlichkeit«, unter der er vor allem Werte wie Güte des Herzens, Pflichterfüllung, Demut, Mitleid und Anständigkeit verstand, sogar in einem Buch unter dem gleichen Titel zusammen.

Der neue Existentialismus

Der gleiche Trend zum Einfachen, Tröstenden und Heilenden läßt sich in der Existenzphilosophie dieser Jahre beobachten. Statt wie in den Anfängen dieser Bewegung die Geworfenheit, die Nichtigkeit des Daseins oder gar die Todesverfallenheit in den Vordergrund zu rücken, dominierten auch in diesem Bereich nach 1945 wesentlich ›heller‹ gestimmte Metaphern. 1927 hatte Martin Heidegger in *Sein und Zeit* die menschliche Existenz noch im objektiven Sinne als sinnlos, als Verfallenheit an das »Man« oder als »Sein zum Tode« hingestellt. Nicht Gott, sondern das Nichts war ihm damals als die höchste Instanz erschienen. Dementsprechend verstand der frühe Heidegger unter »Freiheit« lediglich einen verzweifelt-sinnlosen Ausbruch aus der Uneigentlichkeit des »Man«, bei dem die Verwirklichung des »Selbst« einem Akt »todbereiter Entschlossenheit« gleichkomme. Eine solche Haltung, die weder Hoffnung noch Reue kennt, lief letztlich auf einen aktivistischen Nihilismus hinaus. Allerdings deutete sich bei diesem Umschlag aus dem »Man« in die Welt des »Eigentlichen« bereits ein möglicher Sprung im Sinne Pascals oder Kierkegaards an, der über das bloße Selbstsein in ein noch unbekanntes Transzendentes verweist, also – im Rahmen dieses Denkens – einen Ausbruch aus dem »Seienden« in das wahre »Sein« ermöglicht. Und dies ist genau der Weg, den Heidegger – nach seiner anfänglichen Parteinahme für die Nazis – seit den späten dreißiger Jahren auch einschlug. Den Weg in die Geschichte empfand er mit einem Male

als einen Weg in die »Irre«, weshalb sein Denken plötzlich eine »Kehre« vollzog und den Akt der mystischen Versenkung in das jenseits aller historischen Tatsächlichkeit und alles blinden Handelns liegende »Sein« als den einzig seligmachenden hinstellte. Und damit bekam Heideggers Philosophieren fast den Charakter einer religiösen Annäherung an das Numinose, ja wurde zum »Erhorchen der Stimme des Seins«. Da ihm das poetisch geheimnisvolle Sagen zusehends als das eigentliche »Sagen des Seins« erschien, kreiste er von nun ab immer stärker um den »Dichtungscharakter« alles Denkerischen. Auf diese Weise wurde die Sprache für Heidegger fast zum Instrument des »Heiligen«, zum »Haus des Seins« oder zur »Topologie des Seins«. Dem entspricht seine Liebe für Dichter wie Hölderlin, Rilke und Trakl, bei denen das »Einfache« noch vom »Rätsel des Bleibenden« zeuge. Unter Berufung auf Hölderlins »Dichterisch wohnet der Mensch / auf dieser Erde« stellte Heidegger in der Folgezeit gerade die einfachsten Bilder weit über jene komplizierte, aber abgegriffene Begriffswelt, bei welcher der Wahrheitsgehalt hinter dem bloßen »Gerede« verschwinde. Und so trat auch bei ihm – wie bei vielen hochgespannten Theoretikern der Nachkriegszeit – an die Stelle der existentiellen Verlorenheit mehr und mehr die Rückkehr zum Schlichten, Direkten und Persönlichen. Im Zuge dieser Entwicklung erhob Heidegger den Menschen, in dem er früher einen »Statthalter des Nichts« gesehen hatte, schließlich zum »Hirten des Seins«, der mit »unerschöpflicher Kraft des Einfachen« ausgestattet ist und die Rückkehr zur »Stille« als beglückend empfindet. Phänomene wie Masse oder Technik wurden hingegen von Heidegger in diesen Jahren kaum noch beachtet. Was ihn jetzt bewegte, war nur noch das in der Tiefe der Einzelperson verborgene Sein. Das zeigt sich besonders deutlich in seiner kurzen Schrift *Der Feldweg* (1951), wo er den »Schritt des Denkenden« mit dem »Schritt des Landmanns« gleichsetzt. Hier heißt es im Hinblick auf die Erfahrung der beiden »Welt-Kriege« ebenso kryptisch wie banal: »Das Einfache ist noch einfacher geworden. Das immer Selbe befremdet und löst. Der Zuspruch des Feldweges ist jetzt ganz deutlich. Spricht die Seele? Spricht die Welt? Spricht Gott?«
Ähnliche Tendenzen lassen sich in diesen Jahren bei Karl Jaspers, dem anderen Hauptvertreter der Existenzphilosophie, beobachten.

Auch er, der in den späten zwanziger Jahren ebenfalls jede höhere Instanz radikal abgelehnt hatte, kehrte zu diesem Zeitpunkt zu wesentlich milderen, persönlichkeitsbetonteren Konzepten zurück, ja gestand wie Heidegger dem »eigentlichen« Menschen durchaus zu, einen Blick ins Unendliche werfen zu können. Selbst bei dem wesentlich rationaleren Jaspers gab es also plötzlich die Möglichkeit eines »Sprungs aus der Angst in die Ruhe«. Ja, Jaspers sprach im Kierkegaardschen Sinne in diesen Jahren sogar von einem »Sein zur Transzendenz«. Und damit wurde auch für Jaspers – wie schon für viele romantisch-metaphysisch orientierte Philosophen seit Schelling – die Dichtung, wie überhaupt die Kunst, zum höchsten »Organ der Philosophie«, während er den sogenannten »Wissensaberglauben« nach diesem Zeitpunkt immer schroffer von sich wies. Und zwar kleidete Jaspers diese »Transzendenz des eigentlichen Seins«, wie es 1947 in seinem Buch *Von der Wahrheit* heißt, meist in das Bild des »Umgreifenden« ein. Was er damit meinte, belegt wohl am besten sein Aufsatz *Der Gottesgedanke,* der 1949 in der Zeitschrift *Der Monat* erschien, wo das »Erdenken Gottes« als die höchste Aufgabe der Philosophie hingestellt wird. Nur eine solche Haltung empfand Jaspers zu diesem Zeitpunkt als wahrhaft »abendländisch«, da sie bis zu den beiden wichtigsten Wurzeln des europäischen Denkens, nämlich der Bibel und der griechischen Philosophie, zurückreiche.
Es nimmt daher kein Wunder, daß auch andere Vertreter der westdeutschen Existenzphilosophie in diesen Jahren durchaus zum Tröstenden, Versöhnlerischen neigten und den pessimistischen Grundzug der französischen Existentialisten, die sich wie Jean-Paul Sartre weiterhin am frühen Heidegger orientierten, entschieden von sich wiesen. Statt sich von Vokabeln wie Kälte, Geworfenheit, Nichtigkeit oder Todesverfallenheit blenden zu lassen, entschloß sich diese Gruppe zu einer »Kehre« vom Heroisch-Solipsistischen zum Konservativ-Geborgenen und rückte eher das Sinnstiftende in den Vordergrund. Bei den meisten lief das auf den Versuch hinaus, die durch die zunehmende Technisierung und Vermassung in irgendein Nichts gestellte menschliche Existenz auf dem bereits von Heidegger und Jaspers vorgezeichneten Weg über die Kunst, den Mythos, die Natur oder die Religion wieder in den Trostraum des Umgreifenden, Bergenden, Heilenden zurückzuholen.

Als Beispiel für die enge Verbindung von Existenzphilosophie und Kunst sei in diesem Zusammenhang lediglich auf das Buch *Unruhe und Geborgenheit im Weltbild neuerer Dichter* (1953) von Otto Friedrich Bollnow verwiesen, wo es heißt, daß jede große Dichtung, die Trost und Geborgenheit spenden wolle, in einem unmittelbaren Bezug zu den Tiefenschichten des »Seins« stehen müsse. Dementsprechend fand Bollnow die Werke eines Hesse, Rilke, Bergengruen, Weinheber oder Friedrich Georg Jünger wesentlich inhaltsträchtiger als die scharfsinnigsten philosophischen Werke, die lediglich Worte, aber keine Bilder enthielten. Nur in wahrhaft seinsbezogenen Dichtungen, behauptete Bollnow, finde der heutige Mensch noch jene »Ursprünglichkeit«, die er in den dürren Worten der philosophischen Begrifflichkeit umsonst suche. Im Bereich eines eher mythisch gefärbten Existentialismus bewegte sich damals vor allem Carl Schmitt, der 1950 in seinem Buch *Der Nomos der Erde* das »Denken des Menschen« wieder an die »elementaren Ordnungen« des terrestrischen Ursprungs alles Lebens zurückzubinden suchte. Nach den Thesen dieses Buchs geht jedes »seinsgerechte« Denken vom »Sinnreich der Erde« aus, das die mythischen Wurzeln aller nur denkbaren Sinnfindungen der menschlichen Existenz enthalte. Auch Schmitt schlug daher den Heideggerschen ›Feldweg‹ ins Einfache und Friedfertige ein und bekannte sich zu jener ewigen Natur, die der moderne Mensch mit seinem Technikwahn lediglich depraviere. Zu ähnlichen Ergebnissen kam Friedrich Georg Jünger 1947 in seinem Manifest *Die Perfektion der Technik,* das sich in aller Entschiedenheit gegen den ausplündernden und arbeitsintensivierenden Charakter der gegenwärtigen Industriewelt wendet, der dazu geführt habe, daß sich der Mensch immer stärker vom »ursprünglichen Sein« entferne und sich völlig in die Welt des Habens, des Verzehrs, des Energieverlusts verstricke.

Fast noch enger als die Allianz zwischen Existenzphilosophie und Kunst, Mythos oder Natur war die zwischen Existenzphilosophie und Religion. So schrieb etwa Hermann Riefstahl schon 1947 in seinem Buch *Sein und Existenz,* daß die »Kulturfunktion« der heutigen Existenzphilosophie vornehmlich darin bestehe, eine »Vermittlerin zwischen Wissenschaft und Religion« zu sein. Der gegenwärtige Mensch, lesen wir bei ihm, könne mit rein naturwissenschaftlichen

Fakten nichts mehr anfangen, sondern verlange nach »Deutung«, nach »Synthese«. Noch deutlicher drückte sich im gleichen Jahr Johannes Hessen in seiner Schrift *Existenzphilosophie* aus. Im Gegensatz zum nietzscheanischen oder faschistischen »Immanentismus«, der über den »Wertrelativismus« zum absoluten »Nihilismus« geführt habe, verkündete Hessen hier ein »Menschsein als Sein zum Göttlichen«, das über das Jaspersche »Menschsein als Sein zum Transzendenten« in den Bereich jener göttlichen »Gnade« vorstoße, wo zwischen Religion und Philosophie überhaupt kein Unterschied mehr bestehe.

Rückkehr zu Gott und Abendland

Wie wir gesehen haben, behaupteten gerade die Christen nach 1945, an den Verbrechen des Nazi-Regimes weitgehend unschuldig zu sein. »Das kirchliche Gebiet war das einzige«, schrieb Wilhelm Hoffmann 1946 in seinem Buch *Nach der Katastrophe,* »auf dem der Staat nicht in allen Fällen durchsetzen konnte, was er wollte.« Ja, Hoffmann erklärte sogar: »Das kirchentreue Volk scharte sich um seine Pfarrer und Bischöfe, die es mancherorts auch mit Gewalt vor Festnahme und Wegführung schützte.« Ohne Zweifel mag es solche Fälle gegeben haben. Vor allem die Bischöfe Michael Faulhaber (München), Clemens Graf von Galen (Münster) und Konrad Graf von Preysing (Berlin) ließen sich von den Nazis nicht alles gefallen. Doch aufs Ganze gesehen, war die These vom allgemeinen Widerstand der Kirchen gegen den ›braunen Terror‹ eine recht zweifelhafte Legende, der gerade von den wirklichen Widerstandskämpfern innerhalb der kirchlichen Organisationen, wie den Vertretern der Bekennenden Kirche um Martin Niemöller, schon im Herbst 1945 heftig widersprochen wurde. Dennoch hielten viele der älteren Christen lange an diesem Wunschbild fest. Schließlich gab ihnen eine solche Legende die Möglichkeit, sich selbst aus der allgemeinen Schuld zu entlassen und diese Schuld jenen Ungläubigen zuzuschanzen, die wegen ihres Abfalls von Gott zu gewissenlosen Sklaven der Weltlichkeit herabgesunken seien.

Aus diesem Grunde begegnet man im Rahmen der allgemeinen

Schulddiskussionen nach 1945 häufig der These, daß es in Deutschland nie zum Faschismus gekommen wäre, wenn nicht vorher der besagte ›Abfall von Gott‹ stattgefunden hätte. Dieser bereits im 18. Jahrhundert einsetzende Prozeß, wie es gern hieß, habe im 19. und dann verstärkt im 20. Jahrhundert zu einer fortschreitenden Verweltlichung, zu Entseelung und Veräußerlichung, zu bloßem Macht- und Erwerbstreben, zu Atheismus und Nihilismus, ja zu Brutalismus und Satanismus geführt, wodurch es schließlich den ›Dämonen der Tiefe‹ möglich geworden sei, einen Antichrist, einen Teufel wie Hitler zum allgewaltigen ›Führer‹ zu machen. Zugegeben, eine so scharfe Kritik an Nazismus und Kapitalismus regte selbst manche der Konservativen zu Neuordnungsvorstellungen an, die mit Schlagworten wie ›Christlicher Sozialismus‹ oder ›Sozialismus aus christlicher Verantwortlichkeit‹ umschrieben wurden. Doch die Mehrheit dieser christlichen Kritiker wandte sich weniger gegen den Kapitalismus als gegen die spezifisch ›satanischen‹ Elemente innerhalb des Faschismus. Sie erwartete das künftige Heil nicht von einer Neuordnung der wirtschaftlichen und sozialen Verhältnisse, sondern allein von einer durchgreifenden Rechristianisierung. In diesen Kreisen wurde deshalb die Real- und Profangeschichte zusehends mit der christlichen Heilsgeschichte gleichgesetzt und der Faschismus als ein rein widerchristliches Phänomen hingestellt, das sich nur durch eine religiöse Katharsis aus der Welt schaffen lasse. Hier sah man also, wie gesagt, im NS-Staat lediglich ein Endprodukt der allgemeinen Verweltlichungs- und Verteufelungsprozesse der Neuzeit. Meinungsverschiedenheiten bestanden in diesem Lager bloß in der Frage, wie es eigentlich zu diesem Abfall von Gott und der zunehmenden Säkularisierung gekommen sei. In den religiös fundierten Ständestaaten des Mittelalters und des Barocks, hieß es allgemein, lasse sich diese Verweltlichung noch nicht nachweisen. Erst mit der Renaissance, dem Humanismus und der Aufklärung habe jene Hybris des Menschen eingesetzt, sein Geschick in die eigenen Hände nehmen zu wollen. Und daraus sei jenes maßlose Glücksverlangen entstanden, lesen wir, welches sich in den verschiedenen Weltveränderungs- und Revolutionskonzepten seit dem 18. Jahrhundert niederschlage. Nach diesem Zeitpunkt trete darum jene verheerende Rationalisierung, Zentralisierung, Industrialisierung, Verstaatlichung und

Vermassung ein, zu deren logischen Konsequenzen auch der deutsche Faschismus gehöre.

Aufgrund solcher Thesen stellte ein Christ wie Michael Brink 1946 in seinem Buch *Revolutio humana* die neuere Geschichte auf höchst globale Weise als eine Folge verhängnisvoller Revolutionen hin, die in ihrem Streben nach menschlicher Autonomie samt und sonders gegen Gott gerichtet seien. Eine ähnliche Gleichsetzung von Heils- und Profangeschichte findet sich in Schriften wie *Der Geist der Mitte. Das andere Deutschland* (1946) von August Blume und *Der geistige Wiederaufbau Deutschlands* (1946) von Johannes Hessen, in denen für die materialistischen und ungeistigen Tendenzen innerhalb der Neuzeit ebenfalls die Ausbreitung des Atheismus verantwortlich gemacht wird. Andere solcher Kritiker gingen dagegen etwas spezifischer vor. So behauptete etwa Reinhold Schneider in seiner Schrift *Die Heimkehr des deutschen Geistes* (1946), daß vor allem Philosophen wie Lessing, Kant, Fichte und Nietzsche, die sich dem ›kalten Geist‹ zugewandt hätten, an dem allgemeinen Abfall von Gott schuldig seien. Alfred Müller-Armack bezichtigte in seinem Buch *Das Jahrhundert ohne Gott* (1948) in erster Linie die Politiker und Wissenschaftler des 19. Jahrhunderts, die bisherigen Glaubensgewißheiten durch nihilistische Ideologien und Ismen ersetzt zu haben. Johann Wilhelm Naumann sah hingegen 1946 im Märzheft der Zeitschrift *Neues Abendland* die Schuld an der Zerstörung der alten christlich-universalen Ordnungen hauptsächlich in der steigenden Verpreußung Deutschlands, die nur durch einen konsequenten Föderalismus auf christlicher Basis rückgängig zu machen sei. Philipp Lersch schrieb 1946 im ersten Heft der Zeitschrift *Geistige Welt,* daß sich der Untergang der alten christlichen Ordnung nur durch die fortschreitende Industrialisierung erklären lasse, und empfahl – wie alle seine christlichen Glaubensgenossen – als die einzige Rettung aus der dadurch entstandenen Krise die »Rückkehr zu Gott« und den »Urwerten des menschlichen Seins«. Ähnliche Äußerungen finden sich bereits in den zwischen 1939 und 1946 niedergeschriebenen *Tag- und Nachtbüchern* von Theodor Haecker oder jener *Rede an die deutsche Jugend,* die Ernst Wiechert im Herbst 1945 hielt und in der er den NS-Staat als ein Reich des »Antichrist« charakterisierte, in dem eine Horde hybrider »Übermenschen« gegen Gott aufgestanden sei. Wonach sich alle diese Autoren sehnten, war eine bewußte Aufhebung jener Kluft zwischen Wissen und Glauben, Geist und Seele, Profangeschichte und Heilsgeschichte, welche in Deutschland besonders ›teuflische‹ Formen angenommen habe. Sie sahen darum das zukünftige Heil nur in einer Zurücknahme der aufklärerischen Hybris des Alleswissenwollens und einer neuen Hingabe an die christlichen Glaubensgewißheiten. Diese Rückkehr zu Gott nahm allerdings die verschiedensten Formen an: ob nun im Sinne einer einzelpersönlichen Erweckung à la Pascal, des Kierkegaardschen Sprungs in die Transzendenz, der mystischen Versenkung in das Leben früherer Heiliger, der Schwärmerei für eine neothomistische Seinsgläubigkeit oder der rückhaltslosen Einfügung in die Institutionen der verschiedenen christlichen Kirchen. Im Rahmen der vielen Einzelbekenntnisse solcher ›Rückfindungen‹ seien hier lediglich einige besonders sensationelle Fälle herausgegriffen. Man denke an die Schrift *Der unsterbliche Mensch* (1946) des zum Katholizismus konvertierten alten Linken und Expressionisten Alfred Döblin, den Beitrag zur Wiederentdeckung des Sakraments, den Karl Korn, der spätere Mitherausgeber der *Frankfurter Allgemeinen,* zu dem Sammelband *Übergänge* (1946) beisteuerte, oder das Buch *Der Mensch in der Zeit* (1948) des ehemaligen *Tat*-Herausgebers Hans Zehrer, der sich plötzlich zu jenen Menschen bekannte, die voller Stolz von sich behaupten können, »Gottes Ebenbild« zu sein. Und zwar wurden bei solchen Bekenntnissen meist Phänomene wie Ergriffenheit, Glaubensgewißheit oder Fülle des Herzens gegen jene böse Ratio ausgespielt, die seit altersher ein Hauptinstrument des Teufels gewesen sei.

Folgenreicher als solche Einzelerweckungen waren jedoch jene Bewegungen, die sich nach 1945 innerhalb der kirchlichen Organisationen bemerkbar machten. Das gilt vor allem für die katholische Kirche dieser Jahre, welche sich als die Hauptgarantin des christlichen Glaubens gegen die neuzeitliche Vermassung und Verweltlichung empfand. Besonders militant in dieser Hinsicht trat anfangs der Kreis um die Zeitschrift *Neues Abendland* auf, die ab März 1946 erschien und sich im Sinne bayrisch-katholischer Gesinnungen gegen den nüchternen, atheistischen, ja widergöttlichen Geist der norddeutschen Aufklärung wandte. Schon im ersten Jahrgang bekannten sich hier Reinhold Schneider und Anton Rahner zu einer »Heimkehr zu

Gott«, die alle sogenannten ›fortschrittlichen‹ Tendenzen der letzten zwei Jahrhunderte zugunsten eines christlichen Ständestaats oder mittelalterlichen Imperium sacrums verwirft. Was sich in der jüngsten Geschichte abgespielt habe, sei nur als »Dämonenkampf« zu verstehen, wie Gertrud Bäumer im 8. Heft dieser Zeitschrift behauptete. Überhaupt wurde in diesem Blatt das Realgeschichtliche immer wieder in den Bereich jener Passionsgeschichte gezogen, die sich mit bloßen Vernunftkriterien nur höchst oberflächlich verstehen lasse. Doch trotz dieser ›Entrückungen‹ ins Religiöse blieb die politische Absicht dahinter stets unmißverständlich. So wurde etwa im *Neuen Abendland* den ›bösen Mächten‹ aus dem Norden sowie allen zentralistischen Tendenzen, selbst denen einer »zentralistischen Formaldemokratie«, stets ein energischer Widerstand entgegengesetzt. Die rheinländische Variante innerhalb dieses katholisch orientierten Föderalismus vertrat die Zeitschrift *Die neue Ordnung,* die seit Oktober 1946 erschien und von dem Dominikanerpater Eberhard Welty herausgegeben wurde. In ihr stand anfangs jener ›christliche Sozialismus‹ im Vordergrund, der sich eine Rechristianisierung Deutschlands nur von einer Neuordnung der sozialen und ökonomischen Verhältnisse versprach. Doch im Zuge des Kalten Krieges traten auch in diesem Blatt solche Tendenzen zusehends hinter Ordnungsvorstellungen wesentlich älterer Art zurück, die sich eher an Albertus Magnus und Thomas von Aquin als an den Führern der christlichen Gewerkschaften orientierten.

Der Thomismus wurde damals innerhalb der katholischen Kirche überhaupt viel diskutiert. Indem man das katholische Mittelalter als den Höhepunkt des Abendlandes hinstellte, bekamen zwangsläufig jene konservativen ›Anti-Modernisten‹ innerhalb des katholischen Denkens wieder Oberwasser, die sich als ›Neu-Scholastiker‹ unentwegt auf die imponierende Geschlossenheit der *Summa theologiae* von Thomas von Aquin beriefen. Man denke an das Buch *Der Stufenbau der Welt* (1950) von August Brunner, wo der Hauptakzent auf dem hierarchischen Charakter des gesamten Universums und der menschlichen Gesellschaft liegt. Doch nicht einem Neuthomisten wie Brunner war damals die größte Wirkung beschieden, sondern jenem Romano Guardini, der aus der katholischen Jugendbewegung der zwanziger Jahre stammte und trotz seines zähen Festhaltens an gewissen thomistischen Konzepten den christlichen Glauben stets als ein im Jetztsein verwurzeltes ›Ereignis‹ hinstellte, ja sich hierbei sogar auf den religiösen Seinscharakter in den Werken moderner Dichter wie Dostojewsky und Rilke berief. Wie in den Schriften Reinhold Schneiders wird auch bei Guardini der Faschismus vornehmlich als eine Vergötzung der weltlichen Macht angeprangert und eine Rückkehr zu Mitte und Ebenbildlichkeit gefordert. Da Gott das ›Unzerstörbare‹ sei, schrieben er und seine Anhänger immer wieder, stehe es selbst nach den größten Katastrophen allen Menschen frei, bei Gott erneut um Trost oder Geborgenheit nachzusuchen. Aus dieser Haltung forme sich heute eine neue »Mitte«, heißt es 1949 in dem Buch *Diagnose unserer Gegenwart* von Alfred Müller-Armack im Hinblick auf solche Schriften und ihre Wirkung in der gesellschaftlichen Praxis, die zweifellos einen »metaphysischen Kern« enthalte.

Im Bereich des protestantischen Schrifttums waren solche globalen Rechristianisierungsvorstellungen wesentlich seltener. Da man sich hier schon im Herbst 1945 offen zu einer Mitschuld am Faschismus bekannt hatte, blieb der Protestantismus weitgehend vor der Gefahr bewahrt, seine eigene Vergangenheit als ein Vorbild für die Zukunft hinzustellen. Vor allem die Impulse, die von Karl Barth, aber auch jene, die von Rudolf Bultmann ausgingen, der wie Martin Niemöller im Dritten Reich zur Bekennenden Kirche gehört hatte, waren eher rationalistisch-liberaler als irrationalistisch-konservativer Art – und machten für den Faschismus nicht einfach die moderne ›Vermassung‹ oder den ›Abfall von Gott‹ verantwortlich. Der Protestantismus spielte darum innerhalb der Rückkehrdebatten dieser Jahre nur eine untergeordnete Rolle. Das gleiche gilt für einige freireligiöse Bewegungen wie die Una-Sancta-Bewegung, die versuchte, durch eine Synthese aller christlichen Konfessionen jenes Neuheidentum zu überwinden, das der Faschismus in Deutschland verbreitet habe, jedoch außerhalb kleinster Gruppen kaum Gehör fand. Auch die Moral-Rearmament-Bewegung, die von Frank N. D. Buchman ausging und ihr Zentrum in Caux bei Genf hatte, fand in Deutschland kaum Anhänger, da ihr Konzept einer brüderlichen Gemeinschaft aller Menschen, das auf Prinzipien wie ›Good Will‹ und ›Loving Kindness‹ beruhte, den meisten als zu naiv, wenn nicht gar skurril erschien.

Fast alle Autoren, die innerhalb dieser allgemeinen Rechristianisierungsvorstellungen über die persönliche Einkehr zu größeren politischen Konzepten vorstießen, griffen hierbei in geographischer Hinsicht gern zu Bezeichnungen wie ›Europa‹ oder gar ›Abendland‹, die anfangs recht harmlos klangen, jedoch im Zuge des Kalten Krieges ihre bisherige Unschuld verloren und zu ideologischen Superwaffen gegen den ›östlichen‹ Kommunismus wurden. Während Alfred Andersch in seinem Aufsatz *Das junge Europa,* der am 15. August 1946 in *Der Ruf* erschien, unter dem ›Neuen Europa‹ noch einen sozialdemokratischen Staatenbund verstanden hatte, der zwischen den beiden Supermächten in Ost und West einen ›Dritten Weg‹ einzuschlagen versucht, oder während Fritz Werner in seinem Essay *Das Abendland, Europa und der Westen,* der 1949 in *Die Sammlung* herauskam, das ›Europäische‹ noch als jenes geistig-kulturelle Band bezeichnet hatte, das alle europäischen Nationen miteinander verbindet, vollzog sich innerhalb der mit der CDU/CSU sympathisierenden Intellektuellenkreise schon 1946/47 eine Ideologisierung dieses Begriffs ins Abendländisch-Konservative im Sinne jenes von Adenauer geförderten Antisozialismus, der sich nicht nur gegen den östlichen Kommunismus wandte, sondern auch den Einfluß der ›christlichen Sozialisten‹ in den eigenen Reihen zurückzudrängen suchte. Statt über die ›Zukunft Deutschlands‹ zu spekulieren, war also in den Schriften dieser Richtung meist nur von der Einbettung der drei Westzonen in das auf Gott vertrauende ›Europa‹ oder ›Abendland‹ die Rede, wobei man wie in dem *Standpunkt*-Aufsatz *Die ewigen Werte* (1946) von Otto Heuschele oder dem Buch *Der Heilbringer* (1946) von Romano Guardini gern den bekannten Satz von Novalis zitierte: »Das Abendland wird christlich sein, oder es wird nicht sein.« Ja, ein besonders überzeugter Vertreter dieser Richtung schrieb schon am 1. Oktober 1946 zur Unterstützung der von Adenauer geförderten Westintegrierung in der *Kölnischen Rundschau:* »Wir sind das vorgeschobene Bollwerk, an dem sich die Weltanschauungen scheiden. Würden wir vom Kommunismus überrannt, dann wäre Europa preisgegeben. Wenn die abendländische Welt ihren Lebensraum sichern will, dann muß sie Deutschland mitsichern, denn wir sind auf Gedeih und Verderb mit der Welt des Abendlandes verbunden.«

Im Rahmen der von Adenauer und seinen Anhängern dominierten CDU blieb darum für einen Christlichen Sozialismus, einen Dritten Weg oder ähnliche Konzepte kein Raum. Ihr ›Europa‹, ihr ›Abendland‹ war das des ›Westens‹, aus dem die Russen von vornherein ausgeschlossen blieben. Sie strebten von Anfang an eine Integrierung der drei Westzonen in ein Vereinigtes Westeuropa oder gar ein Nordatlantisches Bündnissystem an – und verdächtigten alle Ideologien, die am Konzept des Dritten Weges festzuhalten versuchten, als unchristlich, uneuropäisch oder unabendländisch. Der geographische Begriff ›Europa‹ wurde somit immer stärker zum Synonym jener politischen Allianzbestrebungen, die eine aggressive Ostpolitik befürworteten. Dementsprechend trat Heinrich Cordt 1947 in seinem Buch *Der Wiederaufbau, eine soziale Gemeinschaftsaufgabe* für einen baldmöglichen Zusammenschluß der »Vereinigten Staaten von Europa« oder des »Abendländischen Bundes europäischer Nationen« ein, dessen Ostgrenze mit der Ostgrenze Finnlands, Polens und Rumäniens zusammenfallen sollte, also lediglich die Sowjetunion aus ›Europa‹ ausschloß. Nur so, schrieb Cordt, könne Europa weiterhin seine frühere »Weltmachtstellung« behaupten. Andere reihten sich jedoch schon damals – unter Aufgabe solcher europäischen Selbständigkeitsvorstellungen – in die ideologische Front des Atlantizismus ein und stellten die USA als den wichtigsten Garanten aller abendländischen Traditionen hin. Dafür spricht eine katholische Monatsschrift wie *Stimmen der Zeit,* die seit 1946 erschien und sich neben Blättern wie *Neues Abendland* und *Die neue Ordnung* besonders aktiv für eine atlantische Glaubensallianz gegen jenen gottlosen Kommunismus einsetzte, der im ›Osten‹ sein mörderisches Unwesen treibe. Von deutscher Schuld, deutscher Buße oder deutscher Sühne war dagegen in diesen Blättern, bei aller christlichen Grundgesinnung, fast nie die Rede. Statt dessen berief man sich meist höchst selbstgerecht auf jene göttliche Allmacht, die den an sie Glaubenden sicher in absehbarer Zeit zum Sieg über die Ungläubigen verhelfen werde.

Um diesen ideologischen Kurs durchzusetzen, mußte in den drei Westzonen erst einmal der ältere Nationalismus verschwinden. Da dieser Nationalismus durch die NSDAP reichlich korrumpiert worden war, ließ sich ein solches Vorhaben relativ leicht durchführen. Die deutsche Spaltung und die auf sie folgende Westintegration der

Trizone in das westeuropäisch-nordatlantische Bündnissystem erfolgte darum wesentlich einfacher, als manche geglaubt hatten. Schließlich konnten all jene, die eben noch mit konservativer Gesinnung auf ihr Deutschtum stolz gewesen waren, jetzt mit dem gleichen Konservativismus auf ihre europäische oder abendländische Gesinnung stolz sein. Überhaupt erwies sich diese Entnationalisierung als ein bequemer Trick, sich aus der deutschen Schuld zu entlassen – und damit die Entnazifizierung zu umgehen. Wenn es nämlich kein Deutschland mehr gab, spielten auch die früheren ›Sünden‹ dieser Nation keine große Rolle mehr. Die Eingliederung in die westliche Allianz führte also nicht nur zu einer positiven Überwindung des älteren Chauvinismus, sondern auch zu einer weniger positiven Abspaltung der drei westlichen Besatzungszonen in das nordatlantische Bündnissystem, wodurch die im Potsdamer Abkommen vorgesehene Entnazifizierung und Entkartellisierung, ja sogar die Entmilitarisierung Schritt für Schritt gebremst und schließlich zum Teil rückgängig gemacht wurden.

Was daher im Zuge des Kalten Krieges aus dem Sammelbecken der verschiedenen Weltanschauungskomplexe zur Hauptideologie der drei Westzonen und dann der sich allmählich formierenden Bundesrepublik aufstieg, war nicht der Antifaschismus, sondern der Antikommunismus. Doch das nahmen viele gar nicht wahr, da diese beiden Konzepte offiziellerweise häufig gleichgesetzt wurden. Die meisten Befürworter dieser Ideologie beriefen sich hierbei entweder auf die christliche ›Abfall von Gott‹-Theorie oder auf jene Totalitarismusthese, die sich bereits in Karl R. Poppers Buch *The Open Society and Its Enemies* (1945) findet und derzufolge alle auf nationale oder sozialistische Utopien gegründeten Staatssysteme stets der Gefahr ausgesetzt sind, zur totalitären Diktatur oder Despotie zu entarten. In diesem Punkt, nämlich der Frontstellung gegen den Osten, wiesen darum die sozialdemokratischen, liberalen und christdemokratischen Ideologien und Parteiprogramme ab 1946/47 eine immer größere Tendenz zur ideologischen Konvergenz auf. Seinen ersten Höhepunkt erlebte dieser Antikommunismus anläßlich der sowjetischen Blockade West-Berlins von 1948/49, die in den drei Westzonen sofort aus dem Profangeschichtlichen ins Heilsgeschichtliche oder zumindest Menschheitsgeschichtliche überhöht wurde. Vor allem die

Vertreter der militanten Kalten-Kriegs-Gesinnung sahen diese Ereignisse gern im Lichte eines jahrhunderte-, ja jahrtausendealten Ost-West-Konflikts, in dem es stets um den Schutz der westlichen Freiheit vor der Gefahr der östlichen Unfreiheit gegangen sei. Schon die Griechen hätten das Abendland gegen den Despotismus der Perser verteidigt, hieß es in diesen Kreisen. Später habe man es vor Hunnen, Sarazenen, Türken und anderen ›Asiaten‹ schützen müssen, wobei die westliche Verteidigung fast durchweg mit der Verteidigung der religiösen Würde des Einzelmenschen gegen den Zugriff des alleszermalmenden Despotismus gleichgesetzt wurde.
Neben den Christen waren es häufig alte Konservative oder ehemalige Linke, welche sich zu solchen Vorstellungen bekannten, um sich vom Verdacht zu befreien, noch immer totalitären Gesinnungen anzuhängen. Man denke an ein Buch wie *Der Mensch in dieser Zeit* (1948) des im Bereich des Konservativismus großgewordenen Hans Zehrer, welches auf der These beruht, daß der atheistische Partei-, Kollektiv- und Massenmensch stets eine Maske trage, während all jene, die als Einzelne ihren Weg zu Gott gefunden hätten, ein ›Gesicht‹ besäßen, also mit der Aura der göttlichen Ebenbildlichkeit ausgezeichnet seien. Ähnliche Äußerungen finden sich in diesen Jahren bei früheren Kommunisten wie Arthur Koestler, Ruth Fischer oder Ernst Reuter, in deren Schriften man zum Teil älteste sozialdemokratische, trotzkistische oder auch religiöse Affekte gegen den Kommunismus vorgesetzt bekommt, die in ihren metaphysischen Überhöhungen manchmal geradezu peinlich wirken. Doch solche ideologischen Entgleisungen störten die offiziellen und offiziösen Vertreter des Kalten Krieges nicht im geringsten. Und so entstand aus all diesen weltanschaulichen Umschichtungen, Überlagerungen und Enttäuschungen schließlich jene Ideologie der ›Freiheit des Einzelmenschen‹, die oft deutlich christliche Züge aufwies und schließlich selbst Konzepte wie das eines ›Kreuzzugs gegen den Kommunismus‹ (»Kill a Kommie for Krist«) nicht verschmähte.
Zu den wichtigsten Organen dieser Gesinnung gehörte die 1948 von den us-amerikanischen Besatzungsbehörden gegründete Zeitschrift *Der Monat,* deren Herausgeber Melvin J. Lasky war. Schon das erste Editorial war hier mit dem Titel *Das Schicksal des Abendlandes* überschrieben und mündete in die bewußt aufreizende Frage:

»Wird die westliche Zivilisation, die uns als Erbteil der letzten zweieinhalb Jahrtausende überliefert worden ist, dem Ansturm ungeheuerlichen Ausmaßes gewachsen sein, der ihr augenscheinlich heute droht?« Doch auch sonst beschwor man in diesem Blatt ständig die Gefahr eines Dritten Weltkrieges, der bei einem Sieg der Sowjetunion zum endgültigen ›Untergang des Abendlandes‹ führen würde. So stellte etwa Frank Borkenau im ersten Jahrgang dieser Zeitschrift die Sowjetunion als einen antichristlichen und damit antiabendländischen Staat hin, in dem die fortschreitende ›Vermassung‹ zu einer erschreckenden Wertlosigkeit des Einzelmenschen geführt habe. Während man im ›Westen‹ seit Jahrtausenden Konzepte wie Freiheit und Demokratie hochgehalten habe, seien die ›östlichen‹ Hauptkonzepte stets Despotismus und Sklaverei gewesen. Aus diesem Grunde unterstützte Borkenau im *Monat* nicht nur die nordatlantische Allianz und den Marshall-Plan, sondern auch jene ›One World‹-Vorstellung, die sich nur in einem von den Vereinigten Staaten dominierten ›westlichen‹ Weltstaat verwirklichen lasse.
Zur ideologischen Untermauerung solcher Ideologien wurden hier und anderswo mit besonderer Vorliebe christliche Vorstellungen herangezogen. Neben den bereits genannten spielten dabei um 1948/49 auch die christliche Europa-Idee eines T. S. Eliot sowie das Buch *Civilisation on Trial* (1947) von Arnold J. Toynbee eine Rolle, die beide auf die These hinauslaufen, daß sich das Abendland nur durch eine entschiedene Rückwendung zu Gott retten lasse. Auch im *Monat* wurden in diesen Jahren nur solche Staaten als dauerhaft hingestellt, die sowohl ein höheres Wesen als auch die unveräußerliche Freiheit des Einzelmenschen anerkennen, das heißt wo sich Ordo und Libertas in einem christdemokratischen Gleichgewicht befinden. So schrieb etwa Barbara Ward schon im ersten Heft dieser Zeitschrift unter dem Titel *Ist der Krieg mit Rußland unvermeidlich?,* daß das »Abendland durch den Kommunismus angespornt« werde, den »Glauben an Gott und den Glauben an den Menschen« wiederherzustellen. Während im ›Osten‹ die einzelnen Menschen wie in einem »kollektiven Bienenstock« lediglich »Zwangsarbeit« verrichteten, erklärte sie, seien im ›Westen‹ alle »Menschen als Kinder Gottes frei und gleichberechtigt«. Ja, ein Mann wie Helmut Jaenisch machte sich 1949 im *Monat* bereits Gedanken darüber, welches »Entsowjetisie-

rungsverfahren« man anwenden solle, wenn die »Ostzone« – durch eine Verschiebung des weltpolitischen Kräfteverhältnisses zugunsten der Vereinigten Staaten – eines Tages wieder ›westlich‹ werde.

Kulturelle Neuansätze

Zur Kulturpolitik der Besatzungsmächte

Wie auf politischem und ideologischem Gebiet sahen sich die vier Besatzungsmächte nach der Niederringung des Naziregimes im Bereich des Kulturellen vor zwei Aufgaben gestellt: die Liquidierung der bestehenden faschistischen Organisationen sowie den Neuaufbau einer demokratischen Ordnung, die sowohl Freiheit als auch Gerechtigkeit garantiere. In dem Willen, einen Rückfall der Deutschen in den Faschismus ein für allemal unmöglich zu machen, waren sich die Alliierten zu Anfang weitgehend einig. Was ›faschistisch‹ war, hatte zu verschwinden oder sich einem drakonischen Entnazifizierungsprozeß zu unterwerfen. Alle Verantwortlichen in Rundfunk, Presse, Verlagswesen und Theater wurden darum einer genauen Prüfung unterzogen und – notfalls – aus ihren bisherigen Ämtern entfernt. Auch alle Bücher, welche »Nationalsozialismus, Rassenlehre und Agressionslehre« propagierten, mußten aus öffentlichen Bibliotheken, Buchläden und Verlagssortimenten entfernt werden. Als man jedoch zum Aufbau einer neuen Kultur überging und die höchst verschiedenartigen Kulturvorstellungen der jeweiligen Besatzungsmächte deutlich wurden, begannen die ersten Schwierigkeiten. Doch selbst diese Differenzen ließen sich anfangs kaschieren, da sich das Potsdamer Abkommen gegen alle zentralistischen Tendenzen ausgesprochen hatte und eine föderalistische Struktur Deutschlands begünstigte. Kulturpolitisch wohl am aktivsten traten in den ersten Jahren die USA und die UdSSR auf, während sich die Engländer und Franzosen eher zurückhielten, ja im Zuge der Zusammenlegung der westlichen Besatzungszonen auch auf diesem Gebiet die Führungsrolle zusehends den US-Amerikanern überließen, die im Januar 1947 bereits 27 Amerikahäuser und 136 Reading Rooms in ihrer Zone unterhielten. Auf die Phase der relativen Übereinstimmung (1945/46) folgte deshalb auch auf kulturpolitischem Sektor die Phase der Konzentration auf die eigene Zone (1947) und schließlich – im Zuge des einsetzenden Kalten Krieges – die Phase der offenen Feindseligkeiten zwischen Ost und West (1948/49).

Eine zentrale Rolle spielte hierbei der Rundfunk, den die Nazis besonders effektiv zur politischen Manipulation der Massen eingesetzt hatten. Auf diesem Sektor entschieden sich die westlichen Alliierten für ein System, das sich weder den Kommerzrundfunk, wie in den USA, noch den staatlichen Rundfunk, wie in Frankreich, zum Vorbild nahm, sondern den neugegründeten Rundfunkanstalten, wie in England, den Charakter von Anstalten des öffentlichen Rechts verlieh. In diesem Sinne wurden nach dem Ende des Dritten Reiches in der französischen Zone der Südwestfunk, in der britischen Zone der Nordwestdeutsche Rundfunk und in der us-amerikanischen Zone die Sender München, Stuttgart, Frankfurt und Bremen errichtet. Die Funkhoheit lag zu Anfang allein bei den Besatzungsmächten, ging aber allmählich in die Hände unbelasteter oder entnazifizierter deutscher Intendanten über, denen als Vertreter der Öffentlichkeit sogenannte unabhängige Rundfunkbeiräte von etwa 30 Mitgliedern zur Seite gestellt wurden. Es war das Ziel dieser Politik, den ehemals faschistischen Rundfunk in ein Erziehungsmittel zur Demokratie umzufunktionieren, das auf der uneingeschränkten Achtung vor den ›Rechten der individuellen Persönlichkeit‹ beruht. Neben den Nachrichtensendungen, die lange Zeit fast ausschließlich von den ›News Services‹ der Westalliierten beliefert wurden, standen hierbei unterhaltende, bildende und belehrende Tendenzen im Vordergrund.

Ähnlich hielten es die Besatzungsmächte auf dem Gebiet der Presse. Die erste Zeitung, welche sie auf deutschem Boden herausgaben, und zwar schon im Januar 1945, war ein Blatt unter dem Titel *Aachener Nachrichten.* Ihr folgten kurz darauf der *Kölner Kurier,* der *Augsburger Anzeiger,* der *Braunschweiger Bote* und die *Stuttgarter Stimme,* die jener Sonderabteilung der alliierten »Publicity and Psychological Warfare Division« unterstanden, die von dem als us-amerikanischer Kulturoffizier zurückkehrenden Exilschriftsteller Hans Habe geleitet wurde. Ab Mai 1945 gab es in jeder der vier Besatzungszonen je eine große, überrregionale Zeitung, die von den zuständigen Militärbehörden (mit Unterstützung deutscher Redakteure) herausgegeben wurde: In der sowjetischen Zone war es die *Tägliche Rundschau,* in der britischen *Die Welt,* in der us-amerikanischen *Die Neue*

Zeitung und in der französischen die *Nouvelles de France.* Daneben gestatteten die Westmächte in ihren Zonen nur regionale Zeitungen und vergaben die Lizenzen hierfür fast ausschließlich an politisch Unbelastete. Alle Zeitungsverleger des Dritten Reichs, die sogenannten ›Altverleger‹, wurden damit auf einen Schlag ausgeschaltet. Was die Westalliierten besonders förderten, waren ›unabhängige‹ oder ›überparteiliche‹ Zeitungen. Wenn prononcierte Parteimitglieder eine Zeitung herausgaben, mußten diese verschiedenen politischen Gruppierungen angehören, um eine gewisse Balance zu garantieren. So waren die sieben Lizenzträger der *Frankfurter Rundschau* ursprünglich drei Sozialdemokraten, drei Kommunisten und ein Linkskatholik, während die *Rhein-Neckar-Zeitung* im September 1945 von einem Liberalen wie Theodor Heuss, einem Kommunisten wie Rudolf Agricola und einem Sozialdemokraten wie Hermann Knorr gegründet wurde. Außerdem verlangten die Alliierten eine strenge Trennung von Nachricht und Kommentar, ja bestanden auf einer täglichen Nachzensur und ließen zudem nur solche Meldungen passieren, die von den alliierten Nachrichtenagenturen stammten. Durch diese Kontroll- und Zensurinstanzen wurde die deutsche Bevölkerung lediglich mit Nachrichten versorgt, welche den Alliierten erwünscht waren. Als einige der Kommunisten gegen diese strikte Aufsicht protestierten, wurden ihnen 1947, im Zuge des ausbrechenden Kalten Krieges, die Lizenzen wieder entzogen. Politisch bewußtere Köpfe fanden ein solches System nicht besonders emanzipierend oder gar demokratiefördernd. So schrieb etwa Eugen Kogon im März 1948 in den *Frankfurter Heften,* daß die alliierten Behörden die deutsche Leserschaft noch immer wie eine »Dauerklasse von zurückgebliebenen Volksschülern« behandelten. Doch andererseits hatte diese Zensur auch ihr Positives, wie sich später zeigen sollte. Als nämlich mit der Gründung der Bundesrepublik diese Lizenzbestimmungen am 21. September 1949 aufgehoben wurden, schreckten manche der nazistisch vorbelasteten ›Altverleger‹ nicht davor zurück, sich erneut in die politische Arena zu begeben.
Die gleiche einschneidende Wirkung hatten die Verordnungen der Westalliierten auf dem Gebiet des Verlagswesens. Unmittelbar nach dem Krieg wurde die Herstellung von Büchern erst einmal stark gedrosselt. Während die deutsche Buchproduktion im Jahr 1932 an der

Spitze aller Länder der Welt gelegen hatte, sank sie in der Zeit zwischen 1945 und 1947 auf ungefähr ein Zehntel ihres bisherigen Umfangs ab. Wie die Zeitungen unterlagen alle Verlage bis 1949 der mehr oder minder strikten Kontrolle der Militärbehörden. Verleger mit Nazivergangenheit wie Beck, Lehmann, Bruckmann, Langen-Müller oder Callwey erhielten darum anfänglich keine Lizenz. Auch Schriftsteller wie Hanns Johst und Erwin Guido Kolbenheyer durften als ›Hauptschuldige‹ nicht sofort wieder publizieren. Dasselbe galt für Ernst Jünger und Friedrich Sieburg, die ebenfalls auf der Schwarzen Liste der Alliierten standen. Edwin Erich Dwinger wurde dagegen ›entlastet‹, da er kein Nazi, wie es hieß, sondern nur ein ›Gegner des Bolschewismus‹ gewesen sei. Eine Vorzensur der neuen Bücher fand selbst in den ersten Jahren nach 1945 nicht statt, da man einfach den Verlegern die Verantwortung für ein konsequent nichtfaschistisches Programm übertrug. Im Rahmen dieser Bestimmungen erschienen bis Mitte 1947 in der us-amerikanischen Zone 1100 Titel, in der britischen 730 Titel und in der französischen 242 Titel mit einer Durchschnittsauflage von 5000 Exemplaren pro Band. Die meisten Bücher dieses Lizenzschrifttums kamen in den ersten beiden Jahren in den Rubriken Schöne Literatur (640), Religion (395), Jugendbücher (188) und Schulbücher (179) heraus, was für einen deutlichen Nachdruck auf der kulturellen, religiösen und moralischen Umerziehung spricht. Da die Papierzuteilung den Alliierten unterstellt war, erhielten in der US-Zone vor allem jene Verleger Papier, die eine mit der allgemeinen Re-Education konform gehende Literatur herausbrachten und in der ein möglichst positives, konfliktfreies Bild der Vereinigten Staaten herrschte. Kein Wunder also, daß in dieser Zone 23 Prozent der gesamten Buchproduktion aus Übersetzungen us-amerikanischer Belletristik bestand. Allerdings wurden hierbei als ›problematisch‹ oder ›politisch‹ empfundene Werke, wie gewisse Bücher von William Faulkner, John Steinbeck, John Dos Passos, ja selbst von Ernest Hemingway, der in den Augen konservativer US-Amerikaner damals als ›Kryptokommunist‹ galt, nicht besonders gefördert, während sich eher unpolitisch-unterhaltende Werke, wie die eines William Soroyan, der besonderen Gunst der Besatzungsbehörden erfreuten.

Fast die gleichen Prozesse spielten sich im Bereich des Theaters ab.

Während es im Verlagswesen die Verleger waren, welche die volle Verantwortung für ihr Buchprogramm trugen, waren es hier die Intendanten, welche die Hauptverantwortung für die ›politische Unbeflecktheit‹ ihres Ensembles und die in ihrem Theater gespielten Stücke übernehmen mußten. Diese Intendanten waren anfänglich fast alle bekannte Anti-Nazis oder zumindest Nichtfaschisten. Wohl den stärksten Einfluß auf diesem Gebiet übten in den drei Westzonen die US-Amerikaner aus. Da die Vertreter dieses Landes von der Voraussetzung ausgingen, daß die Deutschen eine hochstehende ›Kulturnation‹ seien, in deren Bewußtseinsbildung das Theater stets eine bedeutsame Rolle gespielt habe, schenkten sie diesem Bereich eine besonders hohe Aufmerksamkeit. Unter anderem ließen sie über sechzig us-amerikanische Stücke ins Deutsche übersetzen, um den Deutschen durch die theatralische Präsentation des ›American Way of Life‹ einen Einführungskurs in das Wesen der Demokratie zu geben. Was bei diesen Stücken überwog, war allerdings weniger das Politische (was den Konservativen ohnehin von vornherein verdächtig erschien) als das Unterhaltende, Psychologische oder ins Mystische Gesteigerte. Über die Hälfte der damals in den drei Westzonen, ja selbst in der sowjetischen Besatzungszone gespielten US-Stücke waren Kriminalreißer oder Boulevardkomödien. Unter den letzteren erfreuten sich vor allem *Das Lied der Taube* von John van Druten sowie *Drei Männer auf einem Pferd* von John Cecil Holm und George Abbott einer großen Publikumsgunst. Die anspruchsvolleren Stücke, wie *Wir sind noch einmal davongekommen* von Thornton Wilder, *Trauer muß Elektra tragen* von Eugene O'Neill oder *Die Glasmenagerie* und *Endstation Sehnsucht* von Tennessee Williams, tendierten meist ins Metaphysische, Mythische oder zumindest Symbolische. Eindeutig ›realistische‹ Dramen mit kritischem Anstrich, wie die von Robert Sherwood, Maxwell Anderson oder *The Moon is Down* von John Steinbeck, hatten dagegen kaum eine Chance, auf den westdeutschen Nachkriegsbühnen gespielt zu werden, da sie der us-amerikanischen Information Control Division als ›ungeeignet‹ oder ›zu politisch‹ erschienen. Ja, selbst Carl Zuckmayers *Des Teufels General* wurde wegen seiner ›realistischen‹ Aktualitätsbezüge von der US-Militärregierung erst Mitte 1947 zur Aufführung freigegeben. Zu einer fortschreitenden Lockerung all dieser Restriktionen, die allerdings auch eine gewisse Renazifizierung mit sich brachte, kam es auf diesem Gebiet erst im Zuge des Kalten Krieges, als sich das Ziel der westalliierten Behörden im Hinblick auf die politische und kulturelle Umerziehung der Westdeutschen immer stärker aus der ›Immunisierung gegen den Faschismus‹ in die ›Immunisierung gegen den Kommunismus‹ wandelte, die ganz andere Taktiken erforderte.

Die Rehabilitierung der Verfemten, Exilierten und Vergessenen

Nach dem Zusammenbruch der nationalsozialistischen Kunstdiktatur, welche alle nicht-systemkonformen Künstler in die innere oder äußere Emigration getrieben hatte, begünstigten die vier Besatzungsmächte – mit Unterstützung der deutschen Antifaschisten – erst einmal all jene Künstler, die bis dahin als ›verfemt‹ oder gar ›entartet‹ gegolten hatten. Zugleich stellten sie ihnen Repräsentanten ihrer eigenen Kultur zur Seite, um den Deutschen nach zwölfjähriger Abgeschlossenheit wieder einen Anschluß an die neuesten Tendenzen innerhalb der Weltkultur zu ermöglichen. Ihre eigenen Künstler vorzustellen, ob nun in Übersetzungen, Ausstellungen oder Konzerten, bereitete den Alliierten keine allzu großen Schwierigkeiten. Das kunstinteressierte westzonale Publikum jedoch erneut mit den Verfemten und Entarteten der deutschen Tradition bekannt zu machen, erwies sich als wesentlich schwieriger. Besonders große Umstände erforderte es, mit den im Exil lebenden Künstlern Kontakte aufzunehmen. Eine Reihe von ihnen war inzwischen gestorben, andere galten als verschollen. Ja, selbst ihre Werke, welche die Kunstbeauftragten des Dritten Reichs systematisch ›ausgesäubert‹ hatten, ließen sich nur in Ausnahmefällen erneut zugänglich machen. Das galt besonders für die Werke jener Exilierten, die in ein ›fernes Land‹ wie die USA gegangen waren und an die sich – von Ausnahmen wie Thomas Mann und Franz Werfel – in Deutschland nur noch wenige erinnerten.

Noch am ehesten hatten jene Künstler eine Chance, wieder ins allgemeine Bewußtsein zurückzudringen, die als ›Verfemte‹ im Dritten Reich geblieben waren. Ihre Werke gehörten stilistisch meist jener

Halbmoderne an, der selbst manche Faschisten recht wohlwollend gegenüber gestanden hatten. Außerdem waren diese Künstler in ihrer Thematik wesentlich ›deutscher‹ geblieben als die oft ins Welthistorische oder gar Internationalistische ausgreifenden Werke der Exilkünstler. Allerdings hielten die meisten dieser Künstler nicht das, was sich viele von ihnen versprochen hatten. Jetzt, als ihre Stunde endlich schlug, zeigte es sich, daß sogar sie zum Teil unterm Faschismus wie gelähmt dahingelebt hatten. Selbst im Verborgenen waren also zwischen 1933 und 1945 kaum bedeutende Kunstwerke entstanden. Und auch neue, überragende Talente hatten sich in diesen Jahren nicht entwickelt. Da also die Exilkünstler weiterhin im Exil blieben und sich auch mit den wenigen Werken der Widerstandskunst kein Staat machen ließ, sah man sich schließlich gezwungen, in den Jahren nach 1945 erst einmal jene Künstler in den Vordergrund zu rücken, die sich bereits vor 1933 einen Namen gemacht hatten und im Dritten Reich – wenigstens teilweise – im Bereich des Privaten oder Halboffiziellen weitergearbeitet hatten.
In den bildenden Künsten waren das vor allem Käthe Kollwitz und Ernst Barlach, deren Werke jenen klagenden, appellartigen Charakter haben, den die durch die Katastrophe des deutschen Volkes Erschütterten als wahrhaft zeitgemäß empfanden. Ihre Statuen und Grafiken wurden daher schon im Herbst 1945 überall ausgestellt und auch in den Zeitschriften der Folgezeit häufig abgebildet. Neben sie traten schnell die Werke von Expressionisten wie Emil Nolde, Erich Heckel, Karl Schmidt-Rottluff und Max Pechstein sowie von Realisten wie Carl Hofer und Otto Dix, die nach 1933 in Deutschland geblieben waren und dort in einer Art Halbverborgenheit weitergemalt hatten. Doch auch die Werke jener zahllosen Regionalkünstler, die unterm Faschismus die üblichen Formen der Genremalerei, ob nun das Porträt, das Stilleben oder die Landschaft, auf konventionelle Weise weitergepflegt hatten, wurden selbstverständlich überall ausgestellt. Überhaupt herrschte für kurze Zeit ein höchst interessantes Nebeneinander der verschiedensten Richtungen. Viele genossen erst einmal die Freiheit, alles zu zeigen und alles zu sehen, was ihnen bisher vorenthalten worden war. Zeitschriften und Bücher, die mit den bisher Verfemten und Entarteten vertraut machten, also mit den Malern der ›Brücke‹ und des ›Blauen Reiters‹, mit den Kubisten und

Futuristen, mit Picasso und Chagall, wurden deshalb mit der gleichen Intensität verschlungen wie Zeitschriften und Bücher, die das Bewährte – ob nun im regionalen oder klassischen Sinne – in den Vordergrund rückten. Nachdem sich unterm Faschismus die lange aufgestaute Wut der Philister gegen alles ›Höhere‹ endlich ausgetobt habe, werde jetzt, schrieb Adolf Behne 1947 in seinem Büchlein *Entartete Kunst* im geistigen Überschwang dieser ersten Jahre, in allen Künsten sicher ein Zeitalter der Freiheit, der Toleranz, der Demokratie anbrechen.

Sogar die Maler der totalen Gegenstandslosigkeit, die vor 1933 nur wenig Anklang gefunden hatte, wurden im Zuge dieser Wiedergutmachungswelle merklich aufgewertet. Allerdings waren es nicht im Exil verstorbene Altmeister wie Kandinsky und Klee, denen anfänglich die meiste Aufmerksamkeit galt, sondern jene Abstrakten, die wie Fritz Winter und Willi Baumeister auch im Dritten Reich heimlich weitergemalt hatten. Vor allem Winters 1944 entstandener Zyklus *Triebkräfte der Erde* wurde damals viel abgebildet. Wohl die frühesten Manifeste dieser Richtung waren das Buch *Die schöpferischen Kräfte der abstrakten Malerei* (1947) von Ottomar Domnick, das sich neben Winter und Baumeister vor allem für Otto Ritschl, Max Ackermann und Georg Meistermann einsetzte, sowie das erste der ›Abstrakten Malerei‹ gewidmete Sonderheft der Zeitschrift *Das Kunstwerk* (1947). Daß diese Richtung überhaupt wieder in den Vordergrund trat, verdankte sie allerdings nicht nur dieser Wiedergutmachungswelle, sondern auch dem neuerwachten Interesse an dieser Art von Malerei in anderen westlichen Ländern. Im Zuge dieser allgemeinen Umorientierung schickten die Franzosen 1948 eine Wanderausstellung unter dem Titel *Französische abstrakte Malerei* und die US-Amerikaner eine ähnliche Wanderausstellung unter dem Titel *Gegenstandslose Malerei in den USA* durch mehrere deutsche Großstädte. Und so wurde dieser Richtung, der die meisten kunstinteressierten Deutschen anfangs recht distanziert gegenübergestanden hatten, da sie ihnen nach den Leiden unterm Faschismus und im Zweiten Weltkrieg als zu kühl, zu rationalistisch, zu ausgetüftelt erschien, dann doch zu einer größeren Publizität verholfen.

Ebenso komplex war die Situation nach 1945 auf dem Gebiet der Musik, obwohl sich hier die Verfemten, Vergessenen und Entarteten nicht nur durch einzelne Konzerte, sondern auch durch ein Medium wie den Rundfunk wieder einem größeren Publikum vorstellen ließen. Vor allem Dirigenten wie Hans Rosbaud in Baden-Baden, Hans Schmidt-Isserstedt in Hamburg, Ferenc Fricsay in Berlin und Karl Amadeus Hartmann in München gaben sich die größte Mühe, die deutschen Hörer wieder mit inzwischen fast vergessenen Weltgrößen moderner Musik wie Igor Strawinsky, Béla Bartók, Sergej Prokofjew und Dimitri Schostakowitsch vertraut zu machen. Doch der Erfolgreichste unter den Größen der modernen E-Musik war damals Paul Hindemith. Das hängt sowohl damit zusammen, daß sein früherer Verleger, nämlich B. Schott's Söhne, Hindemiths Werke sofort wieder auf den Markt brachte, als auch damit, daß seine Musik ›deutscher‹ und zugleich ›gemäßigter‹ klang als die vieler anderer Gegenwartskomponisten. Außerdem hatte Hindemith noch 1934 mit seiner *Mathis-Symphonie* in Berlin einen bedeutsamen Erfolg für sich verbuchen können und sich erst 1938 veranlaßt gesehen, ins Schweizer Exil auszuweichen, war also den deutschen E-Musik-Hörern nicht ganz unvertraut. Seine Werke wurden deshalb in vielen Zeitschriften der unmittelbaren Nachkriegszeit gern als ›Ausdruck unserer Zeit‹ gewürdigt, das heißt als die Werke eines ›Verfemten‹, der dennoch seinem Lande innerlich treu geblieben sei. So stellte etwa Heinrich Strobel 1947 im Januarheft der Zeitschrift *Melos* die Stuttgarter Erstaufführung der Oper *Mathis der Maler* als die »erste große künstlerische Kundgebung eines ›besseren Deutschland‹ in der Musik« hin. Anderen deutschen Komponisten, die schon 1933 ins Exil gegangen waren, brachte man hingegen nicht so große Sympathien entgegen. Vor allem die Werke eines Arnold Schönberg und seiner Schüler Alban Berg und Anton Webern galten damals, wie die Bilder der abstrakten Malerei, vielen noch als zu kühl oder zu ausgeklügelt. Sie fanden darum nur wenig oder gar keinen Anklang. Es gab zwar einige Versuche, auch diese Richtung wieder in das allgemeine Musikleben zu reintegrieren, die jedoch bei den nach Gefühl und Tonalität hungernden Nachkriegshörern auf keine große Gegenliebe stießen. Das gleiche trifft auf die linksavantgardistische Musik Hanns Eislers zu, die selbst in der sowjetischen Besatzungszone, aufgrund der Anti-Formalismus-Kampagnen, anfangs auf große Befremdung stieß. Eher gespielt wurden dagegen die Werke jener deutsch-jüdischen Komponisten, die im Dritten Reich auf den Index geraten waren. Das gilt vor allem für Felix Mendelssohn-Bartholdy, der aufgrund seiner ›romantischen‹ Grundstimmung zu einem der meistaufgeführten Wiedergutmachungskomponisten nach dem Kriege wurde, während die Werke Gustav Mahlers, die sich in Deutschland nie recht durchgesetzt hatten, selbst in diesen Jahren nur vereinzelt gespielt wurden.

Auch auf dem Sektor der Literatur nahmen sich manche Verleger gleich nach 1945 jener verfolgten, vertriebenen oder umgebrachten Künstler an, die der Faschismus auf dem Gewissen hatte. Allerdings hatte das seine Schwierigkeiten. Da ein Großteil der antifaschistischen Exilautoren wie Johannes R. Becher, Bertolt Brecht, Anna Seghers, Arnold Zweig, Friedrich Wolf, Ludwig Renn, Willi Bredel, Eduard Claudius und andere in die sowjetische Besatzungszone ging, war man in den Westzonen – im Rahmen der allgemeinen Wiedergutmachungswelle – zu Anfang fast ausschließlich auf die Autoren der Inneren Emigration angewiesen. Und doch gab es auch hier rühmliche Ausnahmen. So brachte etwa der Suhrkamp Verlag bereits 1948 *Das Lied von Bernadette* von Franz Werfel und drei Bücher von Thomas Mann, darunter den *Doktor Faustus,* heraus. 1949 erschienen im Programm dieses Verlages drei weitere Werke von Thomas Mann, die *Versuche 20-22* von Bertolt Brecht, die *Barbara Blomberg* von Carl Zuckmayer, dessen Drama *Des Teufels General* bereits 1946 erschienen war, sowie die Neuauflagen zweier Bücher von Stefan Zweig. Doch die meisten anderen im Exil entstandenen Werke wurden in Westdeutschland erst nach 1950 veröffentlicht, wobei die antifaschistisch-linksgerichteten besonders lange warten mußten. Was dagegen im gleichen Zeitraum in größerer Zahl auf den Markt kam, waren die Bücher der ›Vergessenen‹ oder ›Entarteten‹, also Werke von Expressionisten wie Georg Trakl oder jüdischen Autoren wie Franz Kafka, die vor allem von jüngeren Lesern fast wie Neuerscheinungen begrüßt wurden. Außerdem erschienen in diesen Jahren, wie bereits erwähnt, unzählige Werke der us-amerikanischen (Thomas Wolfe, William Soroyan, Ernest Hemingway, Pearl S. Buck), der englischen (T. S. Eliot, Christopher Fry, Evelyn Waugh, Graham Greene) und der französischen Literatur (Paul Valéry, André Gide, Jean-Paul Sartre, Georges Bernanos, Albert Camus), die für die meisten Deutschen ebenfalls den Charakter von Neuerscheinungen hatten. Eine wichtige Vermittlerrolle spielten hierbei neben den Buchverlagen auch die Zeitschriften, von denen sich einige, wie *Lancelot* oder *Story,* fast ausschließlich der Bekanntmachung ausländischer Autoren widmeten.

Durch all diese Aktivitäten, ob nun durch Ausstellungen, Konzerte, Neuerscheinungen oder Veranstaltungsreihen der Amerika-Häuser, kam es auf kulturellem Gebiet in den Jahren zwischen 1945 und 1947/48 zu einer Vielfalt und Fülle miteinander harmonierender oder auch konkurrierender Strömungen, in denen sich Altes und Neues oft auf wundersamste Weise vermischte. Was in diesen Jahren den Ton angab, war also weniger eine bestimmte Richtung als ein Pluralismus, der eine erstaunliche politische, ideologische und ästhetische Bandbreite hatte, und zwar von der antifaschistisch-linken bis zur christlich-konservativen, von der sowjetischen bis zur us-amerikanischen, von der bisher als ›entartet‹ empfundenen bis zur im herkömmlichen Sinne ›gegenständlichen‹ Kunst. Angesichts des gerade niedergerungenen Faschismus und der anfänglich durchaus progressiven Kulturpolitik der vier Besatzungsmächte bestand damals noch die Bereitschaft, sich mit allem vertraut zu machen, worin sich innerhalb der allgemeinen Misere etwas Anderes, Besseres, Erbauliches, Tröstendes, Experimentelles, Politisch-Fortschrittliches andeutete. Dieser Pluralismus wurde von vielen gar nicht als Chaos oder Widerspruch empfunden, sondern im Zeichen der neugewonnenen Freiheit als ein Fortschritt in Richtung ›Demokratie‹ und zugleich als ein allgemeiner Wiedergutmachungsakt an den vielen Leidtragenden der nationalsozialistischen Gleichschaltung innerhalb der Künste lebhaft begrüßt.

Und zwar gilt das für alle Gebiete der Kunst. So hingen in den verschiedenen Wiedergutmachungsausstellungen nach 1945 die Werke eines Realisten wie Otto Dix noch neben den Werken eines gegenstandslosen Malers wie Georg Meistermann, ohne daß die meisten Besucher darin einen ideologischen oder gar politischen Widerspruch gesehen hätten. Selbst so verschiedenartige Zeitschriften wie *Aussaat, Das Kunstwerk* oder *Bildende Kunst* unterstützten anfänglich noch beide Richtungen, statt sie gegeneinander auszuspielen. Schließlich hatten beide Richtungen damals ihre Opfer vorzuweisen.

Ja, ein Maler wie Willi Baumeister, der unter den Abstrakten dieser Jahre vielleicht der bekannteste war, sprach sich im Sinne der älteren Volksfronttendenzen nach 1945 wiederholt für ein Bündnis der bürgerlichen und kommunistischen Antifaschisten aus. Nicht minder ›bunt‹ wirken die damaligen Konzertprogramme, auf denen Vertreter des Westens und des Ostens, der Avantgarde und der Tradition häufig noch unvermittelt nebeneinander stehen. Und auch die Zeitschriftenliteratur verhielt sich auf diesem Gebiet lange Zeit relativ pluralistisch, das heißt verzichtete auf Diffamierungen im Sinne des späteren Kalten Krieges. So stellte nicht nur Friedrich Herzfeld 1947 in einer eher linksgerichteten Zeitschrift wie *Aufbau* zwei Komponisten wie Hindemith und Schostakowitsch noch als völlig gleichrangig hin, auch ein eher konservatives Blatt wie *Musica* ließ es im gleichen Jahr in einem Beitrag unter dem Titel *Blick nach Osten* weder an den üblichen Respektsbezeugungen vor Hindemith noch an bewundernden Äußerungen über die Symphonien Schostakowitschs fehlen.
Auch in den literarischen Zeitschriften, welche vielleicht die besten Seismographen für kulturpolitische Zeittendenzen sind, wurde in der unmittelbaren Nachkriegszeit qualitativ weder zwischen einem elitären Modernismus und einer realistischen Kunst für die Ungebildeten noch zwischen einer christlichen und einer kommunistischen Literatur unterschieden, sondern – im Sinne einer ideologischen Offenheit und zugleich Wiedergutmachungshaltung – jedes Werk auf seinen Beitrag zu einer möglichen Verbesserung der bestehenden Verhältnisse befragt. So standen im *Aufbau* neben Texten von Heinrich Mann, Willi Bredel, Johannes R. Becher und Georg Lukács auch solche von Ernst Wiechert, Manfred Hausmann, Max Bense und Wolfgang Weyrauch. In den ersten Heften von Döblins *Goldenem Tor* finden sich neben Werken von Hermann Kasack, Ernst Kreuder und Karl Krolow auch Werke von Bertolt Brecht, Heinrich Mann und Stephan Hermlin. In der Zeitschrift *Die Fähre* wurden Beiträge von Anna Seghers, Alexander Block und Ilja Ehrenburg mit Beiträgen von James Joyce, Paul Valéry, Thornton Wilder, Robert Musil und Franz Kafka konfrontiert. Ein Blatt wie *Ost und West*, das von Alfred Kantorowicz herausgegeben wurde, brachte neben Werken von Ernst Bloch, Alfred Kurella und Bertolt Brecht auch solche von Vercors, Carson McCullers und Walter von Molo. Kurz, man versuchte jenen

Autoren, die auch unterm Faschismus weitergeschrieben hatten, all jene ausländischen und ›verfemten‹ Schriftsteller zur Seite zu stellen, die in der Zeit der braunen Gleichschaltung in Deutschland auf dem Index gestanden hatten.

Programme einer antifaschistischen Kultur

Innerhalb dieses pluralistischen Durcheinanders gab es allerdings *eine* Richtung, welche die neugewonnene Freiheit nicht nur aufatmend genoß, sondern zu ihrem Schutze zugleich eine durchgreifende Umgestaltung der politischen, gesellschaftlichen und kulturellen Grundvoraussetzungen befürwortete. Ihre Vertreter wollten zwar auch Freizügigkeit und Toleranz, aber doch im Rahmen einer Ordnung, die eine solche Toleranz überhaupt erst möglich macht. Sie faßten deshalb den Aufbau einer antifaschistischen Kultur ins Auge, der jene Leitlinien zugrunde liegen sollten, welche die Sozialisten und bürgerlichen Humanisten im Zuge der Volksfrontpolitik bereits im Exil der dreißiger Jahre gefordert hatten. Um einen Rückfall in den Faschismus zu verhindern, traten sie dementsprechend – im Sinne des Potsdamer Abkommens – nicht allein für eine entschiedene Entnazifizierung, Entmilitarisierung und Entkartellisierung ein, sondern unterstützten zugleich alle Maßnahmen, die auf eine demokratische Umerziehung der Gesamtbevölkerung hinausliefen. Anstatt also tatenlos im Windschatten der Besatzungsmächte zu verharren, nahmen sich diese Gruppen vor, direkt ins unmittelbare Zeitgeschehen einzugreifen. Ideologisch gesehen, steuerten sie hierbei einen Dritten Weg zwischen Ost und West, zwischen Kapitalismus und Kommunismus an. Im Gegensatz zu jenen, welche den chauvinistischen Nationalismus der Nazis mit einem westlichen, europäischen oder abendländischen Internationalismus zu überwinden suchten, blieben überhaupt die meisten Vertreter dieser Richtung – in Fortführung älterer Volksfrontstrategien – bewußt ›national‹ eingestellt, wenn auch stets im Sinne eines anderen, besseren Deutschland. Ihr Antifaschismus sollte nicht einer fortschreitenden Entnationalisierung Deutschlands dienen (was einer Liquidierung der Schuldfrage gleichgekommen wäre), sondern hatte die Auswechslung der reaktionären zugunsten der demokratisch-freiheitlichen Traditionen dieses Landes zum Ziel.

Der Vorstellung einer neuen Kultur, welche diese Gruppen entwikkelten, lag demzufolge ein bewußter Paradigmawechsel von den romantischen, irrationalen, konservativen, gegenrevolutionären, faschistischen Überlieferungen der deutschen Geschichte und Kultur zu den bewußt liberalen, humanistischen, sozialistischen, aufrührerischen, ja revolutionären Traditionen zugrunde. Aus diesem Grunde wurden im Rahmen dieser Richtung vornehmlich jene Vergessenen und Verfemten herausgestellt, die sich innerhalb dieser Traditionslinie engagiert hatten. Hier grub man nicht einfach *jeden* aus, den die Nazis mit dem Bannstrahl des Undeutschen belegt hatten, sondern bevorzugte eindeutig die guten Demokraten, Liberalen und Sozialisten unter den Künstlern der Vergangenheit. Und als solche galten besonders jene Künstler, die sich im Bauernkrieg, in der Aufklärung, den Befreiungskriegen, im Vormärz, in der Arbeiterbewegung, der Weimarer Republik und im antifaschistischen Widerstand auf der Seite des unterdrückten Volkes gegen die feudalistisch-kapitalistische Oberschicht und ihre Handlanger engagiert hatten. All diese Künstler, die selbst unter größtem politischen Druck, ja angesichts des Todes nicht klein beigegeben hatten, stiegen so im Rahmen dieser Gruppen zu politischen oder moralischen Vorbildern auf, denen man eine aufrichtige Bewunderung entgegenbrachte. In ihrem Gefolge erwartete man auch von den in der Jetztzeit lebenden Künstlern, die Sache der Mehrheit des Volkes zu der ihren zu machen und eine Kunst zu schaffen, die wegen ihrer demokratisch-antifaschistischen Zielrichtung von gesamtgesellschaftlicher Relevanz ist, das heißt *allen* Menschen etwas bedeutet.

Und so erschienen in den ersten Nachkriegsjahren eine Reihe von Schriften, ob nun als Anthologien oder Monographien, welche den jahrhundertealten Widerstand gegen den immer wieder verfehlten Verlauf der deutschen Geschichte dokumentieren sollten. Von besonderer Bedeutung waren hierbei die Publikationen über den Kampf der antifaschistischen Exilautoren, denen innerhalb dieser Résistance eine besonders exponierte Rolle zugefallen war. Man denke an Bücher wie *Die humanistische Front* (1946) von Walter A. Berendsohn, *Verboten und Verbrannt* (1947) von Richard Drews und Alfred Kan-

torowicz und *Unter fremden Himmeln* (1948) von F. C. Weiskopf sowie die vielbeachteten Aufsätze *Literatur der deutschen Emigranten* (1947) von Hans Mayer und *Deutsche Schriftsteller im Exil* (1948) von Alfred Kantorowicz, die sich in aller Offenheit zu einem antifaschistischen Änderungswillen bekannten. Neben solchen Büchern und Essays (oder auch Radiovorträgen von Hans Mayer und Stephan Hermlin) waren es damals vor allem polit-literarische Zeitschriften wie *Der Ruf, Ost und West, Die Wandlung* und *Frankfurter Hefte,* die ähnliche Neuordnungskonzepte unterstützten. Anstatt eine Restauration jener vorfaschistischen Zustände zu befürworten, die den Faschismus ermöglicht oder ihn zumindest nicht verhindert hatten, traten sie auf der Basis einer antifaschistisch-progressiven Gesinnung für einen Aufbauwillen ein, der sich eine Neuordnung der gesamten politischen, gesellschaftlichen und kulturellen Verhältnisse zum Ziele setzte.
Alle diese Bemühungen wären sicher im Cliquenhaften steckengeblieben, wenn ihnen der ›Kulturbund zur demokratischen Erneuerung Deutschlands‹ keinen organisatorischen Rahmen geboten hätte. Dieser ›Kulturbund‹ trat bereits im Juni 1945 ins Leben und führte am 3. Juli 1945 im großen Sendesaal des Berliner Rundfunks seine erste öffentliche Veranstaltung durch. Im Spätsommer des gleichen Jahres gründete der ›Kulturbund‹ den Aufbau-Verlag und schuf sich in der Zeitschrift *Aufbau* und dem Wochenblatt *Sonntag* zwei wichtige Publikationsorgane. Zu seinem ersten Präsidenten wurde Johannes R. Becher gewählt, dem der Schriftsteller Bernhard Kellermann, der Maler Carl Hofer und der Altphilologe Johannes Stroux als Vizepräsidenten zur Seite traten. Die Ehrenpräsidentschaft übertrug man dem greisen Gerhart Hauptmann. Weitere führende Positionen übernahmen der Theaterkritiker Herbert Jhering, der Physiker Robert Havemann, der SPD-Politiker Gustav Dahrendorf, die Bildhauerin Renée Sintenis, die Schauspieler Paul Wegener und Eduard von Winterstein, der Philosoph Ernst Niekisch, die CDU-Politiker Ferdinand Friedensburg und Ernst Lemmer, der Romanist Viktor Klemperer, der Regisseur Wolfgang Langhoff, der KPD-Politiker Anton Ackermann, der Pädagoge Eduard Spranger, die Maler Otto Nagel, Georg Tappert und Max Pechstein, der Musikwissenschaftler Paul Höffer und die Autoren Ludwig Renn, Ricarda Huch, Anna

Seghers, Günther Weisenborn und Willi Bredel. Aufgrund dieser eindrucksvollen Phalanx bedeutender Politiker, Wissenschaftler und Kulturschaffender schlossen sich dem ›Kulturbund‹ schon im ersten Jahr 45 000 Mitglieder an, die sich in 394 Ortsgruppen organisierten. Bis zum Jahr 1948 stieg die Zahl der regulären Mitglieder auf 120 000 an.

Das Grundsatzprogramm des ›Kulturbundes‹, auf das man sich schon bei der Gründungsversammlung einigte, folgte in vielem der älteren Volksfrontstrategie und bestand aus sieben Hauptpunkten:

»1. Vernichtung der Nazi-Ideologie auf allen Lebens- und Wissensgebieten. Kampf gegen die geistigen Urheber der Naziverbrechen und der Kriegsverbrechen. Kampf gegen alle reaktionären, militaristischen Auffassungen. Säuberung und Reinhaltung des öffentlichen Lebens. Zusammenarbeit mit allen demokratisch eingestellten weltanschaulichen, religiösen und kirchlichen Bewegungen und Gruppen.

2. Bildung einer nationalen Einheitsfront der deutschen Geistesarbeiter. Schaffung einer unverbrüchlichen Einheit der Intelligenz mit dem Volk. Neugeburt des deutschen Geistes im Zeichen einer streitbaren demokratischen Weltanschauung.

3. Überprüfung der geschichtlichen Gesamtentwicklung unseres Volkes und damit in Zusammenhang Sichtung der positiven und negativen Kräfte, wie sie auf allen Gebieten unseres geistigen Lebens wirksam waren.

4. Wiederentdeckung und Förderung der freiheitlichen humanistischen, wahrhaft nationalen Tradition unseres Volkes.

5. Einbeziehung der geistigen Errungenschaften anderer Völker in den kulturellen Neuaufbau Deutschlands. Anbahnung einer Verständigung mit den Kulturträgern anderer Völker. Wiedergewinnung des Vertrauens und der Achtung der Welt.

6. Verbreitung der Wahrheit. Wiedergewinnung objektiver Maße und Werte.

7. Kampf um die moralische Gesundung des Volkes, insbesondere Einflußnahme auf die geistige Betreuung der deutschen Jugenderziehung und der studentischen Jugend. Tatkräftige Förderung des Nachwuchses und Anerkennung hervorragender Leistungen durch Stiftungen und Preise.«

Ein solches Programm wirkt zwar sehr engagiert, aber auch sehr allgemein. Doch eine solche Doppelstrategie war in der unmittelbaren Nachkriegszeit sicher nötig, um die Mehrheit der noch immer in konservativen, völkischen oder faschistischen Ideologien befangenen Künstler nicht sofort vor den Kopf zu stoßen. Ein durch und durch revolutionäres Programm hätte damals sicher überhaupt keine Wirkung gehabt. In Anbetracht dieser Tatsache trat der ›Kulturbund‹ zwar »ohne Scheuklappen, aber doch mit Entschiedenheit, sachlich, aber nicht neutral« auf, wie es in einer Werbung für die Zeitschrift *Aufbau* heißt. In anderen Manifesten des ›Kulturbundes‹ wird mit gleicher Akzentsetzung betont, daß er im Gegensatz zum Faschismus niemandem bestimmte Ideologien »aufzuzwingen« versuche, sondern lediglich bemüht sei, in allen Menschen »den wahren Geist der Menschlichkeit wachzurufen und zu fördern«. Nur in einem Punkte machte der ›Kulturbund‹ keinen Kompromiß, nämlich in der Forderung, daß es in aller Kunst um die großen nationalen, politischen und gesellschaftlichen Belange gehen müsse. Aus diesem Grunde verwarf er sowohl jede »elitäre« Absonderung der Kunst von der breiten Masse der Bevölkerung, wie er auch jede bloße »Zerstreuung und Unterhaltung« in der Kunst strikt ablehnte.
Seine Hauptaktivitäten entfaltete der ›Kulturbund‹ in Berlin und in der sowjetischen Besatzungszone, während er in den drei Westzonen von den Militärbehörden nur auf Ortsebene zugelassen wurde und sich zudem andere Bezeichnungen zulegen mußte. So nannte sich die ›Kulturbund‹-Gruppe in München ›Kulturliga‹, in Frankfurt ›Freie deutsche Kulturgesellschaft‹. Besonders aktiv waren anfangs die bildenden Künstler, während die Sektionen Musik, Theater, Wissenschaft und Forschung, Buch und Dichtung, Rundfunk, Film und Presse erst im Laufe der Zeit immer rühriger wurden. So veranstaltete die Sektion Bildende Kunst schon relativ früh würdevolle Ausstellungen von bisher verfemten Künstlern wie Käthe Kollwitz, Ernst Barlach, Hans Baluschek, Heinrich Zille und Max Liebermann. Die gleiche Sektion arrangierte – unter der Schirmherrschaft von Carl Hofer, Otto Nagel und Karl Schmidt-Rottluff – bereits im Sommer 1946 in Dresden die *Erste Allgemeine Deutsche Kunstausstellung,* die dann im August eröffnet wurde. Von den 2400 eingeschickten Arbeiten aus der sowjetischen, us-amerikanischen und französischen

Zone (die britische Zone beteiligte sich nicht) wählte die Jury, zu der so unterschiedliche Geister wie Hermann Henselmann, Otto Dix, Carl Hofer, Hans Grundig, Gerhard Marcks, Wilhelm Lachnit, Max Pechstein, Karl Schmidt-Rottluff und Will Grohmann gehör-

Conrad Felixmüller: *Im Juni gehe ich schwarz über die Grenze* (1947)

ten, 535 Exponate aus. Die sogenannten ›Entarteten‹, die Künstler der Inneren Emigration, die Exilkünstler sowie die ASSO-Künstler der proletarisch-revolutionären Richtung: alle wurden hier als gleichberechtigte Vertreter einer im weitesten Sinne antifaschistischen Kunst anerkannt. »Noch ist unsere Zeit verworren«, schrieb Hans Grundig als Rektor der Staatlichen Kunsthochschule Dresden 1946 anläßlich dieser Ausstellung im 2. Heft der Zeitschrift *Prisma,* »und bedarf der Aktivität aller fortschrittlichen Künstler, realistisch oder abstrakt.« Daher waren bei dieser umfassenden Querschnittschau neben den Bildern eines George Grosz, Otto Dix und den beiden Grundigs auch Werke von Erich Heckel, Georg Kolbe, Karl Schmidt-Rottluff, Oskar Kokoschka, Max Beckmann, Lionel Feininger, Oskar Schlemmer, Paul Klee sowie von Abstrakten wie Willi Baumeister und Fritz Winter zu sehen. Parallel zu dieser Ausstellung fand in Dresden ein Künstlerkongreß mit Referaten von Alexander Dymschitz, Ilja Fradkin und Hermann Henselmann statt. Diese Ausstellung wurde aufgrund des allgemeinen ›Kulturhungers‹ von 75 000 Menschen besucht, von denen jedoch ein Großteil auf die gegenstandslose Kunst nicht besonders positiv reagierte. Nach Angaben im Januarheft 1947 der Zeitschrift *Bildende Kunst* lehnten auf dieser Ausstellung, bei der an alle Besucher Fragebögen verteilt wurden, noch 67 Prozent die »moderne Kunst« pauschal ab und verlangten nach mehr »Realismus«.

Auf dem Gebiet der Literatur begann der ›Kulturbund‹ seine Aktivitäten im November 1945 mit einem *Ruf an die deutschen Emigranten,* doch möglichst bald nach Deutschland zurückzukehren und sich in den Dienst des kulturellen Aufbaus zu stellen. Da diesem Ruf eine stattliche Reihe von Autoren Folge leistete, bemühte sich der Kulturbund auch auf diesem Gebiet, die verschiedenen Entwicklungsstränge der jüngsten deutschen Literatur, vor allem die jahrelang getrennten Vertreter der inneren und der äußeren Emigration, wieder enger zusammenzuführen, ja vielleicht sogar zu einer antifaschistischen Einheitsfront zu vereinigen. Dieser Aufgabe diente unter anderem der ›Erste Deutsche Schriftstellerkongreß‹, der vom ›Kulturbund‹ im Oktober 1947 nach Berlin einberufen wurde. Die wichtigsten Reden hielten bei dieser Gelegenheit Ricarda Huch, Elisabeth Langgässer, Ernst Penzoldt, Rudolf Hagelstange, Axel Eggebrecht und Günther

Weisenborn als die Vertreter der inneren Emigration oder des inneren Widerstands auf der einen und Johannes R. Becher, Alexander Abusch, Stephan Hermlin, Alfred Kantorowicz, Hans Mayer und Friedrich Wolf als die Vertreter des Exils auf der anderen Seite. Trotz der Entschiedenheit beider Lager, im Sinne der Widerstandskämpfer gegen das Dritte Reich weiterhin an der politischen Einheit Deutschlands festzuhalten und sich jeder Spaltungstendenz entgegenzustellen, kam es dennoch bei diesem Kongreß nicht zu jener Einhelligkeit, die noch unter der Jury der Dresdner Ausstellung im Sommer 1946 geherrscht hatte, da im Herbst 1947 bereits der Kalte Krieg seine ersten Schatten über das Ganze zu werfen begann. Ja, die durch diesen Kongreß ausgelösten Provokationen führten schon wenige Wochen später dazu, daß der ›Kulturbund‹ in den drei Westsektoren Berlins von den Besatzungsbehörden verboten wurde.
Ähnlichen Behinderungen sahen sich die meisten ›Kulturbund‹-Gruppen nach diesem Zeitpunkt in den drei Westzonen ausgesetzt. Wirklich effektiv war hier der ›Kulturbund‹ nur eine Zeitlang im Ruhrgebiet, wo er sich am 30. Oktober 1946, nach der Gründung des Landes Rheinland-Westfalen, als umfassender Landesverband etablieren konnte. Stärker als anderswo versuchte er hier, Kontakte mit den Gewerkschaften aufzunehmen, um so eine Einheitsfront von Intellektuellen und Arbeitern zu fördern. Doch gerade solchen Versuchen wurde von seiten der Besatzungsmächte sowie des Industrieverbandes ab 1947 ein immer größerer Widerstand entgegengesetzt, was schließlich zum Scheitern dieser Bestrebungen führte. Selbst die enge Zusammenarbeit, die sich im Winter 1946/47 zwischen den Bergarbeitern von Recklinghausen und Hamburger Theaterleuten anbahnte, brachte diese beiden Gruppen ideologisch nicht viel näher, sondern diente eher dazu, die sogenannte ›Arbeiterkultur‹ in das bestehende bürgerliche Bildungssystem zu integrieren. Überhaupt hatten nach diesem Zeitpunkt alle antifaschistischen Volksfrontstrategien, denen noch das alte Konzept einer ›Hohen Kunst für jedermann‹ zugrunde lag, in den Westzonen oder der späteren Bundesrepublik keine Chance mehr. Schließlich war der Hauptgegner des sich hier durchsetzenden Systems nicht mehr der Faschismus, sondern immer eindeutiger der Kommunismus. Und damit gerieten alle linksorientierten Neuordnungskonzepte, selbst dann, wenn sie nur

kulturelle Ziele verfolgten, in die Gefahr, von jener an der Aufrechterhaltung der bestehenden Verhältnisse interessierten ideologischen Einheitsfront, hinter welcher sowohl die Liberalen als auch die Konservativen standen, einfach von der Tagesordnung abgesetzt zu werden.

Realismuskonzepte in den Künsten

Was die künstlerische Situation nach 1945 von der Zeit nach 1918 unterscheidet, ist die auffällige Tatsache, daß es selbst im Rahmen der engagierten Künste zu keinen neuen Ismen kam. Während sich damals Bewegungen wie Expressionismus, Dadaismus, Futurismus, Kubismus und Konstruktivismus, die einen avantgardistisch-revolutionären Elan ausdrücken sollten, geradezu überstürzten, begnügten sich jetzt sogar die auf Umgestaltung und Neuordnung drängenden Kräfte mit wesentlich bescheideneren Konzepten. Wenn sie überhaupt zu einem Ismus griffen, was selten genug geschah, dann noch am ehesten zu dem Schlagwort ›Realismus‹. Was man darunter verstand, war allerdings keine einfache Abbildlichkeit, sondern etwas wesentlich Intensiveres, Aufwühlenderes, Konkreteres. Als realistisch galt diesen Künstlern vornehmlich jene Kunst, die weder vor einer unmittelbaren Auseinandersetzung mit der faschistischen Vergangenheit noch einer detaillierten Beschäftigung mit der eigenen Gegenwart zurückschreckte. Sie wollten eine Kunst, die trotz der erdrückenden Misere der Nachkriegszeit nicht ins Artistische, Artifizielle, Elitäre, Esoterische, Hermetische, Ästhetische, kurz: Unrealistische auswich, sondern sich unerschrocken und phrasenlos der ›Forderung des Tages‹ stellte. Kein Wunder also, daß in den Programmen der realistisch engagierten Künstler meist die Forderung nach Sinngebung, Analyse, tieferer Durchdringung, Direktheit, Authentizität oder Zeitbezogenheit im Vordergrund stand. Überhaupt wurde in diesem Umkreis das Inhaltliche wesentlich wichtiger genommen als die sogenannte Formfrage. Die Vertreter dieser Richtung wollten in allen drei Künsten endlich wieder bedeutungsvolle Sinn-, Leit- oder Vorbilder schaffen, das heißt ihr Publikum erschüttern, es mitreißen oder es zumindest aus der Trägheit des Herzens aufschrecken, indem sie es mit den Hauptthemen der Zeit – mit Faschismus, Krieg, Vernichtungslagern, Flüchtlingselend und Aufbauleistungen – konfrontierten. Dementsprechend bemühten sie sich um eine Kunst, deren ›realistischer‹ Charakter nicht allein in ihrer Tendenz ins Deskriptive, sondern zugleich in ihrem unverblümten Zeitbezug bestand.

Die bewußt antifaschistische Richtung hatte darum von vornherein ein klares Telos. Sie wollte relevant sein, sie wollte sich an die ganze Nation wenden, sie wollte ins Menschheitliche wirken. Im Gegensatz zu jenen unverbindlichen Liberalen, die aufgrund ihrer Laissez-faire-Gesinnung alles und jedes unterstützten, trat sie für jene Kräfte ein, die sich dem Aufbau eines anderen, besseren Deutschland widmeten. Deshalb schreckten manche ihrer Anhänger selbst vor Polemik nicht zurück. Was diesen Gruppen besonders mißfiel, waren drei Einstellungen zur Kunst. Erstens verdammten sie jede Kunstübung, die sich von der Mehrheit des Volkes bewußt absonderte und damit eine Künstler- und Intellektuellenkunst beförderte, welche zwar noch immer als ›avantgardistisch‹ ausgegeben wurde, aber in ihren malerisch-abstrakten, musikalisch-atonalen und literarisch-kalligraphischen Formkonzepten längst den Charakter eines spielerischen Modernismus angenommen hatte. Zweitens verdammten sie jede Kunstübung, die zwar realistisch verfuhr, aber ihre Inhalte durch symbolistisch oder surrealistisch verschlüsselte Stilmittel soweit von der ›wirklichen‹ Wirklichkeit entrückte, daß sie ins Unverständliche tendierten. Drittens verdammten sie jede Kunstübung, welche sich lediglich ablenkende, zerstreuende Zwecke setzte und vor allem in ihren trivialisierten Formen notwendig zu einer gleichbleibenden Unaufgeklärtheit breiter Bevölkerungsschichten beitragen mußte.

Wohl am nachdrücklichsten wurden diese Fragen in der unmittelbaren Nachkriegszeit im Bereich der bildenden Künste diskutiert, da hier die Ismenfrage seit altersher eine weit größere Rolle spielt als in den anderen Künsten. Einer der einflußreichsten Wortführer der auf Realistik und gesamtgesellschaftliche Relevanz pochenden Künstler war anfangs Carl Hofer, der als Vizepräsident des ›Kulturbundes‹ an besonders exponierter Stelle stand. Was Hofer entschieden zurückwies, war einerseits der vulgäre Naturalismus der üblichen Kitsch-

maler, andererseits die »eiskalte Kunst der Abstraktion, die im tiefsten Grunde vielleicht eine intellektualisierte Form des menschlichen Spieltriebes« ist und nur ein »artistisch geschultes Publikum mit stark snobistischem Einschlag befriedigen kann«, wie er 1947 im dritten Heft der Zeitschrift *Bildende Kunst* schrieb. Ebenso unsinnig fand Hofer jenen Surrealismus, der vor der Realität des Lebens ins »Unwirkliche« des »Traums« auszuweichen versuche. Überhaupt lehnte er alle »Eintags-Ismen« ab, die noch immer von der Vorstellung zehrten, daß es in der Kunst so etwas wie einen ästhetischen »Fortschritt« gebe. Was Hofer gelten ließ, war lediglich jener »expressive Realismus«, der in sinnbildlicher Form eine die Gesamtgesellschaft betreffende Aussage über das Schicksal der Menschen in »unserer Zeit« mache. Noch schärfer wandte sich Hofer in seinem Aufsatz *Das Selbstverständliche und das Artistische in der Kunst,* der 1949 im Januarheft der Zeitschrift *Prisma* erschien, gegen die sterilen Geometrismen der »totgelaufenen, rein abstrakten Kunst« sowie die »abseitig Freudsche Welt des Surrealismus«. Eine »Intellektualkunst« wie die der Abstrakten und Surrealisten, behauptete er hier, werde nur von jenen Menschen geschätzt, die mit »gutbürgerlichen Vorurteilen« ausgestattet seien, während sie für die Mehrheit der Bevölkerung überhaupt keinen Aussagewert habe.
Mit solchen Äußerungen stand Hofer zwischen 1945 und 1949 keineswegs allein. Auch andere Vertreter der Inneren Emigration, die sich wie er bereits in den zwanziger Jahren von der älteren Ismenkunst distanziert und einer stärker realistisch-gesellschaftskritischen Kunst zugewandt hatten, gaben damals ähnliche Statements ab. So erklärte Otto Dix 1948, daß es in der Malerei heute weniger auf »Farbe und Form« als auf »Erleben und Ergriffenheit« ankomme. »Ich bin sehr bemüht«, heißt es bei ihm, »mit meinen Bildern zur Sinngebung unserer Zeit zu gelangen, denn ich glaube, man muß vor allem einen Inhalt, ein Thema aussprechen.« Nicht minder entschieden schrieb der Maler Heinrich Ehmsen 1948 im zweiten Heft der Zeitschrift *Bildende Kunst,* die wohl das wichtigste Organ all dieser Tendenzen war: »In meinem Schaffen gehe ich immer vom wirklichen Erleben und von realen Erkenntnissen aus. Der Menschlichkeit restlos zu dienen, mit meinen Mitteln der Gestaltung in Farbe und Form den Humanismus zu predigen, ist mein Ziel. Wenn das Alte, Über-

lebte, Rückständige nicht freiwillig gehen will, muß es gestoßen werden. Die Malerei hat in diesem Kampf eine wichtige Aufgabe zu erfüllen. Schöpferische Maler waren immer auch Kämpfer für den Fortschritt. Unsere Arbeit muß ein Beitrag zur Neuordnung sein, nicht für den staatlichen Aufbau direkt, sondern für seine geistige und kulturelle Untermauerung. Nur so können wir unser Ziel erreichen: eine menschliche, humanistische Kunst, fest im Boden der Tatsachen verwurzelt und dennoch nach den Sternen greifend.«
Völlig anders verliefen solche Debatten im Bereich der modernen Musik. Da man sich hier seit der Jahrhundertwende abgewöhnt hatte, überhaupt noch von ›Realismus‹ zu sprechen (es sei denn im Hinblick auf die allgemein verachtete Programmusik), herrschte auf diesem Gebiet selbst in den Bekenntnissen zu einer verstärkten Zeitbezogenheit ein ganz anderer Ton. Was sich im Rahmen der musiktheoretischen Auseinandersetzungen der unmittelbaren Nachkriegszeit mit den Diskussionen auf bildkünstlerischem Gebiet allenfalls vergleichen läßt, ist lediglich der gleiche Zweifrontenkrieg gegen ein Abgleiten ins Vulgäre, Triviale, Kitschige auf der einen und eine Absonderung ins Esoterische, Atonale, Ausgeklügelte auf der anderen Seite. Diese beiden ›Abwege‹ wurden im Hinblick auf eine gesamtgesellschaftliche Relevanz von den engagierten Musikkritikern ebenso scharf verworfen wie von den engagierten Kunstkritikern dieser Jahre. Als positive Alternative gebrauchten sie jedoch nicht den Begriff ›realistisch‹, sondern das Adjektiv ›bekenntnishaft‹. Allerdings gaben diese Kritiker meist zu bedenken, daß eine solche Musik sicher auf großen Widerstand stoßen werde. Falls sie sich obendrein formalistisch-atonaler Mittel bedienen sollte, wie es in dem Aufsatz *Neue Wege zur zeitgenössischen Musik* des ›Kulturbund‹-Mitglieds Paul Höffer heißt, der 1946 in der Zeitschrift *Aufbau* herauskam, habe sie überhaupt keine Aussicht, aufgeführt zu werden.
Wiederum andere Fronten zeichneten sich auf literarischem Sektor ab. Hier wandten sich die Engagierteren, die einen neuen ›Realismus‹ forderten, sowohl gegen die Nachahmung all jener Schönschreiber, die im Zuge der Inneren Emigration in immer abstraktere Bereiche einer chiffrierten Geheimsprache ausgewichen seien, als auch gegen die Übernahme jener verlogenen, unmenschlichen Phraseologie, die der Faschismus entwickelt habe. Was sie diesen beiden Richtungen

entgegensetzten, war eine bewußte Beschränkung aufs Einfache, Authentische, Selbsterlebte und damit Realistische im unmittelbarsten Sinne des Wortes. Lieber zu schlicht als zu schön, hieß es in ihren Programmen immer wieder. Im Gefolge solcher Tendenzen kam es in diesem Bereich – in Form eines radikalen ›Kahlschlags‹ – häufig zu einer Absage an jene ›poetische‹ Überhöhung, die das gesellschaftlich Konkrete zugunsten einer idealisch-heroisierenden oder verblümt-ästhetisierenden Scheinwelt zu ersetzen suchte.

Wohl die meisten Diskussionen löste in diesem Zusammenhang der Aufsatz *Deutsche Kalligraphie oder Glanz und Elend der modernen Literatur* von Gustav René Hocke aus, der am 15. November 1946 in der Zeitschrift *Der Ruf* erschien. Hier wurde der »kunstgewerblichen Fertigkeit der älteren Schönschreiber« zum erstenmal die »Unmittelbarkeit« der realistischen Aussage entgegengestellt. So wie sich die Malerei wieder auf das konkrete Sujet besinne, schrieb Hocke, müsse sich auch die Literatur wieder auf das Inhaltliche konzentrieren, anstatt allein dem »Wohltönenden« der Worte oder dem »Geschmeidigen« der Sätze Beachtung zu schenken. All jener Esoterik der Literatur der Inneren Emigration, die nur allzu oft »symbolistische, pastoral-idyllische, elegisch-egozentrische oder manieriert-essayistische« Formen angenommen habe, hieß es weiter, solle man endlich mit einer »Sauberkeit der Absicht« entgegentreten. Was damals zur Irreführung der Zensur in Form einer »hochgetriebenen, den Inhalt der Aussage immer mehr verdünnenden Kunstprosa« vielleicht nötig gewesen sei, habe heute, wo man wieder auf den Boden der Tatsachen zurückkehren könne, keinerlei Funktion mehr. Wie Hofer wandte sich darum auch Hocke einerseits gegen die »wirklichkeitsnahen Platitüden« der Abklatschnaturalisten, andererseits gegen den kleinbürgerlich-narzißtischen Drang, sich so »gewählt« wie nur möglich auszudrücken – und setzte sich für eine »direkte, mitteilende Sprache« ein, welche sich in Form von Erlebnisberichten auf die konkrete Darstellung der »Menschen, Dinge, Situationen und Ereignisse« konzentriert. Nur eine »neue realistische Dichtung«, erklärte Hocke abschließend, könne nach den »langen Jahren der Flucht und Furcht, der Lüge und der Heuchelei oder des Irrtums und der Pseudo-Wirklichkeit« wieder eine positivere Epoche »unseres Schrifttums« einleiten.

Solche Forderungen wurden im Bereich der engagierten Literatur in den Jahren 1947 und 1948 immer wieder diskutiert. Wie Hocke stellten auch andere ständig die Frage nach der ›wirklichen Wirklichkeit‹ innerhalb des alle Menschen verwirrenden Chaos dieser Zeit, in dem sich die verschiedenen Realitätspartikel wie die sich ständig verändernden Steinchen eines Kaleidoskops zu drehen schienen. Anstatt – angesichts dieser Wirrnis – einfach in Narzißmus, Introversion oder die von Hocke so attackierten »kunstgewerblichen Nichtigkeiten« auszuweichen, meldeten sich schon damals Autoren zu Wort, die dieser Chaotik einen konkreten Sinn abzugewinnen suchten. So schrieb Friedrich Knapp 1947 in der Zeitschrift *Welt und Wort* unter dem Titel *Realismus in der zeitgenössischen Literatur:* »Die Antithese zum Individualismus, zum deutschen Hang nach dem Tiefsten, dem Unendlichen ist schlicht gesagt: Realismus. Er ist die Forderung der Stunde!« Während jedoch Knapp bei diesem Bemühen um Realistik vor allem an die vorbildstiftende Funktion der Werke eines Stifter, Raabe oder Keller dachte, stießen andere über die Formen eines poetischen oder bürgerlichen Realismus immer stärker zu einem kritisch-engagierten Realismus vor, der eher einen appellartigen als einen beschaulichen Charakter hat. Dafür spricht die Rede, die Stephan Hermlin 1947 auf dem 1. Schriftstellerkongreß in Berlin hielt und die noch im gleichen Jahr unter dem Titel *Wo bleibt die junge Dichtung?* ebenfalls in *Welt und Wort* erschien. »Wirkliche Dichtung«, lesen wir hier, »ist stets Kompression, Verdichtung mächtiger, pausenloser und unaufhaltsamer gesellschaftlicher Prozesse«, welche ihre Zeitgenossen aufzurütteln versucht. Anstatt sich, wie die Literatur der Inneren Emigration, nur an die Stillen im Lande zu wenden, heißt es weiter, müsse die Literatur heute einen deutlichen Zeitbezug haben. Die »Frage nach der Form« sei daher momentan nicht so wichtig wie die »Frage nach dem Inhalt, nach der Idee, die nur eine revolutionäre Idee« sein könne. Dem ästhetisierenden Formalismus der Poésie pure stellte darum Hermlin einen »progressiven Realismus« entgegen, der wieder mit dem ganz Einfachen, dem Selbsterlebten beginnt und doch nie den großen Zug der eigenen Zeit aus dem Auge verliert. Aus diesem Grunde wandte er sich wie Hofer und Hocke gegen alle, die unter »Realismus« entweder einen »vulgären Naturalismus« oder einen ebenso vulgären »Neuklassizismus«

verstehen, und setzte den Realismus einfach mit einer »praktisch-politischen Literatur im weitesten Sinne« gleich.
So deutlich wurde das nach 1947 in den drei Westzonen kaum noch einmal gesagt. Es gab zwar immer wieder Stimmen, die sich gegen die gleichnishafte, chiffrierte Sprache jener Stillen im Lande der Inneren Emigration wandten, deren poetisiertes Weltbild den Weg zu einer konkreten Erfassung der Realität weiterhin verstelle, doch eine »praktisch-politische« Folgerung zog man daraus kaum. Selbst einige Autoren des *Ruf* und der frühen ›Gruppe 47‹ wichen nach ihrem Zusammenstoß mit den us-amerikanischen Militärbehörden lieber in eine modifizierte Form der Inneren Emigration aus und pflegten erneut das Chiffrenhafte. Das beweist schon das höchst zweischneidige literarische Programm, das sie Anfang 1948 der Zeitschrift *Der Skorpion* voranstellten, die jedoch nie erschien. Einerseits wandten sie sich hier im Zeichen eines engagierten Realismus noch einmal gegen jenen »müden Formalismus«, der sich überall verbreite. Ja, sie schrieben ausdrücklich, daß es in der gegenwärtigen Literatur vor allem auf die Gestaltung jenes »Menschen unserer Zeit« ankomme, der »durch das Labyrinth der Furcht gegangen ist, der in Hunger und Elend lebt, der das Grauen der Konzentrationslager erlitt, der Krieg, Angst, Leid und Tod erlebte und der nun auf den Landstraßen und Bahnhöfen, in den Bunkerhotels und den Einzimmerwohnungen in seinem täglichen Kampf um die notdürftigste Existenz nach einem neuen Leben sucht«. Im Sinne dieser Forderungen wurden anschließend noch einmal jene Kalligraphen angegriffen, die weiterhin selbstgewiß in ihrem »Bildungsgehäuse« säßen, als hätte sich seit dem 19. Jahrhundert nichts geändert. Um diesen Leuten endlich das Handwerk zu legen, sei es an der Zeit, wie es heißt, auch in der Literatur wieder zu Mitteln wie »Kritik, Satire und ätzender Schärfe« zu greifen, um so ein besseres Verhältnis zur wahren »Wirklichkeit« zu bekommen. Doch andererseits stößt man in diesem Manifest auch auf Sätze, in denen mit derselben Entschiedenheit gefordert wird, inmitten aller Erscheinungsformen des »Zeitgebundenen« zugleich das »Ewige« aufleuchten zu lassen. Und so läuft das Ganze gegen Ende auf das Konzept eines »vertieften Realismus« hinaus, der auch das Irrationale in sich einbeschließt und damit zu jenem »magischen Realismus« überleitet, in dem die betont rationalistisch eingestellten

Antifaschisten bisher ein Haupthindernis auf dem Weg zu einer wahrhaft zeitbezogenen Literatur gesehen hatten.

Gesellschaftlich-engagierte Malerei und Grafik

Im Vergleich zu den anderen Künsten war es auf dem Gebiet der Malerei und Grafik nach 1945 noch am einfachsten, einem gesellschaftlichen Engagement Ausdruck zu verleihen. Hier brauchte man weder so große Investitionsmittel wie im Film, noch hatte man mit ähnlich restriktiven Zensurmaßnahmen zu kämpfen wie auf dem Gebiet des politischen Kabaretts, des Theaters oder der kritisch-antifaschistischen Zeitschriftenliteratur. Und doch benötigten auch die bildenden Künste einen organisatorischen Rahmen. Diesen Rahmen boten damals vor allem die privaten Galerien, die städtischen Kunstvereine, die der Gegenwartskunst aufgeschlossenen Museen, die Hochschulen für bildende Kunst, die verschiedenen Künstlervereinigungen, einige Kunstzeitschriften sowie die Sektion Bildende Kunst im ›Kulturbund zur demokratischen Erneuerung Deutschlands‹. Bei den Galerien, Kunstvereinen, Museen, Hochschulen oder Künstlervereinigungen hing es weitgehend von den Besitzern, Direktoren oder lokalen Machtverhältnissen ab, ob eine kritisch-engagierte Kunst überhaupt toleriert oder gar protegiert wurde. Hier mußte also diese Richtung von Anfang an mit den als ›autonom‹ geltenden Formen von Kunst konkurrieren, weshalb sie im Laufe des Kalten Krieges und der einsetzenden Restauration innerhalb solcher Organisationsformen allmählich ins Hintertreffen geriet. Eine wesentlich aktivere Unterstützung erfuhr sie dagegen von einigen unerschrockenen Einzelnen, die wegen ihres Widerstands gegen das Dritte Reich als ›Männer der ersten Stunde‹ eine gewisse Wirkungschance hatten, sowie Organisationsformen wie dem ›Kulturbund‹, der Zeitschrift *Bildende Kunst* und antifaschistisch-satirischen Blättern wie *Simpl, Wespennest* und *Ulenspiegel.*

Zu den unerschrockenen Einzelnen der ersten Stunde gehörte unter anderem Carl Hofer, der als Vizepräsident des ›Kulturbundes‹, als erster Direktor der Hochschule für bildende Kunst in Berlin-Charlottenburg und als Mitherausgeber der Zeitschrift *Bildende Kunst* anfänglich recht große Möglichkeiten hatte, für eine antifaschistisch-zeitbezogene Kunst einzutreten. Ähnliches versuchte der aus dem Konzentrationslager zurückgekehrte Hanns Kralik als Kulturreferent der Stadt Düsseldorf, wobei er von einem antifaschistisch eingestellten Maler wie Otto Pankok unterstützt wurde, der nach dem Krieg eine Lehrstelle an der Düsseldorfer Akademie erhalten hatte. Aus diesem Grund kam in Düsseldorf schon 1947 eine Ausstellung unter dem Titel *Künstlerbekenntnisse unserer Zeit* zustande, die 7500 Besucher anzog. Ebenso aktiv wurde Karl Hubbuch in dieser Zeit, der sich nach langen Jahren des Berufsverbots erst in Rastatt im Rahmen eines Antifa-Komitees betätigte und dann in Karlsruhe eine Professorenstelle übernahm. Ja, selbst Franz Roh setzte sich in München kurz nach 1945 für eine Überwindung des älteren L'art-pour-l'art-Standpunkts ein und forderte nicht nur einen gewerkschaftlichen Zusammenschluß aller Künstler, sondern auch eine Kontaktaufnahme, wenn nicht Partnerschaft mit der werktätigen Bevölkerung. Ähnliche Aktivitäten entfalteten bildende Künstler wie Willi Geiger, Peter August Böckstiegel, Dorothea Meyer-Vax und Eberhard Viegener, die sich wie Kralik, Pankok und Hubbuch dem ›Kulturbund‹ anschlossen. Da der ›Kulturbund‹ in diesen Jahren das politische Engagement noch von keiner besonderen Stilhaltung abhängig machte, sondern jeden aufnahm, der sich für eine Bekämpfung der Nazi-Ideologie, eine demokratische Neuordnung, eine nationale Verbundenheit aller Kulturschaffenden, ein aktives Bündnis mit den Volksmassen und eine Förderung der humanistischen Traditionen einsetzte, zog er eine Fülle heute vergessener Maler und Grafiker an, die sich vom Gedanken einer demokratischen Kunst für alle, das heißt der Idee der Brechung des bisherigen Bildungsmonopols der Bourgeoisie und der Errichtung einer wahrhaft nationalen Kultur angesprochen fühlten. Das beweisen die lebhaften Diskussionen um die 1946 in Dresden stattfindende *Erste Allgemeine Deutsche Kunstausstellung,* aber auch um andere Ausstellungen, welche der ›Kulturbund‹ auf dem Territorium der sowjetischen Besatzungszone veranstaltete. Da in den Westzonen solche Bestrebungen nur auf örtlicher Ebene geduldet wurden, blieben hier größere Ausstellungen dieser Art leider aus.

Die interessantesten Diskussionen um eine neue Malerei fanden

Karl Hubbuch: *Kleiderwechsel* (1945)

weitgehend in der Zeitschrift *Bildende Kunst* statt, die in der Viermächtestadt Berlin erschien und daher einen Sonderstatus hatte. Sie wurde von Carl Hofer und Oskar Nerlinger herausgegeben und besaß einen Redaktionsbeirat, dem unter anderem Adolf Behne, Heinrich Ehmsen, Hermann Henselmann, Max Pechstein, Gustav Seitz und Max Taut angehörten. Von 1947 bis 1949 setzte sich diese Zeitschrift energisch für die Rehabilitierung der durch die Nazis verfemten Künstler ein, diskutierte Fragen des Wiederaufbaus, brachte die große Weltkunst sowie die Klassiker der Moderne in Erinnerung, öffnete den Blick nach Osten, beschäftigte sich mit dem Problem des Realismus in der Kunst – und scheiterte schließlich an der immer schärferen Polarisierung von Ost und West, die auch mit einem zutiefst liberalen Humanismus und Antifaschismus nicht zu überwinden war. Seit 1948/49, seit dem Verbot des ›Kulturbundes‹ und des allgemeinen ideologischen Klimawechsels, wurden überhaupt solche gesamtdeutschen Kulturaktivitäten immer seltener. Es kam zwar 1949 in Dresden zur *Zweiten Allgemeinen Deutschen Kunstausstellung,* an der sich abermals 153 Künstler aus den Westzonen und den

Westsektoren Berlins mit 360 Werken beteiligten, aber wirklich engagierte Werke waren kaum noch darunter. Der anfängliche Traum, am Aufbau einer demokratisch-antifaschistischen Kunst für Gesamtdeutschland mitzuwirken, war damit endgültig ausgeträumt.
Diese Entwicklung von Hoffnung zu Resignation, ja Zynismus läßt sich in fast allen Genres der bildenden Kunst dieser Jahre verfolgen. Wohl am deutlichsten zeichnet sich dieser Umschwung in politisch-satirischen Blättern wie *Simpl, Wespennest* und *Ulenspiegel* ab, da hier das Ideologische am offensten zutage tritt. So begann der *Simpl,* der zwischen 1946 und 1950 in München erschien, als eine Nachahmung des alten *Simplicissimus* (wenn auch ohne irgendwelche bedeutenden Grafiker oder Texter) und machte sich über die alten Nazis, die Bayernpartei, den katholischen Klerus, den Kultusminister Alois Hundhammer sowie die Fehler der Entnazifizierung lustig, ging jedoch im Zuge des Kalten Krieges sehr schnell zu Satiren auf die Sowjetische Besatzungszone und die Sowjetunion über, bis er schließlich das Politische fast ganz aufgab und ins Zynisch-Witzelnde, Problemlose, Neckische oder gar Frivole abglitt. Etwas stachliger trat das *Wespennest* auf den Plan, das von 1946 bis 1949 in Stuttgart

Karl Rössing: *Am nächsten Morgen* (1946)

herauskam. Es verfügte nicht nur über bessere Zeichner (Karl Hubbuch, Otto Hermann, Karl Staudinger, Eckart Munz), sondern druckte obendrein ältere satirische Zeichnungen von Th. Th. Heine, George Grosz und Frans Masereel ab. Auch politisch verfuhr man hier viel konkreter. Im *Wespennest* wurde nicht nur über die kleinen Alltagssorgen, die Schwarzhändler und die Fräuleins gewitzelt, sondern zugleich in den Streit der Parteien, und zwar meist im Sinne einer Anti-CDU-Haltung, eingegriffen. Doch ab 1947/48 nahmen selbst hier die Witze über die ›Ostzone‹ überhand und machten schließlich 1949, unter der Herausgeberschaft von Werner Finck, einer kabarettistisch-ironischen Manier Platz, die kaum noch kritische Elemente enthielt. Während anfänglich die fette Bourgeoisie eine der Hauptzielscheiben der Satire war, die in der Nachkriegszeit wieder einmal »dem Klassenkampf entgangen« sei, wie es am 31. August 1946 hieß, wurde jetzt zusehends der Standpunkt eben dieser fetten Bourgeoisie bezogen und lediglich die herkömmlichen Privilegien dieser Klasse im Sinne einer antitotalitären Freiheitsvorstellung verteidigt.

Wohl das beste all dieser politisch-satirischen Blätter war der Berliner *Ulenspiegel,* den zwei bewährte Antifaschisten wie Günther Weisenborn und Herbert Sandberg herausgaben, die im Dritten Reich jahrelang im Zuchthaus beziehungsweise Konzentrationslager gesessen hatten. Als Redakteur stand ihnen anfangs Wolfgang Weyrauch zur Seite. Bis zum Ausbruch des Kalten Krieges erschien der *Ulenspiegel* mit us-amerikanischer Lizenz und erreichte eine Auflage von 120000 Exemplaren. Als jedoch im Sommer 1948 die Schwierigkeiten mit den westlichen Besatzungsbehörden immer größer wurden, übernahm Sandberg die alleinige Herausgeberschaft und ließ sich von den Sowjets lizensieren. Der *Ulenspiegel* betrieb nicht nur aktuelle Zeitkritik, sondern ging auch in einem demokratisch-antifaschistischen Sinne auf allgemeine Fragen der Politik und Kunst ein, ohne sich dabei ins allzu Abstrakte oder oberflächlich Witzelnde zu verlieren. Neben satirischen Zeichnungen von Albert Schäfer-Ast, Rudolf Schlichter, Josef Hegenbarth, Karl Holtz, Werner Klemke, Oskar Nerlinger, Elizabeth Shaw und Günther Strupp brachte er auch Bilder von Grosz, Kollwitz, Dix, Barlach, Pankok, ja selbst von Picasso und Matisse, so wie er neben aktuellen Glossen auch ältere

Franz Haaken: *Anfang* (1945)

satirische Texte von Villon bis Tucholsky abdruckte. Unter dem Motto »Erst die Reste weg – dann Wiederaufbau!« leistete er, aufs Ganze gesehen, eine durchaus konstruktive Kritik. Den ideologischen Kurs, den der *Ulenspiegel* dabei verfolgte, illustriert wohl am besten jenes Titelbild vom 1. Oktober 1947 von Karl Holtz, auf dem ein heimkehrender Landser vor zwei Wegweisern steht, von denen der eine nach rechts und der andere nach links weist, jedoch beide die Inschrift »Zur Demokratie« tragen. Der Text dazu lautete: »Der linke Weg scheint doch der rechte zu sein, denn rechts haben wir uns bisher immer nur die Knochen blutig gelaufen.«

Überhaupt war die Grafik in diesen Jahren wohl das beste Mittel, die Nachkriegsrealität so unmittelbar und genau wie nur möglich wiederzugeben. Neben satirischen Zeichnungen überwogen dabei Blätter, die eindeutig auf den Ton der Klage, der Trauer, aber auch der Anklage, des Zorns gestimmt sind. Wegen ihrer starken, ausdrucksvollen Linien wurden damals – neben Zeichnungen und Lithographien – auch Holzschnitte wieder sehr beliebt. Auf ihnen sieht man häufig hungernde, verzweifelte, wegsuchende, frierende, vermummte, am Boden liegende Gestalten, die von menschenleeren Trümmerstätten umgeben sind. Ebenso verbreitet waren zu Anfang Szenen mit Kriegsblinden, Flüchtlingen, Heimkehrern mit Krücken, Schwarzmarkthändlern und us-amerikanischen Soldaten mit ihren Fräuleins. Zu den eindrucksvollsten solcher Blätter gehören – neben den Grafiken von Harald Duwe, Willem Grimm und Karl Staudinger – jene von Karl Hubbuch, die kein Hehl aus ihrer antifaschistischen Gesinnung machen und zugleich ihre Solidarität mit allen Armen, Entrechteten und Notleidenden zum Ausdruck bringen. Dafür sprechen Zeichnungen, auf denen jene Bürger, die »niemals kapitulieren wollten«, im Mai 1945 ihre SA- oder SS-Uniform schnell gegen wesentlich unauffälligere Kleidungsstücke auswechseln, oder auf denen sich die alt-neue Bourgeoisie schon wieder hinter den Fensterscheiben vollfrißt, während draußen noch zerlumpte Landser nach einer neuen Heimstätte suchen. Noch schärfer wirken manche Bilder von A. Paul Weber, dessen verbissene Zeitkommentare vor allem das geschändete, zum Skelett abgemagerte Deutschland zum Thema haben, das man zwischen Ost und West auf einer alten Kirchturmspitze als

Willem Grimm: *Winter 1946* (1947)

Wetterfahne aufgespießt hat oder das bis zum Umfallen im Bergbau ausgebeutet wird. Doch neben all diesen verbitterten und niederdrückenden Blättern finden sich im gleichen Zeitraum auch Grafiken, wo über den Gräbern, zerbrochenen Gewehren, zerschnittenen Stacheldrähten und hoffnungslos stimmenden Trümmerkulissen erneut die Sonne aufgeht und die übriggebliebenen Menschen wieder Mut zu einem Neuanfang fassen.

Ähnliches gilt für die zahlreichen Grafikzyklen, die damals erschienen und bereits zu einer Analyse der geschichtlichen Entwicklung vorzustoßen suchten. Zu Anfang überwogen auch hier erst einmal Mahnmale der Furcht und des Schreckens. So besteht Otto Hermanns *Stalingrad*-Zyklus von 1945 weitgehend aus Szenen des Grauens, der Selbstaufgabe und des ausbrechenden Wahnsinns. Auch in Bilderfolgen wie *Der braune Tod* (1946) von Eberhard Winkler, *Zwölf Jahre* (1947) von Willi Geiger, *Fünf nach Zwölf* (1947) von Gerhard Bettermann und *Kreuzweg des Geistes* (1948) von Claus Hansmann dominieren Themen wie Trauer, Verzweiflung und Zusammenbrechen. Nicht minder depressiv stimmt die Holzschnittfolge *Passion unserer Tage* (1946) von Karl Rössing, wo trotz einiger christlicher und magisch-mythischer Elemente ebenfalls Motive der Zerstörung, der Kälte und des Todes vorherrschen. In den verschiedenen Grafikzyklen von Conrad Felixmüller, wie dem *Jahr des Malers* (1947), *Ich sah und schnitt in Holz* (1948) sowie den Illustrationen zu den Werken von Friedrich Wolf, werden dagegen neben Bildern des nazistischen Terrors, der geradezu unendlichen Flüchtlingsströme, des Heimkehrerelends und der zerstörten Städte auch Szenen der menschlichen Teilnahme, der Hilfe und des Handanlegens gezeigt, die über das Grauen des eben Geschehenen hinausweisen.

Ähnlichen Szenen begegnet man auf den Gemälden dieser Jahre. Allerdings werden sie hier – mit wesentlich größerem Anspruch – meist ins Symbolische gesteigert und wirken daher nicht so direkt wie auf den Grafiken dieser Zeit. In der Malerei geht überhaupt nach 1945 alles viel stärker ins Ewige, Allgemein-Menschliche, Religiöse, Mythische, Märchenhafte, Existentielle über. Im Gegensatz zu den linken Künstlern der zwanziger Jahre verzichteten jedoch zu diesem Zeitpunkt selbst sozial-engagierte Maler auf direkte politische Stellungnahmen oder gar klassenkämpferische Themen. Wohin man auch blickt, überall dominiert ein expressiver Realismus à la Max Beckmann oder Carl Hofer, der sich nicht mehr als avantgardistisch

Harald Duwe: *Vor dem Schaufenster* (1947)

oder revolutionär, sondern lediglich auf viel allgemeinere Art als ›sinnstiftend‹ versteht. Trotz einer deutlich antifaschistischen und antimilitaristischen Gesinnung findet sich auf diesen Bildern viel Introspektion, viel überspannte Allegorik, viel Urmenschliches, viel metaphysische Vertiefung und Dämonisierung. Konkrete, das heißt politisch oder sozial faßbare Darstellungen der unmittelbaren Vergangenheit oder Gegenwart bleiben daher Ausnahmen. Immer wieder wird das historisch Objektive in irgendwelche Privatmythen eingekleidet und dadurch ins ›wesenhaft Innermenschliche‹ entrückt. Es ist darum kein Zufall, daß gerade diese Malerei so reich an Selbstbildnissen ist, und zwar Selbstbildnissen, die das Zurückgeworfensein auf das Selbst gern mit Attributen einer Entgrenzung ins Symbolische versehen. So malt sich Otto Dix 1947 als Kriegsgefangener durchaus realistisch, arrangiert aber den Stacheldraht um seinen Kopf auf eine Weise, daß er an die Dornenkrone Christi erinnert. Erich Gerlach stellt sich im gleichen Jahr ebenso realistisch mit Mantel und Baskenmütze dar, verzichtet jedoch im Hintergrund nicht auf eine Winterlandschaft, die mit ihren Häusertrümmern, ihren Krähen und ihren aller Äste beraubten Bäumen an wesentlich ältere, allegorische Totenlandschaften im Stile Caspar David Friedrichs gemahnt. Ja, selbst Carl Hofers Selbstbildnisse, die auf den ersten Blick wesentlich schlichter wirken, weisen oft Attribute der Leere, des Schreckens oder des Todes auf, die aus dem Bereich des realistisch Gegebenen in den Bereich einer mythischen Überhöhung verweisen.
Eine ähnliche Ambivalenz haben die meisten Kriegsdarstellungen dieser Jahre, die trotz aller vordergründigen Realistik oft durch irgendwelche Skelette oder Dämonen in die Nähe mittelalterlicher Totentänze gerückt werden. Wenn auf diesen Bildern Menschen erscheinen, dann meist als willenlose Opfer, Hingeschlachtete, Leidende, Wahnsinnige, Ohnmächtige, Verstummende, die Teil eines unbegriffenen, anonymen Schicksals sind. Sogar bei den Nachkriegsszenen werden fast immer die Leidenden herausgestellt: die Flüchtlinge, Heimkehrer und Umsiedler, wodurch sich selten der Eindruck einer allgemeinen ›Zeitenwende‹ einstellt. Vor allem auf den Ruinenlandschaften Carl Hofers und Franz Radziwills wird man mit Klagenden, Sinnenden oder Vorsichhinstarrenden konfrontiert, die wie hoffnungslos Vereinzelte wirken und zu anderen Menschen

überhaupt keinen Bezug zu haben scheinen. Selbst wenn sich hier zwei Figuren umarmen, bleibt es häufig beim Gestus der existentiellen Angst oder Verlassenheit und nimmt selten den Charakter des Bekräftigenden, Solidarischen an. Obendrein werden diese Figuren fast nie als gesellschaftlich oder berufsmäßig charakterisierte Menschen dargestellt, sondern gleichen meist zu Standbildern verewigten Allegorien, die man auch in Stein meißeln könnte. Politisch konkreter wirken in diesem Umkreis nur jene Bilder, auf denen Otto Pankok jene Juden und Zigeuner darzustellen versuchte, welche die faschistischen Konzentrationslager zwar überlebten, aber denen selbst nach Jahren noch immer das Todesgrauen ins Gesicht geschrieben stand. Doch solche Motive traten nach 1948/49 schnell in den Hintergrund – und machten einer immer blasseren Allgemeinheit Platz. Was für die Malerei dieser Jahre gilt, trifft ebensosehr auf die Bildhauerkunst zu. Ja, sie drängte vielleicht noch stärker ins Verewigende und damit Unrealistische, Symbolische, Christliche, Allegorische. Was sich auf diesem Gebiet als Ausdruck einer antifaschistischen Gesinnung deuten ließe, sind höchstens einige Porträtköpfe von Gustav Seitz sowie die bekannte *Trauernde* (1949) von Gerhard Marcks, welche er anfänglich in einer zerstörten Kölner Kirche aufstellen ließ. Ähnlich engagiert wirken seine *Kassandra* und sein *Brandstifter,* die Marcks für jenen *Lübecker Figurenfries* schuf, den Barlach bereits in den späten zwanziger Jahren angefangen hatte.

Bekenntnismusik

Die Frage, wie es weitergehen solle, wurde nach 1945 selbstverständlich auch auf musikalischem Gebiet gestellt. Doch alle, die dabei auf einen radikalen Neubeginn hofften, wurden schnell eines Schlechteren belehrt. Statt jener revolutionären Unruhe, die gegen Ende des Ersten Weltkrieges sogar das Musikleben erfaßt hatte, herrschte jetzt auf diesem Gebiet eine Lethargie, ja Apathie, die vornehmlich jenen Schichten zugute kam, die an einer Aufrechterhaltung des Status quo interessiert waren. Zugegeben, spezifisch völkische oder gar nationalsozialistische E- und U-Musikwerke traten erst einmal eine Zeitlang in den Hintergrund oder verschwanden völlig in der Versenkung. Aber sonst lief alles wie gehabt. In der E-Musik dominierte weiterhin die barock-klassisch-romantische Tradition, während im Bereich der U-Musik jene Linie fortgesetzt wurde, die von den Operetten eines Franz Lehár, Leo Blech und Robert Stolz bis zu den Schlagern von Ralph Maria Siegel und Gerhard Winckler reichte, deren legendäre *Caprifischer* 1946 zum Hit des Jahres wurden. Jede linksengagierte oder modernistisch-elitäre Musik, die von den Nazis als ›entartet‹ diffamiert worden war, hatte es aus diesem Grund in der unmittelbaren Nachkriegszeit schwer, überhaupt ein Publikum zu finden. Um diesen beiden Sparten der Musikpflege eine gesamtgesellschaftliche Funktion zu geben, dazu hätte es nach 1945 durchgreifender politischer und sozialer Neuordnungskonzepte bedurft. Doch diese blieben bekanntlich aus oder wurden nicht durchgeführt. Es gab zwar im ›Kulturbund‹ auch einige demokratisch engagierte Musikkritiker, aber sie konnten sich nicht durchsetzen. Überhaupt war die Gruppe der entschiedenen Antifaschisten auf diesem Gebiet besonders klein und löste sich zudem in den drei Westzonen im Zuge des Kalten Krieges schnell wieder auf. Da die Sozialdemokraten auf eine eigene Kulturpolitik verzichteten und auch die alten Völkischen, die im Dritten Reich nur allzu weit vorgeprescht waren, mit ihren Anschauungen in diesen Jahren erst einmal hinterm Berge hielten, blieb die entscheidende Trägerschicht aller anspruchsvollen Musik weiterhin jene kulturinteressierte und kulturfördernde Oberklasse, die sich schon seit 150 Jahren als jene Schicht empfand, der in allen musikalischen Fragen ein eindeutiger Führungsanspruch zustehe.

Und so kam es gerade auf musikalischem Gebiet besonders schnell zu einer Wiederherstellung des älteren bürgerlichen Kulturbetriebs, der unter E-Musik lediglich Konzert- und Opernmusik verstand und alle Ansätze zu einer Erweiterung oder gar Demokratisierung des bisherigen E-Musik-Konzepts als eine Beleidigung der hehren ›Frau Musica‹ ablehnte. Was man in diesen Kreisen allenfalls duldete, war die Rehabilitierung eines vor 1945 verfemten Meisters der Halbmoderne wie Paul Hindemith, die Wiederaufführung von Werken internationaler Klassiker der Moderne wie Igor Strawinsky und Béla Bartók sowie die konzertante und religiöse Musik von halbwegs neutönerischen Komponisten wie Werner Egk, Carl Orff, Boris Blacher, Wolfgang Fortner und Ernst Pepping, die im Dritten Reich nicht dem Diktum der ›Entartung‹ verfallen waren. Allem wahrhaft Andersartigen stand dagegen die ältere Bildungsbourgeoisie höchst skeptisch gegenüber. Bei einer solchen Erwartungshaltung nimmt es nicht wunder, daß auch von den Komponisten, die größtenteils den gleichen Schichten entstammten, fast niemand auf die Idee kam, irgendwelche ideologisch gefärbten Bekenntniswerke zu schreiben. Und wenn sie es, wie Hanns Eisler, dennoch taten, wurden sie entweder abgelehnt oder aus Unkenntnis gar nicht wahrgenommen. Weder Eislers antifaschistische *Deutsche Symphonie* von 1935–1938 noch seine Exilkantaten hatten daher eine Chance, in diesen Jahren irgendwo aufgeführt zu werden. Falls überhaupt bewußt ›moderne‹ Werke gespielt wurden, mußte diese Modernität rein formaler oder konzertanter Art sein. Werke mit bekenntnishaften Texten, programmatischen Elementen oder Zitaten aufrührerischer Melodien fanden deshalb in dieser Zeit kaum Zuhörer – und hatten somit auch keine politisierende Wirkung. Ja, noch schlimmer, ein solches Bemühen wäre den meisten Musikliebhabern nach 1945 von vornherein als ein Abgleiten in ›Außermusikalisches‹ erschienen und dementsprechend abgelehnt worden.

Um so höher sind jene Komponisten zu bewerten, die in diesem Zeitraum dennoch den Versuch unternahmen, wenigstens einige ihrer Opern, Symphonien oder Instrumentalkonzerte mit demokratisch-antifaschistischer Gesinnung in Weltanschauungswerke umzufunktionieren. Da wäre erst einmal Gottfried von Einem, der in seiner Oper *Dantons Tod,* an der er zwischen 1944 und 1947 arbeitete, mit »großer Hoffnung und Zukunftserwartungen«, wie er selber schrieb, ein höchst erregendes Politikum zu schaffen suchte. Die Klage der Unterdrückten, die Turbulenz der Kriegs- und Nachkriegszeit, der Nürnberger Prozeß, die Hoffnungen auf einen Neubeginn: all das ist nach Einems Worten in dieses Werk eingegangen. Die Uraufführung von *Dantons Tod* geschah 1947 anläßlich der Salzburger Festspiele und prägte sich all jenen, die beim Hören von Musik nicht nur unbewußt vor sich hinträumen, als ein an Bergs *Wozzek* erinnerndes, nachhaltiges Erlebnis ein.

Ähnlich aufgewühlt wurden diese Hörerschichten nach 1945 durch die Werke von Karl Amadeus Hartmann, der als entschlossener Antifaschist im Dritten Reich in selbstgewählter Isolierung gelebt hatte.

1 *Wahlplakat* (1949)

2 *Wahlplakat* (1949)

3 Otto Dix: *Selbstbildnis als Kriegsgefangener* (1947)
Galerie der Stadt Stuttgart

4 Willi Geiger: *Die weiße Fahne* (1947)

5 Otto Pankok: *Von Auschwitz zurück* (1948)

6 Karl Holtz: *Der linke Weg scheint doch der rechte zu sein, denn rechts haben wir uns bisher nur die Knochen blutig gelaufen* (1947)

7 Kurt Lehmann: *Große Sitzende* (1948/53)

8 Werner Heldt: *Fensterausblick* (1945)

9 Hans Thiemann: *Masken* (1946)

10 Otto Dix: *Ecce homo II* (1949)

11 Gerhard Marcks: *Trauernde* (1949)

12 Carl Hofer: *Ruinennacht* (1947)

13 Carl Hofer: *Atomserenade* (1947)

14 Mac Zimmermann: *Aufmarsch der Ruinen* (1947)

15 Werner Gilles: *Der Bote aus der Unterwelt* (1949)

16 Ernst Wilhelm Nay: *Die zwei Weisen* (1945)

17 Willi Baumeister vor einer von ihm entworfenen Theaterdekoration (1947)

18 Willi Baumeister: *Peruanische Mauer V* (1946)

19 *Plakat* (1950)

20 *Jubiläumsfoto des Volkswagenwerks* (1955)

21 *Autobahnkreuz Dortmund* (um 1960)

22 *Wahlplakat* (um 1950)

23 *Wahlplakat* (1953)

24 *Wahlplakat* (1961)

Hartmann war einer der wenigen Künstler, dessen Schubladen nach dem Krieg nicht leer waren. Eins der Werke, das sich in diesen Schubladen befand, war seine 1934/35 entstandene Kammeroper *Des Simplicius Simplicissimus Jugend,* zu der Hermann Scherchen das Szenarium geliefert hatte. Hierbei handelt es sich um sechs locker aneinandergereihte Genrebilder des Grauens aus der Zeit des Dreißigjährigen Krieges, die von einem Sprecher erläutert werden und die musikalisch in ihren Choralanklängen, Trinkliedern, Landsknechtsmärschen und Todesgesängen durchaus zeitbezogen und damit realistisch wirken. Ebenso engagiert klingt seine *Erste Symphonie für Altstimme und Orchester,* an der Hartmann von 1936 bis 1940 arbeitete und der er den Untertitel *Versuch eines Requiems* gab. In zutiefst humanistisch-demokratischer Gesinnung ist diesem Werk ein Text von Walt Whitman untergelegt, der mit den Zeilen beginnt:

> Ich sitze und schaue auf alle Plagen der Welt und
> auf alle Bedrängung und Schmach,
> ich sehe die Mühsal der Schlacht, Pestilenz, Tyrannei,
> sehe Märtyrer und Gefangene,
> ich beobachte die Geringschätzung und Erniedrigung,
> die die Armen von den Hochmütigen zu erleiden haben,
> auf alle Gemeinheit und Qual ohne Ende schaue ich sitzend hin,
> sehe und höre.

Musikalisch kommt diese Symphonie, über die es am 1. Juni 1948 in der *Süddeutschen Zeitung* hieß, daß sie mit »unbeirrbarer Wahrheits- und Gerechtigkeitsliebe« das »Zeitgeschehen in meisterlich realistischen Klangvisionen« einzufangen verstehe, von der Spätromantik her. Sie verarbeitet jedoch auch den expressionistischen Stil Alban Bergs und steigert sich immer wieder in ein deklamatorisches Pathos hinein, das klagend und zugleich anklagend wirkt. Einen ähnlichen Charakter hat Hartmanns *Concerto funebre für Violine und Streichorchester,* das er nach dem Einmarsch der Nazis in die Tschechoslowakei komponierte. Auch hier handelt es sich um eine Trauermusik, in der schwermütige Kantilenen mit appellartigen Deklamationen wechseln. Höchst realistisch wirken dabei die trotzigen Intonationen der Hussitenchoräle in der Einleitung wie

auch jenes Zitat aus dem russischen Revolutionslied *Unsterbliche Opfer* von 1905, das gegen Schluß zu hören ist. Die gleiche Ausdruckskraft hat Hartmanns *Zweite Symphonie* von 1946, die aus einem einzigen überlangen Adagio besteht, dem eine expressiv-elegische Lamentatio à la Berg zugrunde liegt. Ja, 1948 komponierte Hartmann sogar eine symphonische Ouvertüre unter dem Titel *China kämpft,* in der er sich auf die Seite der Revolution stellte.
Man hat Hartmanns Bekenntnissymphonien, denen in den späten vierziger und fünfziger Jahren noch weitere sechs folgen sollten, häufig mit den Werken Gustav Mahlers verglichen, da auch in ihnen ein Affektausdruck herrsche, der von der zartesten Trauer bis zum wildesten Schmerz reiche. Als Beweis dafür wurde gern auf Ausdruckszeichen wie »exaltiert«, »aggressivo«, »grandioso«, »sehr wild«, »misterioso quasi lamento«, »tumultuoso«, »sehr brutal«, »wuchtig«, »drammatico«, »drängend losbrechend«, »appassionato«, »ecstatico« oder »giubiloso« hingewiesen, die sich in Hartmanns Werken immer wieder finden. Ein solcher Vergleich ist sicher nicht aus der Luft gegriffen. Doch letztlich wirkt seine Musik wesentlich engagierter, politischer als die von Mahler. Hartmann gehört mit seinem Symphonietyp viel eher in jene Linie, die von Beethovens *Eroica* bis zu den späten Symphonien eines Schostakowitsch reicht. Genau besehen, zählt er zu jenen Weltanschauungskomponisten, die mit »der Menschheit auf Du und Du stehen«, wie es in Thomas Manns *Doktor Faustus* einmal heißt. Er ist ein engagierter Vertreter jenes expressiven Realismus, der alle sinnlos überspannten Gefühlsausbrüche meidet und sich stets sehr gezielt gegen Krieg, Faschismus und Rassenhaß wendet. »Wenn meine Musik in letzter Zeit oft Bekenntnismusik genannt wurde«, sagte er gegen Ende seines Lebens, »so sehe ich darin nur eine Bestätigung meiner Absicht.« Hartmann ging es nicht um die »Gehirnarbeit«, wie er im gleichen Interview betonte, sondern um die ideologische »Aussage«. Daß seine Werke trotzdem nur eine geringe Wirkung hatten, lag sicher nicht allein an ihm. Schließlich hatte es Hartmann im Konzertsaal mit einem bildungsbürgerlichen Publikum zu tun, das weder sein musikalisches Pathos noch seine politischen Aussagen besonders goutierte. Die überwältigende Mehrheit dieses Publikums wollte nach 1945 erst einmal Klassisches, Bewährtes, Beständiges hören, ja tolerierte sogar

einige Experimente, fand jedoch innerhalb der sogenannten E-Musik jede konkrete Stellungnahme zu irgendwelchen Zeitfragen völlig fehl am Platze.

Zeitbewußte Literatur

Für das Schrifttum, welches dieser Richtung entspricht, haben sich inzwischen Begriffe wie Kahlschlagliteratur, Trümmerliteratur, Bewältigungsliteratur, Nachkriegsliteratur oder einfach ›realistische Literatur nach 1945‹ eingebürgert. So unterschiedlich die Bewertungen dieser Formen von Literatur auch sind, ihre Zeitbezogenheit ist selten geleugnet worden. Schließlich wird man in den Werken wie den Programmen dieser Richtung immer wieder mit einem spezifisch ›veristischen‹ Dichtungskonzept konfrontiert, bei dem das Realistische und das Engagierte eine untrennbare Einheit bilden. Nachdem sich viele Schriftsteller unterm Faschismus nur allzu lange in den Elfenbeinturm der Kalligraphie zurückgezogen hatten, strebten jetzt die engagierteren unter ihnen danach, sich endlich auch literarisch in aller Offenheit mit den sie bedrängenden Fragestellungen auseinanderzusetzen. Die realistischen Autoren der unmittelbaren Nachkriegszeit verzichteten deshalb auf alle metaphorischen Verschlüsselungen und bemühten sich – je nach Thema oder Stoßrichtung – um einen extrem ›offenen‹ Ton, mochte dieser nun bekennend, kritisch, polemisch, dokumentarisch oder satirisch sein. Gleichviel, ob sie Manifeste, Bestandsaufnahmen, Rapporte, Aufrufe oder Analysen schrieben, stets versuchten sie, der Wirklichkeit so direkt wie möglich ins Gesicht zu sehen. Und zwar benutzten sie hierfür alle nur erdenklichen Genres: vom Tagebuch und Erlebnisbericht über die Kurzgeschichte, das Gedicht, den satirischen Sketch bis hin zum Hörspiel, Roman oder Drama. Wohl ihre intensivste Wirkung entfaltete diese Strömung in den Jahren 1946/47, während sie durch den Kalten Krieg, die Währungsreform, die Gründung der Bundesrepublik und die damit verbundenen Beharrungstendenzen wieder in den Hintergrund gedrängt wurde. Als daher Heinrich Böll 1950 sein *Bekenntnis zur Trümmerliteratur* verfaßte, bezog er in ihm bereits eine deutlich defensive Position.

Den Auftakt zu dieser Richtung bildeten jene Erlebnisberichte, Autobiographien und Tagebücher, deren Autoren und Autorinnen sich geradezu verzweifelt bemühten, ihre sie noch immer bedrückenden Erfahrungen unterm Faschismus oder im Krieg endlich in Worte zu fassen. In diesen Büchern wird erstmals die Realität der Konzentrationslager, der Zuchthäuser, des Exils oder gewisser Fronterfahrungen dargestellt, die bisher streng tabuisiert worden war. Nach all den idealisierenden, schönfärberischen Maskierungen der dreißiger Jahre erscheint hier der Faschismus endlich so, wie ihn seine Gegner und Opfer erlebt hatten: als ein brutales, unmenschliches Horrorsystem, das vor nichts, nicht einmal vor der Ausrottung ganzer Völker, zurückgeschreckt war. Aus der Fülle jener Schriften, deren Autoren von ihren Erlebnissen in Gefängnissen oder Konzentrationslagern berichteten, seien in diesem Zusammenhang lediglich *Häftling X* von Udo Dietmar, *1000 Tage im KZ* von Erwin Gostner, *So war es. Das Leben im KZ Neuengamme* von Heinrich Christian Meier, *Arztschreiber in Buchenwald* von Walter Poller, *Nacht und Nebel. Aufzeichnungen aus fünf Jahren Schutzhaft* von Arnold Weiss-Rüthel, *Der Totenwald. Ein Bericht* von Ernst Wiechert, *Gefängnis-Tagebuch* von Luise Rinser und *Der SS-Staat* von Eugen Kogon erwähnt, die sämtlich im Jahr 1946 herauskamen. Als Hauptverbrechen des Faschismus wird in diesen Büchern neben den Greueln des Krieges und der Judenvernichtung immer wieder jene brutale Unterdrückung aller Andersdenkenden hingestellt, wie sie diese Autoren am eigenen Leibe erlebt hatten. Während sich die meisten hierbei auf den ominösen ›Skandal der Tatsachen‹ verließen, das heißt eine dokumentarische Authentizität bevorzugten, verbrämten andere wie Wiechert und Rinser ihre Erlebnisse ins Romanhafte oder drangen im Sinne Kogons zu ersten systematischen Analysen der geschehenen Untaten vor. Fast gleichzeitig mit diesen Büchern erschienen jene monographischen oder tagebuchartigen Würdigungen, in denen all jener gedacht wurde, die ihren Widerstand gegen das Dritte Reich mit dem Leben bezahlen mußten, wofür Günther Weisenborns *Memorial* von 1948 ein besonders eindringliches Beispiel ist.

Neben diesen autobiographischen Rückblicken auf die Leiden unterm Faschismus kam jedoch nach 1945 auch eine Reihe von Erlebnisberichten heraus, die sich mit den Mühseligkeiten der eigenen Gegen-

wart beschäftigten. Es gab dabei viele, die in solchen Rapporten mit der Pose der Selbstbemitleidung oder der totalen Sinnlosigkeit allen menschlichen Tuns kokettierten. Aber es gab auch manche, die sich in ihren Erlebnisberichten oder Wirklichkeitsrapporten als wache, aufmerksame, kritische Realisten erwiesen. Den reinen Situationsreportagen, in denen es vornehmlich um Hamsterfahrten, Schlangestehen, überfüllte Züge, kleine Kohlendiebstähle oder Gespräche im Wartesaal geht, traten daher im Laufe der Zeit auch bedeutsamere Reflexionsreportagen zur Seite, in denen die Nürnberger Prozesse oder Ost-West-Reisen im Vordergrund stehen und die Anlaß zu differenzierten politischen Überlegungen geben. Vor allem in den Reportagen von Hans Werner Richter, Alfred Andersch und Thaddäus Troll bekommt man nicht nur zwar genau Gesehenes, aber Ungedeutetes oder gar belanglose Geschichten vorgesetzt, sondern wird zugleich in den tieferen Verlauf der Geschichte eingeführt.
Das gleiche gilt für eine Reihe realistischer Kurzgeschichten, welche in diesen Jahren erschienen. Hier finden sich neben nüchternen Zustandsschilderungen, die sich an anglo-amerikanischen Vorbildern wie Hemingway, Steinbeck, O. Henry oder Maugham orientieren, auch Geschichten, in denen ein prägnant geschilderter Einzelfall zugleich aufschlußreiche Einblicke in das gesamte gesellschaftliche System erlaubt. Während also die einen – im Sinne eines bewußt banalen Understatements – lediglich ihr Gefühl verdrängten, lediglich Nüchternheit, Härte, Kaltschnäuzigkeit demonstrierten, benutzten andere dieses Genre durchaus in politischer Absicht. Dafür sprechen jene Kurzgeschichten, die Wolfdietrich Schnurre und Heinrich Böll nach dem Krieg verfaßten, von denen zwar manche bewußt ›banal‹ angelegt sind, das heißt auf jede Sentimentalität verzichten und auf den ersten Blick wie karge Realitätsstenogramme wirken, die jedoch gerade durch ihren Null-Jargon, mit dem sie das Inhumane des Krieges und der Nachkriegszeit als etwas völlig Normales beschreiben, eine besonders aufreizende Note haben. Ähnlich irritierend wirken die Kurzgeschichten von Wolfgang Borchert, obwohl diese eher spätexpressionistischen Bekenntnissen gleichen, ja sogar ein gewisses Pathos nicht verschmähen. Wohl den besten Querschnitt durch diese realistische Kurzgeschichtenliteratur bietet der Sammelband *Tausend Gramm,* den Wolfgang Weyrauch 1949 herausgab und der wie

Bölls *Bekenntnis zur Trümmerliteratur* vom folgenden Jahr schon zu den Nachzüglern dieser Richtung gehört. Die hier abgedruckten Kurzgeschichten werden im Nachwort als eine »Kahlschlag-Prosa« definiert, die in das Dickicht unserer Zeit eine klärende Schneise geschlagen habe. Anstatt in Deutschland die »kalligraphische« Literatur der Inneren Emigration fortzusetzen oder sich in jenen allbekannten »Nebel« zurückzuziehen, »worin die Geier und Hyänen nisten und tappen«, forderte Weyrauch hier nochmals eine »öffentliche« Literatur mit gesamtgesellschaftlicher Zielsetzung. »Die zukünftige deutsche Literatur«, hieß es, »wird eine verpflichtete Literatur sein, oder sie wird nicht sein.« Als besonders vorbildliche Kurzgeschichtenautoren empfand er Hans Werner Richter, Walter Kolbenhoff, Wolfdietrich Schnurre, Luise Rinser und Eduard Claudius, welche der »Poesie« nie die »Wahrheit« zum Opfer gebracht hätten. Aus diesem Grunde pries Weyrauch abschließend all jene Schriftsteller, die sich weiterhin der »Intoleranz, der Erbarmungslosigkeit, der Ausbeutung, der Isolierung des Menschen vom Menschen« entgegenstellten, und verdammte all jene, die nur der »Gefallsucht, der Eremitage, der Menschenverachtung« huldigten.

Nicht minder engagierte Stimmen finden sich nach 1946 auf dem Gebiet des Zeitromans, der in seiner realistisch-veristischen Ausprägung wie die Kurzgeschichten viele autobiographische und dokumentarische Elemente in sich aufnahm. Zugegeben, die meisten Zeitromane dieser Jahre setzten sich im Sinne Hermann Kasacks, Elisabeth Langgässers und Ernst Wiecherts mit dem Faschismus und der eigenen Gegenwart eher symbolisch-metaphorisch oder religiös auseinander. Aber es gab auch andere, wie Hans Fallada, Hans Werner Richter, Theodor Plivier und Walter Kolbenhoff, deren Zeitdiagnose viel konkreter war. Noch am schwächsten wirkt der Roman *Jeder stirbt für sich allein* (1947) von Fallada, in dem trotz mancher guten Ansätze die Schilderung des Widerstands gegen das Dritte Reich immer wieder ins Psychologische oder Individuell-Willkürliche abgleitet. Plivier leistete dagegen mit seinem Roman *Stalingrad* (1945), in den, wie in einige der genannten KZ-Bücher, viel Dokumentarisches eingegangen ist, einen wesentlich bedeutenderen Beitrag zur sogenannten Bewältigungsliteratur. Im Gegensatz zum verlorenen Heroismus der faschistischen Durchhalteparolen strebte

Plivier in diesem Werk – in Weiterführung der proletarischen Korrespondenzliteratur der späten zwanziger Jahre – eine Berichterstattung an, deren oberstes Ziel die Aufdeckung der durch nichts verschleierten Wahrheit war. Ebenso schonungslos wirken die Kriegs- und Nachkriegsromane von Kolbenhoff. In *Von unserem Fleisch und Blut* (1947) schilderte er die letzte Phase des Zweiten Weltkriegs aus der Sicht eines fanatisierten siebzehnjährigen Werwolfkämpfers, der angesichts der Niederlage weder ein noch aus weiß. In *Heimkehr in die Fremde* (1948) gab er ein reportagehaftes Bild jenes Nachkriegsdeutschlands, dessen Menschen zwischen wirtschaftlicher Verelendung und Hoffnung auf einen Neubeginn hin- und hergerissen werden. Eher ins Analytische tendiert dagegen ein Roman wie *Die Geschlagenen* (1949) von Richter, wo in bewußt unterkühlter Chronistenprosa das Schicksal jener deutschen Soldaten beschrieben wird, die erst auf dem Monte Cassino einen sinnlos gewordenen Widerstand leisten, dann in us-amerikanische Gefangenschaft geraten und sich schließlich in einem POW-Lager mit ihrem bisherigen Schicksal ideologisch auseinandersetzen müssen.

Wesentlich schwerer hatte es dieser Verismus, sich in einem traditionsgemäß zum Metaphorischen neigenden Genre wie der Lyrik durchzusetzen. Viele der Engagierteren unter den Autoren dieser Zeit hatten darum für Gedichte, für Feierstundenlyrik, für die Werke der ›reimenden Lügner‹ und ›flötenden Verderber‹, die weiterhin Rilke oder gar Weinheber imitierten, nicht viel übrig. »Zerschlagt eure Lieder«, schrieb Wolfdietrich Schnurre damals, »Verbrennt eure Verse / Sagt nackt / Was ihr müßt.« Selbst in Theodor W. Adornos Diktum von 1949, daß es nach Auschwitz »barbarisch« sei, Gedichte zu schreiben, schwingt noch immer dieser Verwerfungsgestus nach. Die einzige Form an Lyrik, die man innerhalb dieser Richtung allenfalls gelten ließ, war jene, die sich mit den einfachsten Worten auf die Wiedergabe selbsterlebter Kollektiverfahrungen beschränkt. So wurde damals immer wieder das Gedicht *Inventur* von Günter Eich zitiert, das er im Mai 1945 in einem POW-Lager geschrieben hatte und das mit den Zeilen beginnt: »Dies ist meine Mütze, / Dies ist mein Mantel, / Hier mein Rasierzeug / Im Beutel aus Leinen.« Inventurmachen wurde überhaupt ein Schlüsselbegriff dieser sogenannten Kahlschlag- oder Trümmerlyrik. Alles, was vor dem nüchtern gewordenen Blick nicht standhielt, wurde rücksichtslos verworfen: ob nun die Reime, das Pathos, die gestelzten Metaphern oder der geringste Anflug von Schönheit. Und so wirken viele der Kriegsgefangenen- und Heimkehrergedichte geradezu ›nackt‹, das heißt jeder ästhetischen Einkleidung beraubt. Selbst da, wo man sich der Hoffnung auf eine zukünftige Demokratie, auf internationale Solidarität, auf eine Gesellschaft der Gleichen hingab und auch das Bekenntnishafte nicht verschmähte, wie in der von Hans Werner Richter zusammengestellten Anthologie *Deine Söhne Europa. Gedichte deutscher Kriegsgefangener* (1947), geschah dies bei allem Appellcharakter meist mit einer Kargheit, die sich eine gesamtgesellschaftliche Wirkung nur vom Verzicht auf ›große Worte‹ versprach.

Während die politische Lyrik dieser Art nur einen relativ kleinen Wirkungsraum hatte, erreichten die politischen Kabaretts in den Jahren zwischen 1945 und 1949 ein wesentlich breiteres Publikum. Die wichtigsten dieser Kabaretts in den Westzonen waren die Münchner ›Schaubude‹, das ›Schmunzelkolleg‹ Werner Fincks, das Studentenkabarett ›Die Hinterbliebenen‹, das Reisekabarett ›Die Amnestierten‹, das Berliner Kabarett ›Ulenspiegel‹ und das Düsseldorfer ›Kom(m)ödchen‹. In diesen Kabaretts wurden in den ersten Nachkriegsjahren die üblichen Witze, Anekdötchen und Couplets mit höchst ernsthaften Texten von Erich Kästner, Axel von Ambesser, Günther Neumann und anderen vermischt, in denen die Abrechnung mit dem Faschismus im Vordergrund stand. Ebenso satirisch beleuchtete man, wie etwa in der Revue *Schwarzer Jahrmarkt* (1947) des Berliner ›Ulenspiegels‹, die Nachkriegssituation mit ihren Kriegsgewinnlern, Schwarzmarkthändlern und fraternisierenden Fräuleins. Überhaupt blieb vielen Kabarettisten – angesichts der herrschenden Misere – anfangs das Witzige erst einmal im Halse stecken oder überschlug sich in schiere Aggression. Wohl am schärfsten traten die ›Amnestierten‹ und die ›Hinterbliebenen‹ auf, die nicht nur den Faschismus, sondern auch die Fehler der Besatzungsmächte, das anmaßende Auftreten der Bayernpartei, die einsetzende Restauration kritisierten – und daher oft mit der Zensur zu kämpfen hatten. Doch nicht allein die Zensur, auch der Kalte Krieg und die Währungsreform machten manchen dieser Kabaretts, wie etwa der ›Schaubude‹ und den ›Hinterbliebenen‹, so zu schaffen, daß sie 1948 aufgeben mußten. Andere schlossen kurz danach, weil sich im Zuge des wirtschaftlichen Aufschwungs der fünfziger Jahre jene vordergründige ›Zufriedenheit‹ verbreitete, durch die ein realistisch-kritischer Kontrapunkt immer witzloser wurde.

Ähnliches gilt für die dramatische Produktion der Nachkriegszeit. Auch hier hatten politisch kritische Stücke nur bis 1949 eine Chance, ein breiteres Publikum zu erreichen. Unter jenen Dramatikern, welche sich den inneren Widerstand gegen den Faschismus zum Thema wählten, war Günther Weisenborn, der seit 1937 der ›Roten Kapelle‹ angehört hatte, wohl der nobelste. In bewußter Umkehrung von Brechts *Trommeln in der Nacht,* dessen Held sich angesichts der Revolution lieber für das »große, weiße Bett« entscheidet, richtet Weisenborn in seinen *Illegalen* (1946) all jenen ein Denkmal auf, die selbst in hoffnungsloser Situation weitergekämpft hatten und diesen Kampf zum Teil mit dem Leben bezahlen mußten. Auch in Carl Zuckmayers *Des Teufels General* (1947) geht es um den inneren Widerstand einer Gruppe von Arbeitern und Christen gegen die Kriegsmaschinerie des Dritten Reiches. Hier ist jedoch der Hauptheld ein liebenswürdiger Draufgänger, Trinker und Frauencharmeur, der selbst unterm Faschismus alles auf eine Karte setzt und daher, als seine Stunde schlägt, einfach Selbstmord begeht. Kein Wunder, daß ein solches Stück zwischen 1947 und 1949 von 74 Theatern gespielt wurde und über 3000 Aufführungen erlebte. Doch auch das Stück *Draußen vor der Tür* (1947) von Wolfgang Borchert erregte ein ähnliches Aufsehen. In ihm kommt ein an allem enttäuschter Spätheimkehrer aus dem Grauen des Krieges in seine Heimatstadt Hamburg zurück und muß dort erfahren, daß seine Frau ein neues Verhältnis angeknüpft hat, daß sein früherer Vorgesetzter bereits wieder ›oben‹ ist, ja daß die meisten lediglich ihrem Egoismus frönen. Auf seine bohrenden Fragen nach dem Sinn des Ganzen weiß selbst Gott keine Antwort, während ihn die Menschen wie einen Narren oder ein Gespenst behandeln. Bei aller krassen Realistik scheint dieses Stück ständig in einem allesübertönenden Schrei zu kulminieren, der Klage und zugleich Anklage ist. Überhaupt stellt das Ganze wohl den eindringlichsten Appell dar, nicht einfach zu vergessen, nicht umstandslos zur Tagesordnung überzugehen, sondern aus der Einsicht in die begangenen Untaten die Notwendigkeit einer Neuordnung

A. Paul Weber: *Der Heimkehrer* (1950)

der politischen und gesellschaftlichen Verhältnisse abzuleiten. Doch ein solcher Schrei mußte nach 1948/49, als man allgemein zum Status quo ante zurückkehrte, zwangsläufig im Leeren verhallen.
In geradezu exemplarischer Form läßt sich die Gesamtentwicklung dieser realistischen Nachkriegsliteratur am Schicksal jener Autoren verfolgen, aus denen – nach vielen Hoffnungen und Enttäuschungen – schließlich die ›Gruppe 47‹ hervorging. Die meisten dieser Schriftsteller begannen als engagierte Sozialisten oder Radikaldemokraten und wurden erst im Laufe des Kalten Krieges zu konformistischen Nonkonformisten, die ihr bisheriges Engagement zugunsten einer größeren Zurückhaltung aufgaben, was sich in ihren Werken als ein Übergang von offen veristischen zu bewußt chiffrierten Stilhaltungen äußerte. Die Anfänge dieser Richtung gehen unter anderem auf jene Autorengruppe zurück, zu der Hans Werner Richter, Alfred Andersch, Gustav René Hocke und Walter Mannzen gehörten, die 1944/45 in einem us-amerikanischen POW-Lager an der Zeitschrift *Der Ruf* mitarbeiteten, um so zur politischen Umerziehung der noch immer in faschistischen Ideologien verstrickten Mit-

gefangenen beizutragen. Diese Autoren verstanden sich zu Anfang vornehmlich als »politisch engagierte Publizisten mit literarischen Ambitionen«, wie Richter später schrieb. Sie traten dabei politisch im Sinne von Roosevelts One-World-Konzept für einen weltweiten Frieden und eine Synthese sozialistischer und demokratischer Vorstellungen ein, um so dem Einbruch einer neuen Irrationalität entgegenzuarbeiten. Dieser Kurs führte schon im Lager zu Schwierigkeiten mit den us-amerikanischen Redaktionsmitgliedern. Ähnliche Probleme ergaben sich, als Richter und Andersch im August 1946 in München die Zeitschrift *Der Ruf* neubegründeten, die schnell zu einer der wirkungsmächtigsten Nachkriegszeitschriften wurde und zeitweise eine Spitzenauflage von 70000 verkauften Exemplaren erreichte. Auch die Autoren dieses Blattes setzten sich für eine Synthese von Sozialismus und Demokratie ein und scheuten sogar vor einer offenen Kritik der Besatzungsmächte nicht zurück. Besonders Richter und Andersch, die vor 1933 Mitglieder der KPD gewesen waren, machten den US-Amerikanern wiederholt den Vorwurf, von »Demokratie« zu sprechen und zugleich »mißliebige Konkurrenten« einfach auszuschalten, das heißt eine »Befreiung der Völker« zu propa-

Karl Hubbuch: *Leute hinter Fenstern* (1946)

gieren und dann diese Völker schamlos in ihre eigenen »imperialistischen Pläne« einzubeziehen. Trotz ihrer ebenso entschiedenen Absage an die UdSSR führte ein solcher Kurs schließlich im April 1947 zu einem Redaktionswechsel innerhalb des *Ruf*, an dem auch die us-amerikanischen Besatzungsbehörden nicht ganz unbeteiligt waren. Literarisch befürworteten die Autoren des *Ruf* wie auch des *Skorpion*, den Hans Werner Richter daraufhin zu gründen versuchte, für den er jedoch keine Lizenz erhielt, eine Mischung aus objektivierendem Realismus und persönlichem Engagement. Und zwar orientierten sie sich hierbei an so unterschiedlichen ›Größen‹ wie Sartre, Brecht, Faulkner, Seghers, Kästner und Plivier und stellten unter den jüngeren Autoren vor allem Borchert, Schnurre, Weyrauch und Hermlin als vorbildlich hin. Da die Schwierigkeiten mit den US-Behörden nicht nachließen, scharte Richter schließlich im Herbst 1947 einen literarischen Freundeskreis um sich, der als ›Gruppe 47‹ in die Geschichte eingegangen ist. Die Autoren dieser höchst lockeren Vereinigung gaben um 1948/49 den aggressiven Verismus der unmittelbaren Nachkriegszeit mehr und mehr zugunsten einer etwas gedämpfteren Mischung aus realistischen und surrealistischen Stilzügen auf. Auf diese Weise kam es selbst in dieser Gruppe, die noch zu den engagiertesten literarischen Zusammenschlüssen dieser Zeit gehört, zu einer gewissen Entpolitisierung, wenn nicht gar Inneren Emigration oder zumindest einem Ausweichen in die reine Literatur. Da die ›Gruppe 47‹ in der Folgezeit auch recht unpolitische Autoren bei ihren Tagungen lesen ließ, nahm sie schließlich die Züge einer literarischen Werkstatt an, die trotz weiterbestehender antifaschistischer Tendenzen zu jenem unverbindlichen Modernismus beitrug, der zu den Hauptcharakteristika der E-Literatur der fünfziger Jahre gehört. Schon auf dem Treffen der ›Gruppe 47‹ im Jahr 1949 war die Hauptfrage nicht mehr »Was schreibst Du?«, sondern »Wie schreibst Du?«. Immerhin, allen konservativen Ausflügen ins Metaphysische oder gar Abendländische setzte die ›Gruppe 47‹ auch unter Adenauer einen deutlichen Widerstand entgegen. Weniger gefeit war sie allerdings gegen jenen ins Schwerverständliche verfremdeten Realismus, den man damals als ›magischen Realismus‹ bezeichnete, sowie gegen jene ›Ästhetik des Machens‹, die häufig genug ans rein Formalistische grenzte. Wie stark solche Tendenzen bereits im Jahr

1950 waren, beweist die schlichte Tatsache, daß in diesem Jahr die ›Gruppe 47‹ ihren ersten Preis nicht ihrem immer noch recht engagierten Gründer Hans Werner Richter, sondern einem eher subjektiv-versponnenen Lyriker wie Günter Eich verlieh.

Trümmerfilme

Für den Film war es nach 1945 besonders schwer, sich als ein ernstzunehmendes, kritisches Medium durchzusetzen. Und zwar hatte das sowohl materielle als auch ideologische Gründe. Zum einen fehlten fast alle technischen Voraussetzungen, um sofort eine neue Filmproduktion in Gang zu setzen, zum anderen erwarteten breite Schichten der Bevölkerung vom Film noch immer jene Illusionen, Erregungen und Belustigungen, die in diesem Medium seit eh und je im Vordergrund gestanden hatten. Die westlichen Besatzungsmächte belieferten deshalb die noch existierenden Kinos erst einmal mit den üblichen Western, Krimis und Love Stories, die eine Democratic Re-Education eher erschwerten als beförderten. Lediglich die Sowjetunion versorgte die Kinos östlich der Elbe mit eindeutig politischen Filmen und erwartete zugleich von den Kulturschaffenden ihrer Zone, ihr auf diesem Wege nachzueifern. Zu diesem Zwecke wurde im Mai 1946 die ostzonale DEFA (Deutsche Film-AG) gegründet, welche die ersten ›realistischen‹ deutschen Filme nach dem Kriege drehte. Hier ging man von der Voraussetzung aus, daß auch der Film kein »Opium des Vergessens« sein dürfe, sondern die zentralen »Lebensfragen eines Volkes« behandeln müsse. Dafür spricht bereits der Film *Irgendwo in Berlin* (1946) von Gerhard Lamprecht, in dem es um einen niedergeschlagenen, aller Hoffnungen beraubten Heimkehrer geht, der sich in der Trümmerlandschaft seiner Heimat nur sehr langsam zu einer etwas positiveren Lebenshaltung durchringt. Auch in dem Film *Die Mörder sind unter uns,* den Wolfgang Staudte drehte und der ebenfalls 1946 in Berlin anlief, steht das Schicksal eines solchen Heimkehrers im Mittelpunkt. Hier ist es der Arzt Dr. Mertens, der die grauenvollen Erfahrungen des Krieges nicht überwinden kann und im Alkoholismus zu versinken droht. Wie der Beckmann in Borcherts *Draußen vor der Tür* trifft auch Mertens

plötzlich auf seinen früheren Vorgesetzten, den Kompaniechef Brückner, der am Weihnachtsabend 1942 in Polen ein Massaker angeordnet hatte, dem 100 Unschuldige zum Opfer gefallen waren – und der jetzt, nach dem Kriege, wieder eine Fabrik leitet, eine schöne Wohnung sein eigen nennt und eindrucksvolle Reden über den ›Aufbau der Demokratie‹ hält. Mertens will diesen Brückner sofort umbringen, wird aber zweimal davon abgehalten. Und so bleibt der Schluß des Ganzen bewußt offen, das heißt wendet sich mit der Mahnung »Die Mörder sind immer noch unter uns« direkt an die Zuschauer, doch endlich mit den früheren Nazis abzurechnen, endlich Anklage zu erheben, endlich Sühne zu fordern. Diesem Film, der nicht auf eine billige Katharsis hinausläuft, sondern in einem Appell endet, wurde daher in fast allen Kritiken eine »Mischung aus unerbittlichem Realismus, höchster Gegenwartsnähe und politischer Aktualität« bescheinigt. Andere DEFA-Filme, wie *Ehe im Schatten* (1947) von Kurt Maetzig, *Affaire Blum* (1948) von Erich Engel und *Rotation* (1949) von Wolfgang Staudte, knüpften an diese Ansätze an und versuchten, die Anfänge des Faschismus bis in die Weimarer Republik und das Kaiserreich zurückzuverfolgen.
In den drei Westzonen gab es dagegen anfangs kaum Filme, die man als ›antifaschistisch‹ bezeichnen könnte. Hier sahen die alliierten Militärbehörden im Medium Film vor allem ein profitbringendes Unterhaltungsgenre und versuchten deshalb, den deutschen Markt für ihre eigenen Produkte aufzubereiten. Aus diesem Grunde stammten von den 108 Filmen, die 1945/46 das Verlagsangebot ausmachten, 105 aus den USA, England und Frankreich. Auch in den folgenden Jahren veränderten sich diese Zahlenverhältnisse nur geringfügig. Allerdings gab es auch in diesen Breiten einige Regisseure, die sich in den Dienst der Vergangenheitsbewältigung zu stellen versuchten. Da die meisten Filmstudios noch immer in Schutt und Asche lagen, wurden viele dieser Filme vor echten Trümmerkulissen gedreht, wodurch selbst relativ unpolitische Filme in die Rubrik ›Trümmerfilme‹ gerieten. Wohl der bedeutendste Bewältigungsstreifen dieser Jahre war der Film *In jenen Tagen* (1947) von Helmut Käutner. In ihm erzählt ein Auto die Geschichte seiner Besitzer vom Jahre 1933 bis zum Ende des Krieges. Die sieben Episoden des Ganzen, zu denen unter anderem auch die Kristallnacht und der 20. Juli gehören, ähneln

dabei in manchem der Szenenfolge *Furcht und Elend des Dritten Reiches* von Bertolt Brecht. Bei Käutner spielt sich jedoch alles etwas melodramatischer ab und läuft meist auf Situationen hinaus, in de-

Werner Heldt: *Bombenkrater* (1947)

nen die Menschlichkeit in einem reichlich abstrakten Sinne mit der Unmenschlichkeit in Konflikt gerät. Manches geht dadurch ins rein Private über. Dennoch ist dieser Film mehr als ein bloßes Psychodrama und versucht durchaus, der »Gegenwart mitten ins Gesicht zu schauen«, wie sich Käutner ausdrückte. Auch andere Filme Käutners aus dieser Zeit haben diesen Mut zur Realistik und demonstrieren zugleich einen verantwortungsbewußten Aufbauwillen. Von den sonstigen Gegenwartsfilmen dieser Jahre läßt sich das nicht mit derselben Eindeutigkeit behaupten. So siegt etwa in Heimkehrerfilmen wie *Zwischen Gestern und Morgen* (1947) von Harald Braun sowie *Über uns der Himmel* (1947) von Josef von Baky das Sentimentale meist über das Analytische. Das gleiche gilt für den Film *Lang ist der Weg* (1948) von Mark Goldstein, in dem es um den Leidensweg einer deutsch-jüdischen Familie geht, ohne daß es dabei zu einer tiefergehenden Vergangenheitsbewältigung kommt.

Als das Gallup-Institut 1948 in den drei Westzonen eine Umfrage über die Publikumswirkung solcher Filme durchführen ließ, bejahten immerhin 31,1 Prozent der Bevölkerung den ›Zeitfilm‹, während ihn 56,2 Prozent ablehnten. Schon ein Jahr später wurde die Zahl derer, die überhaupt keine Zeitfilme mehr sehen wollten, im Zuge der wirtschaftlichen Konsolidierung der Bundesrepublik beträchtlich größer. Jetzt wollten immer weniger Menschen mit zerlumpten Heimkehrern und Trümmerkulissen konfrontiert werden, sondern sich wieder vornehmlich an den Produkten der guten, alten Traumfabrik delektieren. Rudolf Flügel schrieb dementsprechend 1949 unter dem Titel *Der zeitnahe Film ohne Publikum* in der Zeitschrift *Glanz* ohne jede Ironie: »Schon ist über die ersten Ruinenfilme – wie über die Ruinen selbst – wieder Gras gewachsen. Mildtätiges Gras.« Ja, in diesem Aufsatz mokierte sich Flügel bereits über jenes »Aufbau-Moralin«, mit dem man die westdeutsche Bevölkerung jahrelang traktiert habe. Selbst der Film *Die Mörder sind unter uns,* der in den Westzonen erst im Juli 1948 freigegeben wurde, erreichte darum kaum noch jene Zuschauer, für die er im Jahre 1946 gedreht worden war.

Der Beginn der Restauration in den Künsten

Die ersten Auswirkungen des Kalten Krieges

Wie wir gehört haben, bahnte sich der Kalte Krieg bereits im Jahr 1946 an und erlebte seinen offiziellen Ausbruch mit der Verkündung der Truman-Doktrin am 12. März 1947. Diese Doktrin wandte sich in den Vereinigten Staaten sowohl nach außen als auch nach innen. Der sogenannten ›Containment‹- oder ›Rollback‹-Strategie auf außenpolitischer Ebene, die oft die Form eines weltweiten ›Kreuzzugs gegen den Kommunismus‹ annahm, entsprach auf innenpolitischer Ebene eine strenge Untersuchung all jener »Organisationen, Gesellschaften, Bewegungen, Gruppen und Vereinigungen von Personen«, die das US-Innenministerium wegen angeblich ›totalitärer‹ Gesinnung auf die Schwarze Liste setzte. Aufgrund solcher Verdächtigungen wurden in den USA Zehntausende in hochnotpeinliche Untersuchungsverfahren verwickelt und somit dem Linkstrend der dreißiger Jahre, der ›Red Decade‹, endgültig der Garaus gemacht. Neben us-amerikanischen Künstlern und Intellektuellen mußten sich hierbei auch eine Reihe deutscher Antifaschisten vor jenem ›Ausschuß gegen unamerikanische Tätigkeit‹ verantworten, den kurze Zeit später Joseph McCarthy zur Plattform seiner antikommunistischen Tiraden machte. Jeder, der nicht aktiv antikommunistisch eingestellt sei, sagte damals Richard M. Nixon, stehe von vornherein im Verdacht des »Subversiven«. Brecht verließ darum im Oktober 1947, nach einem solchen Verhör, die USA so schnell er nur konnte. Hanns Eisler, der an sich bleiben wollte, wurde 1948 zum Verlassen des Landes gezwungen und das, obwohl sich Thomas Mann, Charlie Chaplin, Albert Einstein, Pablo Picasso, Henri Matisse und Jean Cocteau für sein Bleiben eingesetzt hatten.
Auch in den drei Westzonen waren es die USA, die im Kalten Krieg die Führungsrolle übernahmen. Das zeigte sich schon im Jahr 1947, als im Zuge der allgemeinen Eindämmungspolitik nicht nur die politischen und ökonomischen, sondern auch die kulturellen Neuordnungskonzepte in Verdacht gerieten, kommunistisch inspiriert zu

sein. Blätter wie *Der Ruf, Ende und Anfang* sowie *Der Skorpion,* die für Deutschland einen ›Dritten Weg‹ zwischen den beiden Supermächten propagierten, wurden nach diesem Zeitpunkt von den US-Behörden höchst kritisch eingeschätzt und wie andere antifaschistische Zeitschriften entweder verboten oder einer wesentlich schärferen Zensur unterworfen. Ähnliche Spannungen ergaben sich im Oktober 1947 auf dem ›Ersten Deutschen Schriftstellerkongreß‹ in Berlin, zu dem der ›Kulturbund zur demokratischen Erneuerung Deutschlands‹ geladen hatte. Auf ihm bezichtigte der us-amerikanische Delegierte Melvin J. Lasky die anwesenden Sowjetschriftsteller, im Gegensatz zu den Autoren der Vereinigten Staaten überhaupt keine eigene Meinung zu haben, sondern nur Werkzeuge ihres Staates zu sein. Kurz nach diesem Kongreß verboten die drei Westmächte den ›Kulturbund‹, der immerhin Zehntausende von Mitgliedern hatte, für die drei Westsektoren Berlins und ließen die Proteste von seiten deutscher Künstler und Wissenschaftler einfach unbeantwortet. Doch auch in ihren eigenen Reihen führten die US-Besatzungsbehörden damals einige Säuberungsmaßnahmen durch. Kulturoffiziere wie Benno Franck, die nicht eindeutig antikommunistisch auftraten, enthob man kurzerhand ihres Postens. Von den Mitarbeitern der us-amerikanischen *Neuen Zeitung* wurden nicht nur Linke wie F. C. Weiskopf und Stefan Heym, die sich bisher einer hohen Wertschätzung erfreut hatten, sondern auch Autoren wie Hans Habe und Hans Wallenberg plötzlich als ›Fellow Travellers‹ verdächtigt. Überhaupt setzte allerorten eine Überwachungsschnüffelei ein, deren Ziel nicht mehr die Beseitigung der Nazi-Ideologie, sondern die konsequente Eindämmung des Kommunismus war. Vor allem die Spitzen der US-Behörden blieben in der Folgezeit nicht müßig, solchen Einflüssen mit bewußt antitotalitären Ideologien entgegenzutreten. So verkündete General Lucius D. Clay schon im Oktober 1947 einen geistigen Propagandafeldzug gegen den Kommunismus, den er den »Marshall-Plan der Ideen« nannte, um die drei Westzonen nicht nur politisch und ökonomisch, sondern auch kulturell in die westliche Allianz zu integrieren.

Im Jahr 1948, als die Sowjets auf die von westlicher Seite durchgeführte Währungsreform mit der Blockade West-Berlins antworteten, nahm diese Konfrontation immer schärfere Formen an. Kulturell kommt dieser neue Kurs wohl am deutlichsten in der in diesem Jahr gegründeten Zeitschrift *Der Monat* zum Ausdruck, deren Herausgeber jener Melvin J. Lasky war, der nicht nur auf dem ›Ersten Deutschen Schriftstellerkongreß‹ das große Wort geführt hatte, sondern zugleich dem ›Congress for Cultural Freedom‹ vorstand, der seinen Sitz in West-Berlin hatte. Der *Monat* gehörte wie *Preuves* (Frankreich), *Encounter* (England), *Forum* (Österreich), *Cuadernos* (Spanien) und *Tempo presente* (Italien) zu jener Zeitschriftengruppe, die indirekt von der Central Intelligence Agency (CIA) finanziert wurde und dem ›Kreuzzug gegen den Kommunismus‹ dienen sollte. In diesem Blatt konnte man ab Dezember 1948 den Roman *Animal Farm* von George Orwell als Fortsetzungsstory lesen, der wegen seiner scharfen Attacken gegen die Sowjetunion bis dahin in den drei Westzonen nicht erscheinen durfte. Kurz darauf brachte der *Monat* ausgewählte Kapitel von Orwells *1984* heraus. Zugleich sorgten die westlichen Besatzungsbehörden ab 1948 immer stärker dafür, daß keine ›östliche‹ Literatur mehr nach Westdeutschland kam. So wurde in der britischen Besatzungszone der Verkauf von Büchern aus der SBZ schon im Sommer 1948 strengstens untersagt. Ja, selbst manche Werke ihrer eigenen Autoren, wie gewisse Stücke von Arthur Miller, Lillian Hellman und Clifford Odets, die als ›linksverdächtig‹ galten, durften in Westdeutschland nach diesem Zeitpunkt nicht mehr gespielt werden. Aus ähnlichen Gründen wurde 1948 Bertolt Brecht und Leonard Steckel die Einreise in die Westzonen verweigert. Aufgrund dieser Entwicklung zogen es linke Schriftsteller, Dozenten und Journalisten wie Karl-Eduard von Schnitzler, Günther Cwojdrak, Karl Egel, Hans Mayer, Herbert Gessner, Stephan Hermlin, Eduard Claudius, Hans Marchwitza und Stefan Heym vor, ihren Wohnsitz nach 1947/48 in die sowjetische Besatzungszone zu verlegen.

Was hinter all diesen Maßnahmen stand, war ein massiver Antikommunismus, der jede linke Äußerung sofort als ›antiwestlich‹ anzuprangern versuchte. Um dabei die eigene Hausmachtpolitik nicht allzu deutlich werden zu lassen, wurde dieser Antikommunismus von den us-amerikanischen Besatzungsbehörden meist als Antitotalitarismus ausgegeben. Hierbei stützte man sich gern auf die gängige Formel ›Braun gleich Rot‹, mit der sich jedes – von links oder rechts ausgehende – Konzept einer volksverbundenen Kultur von vornherein in Frage stellen ließ. Die Vorstellung einer Kultur von unten, die allen Angehörigen einer Nation etwas bedeuten und zugleich zu einer demokratischen Neuordnung beitragen würde, geriet somit paradoxer- oder verständlicherweise in den Verdacht, ›undemokratisch‹ zu sein, indem sie den Willen einer linksorientierten Volksfrontclique zum herrschenden Willen zu machen versuche. All jene, die sich die Propagierung eines konsequenten Antitotalitarismus und Antikommunismus zur Aufgabe setzten, wandten sich deshalb immer nachdrücklicher gegen jedes Engagement und unterstützten im Sinne Karl R. Poppers das Prinzip einer ›offenen Gesellschaft‹, unter der man im ideologischen Bezugsfeld dieser Jahre eine bürgerlich-kapitalistische Gesellschaftsordnung älterer Prägung verstand. Wer also Restauration statt Neuordnung wollte, brauchte sich lediglich zum Verteidiger der ›Open Society‹ aufzuwerfen und hatte damit all jene Bürgerlichen auf seiner Seite, die sich von einer Wiederherstellung der älteren Verhältnisse auch eine Restauration ihrer früheren Führungsrolle versprachen, während die gleichen Schichten in einer gesellschaftlichen und kulturellen Neuordnung lediglich eine Infragestellung ihrer bisherigen Privilegien sahen.

Kein Wunder, daß diese Parolen von einem Großteil der westdeutschen Bildungsbourgeoisie sofort zustimmend aufgegriffen wurden. Allerdings äußerte sich diese Wendung ins Konservative in den drei Hauptbereichen der Kunst auf recht unterschiedliche Weise. Während es auf literarischem Sektor schnell zu einer nachdrücklichen Verdammung alles Engagierten kam, spielten solche ideologischen Debatten in Malerei und Musik anfänglich eine eher untergeordnete Rolle. Zwar wurden 1948/49 auch in den bildenden Künsten manche der älteren Antifaschisten und ›Kulturbund‹-Mitglieder ihrer öffentlichen Funktionen beraubt, doch die Maler und Bildhauer selber, die in ihren Themen ohnehin nicht so engagiert aufgetreten waren wie manche der *Ruf*-Autoren, blieben weitgehend ungeschoren. Zu wirklichen Konfrontationen kam es auf diesem Gebiet nur in West-Berlin. So prangerte etwa der *Tagesspiegel* am 28. April 1949 einen Maler wie Carl Hofer, der eine Grußadresse an den ›Pariser Weltfriedenskongreß‹ geschickt hatte, als höchst unsicheren Kantonisten an und erklärte zugleich mit drohender Stimme, daß ein solcher Mann

zur »Erziehung der Jugend völlig ungeeignet« sei. Ebenso scharf wurden kurz darauf die West-Berliner Künstler und Hochschullehrer Gustav Seitz, Heinrich Ehmsen und Oskar Nerlinger wegen ihrer linken Gesinnungen angegriffen, worauf sie es vorzogen, nach Ost-Berlin überzusiedeln. Doch aufs Große und Ganze gesehen, wandte sich die westliche Kritik damals noch weniger gegen die engagierten ›Realisten‹ im eigenen Lager als gegen die Vertreter jener Malerei, die sich in der sowjetischen Besatzungszone den Lehren des Sozialistischen Realismus anzupassen versuchten. Zu dieser Wende trug vor allem eine programmatische Erklärung von Alexander Dymschitz bei, die 1948 in der *Täglichen Rundschau* erschien und die sogenannte ›Formalismus-Debatte‹ auslöste. Von nun an wurden ›Parteilichkeit‹ und ›Realismus‹ in der SBZ-Kunst geradezu austauschbare Begriffe. Da dies selten im Sinne eines Brecht, sondern meist im Sinne jener personenkultischen Schönfärberei geschah, die sich an den Maximen Andrej Shdanows orientierte, hatte die westliche Kunstkritik auf diesem Gebiet zeitweilig ein leichtes Spiel. Daß sie hierbei als einzige Alternative zu der im Osten ungebührlich verengten Realismus-Vorstellung fast ausschließlich das Konzept der modernistischen Abstraktion aufbot und damit einem ähnlichen Dogmatismus verfiel, gehört allerdings auf ein anderes Blatt.
Auch in der Musik gab es 1948/49 noch keine durch den Kalten Krieg ausgelösten Debatten, die sich an westzonalen Werken oder Theorien entzündet hätten. Wie in den bildenden Künsten wandte sich hier die Kritik fast ausschließlich gegen die im Osten komponierten Werke. Dafür spricht ein Buch wie *Musik im 20. Jahrhundert* (1949) von Hans Heinz Stuckenschmidt, in dem sich auch ein Kapitel über *Engagierte Musik* findet. Unter »engagierter Musik« wird hier jene »Weltveränderungs-Musik« verstanden, die sich zum »Sprachrohr von Parteienstaaten« macht. Als »Parteienstaaten« versteht Stuckenschmidt selbstverständlich nur kommunistische Staaten, wie aus der weiteren Argumentation klar wird. Und dies sind für ihn Staaten, in denen sich alle Komponisten von vornherein konformistisch verhalten müssen und damit aufhören, selbstverantwortliche Künstler zu sein. Daß zwischen Komponisten und Staat auch ein produktives Verhältnis bestehen könne, wird in diesem Buch nicht einmal als Problem in Erwägung gezogen.

Wesentlich deutlicher äußerte sich dagegen die allgemeine Tendenzwende ins Konservative auf dem Gebiet der Literatur. Hier wurden ab 1947/48 geradezu alle kulturellen Neuordnungsvorschläge immer offener als ideologisiert, linksverdächtig, wenn nicht gar totalitaristisch oder kommunistisch angeprangert. Und die Wirkungen in der Praxis ließen nicht lange auf sich warten. Wir haben bereits gehört, wie schnell sich die politischen Kabaretts und satirischen Zeitschriften um 1947/48 in diese neue Front einreihten. Unter den Kabaretts waren es vor allem die West-Berliner ›Insulaner‹, die ab Weihnachten 1947 in ihren Programmen zu einer Frontstadtideologie überwechselten, die einen so eindeutig antikommunistischen Charakter hatte, daß die US-Besatzungsbehörden diese neuen Programme durch den RIAS auch in die ›Sowjetzone‹ ausstrahlen ließen. Von den satirischen Blättern fiel zu diesem Zeitpunkt sogar das vorher recht kritische *Wespennest* um, während sich der *Ulenspiegel* immer stärker auf der anderen Seite engagierte. Auf dem Gebiet des Theaters ließe sich dieser Wandel an Kritikern wie Walter Karsch und Friedrich Luft zeigen, die erst recht liberale Besprechungen schrieben, jedoch 1947/48 ebenfalls ins antikommunistische Lager überwechselten und jede gesamtgesellschaftliche Funktion von Kunst prinzipiell in Frage stellten. Angesichts dieser Situation wurde es für linke Intendanten immer schwieriger, überhaupt noch eine volkspädagogische Linie durchzuhalten. Aus diesem Grunde zogen sich Erich Engel und Wolfgang Langhoff schließlich von der Leitung der Münchener Kammerspiele beziehungsweise des Düsseldorfer Schauspielhauses zurück.

Noch deutlicher äußerte sich dieser Umschwung auf der Ebene des Verlagswesens, wo die linken Publikationen um 1947/48 schnell abnahmen und dafür eine Fülle rechter Literatur auf den Markt kam. Selbst jene Autoren, die bisher auf der ›Schwarzen Liste‹ der Besatzungsmächte gestanden hatten, konnten jetzt wieder ungehindert publizieren, und zwar nicht nur bei neuzugelassenen konservativen Verlagen wie dem Adam-Kraft-Verlag, dem Sudetenland-Verlag oder dem Franconia-Verlag, sondern auch bei sogenannten ›angesehenen‹ Verlagshäusern. Und so erschienen 1947/48 nicht nur Unmengen antikommunistischer Broschüren, deren Gesamtauflage auf vier Millionen geschätzt wird, sondern auch die Werke von Rudolf

G. Binding, Hans Carossa, Agnes Miegel, Erwin Guido Kolbenheyer, Hans Grimm und Gottfried Benn, während die Werke vieler antifaschistischer Exilautoren wie Heinrich Mann, Arnold Zweig, Lion Feuchtwanger, Ludwig Renn, Willi Bredel und Johannes R. Becher in Westdeutschland bis in die fünfziger oder sechziger Jahre warten mußten, bis sie einen Verleger fanden. Ähnliche Vorgänge spielten sich auf der Ebene der Literaturpreise dieser Jahre ab. Auch sie wurden nicht bewährten Antifaschisten oder Exilautoren verliehen, sondern gingen fast ausschließlich an die Vertreter des konservativen Flügels der Inneren Emigration. So erhielt 1946 ein Autor wie Fritz Usinger den ersten Büchner-Preis. Der Wilhelm-Raabe-Preis ging 1948 an Werner Bergengruen, 1949 an Ina Seidel, der Lessing-Preis 1947 an Rudolf Alexander Schröder.

Wie stark die restaurativen Kräfte im Jahr 1948 bereits waren, beweist unter anderem jener ›Zweite Deutsche Literaturkongreß‹, der im Mai dieses Jahres in Frankfurt stattfand. Hier war es nur noch Hans Mayer, der weiterhin den ›humanistischen‹ Auftrag der Literatur vertrat. Statt sich an zeitgemäßen westlichen Leitbildern wie Kafka, Gide oder Jünger zu orientieren, berief er sich lieber auf Gorki, Thomas Mann und Brecht. Man spürt dieser Rede deutlich an, daß 1948 schon Mut dazu gehörte, nicht einfach dem Status quo das Wort zu reden, sondern am Glauben an die »aus geschichtlicher Erfahrung gespeiste Auffassung von der Wandelbarkeit und Erziehbarkeit des Menschen« festzuhalten. Die meisten anderen Sprecher, wie etwa Rudolf Alexander Schröder, Elisabeth Langgässer, Kurt W. Marek, Rudolf Hagelstange und W. E. Süskind, verwarfen hingegen jede Form der ›Littérature engagée‹, jede Zeitnähe, jede Realistik – und traten für die ›Überzeitlichkeit‹ der reinen Dichtung ein. Besonders scharf drückte sich Marek in dieser Hinsicht aus, der jene »Generallinien-Literatur« geißelte, die von der »Überlegenheit des Kaders dem Individuum gegenüber« ausgeht. Um so mehr pries er Vertreter eines »magischen Realismus« wie Franz Kafka, Hermann Kasack und Ernst Kreuder, die sich nie in die Politik eingelassen hätten. Als Heinrich Bechtoldt einige dieser Vorträge im Herbst 1948 in einem Sammelband unter dem Titel *Literatur und Politik* herausbrachte, stellte er in seinem Vorwort der Politisierung der Literatur nochmals die »Suche nach der höheren Wahrheit und Wirklichkeit« entgegen. Statt wie die bisherige Nullstunden-Literatur an »Engagement« und »propagandistischer Absichtlichkeit« festzuhalten, schrieb er, sei es jetzt an der Zeit, vom »Schrifttum« wieder zur »Dichtung«, vom »Unkultivierten« wieder zum »Kultivierten« zurückzukehren.

Das waren ›schöne Worte‹, welche viele der konservativ eingestellten Autoren auch beherzigten, indem sie vor den ›Forderungen des Tages‹ ins Höhere auszuweichen versuchten. Doch eine solche Verdammung jedweden demokratisch-antifaschistischen Engagements gab nicht nur den Weg zu einem Rückzug ins Naturhafte, Religiöse und Mythisch-Magische frei, der sich höchst erlesener Formen wie des Sonetts, der Hymne, der Elegie, der wohlkomponierten Novelle oder des subtil psychologisierenden Romans bediente, sondern ermöglichte zugleich den Durchbruch jener Kalten-Kriegs-Literatur, die in ihren Mitteln nicht gerade zimperlich war und sich auch des »Propagandistischen« und »Unkultivierten« bediente. Gute Beispiele dafür bieten jene Science-Fiction-Romane oder utopisch-dystopischen Zukunftsbilder von W. W. Bröll und Wolf Linke, in denen jene westdeutschen Ingenieure im Vordergrund stehen, die sich ab 1947/48 auf seiten der US-Amerikaner gegen die Sowjets engagierten. Und zwar werden hier oft die grausigsten Horror- und Katastrophenbilder an die Wand gemalt, um den Sieg des Westens im Lichte einer geradezu göttlichen Rechtfertigung erscheinen zu lassen. Aber auch manche der ernsthafteren Romane, wie die Utopie *Moskau 1977* (1949) von Erik von Kuehnelt-Leddhin, stellten sich in den Dienst dieses rabiaten Antikommunismus. Dieses Buch spielt nach dem fünften Weltkrieg, als die UdSSR bereits ganz Europa erobert hat und sogar der Papst in die USA geflüchtet ist. In allen Ländern, die unter sowjetischer Herrschaft stehen, verbreitet sich ein perfekter Satanismus, einerseits an Kafkas *Strafkolonie,* andererseits an Huxleys *Brave New World* erinnernd. Wer nicht umgekommen ist, wird zu einer gottlosen Fun-Mentalität verdammt, welcher der verführerische, aber nie einzulösende Traum eines »irdischen Paradieses« zugrunde liegt. Den Helden des Ganzen packt angesichts eines solchen Regimes, in dem es strikt verboten ist, von Gott zu reden, eines Tages das Grauen. Er erkennt, daß die kommunistische Idee eines gesamtgesellschaftlichen Glücks die schlimmste aller Teufelsideen ist

und wird zum Bischof einer heimlichen Katholikensekte. Als solcher wird er schließlich verhaftet und zur Strafe in eine sogenannte »Verarbeitungsmaschine« gesteckt, die seinen Körper in die »verschiedenen chemischen Essenzen« auflöst. Kurze Zeit später besiegen die USA das kommunistische Eurasien in einem Blitzkrieg von fünf Tagen. Das Ganze schließt damit, daß Kardinal Morgan in der befreiten Kreml-Kirche eine Hohe Messe zelebriert. Ja, selbst der politische Machtwechsel vollzieht sich völlig reibungslos, da alle »höheren Beamten«, wie es höchst aufschlußreich heißt, »schon seit Jahren heimlich Englisch gelernt hatten«.
Ähnliche Wunschträume liegen dem Kalten-Kriegs-Roman *Stalin starb um vier Uhr morgens* (1950) von Curt Riess zugrunde. Hier stirbt Stalin bereits im Jahr 1950, worauf in der UdSSR sofort schreckliche Diadochenkämpfe ausbrechen, die zum Zusammenbruch des gesamten Ostblocks führen: Polen und die CSR wenden sich wieder dem Westen zu, Titos Truppen befreien die anderen Balkanländer, in mehreren westlichen Ländern werden die Sowjetbotschafter von sogenannten Freiheitshelden umgebracht, die Nationalchinesen übernehmen nach der Vergiftung Mao Tse-Tungs wieder ganz China, die Ostdeutschen ermorden Ulbricht und werfen seine Leiche in den Landwehrkanal, die Heimatvertriebenen kehren hochbeglückt in die verlorenen Ostgebiete zurück, in Rußland bricht die Konterrevolution aus usw. Und so gibt es 50 Tage nach Stalins Tod keinen Ostblock, keinen Eisernen Vorhang, keinen Kommunismus mehr. Statt dessen herrscht in diesem Roman am Schluß jene ›Große Freiheit‹, der die von vielen Kalten Kriegern um 1950 erträumte Pax americana zugrunde liegt.
Zugegeben, so affektgeladen wie Erik von Kuehnelt-Leddhin und Curt Riess schrieben selbst zu diesem Zeitpunkt nur wenige, die sich zu betont antitotalitären Positionen bekannten. Und doch blieben solche Äußerungen nicht allein auf den Sektor des Propagandistischen beschränkt. Selbst in den relativ abgeschirmten Bereichen der konservativen bis rechtsliberalen Feuilletons finden sich damals häufig scharfe Ausfälle gegen all jene »Fellow Travellers«, die noch immer eine inzwischen obsolet gewordene Ausgleichs- und Versöhnungspolitik zwischen den beiden Weltmächten befürworteten. Am massivsten angegriffen wurde in diesem Zusammenhang Thomas

Mann, der sich im Herbst 1949 – anläßlich der allerorten stattfindenden Goethe-Feiern – in Frankfurt *und* Weimar zu einem völkerverbindenden Humanismus bekannt hatte, dem ein Ausgleich von sozialer und freiheitlicher Demokratie, ja eine Synthese von »Moskau und Hellas« zugrunde liegen müsse. Welche Formen solche Anschuldigungen annehmen konnten, beweist jener Beitrag zum 75. Geburtstag Thomas Manns von Gerhard Nebel, der am 6. Juni 1950 in der *Frankfurter Allgemeinen* erschien und in dem Mann als »Anwalt der östlichen Schinderwelt« angeprangert wurde, dem jedes politische »Denk«-Vermögen fehle. Und wenn schon die *Frankfurter Allgemeine* so etwas brachte, um wieviel schärfer mögen solche Urteile in den kleineren, nicht so »unabhängigen« Blättern ausgefallen sein?

Die Kunst der bürgerlichen Mitte

Mit dem Ausbruch des Kalten Krieges und der damit verbundenen Frontstellung gegen all jene Gruppen, denen es um eine antifaschistisch-demokratische Neuordnung der gesellschaftlichen und ökonomischen Verhältnisse sowie die Errichtung einer wirklichen Volkskultur ging, schlug um 1947/48 erneut die Stunde jener Bildungsbourgeoisie, die bereits seit Kriegsende darauf wartete, auch auf kulturellem Gebiet wieder die Führung zu übernehmen. Diesen Anspruch versuchte sie wie eh und je mit der Behauptung zu rechtfertigen, daß die bürgerliche Kunst die gesunde Mitte zwischen Rechts und Links, Oben und Unten, Kitschigem und Esoterischem bilde und deshalb einen gesamtgesellschaftlichen Stellvertretungsanspruch erheben dürfe. Soziologisch gesehen, gehörten die Vertreter solcher Forderungen meist jenen mittelständischen Schichten an, die sich spätestens seit der zweiten Hälfte des 18. Jahrhunderts für die kulturellen Belange der deutschen Nation verantwortlich dünkten. Während jedoch diese Schichten im Rahmen der Aufklärung noch für eine entschiedene Wendung in die ›Öffentlichkeit‹ eingetreten waren, hatten sie sich im Zuge der Romantik, des Biedermeiers, des Nachmärz, des bürgerlichen Realismus, der ›machtgeschützten Innerlichkeit‹ der Jahrhundertwende und schließlich der Inneren Emigration

der dreißiger Jahre immer stärker in den Innenbereich des Traditionsverpflichteten zurückgezogen und den bösen Mächten der Vermassung und Industrialisierung allein die ›Humanität des Herzens‹, das heißt Ludwig Richters *Idyllen,* Adalbert Stifters ›sanftes Gesetz‹, Robert Schumanns *Träumerei,* Wilhelm Raabes *Hungerpastor* oder die Werke eines Hermann Hesse und Ernst Wiechert, entgegengesetzt. Vor allem unterm Faschismus ließen die sogenannten Unpolitischen oder Stillen im Lande die äußere Welt des politischen Lebens, die Welt der ›Niedrigkeit‹ weitgehend ›im Argen‹ und beschränkten sich in regionaler Begrenzung sowie hilfloser Verinnerlichung auf die Selbstbehauptung ihrer moralischen, religiösen und kulturellen Integrität. Ja, selbst als sich die braune Flut des Faschismus wieder verlaufen hatte, empfahl ein aus dem Exil zurückgekehrter Autor wie Martin Beheim-Schwarzbach in dem Almanach *Und ließ eine Taube fliegen* (1948) diesen Schichten, sich entschieden von jener »Öffentlichkeit« abzuwenden, worin »die Namen von Gangstern, Rekordbrechern, Filmstars und Politikern den breitesten Raum einnehmen«, da in ihr das »vollendete Chaos« herrsche. Und er ließ hierbei durchblicken, daß sich daran wohl nie viel ändern werde.
Aufgrund einer solchen Einstellung knüpften diese Schichten nach 1945 und dann verstärkt im Verlauf des Kalten Krieges nicht an die wenigen freiheitlich-liberalen, demokratischen oder gar revolutionären Traditionen der deutschen Geschichte, sondern an die wohletablierten Traditionen des Rückzugs, des Eskapismus, der Verinnerlichung an. Statt auf jene zu hören, die damals von ›Democratic Re-Education‹ sprachen, setzten sie auch kulturell weitgehend die Haltung jener Nichtfaschisten im Dritten Reich fort, die sich nach 1945 als die Vertreter der Inneren Emigration bezeichneten. Im Bereich der bildenden Künste spricht für diese Tendenz jener Essay *Vom Sinn der Kunst,* den Hermann Nohl 1947 in der Zeitschrift *Die Sammlung* herausbrachte. Im Gegensatz zu jenen, die wieder an die Modernisten oder Linken zwischen 1910 und 1933 anknüpften, empfahl hier Nohl, sich in Zukunft erneut mit »höchstem Ethos« und »tiefster Frömmigkeit« um die Darstellung jenes Wahren, Guten und Schönen zu bemühen, für das sich gerade in den Werken der bürgerlich-verinnerlichten Malerei und Skulptur der letzten 200 Jahre genug Vorbilder fänden. Aus dem Bereich der Gegenwartskunst

wies er dabei vor allem auf Künstler wie Ernst Barlach, Carl Hofer und Georg Kolbe hin. Innerhalb des Musikschrifttums findet sich eine solche Einstellung in dem Buch *Musik und Musiker der Gegenwart* (1949) von Karl Laux, in dem ebenfalls nur jene nichtfaschistischen Komponisten der dreißiger Jahre vorgestellt werden, die sich als Vertreter der Inneren Emigration auf eine konzertante, existentiell-ausdruckshafte oder religiöse Musik beschränkt hatten, während die ins Exil verbannten Modernisten oder Linken einfach übergangen werden. Auf dem Gebiet der Literatur zählt zu den frühesten Dokumenten dieser Richtung der Band *De Profundis. Deutsche Lyrik dieser Zeit. Eine Anthologie aus zwölf Jahren,* der 1946 von Gunter Groll herausgegeben wurde. Mit diesem Buch sollte bewiesen werden, daß der deutsche »Geist« auch in den Jahren zwischen 1933 und 1945 weitergelebt habe, und zwar nicht nur im Exil, sondern auch und vor allem in Deutschland selber – und man den Deutschen deshalb keine Kollektivschuld anlasten könne. Deutschland sei auch in diesem Zeitraum das »Land Goethes, Bachs und Kants« geblieben, wie es im Vorwort heißt, dessen nichtfaschistische Kunst weiterhin dem »Geist der Mitte« gehuldigt habe. Die folgenden Gedichte sind darum weniger »politische« Gedichte, die einen »dokumentarischen Wert« haben, als Gedichte des Leidens oder des Trostes, in denen sich der »unsichtbare Orden« der besseren, höhergearteten Deutschen manifestieren soll. Überhaupt wird hier alles »Zeitgebundene« oder »Nur-Aktivistische« zugunsten ins »Zeitlose erhobener Symbole« in den Hintergrund gedrängt. Schließlich seien Gedichte keine »Leitartikel«, schreibt Groll, sondern in erster Linie Bekenntnisse eines »persönlichen Welterlebnisses« und damit einer »inneren Freiheit«. Die meisten Gedichte dieser Anthologie stammen darum von Autoren der Inneren Emigration wie Werner Bergengruen, Georg Britting, Hans Carossa, Albrecht Goes, Rudolf Hagelstange, Manfred Hausmann, Ernst Kreuder, Oskar Loerke, Oda Schäfer, Rudolf Alexander Schröder, Frank Thiess und Ernst Wiechert. Ähnliches gilt für die Anthologie *Lyrisches Lebensgeleite von Eichendorff bis Rilke,* die Gustaf Radbruch 1946 herausgab, wo im Bereich der ›modernen‹ Autoren wiederum Dichter wie Hans Carossa, Hermann Hesse, Rudolf G. Binding, Rudolf Alexander Schröder und Josef Weinheber dominieren.

Schon diese wenigen Hinweise lassen erkennen, welche besondere Wirkung sich diese Kreise von Kunst erhofften. Statt ihr wie die Antifaschisten einen deutlichen Appellcharakter – ob nun aufrufender, kritischer, satirischer oder anklagender Art – zu geben, sahen die Vertreter der bürgerlichen Mitte in Kunst vor allem ein moralisch-psychologisches Phänomen. Was sie von ihr erwarteten, war in erster Linie Trost, Rettung, Heilung oder zumindest Beruhigung. Kunst sollte Lebenshilfe spenden, wie es immer wieder hieß, zu Sammlung und Besinnung beitragen, auf das ›Eigentliche‹ im Leben hinlenken. Wie bei den Antifaschisten war dabei auch in diesem Lager viel von ›Humanisierung‹ die Rede, aber doch in einem wesentlich privateren Sinn, das heißt im Sinn einer einzelpersönlichen Verinnerlichung, Vergeistigung und Vertröstung. Die hier ins Auge gefaßten konservativen Kunstfreunde wollten in einem kathartischen Sinn erhoben, erbaut, ja geradezu innerlich geläutert werden. Aus diesem Grund nahm der Umgang mit Kunst in diesen Kreisen manchmal fast Formen einer säkularisierten Religion an. Man heiligte sie, erlebte ästhetische Weihestunden mit ihr und fühlte sich danach als ein besserer Mensch.
Und zwar galt das für alle drei Künste. Wenn sich die Konservativen Gemälde und Skulpturen ansahen, wollten sie nicht das »verwüstend Moderne«, sondern eine »heile Welt« widergespiegelt sehen, wie es 1949 in der Broschüre *Was bedeutet die moderne Kunst?* von Wilhelm Hausenstein heißt. Wenn sie Musik hörten, wollten sie die Erfahrung »tiefer menschlicher Innerlichkeit« haben, um aus dem Buch *Die Musik im Weltbild der Gegenwart* (1949) von Andreas Liess zu zitieren. Wenn sie sich in Bücher versenkten, wollten sie aus den »unvergänglichen Werken unserer großen Dichter« neue »Kraft fürs Leben« schöpfen, wie es 1948 in einer Verlagsanzeige des Bürger-Verlags im Frankfurter *Börsenblatt* lautete. Ja, Ernst Wiechert schrieb 1946 unter dem Titel *Über Kunst und Künstler* in der Zeitschrift *Der Standpunkt*, daß jede wahre Kunst ein »Trost für die Trostlosen«, ein »Licht für die im Dunkel Gehenden« sein müsse, und wies dabei auf Autoren wie Peter Rosegger und Wilhelm Raabe zurück, die bereits im 19. Jahrhundert gewußt hätten, daß die »Kanaille Herr der Erde ist und bleiben wird«. Im gleichen Sinne stellte Johannes Pfeiffer 1949 in der *Sammlung* jede seelisch durchdrungene

Dichtung als eine »transzendentale Lebenshilfe« hin, deren Trost und Läuterungsfunktion bei den hierfür Empfänglichen nicht zu unterschätzen sei. Die Schöpfer einer solchen Kunst, an der man sich zutiefst erbauen könne, galten darum in diesem Bereich als die Weisen und Frommen, deren Werke nur von jenen Nach-Innen-Lauschenden verstanden würden, welche sich aus der vordergründigen Realität des Profangeschehens in die Welt der Stille, der Würde, der inneren Vornehmheit zurückgezogen hätten. Wenn man in diesen Schichten überhaupt von ›Gemeinschaft‹ sprach, dann nur im Sinne jener Dichtergemeinden, jener Kreise und Zirkel, jener musischen Bünde, die sich in bewußter Abkehr von der Welt des Alltags allein den Manifestationen des Allgemein-Menschlichen, der ›ewigen Mitte‹ widmeten.
Wovon sich diese Richtung, als Vertreterin der ›Mitte‹, vor allem abgrenzte, war darum dreierlei. Erstens verwarf sie jede Form von ›Schmutz und Schund‹, worunter sie alle Genres jener bloß unterhaltenden, zerstreuenden, auf billiges Amüsement, bloßen Nervenkitzel oder auf andere ›Niedrigkeiten‹ hinauslaufenden U-Kultur verstand, die sich ab 1948/49 wieder neu auszubreiten begann. Die wahre Kunst war für sie etwas so Hohes, daß sie es geradezu als Sakrileg empfand, auch das massenhaft Verbreitete als ›Kunst‹ hinzustellen. Aus diesem Grunde hegten die meisten Anhänger dieser Richtung eine unverhohlene Abneigung gegen jede technische Reproduktion von Kunst. Selbst inzwischen etablierte Medien wie Radio, Film oder Schallplatte galten in diesen Kreisen noch als Talmi, als Zelloloidgeflimmer, als ›Musik aus der Dose‹. Was sie bevorzugten, war das Individuelle, Auratische, Seelenvolle, von Herz zu Herzen Gehende. Deshalb scheuten sie selbst vor dem Dilettantischen nicht zurück, solange es – wie manche Formen der Hausmusik oder des Kunstgewerbes – den Charakter des ›Echten‹ hatte. Vor allem im Bereich der Musik, der in diesen Kreisen als der höchste innerhalb der Hierarchie der Künste galt, wandte man sich immer wieder gegen jene ›Barbarei‹, selbst die bedeutendsten Werke der klassisch-romantischen Tradition zur bloßen ›Geräuschkulisse‹ zu erniedrigen, statt sich von ihr ins Überschwengliche, ja Weltentrückte erheben zu lassen, wie Franz Wallner-Basté 1949 unter dem Titel *Radio überwindet Kultur* in den *Berliner Heften für geistiges Leben* schrieb.

Ebenso scharf trat diese Richtung gegen den sich ebenfalls ab 1948/49 neu ausbreitenden Modernismus auf. Während sie am ›Schmutz und Schund‹ das Herabziehen ins Niedere bemängelte, rügte sie an den modernistischen Kunstformen die allzu steile Stilisierung ins Exquisite, Ästhetische, Elitäre, Esoterische, wenn nicht Hermetische. Was sie damit meinte, waren vor allem die abstrahierend-konstruktivistischen Tendenzen innerhalb der Malerei, die Neigung zum Atonalen in der sogenannten ›Neuen Musik‹ und die allzu spitzfindigen, ausgeklügelten Formen jener autonomen Dichtung, bei welcher der Sinncharakter immer stärker hinter dem bloßen Bild- oder Klangwert zu verschwinden drohe. Eine solche Kunst, hieß es, habe überhaupt keinen Gemütswert und lasse deshalb alle nach Tröstung hungernden Seelen notwendig unbefriedigt. So hätten selbst unter Primanern, wie die Zeitschrift *Glanz* 1949 nach einer Rundfrage erklärte, über 50 Prozent die moderne Malerei radikal »abgelehnt« und sich nur vier Prozent von ihr »beeindruckt« gefühlt. Werke dieser Art, hieß es in den Erklärungen dieser Richtung immer wieder, dürften daher nicht mit dem Anspruch des Allgemeingültigen auftreten. Wahrhaft stellvertretend könne nur eine Kunst sein, behaupteten diese Kreise, die geistig, gefühlsmäßig und formal eine Mittellage einnehme.
Soviel zu den Polemiken gegen die Vertreter allzu hoher oder allzu niedriger Kunstkonzepte. Ihren Hauptgegner sahen jedoch die Konservativen in jener antifaschistischen Kunst der unmittelbaren Nachkriegszeit, die mit dem Anspruch des Reformerischen oder zumindest zeitgeschichtlich Relevanten aufgetreten war. Einer Richtung, der es in der Kunst in erster Linie um Tröstung ging, mußte alles Tagespolitische, Antifaschistische, Gesellschaftskritische, Radikaldemokratische oder gar Sozialistische selbstverständlich von vornherein ablehnen. Darin konnte sie nur eine kunstwidrige ›Verheutigung‹ sehen. Aus diesem Grunde lehnten die Vertreter der bürgerlichen Mitte nicht nur eine offene Politisierung der Kunst, sondern überhaupt jeden Einbruch des Zeitgenössischen, ob nun in Form der Reportage, des Fotos, der Autobiographie oder des Dokumentarischen, als außerkünstlerisch ab. All das empfanden sie als rohe Realität, aber nicht als gestaltete, beseelte, vergeistigte Kunst. Die Angriffe aus den Reihen dieser Richtung gegen den Realismus der bisherigen

Trümmer-, Nullpunkt- oder Bewältigungskunst sind darum geradezu Legion. Immer wieder zogen ihre Vertreter gegen jene »Posaunisten eines neuen Realismus«, jene »ewigen Frontberichterstatter und literarischen Landser, Dokumentarier, Reporter und Plakateure« zu Felde, wie sich Gunter Groll 1948 ausdrückte, die zwar »sehr laut und aktuell« aufträten, aber für den tieferen Sinn der Kunst überhaupt kein Gespür hätten. Ja, Gustav Leuteritz schrieb 1947 im *Ber-*

Gerhard Marcks: *Orpheus* (1949)

liner Almanach, daß nicht nur die »gesellschaftskritische« Kunst der zwanziger Jahre, sondern auch die Kunst der »Emigration« bereits historisch geworden sei, da man heute von Gemälden, Kompositionen oder literarischen Werken eher einen tröstenden »Zuspruch« als aufrüttelnde Appelle erwarte. Er und andere traten deshalb zusehends für eine humanistische Besinnungskunst ein, deren Hauptelement die »Heilkraft« sei. Was sie aufgrund solcher Anschauungen am schärfsten ablehnten, waren jene Künstler, die sich zu »Handlangern eines plebiszitären Kunstverständnisses« machten und selbst die Ungebildeten in den Bereich der hohen Kunst hineinzuziehen versuchten. Überhaupt setzten sie jeder Idee einer Kultur von unten im Zeichen der gängigen Totalitarismustheorie stets die These einer Kultur der Mitte entgegen, die sich nie soweit ins Konkrete des Gesellschaftslebens einläßt, daß sie dabei ihren Kunstcharakter verliert, sondern im Sinne einer bürgerlichen Mittellage im Bereich des Gemüthaften, Vergeistigten, Allgemein-Menschlichen und damit Stellvertretenden bleibt.
Daß diese Richtung wohl die breiteste Kulturbewegung dieser Jahre war, beweist die geradezu unüberschaubare Fülle an Zeitschriften, die hinter ihr stand. Von den bekannteren seien in diesem Zusammenhang nur allgemeine Kultur- und Umschauzeitschriften wie *Die Sammlung, Glanz, Aussaat, Berliner Blätter für geistiges Leben, Wort und Wahrheit, Universitas, Musica, Der Standpunkt, Prisma, Merkur, Fähre, Literarische Revue, Horizont, Westermanns Monatshefte* und *Die Kunst und das schöne Heim* genannt, die vornehmlich für die Wahrung der abendländischen Traditionen des Wahren, Guten und Schönen eintraten und hierbei ein Kunstkonzept propagierten, das sich vor allem auf naturhafte, mythische, religiöse oder rechtshumanistische Vertretungen des ›Zeitlos-Großen‹ stützte. Neben dem Interesse an fernen Ländern, Mode und Inneneinrichtung förderten diese Zeitschriften im Bereich der Kunst vom Erhabenen bis zum Hausbackenen geradezu alles, was den Eindruck des Anheimelnden, Ehrwürdigen, Bedeutenden oder gar Klassischen erweckte. Im Bereich der modernen Kunst wurden deshalb nur jene Künstler von Franz Marc bis Henri Matisse, von Richard Strauss bis Paul Hindemith, von T. S. Eliot bis Manfred Hausmann begünstigt, die sich nicht allzu weit vom Traditionellen entfernt hatten. Genau

besehen, unterstützte man hier alles, was »Licht in das Dunkel« der gegenwärtigen Misere bringt, was Freude bereitet, was dem Schönen dient. Von den Greueln des Faschismus findet sich dagegen kaum ein Hauch. In diesen Zeitschriften wurde keine nationale Trauerarbeit geleistet, nicht zu Buße und Sühne aufgerufen, sondern – wie schon im Bereich der Inneren Emigration – vor allem Seelentröstung gespendet. Überhaupt ging es hier geistig, moralisch und ästhetisch fast nur um typische Mittelstandsprobleme. So schrieb Michael Boblenz 1946 im Vorwort zum ersten Heft der Zeitschrift *Aussaat*, daß es im Gegenzug zu allen »materiellen, lasziven und dämonischen Strömungen« heute hauptsächlich um die »Wiedergewinnung einer moralischen Macht der inneren Vornehmheit« gehe, und zwar »jenseits aller volkswirtschaftlichen Meinungen, politischen Zwistigkeiten und religiösen Glaubensbekenntnisse«. In scharfer Abwendung vom »plebejischen Gossenschmutz« hielt er es allein mit jener vergeistigten und beseelten Hochkunst, die sich sowohl in den »reifsten Werken der unvergänglichen Vergangenheit« als auch in den »idealisch gesinnten« Leistungen der Moderne zu erkennen gebe.

Was man im Rahmen dieser Richtung unter ›abendländisch‹ verstand, war meist jenes ›Alte-Wahre‹, das in den Augen dieser Schichten vom höchst Anspruchsvollen bis zum eher Biederen reichte. Allerdings hatten diese Anschauungen meist eins gemeinsam: Die großen Werke der Vergangenheit wurden hier nicht einem kritischen oder dialektischen Aneignungsprozeß unterworfen, sondern im Sinne des Zeitlos-Großen als ein unvergänglicher Schatz hingestellt, der einerseits Bewunderung erheischt, andererseits Tröstung und Segen stiftet. In den bildenden Künsten rechnete man dazu alles Bedeutsame von der Antike bis zu den symbolistischen Meisterwerken des 19. Jahrhunderts, in der Musik alle großen Werke vom 16. Jahrhundert bis zur Zeit um 1900, in der Literatur all das zwischen Homer und Goethe, wie Ernst Robert Curtius in seinem Buch *Europäische Literatur und lateinisches Mittelalter* (1948) schrieb, was zu den Grundpfeilern der »westlichen Kultur« gehöre. Innerhalb der Moderne fand darum Curtius nur jene Autoren nennenswert, welche sich wie T. S. Eliot, der 1948 den Nobel-Preis erhielt, an die »große Tradition Alteuropas« anschlössen. Das gleiche Traditionsbewußtsein findet sich bei Literaturkritikern wie Friedrich Sieburg, Max Rychner, Hans Hennecke und Hans Egon Holthusen, die wie Curtius nach 1945 im Rahmen der Moderne ebenfalls nur konservative Dichter von George, Rilke und Hofmannsthal bis zu T. S. Eliot und Rudolf Alexander Schröder gelten ließen.

Hans Orlowski: *Die Heimkehr des Verlorenen Sohns* (1945/46)

Doch neben dieser höchst anspruchsvollen, ja zuweilen hochmütigen Richtung, der außer den wahrhaft ›klassischen‹ Leistungen alles andere nicht gut genug erschien, trat die Mehrheit der Vertreter der bürgerlichen Mitte in diesen Jahren wesentlich bescheidener auf. Sie ließ nicht nur die großen Meisterwerke, sondern auch Werke einer mittleren Qualität gelten, wenn in ihnen die gleiche Tendenz zu religiöser Erbauung oder seelischer Verinnerlichung herrschte. In den Veröffentlichungen dieser Richtung finden sich daher zwischen 1945 und 1949 auch viele Lobeshymnen auf eine naturbezogene, christliche, stimmungsvolle oder gar gemüthaft-sentimentale Kunst, die nicht unbedingt an die Höhenlinie eines Curtius heranreicht. Hier schätzte man letztlich alles, von dem es hieß, daß es sich jenseits von Gesellschaft und Geschichte als existentielle, religiöse oder allgemein-menschliche Kraft erwiesen habe und auch heute noch die nötigen Tröstungen spende. Die eher Bescheidenen dieser Richtung sprachen darum häufig von einer ›Kunst der Besinnung‹ und publizierten Anthologien oder Bilderbücher, bei denen sie selbst Titel wie *Schatzkästlein, Trost der Einkehr* oder *Der stille Garten* nicht verschmähten. Diese Gruppe wäre sicher gern zu den »Feierstunden« jener »Goethe-Gemeinden« gegangen, von denen Friedrich Meinecke am Schluß seiner *Deutschen Katastrophe* (1946) spricht, falls sich solche Gemeinden wirklich etabliert hätten.
Aber sonst erfreute sich alles, was diese Richtung an Kulturaktivitäten entwickelte, um 1947/48 einer erstaunlichen Beliebtheit. Wie groß dieser ›Hunger nach Höherem‹ war, beweisen auf dem Gebiet der Literatur – unter anderem – die recht beachtlichen Auflagenhöhen klassisch-romantischer Meisterwerke. Aber auch die Theater und Museen konnten sich damals über mangelndes Interesse nicht beschweren, sobald sie Schönes, Erbauliches, Tröstendes oder Ablenkendes boten. Die Verlage mit politischer ›Re-Education‹-Literatur gerieten dagegen nach der Währungsreform vom Sommer 1948 fast alle in finanzielle Schwierigkeiten. Erst jetzt wurde deutlich, daß sich die Politik der westlichen Besatzungsmächte, nämlich den Deutschen einerseits Demokratie zu predigen und ihnen andererseits ihre politischen Rechte vorzuenthalten, als ein administrativer Bumerang erwies, der zu einer weitgehenden Entpolitisierung der kulturinteressierten Schichten führte. Je stärker darum die Indifferenz dem

Politisch-Gesellschaftlichen gegenüber wurde, desto größer wurde die Sehnsucht nach allem Erbaulichen innerhalb der bürgerlichen Mittelschichten. Theodor W. Adorno konnte es deshalb nach seiner Rückkehr aus dem Exil kaum fassen, auf welch einen Kulturhunger er in den drei Westzonen stieß. Er habe nach dem »barbarischen Hitler-Regime« auch kulturell eine allgemeine »Barbarei« erwartet, schrieb er 1950 unter dem Titel *Auferstehung der Kultur in Deutschland?* in den *Frankfurter Heften*. Der Kulturbetrieb sei jedoch intensiver als vor 1933. Im Gegensatz zu damals, als das »politische Interesse« im Vordergrund gestanden habe, herrsche allerdings heute eine Tendenz zur »Vergeistigung« vor, die sich mit dem »Glück im Gewinkel«, das heißt einem »gefahrlichen und zweideutigen Trost der Geborgenheit im Provinziellen« begnüge. Überall versenke man sich liebevoll in Werke der älteren Kultur, interessiere sich jedoch kaum für jene »Gesetze, welche das jüngst vergangene Unheil zeitigten«. Daher beurteilte Adorno diese Kultur einerseits als »Zufluchtsstätte eines künftigen Besseren«, andererseits als etwas »Schattenhaftes«, »Steriles«, zur »Verdrängung« Neigendes. Manches erinnerte ihn geradezu an einen mit »goldengrünem Laub reich und sorgsam zugeschütteten Komißstiefel«. Adorno war jedoch einsichtig genug, in dieser »Resignation auf eine abgegrenzte Kultursphäre« nicht nur eine Verdrängung der politischen Greuel der Vergangenheit zu sehen, sondern schrieb zugleich, daß immer dann, wenn eine Nation kein »politisches Subjekt« mehr sei, notwendig eine »Lähmung der geistigen Produktivität« einsetze.
Und damit hatte Adorno sicher recht. Die neue Kunst dieser Richtung, die eine zeitlos-heile Welt des Ewigen, Naturhaften, Mythischen oder Religiösen zu beschwören versuchte, wirkt auf weite Strecken wie gelähmt, wenn nicht medioker. Doch das störte ihre Schöpfer nicht weiter. Sie wollten nicht ›glänzen‹, sondern in erster Linie Trost spenden. Sie ließen daher über die Krater und Trümmerberge einfach Gras wachsen. In romantisch-utopischem Antikapitalismus und zugleich romantisch-utopischem Antisozialismus bemühten sie sich, von jener Mitte, jenem Nullpunkt des Seins auszugehen, dem sie Namen wie Gott, Natur, Wesen, Ursprung, Substanz oder Mythos gaben, wobei sie auf die Tradition jener altbürgerlichen Emigration nach innen zurückgriffen, die weit vor den dreißiger Jah-

ren beginnt. Ihre Kunst wirkt daher weder so kritisch noch so aufrüttelnd wie manche Werke der antifaschistischen Neuordnungskünstler, sondern eher demütig, fromm, traditonsbewußt, seinserhellend, religiös, weist also eine Haltung auf, die als nicht-ideologisch oder zeitlos ausgegeben wurde. Überhaupt herrschte innerhalb dieser Richtung eine frappierende Kontinuität. So gehörten in Westdeutschland bis zum Beginn der sechziger Jahre etwa 80 Prozent der Künstler zu jenen, die bereits unterm Faschismus relativ unbehelligt gemalt, komponiert oder geschriftstellert hatten. Genau besehen, war für diese Richtung das Jahr 1945 kein wirklicher Einschnitt. Von Werner Bergengruen erschienen sowohl 1943 und 1944 als auch 1945 und 1946 jeweils neue Titel. Friedrich Georg Jünger kam 1942, 1944, 1946 und 1947, Gertrud von Le Fort 1940, 1943, 1946 und 1947, Bernt von Heiseler 1942, 1943, 1944, 1945 und 1947 mit neuen Publikationen heraus, bei denen das Ende des Dritten Reiches keinen deutlichen Kurswechsel markiert. Die meisten schrieben einfach so weiter, wie sie als Nicht-Faschisten bis 1945 geschrieben hatten, ja benutzten diese Kontinuität geradezu als politisches Alibi. Im Sinne jener Autoren des *Inneren Reichs,* wie der Titel einer edelfaschistischen Zeitschrift zwischen 1934 und 1944 gelautet hatte, vertraten sie eine Position, nach der die Kunst das einzig ›Reine‹ und ›Unbefleckte‹ in Zeiten äußerer Wirren ist. Deshalb schufen sie auch nach 1945 weiterhin Werke, die wie ein trostspendender Stern über der Lichtung wirken sollten. Das Tagespolitische spielte in ihren Werken fast gar keine Rolle. Um so größer war dafür die Beachtung, welche sie den ewigen Symbolen der Natur, der Religion und des Magisch-Mythischen schenkten.

Rückzug in die Natur

Wie bekannt, waren Teile jener bürgerlichen Kunst, welche der harten Wirklichkeit des politischen und gesellschaftlichen Lebens aus dem Weg gehen wollte, schon seit der Empfindsamkeit gern in den Bereich des Naturhaft-Idyllischen ausgewichen. Was hierbei anfangs einem Affront gegen die höfische Welt des Rokoko gleichkam, nahm im Verlauf des 19. Jahrhunderts zusehends sentimentalisierte, ja eskapistische Züge an. Dafür spricht sowohl die Landschaftsmalerei als auch die Stimmungslyrik im Rahmen all jener resignativ eingestellten Strömungen, die vom Biedermeier über den Nachmärz bis ins frühe 20. Jahrhundert reichen. Hier wird die Natur vornehmlich mit jenen ›grünen Stellen‹ gleichgesetzt, wo die Welt noch heil, noch idyllisch, noch tröstlich ist. Hier tut sich ein Areal des Immergleichen auf, das noch nicht vom Makel der Industrialisierung oder anderer vom Menschen bewirkter Verschandelungen gezeichnet ist. Hier läßt man sich nicht in die historische Zeit ein, sondern flüchtet in jene Welt, in der alles lediglich dem Wechsel der Tages- und Jahreszeiten zu unterliegen scheint. In dieser Kunst wächst daher nach Kriegen und Katastrophen über alle angerichteten Verwüstungen geradezu über Nacht wieder das legendäre Gras des Vergessens. So gesehen, konnten sich die sogenannten Naturmaler und Naturlyriker, die in der Kunstproduktion nach 1945 keine unbeträchtliche Rolle spielten, auf diesem Gebiet auf Traditionen stützen, die bereits eine ehrwürdige Vergangenheit hatten. Allerdings zogen es die meisten vor, sich lieber jene Künstler zum Vorbild zu nehmen, die im Zuge der allgemeinen Abwendung von den Ismen der expressionistischen Ära um 1925 ins Naturhafte ausgewichen waren. Im Bereich der Malerei ließen sich hierfür Künstler wie Franz Lenk, Bernhard Dörries, Charles Crodel, Theo Campion, Wilhelm Wilke, Felix Esterl, Karl Buchheister und Werner Scholz anführen, die auch unterm Faschismus weitgehend Landschaften, Stilleben, Gartenszenen, Blumen- oder Tierbilder gemalt hatten. Auf literarischem Gebiet wurden nach Kriegsende vor allem jene Naturgedichte als exemplarisch hingestellt, zu deren Autoren Oskar Loerke, Wilhelm Lehmann, Werner Bergengruen, Günter Eich, Hermann Kasack, Oda Schäfer, Georg von der Vring und Friedrich Georg Jünger gehörten.

Von den Malern, die nach 1945 naturverbundene Motive bevorzugten, stammten sicher über 80 Prozent aus jener Strömung, die schon in den späten zwanziger Jahren einsetzte und dann in die Innere Emigration einmündete. Neben den bereits genannten Künstlern sollte man hierbei auch Maler wie Franz Frank, Kurt von Unruh, Anton Steinhart, Herbert Boeckl, Günther Graßmann, Manfred Henninger, Ernst Flege, Jean Paul Schmitz und Max Pfeiffer-Watenphul nicht vergessen, die auf ihren Landschaftsbildern und Stilleben der Nachkriegszeit vornehmlich die Würde des ganz ›Einfachen‹ herausstrichen. All diesen Malern ging es nur in Ausnahmefällen um eine allegorische, mythologische oder metaphysische Ausweitung des Geschauten oder auch nur Erdachten. Was sie darstellen wollten, war – neben einigen genau zu lokalisierenden, das heißt topographisch dargestellten Landschaften – meist die Natur an sich. Sie verwandten daher als Unterschriften ihrer Bilder nicht etwa Titel wie *Die Stunde des Pan*, sondern einfach *Mittagsstunde* oder *Idyll*. Überhaupt interessierte diese Künstler weniger das Erhabene, Dramatische oder Exotische der herkömmlichen Campagnalandschaften, Gewitterszenen oder farbensprühenden Südseeinseln als die Szenerie irgendwelcher stillen Winkel der ihnen vertrauten näheren Umgebung. Selbst wenn sie Menschen in ihre Landschaften plazierten, wählten sie selten arbeitende oder anderswie aktive Figuren, sondern bevorzugten meist Liegende, Stehende oder Schauende, also Menschen in sogenannten Ursituationen. Und so fügte sich auf vielen ihrer Bilder alles zu einem geschlossenen Ensemble des Ruhigen und Schlichten zusammen, das gerade in seiner Unauffälligkeit den Eindruck des ›Natürlichen‹ erwecken sollte.

Während sich diese Art von Malerei bei den Kritikern und dem bürgerlichen Publikum einer allgemeinen Beliebtheit erfreute, wurde die Naturlyrik von vielen Schriftstellern nach 1945 oft recht geringschätzig als harmlos, eskapistisch oder geradezu herzlos hingestellt. Sich in den Bereich der Natur zurückzuziehen und die Welt da draußen ›im Argen‹ zu lassen, erschien ihnen als ein Verrat an der Zeit. So sagte Elisabeth Langgässer, die selbst eine Vertreterin der Naturlyrik und der Inneren Emigration war, 1947 auf dem ›Ersten Deutschen Schriftstellerkongreß‹ in Berlin, daß den unterm Faschismus geschriebenen Naturgedichten zwar ein »Unbehagen«, wenn nicht »tiefer Widerwille gegen die Barbarei« zugrunde liege, ihnen also kein »Blutgeruch« anhafte, daß jedoch dieses »anakreontische Tändeln mit Blumen und Blümchen über dem scheußlichen, weit geöffneten, aber mit Blümchen überdeckten Abgrund der Massengräber« zugleich von einem Dichtungskonzept zeuge, das »unverbindlich, weltlos und deshalb verabscheuungswürdig« sei.

Doch trotz solcher Äußerungen ließen sich viele Naturlyriker um 1947/48 nicht davon abhalten, weiterhin Hekatomben ›unverbindlicher‹ Naturgedichte in die Welt zu setzen, die von den Gegebenheiten der Zeit völlig absahen und wiederum nur das private Unbehagen sowie die ebenso privaten Glücksbedürfnisse ihrer Autoren zum Ausdruck brachten. Die Naturlyrik nach 1945 wirkt daher ebenso eskapistisch wie die Naturlyrik vor 1945. Auch sie begnügt sich mit der Beschwörung einer idyllisch-abgeschirmten Welt, in welcher das von Adorno kritisierte »Glück im Gewinkel« herrscht. Viele Lyrikbände dieser Jahre duften deshalb beim ersten Durchblättern wie ein einziger großer Blumenladen. Überall wird hier jene ›kleine heile Welt‹ beschworen, in der man sich wie in *Utöpchen,* wie ein Kurzroman von 1947 heißt, so recht zu Hause fühlen soll. Schon die Titel dieser Bände, ob nun *Stern über der Lichtung, Die heile Welt, Die Silberdistelklause, Der hohe Sommer, Der Laubmann und die Rose* oder *Das ewige Dasein,* erwecken den Eindruck, als lebe man wieder in der biedermeierlichen Welt der Musenalmanache und Damentaschenbücher. Während die antifaschistischen Bekenntnisautoren selbst in ihren gedichthaften Credos selten auf das Appellartige, Schrille, Aufrüttelnde verzichtet hatten, tut sich in diesen Bänden eine naturhafte Gegenwelt auf, die ganz im Zeichen von Beschaulichkeit, Idyllik und Zeitferne steht.

Wohl der Bekannteste unter diesen Naturlyrikern war nach 1945 Wilhelm Lehmann, der sich in völliger Indifferenz dem Zeitgeschehen gegenüber zum esoterischen Beschwörer der ›panischen und chthonischen Mächte‹ aufwarf. Schon in seinem Gedichtband *Der grüne Gott* (1942), aber noch stärker in der Sammlung *Entzückter Staub* (1946) kapselte er sich hermetisch von seiner Umwelt ab und zog sich völlig auf eine aus Fabel, Sage und Natur gemischte Welt des reinen Gedichts zurück. In seinem Essay *Vom lyrischen Gedicht* schrieb er später, daß es ihm stets um das Bild, aber nicht um den Gedanken gegangen sei. »Ein Stück künstlerisch bewältigten Daseins«, heißt es hier, »benötigt über sich hinaus kein Zusatzpathos, keine Gedanklichkeit, keine Metaphysik, keine Transzendenz.« Die größten »Feinde der Dichtung« sah Lehmann deshalb in »Utopie und Abstraktion«. Das einzige, was er überhaupt neben der Natur zuließ, war der Mythos, da dieser mit der Natur geradezu untrennbar verbunden sei. Alles, was dagegen wie »Politik, Technik oder Kommerz« an die schmutzige Gegenwart, an die »Abwässer der Zivilisation« erinnere, war ihm – als unpoetisch – geradezu verhaßt. Überhaupt fand Lehmann nur das gut, was stimmig und heilend, das heißt aus dem Umgang des Einsamen mit der Natur erwachse. »Alleinsein«, heißt es bei ihm, »bedeutet Aufstand gegen alles Flache, gegen alles Genormte, Statistische, Uniformierte, Robotische. Es ist der Boden, auf dem unsere Zukunft wächst, unsere Gegenwart blüht!« Auch in den Gedichten anderer Naturlyriker dieser Jahre wird kaum reflektiert, sondern vor allem geschaut, und zwar allein auf das, was da wächst und blüht und verwelkt – und somit wieder in den ewigen Kreislauf der Natur eingeht. Am einen Ende des Spektrums stand dabei ein Lyriker aus der Loerke-Nachfolge wie Heinz Piontek, der bei seinen Naturschilderungen auch gewisse Aktualitätsmomente in seine Gedichte einbezog, am anderen Ende ein Mann wie Friedrich Georg Jünger, der weitgehend zu anakreontisch-tändelnden Bildern wie den folgenden neigte, in denen er die Tradition des 18. Jahrhunderts aufzugreifen suchte:

In die Geißblattlauben will ich,
Wo die Liebenden sich herzen,
Um beim Licht des Silbermondes
Mit dem jungen Reh zu scherzen.

Die Mehrheit der Naturlyriker, also Autoren wie Peter Huchel, Oda Schäfer, Karl Krolow, Fritz Usinger, Elisabeth Langgässer und Günter Eich, blieb jedoch in diesen Jahren bei der ihr vertrauten Mittellage. Ihre Sinnbilder des Naturhaften sollten die Leser an die ›zeitlosen Mächte des Seins‹ gemahnen, aus denen jener ›ewige Segen rinnt‹, wie sich Martin Heidegger in einem seiner epigrammatischen Gedichte ausdrückte, der nur jenen Menschen zuteil werde, die wieder zu den alten ›Feldwegen‹ zurückgefunden hätten. Beispielhaft dafür ist ein Gedichtband wie *Abgelegene Gehöfte* (1948) von Günter Eich, in dem sich sowohl ein Gedicht wie *Inventur*, das noch aus der realistisch-ernüchterten Kahlschlagphase stammt, als auch ein Gedicht wie *Häherfeder* findet, in dem die Welt der Realität weitgehend mit der Welt der Natur gleichgesetzt wird. An die Stelle der Sorge um das nackte Überleben tritt hier – angesichts der nie auszudeutenden Fülle des Ewig-Seienden – die Kontemplation über den Sinn des Lebens schlechthin. »Das Rauschen der Vogelschwinge«, lesen wir in diesem Gedicht, »begreift es den Sinn der Welt?« Die Antwort darauf ist erst einmal ein langes Schweigen. Doch als das lyrisch evozierte Ich darauf die besagte Häherfeder ins Auge faßt, fühlt es sich auf einmal getröstet und »einem Geheimnis näher, / Das nicht ins Bewußtsein reicht«. Und damit gibt es sich zufrieden.

Religiöse Kunst

Die gleiche Trostfunktion lag jener Kunst zugrunde, welche in diesen Jahren das Numinose, Mystische, Göttliche in ihren Dienst zu stellen suchte. Auch sie wollte in erster Linie ›heilen‹. Während es im Bereich der naturverbundenen Kunst die ewige Wiederkehr des Morgens oder des Frühlings war, von der sich die Konservativen nach jeder noch so langen Nacht, jedem noch so kalten Winter, jeder noch so furchtbaren Katastrophe die Hoffnung auf einen neuen Anfang versprachen, betonten sie im Bereich der religiösen Kunst vor allem jene göttliche Gnade, die selbst dem ärgsten Sünder nach noch so schrecklichen Rückfällen wieder auf die Beine verhilft. Jedenfalls wurde in beiden Bereichen der erwartete Trost gespendet und die erhoffte Absolution erteilt. Hier wie dort errang man, falls man die erforderliche Demut aufbrachte, schließlich die Einsicht in den ›wahren Sinn des Daseins‹. Unter der Großperspektive solcher Ewigkeitsvorstellungen wurde auch in den religiösen Werken dieser Ära alles andere, ob nun Politik, Technik oder Gesellschaftsleben, von vornherein als unbedeutend oder nichtig hingestellt. Was in diesem Umkreis zählte, war nicht die menschliche Hybris, sondern allein der göttliche Heils- und Weltenplan, neben dem es keine anderen Pläne zu geben schien. Hier war ER der Allwaltende, aber nicht irgendein menschlich-hinfälliges und dennoch nach Autonomie strebendes Wesen.
Während die ›Zurück zur Natur‹-Bewegung auf wenige Einzelgänger beschränkt blieb, hatte die ›Zurück zu Gott‹-Bewegung eine wesentlich breitere Anhängerschaft. Hinter ihr stand nicht nur eine längere Tradition, sondern zugleich die wohlorganisierte Macht jener christlichen Staatskirchen, die sich in diesen Jahren, als sich viele Menschen ideologisch verunsichert fühlten, erneut eines regen Zulaufs erfreuten. Unter den vielen religiösen Zeitschriften dieser Jahre, die

sich mit allgemeinen Kulturproblemen befaßten, seien in diesem Zusammenhang lediglich Blätter wie *Neues Abendland, Begegnung, Eckart, Hochland* und *Das Münster* genannt, in denen trotz der verschiedenen Titel fast immer die Idee des ›Abendländischen‹ im Vordergrund stand. Und zwar gingen sie hierbei, wie in dem Aufsatz *Kultur-Einheit und Kultur-Zerrissenheit* von Anton Rahner, der 1946 in *Neues Abendland* erschien, meist von der These aus, daß mit dem Beginn der Neuzeit – nach der harmonisch geschlossenen Welt des Mittelalters – ein in Zweckfreiheit und Egoismus kulminierendes Autonomiestreben eingesetzt habe, zu dessen bedauerlichen Ergebnissen auch die fortschreitende Auflösung der Kultur gehöre. Ohne eine neue »religiöse Einheit«, schrieb Rahner, werde es darum in Zukunft keine neue »Kultureinheit« geben. Erst wenn man eingesehen habe, erklärte er, daß an die Stelle des homo mundi wieder der homo Dei und an die Stelle eines innerweltlichen Entwicklungsdenkens wieder ein religiöses Beharrungsvermögen treten müsse, werde sich auch ein neuer Stil, eine neue Kultur, eine neue Weltordnung einstellen. Ja, Friedrich Zöpfl schrieb in seinem Beitrag *Die deutsche Kultur der Zukunft* im gleichen Jahrgang des *Neuen Abendlands* noch unumwundener, daß man auch kulturell nicht einfach zu der Zeit vor 1933 zurückkehren dürfe, da in der Kunst der Weimarer Republik, weiß Gott, viel »Verrücktes« zum Durchbruch gekommen sei, sondern sich an wesentlich ältere Vorbilder halten müsse, wenn man wieder jene imponierende kulturelle Geschlossenheit erreichen wolle, wie sie nach dem Mittelalter zum letztenmal im Barock geherrscht habe.

Das klang als christliche Theorie sehr einleuchtend, stellte jedoch viele vor Aufgaben, die letztlich kaum erfüllbar waren. Schließlich wollten die christlichen Künstler – unter völliger Absehung ihrer Person – nach 1945 nicht nur Heiligenviten malen, Hymnen komponieren oder Psalmen dichten, sondern fühlten sich auch berufen, die Hinfälligkeit, Gebrechlichkeit und somit Trostbedürftigkeit der Menschen in den Vordergrund ihrer Werke zu rücken. Wohl am augenfälligsten zeigt sich das in der christlichen Malerei und Plastik dieser Jahre. Auf der einen Seite gab es hier jene Richtung, die sich von Anfang an mit den Vertretern der gesellschaftlichen Restaurationsvorstellungen liierte. So hieß es 1947 in der Einleitung zum ersten Heft der Zeitschrift *Das Münster,* die sich im Untertitel als eine *Zeitschrift für christliche Kunst und Kunstwissenschaft* vorstellte, daß es heute vornehmlich darum gehe, die christliche Kunstwissenschaft von allen »liberalen Ideen« zu reinigen und der allgemeinen »Verweltlichung und Nivellierung« mit einer fest im christlichen Glauben verankerten Seinsgewißheit entgegenzutreten. Die gleiche Haltung erwarteten die Autoren des *Münsters* von den lebenden christlichen Künstlern, von denen sie sich »heilende«, mit der »Kunst der Vergangenheit« eng verbundene Werke versprachen. Als leuchtendes Vorbild wurde hierbei gern auf die Ausstellung *Zeitgenössische christliche Kunst* hingewiesen, die 1947 in München stattfand und auf der vor allem Kruzifixe, Glasmalereien, Altarbilder, Plastiken, Grafiken und Bildteppiche von Künstlern wie Karl Kaspar, Franz Nagel, Adolf Jutz, Karl Blocherer und Adolf Schinnerer zu sehen waren. Mit dieser Ausstellung sei eine »Festigung und Wiederherstellung religiöser Werte« demonstriert worden, schrieb Hugo Schnell im gleichen Jahr im *Münster,* die um 1925 mit der Abwendung von der »Moderne« begonnen und dann in der Inneren Emigration ihren ersten Höhepunkt erlebt habe. Diese Kreise lobten deshalb in der Folgezeit vor allem die Werke der reinen Sakralkunst, wie etwa jene Plastiken, die Gerhard Marcks in diesen Jahren schuf, der überhaupt neben Ernst Barlach immer stärker zu einem Heiligen der Inneren Emigration aufstieg. Die größte Verehrung brachte man seinem *Lübecker Figurenfries* entgegen, an dem Marcks in den Jahren 1944/47 arbeitete und den Klaus Leonhardi 1949 in seinem Buch *Gerhard Marcks. Arbeiten geistlichen Inhalts* als den Höhepunkt der christlichen Kunst dieser Tage hinstellte.

Doch nicht alle Werke mit religiösen Themen demonstrierten damals lediglich ungebrochene Glaubensgewißheit. Es wurden auch Gemälde und Plastiken geschaffen, die das Religiöse auf eine anklagende oder tröstende Weise mit Motiven der jüngsten deutschen Vergangenheit verknüpften. So tritt der Verlorene Sohn oft in Gestalt eines zerlumpten und verdreckten Landsers auf. Mütter, welche die Pieta-Haltung einnehmen, scheinen um ihre im Krieg gefallenen Söhne zu weinen. Noah, der eine Taube aufsteigen läßt, wirkt manchmal wie einer, der gerade einem mörderischen Bombenangriff entronnen ist. Die Hiobs hocken zwischen den Trümmern von Ham-

Gerhard Marcks: *Begegnung* (1947)

burg oder Berlin. Wenn Josef, Maria und das Christkind dargestellt werden, denkt man unwillkürlich an Heimatvertriebene. Und selbst der leidende Christus sieht oft wie ein Kriegsversehrter aus. Überhaupt wird die Verfolgung und Passion Christi in den Werken dieser Richtung häufig mit der Schmerz- und Leidensgeschichte des deutschen Volks zwischen 1933 und 1945 gleichgesetzt. Die penetrante Pose der Selbstbemitleidung, die dabei kaum zu vermeiden war, kam dem Identifikationsbedürfnis einer zwar angeschlagenen, aber weiterhin religiös gestimmten Bildungsbourgeoisie offenbar sehr entgegen.

Vor allem jene Bilder, auf denen Gesten des Helfens und Tröstens vorherrschten, das heißt wo der Heilige Martin seinen Mantel mit dem Bettler teilt, der Heilige Franz den Kranken hilft oder der hilfsbereite Samariter dargestellt wird, erfreuten sich deshalb – trotz ihrer ›verheutigenden‹ Züge – einer großen Beliebtheit. Schließlich boten solche Motive nach dem Faschismus ein perfektes Alibi, sich selber als reumütigen Sünder oder als Helfer der Notleidenden hinzustellen. Sogar Werner Peiner, einer der Lieblingsmaler Hitlers, entblödete sich im Jahr 1950 nicht, auf dem westdeutschen Katholikentag in Altötting 25 Bilder religiösen Inhalts auszustellen. Eine Ausnahme in dieser Hinsicht bildeten lediglich Maler wie Otto Dix, Horst Strempel und Wilhelm Lachnit, die ihre christlichen Motive stets mit gesellschaftskritischen Elementen verbanden. Wohl das meiste Aufsehen auf diesem Gebiet erregte Dix, der schon in der Inneren Emigration eine Reihe eindrucksvoller Christophorus-Bilder sowie einige Kreuzigungen und Beweinungen gemalt hatte und zwischen 1946 und 1950 über 40 Bilder aus dem Leben Jesu schuf, auf denen vor allem das Geschundene, Entblößte, Erniedrigte im Vordergrund steht, wofür er von christlicher Seite eher Kritik als Zustimmung erfuhr.

Auch die Kirchenmusik dieser Jahre geht weitgehend auf jene Entwicklung zurück, die sich bereits um 1925 im Oeuvre jener Komponisten anbahnt, welche sich bewußt von den modernistischen Tendenzen der expressionistischen Ära abwandten und sich wieder an vorklassischen, ja vorbarocken Vorbildern einer strengen Musica sacra orientierten. Ihre Musik war sowohl von der bündischen Singebewegung als auch von der protestantischen Kirche aufgegriffen worden und hatte im Zuge der Inneren Emigration ihren ersten Höhepunkt in den Werken eines Hugo Distler, Ernst Pepping und Johann Nepomuk David erlebt. Nach dem Kriege wurde sie vor allem vom Bärenreiter-Verlag und der von ihm herausgegebenen Zeitschrift *Musica* sowie von einzelnen kirchlichen Organisationen weitergepflegt. So schrieb Oskar Söhngen 1948 in seinem Aufsatz *Die Stunde der Kirchenmusik* in *Musica,* daß sich auf dem Gebiet der Kirchenmusik an eine ungebrochene Tradition anknüpfen lasse, da man hier nie vom rechten Wege abgewichen sei. Diese Musik »bedarf nicht der aktuellen Bezogenheit auf das Tatsächliche«, heißt es bei ihm, »sie registriert nicht das Geschehen, sondern weist prophetisch über die empirische Wirklichkeit hinaus und gibt den metaphysischen Trost der Überwindung«. Ihre Voraussetzung sei allerdings eine »Gemeinde« gleichgestimmter Seelen, da eine solche Musik nur als Teil des »Gottesdienstes« ihre volle Wirkung entfalten könne.

Als besonders vorbildlich empfand man in diesem Umkreis – neben Einzelwerken von Paul Hindemith, Heinrich Kaminski, Wolfgang Fortner und Arthur Honegger – das Schaffen von Pepping und David, denen wiederholt bescheinigt wurde, in ihrer Orgel- und Chormusik fast an die alten Meister heranzureichen. Bei David wurde hierbei meist auf sein *Choralwerk* hingewiesen, das zwischen 1932 und 1971 in 21 Heften erschien und in seiner strengen Kontrapunktik und Linearität auf die Polyphonie des 15. und 16. Jahrhunderts sowie die Werke Bachs zurückgeht. Doch als der Hauptvertreter dieser Gruppe galt damals jener Ernst Pepping, der wie David bereits in den späten zwanziger Jahren an die ältere Polyphonie angeknüpft und eine von den Kirchentonarten abgeleitete ›erweiterte Tonalität‹ entwickelt hatte. Das beweisen nicht nur seine vielen Orgelpartiten und Choralvorspiele sowie seine *Deutsche Messe* von 1938, sondern auch eine Reihe höchst eindrucksvoller, ja geradezu ergreifender Schuldbekenntnisse und De-Profundis-Aufschreie, die sich in seiner *Missa ›Dona nobis pacem‹* (1948), seinem *Liederbuch nach Gedichten von Paul Gerhardt* (1949) und seinem 1949/50 komponierten *Passionsbericht des Matthäus* finden. Bei anderen Werken dieser Art wie dem *Lübecker Totentanz* von Hermann Reutter oder dem Oratorium *Der Großinquisitor* von Boris Blacher, die beide 1948 uraufgeführt wurden, wirkt dagegen diese Wendung ins Religiöse eher aufgesetzt, ja fast modisch. Jedenfalls fehlt hier jene ›Tiefe‹, die den Werken Peppings ihre künstlerische Qualität verleiht.

Während die religiös gestimmten Komponisten durch den organisatorischen Rückhalt, den sie bei den Kirchen fanden, eine relativ geschlossene Gruppe bildeten, gab es in der christlichen Literatur nach 1945 die verschiedensten, sich zum Teil sogar befehdenden Richtungen. Als die beiden Hauptgruppen standen sich dabei wie in den bildenden Künsten die Vertreter des Tröstend-Heilenden und die Vertreter des Aufrüttelnd-Mahnenden gegenüber. Innerhalb des konservativen Bereichs, wo man sich weitgehend auf katholisch-neuthomistische Konzepte stützte, dominierten selbstverständlich jene Theologen und Autoren, welche in ihren Werken vornehmlich das Segenstiftende, Heilbringende, Bewahrende und Tröstende der christlichen Anschauungen herausstrichen. Ihnen ging es wie Josef Pieper in seinem Kleinen *Lesebuch von den Tugenden des menschlichen Herzens* (1946) vor allem um das Sich-Einfügen des Menschen in die ewigen Gesetze des göttlichen Seins, wobei sie sich nicht nur auf Thomas von Aquin, sondern auch auf jenen T. S. Eliot beriefen, der sich nach einer eindeutig nihilistischen Anfangsphase seit *Ashwednesday* (1930) der Bewegung des anglikanischen Neukatholizismus angeschlossen hatte und die Deutschen 1948 in einem Rundfunkappell dazu aufrief, sich wieder auf die christlich-abendländischen Kulturtraditionen zu besinnen. Im gleichen Jahr forderte er in seinen *Beiträgen zum Begriff der Kultur* sogar eine Trennung der verschiedenen »Gesellschaftsklassen« im Sinne eines christlichen Ständestaats, der geradezu mittelalterliche Züge trägt.

Auf der anderen Seite dieses Spektrums standen dagegen jene, die auch von den Christen im Gefolge der Bekennenden Kirche eine entschieden moderne, sozialverpflichtete Haltung forderten und darauf bestanden, die Menschen religiös aufzurühren, statt sie lediglich zu trösten oder wieder in die alten Ordnungen einzufügen. Ihnen war nicht einmal der Film *Nachtwache* (1949) von Harald Braun entschieden genug, obwohl sich hier die Rückkehr in die Heimat des Glaubens in einem durchaus realistisch dargestellten westdeutschen Nachkriegsmilieu abspielt. Diese Kreise forderten die Kirchenführer auf, sich rückhaltslos auf die Seite der Enterbten und Entrechteten zu stellen und damit in aller Entschiedenheit der einsetzenden Restauration entgegenzutreten. So schrieb Walter Kolbenhoff im Oktober 1949 in einem *Offenen Brief,* der in den linkskatholischen *Frankfurter Heften* erschien, daß es ihn empöre, wie sich die katholische Kirche heute schon wieder auf die Seite der Herrschenden, etwa des bayrischen Kultusministers Alois Hundhammer oder des CDU-Vorsitzenden Konrad Adenauer, stelle, anstatt sich auf der Seite des »unterdrückten, ausgeplünderten Volks« zu engagieren. Ihm erschien nur ein Christentum schätzbar, das sich im Sinne einer »kompromißlosen, im wahrsten Sinne des Wortes selbstlosen Tat« für eine Neuordnung der politischen und gesellschaftlichen Verhältnisse einsetze, statt lediglich in den unergründlichen Tiefen des Seins herumzuwühlen.

Mit solchen Äußerungen stand Kolbenhoff damals keineswegs allein. Auch Stefan Andres schrieb 1948 unter dem Titel *Über die Sendung des Dichters* in der *Literarischen Revue,* daß er zwar den Ruf der Kirchen nach christlichen Dichtern »Er komme und sei bei uns und helfe! Er schreibe uns tröstende, gläubige, aufrichtige Werke!« durchaus vernehme, er aber seine Kunst – nach den Erfahrungen des Faschismus – nicht einfach den Geboten der Kirchen unterwerfen und in ihrem Sinne lediglich ein Bild des Geordneten, Heilen, Begnadeten ausmalen könne. Gewiß gab es damals auch religiöse Schriftsteller, die ihrer Sehnsucht nach der ›heilen Welt‹ des Glaubens keine Zügel anlegten. Die Mehrheit der christlichen Autoren, also Dichter wie Reinhold Schneider, Ernst Wiechert, Gertrud von Le Fort, Elisabeth Langgässer, Franz Werfel wie auch Stefan Andres selbst, ging jedoch in ihren Werken fast durchweg von höchst dramatischen Konfliktsituationen aus, um sich nicht in ihrer menschlichen und künstlerischen Glaubwürdigkeit zu diskreditieren. Sie stützte sich hierbei einerseits auf den breiten Strom der christlichen Literatur der Inneren Emigration, andererseits auf jene Rechristianisierungsliteratur, die sich seit den späten zwanziger Jahren auch in anderen westlichen Ländern als Reaktion auf die sogenannte ›Moderne‹ entwickelt hatte. Einer besonders hohen Wertschätzung erfreuten sich dabei die Werke der französischen ›Renouveau catholique‹-Bewegung, also Dramen wie *Der seidene Schuh* (1943) von Paul Claudel oder Romane wie *Unter der Sonne Satans* (1926) und *Tagebuch eines Landpfarrers* (1936) von Georges Bernanos, deren Protagonisten immer wieder in höchst schwierige politische und moralische Konfliktsituationen geraten.

Aus diesem Grunde rückten viele Autoren der christlichen Nachkriegsliteratur Westdeutschlands gern zutiefst bewegende Wandlungs-, Konflikts- und Entscheidungssituationen in den Mittelpunkt ihrer Werke. So gelingt es der Heldin in Gertrud von Le Forts *Der Kranz der Engel* (1946) erst nach langen Mühen, ihren aus dem Krieg erbittert zurückgekehrten Freund wieder auf den Pfad des Glaubens zurückzuführen. Noch düsterer und komplexer wirkt der Roman *Das unauslöschliche Siegel* (1946) von Elisabeth Langgässer. Anders als in einlinigen christlichen Bekehrungserzählungen, die von der Forderung schlichter Tugendhaftigkeit ausgehen, wird hier ein Wettkampf zwischen Gott und Satan inszeniert, bei dem das Böse zwar zeitweilig triumphiert, aber die Gnade Gottes den irdischen Sieg des Teufels wieder zunichte macht. Die Geschichte des getauften Juden Belfontaine, um die es hier geht, ist darum letztlich eine Heilsgeschichte, bei der zwar der Einzelne gerettet wird, aber die Welt weiterhin ein Schlachtfeld des Guten mit dem Bösen bleibt. Ähnliches gilt für die Romantrilogie *Die Sintflut* von Stefan Andres, deren erster Band *Das Tier aus der Tiefe* 1949 erschien. Hier wird das Unheil durch jene Normer und Nietzsche-Jünger eingeleitet, die von Gott abgefallen sind und einen rein totalitären, geradezu faschistischen Staat errichten, in dem sich die letzten Gläubigen schließlich in Wälder und Höhlen zurückziehen müssen, um von den Unmenschen des neuen Zeitalters nicht kurzerhand liquidiert zu werden. Die gleiche Resignation liegt dem vielgelesenen Roman *Missa sine nomine* (1950) von Ernst Wiechert zugrunde, dessen Held sich nach seiner Entlassung aus dem Konzentrationslager aufs Land begibt, all seinen früheren Gegnern verzeiht und nur noch der christlichen Nächstenliebe lebt, während um ihn herum das »Abendland«, wie es gegen Ende heißt, in den Abgrund der »Leere« treibt. Fast ebenso resignativ wirkt ein Roman wie *Der Stern der Ungeborenen* (1946) von Franz Werfel. Allerdings wird hier der Abfall von Gott, durch den die Welt ihrem Ende zutreibt, schließlich durch die religiöse Einsicht aufgehoben, daß wir uns damit zwar auf das »Ende aller Dinge«, aber zugleich wieder auf Gott zubewegen, wie es in dem langen Schlußgespräch des Reiseschriftstellers F. W. mit dem katholischen Großbischof heißt.

Eine weitere Möglichkeit, sich in den Künsten der unmittelbaren ›Forderung des Tages‹ und damit einem konkreten Engagement zu entziehen, bot das Ausweichen in irgendwelche mythisch-magischen Bereiche. Vor allem die Maler und Schriftsteller dieser Jahre sahen darin – neben dem Naturbezogenen und Religiösen – eine willkommene Chance, sich aus der sogenannten Niedrigkeit der Nullpunktsituation, die überhaupt keine ›poetischen‹ Qualitäten aufweise, ins Geheimnisvoll-Verrätselte, Symbolische oder Allegorische einer wahrhaft ›großen Kunst‹ zu erheben. Als Schlagwort für dieses Bemühen stellte sich schnell der Begriff ›Magischer Realismus‹ ein. Im Gegensatz zu den vorwiegend naturbezogenen oder religiösen Richtungen, bei denen sich die vorgegebene Wirklichkeit manchmal völlig ins Zeit- oder Weltlose verflüchtigt, verstand man darunter eine Ausdrucksform, die bei aller künstlerischen Überhöhung wenigstens im Rahmen der thematischen Verarbeitung des faschistischen Terrors, des Zweiten Weltkriegs oder der zerstörten Städte nicht ganz auf einen gewissen Rest an ›Realität‹ verzichtet.
Für die gesellschaftliche und ästhetische Funktion dieser Art von Kunst ergaben sich hieraus mehrere Folgerungen. So war dieser magische Realismus zwar geheimnisträchtiger als der Alltagsrealismus der zeitverhaftet-engagierten Künstler nach 1945, aber weder so poetisch noch so tröstend wie der zeitlose Darstellungsstil der naturbezogenen oder religiösen Künstler. Im Gegenteil. Viele Werke des magischen Realismus wirken durchaus abstoßend, bedrückend, ja erschreckend, da ihre ins Dunkel des Mythos gehüllten Interpretationen auf alle Auswege in die Geborgenheit der Natur oder des Glaubens verzichten und statt dessen ins Kulturpessimistische oder Alternativelose tendieren. Und zwar bedienten sich die Vertreter dieser Richtung der Darstellungsform des Mythisch-Magischen auf drei verschiedene Weisen: Erstens in Form einer Verfremdung à la Franz Kafka, die selbst im offenbar Phantastischen den Realitätscharakter der wiedergegebenen Situation nicht ganz aus dem Auge verliert, zweitens in Form einer aus der Tradition der Inneren Emigration abgeleiteten Verschlüsselungstechnik, die weitgehend auf versteckten Anspielungen auf bestimmte Bildungselemente beruht, und

drittens in Form einer Verfremdung ins Phantastische, Visionäre oder Surrealistische, die manchmal so weit geht, daß der dahinterstehende Realitätsgehalt kaum noch wahrnehmbar ist. Statt also das Stilmittel der ›Verfremdung‹ vor allem darum aufzugreifen, wie Brecht gesagt hätte, um hinter den Oberflächencharakter der Realität vorzustoßen, das heißt sich um die Aufdeckung der wirklichen, verstandenen, auf den Begriff gebrachten Wirklichkeit zu bemühen, blieb diese Richtung, besonders in ihrer dritten Spielart, häufig im Unfaßbaren, Schwerzuverstehenden oder gar Unverstehbaren befangen, was sie dem bürgerlichen Publikum zwar als unpolitisch empfahl, aber diese Schichten durch ihren Pessimismus zugleich merklich irritierte.

Wohl am plakativsten äußerte sich der magische Realismus in jener Malerei der unmittelbaren Nachkriegszeit, die sich auf eine halb abstrakte, halb realistische Weise um die Darstellung bedeutsam wirkender Existenzsymbole bemühte. So schrieb Herbert Griebitzsch schon 1947 unter dem Titel *Wo steht die bildende Kunst?* in der Zeitschrift *Aussaat,* daß in der gegenwärtigen Malerei jene »Sinn-Bilder« vorherrschten, auf denen hinter dem »Realen« stets das »Eigentliche« durchschimmere und so selbst einfachste Alltagsszenen an das Wirken »dunkler Schicksalsmächte« gemahnten. Herbert Kukowka erklärte im gleichen Jahr in seinem Aufsatz *Weg und Ausweg der modernen Malerei,* der in den *Berliner Heften für geistiges Leben* erschien, daß sich heute fast alle Maler auf ihre »eigene einsame Ich-Welt« zurückgeworfen sähen, welche sie zwar als authentisch empfänden, die jedoch »nicht minder fragwürdig sei als alles andere«. Daher dominiere auf ihren Bildern, fuhr er fort, eine »surrealistische Weltschau«, die in ihrer Mischung aus »wirklichen« und »transzendenten« Elementen deutlich an das erinnere, was man im »Literarischen bei Thornton Wilder« finde.

Daß solche Thesen nicht aus der Luft gegriffen waren, belegen fast 60 bis 70 Prozent aller damals gemalten Bilder. Welche Zeitschrift oder welchen Ausstellungskatalog man auch durchblättert, überall dominiert in diesen Jahren ein expressiver Realismus, Surrealismus oder mythisch-magischer Realismus, der mit Vorliebe zu Themen greift, die über das rein Vordergründige hinaus an Urbildlich-Archaisches oder Mythisch-Symbolisches gemahnen sollten. Und so

landeten die meisten Maler dieser Richtung bei Mischformen, die man schon damals – etwa anläßlich der Mannheimer Ausstellung *Vision und Magie* von 1948 – als »Realabstraktionen» bezeichnete. Viele dieser magisch-mythischen »Sinn-Bilder« wirken in ihren Zeichen, Emblemen und Motiven so allgemein, daß man sie sowohl existentialistisch, humanistisch, allgemein-menschlich als auch märchenhaft, christlich, allegorisch interpretieren konnte. Während sich die zeitkritisch-realistischen Künstler mit der unmittelbaren Vergangenheit und Gegenwart oft recht direkt auseinandersetzten, ließen die Maler dieser Richtung das Politische nur als eine zwar angedeutete, aber ins Surreale oder Unverständliche verrätselte Chiffre gelten. Selbst der Faschismus, der Zweite Weltkrieg und der Untergang Deutschlands erscheinen deshalb auf ihren Bildern fast ausschließlich als unbegreiflicher Schock, als Dämonie, als Teufelswerk, als Naturkatastrophe, als Weltuntergang oder als Apokalypse, das heißt als Einbruch irgendwelcher dunklen, bösartigen, irrationalen Mächte. Ja, diese Stimmung des Schreckens wird obendrein gern mit Evokationen universaler Weltängste, wie der Angst vor der Allgewalt der roboterhaften Technik, der steigenden Vermassung der Menschheit, der Furcht vor der Atombombe oder der Unvermeidlichkeit des Dritten Weltkrieges verbunden.
Dennoch wäre es verfehlt, in solchen Bildern lediglich den Ausdruck einer allgemeinen Verzweiflung zu sehen. In ihnen steckt zugleich der selbstbewußte Anspruch, sich nicht mit einer politischen (und damit oberflächlichen) Deutung der anstehenden Weltprobleme zufrieden zu geben, sondern wesentlich tiefer zu schürfen. Große und größte Fragen der Menschheit werden darum auf diesen Bildern zum Teil höchst privatistisch-existentiell beantwortet – worin sich auch in dieser Richtung eine Rückkehr zu den Illusionen einer Autonomie des Künstlerischen sowie eine Fortsetzung jener Ideologie der Inneren Emigration zu erkennen gibt, welche die Hauptaufgabe der Kunst im Ich-Ausdruck, im höchst persönlichen Ringen mit Problemen, Mächten, Schicksalen gesehen hatte. Es war die Größe und das Elend dieses magischen Realismus, daß er sich solchen Problemen zwar stellte, diese aber nicht wirklich konkret anging, sondern bei seinen Appellen der Umbesinnung oder neuen Religiosität zu äußerst tiefempfundenen, wenn auch unklaren Metaphern griff. Indem diese

Werner Heldt: *Maske* (um 1945)

Richtung ihre Hoffnung allein auf den durch Furcht und Schrecken ausgelösten Schock setzte, mußte sie geradezu zwangsläufig bei Mystifikationen der Geschichte landen, die sich fast ausschließlich im Umkreis unheilsgeschichtlicher Chiffren bewegen.

Doch diesem ›Rückfall‹ liegen nicht nur inhaltliche, sondern auch ästhetische Erwägungen zugrunde. Was sich in dieser Malerei als Element des Magischen manifestiert, ist nicht bloß Ausdruck einer ideologischen Beschränktheit, welche die schuldhafte Verstrickung lediglich als ›Dämonie‹ erklären kann, sondern hängt auch mit Darstellungsfragen zusammen. Hitler, der Zweite Weltkrieg, die Konzentrationslager, der Atombombenabwurf, die nationale Totalkatastrophe: all das erschien den Künstlern dieser Richtung so nah und zugleich so übermächtig, daß sie solchen Phänomenen mit den herkömmlichen Mitteln des Abbildrealismus nicht beizukommen glaubten. Die meisten hatten für all diese Barbarei, all diesen Ungeist, all diese Zerstörung einfach keine adäquaten Bilder, die realistisch, furchteinflößend und zugleich ästhetisch überhöht genug waren, um als ›Kunst‹ gelten zu können. Und so griffen sie erst einmal auf die altbewährten Symbole des Untergangs, der Apokalypse und der Verwüstung zurück, um mit dem als unbewältigten Horror Erfahrenen überhaupt fertig zu werden.

Was darum in der mythisch-magischen Malerei dieser Jahre vorherrscht, sind immer wieder Themen, die den Tod umkreisen. Wie Werner Gilles griff man hierbei motivlich zum Teil bis zum Tod der Niobiden, dem Sterben des Orpheus, der Überfahrt zum Hades im Nachen des Charon oder zu mittelalterlichen Totentänzen zurück, um so auf jene Allmacht und Allgegenwart des Todes hinzuweisen, die viele Deutsche im Krieg nur allzu unmittelbar erlebt hatten. Ebensooft stellte man, wie Carl Hofer, Toten- und Ruinenlandschaften dar, auf denen die zerstörten Gebäude in ihren magisch-grotesken Formen wie Metaphern der inneren und äußeren Zerstörung in einen fahlen, ausgebrannten Himmel ragen, der selbst den Eindruck der Leere und Verlorenheit erweckt. Noch grausiger wirken die Bilder jener brennenden Städte, in denen, wie bei Rudolf Schlichter, irgendwelche apokalyptischen Monster ihr Unwesen treiben. Ja, es gibt in diesem Umkreis sogar Bilder, wie *Der Riß im Hof* (1945) von Franz Radziwill, wo die allgemeine Zerstörung durch einen atomaren Flugkörper ausgelöst zu sein scheint. Selbst dort, wo man, wie Werner Heldt, unzerstörte Städte darstellt, wirken diese durch ihre leeren Straßen und schwarzen Fensterhöhlen wie ausgestorben. Auch die Menschen, die auf diesen Bildern auftauchen, gleichen manchmal eher Schatten, Schimären oder Lemuren als wirklichen Lebewesen. Vor allem Edgar Endes und Mac Zimmermanns Figuren haben etwas Erstarrtes, als besäßen sie gar keinen eigenen Willen und würden wie Drahtpuppen an unsichtbaren Fäden gezogen. Maler wie Hans Thiemann, Carl Hofer und Werner Heldt setzten ihren Figuren obendrein gern Masken auf, um den Eindruck des Verfremdeten und Leblosen noch zu verstärken. Im Sinne des halb realistischen, halb magischen Grundzugs dieser Malerei wollten sie damit nicht nur auf die Maskenhaftigkeit des Lebens schlechthin, sondern zugleich ganz real auf die Undurchschaubarkeit so vieler Menschen dieser Ära verweisen, denen nach dem Kriege – unter gewandelten Verhältnissen –

nicht mehr ohne weiteres anzusehen war, ob sich hinter ihrer Maske ein harmloser Durchschnittsbürger oder ein faschistischer Massenmörder verbarg. Selbst relativ harmlose Karnevalsbilder, Maskeraden oder Puppenspielszenen gehen manchmal ins unverkennbar Allegorische über.

Wohl ihre prägnanteste Verwirklichung erlebte diese Richtung in jenen apokalyptischen Weltlandschaften und Traumszenerien, deren Figuren einerseits seltsamen Urwesen gleichen, von denen alles politisch, gesellschaftlich und beruflich Charakteristische abgestreift ist und die deshalb an Abstraktionen allgemeinster Art erinnern, die aber dennoch in ihrer lemurenhaften Undurchschaubarkeit nicht einfach inhaltslos, sondern auch irritierend-bedrohlich wirken. Man denke an das Bild *Atomserenade,* das Hofer 1947 malte, auf dem eine nächtliche Gesellschaft mit Masken und Vogelköpfen vor einem blitzerhellten Himmel ins Leere starrt. Das gleiche gilt für Gemälde wie Hofers *Höllenfahrt* (1947), *Barbaropa* (1947) von Heinz Trökes oder *Der Winter* (1947) von Franz Radziwill, auf denen der ›Magische Realismus‹ endlich jene Schärfe gewinnt, die man ihm auch sonst gern gewünscht hätte.

Im Bereich der Literatur manifestierte sich dieser magische Realismus zwischen 1945 und 1950 vor allem auf zweierlei Weise: in einer Richtung, die aus der kritisch-engagierten Strömung nach 1945 stammte, jedoch im Zuge der politischen und gesellschaftlichen Desillusionierung den aggressiven Realismus der unmittelbaren Nachkriegszeit um 1947/48 zugunsten eines milder gestimmten ›magischen Realismus‹ aufgab, und einer Richtung, die an die hermetisch-chiffrierte Sprach- und Darstellungsform der Inneren Emigration anknüpfte, ohne dafür den Begriff ›magischer Realismus‹ zu verwenden. Innerhalb der ersten Gruppe, deren magischer Realismus eher einen enttäuschten als einen verwirrten oder eskapistischen Eindruck erweckt, waren es Hans Werner Richter und Alfred Andersch, die dieses Schlagwort im Frühjahr 1947 zum erstenmal gebrauchten und es dann im Herbst des gleichen Jahres in der Nullnummer des *Skorpion* zum literarischen Programm der eben gegründeten ›Gruppe 47‹ erhoben. Was sie darunter verstanden, war kein Ausweichen in Magisch-Mythisches, sondern lediglich eine Komprimierung des Realistischen ins Bedeutungsgeladene. Ihr magischer

Karl Rössing: *Tiergarten* (1946)

Realismus sollte die Wirklichkeit transparent für das ›Dahinterliegende‹ machen, wandte sich also einerseits gegen das allzu Umständlich-Breite, andererseits gegen das Vordergründige und Phrasenhafte der Literatur der unmittelbaren Nachkriegszeit. Damit faßten sie eine Stilhaltung ins Auge, die sich allerdings im Rahmen der ›Gruppe 47‹ erst in den frühen fünfziger Jahren voll zu entfalten begann.

Was man hingegen zwischen 1945 und 1950 unter magischem Realismus verstand, war meist eine Literatur, deren Stilhaltung noch aus der mythisch-magischen Darstellungsweise der Inneren Emigration stammte. Ihre Autoren hatten fast alle schon vor 1945 zu schreiben begonnen und kamen jetzt mit Werken heraus, in denen sie die damals erzwungene Realitätsferne zum bewußten literarischen Prinzip erhoben. Man denke an einen Roman wie *Die Gesellschaft vom Dachboden* (1946) von Ernst Kreuder, welcher der politisch-sozialen Wirklichkeit fast völlig aus dem Wege geht und sich im Zuge einer märchenhaften Fabel auf eine Gruppe isolierter, versteckt lebender Menschen beschränkt, die in romantischer Zivilisationsmüdigkeit nur das ›Eigentliche‹ diskutieren und nach der »Schau des

Unsichtbaren« streben. Ja, eine dieser Figuren, der Lehrer Waldemar, sagt einmal ganz offen: »Die Realität, wie wir sie kennen, ist nicht das letzte Wort.« All jenen, die sich mit »getreuen Beschreibungen, biederer Vollzähligkeit und bedeutungsvollen Vergleichen« abmühen, werden deshalb in diesem Roman die »Träumer, die Visionäre, die Irrealisten« entgegengestellt, die sich ganz der »Entrükkung, dem Nicht-mehr-bei-sich-Sein« verschrieben haben. Auch in theoretischen Äußerungen betonte Kreuder damals immer wieder, daß er die »Politik« nicht mehr »ernst nehmen, geschweige denn Kunst damit machen« könne. Doch nicht der *Gesellschaft vom Dachboden* war unter den Romanen dieser Richtung der größte Erfolg beschieden, sondern der *Stadt hinter dem Strom* (1946) von Hermann Kasack. In diesem Roman wird ein mythisch-magisches Niemandsland beschrieben, wo ein total entfremdetes Leben herrscht, wo nur lemurenartige Wesen zu hausen scheinen, wo sich trotz aller Betriebsamkeit Aufbau und Zerstörung ständig die Waage halten – bis die Kräfte der Zerstörung schließlich die Oberhand gewinnen und das Ganze in einem mythischen »Asien« aufgeht. Trotz

Walter Bergmann: *Die Wartenden* (1948)

solcher symbolisch überhöhten Vorgänge, die man als Ausdruck des Totalitären interpretieren könnte, erinnert in diesem Roman – aufgrund seiner weitgehenden Abstraktion – fast nichts an das Nazi-Reich, die Grausamkeiten der Konzentrationslager oder die Leiden des Zweiten Weltkriegs. Unter betont ›magischer‹ Perspektive läuft hier das meiste auf jenen ewigen ›Kreislauf der Dinge‹ hinaus, dessen Geschichts- und Kulturpessimismus wesentlich älteren Ursprungs ist.

Ebenso düster wirken die anderen Werke dieser Richtung. So dominiert in Hans Erich Nossacks *Nekya. Bericht eines Überlebenden* (1947) eindeutig der Zweifel an einer vernunftgesteuerten Erkennbarkeit des allgemeinen Weltgeschehens, was sich in einer Niedergeschlagenheit äußert, aus der nur existentiell-sinnlose Ausbrüche à la Camus möglich sind. Das gleiche gilt für den Roman *Wir fanden Menschen* (1948) von Hans Wörner, wo drei Männer in ein Land kommen, das vor sieben Jahren von einer Atomkatastrophe verwüstet wurde und in dem alles ins Leblose erstarrt zu sein scheint, bis sie plötzlich auf verwilderte, verfilzte, verkrüppelte Menschengruppen stoßen, die in stinkenden Kellerlöchern hausen. Eine ähnliche Katastrophe hat in dem Roman *Wenn die Erde bebt* (1950) von Heinz Risse das Land Nikarien heimgesucht. Und auch hier verbreitet sich nach einem großen Erdbeben unter den Überlebenden eine geradezu gespenstisch anmutende Unmenschlichkeit und Gottesferne, gegen die jede neue Hoffnungsstimmung von vornherein machtlos ist.

Nicht ganz so deutlich äußerte sich dieser magische Realismus im Drama der Nachkriegszeit, wo es eher ausländische als westdeutsche Stücke sind, die sich als Beispiele dieser Richtung heranziehen lassen. Von den westdeutschen Dramen gehört an sich nur das eher harmlose Stück *Das Abgründige in Herrn Gerstenberg* (1946) von Axel von Ambesser in diesen Umkreis, das zwar vor bizarren Ruinenkulissen spielt, wo jedoch das ›Abgründige‹ und ›Unfaßbare‹ nur als modische Versatzstücke verwendet werden. Allerdings wurde sein Erfolg schnell von der Tragikomödie *Wir sind noch einmal davongekommen* von Thornton Wilder überschattet, welche fast über alle deutschen Bühnen ging und die ein konservativer Kritiker wie Hans Egon Holthusen 1947 in seinem Essay *Der Mensch und die Katastrophe* als ein hochbedeutendes Werk jener »zeitlosen Urverhältnisse« und »uralten Weisheiten« lobte, das weit über das »Aktuelle« und die »flachköpfigen Räsonnements« der üblichen Zeitstücke hinausrage. Als der Sinn oder Nichtsinn der Weltgeschichte werde hier jene Sisyphusqual hingestellt, heißt es bei Holthusen, immer wieder von vorn anfangen zu müssen. Auch Wilder selbst faßte 1949 anläßlich eines Deutschlandbesuchs die Philosophie dieses Stücks in den lapidaren Worten zusammen: »Alles war immer gleich«, um so den mythisch-existentiellen Grundzug der hier porträtierten Weltsicht herauszustreichen. Neben einem solchen Werk waren es vor allem die Dramen von Sartre, Camus und Giraudoux, die im Bereich des Theaters den Trend zur bewußten Entpolitisierung ins Mythische, Metaphysische, Existentielle beförderten und so zu einer irrationalen Geschichtsauffassung beitrugen, nach welcher der Einzelmensch nur ein machtloses Objekt im sinnlosen Getriebe irgendwelcher unergründlichen Schicksalsmächte ist. Und damit zeichnete sich bereits in diesen Jahren eine Entwicklung ab, die dann nach 1950 – in Form des Absurden Theaters – für kurze Zeit als das Non plus ultra des modernen Theaters galt.

Kulturelle Polarisierung in Elitismus und Kommerz

Aufgrund der im Sommer 1948 durchgeführten Währungsreform wurde in den drei Westzonen allen antifaschistisch-demokratischen Neuordnungsvorstellungen und damit allen Hoffnungen auf eine ›Hohe Kultur für jedermann‹ zwangsläufig die wirtschaftliche und gesellschaftliche Basis entzogen. Ja, sogar auf den konservativen Stellvertretungsanspruch in Sachen Kultur wirkte sich diese Maßnahme recht negativ aus. Indem es nämlich zur Wiederherstellung einer rein marktorientierten Wirtschaftsordnung kam, mußte es auch zu einer Restauration jener Kultur- und Bewußtseinsindustrie kommen, in der bereits in den zwanziger Jahren das Prinzip von Angebot und Nachfrage vorgeherrscht hatte. Nach diesem Zeitpunkt war also die Grundlage aller weiteren Entwicklungen wieder eine privatwirtschaftliche Ordnung, wo sich auf kulturellem Sektor diejenigen als die Mächtigsten erwiesen, die auch auf allen anderen Gebieten die Herrschenden oder zumindest Tonangebenden waren.

Diese ökonomische Wende führte geradezu notwendig zu einer fortschreitenden Polarisierung der bereits gespaltenen Kultur in eine Fülle hoher, mittlerer und niederer Teilkulturen, innerhalb deren die einzelnen Branchen der sich ausbreitenden Kulturindustrie der Kaufkraft und kulturellen Konditionierung der jeweiligen Interessensschichten so weit wie möglich entgegenzukommen suchten. Wie auf politischem und gesellschaftlichem Gebiet siegte demzufolge selbst hier das Profitinteresse über alle hochgespannten Vorstellungen von Humanität und Abendland, von Volk und Schicksal, von moralischer Wiederaufrüstung und politischer Re-Education. Während es nach dem Kriege für kurze Zeit so ausgesehen hatte, als ob alle Deutschen zu den Vertriebenen, Ausgebombten, Kriegsgeschädigten, Frierenden und Hungernden gehörten, gab es jetzt – wie eh und je – erneut finanziell Bessergestellte und finanziell Schlechtergestellte und damit auch bessere und schlechtere Kunstformen. Die unteren Schichten verlangten nach diesem Zeitpunkt wegen ihrer enervierenden, weder seelische Gratifikationen noch gesellschaftliche Anerkennung einbringenden Arbeit in ihrer Freizeit vornehmlich nach Ablenkung, Zerstreuung, Illusion, Traum – und erfreuten sich deshalb reizhungrig an allem, was ihnen solche Opiate bot. Und das waren um 1950 vor allem Zeitungen, Illustrierte, Heftchenromane, Schlager oder Tanzmusik. Die mittelständischen Schichten, die anspruchsvoller waren, hielten sich dagegen weiterhin an die gemüthaften klassisch-romantischen Traditionen, an Religiöses und Naturverbundenes, reduzierten allerdings ihren bisherigen kulturellen Allein- und Stellvertretungsanspruch in Sachen Kultur mehr und mehr auf das stille Glück im gesellschaftlichen Abseits. Die intellektuelle Elite verlangte hingegen nach diesem Zeitpunkt immer stärker nach einer E-Kunst ohne soziale Bezogenheit, das heißt einer autonomen, hermetisch abgeriegelten, schwerverständlichen Kunst, um sich dadurch sowohl von der als ›vulgär‹ empfundenen Massenkunst als auch von der als ›peinlich‹ empfundenen Erbauungskunst der bürgerlichen Mittelschichten abzusetzen. Als Vorbild einer solchen Polarisierung dienten in den fünfziger Jahren weitgehend die Vereinigten Staaten, wo sich im Zuge der fortschreitenden Entpolitisierung und Entgesellschaftung seit langem eine riesige Gewinne abwerfende Kulturindustrie entwickelt hatte, die alle Staatsbürger – wie in einem überdimensionalen Supermarkt – mit den ihrer Bildung und ihrer Kaufkraft entsprechenden Produkten versorgte.

Wie zu erwarten, galten die meisten Theoriebildungen zu diesem Komplex um 1948/49 der E- oder Elite-Kultur. Im Bereich der bildenden Künste, wo es damals noch keine massenhaft verbreiteten Medien gab, von denen man sich elitär abheben konnte, wandten sich die Vertreter der E-Kultur-Konzepte in diesem Zeitraum hauptsächlich gegen die ›totalitären‹, das heißt faschistischen oder sozialistischen Kulturvorstellungen. Bei einigen klang dabei jene Trauer nach, die Paul Klee in dem bekannten Ausspruch »Uns trägt kein Volk« zusammengefaßt hatte. Hierfür spricht etwa ein Büchlein wie *Die heilige Fläche. Gespräche über moderne Kunst* (1947) von Kurt Leonhard, in dem der Faschismus als ein »Aufstand der Massen« gegen alles, was »der Elite heilig war«, gedeutet wird. Allerdings zog Leonhard daraus noch nicht die spätere Folgerung, daß alles Elitäre notwendig gut und alles Massenhafte notwendig schlecht sei. Im Gegenteil. Leonhard bedauerte noch, daß die Künstler und das Volk heute »keine gemeinsame Weltschau« mehr hätten und dadurch die Kunst ihre »soziale und metaphysische« Funktion verloren habe. Da sich ein »neues Gemeinschaftsgefühl« nicht ohne weiteres erzwingen lasse, riet er den Künstlern, sich weiterhin um die »gestaltete Form« zu bemühen, statt die breite Masse allein mit modernistischen Allüren »überrumpeln« zu wollen. Ähnlich verschwommen, weil alternativlos, äußerte sich Wilhelm Worringer in seiner Schrift *Problematik der Gegenwartskunst* (1948) zu diesen Fragen. Allerdings leitete auch er aus dem Erfolg, den die Nazis mit ihrem Slogan »Die Kunst dem Volke« gehabt hätten, nicht einfach einen Rückzug ins Elitäre ab. Die »naturferne« Kunst der Moderne, erklärte Worringer, sei aufgrund innerer Gestaltungszwänge zwangsläufig eine »publikumsferne« Kunst geblieben, die sich vorläufig nur an einen kleinen Kreis von Kennern wende. Und so herrsche nach wie vor eine Antinomie zwischen hoher Kunst und Massenkunst, liest man bei ihm, die zwar bedauerlich, aber vorerst unaufhebbar sei.

Die Mehrheit der damaligen liberalen bis rechtsliberalen Kunstkritiker zog sich jedoch vor dieser Fragestellung einfach in den für solche Kreise immer offenstehenden Elfenbeinturm zurück und bekannte sich dort – wie eh und je – zu Autonomie und Bindungslosigkeit.

Von einer Besorgtheit um die von der Kunst ausgeschlossene Masse war bei ihnen nicht das Geringste zu spüren. Das Volk habe nun einmal keinen Geschmack, hieß es in diesen Zirkeln immer wieder. Es sei dumpf, tierisch und nur auf rücksichtsloses ›Abweiden‹ bedacht. Die radikale Ablehnung der modernistischen Kunst durch die Nazis wurde deshalb von diesen Kritikern gern mit einem ›Aufstand der Massen‹ im Sinne Le Bons oder Ortega y Gassets verglichen, der auch kulturell zu einer ›Nacht der langen Messer‹ geführt habe. »All das, was ihrem Begreifen fern lag«, behauptete Herbert Griebitzsch 1947 in der Zeitschrift *Aussaat*, »was als hohe Kunst eine Anforderung zu einem Bemühen um Höheres bedeutete, wurde aus dünkelhafter Torheit unter der Rubrik ›entartet‹ gebucht, dafür aber all jenes, was leicht und seicht, was fern künstlerischer Problematik und Tiefe, was plattem Masseninstinkt gemäß, als echtes, als volksverbundenes Schaffen hingestellt.« Wilhelm Boeck schrieb 1947 im *Kunstwerk,* daß die Nazis unter »entarteter Kunst« vor allem das verstanden hätten, was »geistgeboren« sei und somit »Unabhängigkeit« demonstriere. Er charakterisierte deshalb den Faschismus als einen »Vandalismus« der Niedrigstehenden gegen jede »höher geartete Kultur«. »Indem er das Urteil der kunstfremden Massen sanktionierte«, heißt es bei ihm mit dem üblichen bürgerlichen Bildungshochmut, habe er sich als eine indiskutable Banausenbewegung entlarvt. Ja, Martin Grabow erklärte 1949 in *Ost und West,* daß die modernistisch-elitäre Kunst nun einmal »für den Ungeist hinter niedrigen Stirnen befremdlich und aufreizend« sein mußte. Aus diesem Grunde hätten die Nazihorden, wenn sie auf etwas ›Höheres‹ gestoßen seien, einfach zugeschlagen.
Was also diese Kritiker den faschistischen Parteiführern vorwarfen, war stets das gleiche, nämlich zum Volke ›herabgestiegen‹ zu sein, statt sich wie die ältere Bourgeoisie dem Volke als Vorbild zu empfehlen (und dann dieses Volk durch bestimmte Bildungsbarrieren von den als allgemeinverbindlich hingestellten Kulturgütern auszuschließen). Jede wahre Kunst bedürfe nun einmal der »völligen Freiheit«, schrieb Adolf Behne 1947 in seinem Buch *Entartete Kunst.* Auf diesem Gebiet gehe es nicht um »Majoritäten«, lesen wir hier, sondern – im Gegenteil – um die bewußte »Abweichung« vom Geschmack der breiten Masse. »Weil uns die echten Künstler immer als

Einzelne, als Individuen, als Menschen ansprechen«, behauptete Behne, »mußten sie der auf Stückzahl und Vermassung zielenden Politik Hitlers verdächtig, hinderlich und störend sein.« Behne rief daher die Künstler auf, sich in selbstgewählter Einsamkeit mit dem »letzten tiefen Sinn der Dinge« auseinanderzusetzen und jede soziale Indienstnahme strikt von sich zu weisen. Fast die gleichen Thesen finden sich in Paul Ortwin Raves Buch *Kunstdiktatur im Dritten Reich* (1949), wo der faschistische Slogan »Die Kunst dem Volke« ebenfalls als absolute Verbohrtheit angeprangert wird. Auch Rave sah in Kunst von vornherein eine »Sache der Wenigen«. »Was der einzelne Künstler schafft«, erklärte er, »das spricht – bestenfalls – zum Einzelnen.«

Im Zuge solcher Theorien wurden schließlich alle gesamtgesellschaftlichen Kunstkonzepte als Ausdruck eines ›plebiszitären‹ Gleichheitsdenkens hingestellt, dem man nach alter Tradition die üblichen Spießer- und Philistervorstellungen unterzuschieben suchte. Die meisten neoliberalen Kunstkritiker griffen dabei bis zu ältesten romantisch-elitären Klischeevorstellungen zurück, nach denen die Kunst schon immer eine Sache der Wenigen, der Gebildeten und Auserlesenen gewesen sei, für welche die Spießer und Philister, die sich nur für materiell Greifbares interessierten, nun einmal kein Verständnis aufbrächten. Am nachdrücklichsten versuchte das Franz Roh 1948 in seinem Buch *Der verkannte Künstler. Studien zur Geschichte und Theorie des kulturellen Mißverstehens* zu dokumentieren, wo der faschistische Ungeist aus einer allgemeinen Spießer-Ideologie abgeleitet wird. Bei den breiten Massen ein Bildungsverständnis oder eine Bildungsmöglichkeit vorauszusetzen, erschien Roh und seinen Gesinnungsfreunden als grenzenlos naiv. Die Unterschichten seien nun einmal nicht bildungsfähig, wie diese Zirkel immer wieder erklärten. Sie seien rückständig, hätten einen schlechten Geschmack, gäben sich künstlerisch mit dem letzten Dreck zufrieden, das heißt wollten lediglich Schönes, Wohlgemeintes, Realistisch-Buntes, Verkitschtes, aber keine ›Kunst‹. In den Schriften dieser Gruppe wurden daher die faschistischen Kulturpolitiker meist als die Leute aus dem Mustopp, die Leute von vorgestern, die ewigen Pfahlbürger hingestellt. Und zwar bediente man sich hierbei gern der Metapher vom ›gesunkenen Kulturgut‹ und wies darauf hin, daß die ab-

gelegten Kleider der herrschenden Klasse von den Hinterhofbewohnern meist erst fünfzig Jahre später aufgetragen würden. Deshalb hätten die Nazis um 1933 noch immer jenen Stil befürwortet, hieß es in diesem Umkreis, der im Rahmen der gehobenen Bourgeoisie um 1880 im Schwange gewesen sei, nämlich den Stil der Münchener Genremalerei sowie einen aufgedonnerten Salonidealismus.
Fast die gleichen Thesen finden sich bei den liberalen bis rechtsliberalen Musikkritikern dieser Jahre, die nach 1945 ebenfalls alle Brücken ins Gesamtgesellschaftliche abzubrechen suchten, ja geradezu einen Stolz darauf entwickelten, von den Vielzuvielen oder Allermeisten im Sinne Nietzsches nicht verstanden zu werden. So unterschied etwa Hans Heinz Stuckenschmidt schon 1946 im ersten Jahrgang der Zeitschrift *Stimmen* unter dem Titel *Was ist bürgerliche Musik?* zwischen einer »populären Musik, die sich in ihren Mitteln nach dem Bedarf der Massen« richte und einer »weniger populären«, die »ihrer Zeit jeweils um zwei oder drei Generationen« voraus sei und sich »nur an einen nicht allzu großen Kreis gleichgestimmter, geistig fortgeschrittener Menschen« wende. Kein Zweifel, dieser Abkehr von der ›Masse‹ lagen auch auf diesem Gebiet zum Teil die gleichen antifaschistischen Affekte zugrunde wie in der Malerei. Das Bewußtsein, wieder zu dem kleinen Kreis der Intellektuellen zu gehören, sich nicht mehr ideologisch festlegen zu müssen, wieder bequem zwischen allen Stühlen sitzen zu dürfen, mußte auch für die liberalen Musikkritiker etwas höchst Verlockendes haben. Doch es verführte sie zugleich zu grotesken Alternativen. Dafür spricht etwa ein Aufsatz, den Günter Kehr 1948 unter dem bewußt aufreizenden Titel *Intellektuelle Arroganz* in *Melos* publizierte und der auf das Bekenntnis hinauslief: »Das Normale hat nie solch lächerliche, verderbliche und grausame Orgien gefeiert wie in den letzten zehn Jahren, und feiert sie noch heute. Lieber ein dekadenter Intellektueller sein als ein gefährlicher Kraftprotz, der ›gesunden‹ Hordenservilität ergeben.« Ja, Heinrich Strobel wandte sich schon im November 1946 im gleichen Blatt energisch gegen jene Verfechter der Popularität, die sich noch immer nach »unserem ›herrlichen‹ Volkskonzert zurücksehnten«.
Anstatt sich ernsthaft mit dem faschistischen Anspruch einer wahren Volkstümlichkeit auseinanderzusetzen, in dem ein »depravierter So-

zialismus« gesteckt habe, wie Bertolt Brecht damals höchst einsichtsvoll schrieb, knüpften diese Kreise einfach an den halb pluralistischen, halb snobistisch-elitären E-Musik-Betrieb der späten zwanziger Jahre an, das heißt entwickelten überhaupt kein neues Konzept, wie man der anspruchsvollen Musik wieder eine gesamtgesellschaftliche Note geben könne. Das Publikum, das die neoliberalen Musikkritiker nach 1945 ins Auge faßten, war noch immer jene ältere Bildungsbourgeoisie, die sich lange Zeit als die führende Trägerschicht dieser Musik empfunden hatte, jedoch durch den Verlust ihres jüdischen Anteils, ihrer Korrumpierung unterm Faschismus oder ihres Rückzugs in die Innere Emigration allmählich aufzulösen begann – und sich daher lieber an den Großwerken der musikalischen Tradition oder an Werken der ›Halbmoderne‹ erbaute, als sich auf irritierende und emotional unbefriedigende Experimente einzulassen. Und so erreichte die ausgesprochen modernistische Musik zwischen 1945 und 1950, die sich im Zuge des Kalten Krieges und seiner verschiedenen Totalitarismustheoreme allen inhaltlichen Verpflichtungen entzog und immer esoterisch-formalistischer wurde, schließlich nur noch eine höchst marginale Schicht von Musikinterressierten. Es gab zwar schon in diesen Jahren eine Reihe von Versuchen, durch Musica-viva-Konzerte oder besondere Festivals für ›Neue Musik‹ unter den jüngeren Hörern neue Interessenten zu werben, aber solche Bemühungen stießen meist ins Leere oder sprachen nur jene Schichten an, die ohnehin eine bildungsmäßige ›Aufgeschlossenheit‹ für eine solche Art von Musik mitbrachten.

Auf literarischem Gebiet war dieses forcierte Elitebewußtsein damals noch nicht so ausgeprägt. Und doch gab es auch hier einige, die sich im Rahmen der E-Kultur dem steigenden Trend zum Modernismus anschlossen und kein Hehl daraus machten, daß sie alle Richtungen oder Ismen, denen bestimmte Gruppenkonzepte zugrunde lägen, zutiefst verachteten. Literatur sei heute nichts Programmatisches, Gesellschaftliches mehr, erklärten sie, sondern nur noch der Ausdruck von Einzelnen oder – noch genauer – Vereinzelten. Je elitärer, je subjektiver, je abstrakter, je weltverlorener deshalb die ›Neue Dichtung‹ sei, hieß es in diesen Kreisen, desto besser. Den entscheidenden Auftakt dazu gab das triumphale Comeback, das der alte Nietzscheaner und Modernist Gottfried Benn 1948 feiern konnte, der in der Folgezeit immer wieder betonte, daß es im Zeitalter der allgemeinen Vermassung in der Kunst nur noch auf die Wenigen, die Geistigen, die ›zerebralen Artisten‹ ankomme. Wichtig, behauptete er, seien heute lediglich die mit den Urgesetzen vertrauten, großen Unzeitgemäßen, wie es in seinem *Ptolemäer* von 1949 heißt, die sich – im Gegensatz zu allem flachen Entwicklungsdenken, aller Technik, aller politischen Diktatur – mit elitärer Geste dem ›reinen Geist‹ verschrieben hätten, und das selbst dann, wenn sich in diesem reinen Geist nur der Ausdruck des Nichts manifestiere. Als ebenso wirkungsmächtig innerhalb dieser Zirkel erwies sich der Roman *Heliopolis* (1949) von Ernst Jünger, dem ebenfalls eine hochgespannte Sehnsucht ins Vergeistigte zugrunde liegt, die sich mit nietzscheanischer Gebärde vom vulgären Herden- und Hordendasein abzusetzen versucht. Auch seine Geistigen, die allerdings zugleich politische Macht ausüben wollen, ziehen sich von Zeit zu Zeit gern mit einer »Flasche Wein« und einem guten »Buch« in eine azurne, herrische Einsamkeit zurück. Ja, selbst bei wesentlich jüngeren Autoren finden sich in diesen Jahren solche Rückzüge ins Elitäre. So fährt der Erzähler in Arno Schmidts *Schwarze Spiegel* (1950) nach einer durch Atombomben ausgelösten Weltkatastrophe als einzig Überlebender mit einem Fahrrad solange in der Gegend umher, bis er die Reste einer Bibliothek aufstöbert. Durch diesen Fund wird er zu einem Bücher-Robinson, der mit seinem Schicksal ganz zufrieden ist. Es gefällt ihm durchaus, der einzige Mensch auf Erden zu sein, da ihm alles, was er liest, ohnehin nur einen privatistischen Genuß bereitet. Vom Gefühl der Mitverantwortlichkeit für die Nicht-Geistigen findet sich auch hier kein Hauch. Überhaupt spiegelt sich in diesen Einsamkeits- oder Elitekonzepten häufig das Ideal gebildeter Freizeitmenschen wider, die sich immer noch als die Exponenten der wahren Kultur ausgeben, obwohl sich bei ihnen das bürgerliche Prinzip des Stellvertretenden allmählich ins Vertretungslose verkehrt. Die breite Masse ist deshalb in diesen Werken meist nur eine Quantité négligeable, die der elitäre Einzelne entweder beherrscht oder einfach übersieht.

Aufs Große und Ganze gesehen, kam es also um 1948/49 zu einer kulturellen Polarisierung in verschiedenen Formen einer höheren und einer niederen Kultur, durch welche die bisherigen Bemühungen um eine gesamtgesellschaftliche Relevanz von Kunst notwendig hin-

fällig wurden. Doch eine solche Polarisierung war bei der allgemeinen Restauration der politischen, ökonomischen und gesellschaftlichen Verhältnisse wohl kaum zu vermeiden. Schließlich kann es in einem marktorientierten Wirtschaftssystem nur eine marktorientierte Kultur geben. Im Gegensatz zu der intellektuellen Elite und den bürgerlichen Mittelschichten, die ihre kulturellen Bedürfnisse im Rahmen einer anspruchsvollen Buchkultur und eines ebenso anspruchsvollen Konzert- und Ausstellungswesens befriedigen konnten, blieb den finanziell und bildungsmäßig unterprivilegierten Schichten in einem solchen System nichts anderes übrig, als sich mit dem abzufinden, was ihnen im Bereich der Massen- und Medienkultur geboten wurde. Das gilt besonders auf musikalischem und literarischem Gebiet, wo sich um 1948/49 eine rapide Ausbreitung der verschiedenen Unterhaltungsgenres beobachten läßt, während die Trivialisierung der bildenden Künste erst im Lauf der fünfziger Jahre einsetzte.
Wohl am massivsten vollzog sich die Restauration des Unterhaltenden im Bereich der Musik. Auf diesem Sektor drängte die triviale U-Musik nach 1950 sowohl das klassische Erbe als auch die modernistisch-elitäre Musik so weit in den Hintergrund, daß diese beiden Gattungen nur als marginale Teilkulturen weiterexistieren konnten. Ein Großteil dieser Unterhaltungsmusik wurde zu Anfang über die Rundfunkanstalten vermittelt, die den Krieg relativ intakt überstanden hatten. Die Produktion von Schallplatten sowie von mit Musik durchsetzten Unterhaltungsfilmen und Fernsehsendungen begann dagegen erst in den fünfziger Jahren voll anzulaufen. Die beiden Hauptgenres der U-Musik waren 1950 der Schlager und die Tanzmusik, die den unteren 80 Prozent als *die* Musik schlechthin erschien. Im Jahr 1946 hatte ein antifaschistischer Musikwissenschaftler wie Paul Höffer in einem *Aufbau*-Beitrag noch gehofft, daß in der zukünftigen Massenkultur das Volkslied sicher den Sieg über jene Schlager davontragen werde, denen nur die »Jagd nach dem Erfolg« zugrunde liege. Doch genau das Umgekehrte trat ein. Da den meisten das deutsche Volkslied durch seine enge Assoziation mit dem Faschismus nach 1945 reichlich depraviert erschien, hielt man sich in diesen Jahren lieber an die ältere Schlagerproduktion, die zwar wesentlich kitschiger klang, aber dafür keinen nationalen Beigeschmack

hatte. Fast jeder zweite Schlager der Nachkriegszeit stammte darum aus den Jahren vor 1945. So wurden etwa die legendären *Caprifischer* von 1943 erst 1946 der große Hit der Saison. In die höchsten Rangklassen stiegen auch zu dieser Zeit nur jene Schnulzen auf, welche die Menschen aus dem tristen Alltag der Nachkriegsjahre in irgendwelche fernen Traumwelten entrückten. Aus diesem Grunde folgten auf die *Caprifischer* schnell Schlager wie *Florentinische Nächte, Komm mit mir nach Tahiti* oder *Nächte in Hawaii.* Auch Südamerikanisches mit Rumba- und Sambarhythmen erfreute sich um 1948/49 einer großen Beliebtheit. Im Zentrum stand hierbei stets die allesüberwindende Liebe, neben der alle anderen Bedürfnisse ins Beiläufige verblassen. Es gab darum in diesen Schlagern keinen Hunger, kein Elend, keine Misere, sondern nur »Liebe, Liebe, Liebe«, und zwar eine Liebe, die ihre Erfüllung noch im Kuß findet. Alle diese Schlager wollten den Menschen der einsamen Masse etwas Frohsinn schenken, ihnen eine Lebenshilfe gewähren, ihnen Träume und Illusionen offerieren, um so mit der zwangsläufigen Entsagung und Tristesse dieser Jahre fertig zu werden.

Eine ähnliche Funktion hatten die vielen Heimat- und Heimwehschlager nach 1945, die textlich und melodisch deutlich an die Heimweh- und Wiedersehensschlager der Kriegszeit anknüpften. Einen besonders hohen Bekanntheitsgrad erreichten hier Schnulzen wie *Ich hab so Heimweh nach dem Kurfürstendamm* (1949) und *Auf Wiedersehn, auf Wiedersehn* (1950). Von den tatsächlichen Alltagsverhältnissen der Nachkriegszeit war auch in diesen Schlagern nur selten die Rede. Wenn man in diesem Bereich überhaupt auf die Gegenwart anspielte, dann meist auf humorvolle Weise wie in dem Schlager *Wir sind die Eingeborenen von Trizonesien* (1947) oder jenem Schlager über die Folgen der Währungsreform, der wegen seines Refrains »Wer soll das bezahlen?« schnell zu einem der beliebtesten Karnevalsschlager wurde. Doch neben diesen deutschen Schlagern läßt sich in den gleichen Jahren ein rapides Anwachsen us-amerikanischer Hit Tunes beobachten, zumal die US-Besatzungsbehörden anfangs einen großen Einfluß auf die Programmgestaltung der westdeutschen Rundfunkanstalten ausübten. Ja, selbst viele der trizonesischen Schlager dieser Jahre erweisen sich bei genauerem Zusehen als eingedeutschte US-Importe.

Das Gleiche gilt für die Tanz- und Unterhaltungsmusik der Nachkriegszeit, die durch die us-amerikanisch überwachten Rundfunkanstalten, die AFN-Sender und jene deutschen Club-Bands, die zu Anfang vornehmlich für us-amerikanische Soldaten spielten, dann jedoch auch im Radio zu hören waren und Konzerttourneen machten, eine deutlich transatlantische Note bekam. Eine führende Rolle spielten hierbei das Radio-Berlin-Tanzorchester unter Michael Jary, die Kapelle Kurt Widman, das Frankfurter Willy Berking Orchester und die Kurt Edelhagen Band, die neben der üblichen Tanzmusik der dreißiger und frühen vierziger Jahre auch Boogie-Woogie-, Swing- oder Jazz-Nummern in ihre Programme aufnahmen. Doch der wirkliche Durchbruch der us-amerikanischen Unterhaltungsmusik erfolgte erst in den fünfziger Jahren. Allerdings nahm dabei der Jazz, vor allem im Bereich des Cool Jazz, so schnell ausgesprochen ›artistische‹ Züge an, daß er sich aus dem Bereich der Massenkultur in immer höhere Kulturregionen erhob und somit fast eine Konkurrenz zur modernistischen E-Musik wurde.

Auf dem Gebiet des Literarischen war es vor allem die Währungsreform, welche die sich anbahnende Polarisierung in eine hohe und eine niedere Lesekultur beschleunigte. Die Werke der politischen, religiösen und moralischen Umerziehungsliteratur sowie die Klassiker der deutschen und weltliterarischen Tradition, die aufgrund des allgemeinen Kulturhungers und der Papierzuteilungspolitik der Besatzungsmächte bisher im Vordergrund gestanden hatten, gingen nach diesem Zeitpunkt merklich zurück. So verloren etwa manche Kirchenblätter zwischen 1948 und 1949 fast 50 Prozent ihrer Leser. Was dagegen – im ›freien Spiel der Kräfte‹ – in steigendem Maße an Boden gewann, waren jene Illustrierten, Sportzeitschriften, Bestseller, Science-Fiction- und Heftchenromane, die lediglich der ›Zerstreuung‹ dienten. Dementsprechend stieg die Auflage eines Blattes wie *Quick* im Jahr 1948 von 50000 auf 500000. Einige der Sportillustrierten konnten sich sogar brüsten, nach der Währungsreform Auflagensteigerungen von 820 Prozent erlebt zu haben. Das gleiche gilt für die Bestsellerliteratur, die in der unmittelbaren Nachkriegszeit eine eher untergeordnete Rolle gespielt hatte. Aus diesem Grunde wurde etwa Margaret Mitchells *Vom Winde verweht* (1936) erst um 1950 zu einem ganz großen Bucherfolg. Auch die Heimatromane eines Louis Trenker, die zwischen 1945 und 1948 auf der Schwarzen Liste der Besatzungsmächte gestanden hatten, waren nach 1948 wieder überall zu kaufen und stiegen erneut zu Bestsellern auf. Dasselbe trifft auf manche der sentimental-verkitschten Frauenromane sowie jene konservative Arbeiterliteratur zu, die sich im Ruhrgebiet, sofern sie das Hohe Lied der sozialen Partnerschaft sang, der nachdrücklichen Unterstützung der Bergwerksleitungen erfreute. All diese Vorgänge wurden von den Vertretern des Establishments selbstverständlich als eine erfreuliche Wendung ins ›Unpolitische‹ hingestellt, ja die Aufhebung der Papierzuteilungsquoten und die Wiedereinführung der freien Marktwirtschaft in Presse und Buchwesen als endgültiger Durchbruch zu einer undogmatischen und allesermöglichenden Demokratie gefeiert. Statt die ›Hartarbeitenden‹, wie es hieß, weiterhin auch kulturell der staatlichen Lenkung zu unterwerfen, die doch nichts ›Gutes‹ bewirke, bot man ihnen jetzt wieder die nötige Unterhaltung, Komik, Spannung oder Sentimentalität. Solchen Schichten dürfe man, im Gegensatz zu den Intellektuellen, keine politische Schulung, ästhetische Überbeanspruchung oder nationale Trauerarbeit zumuten, beteuerte die bürgerliche Presse immer wieder. Ihr Los sei schwer genug. Es wäre geradezu unmenschlich, ihnen auch noch kulturell zusätzliche Schwerstarbeiten abzuverlangen.

Die restaurierte Moderne

Zu den ersten Opfern des Kalten Krieges innerhalb der anspruchsvollen Künste gehörte auf westlicher Seite das Prinzip der Mimesis. Sich realistisch, verständlich oder gar volksverbunden auszudrücken, galt in diesen Breiten im Zuge der immer schärferen Frontstellung gegen den Sozialistischen Realismus zusehends als ›totalitär‹. Aus dem Abstrakten wurde so im Gefolge der kulturellen Polarisierung seit 1948/49 in steigendem Maße das höchste Ausdrucksmittel jener elitären Künstler- und Kritikerkreise, die sich auch in der Kunst, wie sie es nannten, nicht mehr dem Druck der Straße beugen wollten. Das der ›Abstrakten Kunst‹ gewidmete Sonderheft der Zeitschrift *Das Kunstwerk* schrieb darum 1948 angesichts der ›Neuesten Stimmung im Westen‹ geradezu triumphierend: »Das Zeitalter der Mimesis ist vorüber; überall setzt sich das abstrakte Kunstwollen durch: in der Malerei, in der Plastik, in der Musik und – zögernder – auch in der Dichtung.«

Daß diese abstrakte Kunst anfangs selbst beim gebildeten Publikum nur wenig Widerhall fand, störte ihre Anhänger nicht im geringsten. Ihnen genügte es, daß an die Stelle der zeitverhafteten Kunstformen nach 1945 jetzt in den oberen Rängen der Kunst, wie es hieß, eine Richtung trat, die in ihrer elitären Absonderungstendenz, ihrer Unterpolitisierung und Verschon-mich-Gesinnung genau ihren eigenen Sezessionsabsichten entsprach. Die Frage, welche gesellschaftliche Funktion eine solche nicht-mimetische Kunst haben sollte, wurde in diesem Lager kaum aufgeworfen. Als Vorbilder einer solchen Kunst stellte man – ohne jedes Gefühl für historische Distanz oder sozialen Gebrauchswert – meist die Werke jener abstrakten Ismenkunst der frühen zwanziger Jahre hin, die in der Nazizeit als ›entartet‹ gegolten hatten. Während etwas engagiertere Kritiker, denen es um eine ›Kultur für alle‹ gegangen war, diese Ismen nach Kriegsende erst einmal als notwendig veraltet abgelehnt hatten, strichen die Vertreter der Elitetheorie jetzt gerade sie als die einzig empfehlenswerten heraus. Als Rechtfertigung stützte man sich hierbei gern auf die Behauptung, daß diese Kunst sowohl den Faschisten als auch den Kommunisten, das heißt allen totalitären Regimen des 20. Jahrhunderts mißfallen habe. Daß dies aus höchst unterschiedlicher Motivierung geschehen war, wurde bei solchen Argumentationen selbstverständlich unterschlagen. Ebenso verschwiegen wurde die Tatsache, daß in den dreißiger Jahren nicht nur in ›totalitären‹, sondern auch in demokratisch regierten Ländern eine Wendung zum Realismus eingesetzt und die sogenannte ›Moderne‹ nur noch im faschistischen Italien eine staatliche Förderung erlebt hatte. Doch nicht nur die Antitotalitarismus-These, auch die altbewährte Behauptung, daß der Realismus nun einmal die Kunst des 19. Jahrhunderts sei und man sich im 20. Jahrhundert, dem Zeitalter der Technik, auch künstlerisch notwendig avantgardistischer Techniken bedienen müsse, mußte zur Legitimation dieser Wendung ins Abstrakte herhalten.

Am deutlichsten läßt sich diese steigende Abstrahierung von der Realität in der Malerei und Plastik um 1948/49 ablesen, die schon damals bis zur totalen Gegenstandslosigkeit ging. Im Gegensatz zu den

Jahren 1946/47, als man die bisher verfemten Abstrakten vor allem aus Wiedergutmachungsgründen ausgestellt hatte, ohne sich dabei sonderlich für sie zu erwärmen, wurden die gleichen Maler um 1948/49 immer stärker mit dem Anspruch des schlechthin ›Modernen‹ gezeigt. Zu diesem Zeitpunkt erschien den rechtsliberalen Verfechtern der Kalten-Kriegs-Strategien plötzlich alles Realistische als ideologieverdächtig, das heißt faschistisch, kommunistisch oder zumindest totalitär, während sie die abstrakte oder gegenstandslose Kunst, die zum gleichen Zeitpunkt auch in Frankreich und den USA restauriert wurde, als genuinen Ausdruck westlicher Freiheit begrüßten. In der französischen Zone wies man in diesem Zusammenhang gern auf die große Abstraktenschau *Salon des Réalités Nouvelles* hin, die 1947 in Paris zu sehen war. Ähnliche Impulse gingen von den USA aus, wo seit 1945 im Zuge der Restauration der Moderne der ›Abstract Expressionism‹ eines Jackson Pollock, Robert Motherwell und Willem de Kooning Aufsehen zu erregen begann. Beide Richtungen wurden den westdeutschen Moderne-Interessenten erstmals 1948 zugänglich gemacht, als die französischen und us-amerikanischen Besatzungsbehörden Wanderausstellungen mit gegenstandslosen Bildern ihrer eigenen Künstler durch eine Reihe westdeutscher Großstädte schickten.

Bei den wirklichen Modernefanatikern innerhalb der Malerei dieser Jahre begegnet man daher ständig denselben Gleichsetzungen: nämlich realistisch gleich verständlich, verständlich gleich massenzugewandt, massenzugewandt gleich totalitaristisch und totalitaristisch gleich kulturfeindlich. Willi Baumeisters Buch *Das Unbekannte in der Kunst* sowie das Manifest *Die schöpferischen Kräfte in der abstrakten Malerei* von Ottomar Domnick, die beide 1947 erschienen, sind von solchen Gedankengängen noch relativ frei. Um 1948/49 wurden jedoch die Verteidigungen des Abstrakten in der Kunst allmählich immer penetranter. So stellte F. A. Winter 1949 in seiner *Verteidigung der abstrakten Malerei*, die er in der Zeitschrift *Neues Abendland* abdrucken ließ, die gegenstandslose Malerei bereits als eine Malerei des »inneren, geistigen Auges«, also als höchste Form der abendländisch-religiösen Kunst hin, während er der gegenständlichen Malerei, die das »Göttliche« notwendig in die »vermenschlichende Verkleinerung« herabziehe, nur einen minderen Rang zuerkannte. Andere Verteidiger dieser Art von Malerei strichen dagegen immer stärker den kreativ-freien Schöpfungsakt bei der Schaffung abstrakter Kunstgebilde heraus, durch den sich der gegenstandslose Maler wie ein Demiurg auf den ›Olymp des Scheins‹ erhebe.

Als beispielhafte Vertreter dieser Richtung wurden zu Anfang weniger Altmeister der abstrakten Malerei wie Kandinsky, Klee oder Mondrian als die abstrakten Maler der eigenen Gegenwart herausgestrichen, von denen sich einige bereits 1949 zu der Malervereinigung ›Zen 49‹ zusammenschlossen. Einer besonderen Beliebtheit erfreuten sich innerhalb dieser Richtung die kristallin durchleuchteten Formgebilde eines Fritz Winter, die reliefartigen Mauerbilder von Willi Baumeister, die buntfleckigen, aber zugleich ornamental angeordneten Abstraktionen von Ernst Wilhelm Nay, die wabenartig vergitterten Bilder von Heinz Trökes, die kalligraphisch japanisierenden Gemälde von Hubert Berke, die magischen Chiffren von Otto Ritschl, die streng geometrisch angelegten Bilder von Georg Meistermann oder die frühen abstrakten Drahtplastiken von Hans Uhlmann. Es gab zwar selbst unter den Moderne-Anhängern welche, die diesen Werken eine allmähliche Verflachung aus dem Individuell-Ekstatischen eines Kandinsky in die Anonymität des Gegenstandslosen vorwarfen, aber solche Stimmen wurden nach 1950 schnell von jenen übertönt, die in dieser Richtung die einzig nennenswerte Malerei des 20. Jahrhunderts erblickten.

Im Bereich der Musik war die Situation – im Hinblick auf die Restauration der Moderne – eine völlig andere. Hier hatte es nach 1945 keine wirklich realistischen, engagierten oder gegenständlichen Werke gegeben, die man jetzt hätte angreifen oder diffamieren müssen. In diesem Bereich galt die gesamte neuere E-Musik – von einigen marginalen Bekenntniswerken einmal abgesehen – von vornherein als eine nicht-abbildliche, das heißt a priori formal bestimmte Kunst. In der Zeit nach 1945 wurden deshalb auf diesem Gebiet erst einmal die Verfemten rehabilitiert und dann die Nachholbedürfnisse befriedigt.

An erster Stelle stand dabei lange Zeit – neben Weltgrößen wie Strawinsky und Bartók – ein Mann wie Paul Hindemith, dem bereits 1946 Willibald Gurlitt in der *Universitas*, Otto-Erich Schilling in *Der Standpunkt* und Anton Erfurth in *Aussaat* als dem »richtungsweisenden« Geist der modernen Musik lange Würdigungen widmeten.

Auch auf jenen Konzertprogrammen, die ausschließlich der modernen Musik gewidmet waren, erschien »der Name Hindemith« damals am meisten, wie es 1946 im *Berliner Almanach* heißt. Die Komponisten der Wiener Schule wurden dagegen anfangs fast gar nicht gespielt. »Während Hindemith, Strawinsky und andere markante Persönlichkeiten der Gegenwartsmusik wieder in wachsendem Maße auf den deutschen Konzertprogrammen vertreten sind«, erklärte Hugo Puetter 1947 in *Melos*, »hat sich für das Schaffen des Schönberg-Kreises bis jetzt noch kaum Interesse gezeigt.« Als im gleichen Jahr das *Violinkonzert* von Alban Berg in Frankfurt seine deutsche Erstaufführung erlebte, verharrte das Publikum in »kühlem Respekt«, wie es bei dem gleichen Puetter heißt. Noch kühler reagierten viele auf die Werke Schönbergs, die selbst manchen Modernefanatikern anfangs als zu rational, ja ausgeklügelt erschienen. So schrieb Bernard Gavoty unter dem Titel *Zum Problem der Zwölftonmusik* 1946 in *Melos*, daß er nicht glaube, daß es sich bei der Schönbergschen Zwölftonmusik, »um den Keim einer neuen und entwicklungsfähigen Musik« handele, sondern daß in ihrer »quälenden Monotonie« eher ein verschrobenes »Sektenbewußtsein« zum Ausdruck komme. Der Einzige, der bereits 1946 in einem *Melos*-Beitrag die Aufgeschlossenen unter den Musikkritikern beschwor, Schönberg nicht länger als einen »fischböckigen Outsider« zu betrachten, war Hans Heinz Stuckenschmidt.

Ein wirklicher Umschwung in dieser Hinsicht begann allerdings erst 1948/49, als die Vertreter elitärer Kunstkonzepte den gesamtgesellschaftlichen Anspruch der modernen E-Musik einer scharfen Kritik unterwarfen, ja einen solchen Anspruch als ›plebiszitär‹ verdammten und sich im Rahmen der kulturellen Polarisierung in die verschiedenen Branchen der kapitalistischen Gesellschaftsschichtenkunst und ihre jeweils sozialbedingten Nischen zurückzogen. Erst indem immer mehr Stimmen laut wurden, die sich wie Stuckenschmidt zum »Extrem eines reinen Ästhetizismus« bekannten, bot sich das Sektenbewußtsein eines Außenseiters wie Schönberg, der vor dem Ersten Weltkrieg viele seiner Werke innerhalb eines ›Vereins für private Musikaufführungen‹ nur vor einem kleinen erlesenen Publikum aufgeführt hatte, als eine geradezu ideale Form einer elitären Modernität an. Der entscheidende Klimawechsel vollzog sich im Jahr 1949, als Herbert Eimert im Septemberheft von *Melos* anläßlich des fünfundsiebzigsten Geburtstags von Schönberg mehr Aufführungen seiner Werke forderte, als Hermann Scherchen im Oktoberheft von *Melos* höchst temperamentvoll für die längst überfällige Rehabilitierung der Zwölftontechnik eintrat und als Heinz Joachim im Novemberheft von *Melos* die verbreitete Hindemith-Nachfolge als »steril« bezeichnete und Schönberg als jenen Komponisten hinstellte, welcher der modernste aller modernen Tonkünstler sei. Es »wird in Zukunft kein Komponistenhaupt in der Musik leuchten«, heißt es hier ekstatisch, »das nicht mit einem Tropfen Zwölfton-Technik gesalbt ist«. Ähnliches liest man 1949 im Novemberheft der Zeitschrift *Monat*, wo Schönberg die höchste Meisterschaft im Bereich der modernen E-Musik zuerkannt wird, während es von Bartók heißt, daß er gegen Ende seines Lebens, vor allem in seinem *Dritten Klavierkonzert* und dem *Concerto for Orchestra* ein »Opfer der Volkstümlichkeit« geworden sei. Doch die höchste Anerkennung wurde Schönberg in der *Philosophie der neuen Musik* von Theodor W. Adorno zuteil, die ebenfalls 1949 erschien, in der Schönbergs Musik, gerade weil sie niemand hören wolle, als die musikalisch bedeutsamste Form der Negierung der modernen Massen- und Konsumwelt hingestellt wird. Schließlich hatte Schönberg am 26. Juni 1945 in einem Brief an William S. Schlamm, der sich wie ein Programm dieses Elitismus liest, ausdrücklich geschrieben: »If it is art, it is not for the masses. If it is for the masses, it is not art.«

Einen weiteren, vielleicht noch wichtigeren Impuls erhielt diese Richtung durch jene ›Ferienkurse für Neue Musik‹, die seit 1946 im Schloß Kranichstein bei Darmstadt stattfanden und schnell zu einem internationalen Zentrum der modernen E-Musik wurden. Während 1946 in Kranichstein noch ein Programm dominierte, das – von den Werken eines Mahler, Hindemith und Milhaud einmal abgesehen – »auch unter Goebbels hätte durchschlüpfen können«, wie Stuckenschmidt später schrieb, wurden 1947 neben Werken von Strawinsky und Hindemith zum erstenmal auch Werke der Wiener Schule aufgeführt. 1948 kam René Leibowitz als Kompositionslehrer nach Kranichstein, der als Dirigent und Schriftsteller zu den eifrigsten Schönberg-Adepten gehörte. Ähnliche Anregungen gingen von den unter Leitung von Karl Amadeus Hartmann stehenden Münchener

Musica-viva-Konzerten und den Donaueschinger Musikfesten aus. Durch all diese Aktivitäten stieg die bisher im Schatten des Neoklassizismus eines Strawinsky, des Neobarock eines Hindemith und der folkloristischen Tendenzen eines Bartók stehende Wiener Schule allmählich aus der Sphäre eines Geheimtips zum absolut dominierenden Vorbild aller modernistisch orientierten E-Musik auf.

Die Folgen dieses Umschwungs auf die in diesen Jahren komponierte E-Musik sind kaum zu überschätzen. Während die jüngeren Komponisten um 1947/48 erst einmal die Musik Hindemiths und Strawinskys imitiert hatten, gingen sie ab 1948/49 immer stärker zur Serientechnik der Zwölftonmusik über. So schulte sich etwa Hans Werner Henze anfänglich an Werken Strawinskys und Fortners, vollzog 1947 den Schritt zur Atonalität und studierte dann bei Leibowitz die Schönbergsche Zwölftontechnik. Auch bei seinem Lehrer Fortner, der ursprünglich von Strawinsky und Hindemith herkam, was noch seine 1947 in Baden-Baden uraufgeführte *Erste Symphonie* mit ihrer strengen und doch musikantischen Klangwelt beweist, läßt sich ab 1948 – so in einem *Dritten Streichquartett* – durch die Übernahme der Schönbergschen Reihentechnik ein deutlicher Stilbruch beobachten. Bei Helmut Degen, dessen *Konzert für Streichorchester* von 1946 noch merklich an Strawinsky anklingt, begann die Auseinandersetzung mit der Reihentechnik im Jahr 1949. Der Schweizer Rolf Liebermann fing dagegen gleich mit zwölftönig angelegten Reihenkompositionen an, wie schon sein *Furioso für Orchester* von 1947 beweist. Weiterhin am Hindemith-Stil festhaltende Komponisten wie Harald Genzmer und Paul Höffer oder am Strawinsky-Stil festhaltende Komponisten wie Boris Blacher und Werner Egk gerieten darum nach 1950 allmählich ins Hintertreffen. Ja, selbst die Beliebtheit von Hindemiths Werken nahm in den folgenden Jahren rapide ab und machte einer E-Musik Platz, die auf alles Tonale, Melodische mehr und mehr verzichtete und schließlich bei einer ›Musik gegen jedermann‹ landete, die wie eine reine Musikfestmusik oder Komponistenmusik wirkt.

Am schwersten hatte es die Literatur, sich diesem Trend zur Abstraktion anzupassen, da nun einmal Sprache viel stärker an bestimmte Bedeutungsinhalte gebunden ist als Klang, Rhythmus, Farbe oder Form. Und doch läßt sich dieser Abstrahierungsprozeß ins

Nicht-Mimetische auch hier beobachten. Eine wichtige Initialwirkung ging dabei von der bereits erwähnten Rehabilitierung Gottfried Benns im Jahre 1948 aus, der bis zu diesem Zeitpunkt als ehemaliger Nazisympathisant auf der Schwarzen Liste der Alliierten gestanden hatte und sich plötzlich zur totalen Autonomie des Geistes bekannte. So schrieb er im April 1948 an seinen Schweizer Verleger Peter Schifferli, daß die »geistige Welt« außerhalb der »geschichtlich-politischen« liege, ja daß »Politik« lediglich »Sabotage der Kunst« sei und »nichts weiter«. Unter indirekter Berufung auf Ortega y Gasset erklärte Benn in diesen Jahren immer wieder, daß sich der Intellektuelle in einem Zeitalter, »das nur die Masse gelten läßt«, vom Staat nachdrücklich »absondern« müsse. Selbst die klassisch-verblasenen Gedichte eines Rudolf Alexander Schröder gefielen ihm in dieser Zeit besser als die ins Politisch-Realistische tendierenden Romane eines Theodor Plivier. Dichtungstheoretisch orientierte sich Benn damals nicht nur an der Ismenkunst zwischen 1910 und 1925, die er einmal selbst unterstützt hatte, sondern auch an den Autonomiekonzepten des französischen Symbolismus und des anglo-amerikanischen New Criticism. Allerdings ging er dabei nie soweit, eine reine Laut- oder Klangpoesie im Sinne des Dadaismus oder der späteren Konkreten Poesie zu befürworten. Abstraktion bedeutete für Benn noch in erster Linie Erhöhung ins Esoterische, Elitäre, Artistische, das heißt ein Sich-Absetzen von allem Realistischen und Bekenntnishaften. Nach seiner Meinung sollten alle großen Künstler jenen ›Olymp des Scheins‹ zu erklimmen suchen, wo die aristokratische Mitleidslosigkeit beziehungsweise das Nichteingreifen als die einzige dem Geistigen angemessene Haltung gelte. Benn fand deshalb nichts schlimmer, wie er im Juli 1948 an die Zeitschrift *Merkur* schrieb, als das »hündische Kriechen« der Intelligenz vor »politischen Begriffen«, ja beurteilte das »Zoon politikon« als das niederste aller menschlichen Wesen schlechthin. Dementsprechend wandte er sich – unter ständiger Berufung auf Nietzsches Vorstellung der ›Wiederkehr des Immergleichen‹ – nicht nur gegen jene mediokren Kleintalente, jene »Bewisperer von Nüssen und Gräsern«, wie man sie im Bereich der Naturlyrik finde, sondern auch und vor allem gegen jene ›pöbelhaften‹, mit den übelsten Ressentiments ausgestatteten Fortschritts- und Entwicklungsdichter, die überhaupt keinen Sinn mehr dafür

besäßen, was Zenithgesinnung oder gar ästhetische Vollendung sei. Genau besehen, erschien also auch Benn, wie schon Nietzsche und Adorno, die Kunst als die letzte höhere Tätigkeit des Menschen im Rahmen eines sinnlos gewordenen Universums, wo sich der Geistige nur noch durch sein Insistieren auf einen statischen Formbegriff gegen die Ansprüche der ständig auf Wandlung drängenden Masse zur Wehr setzen könne.
Aus diesem Grunde beschwor Benn 1947 in seiner Berliner Novelle *Der Ptolemäer* einen total zynisch gewordenen Intellektuellen, dem alles, ob nun die Religion, der Humanismus, die ›holde Kunst‹, die Politik oder die moralische Wiederaufrüstung, nur noch ein ironisches Lächeln abnötigt, der aber nichtsdestotrotz weiter mit nietzscheanischer Artistik und Spenglerscher Bildungsfülle aufzutrumpfen versucht. Eine noch größere Wirkung hatten ein Jahr später Benns *Statische Gedichte*, denen vor allem kulturkonservative Kritiker wie Karl Korn und Friedrich Sieburg ihr Qualitätssiegel aufdrückten. Hier heißt es in dem 1946 entstandenen Gedicht *Quartär* mit derselben elitären Verweigerungshaltung wie im *Ptolemäer*:

Die Welten trinken und tränken
sich Rausch zu neuem Raum,
und die letzten Quartäre versenken
den ptolemäischen Traum.
Verfall, Verflammen, Verfehlen –
in toxischen Sphären, kalt,
noch einige stygische Seelen,
einsame, hoch und alt...
Laß sich die letzten quälen,
laß sie Geschichte erzählen –
Allerseelen – fini du tout.

Im Jahr 1949 kam Benn mit fünf weiteren Publikationen heraus, was ihn, wie Dieter Wellershoff später schrieb, zum »Phänotyp der Stunde« machte. Im Sinne Benns wandten sich deshalb um 1950 viele der jungen Lyriker und Essayisten von der bisherigen Bekenntnis- und Trümmerdichtung ab und hatten dabei das Gefühl, den ›Anschluß an die große Moderne‹ zu vollziehen. Allerdings schwächte Benn – im Zeichen der fortschreitenden Stabilisierung der Bundesrepublik und der dadurch immer positiver werdenden Elitekonzepte – 1953 seinen ursprünglichen Defätismus wieder etwas ab und schrieb in einem Brief an die Berliner Akademie im Hinblick auf die heutigen Geistigen: »Aus diesen Wenigen wird Europa wiedererstehen, Europa, als der Kern der freien individuellen Gedanken.« Das gleiche tat damals Ernst Jünger, der als militanter Nationalist erst auf der Schwarzen Liste gestanden hatte, aber 1949 – im Zuge der neuen Freiheit – wie Benn mit einer Fülle neuer Bücher hervortrat. Auch er schwor jetzt allein auf sprachliche Artistik und aristokratische Pöbelverachtung – und setzte sich in seiner ›vergeistigten‹ Individualität in aller Schärfe von jener ›breiten Masse‹ ab, die nie zur Trägerschicht einer wahrhaft bedeutsamen Kultur werden könne.

Konservative Reaktionen auf den Abbau gesamtgesellschaftlicher Kulturkonzepte

Da die antifaschistisch-demokratischen Gruppen, die nach 1945 vom Aufbau einer glaubwürdigen Volkskultur geträumt hatten, von Anfang an so schwach waren, daß sie im Zuge des Kalten Krieges in den Westzonen leicht in den Hintergrund gedrängt werden konnten, wurde der fortschreitenden Polarisierung der Kultur um 1948/49 weniger von links als von rechts Widerstand entgegengesetzt. Die Linken sahen zu diesem Zeitpunkt ein, daß sie aufgrund der erfolgreich durchgeführten Restauration der älteren Marktwirtschaft die Anfangsrunde der politischen und kulturellen Auseinandersetzungen verloren hatten. Die Rechten, die diesen Renovierungsprozeß zwar durchaus begrüßten, ihn jedoch kulturell für problematisch hielten, hofften dagegen auch in der Folgezeit, den Kurs der Entwicklung – im Zeichen religiöser, nationaler oder moralischer Weltanschauungskomplexe – in ihrem Sinne beeinflussen zu können und somit den immer eklatanteren Auseinanderfall in die verschiedenen Branchen des privatwirtschaftlichen Kulturbetriebs wieder rückgängig zu machen. Während die meisten der neoliberalen Intellektuellen diese Polarisierung, die ihnen ein elitäres Sonderplätzchen in den oberen Rängen des allgemeinen Kulturbetriebes garantierte, als etwas Unumgängliches, wenn nicht gar Positives begrüßten, bemüh-

ten sich also um 1950 bloß die Konservativen – als die herkömmlichen Exponenten des bürgerlichen Stellvertretungsanspruchs – noch einmal die kulturellen Belange der Gesamtnation auf die Tagesordnung zu setzen.
Da jedoch diese Schichten aufgrund ihres idealistischen Weltbildes die fortschreitende Polarisierung der Kultur weniger als ein primär sozio-ökonomisches als ein geistiges Phänomen begriffen, konnten sie in diesem Aufspaltungsprozeß lediglich einen Abfall von Gott, eine Korrumpierung des Geistes, eine sittliche Verrohung oder gar einen bedrohlichen Krankheitsverlauf sehen, denen sie mit ebenso moralischen, religiösen oder geistidealistischen Vorstellungen entgegenzutreten suchten. Daher lief ihre Reaktion meist auf einen ›hilflosen Konservativismus‹ hinaus, der sich angesichts des allgemeinen Verfalls das künftige Heil nicht von einer Änderung der materiellen Basis, sondern allein von irgendwelchen wesentlich ›tiefer‹ gehenden kulturtheoretischen Maßnahmen erhoffte. So wandte sich ein Mann wie Hans Werner Hegemann 1951 in seinem Buch *Vom Trost der Kunst* in aller Schärfe gegen jenen nach Autonomie strebenden Ästhetizismus, durch den die moderne Kunst immer zweckloser, immer formaler, immer inhaltsloser geworden sei und somit die nach Tröstung Verlangenden notwendig unbefriedigt lasse. Um dieser Entwicklung entgegenzutreten, verlangte er folgerichtig nach neuen Inhalten, suchte jedoch diese Inhalte nicht in den konkreten Lebenswerten einer auf dem Konzept wahrer Menschlichkeit beruhenden Gesellschaftsordnung, sondern in reichlich abstrakten Heils- und Rettungsvorstellungen, die in vielem ebenso unkonkret wirken wie die von ihm abgelehnten Modernitätskonzepte.
Im Bereich der bildenden Künste wandten sich die Konservativen um 1948/49 vor allem gegen die Vertreter jener Moderne, welche sie als die ›Abstrakten‹ empfanden. Diese Abstrakten wurden, wenn man den damaligen Meinungsbefragungen Glauben schenken soll, zu diesem Zeitpunkt noch von fast 99 Prozent der Bevölkerung abgelehnt. Selbst unter den Primanern und Studenten fanden sich um 1946/47 nur vier Prozent, welche die moderne Kunst positiv beurteilten. Aber auch viele der älteren Intellektuellen, die sich nicht erst unterm Faschismus, sondern schon in den zwanziger Jahren von der abstrakt-modernistischen Malerei abgewandt hatten, sahen nach

dem Krieg keinen zwingenden Grund, wieder zu der expressionistisch-futuristisch-dadaistischen Ismenkunst um 1920 zurückzukehren. Adama von Scheltema erklärte dementsprechend 1946 in der Zeitschrift *Prisma,* daß er den Expressionismus für ›veraltet‹ halte. Ihm erschien es unsinnig, die »jetzige Jugend mit sanftem Druck zu einer Kunst zurückzuerziehen«, deren Hauptqualität lediglich darin bestehe, von den Nazis als ›entartet‹ bezeichnet worden zu sein. Doch der entscheidende Generalangriff auf die moderne Kunst erfolgte erst 1948 in dem Buch *Verlust der Mitte. Die bildende Kunst des 19. und 20. Jahrhunderts als Symbol der Zeit* von Hans Sedlmayr. Hier wurde der Gesamtverlauf der neueren Kunst seit der Französischen Revolution als ein fortschreitender Krankheitsprozeß dargestellt. Die Hauptursache dieser Entwicklung sah Sedlmayr in jenem aufklärerischen Autonomiestreben, durch das sich der Mensch endgültig vom Göttlichen abgelöst und somit seine ›Mitte‹ verloren habe. Statt bei diesem Prozeß den nur allzu offensichtlichen Widerspruch zwischen positiver Emanzipation aus feudalistischer Knechtung und negativer Befreiung in den Kapitalismus ins Auge zu fassen, stellte Sedlmayr das Ganze in rein geistes- oder religionsgeschichtlicher Sicht als eine tiefgehende Glaubenskrise hin. Seit dieser Zeit, heißt es bei ihm, strebe alles – der Verstand, das Gefühl, die Naturauffassung, die Kunst – in verschiedene Richtungen auseinander und füge sich nicht mehr wie im Barock zu einem mittebetonten Weltbild zusammen. Im Bereich der Kunst äußere sich dieser Totalitätsverlust in einer seltsamen Verheiligung bestimmter weltlicher Bereiche, wie des Landschaftsgartens, des Museums und des Theaters, sowie einem ins Gigantische angewachsenen Stilpluralismus, innerhalb dessen jeder nur seine persönliche Note hervorzuheben versuche. Aus diesem ästhetischen Autonomiestreben, erklärte Sedlmayr, habe sich schließlich im 20. Jahrhundert der Tod der Ikonologie und die Akzentuierung alles Abstrakten, Absoluten ergeben. Statt wie im 19. Jahrhundert wenigstens nach Surrogaten bisheriger Gesamtstile zu streben, gebe es heute nur noch die beziehungslose Architektur, die beziehungslose Plastik und die beziehungslose Malerei. Selbst da, wo man noch gegenständlich male, lasse sich eine deutliche »Herabsetzung des Menschen«, ein »Zug nach Unten«, eine »Neigung zum Anorganischen, Karikaturistischen und Chaotischen« sowie eine steigende »Aufhebung des Unterschieds von ›Oben‹ und ›Unten‹« beobachten. Noch am überzeugendsten empfand Sedlmayr die Bilder eines Goya oder Friedrich, wo die totale Entfremdung des Menschen wenigstens als Tragik erkennbar bleibe. Was dieser Entwicklung zugrunde liege, war nach seiner Meinung eine grundsätzliche Rücksichts- und Respektlosigkeit aller sich autonom setzenden ›Aufklärer‹ Gott, der Natur und dem Menschen gegenüber. All jene, die den Menschen nicht mehr als Gottes Ebenbild und die Natur nicht mehr als Gottes Schöpfung ansähen, tendierten heute zu einem Antihumanismus, der glaube, mit allem und jedem nach freiem Gutdünken verfahren zu können. Das Rezept, das Sedlmayr am Schluß seines Buchs gab, bestand darum in der Aufforderung, im Rahmen eines Glaubens an eine göttliche Weltordnung auch das »ewige Bild des Menschen« wiederherzustellen. »Diejenigen, denen dieses Bewußtsein gegeben ist und die es bewahren«, heißt es hier religiös-utopistisch, »werden die ›Neue Zeit‹ sehen, auch wenn sie sie noch nicht betreten dürfen.«

Ein solches Buch, das eher in die Religionsgeschichte als in die Kunstgeschichte gehört, mußte bei all jenen, die wie Sedlmayr an der modernistischen Kunst vor allem das Gegenstandslose, Verzerrt-Karikaturistische und Surrealistisch-Dämonisierende störte, selbstverständlich Furore machen. Es wurde daher nicht nur von einem weiten Spektrum von Kritikern, das von Karl Jaspers bis zu Reinhold Schneider reichte, geradezu in den Himmel gehoben, sondern zwischen 1948 und 1953 von über 90000 Menschen auch tatsächlich gekauft. Durch dieses Buch fühlten sich auch andere bestärkt, sich endlich offen gegen die abstrakt-modernistische Malerei auszusprechen und ihr bisheriges Eintreten für eine solche Art von Malerei zu widerrufen. So publizierte etwa Wilhelm Hausenstein 1949 ein Büchlein unter dem Titel *Was bedeutet die moderne Kunst? Ein Wort der Besinnung,* in dem sich dieser Moderne-Anhänger plötzlich als ein rückwärtsgewandter, gläubiger Katholik zu erkennen gab. Nach Hausenstein, der sich gleich zu Anfang ausdrücklich zu Sedlmayr bekannte, kreisen die meisten »modernen Strömungen seit 1900« um das »Nichts«. Überall huldige man seitdem, ob nun im »Expressionismus, Futurismus, Kubismus, Surrealismus oder in der Abstrakten Kunst«, einem Fortschrittswahn, der sich vor allem »destruktiv«

ausgewirkt habe, da er gegen die auf dem »Axiom der Ebenbildlichkeit gegründete Anthropologie« verstoße. Durch diese Wendung ins Abstrakte habe die »moderne Kunst«, wie Hausenstein erklärte, ihre »unmittelbare gesellschaftliche Funktion« verloren und sei zu einer »Angelegenheit der ästhetisch Eingeweihten« geworden. Hausenstein fand es daher unsinnig, eine »so esoterisch spezialisierte Sache wie die moderne Kunst« unters »Volk« bringen zu wollen. Während Künstler wie Ernst Barlach und Gerhard Marcks weiterhin an der göttlichen Ebenbildlichkeit des Menschen festgehalten hätten, huldigten heute viele der modernen Künstler nur noch dem »Interessanten«, »Neuen«, »Unerhörten«. Eine solche Fehlentwicklung ist nach Hausensteins Ansicht mit den Mitteln der Kunst allein nicht zu korrigieren, sondern setze zu ihrer Aufhebung eine »christliche Erneuerung« voraus, die von der Aufgabe ausgehe, »das Bild der Schöpfung zu reintegrieren und überhaupt die echten Ordnungen wieder zu begründen«.

Ebenso katholisierend trat 1949 ein alter Linker wie Rudolf Schlichter in seiner Broschüre *Das Abenteuer der Kunst* auf, wo er als den einzigen Ausweg aus dem Chaos der modernen Kunst einen christlichen Surrealismus empfahl. Auch Karl Scheffler widerrief 1950 in seinem Buch *Kunst ohne Stoff* sein bisheriges Eintreten für die moderne Kunst, die im Zuge der Entwicklung seit der Französischen Revolution ihre ältere Einheit von »Stoff, Gehalt und Form« verloren habe und in der heute eine beklagenswerte »Entgötterung« vorherrsche. Wenn man die Kunst entgöttliche und denaturiere, schrieb Scheffler wie Sedlmayr, müsse sie schließlich entweder »satanisch« oder »gegenstandslos-esoterisch« werden. Was daher Scheffler am Schluß seines Buches forderte, war eine neue »klassische Kunst«, wie es sie zum letztenmal im Barock gegeben habe. Allerdings blieb auch Scheffler seinen Lesern schuldig, den Weg zu einer solchen ›Blütezeit‹ aufzuzeigen. Seine einzige Hoffnung bestand darin, daß in »dunkler Stille«, wie es einmal kryptisch heißt, irgendein »neuer Mythos« heranwachse, der die nach Inhalten hungernden Künstler für ein weiteres »Jahrtausend« mit einer »neuen Stoffwelt« versorgen könne. Alfred Stange wiederholte dagegen in seiner 1951 erschienenen Schrift *Über die Einsamkeit der modernen Kunst* noch einmal die religiösen Argumente, indem er die mangelnde Publizität der modernen Malerei vor allem auf die Tatsache zurückführte, daß die Malerei der letzten Jahrhunderte von ihren ursprünglich christlichen Themen immer stärker zu einer gottverleugnenden Subjektivität fortgeschritten sei, die keinen allgemein-verbindlichen Charakter mehr habe.

Fast den gleichen Argumenten begegnet man in der Musikkritik dieser Jahre. Auch hier gingen die Gegner der Modernität gern von der Frage aus, warum selbst die Mehrheit der Gebildeten so wenig Interesse für die moderne E-Musik aufbringe und es geradezu ein Risiko sei, überhaupt Werke der Neuen Musik auf eins der üblichen Konzertprogramme zu setzen. Recht aufschlußreich ist in diesem Zusammenhang jene Rundfrage unter dem Titel *Warum wollen die Leute keine neue Musik hören?*, welche die Zeitschrift *Melos* 1947 veranstaltete. Ein Verfechter avantgardistischer Anschauungen wie Heinz Pringsheim erklärte hier höchst provozierend, daß es der überwältigenden Mehrheit der Konzertbesucher gar nicht um die ›Musik an sich‹, sondern lediglich um die in der Musik steckenden Gemütswerte gehe. Alles wahrhaft ›Neue‹, behaupteten er und andere Modernisten, sei zu allen Zeiten nur von einer kleinen Gruppe von Eingeweihten sofort als bedeutsam erkannt worden. Solche Formen des Hochmuts mußten natürlich die Konservativen, die auch im Bereich der modernen E-Musik weiterhin auf den bürgerlichen Stellvertretungsanspruch pochten, notwendig verärgern und zu heftigen Gegenreaktionen reizen.

Unter diesen Konservativen gab es viele alte Völkische und Nazis, die seit 1945 im Schmollwinkel saßen und wenigstens auf diesem Gebiet ihrem allgemeinen Unmut über die neuen Verhältnisse Luft zu machen versuchten. Man denke an einen Komponisten wie Hans Pfitzner, der schon am 5. Oktober 1946 an seinen Freund Bruno Walter in New York schrieb, daß ihm Deutschland noch immer als das »heilig Herz der Völker« (Hölderlin) erscheine. Vor allem auf dem Gebiet der Musik, behauptete Pfitzner, sei Deutschland nun einmal der »Kanarienvogel unter den Spatzen«, weshalb man dieses Land immer wieder beneidet und diffamiert habe. Doch nicht nur Pfitzner, auch andere zogen damals in den drei Westzonen im Hinblick auf die alte ›Weltgeltung‹ der deutschen Musik, in der die Seele dieser Nation ihren reinsten, erhabensten Ausdruck gefunden habe, in aller Offen-

heit gegen eine Entdeutschung der deutschen Musik im Sinne international-modernistischer Tendenzen zu Felde. So lehnten etwa Kritiker wie Walter Abendroth, Kurt Westphal und Günter Engler das Atonale oder gar Zwölftönige weiterhin als artifiziell, konstruiert und damit unnatürlich ab. Am meisten Widerhall fanden dabei die Äußerungen Wilhelm Furtwänglers, der 1948 mit seiner *Zweiten Symphonie* im Brahms-Bruckner-Stil herauskam und im folgenden Jahr in der Zeitschrift *Stimmen* den melodischen »Einfall«, wie vorher Pfitzner, weit über alles bloße Theoretisieren stellte. Es gehöre heute mehr Mut zu einer »natürlichen« als zu einer »unnatürlichen« Aussage in der Musik, schrieb Furtwängler hier, da sich in ihren oberen Rängen ein »Kult des Nie-Dagewesenen«, des »Neuen um seiner selbst willen« und des »Bloß-Originellen« verbreite. Diese Musik wende sich nicht mehr »an den Menschen, an ein Publikum«, sondern nur noch »an eine Gruppe sogenannter Kenner oder Fachleute«. Furtwängler schloß daher seine Ausführungen zur Verteidigung der Tonalität und gesamtgesellschaftlichen Relevanz der Musik mit den Worten: »Es ist mir – mit aller Bescheidenheit sei das bemerkt – als Künstler unmöglich, auf das zu verzichten, was in meinen Augen das Entscheidende überhaupt ist: die Allgemeingültigkeit der Aussage. Mir will scheinen, daß erst da, wo diese prinzipiell aufgegeben wird, jener ›Individualismus‹ beginnt, der heute allenthalben als Totengräber unserer Kunst am Werke ist.«
Mit ebenso ›bewegten‹ Worten bekannte sich 1949 Karl Laux in seinem Buch *Musik und Musiker der Gegenwart* zu einer »Musik der Zukunft«, die sich mit dem »ganzen Volk« verbunden fühle. Anstatt weiterhin jenen unpopulären Modernismus zu restaurieren, von dem sich die bewußteren, besseren Komponisten schon 1925 abgewandt hätten, setzte sich Laux in diesem Buch vornehmlich für Komponisten wie Hugo Distler, Gottfried von Einem, Werner Egk, Ottmar Gerster, Wolfgang Fortner, Carl Orff, Ernst Pepping, Hermann Reutter und Rudolf Wagner-Régeny ein. Diesen Komponisten, behauptete er, sei es in ihren Werken weniger um technische Brillanz als um seelische Vertiefung gegangen. Das zeige sich am deutlichsten in der strengen Linearität ihrer Werke, denen man zum Teil eine bewußte Orientierung an der Musik der Renaissance und des Barock anmerke. Überhaupt sei für diese Komponisten nicht das monodische

›Ich‹, sondern stets das vielstimmige ›Wir‹ das Entscheidende gewesen. Dieses ›Wir‹ wurde von ihm noch mit dem ›Wir‹ des deutschen Volkes gleichgesetzt, dessen bedeutsamere, ernsthaftere Musik alle von dem »gleichen Schicksal, dem gleichen Glück, dem gleichen Erleben, dem gleichen Wollen und Fühlen« gezeichnet sei. Anstatt nur die »Kenner« zu befriedigen, erklärte Laux, solle die Musik danach streben, die »verlorengegangene Gemeinschaft der aktiven Hörer wiederherzustellen«. Im Gegensatz zur rein modernistischen Musik, die völlig »beziehungslos« sei, müsse gerade die hohe Musik, wie es heißt, wieder »Teil und Spiegel« ihrer Zeit werden. Ähnliche Tendenzen finden sich in dem Buch *Die Musik im Weltbild der Gegenwart* (1949) von Andreas Liess, das der bloßen Modernität der Neuen Sachlichkeit und des Neoklassizismus – in Verbindung mit der »abendländischen Tradition« – die »metaphysische Substantialität« des echten Erlebens entgegenstellt, oder in der *Geschichte der deutschen Musik* (1949) von Rudolf Malsch, die eher von religiösen und bündischen Musikvorstellungen herkommt.
Das eigentliche Sammelbecken all dieser Strömungen war für eine Zeitlang die vom Bärenreiter-Verlag herausgegebene Zeitschrift *Musica*, deren erstes Heft schon im Januar 1947 mit der Einleitung begann, daß man hier jene Musik in den Vordergrund rücken wolle, bei der nicht nur die Sprache des Verstandes, sondern auch die »Sprache des Herzens« den Ton angebe. Hiermit meinte man jene Musik, in der schon seit 1925 eine stärkere Volkstümlichkeit und religiöse Fundierung vorherrsche und die ihren reinsten Ausdruck in den Werken eines Hindemith, Pepping, Distler und Orff gefunden habe. Dem Elementaren in der Musik des frühen Strawinsky, der Bürgerschreckmusik eines Kurt Weill, der Chaotik der expressionistischen Musik oder der Bizarrheit eines Schönberg wurde darum in den ersten Jahrgängen dieser Zeitschrift immer wieder jene Synthese aus Polyphonie und Melodie entgegengehalten, wie sie Hindemith in seinem *Mathis* und seinem *Ludus tonalis* erreicht habe. Aufgrund solcher Überzeugungen schrieb Wilhelm Maler 1948 in seinem Beitrag *Wo wir stehen*, daß die neue Neue Musik aus dem Geist der alten Ordnungen hervorgehen müsse, das heißt sich »Anknüpfungspunkte« bei der vorklassischen, ja vorbarocken Musik suchen solle. Nur so könne eine klar geordnete, vorsubjektivistische Musik ent-

stehen, erklärte er, in der die Mehrheit der Menschen ihre eigene Gefühlswelt widergespiegelt sähe. Alles Atonale wurde deshalb von Maler und anderen *Musica*-Autoren als subjektivistischer Wirrwarr angeprangert, der zu einem bedauerlichen Absinken der Musik ins Willkürliche, Unverbindliche, Abseitige geführt habe. Im gleichen Sinne schrieb Albert Wellek 1951 in dem Artikel *Atonalität* im ersten Band der Enzyklopädie *Musik in Geschichte und Gegenwart,* die ebenfalls beim Bärenreiter-Verlag erschien und in ihren Anfängen noch stark von einem kulturkonservativen Geist geprägt war: »Heute darf gesagt werden, daß über Wert und Unwert der ›atonalen Musik‹ die Akten geschlossen sind, und zwar mit endgültig und allgemein verbindlich negativem Ergebnis.« Eine solche Musik, schrieb Wellek weiter, könne nur aufgrund einer »seelen- und wirklichkeitsfernen Schreibtischperspektive« entstehen. Ihre »kurze, künstlich forcierte modische Hochflut« werde sicher bald einer neuen Rückbesinnung auf die Grundelemente der Musik, nämlich auf Tonalität, Melodie und Volkstümlichkeit, Platz machen. Wie sehr sich Wellek in dieser Hoffnung täuschte, zeigte sich schon zwei Jahre später, als es im Zuge der immer tiefergehenden kulturellen Polarisierung im Rahmen der modernen E-Musik zu einer kaum noch angezweifelten Vormachtstellung des elitären Prinzips kommen sollte.
Wesentlich schwächer fiel dagegen die konservative Reaktion auf die fortschreitende kulturelle Polarisierung innerhalb der Literatur aus, da hier um 1948/49 die ›Moderne‹ noch nicht so klar in Erscheinung trat wie auf dem Gebiet der bildenden Künste und der Musik. Und wer, wie Benn und Jünger, zu diesem Zeitpunkt in der Literatur bereits ausgeprägt modernistisch-elitäre Anschauungen vertrat, war den Konservativen als Autor an sich ganz recht. Wenn darum auf diesem Sektor überhaupt kritische Stimmen laut wurden, wandten sie sich meist im Sinne der älteren völkischen oder kirchlichen Orthodoxie gegen die ›Aushöhlung‹ der nationalen oder religiösen Substanz. Was diesen Kreisen als zersetzend, nihilistisch, das heißt nicht positiv, nicht erbaulich genug erschien, war wie eh und je die Asphaltliteratur der großen Städte, in der die Unmoralischen und Ungläubigen das große Wort führten. Und damit meinten solche Kritiker eher die Literatur der linken und liberalen als die der modernistisch-elitären Autoren. Im Grunde kämpften diese Schich-

ten noch immer im Zeichen der ›Kultur‹ gegen die ›Zivilisation‹ – und ließen darum nur das gelten, was im Sinne eines Hesse, Bergengruen oder Wiechert aus der ›gesunden Mitte‹ stamme und deshalb die nötigen tröstenden Gemütswerte besitze.

TEIL II

Zwischen Kaltem Krieg und Wirtschaftswunder (1949-1965)

Die ökonomische, politische und weltanschauliche Fundierung der neugeschaffenen Republik

Das sogenannte Wirtschaftswunder

Wie bereits dargestellt, wurde die Basis für die Westintegrierung und Rekapitalisierung Westdeutschlands durch die am 20. Juni 1948 durchgeführte Währungsreform geschaffen. Zu ihren Hauptinitiatoren gehörte Ludwig Erhard, der bereits durch seine Tätigkeit als Direktor des Bizonenwirtschaftsrats ein gewisses Ansehen gewonnen hatte und der am 20. September 1949 Wirtschaftsminister im ersten Kabinett Adenauer wurde. Erhard war als Anhänger Wilhelm Röpkes und der ›Freiburger Schule‹ schon 1947/48 gegen die Fortführung der planwirtschaftlichen Maßnahmen der ersten Nachkriegsjahre oder gar die Überführung der sogenannten Schlüsselindustrien in Gemeineigentum eingetreten. Statt dessen hatte er zur wirtschaftlichen Gesundung Westdeutschlands die relativ freie Entfaltung kapitalistischer Privatinitiativen im Rahmen einer ›sozialen Marktwirtschaft‹ empfohlen. Da der von ihm gutgeheißene Wirtschaftskurs in den Jahren 1948/49 mit dem Anlaufen des Marshall-Plans verbunden wurde und darum breiten Schichten der Bevölkerung – nach zehnjähriger Plan- und Zwangswirtschaft – wie ein Durchbruch zu demokratischer Freiheit erschien, erwiesen sich die Erhardschen Wirtschaftskonzepte als äußerst erfolgreich und verschafften den restaurativen Kräften innerhalb der politischen und wirtschaftlichen Führungsschicht Westdeutschlands eine höchst günstige Ausgangsposition.

Adenauer und Erhard ließen deshalb in der Gründungsphase der Bundesrepublik sowie in den ersten Jahren ihres Bestehens nicht davon ab, diesen Kurs, der die entscheidende Voraussetzung ihrer Politik des Antikommunismus und der Westintegrierung bildete, mit allen ihnen zur Verfügung stehenden Mitteln zu stützen und zu fördern. Aus diesem Grunde wurde 1950 nicht nur der bisherige Preisstopp aufgehoben, sondern auch die sogenannte ›Kleine Steuerreform‹ verabschiedet, die allen Bundesbürgern mit hohem Einkom-

men großzügige Abschreibungsvergünstigungen und Steuerermäßigungen zugestand, um so die nötigen Investitionsanreize zu schaffen. Weitere Erleichterungen für die Industrie bewirkte die Bundesregierung durch jene Zugeständnisse, die sie im Winter 1949/50 im Rahmen des ›Petersberger Abkommens‹ von der Hohen Kommission der westlichen Besatzungsmächte aushandelte. Aufgrund dieser Vereinbarungen kam es zur endgültigen Einstellung der Demontagen, zur Rückgabe der Montanindustriewerke an ihre früheren Besitzer, zur Wiederaufnahme wirtschaftlicher und konsularischer Beziehungen zu anderen westlichen Ländern, zur Aufhebung der Produktionsbeschränkungen in bestimmten Industriezweigen sowie zur Lockerung der Dekartellisierungsvorschriften. Und so läßt sich schon im Jahr 1950 eine Rückverflechtung der Eisen- und Stahlindustrien sowie eine Neuverflechtung der regionalen Banken innerhalb großer überregionaler Banksysteme wie der Deutschen Bank, der Dresdner Bank und der Commerzbank beobachten. Doch diese Neu- und Rückverflechtungen allein hätten sicher nicht genügt, die industrielle Produktion wieder auf Hochtouren zu bringen. Weitere Voraussetzungen dazu bildeten die durch die hohe Arbeitslosigkeit niedriggehaltenen Löhne, der ständige Zustrom hochqualifizierter Arbeitskräfte aus dem Osten, die durch den gewaltigen Nachholbedarf der Bevölkerung geradezu idealen Absatzbedingungen sowie die 1950 durch den Koreakrieg ausgelöste allgemeine Wirtschaftskonjunktur. All das führte zu einer so stürmischen Akkumulation und zugleich Investition, daß die industrielle Produktion der Bundesrepublik im Jahr 1950 auf manchen Gebieten um fast 40 Prozent anstieg.
Selbstverständlich nahmen die SPD-Führung und der im Oktober 1949 neugegründete ›Deutsche Gewerkschaftsbund‹, die weiterhin auf planwirtschaftlichen Maßnahmen zum Schutze der Arbeiterschaft, auf einem gerechteren Lastenausgleich und einer Überführung der Schlüsselindustrien in Gemeineigentum bestanden, diese Entwicklung nicht widerspruchslos hin. So erklärte Kurt Schumacher am 8. Januar 1951 auf dem 6. Landesparteitag der SPD in Berlin: »Der Sieg der Regierungsparteien ist kein Sieg der Parteien gewesen. Es ist ein hartes Wort, wenn ich sage: er ist in der Tendenz der Sieg einer Klasse gewesen, und zwar der Sieg der Klasse über die machtpolitische und gesellschaftliche Notwendigkeit, die Verteidi-

gung des Eigentums, und zwar auf Kosten der Allgemeinheit.« Im September 1949 seien mit Adenauer und Erhard, fuhr Schumacher fort, die »Machthaber einer Klasse« ans Ruder gekommen, welche den von ihnen »besiegten armen Leuten« anschließend einige »soziale Wohlfahrten« nachgeschmissen hätten. Ein solches System »soziale Marktwirtschaft« und nicht einfach »freie Marktwirtschaft« zu nennen, hielt er für einen aufgelegten Schwindel. Schließlich seien die CDU/CSU und die FDP keine »Mittelparteien«, wie sie gern von sich behaupteten, sondern reine »Rechtsparteien«. Das neue System lasse sich darum, trotz aller »sozialen Redensarten und Täuschungsmanöver«, wie Schumacher erklärte, nur als eine »vierfache Verbindung« von »Kapitalismus, Kartellen, Klerikalismus und Konservativismus« charakterisieren. Auch auf dem 4. Parteitag der SPD in Hamburg betonte Schumacher am 22. Mai 1950 höchst unverblümt, daß die Gewinne der Großindustriellen in den letzten Monaten einen bisher »unbekannten« Umfang angenommen hätten. Eine solche Entwickung, wie man sie auch einkleide, erschien ihm im Prinzip »undemokratisch«. Unter »demokratisch« verstand Schumacher nur die Sozialisierungswünsche der von der SPD vertretenen Arbeiterklasse, während er das an der Macht befindliche »extrem autoritäre Manager-Regime«, das lediglich die Interessen der »Herren-Klasse« vertrete, als ausgesprochen »totalitär« bezeichnete.

Doch Erhard ließ sich durch solche Parolen nicht beirren. Er hatte das untrügliche Gefühl, daß sich die Mehrheit der westdeutschen Bevölkerung im Zuge des Kalten Krieges und im Hinblick auf die steigenden Produktionsziffern schließlich doch für seine ›Wohlstandspolitik‹ und nicht für irgendwelche sozialistischen ›Experimente‹ entscheiden würde. Daher setzte er der fortschreitenden Monopolisierung, die auf vielen Gebieten entschieden weiter ging als in den zwanziger Jahren oder im Dritten Reich, keinerlei Hemmnisse entgegen. Auch gegen jene Entwicklung, daß in vielen Konzernen die führenden Positionen wieder von den gleichen Industriellen und Managern übernommen wurden, die den Aufstieg Hitlers und seiner Partei aktiv unterstützt hatten und dafür von den Alliierten nach 1945 erst einmal als Kriegsverbrecher oder zumindest als Mitläufer eingestuft worden waren, schritt er nicht ein. Diese Schichten taten selbstverständlich alles, die demokratisch-antifaschistischen Neuordnungskonzepte, sofern sie überhaupt noch weiterwirkten, als östliche Unterminierungsversuche zu diffamieren und dafür die Restauration der früheren Ordnung als eine Rückkehr zur Normalität hinzustellen. Daß sich solche Thesen als höchst wirksam erwiesen, hängt nicht nur mit den festverwurzelten Obrigkeitsvorstellungen breiter Bevölkerungsschichten zusammen, die der Faschismus erneut verstärkt hatte, sondern auch damit, daß sich die Erhardsche Wirtschaftspolitik – rein vordergründig gesehen – als eine Success Story ersten Ranges erwies und somit ein gesellschaftliches und ideologisches Stimmungsklima schuf, in dem alle oppositionellen Stimmen, die sich weiterhin gegen eine Rekapitalisierung Westdeutschlands aussprachen, im Laufe der Jahre immer unglaubwürdiger wirkten. Selbst die SPD schwächte daher schon um 1952/53 ihre antikapitalistischen Parolen erheblich ab, ja äußerte sich in der Folgezeit immer positiver über das Konzept der ›sozialen Marktwirtschaft‹ und übernahm es im Jahr 1959, als sie sich ihren Wählern plötzlich als ›entideologisierte Volkspartei‹ vorstellte, sogar in ihr offizielles Grundsatzprogramm. Auf diese Weise entstand gegen Ende der fünfziger Jahre schließlich jener breite wirtschaftswunderliche Konsensus, welcher der CDU/CSU, die 1949 bei der Gründung der Bundesrepublik nur mit einer Stimme Mehrheit an die Macht gekommen war, zur absoluten Mehrheit im Bundestag verhalf sowie Adenauer und Erhard zu den populärsten Figuren aller auf steigenden Wohlstand bedachten Kreise machte.

Diese beiden Politiker wurden deshalb in den fünfziger Jahren nicht müde, den erfolgreichen wirtschaftlichen Wiederaufbau Westdeutschlands als ihr Werk oder zumindest als das Werk ihrer Partei herauszustreichen. Dementsprechend wurde jede neue wirtschaftliche Errungenschaft in diesem Zeitraum von der CDU/CSU als ein Ruhmesblatt ihrer eigenen Politik hingestellt – und jeder Widerspruch gegen die von Erhard in Gang gesetzte wirtschaftliche Entwicklung als republikfeindliches Störmanöver angeprangert. Besonders stolz war man in Regierungskreisen darauf, schon im Mai 1950 die Lebensmittelrationierung aufheben zu können. Als ebenso ›fortschrittlich‹ wurden 1951 von der CDU/CSU der Beitritt der Bundesrepublik zum Europarat und zur westeuropäischen Gemeinschaft für Kohle und Stahl, der sogenannten ›Montanunion‹, hingestellt, durch welche Westdeutschland – im Sinne des voraufgegangenen Schumann-Plans und der späteren EWG-Absprachen – politisch und ökonomisch eine immer engere Allianz mit Frankreich, Italien und den Beneluxländern einging. Als daher 1952 die Marshall-Plan-Hilfe allmählich auslief, verfügte die Bundesrepublik bereits über eine so beachtliche Wirtschaftskapazität, daß sie eine einflußreiche Exportmacht zu werden begann. Eine der wichtigsten Voraussetzungen hierzu war jene Währungsstabilität, zu der neben den Maßnahmen Erhards vor allem die Bemühungen des Finanzministers Wilhelm Schäffers und des Präsidenten der Bank deutscher Länder Wilhelm Vocke beitrugen. Die westdeutsche Industrieproduktion, die bereits im Jahr 1950 den Stand der Vorkriegsproduktion von 1936/37 erreicht hatte, stieg somit in der Folgezeit fast jedes Jahr über 10 Prozent an. Insgesamt vergrößerte sich die Industrieproduktivität der Bundesrepublik in den Jahren zwischen 1950 und 1960 um 164 Prozent – eine Ziffer, welche die Zuwachsrate aller anderen westlichen Industrienationen im gleichen Zeitraum weit übertraf. Hieraus ergab sich im Laufe der Jahre eine so günstige Handelsbilanz, daß die Bundesrepublik im Rahmen der 1957/58 in Kraft tretenden westeuropäischen Wirtschaftsgemeinschaft als das ökonomisch stärkste Land auftreten konnte.

Doch auch die anderen industriellen Erfolgsziffern dieser Jahre sind höchst eindrucksvoll und stellen alles in den Schatten, was es sonst an Statistiken über vergleichbare Gründerzeiten oder Wirtschaftswunder gibt. So stieg die Stahlerzeugung, die damals noch die Basis jeder wirtschaftlichen Gesundung war, von 10,7 Millionen Tonnen im Jahr 1947, welches der von den vier Besatzungsmächten festgelegten Höchstgrenze der Stahlerzeugung entsprach, auf 22,5 Millionen Tonnen im Jahr 1956 an. Der westdeutsche Außenhandel vergrößerte sich zwischen 1950 und 1960 von 12 Milliarden auf 70 Milliarden Mark. Die Zahl der Arbeitslosen sank dagegen im gleichen Zeitraum von 1,94 Millionen im Jahr 1950 auf 185 Tausend im Jahr 1960 ab, denen obendrein 489 Tausend offene Stellen gegenüberstanden. Daß sich die Industrie so schnell erholen konnte und so viele neue Arbeitskräfte benötigte, hängt sicher auch damit zusammen, daß sie – wegen der Kriegs- und Demontageverluste – mit einem wesentlich moderneren Maschinenpark ausgestattet war als vergleichbare Industrien anderer westeuropäischer Länder. Das machte sich vor allem in der Autoindustrie, der Elektroindustrie und der Chemischen Industrie bemerkbar, welche in diesen Jahren eine besondere Dynamik entwickelten. Nur so wird verständlich, warum die Bundesrepublik im Jahr 1961 in der Rangliste aller autoexportierenden Länder der Welt den ersten Platz einnahm. Die größte Autofabrik Europas war damals das Volkswagenwerk. In ihm wurden in den späten fünfziger Jahren, als der einzigen Autofabrik der Welt, jedes Jahr über eine Million Autos von einem einzigen Typ gebaut. Die Firma Siemens stieg im gleichen Zeitraum mit ihren 200000 Beschäftigten zum größten Arbeitgeber auf dem europäischen Kontinent auf. All das führte schließlich dazu, daß die Bundesrepublik um 1960 in ihrer Industrieproduktion nur noch von den USA und der UdSSR übertroffen wurde, ja als Exportland hinter den Vereinigten Staaten für einige Jahre an der zweiten Stelle der Weltrangliste stand.

Aufgrund dieser Entwicklung ergoß sich seit 1955/56 nicht nur ein ungeahnter Strom von Gold und Devisen in die Tresore der Bundesbank, sondern entstand zugleich in weiten Kreisen der westdeutschen Bevölkerung das Gefühl, in einem Land zu leben, das wieder zu den führenden Nationen der Welt gehörte. »Wir sind wieder wer!« hieß es erst versteckt und dann immer offener. Und auch dieses neue Selbstgefühl kam der CDU/CSU und ihrer Wirtschaftspolitik zugute. All jene, die an diesem steigenden Wohlstand profitierten, und das waren recht breite Schichten, wiesen jetzt unter Berufung auf Adenauer und Erhard immer nachdrücklicher darauf hin, wieviel Geld sie plötzlich verdienten, wie sehr sich die Arbeitsbedingungen verbessert hätten, wie die Freizeit immer länger werde, wie das Warenangebot zunehme und wie sich die sozialen Leistungen dem Arbeitsaufwand angepaßt hätten. Besonders stolz war man darauf, daß durch den immer größeren Maschinenpark die rein körperliche Arbeit zusehends in den Hintergrund trat. So ging der Anteil der Landarbeiter, der früher den stärksten physischen Belastungen ausgesetzt war, zwischen 1950 und 1961 von 5,0 auf 1,6 Prozent der Gesamtbevölkerung zurück. Die Zahl der Fabrikarbeiter blieb zwar im gleichen Zeitraum ungefähr konstant, aber dafür erfreuten sich diese Arbeiter wesentlich besserer Arbeitsbedingungen als je zuvor. Die

Zahl der in ›geruhsameren‹ Berufen arbeitenden Angestellten stieg dagegen im gleichen Zeitraum von 17,2 auf 22,7 Prozent an. Wohl am deutlichsten äußerte sich diese Wohlstandsmentalität, neben der Anschaffung von Autos, Kühlschränken, Waschmaschinen und Fernsehgeräten, in dem Wunsch nach größeren Wohnungen, der fast alle Gesellschaftsklassen erfaßte. Um dieser Nachfrage gerecht zu werden, wurden in den fünfziger Jahren etwa 100 Milliarden Mark in den Wohnungsbau investiert, davon über 50 Milliarden als Zuschüsse des Staates und der Gemeinden, so daß 1960 bereits ein Drittel der westdeutschen Bevölkerung in Neubauten wohnte. Aufs Ganze gesehen, gab es zu diesem Zeitpunkt etwa 40 Prozent, das heißt 15 Millionen Wohnungen mehr als vor dem Krieg. Und in diesen Wohnungen wohnten Arbeiter und Angestellte, deren Monatseinkommen sich zwischen 1950 und 1960 verdoppelt hatte und die in einem Land mit der niedrigsten Inflationsrate der Welt lebten.
All das erzeugte, nach den Entbehrungen der Kriegs- und Nachkriegszeit, in breiten Schichten der Bevölkerung erst einmal das Gefühl materieller Sicherheit und somit ein tiefgehendes Einverständnis mit dem Status quo. Alle verdienten, wie es hieß, und alle genossen das Verdiente. Auf die Anschaffungswelle folgte die Freßwelle, auf die Freßwelle die Saufwelle, auf die Saufwelle schließlich die Reisewelle. Und so schien es auch in Zukunft weiterzugehen.
Daß dieses ›Wirtschaftswunder‹ mit einer gewaltigen Monopolisierung, das heißt einem Verzicht auf ökonomische und politische Mitbestimmung erkauft worden war, wurde den meisten damals noch gar nicht bewußt. Sie hielten sich erst einmal an die gebratene Taube in der Hand und verwiesen die Nörgler auf die Spatzen auf dem Dache. Aus diesem Grunde stößt man selten auf Statistiken, in denen die Kehrseite dieses Wirtschaftswunders manifest wird. Doch die wenigen, die es gibt, sprechen eine deutliche Sprache. So verfügten 1960 1,7 Prozent der westdeutschen Bevölkerung über 70 Prozent des Produktivvermögens. 2,2 Prozent aller Bodeneigentümer, das heißt 0,01 Prozent der Gesamtbevölkerung, besaßen mehr als ein Drittel der Wirtschaftsfläche und fast drei Viertel der Forstfläche. »Zusammengefaßt sind es 94 Männer«, schrieb die Zeitung *Christ und Welt* am 6. September 1964, »die in der kombinierten Funktion als Vorstände und Aufsichtsräte den Kern der deutschen Wirtschaft

beherrschen, die Personalpolitik für mehrere Millionen Belegschaftsangehörige und die Geschäftspolitik für eine zweistellige Milliardensumme an Käufen und Verkäufen bestimmen. Nicht zuletzt sind diese Männer entscheidend für die Zuwendungen an die Wahlfonds der Parteien, Institutionen der öffentlichen Meinungsbildung und Interessensvertretungen.«

Der Slogan vom »Wohlstand für alle«, den Erhard unentwegt propagierte, wirkt daher recht fadenscheinig. Genau besehen, gab es zwar in der frühen Bundesrepublik eine gewisse soziale Mobilität, aber keine durchgreifende Umstrukturierung der Vermögensverhältnisse. So vergrößerte sich der Gewinnanteil der Arbeitnehmer am erarbeiteten Mehrwert, trotz dramatisch ansteigender Löhne, von 59 Prozent im Jahr 1950 lediglich auf 60 Prozent im Jahr 1960, während die winzig kleine Schicht der Unternehmer im gleichen Zeitraum – wie schon unterm Faschismus – weiterhin geradezu astronomisch hohe Profite einstreichen konnte. Um in dieser Entwicklung einen gerechten und freiheitlichen Weg zu einer »nivellierten Mittelstandsgesellschaft« zu sehen, wie es die systemkonforme Soziologie unter Helmut Schelsky versuchte, hierzu bedurfte es schon damals mehr als der ständigen Hinweise auf die steigenden Produktionsziffern. Daher trat der ökonomischen Propaganda von Anfang an eine ebenso politische wie ideologische Propaganda des einmal eingeschlagenen Weges zur Seite, ohne welche die CDU/CSU bei den Wahlen der späten fünfziger Jahre sicher nicht die absolute Mehrheit errungen hätte.

Der Aufstieg der CDU/CSU zur Partei der absoluten Mehrheit

Daß die CDU/CSU gegen Ende der fünfziger Jahre einmal so ›populär‹ werden würde, konnte bei der Gründung der Bundesrepublik im Herbst 1949 noch niemand ahnen. In den Jahren zwischen 1945 und 1949 war es an sich die SPD gewesen, die in den drei Westzonen als die stärkste Partei galt. Doch schon die Wahlen zum Ersten Deutschen Bundestag am 14. August 1949 bewiesen, wie stark die Kräfte der Beharrung in diesem Lande tatsächlich waren. Aus diesen Wahlen ging die CDU/CSU mit 31,0 Prozent (139 Sitze), die SPD mit 29,2 Prozent (131 Sitze), die FDP/DVP mit 11,9 Prozent (42 Sitze) und die KPD mit 5,7 Prozent (15 Sitze) hervor. Weitere Sitze entfielen auf das Zentrum, die Bayernpartei, die Deutsche Partei sowie einige Splittergruppen und Unabhängige. Das war für alle, die noch immer demokratisch-antifaschistischen Neuordnungskonzepten anhingen, ein böses Erwachen. Das Kabinett, das Adenauer daraufhin am 20. September bildete, setzte sich aus einer Bürgerblock-Koalition von CDU/CSU, FDP und Deutscher Partei zusammen. Damit war von vornherein klar, daß der zukünftige Kurs dieses Staates der einer verstärkten Rekapitalisierung und Westintegrierung sein würde. Schließlich zog Adenauer schon im Winter 1949/50 als seine engsten Berater Vertreter aus Industrie und Hochfinanz wie Robert Pferdmenges und Hermann Josef Abs heran und nahm zugleich erste Kontakte mit ehemaligen Generalen auf. Kurt Schumacher, der noch immer einen Dritten Weg zwischen den beiden Supermächten zu steuern versuchte, nannte ihn deshalb erbittert einen »Kanzler der Alliierten«, ja erklärte 1950 im Bundestag in aller Offenheit: »Aus dem Wesen und der Zusammensetzung dieser Regierung heraus besteht die große Gefahr, daß dieser neue Staat ein autoritärer Besitzverteidigungsstaat werden kann.«

Die ersten Maßnahmen Adenauers waren erst einmal wirtschaftlicher Art und führten im November 1949 zu jenem ›Petersberger Abkommen‹, das die eigentliche Basis der wirtschaftlichen Souveränität der Bundesrepublik im Rahmen der westlichen Allianz bildete. Allerdings wurde dabei in einem Sonderparagraphen ausdrücklich betont, daß der Rekapitalisierung Westdeutschlands keine Remilitarisierung folgen dürfe. Daraufhin erließ die Hohe Kommission der drei westlichen Besatzungsmächte am 16. Dezember 1949 ein »Gesetz zur Ausschaltung des Militarismus«, dem am 8. Mai 1950 ein weiteres »Gesetz zur Verhinderung der deutschen Wiederbewaffnung« folgte. Mit diesen beiden Beschlüssen wurde die Vernichtung sämtlicher Rüstungskapazitäten angeordnet und allen Westdeutschen, die sich für die Idee der Wiederbewaffnung der ›Bundesrepublik Deutschland‹ einsetzen würden, lebenslängliche Zuchthausstrafen angedroht. Dennoch fanden schon im Sommer 1950 die ersten Kontaktaufnahmen im Hinblick auf eine künftige Remilitarisierung der Bundesrepublik statt, die Bundesinnenminister Gustav Heinemann (CDU) dazu veranlaßten, seinen Rücktritt einzureichen. Die erste

vorbereitende Tagung mit ehemaligen Hitler-Offizieren wie Heinrich von Vietinghoff-Scheel, Adolf Heusinger und Hans Speidel fand am 9. Oktober 1950 im Kloster Himmenrod statt, wo die ›Magna Charta der westdeutschen Wiederbewaffnung‹ ausgearbeitet wurde, wie sie Gerhard Graf von Schwerin später nannte. Aufgrund dieser Maßnahmen übernahm am 26. Oktober 1950 das ›Amt Blank‹ die offizielle Organisation der Remilitarisierung der Bundesrepublik, auf die fünf Monate zuvor noch Zuchthausstrafe gestanden hatte.
Als sich die SPD, die KPD und die Gewerkschaften gegen die geplante Wiederbewaffnung aussprachen, wurde ihr Verhalten von der Bundesregierung als ›republikfeindlich‹ angeprangert. Ja, Adenauer zögerte nicht, eine von diesen Organisationen befürwortete Volksbefragung gegen die Remilitarisierung als verfassungswidrig zu erklären. Um sich in diesem Kampf gegen links eine gesetzliche Rückendeckung zu verschaffen, verabschiedete die Bundesregierung am 11. Juni 1951 ihr erstes politisches Sonderstrafgesetz, das ihr – wie dem damals tagenden ›Komitee gegen unamerikanische Tätigkeit‹ unter McCarthy in den USA – das Recht gab, alle Verfassungsfeinde unter Druck zu setzen, ihrer Ämter zu entheben und zu Gefängnisstrafen zu verurteilen. Dieses Gesetz wurde zu Anfang vornehmlich gegen bekannte Kommunisten wie Richard Scheringer, Oskar Neumann und Robert Steigerwald angewandt. Doch schon im September 1951 folgte die Verfügung, daß Angehörige der KPD, der FDJ, des VVN und des Demokratischen Frauenbundes von nun an nicht mehr zum öffentlichen Dienst zugelassen würden. Ja, Organisationen wie die FDJ und der VVN wurden einfach verboten.
Im gleichen Jahr begannen in Paris die Verhandlungen über eine westeuropäische Verteidigungsgemeinschaft (EVG), an denen die Bundesrepublik bereits als gleichrangiger Partner teilnahm. Das neugegründete Außenministerium, das für diesen wachsenden Aufgabenkreis zuständig war, übernahm Adenauer selbst. Am 26. Mai 1952 kam es schließlich zur Unterzeichnung des ›Deutschlandvertrages‹ zwischen der Bundesregierung und den drei Westmächten in Bonn, durch den Westdeutschland endlich zum souveränen Staat wurde. Einen Tag später unterzeichnete Adenauer als Bekrönung dieser Entwicklung den Vertrag über die westeuropäische Verteidigungsgemeinschaft. All das gab ihm und seiner Partei in der öffent-

lichen Meinung zwangsläufig einen starken Auftrieb. Wieder Bürger eines vollgültigen, anerkannten und wirtschaftlich prosperierenden Staates zu sein, erweckte in vielen Westdeutschen ein deutlich gesteigertes Selbstwertgefühl. Es war daher in diesem Jahr, daß sich Adenauer – trotz schwerwiegender Einwände des zur FDP gehörenden Bundespräsidenten Theodor Heuss – am 6. Mai entschied, die dritte Strophe des *Deutschlandliedes* zur bundesrepublikanischen Nationalhymne zu erklären. »Dieser Entschluß«, schrieb die *Frankfurter Allgemeine* am gleichen Tag mit dem üblichen ›Wir‹-Gestus der Status-quo-Vertreter, wird »vom Volk in allen seinen Schichten« sicher als »etwas Selbstverständliches« begrüßt werden. Und das bewahrheitete sich dann auch.

Durch alle diese Maßnahmen setzte sich die CDU/CSU um 1951/52 endgültig als führende Partei durch, und zwar an allen Fronten: der ökonomischen, der politischen, der militärischen und der ideologischen. Sie gab sich hierbei in der Öffentlichkeit als eine Partei aus, die, wie Rainer Barzel 1952 in seinem Büchlein *Die deutschen Parteien* schrieb, weltanschaulich zur »Sammlung aller Christen im politischen Raum« beitragen wollte, um so »den zersetzenden Kräften unserer Zeit stärkstens zu begegnen«. Darum stellte sie sich in ihren Werbeprospekten gern als jene Macht hin, welche die Würde der Einzelperson für unantastbar halte und in ›Deutschland‹ keinen Kollektivismus oder Totalitarismus dulden werde. Allen planwirtschaftlichen Tendenzen trat die CDU/CSU weiterhin mit dem Konzept der freien oder sozialen Marktwirtschaft entgegen. Die Beziehungen in den Fabriken hoffte sie »im Sinne echter Partnerschaft, leistungsgemeinschaftlicher Verbundenheit und beiderseitiger Verantwortung für das gemeinsame Werk« zu lösen. In der Außenpolitik akzentuierte die CDU/CSU hauptsächlich das »Bekenntnis zum Westen und zur Verteidigung Europas« sowie die »Bereitschaft zur militärischen Verteidigung der Freiheit«. Im großen und ganzen gesehen, wandte sie sich also – trotz aller Beteuerungen, eine »Partei der Mitte« zu sein – eher gegen die Linken als gegen jene adligen oder bürgerlichen Führungsschichten, die vor 1945 mit den Nazis kollaboriert hatten. So ließ zwar die CDU/CSU 1952 die rechtsradikale SRP verbieten, hatte jedoch nichts dagegen, daß Adenauer alte Nazis wie Theodor Oberländer, Hans Globke und Herbert Blankenhorn

– trotz öffentlicher Proteste – unter seine engsten Mitarbeiter aufnahm.
Aufgrund dieser Entwicklung blieb es nicht aus, daß die CDU/CSU im Herbst 1953 bei den Wahlen zum Zweiten Bundestag ihren Stimmenanteil beträchtlich vergrößern konnte. Sie erhielt diesmal 45,2 statt 31,0 Prozent der abgegebenen Stimmen. 28,8 Prozent entfielen auf die SPD, 9,5 Prozent auf die FDP und 2,2 Prozent auf die KPD. Während die SPD bei diesen Wahlen 0,4 Prozent ihres Stimmenanteils verlor, gewann die CDU/CSU, indem sie fast alle früheren Rechtsparteien in sich aufsaugte, 14,2 Prozent an Stimmen dazu. Dies war ein Wahlerfolg, der sich in der Geschichte der Bundesrepublik bisher nicht wiederholt hat. Aufgrund dieser Abstimmung bildete Adenauer am 20. Oktober 1953 eine Koalitionsregierung aus CDU/CSU, FDP, DP und BHE (Bund der Heimatvertriebenen und Entrechteten), die ihm eine Zweidrittelmehrheit im Bundestag garantierte. Mit dieser Rückendeckung unterzeichnete er im folgenden Jahr die ›Pariser Verträge‹, durch welche die letzten Besatzungsstatuten aufgehoben wurden, und setzte sich für den Eintritt der Bundesrepublik in die NATO ein. Im Jahr 1955 verabschiedete der Bundestag am 27. Februar die ›Pariser Verträge‹ und sprach sich am 9. Mai für den Eintritt der Bundesrepublik in die NATO aus. Am 7. Juni wurde Theodor Blank zum ersten Verteidigungsminister der Bundesrepublik ernannt. Und so war es nur konsequent, daß am 2. Januar 1956 die Einberufung der ersten Freiwilligen zur Bundeswehr erfolgte und am 7. Juli vom Bundestag – unter lebhaftem Protest der SPD – die Einführung der allgemeinen Wehrpflicht beschlossen wurde. Als dagegen am 17. August die KPD durch das Verfassungsgericht in Karlsruhe endgültig verboten wurde, löste das kaum noch Proteste aus, so sehr hatte sich der Wind inzwischen in die andere Richtung gedreht. Auch die Ernennung von Franz Josef Strauß zum Verteidigungsminister erfolgte fast ohne jeden Widerspruch. Durch die wiedererrungene Souveränität und die steigende Prosperität, die als die alleinigen Verdienste Adenauers und Erhards hingestellt wurden, schien es in diesen Jahren geradezu unmöglich, überhaupt noch gegen die steigende ›Popularität‹ der CDU/CSU aufzubegehren. Das zeigte sich nur allzu deutlich bei den Wahlen zum Dritten Bundestag am 15. September 1957, bei denen 50,2 Prozent der

Stimmen auf CDU/CSU entfielen, die damit zum erstenmal die absolute Mehrheit im Bundestag errang, während die SPD lediglich 31,8 Prozent der Stimmen für sich verbuchen konnte.
Trotz aller neomilitaristischen Scharfmacherei und trotz aller Erklärungen Adenauers, die neugeschaffene Bundeswehr auch mit Atomwaffen auszustatten, die in weiten Kreisen der Bevölkerung einen Sturm der Entrüstung auslösten, erfreute sich also die CDU/CSU gerade in den Jahren 1957/58 einer solchen Beliebtheit, daß selbst die SPD, ihr schärfster Gegner, allmählich an ihren Widerstandsparolen irre wurde. Sie gab deshalb seit Oktober 1958 ihr sozialistisches und antimilitaristisches Profil allmählich auf und paßte sich im November 1959 in ihrem ›Godesberger Programm‹ den von der CDU/CSU geschaffenen Tatsachen weitgehend an, indem sie sowohl die Idee der ›sozialen Marktwirtschaft‹ als auch die inzwischen vollzogene Wiederbewaffnung akzeptierte. Sie wollte fortan, wie es hieß, keine Partei der Lohnabhängigen, sondern wie die CDU/CSU eine ›klassenunabhängige Volkspartei‹ sein. Auch die SPD fand es jetzt opportun, die »Unternehmer-Initiative«, das »private Eigentum an Produktionsmitteln« und den »freien Wettbewerb« als die idealen Grundlagen einer der Volkswirtschaft hinzustellen, deren Erfolge man nicht leugnen könne. Nach 1959 läßt sich darum die SPD nicht mehr als wirkliche Oppositionspartei bezeichnen, die der CDU/CSU mit klaren politischen und ökonomischen Alternativen entgegengetreten wäre. Ja, sie versuchte sogar von diesem Zeitpunkt an, nachträglich an den inzwischen eingetretenen Veränderungen zu profitieren, indem sie sich als eine Partei hinstellte, die viele dieser Entwicklungen positiv mitbeeinflußt habe. So erklärte etwa Fritz Erler am 30. Juni 1960 bei einer außenpolitischen Debatte des Bundestags: »Die westeuropäische Gemeinschaft – sogar in der Form, in der sie sich ganz konkret in der Militärallianz der NATO niedergeschlagen hat – ist zum großen Teil von freiheitlichen Sozialisten geschaffen worden. Nein, für uns Sozialdemokraten gibt es keinen dritten Weg zwischen Freiheit und Kommunismus.«
Allerdings begann sich im Jahre 1961 das politische Klima erneut zu ändern, was sowohl die SPD als auch die CDU/CSU zu einigen Kurskorrekturen veranlaßte. In diesem Jahre löste nämlich der Jerusalemer Eichmann-Prozeß auch in der Bundesrepublik eine erste Welle

der sogenannten Vergangenheitsbewältigung aus. Außerdem machte sich unter den Intellektuellen allmählich eine gewisse CDU-Müdigkeit breit, was sich unter anderem in dem von Martin Walser herausgegebenen Band *Die Alternative oder Brauchen wir eine neue Regierung?* manifestierte. Dazu kam, daß die SPD mit Willy Brandt – nach der Ära Ollenhauer – zum erstenmal einen Kanzlerkandidaten aufstellte, der auch Wählern außerhalb der SPD als ein attraktiver Kandidat erschien. Bei den Wahlen zum Vierten Bundestag am 17. Oktober verlor daher die CDU/CSU ihre absolute Mehrheit. Sie erhielt diesmal nur 45,4 Prozent der Stimmen, während die SPD 32,2 Prozent und die FDP 12,8 Prozent der Stimmen auf sich vereinigen konnten. Daraufhin bildete Adenauer ein Kabinett aus CDU/CSU und FDP, das ihm weiterhin eine Zweidrittelmehrheit im Bundestag garantierte. Dennoch erwiesen sich die folgenden Jahre für ihn wesentlich schwieriger als die voraufgegangenen. So löste etwa die Kohlenkrise im Ruhrgebiet, die 150000 Bergarbeitern ihren Arbeitsplatz kostete, erste wirtschaftspolitische Unruhen aus. Doch auch auf anderen Gebieten der Wirtschaft kam es zu Krisensymptomen, die Erhard 1962 zu seinen sogenannten ›Maßhalteappellen‹ veranlaßten. Obendrein wurde das Vertrauen in die Regierung durch das höchst autoritäre Eingreifen von Franz Josef Strauß in der *Spiegel*-Affäre so erschüttert, daß Adenauer im Dezember 1962 Strauß entlassen mußte. Als daher Adenauer am 15. Oktober 1963 aus Altersgründen zurücktrat, wurde zwar Erhard, der noch immer zu den populärsten Figuren auf der politischen Szene gehörte, sein Nachfolger, aber er trat diese Nachfolge schon mit einer geschwächten Koalition an, was für die politische Zukunft der CDU/CSU nichts Gutes verhieß.

Die Mission des Abendlandes

Im gleichen Sinne, wie der Kalte Krieg der politische Vater der Bundesrepublik war, ohne den sie nie so schnell und nie in dieser Form entstanden wäre, war er auch der Vater ihrer politischen Ideologie. Wie bereits dargestellt, geht der Kalte Krieg auf die weltpolitischen Spannungen des Jahres 1947 zurück, als sich Churchill und Truman dafür aussprachen, der UdSSR mit einer entschiedenen ›Eindämmungs‹- und dann einer noch entschiedeneren ›Rollback‹-Strategie entgegenzutreten. Danach waren es die Machtübernahme der Kommunisten in der Tschechoslowakei und die Berliner Blockade im Jahre 1948, der Sieg Mao Tse-Tungs über die von den USA begünstigten Nationalchinesen im Jahre 1949 und der Ausbruch des Korea-Krieges im Jahre 1950, durch welche der Kalte Krieg ständig neu angeheizt wurde und jeden Augenblick in einen Dritten Weltkrieg überzugehen drohte. Daß es unter solchen Voraussetzungen zu einer Spaltung Deutschlands, ja sogar Berlins kommen mußte, war kaum zu vermeiden. In diesem Lande wurden darum die Begriffe ›Hüben‹ und ›Drüben‹ fast zu den wichtigsten politischen Schlagwörtern überhaupt.

Das erste Opfer dieser allgemeinen Umorientierung war der prononcierte Antifaschismus der unmittelbaren Nachkriegszeit. Er wurde in Westdeutschland schon 1948/49 so energisch durch die offizielle Ideologie des Antikommunismus verdrängt, daß von ihm nur wenig übrig blieb. In dem Bedürfnis, ihren Staat als den besseren, wenn nicht einzig gerechtfertigten auf deutschem Boden herauszustreichen, kam dieser Ideologiewechsel den neuen Machthabern natürlich sehr gelegen. An die Stelle der rückwärtsgewandten Buß- und Trauerstimmung, mit der die antifaschistischen Kreise nach 1945 ihr Bemühen um eine durchgreifende Vergangenheitsbewältigung demonstriert hatten, trat somit ein eminent gegenwartsbezogener oder gar vorwärtsgerichteter Antikommunismus, dem die These zugrunde lag, daß die Greuel des Kommunismus jene des Faschismus noch überträfen oder ihnen zumindest die gleiche totalitäre Struktur zugrunde lägen. Aufgrund dieser ideologischen Stoßrichtung lieferte der Kalte Krieg – im Sinne eines geradezu manichäischen Weltbildes – der allein auf Westintegrierung bedachten Bundesregierung wohl das beste Feindbild eines auf Unfreiheit, Diktatur und Atheismus beruhenden Systems, dem man das eigene Streben nach Demokratie, Freiheit und christlicher Erneuerung um so glänzender entgegensetzen konnte.

Zum Inbegriff aller verhaßten Nationen wurde so zwangsläufig die Sowjetunion, die man im Zuge der offiziellen Kalten-Kriegs-Ideologie pausenlos als das Land aller nur denkbaren Untaten anprangerte. Besonders in den von der CIA finanzierten Zeitschriften und Radiostationen der ›psychologischen Kriegsführung‹, aber auch in vielen christlich-konservativen und rechtsliberalen Publikationen westdeutscher Verleger ließ man nach 1948/49 nicht davon ab, die UdSSR als ein riesiges Zwangs-, Arbeits- und Konzentrationslager hinzustellen, wobei man zur Diffamierung dieses Systems gern faschistisch klingende Begriffe gebrauchte. Der gleiche Staat, in dem die Deutschen noch kurz zuvor so grausam gewütet hatten, daß auf russischer Seite 20 Millionen Menschen umgekommen waren, wurde in diesem Umkreis als ein Staat angegriffen, der aufgrund seiner kommunistischen Ideologie im Prinzip ›unmenschlich‹ sei und nur darauf warte, einen neuen Krieg vom Zaune zu brechen, um nicht nur seinen eigenen Herrschaftsbereich, sondern ganz Europa, ja die ganze Welt in ein jede westliche Freiheit mißachtendes Sklavenlager zu verwandeln.

Die meisten stützten sich hierbei auf jene anglo-amerikanische Kalte-Kriegs-Propaganda, die durch die McCarthy-Verhöre und den Koreakrieg ständig neuen Auftrieb erhielt. Wohl die treffsicherste Schützenhilfe lieferten auf diesem Gebiet die Abtrünnigen des Kommunismus. Man denke an einen Bestseller wie *The Coming Defeat of Communism* (auf deutsch *Strategie des Kalten Krieges,* 1950) des ehemaligen Trotzkisten und Stalin-Hassers James Burnham, in dem – wie bei Louis Fischer und Karl August Wittfogel – die Sowjetunion aufgrund ihrer ›Aggressivität‹ als ein Land hingestellt wird, gegen das man sich bis auf die Zähne bewaffnen müsse. Aber auch ehemals ›liberale‹ US-Tageszeitungen und Illustrierten wie *Time* und *Life* waren im gleichen Zeitraum voller Editorials und Essays gegen die Sowjetunion, in denen Henry S. Luce, William S. Schlamm und Reinhold Niebuhr die John-Foster-Dulles-Linie einer ›Get Tough with Russia‹-Politik unterstützten. Von den englischen Anheizern des Kalten Krieges erfreute sich in der Bundesrepublik neben Churchill vor allem Arnold J. Toynbee eines hohen Ansehens. Für seine Gesinnung spricht wohl am besten der Aufsatz *Asiens Rückstoß,* der 1952 im *Merkur* erschien, wo Toynbee erklärte, daß die UdSSR ein satanischer Versucher sei, der den Ländern der Dritten Welt erst die »Befreiung« verspreche und dann nur zu ihrer »Verwüstung« beitrage. Diese Gebiete vor dem Kommunismus zu bewahren, heißt es hier, sei eine Aufgabe, der sich das »Abendland«

nicht entziehen dürfe und die ihm mit »Hilfe Gottes« auch zweifellos gelingen werde.

Im Gefolge dieser Ereignisse und ihrer ideologischen Rechtfertigungsstrategien kam nach 1949 in der Bundesrepublik eine wahre Sintflut an Büchern, Aufsätzen und Broschüren auf den Markt, in denen die bisherige Vergangenheitsbewältigung immer stärker zugunsten jener Gegenwartsbewältigung in den Hintergrund trat, die im Sieg über den Kommunismus gipfeln sollte. So schrieb etwa Wilhelm Röpke 1954 im *Monat,* daß man endlich die »schrillen Töne des Antigermanismus« aufgeben solle, da das eigentliche »Weltproblem«, nämlich der Kampf des Westens gegen den Osten, heute auf »einer ganz anderen Ebene« liege. Er und andere solcher rechtsliberalen bis konservativen Autoren griffen deshalb zu diesem Zeitpunkt gern zu Parolen, in denen die Mission der neugegründeten Bundesrepublik einfach mit der Mission des Abendlandes gleichgesetzt wurde. Die Fülle dieser Publikationen, ob nun philosophischer, religiöser, geschichtswissenschaftlicher oder rein politisch-publizistischer Art, ist geradezu unübersehbar. Beginnen wir im Rahmen eines kurzen Überblicks in den sogenannten ›höheren Regionen‹ und steigen wir dann in die Niederungen jenes Schrifttums ab, das lediglich der ideologischen Aufputschung der ›breiten Masse‹ dienen sollte.

Relativ abstrakt, wenn auch immer noch scharf genug, wirken all jene philosophischen Grundsatzerklärungen, die von einem schematisierten Gegensatz von frei und unfrei, demokratisch und totalitär ausgehen. Das belegt ein Buch wie *Der Freie und der Sowjetmensch* (1956) von Gerd Friedrich, das einzig und allein auf sich wechselseitig ausschließenden Gegensatzpaaren beruht. Als die wichtigsten solcher Antinomien erscheinen hier Freiheit und Notwendigkeit, Seele und Bewußtsein, freier und verformter Geist, Gemeinschaft und Kollektiv, Sinnkultur und Sachkultur, autonomer und funktionaler Mensch, geistiges Sein und intellektuelle Funktion, offenes und gerichtetes Denken, Selbstregierung und totalitäre Herrschaft, Subjekt und Objekt, Selbstentfaltung und Selbstentfremdung, das Entbundene und das Enteignete usw. Bei einer so schematischen Gegenüberstellung blieb für irgendwelche Zwischentöne selbstverständlich kein Raum. Doch nicht nur ein relativ unbekannter Autor wie Friedrich, selbst ein weltberühmter Denker wie Karl Jaspers schrieb 1960 in sei-

nem Buch *Freiheit und Wiedervereinigung,* daß die Welt heute in zwei Lager gespalten sei: in das der »politischen Freiheit« und das der »totalitären Herrschaft«. Auch er sah das Hauptcharakteristikum des östlichen Totalitarismus in einer gesteigerten »Aggressivität«, während er den westlichen Demokratien eine aufrichtige Neigung zum »Frieden« bescheinigte. Ob nun die »freie Bundesrepublik« oder das »freie Abendland«, erklärte er, beide seien heute durch die Sowjetunion aufs tödlichste bedroht. Eine Rettung vor dieser Gefahr versprach sich Japsers nur von einer »konföderativen Einheit Europas mit Amerika«. In Adenauer, der in seiner Außenpolitik diesen Kurs mit einer »bewunderungswürdigen« Hartnäckigkeit verfolge, sah er darum den führenden »Staatsmann des Abendlandes«. Die »Sowjetzone« schmähte hingegen Jaspers als ein Gebilde, das überhaupt kein richtiger Staat, sondern nur das nichtswürdige Produkt »ausländischer Gewaltherrscher« sei. Der gleiche Tenor herrscht in seinem Sammelband *Hoffnung und Sorge* von 1965, in dem Jaspers die Deutschen aufforderte, sich der Verpflichtung ihrer »tausendjährigen Geschichte« bewußt zu werden, nämlich den drohenden »Verknechtungs«-Absichten des Ostens mit einem Stolz auf die Würde des »Einzelnen« entgegenzutreten.
Soviel zu den Philosophen. In den Schriften der christlich eingestellten Autoren erscheint diese Mission des Abendlandes meist in der Form eines ›Kreuzzugs gegen den Kommunismus‹, bei dem man sich neben der Hilfe der USA auch der Hilfe Gottes zu versichern suchte. Nur indem man wachsam sei, indem man aufrüste, indem man eine militante Bereitschaft an den Tag lege, hieß es hier, könne man jener widerchristlichen, satanischen Versuchung entgegentreten, die sich heute der Maske des Kommunismus bediene. So wandte sich etwa Friedrich Ritter von Lama 1953 in seiner Neuausgabe der Schriften des Binger Dekans Bartholomeus Holzhauser gegen jene »weichlichen und feigen Seelen«, die noch immer den Pazifismus predigten, und stellte der »kriegerischen Bedrohung aus dem Osten«, welche eine »Anspannung aller natürlichen Kräfte« notwendig mache, die Kräfte der »Glaubensgewißheit« und »Mannhaftigkeit« entgegen. Auf der gleichen Linie lagen fast alle Autoren der Zeitschrift *Neues Abendland,* die zur Verteidigung der abendländischen Werte sogar auf monarchische oder ständestaatliche Vorstellungen zurückgriffen,

um gegen die immer größer werdende Gefahr gewappnet zu sein. Am weitesten ging dabei Erik von Kuehnelt-Leddhin, der 1953 im Hinblick auf den Osten und Westen einfach von der »Partei Satans« und der »Partei Gottes« sprach. Ähnliches gilt für das Buch *Aufstand des Abendlandes. Eine politische Provokation* (1961) von Bernhard Martell, in dem der Sowjetkommunismus – wegen seiner Gottlosigkeit – als eine im Prinzip aggressive, grausame und eroberungssüchtige Ideologie angeprangert wird. Die UdSSR sei ein Land, liest man hier, das überall Fünfte Kolonnen aufstelle und Unruheherde schaffe, um so die ganze Welt in ein riesiges »Rotes Imperium« zu verwandeln. Dem Westen warf Martell in diesem Buch vor, sich allein der »Gier nach Wohlstand« hinzugeben und nicht genügend ideologische Abwehrkräfte gegen diese weltweite Bedrohung zu entwickeln. Aus diesem Grunde setzte er am Schluß seine einzige Hoffnung auf den »Kampf der Kirchen gegen den Kommunismus«, den er als »europäische Revolution« der Zukunft bezeichnete.

Nicht minder entschieden bekannten sich manche der westdeutschen Historiker zu diesem missionarischen Antikommunismus und riefen ihre Landsleute zu verstärkter Wehrbereitschaft auf. Auch sie bedienten sich hierbei gern einer hochideologischen ›Europa‹-Vorstellung, die einen eindeutigen NATO-Charakter hatte. Peter Rassow faßte diese Haltung 1960 in seinem Buch *Die geschichtliche Einheit des Abendlandes* in dem Satz zusammen: »Die Freie Welt ist heute, was einst Europa war.« Er und andere traten deshalb unentwegt für eine westeuropäische Allianz unter us-amerikanischer Führung ein und rühmten die Deutschen, sich nach dem Zusammenbruch des Faschismus als erste zu diesem ›Europa‹-Konzept bekannt zu haben. Als ›europäisch‹ oder ›abendländisch‹ galt in diesem Umkreis alles, was sich in Westeuropa – im Zeichen der Freiheit und der Würde des Einzelmenschen – schon seit Jahrtausenden gegen den östlichen Despotismus aufgelehnt habe. Das gelte vor allem für Deutschland, hieß es hier, das stets ein ›Vorposten des Abendlandes‹ gegen den ›barbarischen Osten‹ gewesen sei, indem es mit heldenhaftem Einsatz all seiner Kräfte die Einfälle der Hunnen, Ungarn, Mongolen und Türken abgewehrt habe. Besonders Karl der Große, Otto der Erste, Prinz Eugen, Metternich, Gentz, Novalis, Friedrich Naumann, Stresemann und Adenauer rückten somit von ›großen

Deutschen‹ immer stärker zu ›großen Europäern‹ auf. Gerhard Ritter und Hans Rothfels stellten schließlich sogar Luther, Friedrich II. und Bismarck, die eben noch als ›Wegbereiter Hitlers‹ gegolten hatten, als Vorläufer dieser ›Europa‹-Idee hin. Ja, selbst die Deutschordensritter und Preußen kamen auf diese Weise wieder zu Ehren.
Wenn schon die strengen Wissenschaftler zu derart massiven Argumenten griffen, nimmt es nicht wunder, daß sich die Publizisten, Literaten und Journalisten mit noch gröberen Waffen in die Niederungen des politischen Meinungskampfes begaben. So behauptete Winfried Martini 1954 in seinem damals vielbeachteten Buch *Das Ende der Sicherheit,* daß sich die abendländischen Völker in ihrem Kampf gegen den Kommunismus keine absolute Freiheit leisten könnten, um nicht anfällig gegen linkes Gedankengut zu werden, und bekannte sich zu einer autoritären Demokratie im Stile Salazars in Portugal. Hans Grimm schrieb im gleichen Jahr in seiner Schrift *Warum – Woher – aber Wohin?,* daß Westdeutschland heute den entscheidenden »Wall des Abendlandes gegen den Osten und gegenüber dem von Asien her andrängenden Kommunismus« bilde, und forderte die Deutschen zu größerer Gebärfreudigkeit auf, um nicht von den Russen einfach überrannt zu werden. Ja, Grimm gab seinem Antikommunismus sogar in faschistischer Tradition einen deutlichen Drall ins Antisemitische, indem er den ›Juden‹ Marx, der keinen Sinn für das Abendländisch-Faustische gehabt habe, für die niedrige, materialistische, proletaroide Gesinnung des Kommunismus verantwortlich machte. Ebenso militant zog Alexander Rüstow 1957 in seinem Buch *Ortsbestimmung der Gegenwart* gegen den Bolschewismus vom Leder, den er als eine »Spottgeburt aus Dreck und Feuer« bezeichnete. Da zwischen »freier und totalitärer Welt« auf die Dauer keine friedliche Koexistenz möglich sei, faßte Rüstow bereits damals die Möglichkeit ins Auge, daß die »Pflicht zur Freiheit« eines Tages die »Befreiung der Geknechteten« erfordern würde. Noch aggressiver trat ein Publizist wie William S. Schlamm auf, der um 1960 im *Stern* eine antikommunistische Kampagne aufzog, die bei einem möglichen Krieg gegen die UdSSR sogar den Einsatz atomarer Waffen nicht ausschloß. Auch er las den durch das Wirtschaftswunder »verfetteten« Westdeutschen in aller Schärfe die Leviten und forderte von ihnen eine Bereitschaft zum »Marschieren«,

um die Russen endlich vom Kommunismus zu »befreien«. Ähnlich unverblümte Äußerungen, die sich nicht anders als ›revanchistisch‹ bezeichnen lassen, finden sich in diesen Jahren in der *Soldatenzeitung,* dem mit CIA-Geldern finanzierten *Monat* sowie den Publikationsorganen der Vertriebenenverbände und antikommunistischen Organisationen wie dem ›Kampfbund zur Sicherung der Demokratie‹, dem ›Arbeitskreis für europäische Politik‹, der ›Aktion Freiheit‹, dem ›Befreiungskomitee für die Opfer totalitärer Willkür‹, dem ›Stoßtrupp gegen bolschewistische Zersetzung‹ und der ›Vereinigung für freiheitliche Politik‹. Die Zahl der antikommunistischen Aufsätze, Bücher, Broschüren und Plakate, die solche Verbände als politische, moralische und religiöse Schützenhilfe im Kampf gegen die ›Gefahren aus dem Osten‹ herausgaben, war geradezu Legion. Um den allgemeinen Tenor dieser Richtung anzudeuten, seien hier wenigstens einige Buchtitel angeführt, deren Primitivität teilweise kaum zu unterbieten ist: *Die neue Sklaverei, Die rote Springflut, Die Zukunft des Abendlandes, Aufrüstung in der SBZ, Wird Asien rot?, Neue Wege zur Freiheit, Der rote Teppich, Totalitäre Diktatur, Passion Europa, Völker in Hypnose, Die rote Wirtschaft wächst, Sowjets siegen durch Spione, Die letzte Schlacht, Die Entscheidung drängt, Chruschtschow 50 km vor Hamburg, Ist die freie Welt im Niedergang?, Rußland und die asiatischen Völker, Wird der gelbe Mann rot?, Der satanische Plan, Die trojanische Herde, Gehirnwäsche, Der Antischlamm* und *Ordnung ohne Freiheit.*
Vor dem Hintergrund solcher Kampagnen wird verständlich, weshalb schließlich sogar führende westdeutsche Politiker zur Legitimierung und Stärkung der neugeschaffenen Bundesrepublik in einen ähnlich militanten Ton verfielen. So hielt Außenminister Heinrich von Brentano anläßlich der Tausendjahrfeier der Schlacht auf dem Lechfeld 1955 in Augsburg eine seiner ›Hunnenreden‹, in der er auf Otto den Ersten hinwies, der an dieser Stelle die »heidnischen Scharen« aus dem Osten zurückgeschlagen habe. Und er ließ hierbei seine Hörer nicht im Unklaren, daß die Gefahr einer solchen Bedrohung heute eher größer als kleiner geworden sei. Die Phrase von der ›Mission des Abendlandes‹ ging überhaupt bei solchen Reden, hinter denen man die Stimmen von Dean Acheson und John Foster Dulles zu vernehmen glaubt, immer stärker in der Phrase von der ›Politik der

Stärke‹ auf, ohne die eine solche ›Mission‹ nicht durchführbar sei. Schließlich werde es nur durch eine Demonstration der Macht möglich sein, wie Adenauer, der sich 1958 am Grabe von Albertus Magnus zum Ritter des Deutschen Ordens schlagen ließ, immer wieder erklärte, die Russen zu Zugeständnissen, ja vielleicht sogar zur Abtretung der »Ostzone« zu bewegen. Im Einklang mit solchen Strategien sagte Adenauer schon am 11. Februar 1952 in einem Interview mit dem *Manchester Guardian*: »Der beste Weg, den deutschen Osten wiederzuerlangen, ist die Wiederbewaffnung Deutschlands innerhalb der Europa-Armee.« Walter Hallstein, sein Staatssekretär, wurde sogar noch deutlicher, als er am 14. März des gleichen Jahres – laut *Frankfurter Allgemeine* – in Washington behauptete: »Die Etappen des einzuschlagenden Weges bestehen darin: die Eingliederung der Bundesrepublik in den Westen, das Ende der deutschen Spaltung, der Zusammenschluß des freien westlichen mit dem vom Bolschewismus befreiten östlichen Europa – bis zum Ural.« Während es anfänglich nur die ›Freiheit‹ war, die als propagandistische Waffe eingesetzt wurde, kam also seit der Mitte der fünfziger Jahre im Zuge der Remilitarisierung noch der Hinweis auf die eigene Stärke, ja Überlegenheit, vor allem auf atomarem Gebiet, hinzu, mit dem man den Osten in die Schranken zu weisen suchte. In diesem Sinne erklärte Franz Josef Strauß am 13. November 1956 mit einem deutlich drohenden Unterton in den *Nürnberger Nachrichten*: »Wir leben in einem technischen Zeitalter, in dem die vereinigte Stärke unserer Bundesgenossen ausreicht, um das Reich der Sowjetunion von der Landkarte streichen zu können.«

Das Beschämende hierbei ist, daß es nicht nur die Politiker und ihre publizistischen Handlanger waren, die sich zu solchen Äußerungen hinreißen ließen. Selbst einige der höchsten Würdenträger der westdeutschen Kirchen bekannten sich Mitte der fünfziger Jahre immer wieder in recht schrillen Tönen zur ›Mission des Abendlandes‹. Kardinal Josef Frings sagte zum Beispiel 1955 in seiner Silvesterpredigt im Kölner Dom: »Sollen wir untätig in jener Lethargie verharren, welche uns vor unvorstellbare Situationen stellen könnte, so daß das teure Vaterland einmal jenes Leid und Elend erfahren müßte, unter dessen Joch die weiten Landesteile der asiatischen Völker schmachten und erliegen? – Nein und abermals nein! Kein Mittel und kein Weg

darf uns zuviel sein. Es ist die höchste Zeit, und es soll wieder Ehrenpflicht jedes wahren Deutschen sein und bleiben, die heiligen Rechte unserer deutschen Nation zu verteidigen und die Heimat zu schützen vor den Krallen dieser blutgierigen Feinde!« Noch entschiedener bekannte sich Friedrich Karl Otto Dibelius, der Vorsitzende des Rats der Evangelischen Kirche, zu einer möglichst schnellen Wiederbewaffnung. Wie aus der Broschüre *Militärkirche oder kirchlicher Friedensdienst* von 1957 hervorgeht, erklärte er ohne ›Furcht und Zittern‹: »Die Anwendung einer Wasserstoffbombe ist vom christlichen Standpunkt aus nicht einmal eine so schreckliche Sache, da wir alle dem ewigen Leben zustreben. Und wenn zum Beispiel eine einzelne Wasserstoffbombe eine Million Menschen töte, so erreichen die Betroffenen um so schneller das ewige Leben.«
Wer um 1956/57 gegen solche Meinungen opponierte, wurde von den Vertretern des Establishments in aller Offenheit als ›ideologisch verblendet‹ hingestellt. Überhaupt wandte sich die ›Mission des Abendlandes‹ nicht nur nach außen, sondern ebensogut nach innen, das heißt gegen all jene Linken, die immer noch nicht eingesehen hätten, daß das Atlantische Bündnis die einzige Zukunftsperspektive der Bundesrepublik sei. Aus diesem Grunde wurde die KPD schon ab 1950/51 in ihren politischen Aktivitäten merklich behindert und schließlich 1956 einfach verboten. Doch auch der SPD schoben die ›Parteien des Bürgerblocks‹, wie Kurt Schumacher sie nannte, von Anfang an ostfreundliche und damit republikfeindliche Tendenzen unter. Dafür spricht, daß die CDU/CSU schon 1953 bei den Wahlen zum Zweiten Deutschen Bundestag Plakate verwandte, auf denen es schlichtweg hieß: »Alle Wege des Marxismus führen nach Moskau. Darum CDU.« Noch deutlicher drückte sich die FDP aus, die ihre Wahlplakate im gleichen Jahr mit dem Slogan versah: »Wo Ollenhauer sät, pflügt Moskau.« Bekanntlich waren dies jene Wahlen, bei denen die CDU/CSU ihren Stimmenanteil um 14,2 Prozent vergrößern konnte. Die gleiche Taktik wandte die CDU/CSU noch einmal 1957 an, als sie im Bundestag die absolute Mehrheit errang. Wer selbst nach diesem Zeitpunkt gegen die ›abendländische‹ Kreuzzugsidee opponierte, und das waren nach dem Godesberger Strategiewechsel der SPD von 1959 nur noch einige Gewerkschafter, Künstler und Linksintellektuelle, wie etwa die Mitglieder des ›Fränkischen

Kreises‹, wurde zwar von rechts weiterhin der ›kommunistischen Wühlerei‹ bezichtigt, doch solche Argumente verloren nach 1960 allmählich an Glaubwürdigkeit. Schließlich gab es in der Bundesrepublik damals kaum noch aktive Kommunisten. Und auch die ›Neue Linke‹, die sich in der Folgezeit formierte, bewegte sich auf einer Linie, die sich nicht ohne weiteres als ›ostfreundlich‹ brandmarken ließ.

Neokonservative Tendenzen

Das ständige Gerede von der ›Mission des Abendlandes‹ und seinen ›tausendjährigen Traditionen‹ mußte geradezu notwendig zu einer Wiederbelebung jenes konservativen oder neokonservativen Gedankenguts führen, das in der Weltanschauung des deutschen Bürgerblocks bereits seit Jahrzehnten eine höchst einflußreiche Rolle spielte. Die mit der Adenauerschen Restauration sympathisierenden Intellektuellengruppen konnten deshalb nach 1950 ohne weiteres auf den ideologisch bereits vorprogrammierten Schatz der romantischen Tradition des 19. Jahrhunderts, der Fortschrittlichen Reaktion um 1900, des Neokonservativismus der zwanziger Jahre, des alten völkischen Gedankenguts, der neuchristlichen Bewegungen und der Geisteshaltung der Inneren Emigration zurückgreifen. Schließlich sprach die Vokabel ›Abendland‹ nicht nur die Christen, sondern auch die in vorindustriellen, idealistischen oder kleinbürgerlich-bäuerlichen Ideen befangenen Kreise an, die mit dem herrschenden Regime ebenfalls in vielen Punkten übereinstimmten. Da jedoch diese Schichten, aufgrund ihrer konservativ-idealistischen Grundgesinnung, weitgehend antimaterialistisch eingestellt waren, mußten sie im Laufe der fünfziger Jahre zusehends in einen mehr oder minder offenen Gegensatz zu den Wohlstandsparolen eines Ludwig Erhard geraten, die auf den neoliberalen Konzepten der sozialen Marktwirtschaft und des ›Wohlstands für alle‹ basierten. Die konservative Bewegung der fünfziger Jahre war darum von Anfang an höchst ambivalent. Einerseits unterstützte sie die antikommunistische Kreuzzugsideologie der Adenauerschen ›Politik der Stärke‹, andererseits befürwortete sie wegen ihres Antitechnizismus, ihrer Massenverachtung, ihrer Antistadt-Gesinnung, ihres Antiutopismus, ihrer Fortschrittsfeindlichkeit und ihrer naturbewahrenden Tendenzen eine Ideologie, die in einem deutlichen Widerspruch zu den Erfolgsrezepten der von der CDU/CSU in Gang gesetzten Wirtschaftsexpansion stand. Höchst pauschal gesehen, lassen sich im Rahmen dieses Neokonservativismus etwa drei Richtungen unterscheiden: eine konservativ-christliche, eine konservativ-elitäre und eine konservativ-kleinbürgerliche bis konservativ-bäuerliche.

Im Bereich der konservativ-christlichen Tendenzen dominierte weitgehend das katholische Gedankengut. Dafür sprechen nicht nur die unzähligen katholischen Erbauungstraktätchen dieser Jahre, sondern auch ideologisch anspruchsvolle Zeitschriften wie *Die neue Ordnung, Stimmen der Zeit* oder *Neues Abendland,* in denen sich neben Kalten-Kriegs-Proklamationen vornehmlich Verteidigungen aller hierarchisch gegliederten Ordnungen im Staats-, Gesellschafts-, Wirtschafts-, Berufs- und Eheleben finden. Zu den Haupttendenzen dieser Blätter gehörte der Kampf gegen jene ›konkreten Utopien‹ des Ostens à la Ernst Bloch, die von der Autonomie des Menschen ausgehen, denen man auf besonders orthodoxer Seite gern Konzepte wie den ›Gottesstaat‹ des Augustinus, die ›Monarchia‹ des Dante oder irgendwelche ständestaatlichen Vorstellungen entgegensetzte. Aber auch das westliche Leitbild einer sozialen Marktwirtschaft wurde von dieser Richtung weitgehend abgelehnt. So sah ein katholischer Wirtschaftsexperte wie Oswald von Nell-Breuning S.J. eine mögliche »Heilung der heutigen gesellschaftlichen Unordnung«, wie er 1950 in *Stimmen der Zeit* schrieb, nur in einer »berufsständischen Ordnung«, die durch ihren hierarchischen Aufbau eine einseitige Polarisierung in Arbeitgeber und Arbeitnehmer verhindere. Selbst der Ordo-Liberalismus der ›Freiburger Schule‹ ging Nell-Breuning schon zu weit, da er zuviel Liberalismus und zuwenig Ordo enthalte und überhaupt vom »stillschweigenden Primat der Wirtschaft gegenüber der Politik« ausgehe. Dennoch fand Nell-Breuning die Idee des Ordo-Liberalismus selbstverständlich annehmbarer als den alten Laissez-faire-Liberalismus des 19. Jahrhunderts, riet jedoch ihren Vertretern, sich hierbei die »aristotelisch-scholastische Sozialphilosophie und Wirtschaftsphilosophie« zum Vorbild zu nehmen.

Das Intellektuellenbild dieser Schichten fand seinen wohl prägnantesten Ausdruck in dem Buch *Europäische Geistesgeschichte* (1953)

von Friedrich Heer, das sich gegen jene »Modernisten« unter den Katholiken der Neuzeit wandte, welche den christlichen Glauben mit irgendwelchen weltlichen Bewegungen oder Anschauungen zu vermitteln suchten. In der Gegenwart sah Heer nur eine »schlechte Zeitlichkeit«, der man mit dem Gedanken jener »Ewigkeit« entgegentreten müsse, wie er sich in der »Herrschaftsmacht der Kirche« präsentiere. Er empfahl daher ein Denken, das ideologisch-pfropfhaft vom »Thomistischen« herkomme. Statt ständig dem Fortschritt hinterherzujagen, solle man auch als Intellektueller, erklärte er, sein Vertrauen lieber auf »originär christliche Arbeitsmittel«, das heißt auf »Gebet, Leiden, Opfer, Caritas, spirituelle Disziplin des Denkens« setzen. Als Leitbild schwebte ihm dabei das Bild eines »in der Welt lebenden, welt-offenen ›Mönchs‹ oder geistigen Arbeiters« vor, der sich wie im 4. Jahrhundert wieder einer strengen »Askese« unterwerfe, ohne die kein wahrhaftes »Geistesschaffen« denkbar sei, wie es abschließend heißt.
Wesentlich breiter als diese konservativ-katholische Richtung wurde jedoch in der Öffentlichkeit der fünfziger Jahre jener bürgerlich-elitäre Neukonservativismus diskutiert, der sich in einem ideologischen Freiraum jenseits des herrschenden Ost-West-Dualismus anzusiedeln versuchte. Aus dem US-Amerikanischen wirkte hierbei das Buch *The Conservative Mind* (1953) des Ideengeschichtlers Russel Kirk herüber, in dem alle Errungenschaften des technischen Fortschritts und der demokratischen Massenbewegungen unter intellektuell-elitärer Perspektive als Kultur- und Geistesverfall hingestellt werden. Kirk fand es geradezu entwürdigend, weiterhin den »vagen Traum einer materialistischen Weltzivilisation« verwirklichen zu wollen, da der »Kommunismus« und der »American Way of Life« letztlich auf das gleiche, nämlich eine Tendenz ins Vulgäre hinausliefen. Wie jedoch die verhängnisvolle Konvergenz innerhalb dieses Dualismus zu überwinden wäre, bleibt in diesem Buche im Dunkeln, da Kirk nur mit moralischen und kulturellen, aber nicht mit politischen und gesellschaftlichen Kriterien operiert.
Ähnliches gilt für die meisten neokonservativen Programme, auf welche sich die westdeutschen Intellektuellen dieser Jahre zu stützen suchten. Viele gingen hierbei auf jenen Konservativismus der zwanziger Jahre zurück, den Armin Mohler wegen seiner ›Bindungs‹- und

›Wiederkunfts‹-Konzepte in seinem Buch *Die Konservative Revolution in Deutschland* (1950) mit nostalgischer Verklärung als eine der bedeutendsten deutschen Geistesbewegungen der letzten hundert Jahre aufleuchten ließ. So wandte sich der alte Konservative Carl Schmitt in seinem Aufsatz *Die Einheit der Welt*, der 1952 im *Merkur* erschien, im Sinne seiner bisherigen Anschauungen nochmals gegen die weitverbreitete Fetischisierung des »technisch-industriellen« Fortschritts in den heutigen Massen- und Industrieländern des Westens und des Ostens, die unter dem Deckmantel eines dualistischen Gegensatzes von Kapitalismus und Kommunismus letztlich auf die gleichen Ziele bezogen seien. Um diesem geradezu universalen Progressionsfanatismus entgegenzutreten, schlug Schmitt eine »terrestrische« Beharrungstendenz auf internationaler Ebene vor. Wie diese allerdings beschaffen sein sollte, blieb auch er seinen Lesern schuldig. Auf der gleichen Linie liegen die antizivilisatorischen und antitechnischen Bekenntnisse in Schriften wie *Die Perfektion der Technik* (1949) von Friedrich Georg Jünger, *Gläserne Bienen* (1957) von Ernst Jünger sowie der seit 1959 von Jünger und Mircea Eliade herausgegebenen Zeitschrift *Antaios*, in denen eine Rückbindung an das ›Erdhafte‹ propagiert wird. Im Gefolge Nietzsches und Spenglers dominiert auch in diesen Publikationen ein aristokratischer Protest gegen die Pöbelhaftigkeit, Verstädterung und Vermassung des ›neuen Zeitalters‹, weshalb sich Jünger, trotz seiner Sympathie für die konservativ-reaktionären Aspekte im Faschismus, letztlich sogar von einer Massenpartei wie der NSDAP wegen ihrer ›demokratisierenden‹ oder gar ›pöbelhaften‹ Elemente zurückgezogen hatte.
Etwas konkreter wirkt dagegen die *Theorie des gegenwärtigen Zeitalters* (1955) von Hans Freyer. Auch dieses Buch wendet sich vornehmlich gegen jene pöbelhafte und sinnlose Geschäftigkeit innerhalb der modernen Industriegesellschaft, die nicht zu Befreiung, sondern lediglich zu Entfremdung führe. Überall verbreite sich heute eine Technisierung und Vermassung, lesen wir hier, durch die alle Menschen in den Sog einer »gesellschaftlichen Fernsteuerung« gerieten. Während das bürgerliche Ich noch in primären, weil authentischen Systemen gelebt habe, lebe man heute nur noch in »sekundären Systemen«. So gesehen, sei das, was sich gegenwärtig in der Bundesrepublik abspiele, zwar ein Wiederaufbau, aber keine »Wie-

dergeburt«. Die einzigen, die laut Freyer dem Siegeszug der »Anpasser« noch entgegentreten könnten, seien »die mit Bewußtheit und Entschiedenheit Gestrigen«. Worin allerdings das qualitativ Andere dieser »Gestrigen« besteht, bleibt auch in diesem Buch unerfindlich, da selbst Freyer, bei allen bedenkenswerten Entfremdungsanalysen, wiederum nicht bis ins unmittelbar Politische vorstößt. Das gleiche gilt für manche der nicht minder zutreffenden gesellschaftskritischen Bemerkungen, die sich in den Schriften Arnold Gehlens dieser Jahre finden. Auch er, der mit den Thesen Freyers offen sympathisierte, trat schon in seinem Buch *Sozialpsychologische Probleme in der industriellen Gesellschaft* (1949) gegen jenes »Wettrennen nach dem Wohlleben« auf, das lediglich zu »Begehrlichkeit, Anmaßung und Herrschsucht« führe, und verlangte von allen, die nicht zur »Masse« gehören wollten, »Selbstzucht, Selbstkontrolle und Distanz«. Allerdings kam Gehlen dabei zu dem ernüchternden Ergebnis, daß jeder, der sich heute »sozial isoliere«, nur seine eigene Ohnmacht demonstriere und letztlich eine »Institution in einem Fall« bleibe, was innerhalb der gegenwärtigen Massen- und Medienkultur politisch kaum ins Gewicht falle.

Einen wesentlich größeren Gesellschaftsbezug wiesen dagegen einige jener Thesen auf, die Hans Sedlmayr in diesen Jahren vorbrachte. So setzte sich Sedlmayr in Aufsätzen wie *Gefahr und Hoffnung des technischen Zeitalters* (1957) und *Technik und Natur* (1960) für einen Konservativismus ein, der nicht nur die Bewahrung älterer Bauwerke ins Auge faßt, sondern auch zu konservativ-ökologischen Konzepten vorstößt. »Natur, Kunst und Vergangenheit«, wie Sedlmayr behauptete, würden heutzutage allenthalben dem »technischen Fortschritt« geopfert, ja skrupellos eliminiert, da man jeden Respekt vor der Schöpfung Gottes verloren habe. Auf diese Weise fresse sich die Welt des Anorganischen immer stärker in die Welt des Organischen hinein, was nicht nur zu einer fortschreitenden Verschmutzung der Umwelt, sondern auch zu einer »Erosion am menschlichen Wesen« führe. Wer keinen Respekt mehr vor dem Natürlichen, Authentischen, Gottgegebenen habe, heißt es bei ihm, dürfe sich nicht wundern, wenn man eines Tages im Rahmen einer total ›entfremdeten‹ Welt auch ihn selber nur noch als Sache, als Objekt behandeln werde.

Viele dieser Thesen waren in der antikapitalistischen Version ihres Antitechnizismus durchaus beherzigenswert, stießen aber selten oder nie zu der Frage vor, auf welche politischen Kräfte oder Bewegungen sich der von ihnen propagierte Neokonservativismus eigentlich stützen sollte. Entweder verschrieben sich diese Kreise irgendwelchen ordenshaften, mönchischen, elitären Konzepten, in denen neben aller Technikverachtung zugleich eine unverhohlene Massenverachtung zum Ausdruck kommt, oder sie begnügten sich mit idealistischen Proklamationen, die zwar auf einen stärkeren Gesellschaftsbezug drängten, ohne jedoch dafür irgendwelche Parteien oder Gesellschaftsklassen zu engagieren. Auch die kleinbürgerlich-bäuerlichen Vorstellungen dieses Neokonservativismus bilden da keine Ausnahme. Sie haben zwar bei ihren Konzepten einer neuen Einfachheit und Bescheidenheit keinen Hang ins Elitäre, bleiben aber politisch und gesellschaftlich ebenfalls nebulös. So setzte etwa Otto Friedrich Bollnow in seinem Buch *Neue Geborgenheit* (1955), in dem er seine Anschauungen einer ›Einfachen Sittlichkeit‹ von 1947 noch einmal ausbreitete, seine Hoffnung auf eine bessere Zukunft weitgehend auf das Konzept der kleinen heilen Welt, den Gedanken des heimatstiftenden Hauses und die Idee des Festes im kleinen Kreise. Im Sinne der kleinbürgerlichen Entsagungsideologie der Inneren Emigration wurde hier dem krisengeschüttelten Existentialismus der unmittelbaren Nachkriegszeit und seiner Vorstellung einer »hoffnungslosen Vereinzelung« aller bewußteren Menschen lediglich ein »kindliches Vertrauen« in das Glück des inneren »Getrost-Seins« im kleinen Kreise entgegengestellt, das zwar liebenswürdig, aber zugleich hilflos, wenn nicht kindisch wirkt. Einen etwas höheren Anspruch vertrat dagegen Carl Krieger in seinem Buch *Front aus der Mitte* (1953). Krieger setzte seine Hoffnung auf jenes »anständige Bürgertum«, das sowohl den östlichen Totalitarismus als auch den westlichen Konsumzwang verachte und im Sinne Bollnows eine ›neue Einfachheit‹ anstrebe. Er vertraute hierbei auf jene Bevölkerungsschichten, die inmitten aller Verstädterung und Industrialisierung noch immer von der Substanz eines »bäuerlichen Ordo-Erlebnisses« zehrten. Nur Menschen dieser Art, erklärte Krieger, seien heute noch fähig, jenem »Haufenkollektiv« der Moderne entgegenzutreten, das sich seit der Renaissance des 16. Jahrhunderts von allen

»organisch gewachsenen Gemeinschaftsformen« abgewandt und einem höchst gefährlichen, weil zerstörerischen »Autonomie«-Konzept zugewandt habe (was als ›Befreiung in den Kapitalismus‹ zwar beschrieben, aber nicht erkannt wird). Doch trotz dieses Rückgriffs auf Bäuerliches blieb auch Krieger letztlich bei einem Gesellschaftskonzept kleiner und kleinster Gruppen stehen, ja verklärte gegen Ende seines Buches schließlich jenen »frommen Einzelnen«, Naturbewahrer oder »spartypischen« Menschen, der sich für ein »heilsames Leben« entschließt, als den Hauptrepräsentanten der von ihm gepriesenen »bäuerlichen Welterfahrung«.
Ihre letzte Bekrönung erhielten diese Ideen in den Schriften Martin Heideggers, dem eigentlichen Guru der neokonservativen Bewegung, dessen geheimnisvoll-raunende, schwerverständliche, das Wesentliche nur andeutende Sprache im Laufe der fünfziger Jahre zu jener Ausdrucksweise wurde, die Adorno als den »Jargon der Eigentlichkeit« diffamierte. In all diesen Jahren vertrat Heidegger, wenn auch recht vage, ein Gesellschaftskonzept, bei dem der Rückzug ins Göttliche, Bürgerlich-Elitäre und zugleich Bäuerliche im Vordergrund steht (wodurch er für alle drei Richtungen dieser Bewegung zum Vorbild werden konnte), und bei dem die Welt da draußen – die Welt des Man, des Geredes, des Gestells, des Uneigentlichen, wie es in dem Aufsatz *Die Frage nach der Technik* (1953) heißt – einfach im Argen bleibt. Auch Heidegger sprach in dieser Zeit unentwegt vom Einfachen, vom heimatstiftenden Wohnen, vom göttlich aufleuchtenden Sein – und schlug jenen sagenumwitterten »Feldweg« ein, der ihn wieder zum Authentischen, Unverhüllten, Göttlichen zurückführen sollte. Allem bloß Geschäftigen, aller »Jagd nach Vorteil und Erfolg«, allem »Vergnügungs- und Erholungsbetrieb«, aller tagespolitischen und gesellschaftlichen »Aktualität«, der man in jener Welt huldige, wo die »Funktionäre«, die »Antreiber und Getriebenen« im Vordergrund ständen, setzte er schon 1951 in seinem Essay *Dichterisch wohnet der Mensch* jene Menschen entgegen, die noch einen Sinn für die »abgesparte« Zeit der Muße, Eigentlichkeit, des Ewigen und damit Göttlichen besäßen. Nur sie waren für Heidegger jene, die wirklich zu »wohnen« wüßten und deshalb alles sie Umgebende mit »schonender« Duldsamkeit behandelten, wie er in seinem Aufsatz *Bauen Wohnen Denken* vom gleichen Jahr erklärte.

Eine konservative Weltanschauung, die sich als Ideologie des christlichen Abendlandes ausgab, mußte im Zuge des steigenden Wohlstands der fünfziger Jahre notwendig obsolet werden. Begriffe wie ›Rückkehr zu Gott‹ oder ›Einfache Sittlichkeit‹ wichen darum zusehends einer dem neuen Wohlstand angepaßten Ideologie, die weniger von der Mission des Abendlandes als von der Mission der steigenden Löhne und Gehälter ausging. Daß jede neue wirtschaftliche Situation eine neue ideologische Legitimationsstrategie mit sich bringt, erwies sich auch diesmal auf geradezu klassische Weise. Und so trat neben die bürgerlich-konservative Nachkriegsideologie, die weitgehend auf Beharrung, Sparsamkeit, ja Entsagung beruhte, während dieses Zeitraums als zweites weltanschauliches Hauptkonzept ein Neoliberalismus, welcher vornehmlich den wirtschaftlichen Fortschritt herausstrich. Schließlich ließ sich der Slogan ›Wohlstand für alle‹, den Erhard immer wieder ausgab, in der psychologischen Kriegsführung gegen die inneren und äußeren Feinde der Bundesrepublik ebenso effektiv einsetzen wie die bisherigen ›Abendland‹-Parolen. Demzufolge schrieb der *Monat* schon 1952, daß die Ideologie der »vollen Schaufenster« für die Masse des Volkes stets die überzeugendste sei. »Je höher der Lebensstandard«, hieß es hier, »desto weniger Kommunisten«. Die Ideologie der Freiheit, welche die Konservativen meist mit der Würde des Einzelmenschen vor Gott gerechtfertigt hatten, wurde darum auf neoliberaler, ja schließlich selbst konservativer Seite mehr und mehr in eine Freiheit des Kaufen- und Verbrauchenkönnens umfunktioniert. Im Zuge dieser Entwicklung behaupteten viele Propagandisten des westdeutschen ›Wirtschaftswunders‹ nach 1952/53, bereits in einer Überflußgesellschaft zu leben, die so viele Waren produziere, daß man auch ideologisch endlich vom Leitbild der Bedarfsdeckungsgesellschaft zum Leitbild der Wohlstandsgesellschaft, der Konsumgesellschaft, der klassenlosen, befreiten Freizeitgesellschaft fortschreiten könne. Von diesen Schichten wurde deshalb nach diesem Zeitpunkt kein ›Rückzug‹ mehr gefordert. Im Gegenteil. Was sie in den Mittelpunkt rückten, war die Ankurbelung der Bedürfnisse. Als neues ökonomisches Ideal stellte man dabei jenen ins Positive gewandten Egoismus ohne soziales Gewissen hin, der selbst dann, wenn er nur an seine eigene Erfüllung denke und auf niemanden Rücksicht nehme, dennoch keinem schade, da in einer Überflußgesellschaft ohnehin für jeden genug abfalle. Aus dieser Theorie der Abundanz wurden schließlich ökonomisch, sozial und moralisch ganz neue Kriterien abgeleitet, mit denen man einen grundsätzlichen Wendepunkt innerhalb der modernen Gesellschaftsentwicklung markieren wollte.

Im Bereich der ökonomischen Theorie gingen die Neoliberalen hierbei meist von der Ideologie der ›zweiten industriellen Revolution‹ aus, durch die sich in allen hochindustrialisierten Ländern des Westens eine Gesellschaftsform jenseits von Kapitalismus und Kommunismus entwickle, in der niemand mehr unterdrückt werde, sondern jeder eine selbstgewählte und sich mit dem Ganzen in Übereinstimmung befindliche Funktion übernehme. Als Kronzeugen berief man sich in diesem Zusammenhang gern auf jenen James Burnham, der schon in seinem Buch *The Managerial Revolution* (1941) das Zeitalter des ›Postkapitalismus‹ eingeläutet hatte, in welchem die inzwischen anachronistisch gewordene Schicht der Großkapitalisten den Ingenieuren und Managern des Mittelstandes weichen müsse. Ebenso häufig zogen die Vertreter des Neoliberalismus zur Legitimation der ›postkapitalistischen‹ Industriegesellschaft die Schriften von John Maynard Keynes heran, der sich immer wieder für staatliche Eingriffe in die freie Marktwirtschaft eingesetzt hatte, um so der Krisenanfälligkeit der kapitalistischen Produktionsweise entgegenzuwirken. Während die Konservativen dieser Entwicklung, in der sie eine allmähliche Konvergenz von Kapitalismus und Kommunismus sahen, welche die gesamte Welt einer grauen Einheitszivilisation unterwerfe, höchst kritisch gegenüberstanden, wurde eine solche Konvergenz, die sich sicher zugunsten des Westens auswirken werde, von den Neoliberalen lebhaft begrüßt. In den Industriegesellschaften des 19. Jahrhunderts sahen diese Schichten noch durchaus ökonomisch determinierte Klassenkampfgesellschaften. Ihre eigenen Gesellschaften, welche die ›zweite industrielle Revolution‹ bereits hinter sich hätten, bezeichneten sie hingegen als postkapitalistische Industriegesellschaften oder zogen Begriffe wie pluralistische Verbandsgesellschaft, offene, freie, mündige, nichttotalitäre Gesellschaft oder Gesellschaft der Ersten Welt heran, um die weitgehende Homogenisierung der Bevölkerung innerhalb dieser Länder herauszustreichen, in denen man – im Gegensatz zum Osten – auf alle totalitären Herrschaftspraktiken verzichten könne. Als den Hauptunterschied zwischen den Gesellschaftssystemen des Westens und des Ostens stellten also die Neoliberalen nicht mehr den zwischen Kapitalismus und Kommunismus, sondern nur noch den zwischen Demokratie und Totalitarismus hin. Was sie wollten, war ein Staat, der sich in erster Linie als eine Gesellschaft zur ›Förderung des wirtschaftlichen Wachstums‹ und zur ›Mehrung des materiellen Wohlstands‹ versteht. Darüber hinausgehende Ziele kamen ihnen weitgehend überflüssig vor.

Allerdings brauchte die Durchsetzung solcher Vorstellungen eine gewisse Anlaufzeit. Um 1950 dominierten in der Bundesrepublik selbst auf neoliberalem Sektor noch Tendenzen, dem Staat in Anlehnung an Henry C. Simons *Economic Policy for a Free Society* (1949) weiterhin gewisse Eingriffe in die private Wirtschaft zuzugestehen. Und zwar gilt das nicht nur für jene katholischen Wirtschaftsphilosophen, die in ihren ständestaatlichen oder berufsständischen Gesellschaftsmodellen die westliche ›Libertas‹ als horizontales Gesellschaftsmodell gern mit bestimmten ›Ordo‹-Vorstellungen vertikaler Art zu verbinden suchten (was sich bei einem prononcierten Kalten Krieger wie Erik von Kuehnelt-Leddhin bis zum Ende der fünfziger Jahre beobachten läßt), sondern auch für jene Neoliberalen der ›Freiburger Schule‹ um Walter Eucken, denen sich anfangs auch Ludwig Erhard mit seinem Konzept der ›sozialen Marktwirtschaft‹ verbunden fühlte. Doch neben solchen Vorstellungen setzten sich im Zuge der rapide anwachsenden wirtschaftlichen Expansion im neoliberalen Lager schnell jene Stimmen durch, die sich immer stärker am Leitbild jener freien Marktwirtschaft, ja Überflußgesellschaft orientierten, wie es John Kenneth Galbraith in seinem Buch *The Affluent Society* (1958) damals für die USA aufrichtete. Während jedoch Galbraith zugleich auch die unleugbaren Kehrseiten eines solchen Systems, nämlich die negativen Auswirkungen der Reklame, der Public Relations, der Inflation, der Bürokratisierung herausstellte, befürworteten die Westdeutschen erst einmal eine durch nichts gehemmte Expansion. In diesen Jahren hoffte man in der Bundesrepublik noch immer, daß die freie Marktwirtschaft, die Wohlstandsgesellschaft, die an den USA

orientierte Consumer Society nur Vorteile und keine Nachteile habe – und sah daher in jeder Form der Kritik, ob nun von rechts oder links, noch eine republikfeindliche Haltung.
Welchen Optimismus hierbei manche hegten, geht aus Helmut Schelskys Aufsatz *Zukunftsperspektiven der industriellen Gesellschaft* hervor, der 1954 im *Merkur* erschien, in dem er die »Elektronen-Rechenmaschinen« und »automatischen Steuerungsapparaturen« als die wahren »Wunder« der »zweiten industriellen Revolution« bezeichnete und auf jene »automatisierten Fabriken« und »automatisierten Büros« hinwies, durch die ein ganz »neuer Typ« des Arbeiters und Angestellten entstanden sei, der wesentlich kürzer arbeite und daher sein Leben ganz anders genießen könne. Schelsky stützte sich bei solchen Thesen auf futurologische Werke wie *Die Zukunft hat schon begonnen* von Robert Jungk, *Die Roboter sind unter uns* von Rolf Strehl und *Mensch und Menschmaschine* von Norbert Wiener, welche die ökonomische Gewähr dafür böten, daß in Zukunft – durch die steigende Produktion – die bisherigen politischen und sozialen Konfliktstoffe allmählich hinfällig würden. Das gleiche behauptete 1955 Arnold Gehlen in seinem Aufsatz *Konsum und Kultur*, dem ein Vertrauen in die Zukunft zugrunde liegt, das auf die These hinausläuft: »Die Mittelausstattung der Bevölkerung ist im Durchschnitt so hoch wie zu keiner anderen Zeit der Geschichte. Wirtschaftlicher Wohlstand ist erstrebt und erreicht worden, es liegt kein Grund vor, ein Nachlassen der langfristigen Steigerung zu befürchten.« Ludwig Erhard schrieb daher 1957 in seinem Buch *Wohlstand für alle*, daß in der nachindustriellen Wohlstandsgesellschaft das bislang »für unumstößlich gehaltene Gesetz von dem konjunkturzyklischen Ablauf des Geschehens« endgültig überholt sei. Als die Hauptantriebsfaktoren, diesen Kurs erfolgreich beizubehalten, bezeichnete er den Wettbewerb, das Leistungsprinzip und die steigende Produktivität. Erhard fand es richtiger, »alle einer Volkswirtschaft zur Verfügung stehenden Energien auf die Mehrung des Ertrags der Volkswirtschaft zu richten als sich in Kämpfen um die Distribution des Ertrages zu zermürben«. Die wirkliche »Demokratisierung« der westdeutschen Gesellschaft habe sich, betonte er, im Rahmen jener sozialen Marktwirtschaft vollzogen, durch die der »Kunde« – aufgrund seiner unumschränkten »Konsumfreiheit« – endlich wieder

»König« geworden sei. Und die Wähler hätten diese Absage an den Klassenkampf anläßlich der beiden »letzten Bundestagswahlen«, wie es selbstgefällig heißt, ja auch in »überzeugender Weise honoriert«. Als sich 1961/62 dennoch erste wirtschaftliche Krisensymptome einstellten, gab Max Friedländer 1962 seinem Buch *Anatomie eines Wunders*, in dem er das Hohe Lied der Erhardschen Wohlstandspolitik anstimmte und zugleich auf geradezu unerträgliche Weise westdeutsche Multimillionäre wie Friedrich Flick, Alfried Krupp, Helmut Horten, Josef Neckermann und August Oetker Revue passieren ließ, den bewußt defensiven Untertitel *Deutschlands Wiederaufstieg darf nicht gefährdet werden.*

Auf der Grundlage solcher ökonomischen Ideologiebildungen konnte es nicht ausbleiben, daß die Neoliberalen auch in soziologischer Hinsicht ganz neue Leitbilder aufstellen würden. Durch die endlich erreichte Wohlstandsgesellschaft sei in Westdeutschland, wie es in ihren Schriften hieß, zum erstenmal eine ›nivellierte Mittelstandsgesellschaft‹ entstanden, in der es kein Proletariat mehr gebe. Helmut Schelsky warf darum den Begriff »Klasse« schon im Jahr 1952 einfach über Bord. So wie die neoliberalen Volkswirtschaftler von einer ›nichttotalitären Industriegesellschaft‹ sprachen, in der Macht nicht mehr an Grundbesitz oder Eigentum an Produktionsmitteln gebunden sei, sprachen die neoliberalen Soziologen zur gleichen Zeit gern von einer ›klassenfreien‹ oder ›ideologiefreien‹ Gesellschaft. In einem solchen System, erklärten sie, könne man in Zukunft auf sämtliche Weltanschauungen verzichten. Da sich hier alles in der Öffentlichkeit abspiele, sei es unmöglich geworden, die Bevölkerung hinters Licht zu führen. Jedem, selbst dem Geringsten, stehe es in dieser Gesellschaft frei, eine Rolle zu wählen, die ihm am angemessensten erscheine. Hier gehe es nicht mehr nach Rang oder Herkommen, sondern nur noch nach Leistung. Während es bisher ein Oben und Unten, ein Rechts und Links gegeben habe, gebe es jetzt nur noch eine gesunde Mitte. Wie die Demokraten und Republikaner in den USA paßten sich deshalb selbst die CDU/CSU und die SPD dem allgemeinen Drang zur Mitte an und gaben sich als Volksparteien aus, um so möglichst breite Schichten der Bevölkerung anzusprechen. Im Sinne von Karl R. Poppers Buch *The Open Society and its Enemies* (1945) stützten sie sich auf das Bild einer Gesellschaft, die endlich zu sich

selbst gekommen sei, indem sie auf alle Utopien verzichte und in Zukunft nur noch die Abwehr des Totalitarismus ins Auge fasse. Als die Hauptwerte dieses Liberalismus galten darum um 1960 – neben dem ökonomischen Wohlstand – die freie Diskussion, das durch sie entideologisierte Klima und die durch rapide gesellschaftliche Mobilität erreichte Klassenlosigkeit. Durch das Zusammenspiel all dieser Faktoren, hieß es in den Schriften dieser Richtung immer wieder, sei bei allem Pluralismus der Interessen ein mittelständischer Konsensus entstanden, der nicht nur ökonomisch, sondern auch sozial zu einer fortschreitenden Homogenisierung der Gesellschaft geführt habe, in der wie in den USA das zufriedene Gefühl des ›Wir‹ und somit einer gleichgearteten Verbraucherorientiertheit herrsche.
Es sei daher die Aufgabe der Soziologie, schrieb Helmut Schelsky 1959 in seiner *Ortsbestimmung der deutschen Soziologie*, sich an die empirisch verfahrenden Methoden der us-amerikanischen Soziologie zu halten, das heißt von der »Schicht der ›mittleren Allgemeinheit‹« auszugehen, statt wie die Frankfurter Schule eines Adorno/Horkheimer weiterhin ›kritische Modelle‹ einer gegenläufigen Entwicklung aufzustellen. Überhaupt wandte sich Schelsky, wie Popper, immer wieder gegen alle Vorstellungen einer »richtigen Gesellschaft« und beschränkte sich weitgehend auf die Verteidigung des einmal Erreichten. Aus diesem Grunde beschrieb er in seinem Buch *Soziologie der Sexualität* (1955) vornehmlich die steigende »Angleichung des sexuell-erotischen Habitus« der neuen Gesellschaft an das »moderne Konsumverhalten«. In seiner Untersuchung *Die skeptische Generation* (1957) wärmte Schelsky – unter Umgehung aller klassen- oder berufsständischen Gesichtspunkte – die Generationstheorie der zwanziger Jahre auf und betonte schon im Vorwort, daß es ihm allgemein um die »Jugend der industriellen Gesellschaft« gehe. Im Zuge der »Entpolitisierung und Entideologisierung« der frühen fünfziger Jahre, das heißt der größeren Freiheit und des steigenden Wohlstands, behauptete er, habe diese Jugend eine »skeptische Weltklugheit« erworben, die man als »realistisch«, ja als »konkret« bewerten müsse. Ebenso positiv äußerte sich Schelsky in seinem Aufsatz *Die gelungene Emanzipation*, der 1955 im *Merkur* erschien, über die Möglichkeiten einer weiblichen Selbstverwirklichung, die im Rahmen der heutigen Wohlstandsgesellschaft so mannigfaltig seien, daß

25 *Wahlplakate* (1961)

26 *Wahlplakat* (1961)

27 *Modefoto* (1956)

28 *Modefoto* (1956)

29 *Reklame der Firma Grundig* (1957)

30 *Modefoto* (1955)

31 *Modefoto* (1955)

32 Herbert Hirche: *Anbaumöbel* (1959)

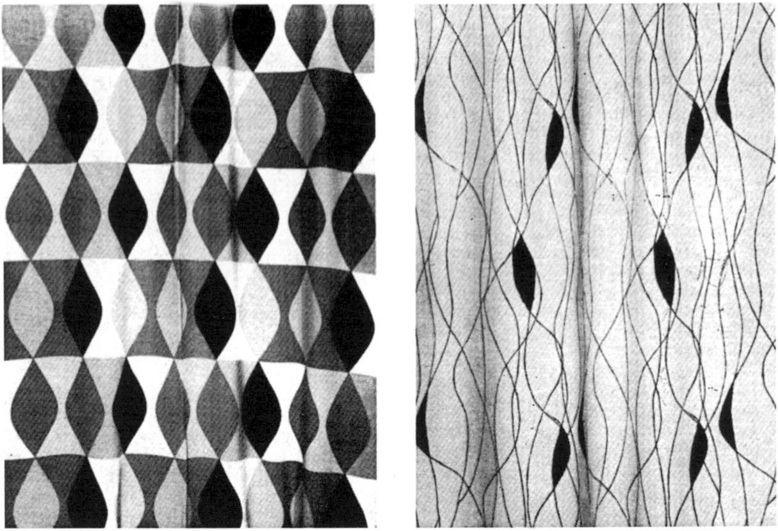

33 *Dewetex-Plastic Dekorationsstoffe* (1953)

34 Peter Raake: *Büromöbel* (1959)

35 *Wohnzimmer WK 266 der Neuen Gemeinschaft für Wohnkultur* (1952)

36 Max Bill: *Dreibeintische* (1952)

37 Paul Schneider-Esleben: *Mannesmann-Haus,* Düsseldorf (1952)

38 Ferdinand Streb: *Wohnhaus,* Essen (1959)

39 Emil Freymuth: *Siemens-Siedlung,* München (1955)

40 Ludwig Mies van der Rohe: *Entwurf für das Nationaltheater Mannheim* (1956)

41 Hans Scharoun: *Entwurf für das Staatstheater Kassel* (1956)

sich weitere Wünsche an sich erübrigten. Überhaupt herrschte in der offiziellen oder offiziösen Soziologie der späten fünfziger Jahre eine penetrante Kritiklosigkeit den bestehenden Verhältnissen gegenüber. Da man endlich in einer freien, offenen Gesellschaft lebe, hieß es hier, nütze jeder der Wirtschaft und damit dem Ganzen am meisten, wenn er als guter Egoist so viel und so genußreich wie nur möglich konsumiere. Neben das Leitbild der ökonomischen Wohlstandsgesellschaft trat somit allerorten das Leitbild einer homogenisierten Mittelstandsgesellschaft ohne eine allgemein-verbindliche Weltanschauung, in der im Sinne einer repressiven Toleranz die Ideologielosigkeit zur obersten Ideologie erhoben wurde. Das 12. Heft der Zeitschrift *Magnum*, die sich im Untertitel eine *Zeitschrift für modernes Leben* nannte und sich bei den kulturinteressierten Neoliberalen einer besonderen Beliebtheit erfreute, begann deshalb 1957 mit dem Statement, daß man alle »Ideologien« in die »Rumpelkammer« werfen solle. Weil es heutzutage keine kapitalistische Unterdrückung, sondern nur noch ein oppressions- und ideologiefreies Wohlstandssystem gebe, habe man für Thesen oder Weltanschauungen keine Verwendung mehr. Der »moderne Mensch«, lesen wir hier, denke nicht mehr in »Kategorien«, sondern habe sich endlich zu individueller Freiheit, Skepsis und Realistik durchgerungen und sei damit Herr über sich selbst geworden. Für einen solchen Menschen gebe es keine »Unmenge schwerer Bedenken«, keine »Kette von Einwänden« oder kein »riesenhaftes Aber« mehr, wenn er sich einem Problem gegenübersähe, wie man im 19. Heft der gleichen Zeitschrift erfährt. Im Gegenteil. Er gehe an alle Dinge rein pragmatisch heran. Die einzige ideologische Haltung, die heute den »modernen Menschen« des Westens überhaupt noch abverlangt werde, hieß es im 20. Heft von *Magnum*, sei die »Abwehr des Ostens, des Kommunismus«. Während sich hierzulande alles in absoluter »Freiheit« abspiele, dominiere nämlich drüben noch immer ein geradezu atavistisches »Reglement«. Doch anstatt nun im Sinne der Kreuzzugsideologie der Kalten Krieger sofort gegen den bösen Kommunismus loszupoltern, herrschte in solchen Blättern eher die Haltung eines herablassenden Bedauerns. Hier wurde der Osten nicht mehr als gefährlicher, weil gleichstarker Gegner hingestellt, sondern nur noch mitleidig als ein Relikt des 19. Jahrhunderts belächelt.

Und daraus ergab sich innerhalb dieser Schichten eine ganz neue Moral, dic zwar einen spezifischen Oberklassencharakter hat, diesen aber stets in die Haltung des »Wir« einkleidet. »Wir modernen Menschen«, stand 1959 im 24. Heft der Zeitschrift *Magnum,* »wir wechseln die Schauplätze, wir reisen, wir sind beruflich unterwegs, Besprechungen, Termine zwingen uns ständig ins Auto, in die Fernzüge, unsere Bekannten sind gerade in Brasilien, in Indien, aber in drei Wochen sind sie wieder zurück. Wir wissen, daß Entfernungen keine Rolle spielen.« Und damit wird klar, wer diese »Wir« sind. Es geht hier weitgehend um jene Managerklasse, die in der Ideologiebildung der Neoliberalen überhaupt eine zentrale Rolle spielt. Die Männer dieser ›Wir‹-Welt sind skeptisch, sachlich, pragmatisch, das heißt sind ›Männer von heute‹, die keine Tabus mehr kennen und ein ungebrochenes Durchsetzungsvermögen haben. Dasselbe gilt für die »Frauen von heute«, von denen es 1958 im 16. Heft von *Magnum* heißt: »Sie sind illusionslos, sie haben das Wort Romantik gestrichen, sie sind ehrlich, sachlich, ungeschminkt. Absolute Aufrichtigkeit gegeneinander ist ihr erstes Gebot. Keiner kann dem anderen mehr etwas vormachen. Komplimente sind verpönt. Schnörkel hassen sie. Sie flirten nicht. Sie machen keine Konversation.«
Bei aller Betonung der modernen Arbeitswelt nahm somit die bundesrepublikanische Gesellschaft in den Schriften der Neoliberalen immer stärker den Charakter einer bloßen Konsum- und Freizeitgesellschaft an. Dinge wie soziale Schichtung, Leistungsdruck oder steigende Monopolisierung wurden in diesen Bereichen weitgehend ausgeblendet. Statt wie in der Aufbauphase weiterhin zu ›schuften‹, schien man hier bereits in jener modernen Wegschmeißgesellschaft zu leben, in der auf allen Gebieten ein geradezu unendlicher Überfluß herrsche. Das 14. Heft der Zeitschrift *Magnum,* die auch in dieser Hinsicht das beste Stimmungsbarometer ist, stand darum 1957 unter dem Titel *Die Ära der Freizeit hat begonnen* und stellte die Wendung zur Freizeitgesellschaft als die »bedeutendste Sozialrevolution seit 1789« hin. Die »eigentliche Signatur unserer Epoche«, hieß es hier, sei jenes durch die enorm gesteigerte industrielle Produktion ermöglichte Konsumbedürfnis, das sich weniger an irgendwelchen Ideologien als an den Attraktionswerten der jeweiligen Moden orientiere. Die Frage, was sich mit dieser Freizeit alles machen lasse, wur-

de dadurch in solchen Blättern zur zentralen Frage des heutigen Lebens schlechthin hochgespielt. Nicht mehr die Wahl des Berufes, sondern die Wahl der Freizeit galt auf ihren Seiten als das Problem Nr. Eins. Statt dem immer stärkeren Auseinanderfallen von Job und Freizeit, bei dem die Entwertung des einen notwendig zur Entwertung des anderen führen mußte, mit neuen Ganzheitskonzepten entgegenzutreten, begrüßten solche Zeitschriften eine Freizeit, die nicht mehr dialektisch auf die Arbeit bezogen war, sondern zusehends die Form einer mit Hobbies und anderen Unterhaltungssurrogaten verbrachten Entfremdung annahm.

Während wichtige Vertreter der us-amerikanischen Soziologie, wie David Riesman in seinem Buch *The Lonely Crowd* (1950), aufgrund der bereits weiter fortgeschrittenen Zustände in den Vereinigten Staaten dieser Entwicklung höchst kritisch gegenübertraten, gaben sich die westdeutschen Liberalen auf diesem Gebiet gegen Ende der fünfziger Jahre noch wesentlich optimistischer. Riesman hatte in diesem Buch nachzuweisen versucht, daß innerhalb der modernen Wohlstands- und Konsumgesellschaften – durch den zunehmenden Druck der allgemeinen Massenmanipulation – an die Stelle des traditions- oder innengelenkten Menschen in steigendem Maße der »außengelenkte« Mensch getreten sei. In einer solchen Gesellschaft handelten nur noch wenige, wie es bei ihm heißt, nach ihrem eigenen Gewissen. Die meisten, die aufgrund ihres Ich-Verlusts immer anpassungsbereiter und unsicherer würden, ließen sich einfach in die allgemeine Plakatwelt hineinziehen und gäben sich nur noch vorprogrammierten Konsumwünschen hin. Solche Ansichten griffen jedoch auf die Bundesrepublik erst in den sechziger Jahren über. Zwischen 1955 und 1960 gab man sich hier noch immer dem allgemeinen Glücks-Appeal der Konsum- und Freizeitreklame hin, um nur ja nicht mit der eigenen inneren Leere konfrontiert zu werden. Auf die Freß- und Saufwelle der frühen fünfziger Jahre folgte darum die Anschaff-, Tourismus- und Sexwelle der späten fünfziger und frühen sechziger Jahre, denen Reklamekampagnen ungeahnten Ausmaßes vorausgingen. Die Vorstellung von dem, was das ›erfüllte Leben‹ sei, wurde so bei vielen immer anspruchsvoller und zugleich direkter, materialistischer, skrupelloser. Als das stärkste Reizelement, das im Zuge dieser Entwicklung auf die gesamte Werbung überzugreifen begann, erwies sich die Aktivierung der Libido. Während in der unmittelbaren Nachkriegszeit durch den weitverbreiteten Hunger, die Wohnungsnot, das Flüchtlingselend, die Klage über die Toten und Vermißten sowie die allgemeine Unattraktivität der Verhältnisse eher eine zu Verinnerlichung und Vergeistigung drängende Tristesse vorgeherrscht hatte, entwickelte sich jetzt durch den vermehrten Wohlstand und die größere Mobilität ein ganz neues Vergnügungsbedürfnis. Plötzlich wollten immer breitere Schichten all das nachholen, was sie in den Jahren des Krieges und der Nachkriegszeit nicht ›ausgelebt‹ hatten. Und so wurde die neuerrungene Freizeit – im Gefolge der auf Konsumsteigerung drängenden neoliberalen Ansichten – selbstverständlich auch als Freiraum der materiellen und erotischen Selbstverwirklichung verstanden.

Zu den wichtigsten Ingredienzen dieser neuen Moral, welche im Laufe der fünfziger Jahre in den Vordergrund trat, gehörte der gesteigerte Sinn für ›Modisches‹. Genau besehen, äußerte sich das nicht nur im Bereich der Kleidung, wie dem ›New Look‹ der Frauenmode, sondern auf geradezu allen Gebieten des modischen Designs: ob nun der neuen Form der Einrichtungsgegenstände, der Elektrogeräte und Möbel, der Motorroller und dann der Autos. Der gleiche Drang ins ›Zeitbewußte‹ kam in der Vorliebe für die aus den USA stammenden Modetänze, die Hitsongs, die verschiedenen Varianten des Jazz, die neuen Parties im US-Stil wie überhaupt in allem zum Ausdruck, worin sich das With-it-Gefühl bestimmter In-Groups manifestierte. Der Lebensstil dieser Schichten, der sich schon in den zwanziger Jahren eher an einer Zeitschrift wie *Der Querschnitt* als an *Westermanns Monatsheften* orientiert hatte, spiegelte sich auch jetzt weniger in einer Zeitschrift wie *Die Kunst und das schöne Heim* als in einem Blatt wie *Magnum* wider, das mit dem Slogan »Adieu Tristesse« geradezu unentwegt eine ›neue Heiterkeit‹ propagierte, um so seine Leser auch innerlich von den Miserestimmungen der Nachkriegszeit zu befreien.

Schon das 6. Heft von *Magnum* stand 1955 unter dem programmatischen Titel *Die Welt wird wieder heiter*. Hier hieß es in äußerster Knappheit: »Eine Welt des Ernstes versinkt. Der Abbau der Konventionen setzt Heiterkeit frei. Der Verfall der Ideologien macht gerunzelte Stirnen lächerlich. Der ›Ernst des Lebens‹ ist uns mehr ein ironischer Begriff.« Und zwar wies man bei solchen Sprüchen – mit dem gleichschaltenden ›Wir‹-Anspruch der neuen, modernen Menschen – gern auf die zunehmende Heiterkeit der neuen Architektur, der neuen Schulen und Amtsgebäude hin, in denen die älteren Formen der »Autorität« mehr und mehr durch eine »legere Umgänglichkeit« verdrängt würden. Als ebenso stimulierend, ja befreiend empfanden diese Kreise die neue Heiterkeit und Farbigkeit der Reklame, die ganz neue Frohsinnsakzente ins Leben setze. Wohl das beste Resümee dieser neuen Lebenshaltung, das sich im gleichen Heft findet, ist in folgenden Sätzen enthalten: »Millionen genießen, die früher darbten. Die Technik nimmt mehr und mehr harte, schmutzige Fron von uns. Auch die Arbeitswelt wird aufgehellt, verschönt, humanisiert. Die Vermehrung der Freizeit bedeutet neue Lebensbereicherung, neue Glückserlebnisse für unzählige Zeitgenossen. Auch das Verhältnis der Geschlechter zueinander wird von Dunklem und Schwerem befreit, entkrampft sich. Strindbergs und Wedekinds Tragödien liegen weit zurück. Liebe ohne Furcht. Wir gewinnen ein neues, gelassenes Körpergefühl. Geist und Sinne liegen nicht mehr im Streit. Die Welt wird heiter – das bedeutet: Die Welt wird freier, menschlicher!«

Zwar gaben um 1960 selbst manche der Neoliberalen zu, daß die industrielle Überproduktion auch zu einer lebensbedrohenden Gefahr werden könne, verdrängten jedoch solche Gefühle immer wieder. Wie in der Stabilisierungsphase der Weimarer Republik zwischen 1923 und 1929, als man den Lebensstil der bürgerlichen Mittelschichten mit dem Schlagwort ›Neue Sachlichkeit‹ umschrieben hatte, herrschte auch in diesem Zeitraum bei den Trägerschichten des wirtschaftlichen Aufschwungs erst einmal das Gefühl der neuen Heiterkeit, der Verjüngung, der Freizeit- und Ferienwonnen vor, woraus sich allmählich eine Mentalität entwickelte, die im ›Keep Smiling‹ und im ›Sense of Humor‹ wichtige, wenn nicht wichtigste Grundvoraussetzungen dieses neuen Lebensstils erblickte. Als man daher 1959 die erwachsenen Bundesbürger befragte, welche Zeit ihres Lebens die ›beste‹ gewesen sei, gaben 42 Prozent die fünfziger Jahre an. Im Jahre 1963 waren es schon 62 Prozent, welche die fünfziger Jahre als den eigentlichen Höhepunkt ihres Lebens empfanden. Dieser Zeitraum erschien vielen, vor allem als es in der zweiten Hälfte der sechziger

Jahre politisch und ökonomisch wieder turbulenter wurde, immer stärker als der Zenith ihres Lebens. Dies waren die Jahre, in denen sie sich endlich dem langersehnten ›Wohlstand‹ hingegeben hatten, ohne zu merken, daß sie damit ›denen da oben‹, denen in Bonn, den Adenauers und Erhards politisch freie Hand gelassen hatten. Sowohl die bürgerlichen Mittelschichten als auch Teile der aufsteigenden Arbeiterklasse lasen damals lieber eine Zeitschrift wie *DM* (D-Mark), die sich Anfang der sechziger Jahre auflagemäßig an die Spitze aller westdeutschen Wochenblätter setzte und sogar den *Spiegel* überrundete, als irgendwelche politischen Blätter. Was diese Bevölkerungsschichten interessierte, waren Automarken, Fernsehgeräte, Ferienangebote oder bestimmte Warentests, aber nicht die ideologischen Auseinandersetzungen zwischen den einzelnen Parteien. Sie wollten ihr Leben genießen – und kümmerten sich manchmal kaum noch darum, was hinter dieser Wohlstandsfassade passierte.

Polemik gegen gesamtgesellschaftliche Kulturkonzepte

Wie nicht anders zu erwarten, konvergierte der offiziöse bis offizielle Kulturbetrieb zwischen 1950 und 1965 in vielem mit der Gesamtentwicklung auf politischem, ökonomischem und gesellschaftlichem Gebiet. Auch ihm lagen zwei Haupttrends zugrunde, die – einmal höchst pauschal gesehen – der konservativen Adenauer-Linie und der neoliberalen Erhard-Linie entsprachen. In ihrem Ziel, nämlich der inneren und äußeren Stärkung der neugeschaffenen Bundesrepublik, stimmten die Vertreter beider Richtungen weitgehend überein. Worin sie sich unterschieden, waren lediglich Fragen der Strategie. Wie im Bereich der politischen Ideologie dominierte dabei zu Anfang eindeutig die Adenauer-Linie, während sich im Zuge des immer breitere Bevölkerungsschichten erfassenden ›Wirtschaftswunders‹ auch auf diesem Sektor die Erhard-Linie durchsetzte.

Was beide Richtungen ablehnten, war das anspruchsvolle Konzept jener ›Hohen Kunst für jedermann‹, das den auf eine Neuordnung bedachten Anhängern des ›Kulturbundes zur demokratischen Erneuerung Deutschlands‹ nach 1945 vorgeschwebt hatte und das die Kulturpolitiker der DDR mit Slogans wie »Erstürmt die Höhen der sozialistischen Kultur« oder »Vorwärts zu der einen großen, gebildeten Nation« noch in den fünfziger Jahren weiterpropagierten. Vorstellungen solcher Art, welche die nationale oder gesamtgesellschaftliche Komponente in den Vordergrund rückten, erschienen den Verantwortlichen diesseits der Elbe zur inneren Konsolidierung eines separaten Weststaats höchst ungeeignet. Um mit ihnen konkurrieren zu können, stützten sich die mit dem Adenauer-Kurs sympathisierenden Kulturpolitiker und Kunstkritiker größtenteils auf christlich-konservative oder ›abendländische‹ Kulturvorstellungen, die zwar auch von höchsten Ansprüchen ausgingen, diese jedoch in die überlieferten Formen eines bürgerlichen Stellvertretungsanspruchs in Sachen Kultur einkleideten. Aus diesem Grunde traten sie der oft apostrophierten ›Gefahr aus dem Osten‹ auch kulturell mit jener

›Mission des Abendlandes‹ entgegen, die im Sinne ihrer ›Politik der Stärke‹ selbst vor Verboten und Zensureingriffen nicht zurückschreckte, wenn sie auf unliebsame Widersacher stieß. Die mit dem Erhard-Kurs übereinstimmenden Neoliberalen gaben dagegen im Rahmen ihrer Ideologie der nichttotalitären Industriegesellschaft solche kulturellen Ambitionen weitgehend auf und unterstützten ein Freiheitskonzept, das auch auf kulturellem Sektor ein sich selbst regulierendes System von Angebot und Nachfrage favorisierte. Statt wie die Adenaueristen sogar Mittel der direkten Lenkung anzuwenden, um ihre Ziele durchzusetzen, verzichteten die Erhardisten von vornherein auf alle kulturellen Gegenbilder und vertrauten bei der Bekämpfung linker Tendenzen vornehmlich auf die indirekten Auswirkungen der ökonomischen Aufwärtsentwicklung.
Und so nahm im Lauf der fünfziger Jahre die Polemik gegen alle nationalen oder gesamtgesellschaftlichen Kulturvorstellungen, obwohl sich an der ideologischen Zielrichtung an sich wenig änderte, zusehends ›gemäßigtere‹ Formen an. Während zu Anfang gegen alle Systemgegner – auch kulturell – ein massiver Druck ausgeübt wurde, der den gleichzeitig praktizierten Maßnahmen des McCarthyismus in den USA entsprach, verbreitete sich in der zweiten Hälfte der fünfziger Jahre ein etwas entspannteres Klima. Da sich die Mehrheit der westdeutschen Bevölkerung im Zuge der allgemein propagierten Wirtschaftswundergesinnung immer stärker mit dem Erhard-Kurs identifizierte, das heißt ›zufriedener‹ wurde, brauchte sie ab 1955 nicht mehr ständig mit den kulturpolitischen Slogans des Kalten Krieges bombardiert zu werden. Zu diesem Zeitpunkt war vielen die Abneigung gegen eine nationale, abendländisch-christliche oder gesamtgesellschaftliche, das heißt eine ›Hohe Kunst für jedermann‹, die eine intensive Auseinandersetzung mit den Problemen der unmittelbaren Vergangenheit und Gegenwart voraussetzte, bereits in Fleisch und Blut übergegangen. Kurzum, in diesen Jahren schalteten immer mehr Menschen auf einen unverbindlichen Konsumismus um, der sich vornehmlich mit unterhaltsamen oder spannenden Formen von Kultur begnügte. Und wem das zu niedrig oder zu billig vorkam, dem wurde im Rahmen des kulturellen Pluralismus eine gesellschaftlich irrelevante Nische eingeräumt, wo man sich im Spielraum eines ästhetischen Gettos an den künstlerischen Manifestationen eines bil-

dungsbewußten Konservativismus oder elitären Modernismus erfreuen konnte.
Beginnen wir bei der Darstellung dieser direkten oder indirekten Lenkungsmanöver mit jenen Taktiken, deren sich die eher militanten Vertreter des abendländisch orientierten Antikommunismus in den frühen fünfziger Jahren bedienten. Eingeleitet wurde dieser Kurs, wie wir gesehen haben, durch jene Maßnahmen der us-amerikanischen Besatzungsbehörden, die bereits im Jahre 1947 zum Verbot des ›Kulturbundes zur demokratischen Erneuerung Deutschlands‹ geführt hatten. Darauf wurde in den Westzonen 1948 jener ›Kongreß für die Freiheit der Kultur‹ gegründet, der das von der CIA finanzierte Kulturmagazin *Der Monat* herausgab, das bereits 1949/50 mit dem Abdruck antikommunistischer Werke wie dem Roman *Farm der Tiere* von George Orwell und Auszügen aus dem Buch *Der Gott, der keiner war* von Ignazio Silone, Arthur Koestler, André Gide, Louis Fischer und Richard Wright begann. Im Juni 1950, auf einem der Höhepunkte des Kalten Krieges, veranstaltete der gleiche ›Kongreß‹ in West-Berlin eine Tagung unter dem Titel *Die Freiheit geht zum Angriff über*, auf der Arthur Koestler und Carlo Schmid die anwesenden liberalen, sozialdemokratischen und konservativen Intellektuellen dazu aufriefen, eine ideologische Einheitsfront gegen die ›Gefahr aus dem Osten‹ zu bilden. Ein Jahr später wurde von der Adenauer-Regierung schließlich jenes Gesetz zur Säuberung der Verwaltung von allen ›kommunistischen Elementen‹ verabschiedet, das sich gerade auf kulturellem Sektor besonders hart auswirkte.
Im Hinblick auf die Künste kam es also spätestens im Jahr 1950 zu einer mehr oder minder konsequenten Unterdrückung all jener linksengagierten Kulturtheoretiker, die angesichts der fortschreitenden Polarisierung der Nachkriegskultur in eine Vielzahl schichtenspezifischer Teilkulturen an der Forderung einer Kultur mit nationaler oder zumindest gesamtgesellschaftlicher Relevanz festzuhalten wagten. Das führte in der politischen Praxis nicht nur zu einer weitgehenden Kaltstellung aller ehemaligen Linken und Antifaschisten, sondern auch zu einer Unterbindung der bisherigen Kontakte zwischen Ost- und Westdeutschland sowie zu einer offenen Diffamierung aller auf Didaktik und Verständlichkeit bedachten Richtlinien der östlichen Kulturpolitik. Gerd Friedrich prangerte demzufolge 1952 im achten

Band der antikommunistischen Reihe *Rote Weißbücher* den ›Kulturbund zur demokratischen Erneuerung Deutschlands‹, der solche Forderungen zum erstenmal erhoben hatte, noch einmal als »bolschewistische Tarnorganisation« an, um so einer möglichen Aufhebung des Verbots dieser Organisation entgegenzuwirken. Ebenso nachdrücklich versuchte man von seiten der Regierung die Einfuhr von Büchern und Filmen aus der DDR zu unterbinden. Als sich das westdeutsche PEN-Zentrum 1954 in einer offenen Beschwerde gegen die Konfiskationen von DDR-Büchern durch die Behörden der Bundesrepublik aussprach, nahm man von diesem Protest in Bonn zwar Notiz, reagierte aber nicht darauf. Auch alle Ansätze zu gemeinsamen Veranstaltungen west- und ostdeutscher Künstler auf dem Territorium der Bundesrepublik scheiterten. So versuchte etwa im Jahr 1952 eine Gruppe linker Intellektueller, zu der unter anderem Johannes R. Becher, Bertolt Brecht, Gustav Seitz, Karl Hubbuch und Otto Dix gehörten und die sich der Unterstützung von Thomas Mann und Albert Einstein erfreuten, aus Protest gegen die Spaltung der deutschen Kultur in Bayreuth einen ›Deutschen Kulturtag‹ abzuhalten, um dort zum »Frieden« aufzurufen und das Bewußtsein für die gemeinsame »deutsche Geschichte« zu stärken. Als jedoch die bayerische Polizei davon Wind bekam, wurde das Ganze, an dem auch 100 Gäste aus der DDR teilnehmen sollten, einen Tag vorher verboten. Ähnliche Versuche schlugen in der Folgezeit immer wieder fehl. Vor allem nach dem offiziellen Verbot der KPD im Jahr 1956 galten alle Tendenzen ins Gesamtdeutsche oder Gesamtgesellschaftliche geradezu als Hochverrat. Unliebsame Künstler oder Intellektuelle wurden jetzt einfach als ›kommunistisch verseucht‹ hingestellt, wovon noch jenes im Jahr 1960 erschienene Rotbuch *Verschwörung gegen die Freiheit. Die kommunistische Untergrundarbeit in der Bundesrepublik* Zeugnis ablegt, in dem neben Namen wie Erich Kästner, Werner Egk, Wolfgang Koeppen, Martin Niemöller, Heinz Hilpert, Peter Lühr und Otto Dix auch die Namen von über hundert westdeutschen Professoren auftauchen, da Intellektuelle, wie es hieß, für »kommunistische Infiltration« stets in besonders »hohem Maße« anfällig seien.

Auf dem Gebiet der Künste wurde bei solchen Pauschalverurteilungen vor allem die fatale Neigung der Linken zum Volkstümlichen,

Nationalbewußten oder gar ›Politischen‹ angegriffen, der man im Bereich des Adenauerismus meist die Wertvorstellungen des Christlich-Universalen, das heißt ›Abendländischen‹ entgegensetzte. Einen Kulturbegriff, der sich weiterhin an der ganzen Nation oder der ganzen Gesellschaft orientierte, empfanden alle entschieden konservativ eingestellten Theoretiker von vornherein als weltlich ›totalitär‹. Wohl den größten Schwierigkeiten sahen sie sich hierbei im Bereich der anspruchsvollen Malerei gegenüber, wo sich in den frühen fünfziger Jahren eine Tendenz ins Modernistisch-Elitäre durchsetzte, die zwar durchaus anti-östlich eingestellt war, jedoch die von ihnen geforderte ›Ebenbildlichkeit des Menschen‹ vermissen ließ. Auf diesem Gebiet konnten also die strikten Adenaueristen nur auf eine ›Rückkehr zu Gott‹ à la Sedlmayr hoffen – oder gegen die Kunstpolitik der »DDR« vom Leder ziehen. Die meisten taten das letztere. So wandte sich ein christlicher Sozialphilosoph wie Herman Nohl schon 1952 in der Zeitschrift *Die Sammlung* unter dem Titel *Die Kunst und ihr Publikum* gegen jene Malerei in der »Sowjetzone«, die den »Sinn der Kunst« nicht mehr im »liebenden Gefühl für den Mitmenschen«, sondern nur noch im »Politischen« sehe und darüber die unsichtbaren, ans Religiöse grenzenden »Tiefenschichten« des Menschen vernachlässige. In dem Propagandapamphlet *Polit-Kunst in der sowjetischen Besatzungszone* von Christian Wulffen, das 1953 in Bonn erschien, wurde die »schlechte Plakatmalerei« in der »Sowjetzone« einfach als Unkunst auf einem »kaum noch diskutierbaren Niveau« abgekanzelt. Klaus Jürgen-Fischer schrieb 1956 in der Zeitschrift *Das Kunstwerk,* daß in der »Ostzone« alle »schöpferischen Kräfte« durch das Dogma des Sozialistischen Realismus gefesselt seien und deshalb dort eine Kunst entstehe, die nur in der »Malerei des Dritten Reiches« ihresgleichen finde. Ja, noch Alfred Schmeller stellte 1959 im 32. *Magnum*-Heft die Malerei jenseits des ›Eisernen Vorhangs‹ als eine »kleinbürgerlich-muffige, verkitschte, kosmetisch aufgeschönte« Pseudokunst hin, die prinzipiell verlogen sei, weil in jenen Breiten – im Gegensatz zum Westen – niemand seinem eigenen Gewissen folge.

In der Musikkritik hat sich diese Form des Kalten Krieges nur am Rande ausgewirkt, da hier das ›Inhaltliche‹ von vornherein eine recht beiläufige Rolle spielte. Lediglich in einer Zeitschrift wie *Musica,* in der noch der Geist der älteren Jugendmusikbewegung herrschte, traten in diesem Zeitraum einige Kritiker auf, die bei ihrer Befürwortung nationaler oder folkloristischer Musikkonzepte zugleich eine Tendenz ins Christlich-Konservative unterstützten. Allerdings zogen selbst sie aus solchen Bekenntnissen keine eindeutig militanten Schlüsse. Um so mehr Statements im Sinne der ›Mission des Abendlandes‹ finden sich zur gleichen Zeit im Bereich des Literarischen, wo das Inhaltlich-Ideologische stets wesentlich deutlicher in Erscheinung tritt als in der Musik. Und zwar lassen sich auf diesem Sektor zwei Haupttendenzen unterscheiden. Wer im Rahmen des linken Lagers seit den Stalinschen Schauprozessen allen gesamtgesellschaftlichen Kulturvorstellungen abgeschworen hatte, wurde – wie Arthur Koestler, André Gide, George Orwell oder Richard Wright – von den Vertretern der westlichen Kalten-Kriegs-Ideologie selbstverständlich pausenlos hochgejubelt. Wer dagegen seinem älteren Engagement treu geblieben war, ob nun Exilierte wie Lion Feuchtwanger und Heinrich Mann, Exilrückkehrer wie Erwin Piscator oder DDR-Umsiedler wie Bertolt Brecht, Johannes R. Becher, Anna Seghers, Arnold Zweig, Friedrich Wolf und Stephan Hermlin, wurde von den gleichen Leuten erst einmal totgeschwiegen. Erst als sich diese Totschweigetechnik im Laufe der fünfziger Jahre in einigen Fällen nicht weiter aufrechterhalten ließ, gingen die Konservativen zum Gegenangriff über.

Das beweist unter anderem das Beispiel Brechts, der 1954 im Pariser ›Theater der Nationen‹ für die Aufführung seines *Kaukasischen Kreidekreises* den ersten Preis erhielt und damit zu einem internationalen Politikum wurde. Nach diesem Zeitpunkt konnte Brecht von den militanten ›Westlern‹ in der Bundesrepublik nicht mehr übergangen werden, sondern mußte offen attackiert werden. So stellte ihn ein Kritiker wie Helmut Olles 1954 in der Zeitschrift *Akzente* als einen Schriftsteller hin, der sich trotz seiner betonten Kritikfähigkeit den Machthabern der »Ostzone« auf eine recht schamlose Weise zum politischen »Gebrauch« zur Verfügung gestellt habe. Heinrich von Brentano, der westdeutsche Außenminister, ließ sich am 9. Mai 1957 sogar zu der diffamierenden Äußerung hinreißen, daß die »späte Lyrik des Herrn Brecht nur mit der Horst Wessels zu vergleichen« sei. Und auch Albert Schulze-Vellinghausen entblödete sich 1958 nicht, Brechts Werke als ein »Brachfeld ›engagierter‹ Zweckliteratur« abzukanzeln. Ein anderer DDR-Autor, der in diesen Jahren gern aufs Korn genommen wurde, war Stephan Hermlin, von dem Hans Egon Holthusen 1951 in seinem Essay *Konversion und Freiheit* schrieb, daß er in der »Ostzone« das »Erstgeburtsrecht der entfesselten Phantasie« gegen das »Linsengericht einer ideologischen Sicherung« verkauft habe. Das Schlagwort »Der Geist steht links«, erklärte Holthusen damals, sei nach dem allgemeinen »Bankrott der Revolutionen« längst zu einer Farce geworden. Aus diesem Grunde hätten sich alle bedeutenden Denker und Künstler in den letzten Jahren der Idee der ›Bewahrung‹ verschrieben, statt weiterhin auf jenen gesellschaftlichen ›Progreß‹ zu pochen, mit dem man den Mächten des Anti-Abendländischen geradewegs in die Hände arbeite.

Im Gegensatz zu einer so massiven Polemik gegen alle Kulturvorstellungen, die auf gesamtgesellschaftlichen Konzepten ›östlicher‹ Art beruhen, bedienten sich die meisten der neo- bis rechtsliberalen Kulturtheoretiker – bei gleicher Grundtendenz – etwas feinerer, vornehmerer, indirekterer Methoden. Wenn sie gegen nationale oder gesamtgesellschaftliche Kulturvorstellungen auftraten, so taten sie das nicht als abendländische Eiferer, sondern als demokratisch gesinnte Vertreter eines Fortschritts ins Pluralistische, der innerhalb der Künste zu einer immer größeren Differenzierung führen werde. Weiterhin an irgendwelchen faschistischen, sozialistischen oder auch christlich-konservativen Kulturidealen festhalten zu wollen, wurde darum von Literatur-, Theater-, Musik- oder Kunstkritikern wie Karl Korn, Friedrich Luft, Werner Haftmann, Will Grohmann, Heinrich Strobel und Hans Heinz Stuckenschmidt, die vornehmlich für als liberal geltende Zeitungen und Wochenblätter wie *Die Zeit*, die *Süddeutsche Zeitung*, den *Tagesspiegel* oder die *Frankfurter Allgemeine* schrieben, als eindeutig regressiv abgelehnt. Solchen Kritikern erschien die Forderung einer ›Hohen Kultur für jedermann‹ nicht nur als eine politische, sondern auch als eine persönliche Zumutung, das heißt als eine gewaltsame Einengung ihrer Persönlichkeit, als ein Rückfall ins 19. Jahrhundert, als ein Triumph des Altmodischen über das Moderne. Und dies ist ein Verdikt, das im modebewußten Kapitalismus meist eine noch größere Wirkung hat als irgendein mit bereits bestehenden Leitbildern konkurrierendes Gegenbild.

Statt also wie die Missionare des Abendlandes den Vertretern gesamtgesellschaftlicher Kulturkonzepte auf ihrem eigenen Terrain, nämlich dem der anspruchsvollen kulturpolitischen Auseinandersetzungen entgegenzutreten, verschoben die neo- bis rechtsliberalen Kritiker durch ihre Propagierung eines kulturellen Pluralismus, der auf nichts anderem als der uneingeschränkten ›Freiheit‹ beruht, die gesamte Diskussion um kulturelle Fragen auf eine völlig andere Ebene. Sie gingen weder frontal gegen den Kommunismus vor, noch versuchten sie, ein Gegenbild ebenso hoher, anspruchsvoller Art aufzurichten, sondern bedienten sich lieber der Vorstellung eines kulturellen Freiraums, in dem alle der Gesamtheit verpflichteten Leitbilder notwendig anachronistisch würden. Innerhalb einer solchen Kultur, behaupteten sie, habe jeder die Möglichkeit, ganz und gar seinen eigenen Wünschen und Bedürfnissen zu folgen. Hier stehe es allen Menschen frei, sich kulturell mit dem zu bedienen, was ihnen die verschiedenen Branchen der gegenwärtigen Kulturindustrie an bedeutsamen oder auch weniger bedeutsamen Produkten offerierten. Auch auf diesem Sektor, wie es im Rahmen neoliberaler Kunsttheorien immer wieder hieß, dürfe kein ›Zwang‹ herrschen. Das einzige Regulativ, das die Vertreter dieser Richtung für zulässig hielten, war das Prinzip von Angebot und Nachfrage. Kunst, erklärten sie, habe nicht die Funktion zu belehren, zu erziehen, zu agitieren, das heißt Propaganda für irgendeine Ideologie zu treiben. Im Gegenteil. Wie alle Produkte der ›nicht-totalitären‹ Industriegesellschaft modernen Zuschnitts habe auch sie völlig ideologielos zu sein. Im Klartext gesprochen, hieß das, daß diese Kritiker für sich und ihresgleichen nur an einer formal-exquisiten Kunst interessiert waren, die sich von allen Ausflügen ins Weltanschauliche, Soziale oder gar Politische freizuhalten versuchte.

Im Bereich der Malerei war es fast durchweg das Gegenstandslose, was von diesen Kreisen, zu denen vor allem die *Kunstwerk*-Beiträger und die ›Documenta‹-Organisatoren gehörten, als der perfekte Ausdruck des Ideologielosen gepriesen wurde. Auf dem Gebiet der Musik lobten die neoliberalen Modernisten, wie aus fast allen Beiträgen der Zeitschrift *Melos* hervorgeht, vor allem jene avantgardistischen Experimente, denen eine elitäre ›Abweichung‹ ins Autonome zugrunde liegt. Wie in dem Aufsatz *Gegängelte Musik* (1953) von

Theodor W. Adorno wurde auch hier jede altmodische ›Volksläufigkeit‹ ebenso nachdrücklich abgelehnt wie jeder Regreß ins Konservativ-Christliche. Ja, selbst in der neo- bis rechtsliberalen Literaturkritik, wo es etwas schärfer herging, blieb man bei solchen Polemiken gegen gesamtgesellschaftliche Kulturkonzepte eher im Bereich des Witzigen und Unverbindlichen, als sofort ins Lager der ›Abendländer‹ überzulaufen. So charakterisierte etwa Friedrich Luft 1955 die erwähnte Brechtsche Inszenierung des *Kaukasischen Kreidekreises* in der *Stimme der Kritik* zwar auch als eine »szenisch dürre Unterweisung«, faltete jedoch nicht sofort beschwörend die Hände, sondern schrieb lediglich, daß er gegen Ende fast eingeschlafen sei.

Durch solche ideologischen Manöver wurden innerhalb der neoliberalen Kunstkritik sogar bisher höchst anspruchsvolle Kunstformen endgültig ihres ideologischen Anspruchs entkleidet und in gesellschaftlich ›aparte‹ Konsumgüter verwandelt. Die politische Absicht von Polemiken dieser Art bestand meist darin, das auf *ein* Konzept eingeschränkte Kulturangebot des Ostens auf westlicher Seite durch ein wesentlich interessanteres, abwechslungsreicheres Warenangebot zu übertrumpfen. Auf diese Weise lief die neoliberale Kulturtheorie immer stärker auf das Konzept eines kulturellen Supermarkts oder einer »ästhetischen Gemischtwarenhandlung«, wie es in den fünfziger Jahren noch hieß, hinaus. Da es heute keine Klassen mehr gebe, behaupteten solche Kritiker gern, werde in Zukunft – auch kulturell – jeder nur noch seinem eigenen Geschmack folgen und sich, je nach Größe seines Geldbeutels, entweder bei den teuren, den mittleren oder den preisgünstigen Kulturprodukten bedienen. In einem solchen System, erklärten sie, brauche sich niemand dem früheren Bildungs- oder Stellvertretungsanspruch der bürgerlichen Schichten zu fügen. Hier werde es selbst kulturell zwischen hoch und niedrig keine gravierenden Unterschiede mehr geben. Statt dessen werde es allen Menschen freistehen, an dieser *oder* jener Form von Kultur zu partizipieren. Doch wie die gesellschaftliche Praxis zeigte, bedienten sich auch in dieser pluralistischen Kultur die meisten weiterhin so, wie es ihren Bildungsvoraussetzungen und ihrem Einkommen entsprach. Was daher in den offiziösen Verlautbarungen der Neoliberalen so schön nach demokratischem Pluralismus klang, erwies sich unter den gegebenen ökonomischen und sozialen Voraussetzungen lediglich als eine Fortführung, ja bewußte Aufrechterhaltung der bisherigen Bildungs- oder Standesunterschiede.

Die Entstehung branchen- und schichtenspezifischer Teilkulturen

Wie eindeutig sich die Neoliberalen im Laufe der fünfziger Jahre auf wirtschaftlichem Sektor gegen die eher regressive Bürgerblockpolitik der Konservativen durchsetzten, haben wir gesehen. Das gleiche geschah auf dem Sektor der Kultur. Indem sich in diesen Jahren – auf der Basis des wachsenden Realeinkommens und der erweiterten Freizeit – eine alle Schichten der Bevölkerung erfassende und beeindruckende Kulturindustrie entwickeln konnte, mußte die hohe Kunst der abendländischen Mission notwendig eine ideologische Projektion bleiben, die sich unter den gegebenen Marktbedingungen gar nicht in die gesellschaftliche Realität umsetzen ließ. Wie so vieles, was der ökonomischen und sozialen Wirklichkeit nicht mehr entsprach, wurden auch die bisherigen Kulturansprüche seit der Mitte der fünfziger Jahre zusehends anachronistischer, das heißt hatten nur noch eine ideologische Leitfunktion und erstarrten schließlich in den rhetorischen Floskeln des politischen Feiertagsgeredes. Was dagegen immer stärker in den Vordergrund rückte, war ein recht pragmatischer Umgang mit Kunst, der sich nicht von irgendwelchen weltanschaulichen Idealvorstellungen bestimmen ließ, sondern auch auf diesem Sektor sehr wohl darauf achtete, wieviel Profit sich mit den jeweiligen Kunstformen machen ließ. Schließlich bedeutete Liberalismus nicht nur Freizügigkeit in jeder Form, sondern auch Marktorientiertheit in jeder Form – und sei es selbst im Hinblick auf die einst so verkulteten ›geistigen Güter der Nation‹, in deren Umkreis man Worte wie Geld, Kapital oder Investition bisher nur hinter geschlossenen Türen gebraucht hatte. Mit dieser Scham war es jetzt endgültig vorbei. Selbst in den oberen Rängen der Kunst wurde es immer üblicher, in aller Offenheit von Verlagsverträgen, Tantiemen, Urheberrechten, Zweitverwertungen oder Übersetzungsgebühren zu sprechen, ja sogar einen gewissen Stolz auf geschäftliche Triumphe an den Tag zu legen. Kurzum: Was sich in diesen Jahren durchzusetzen begann, war eine ›marktgerechte‹

Kulturindustrie, in der es wie in allen Branchen der bundesrepublikanischen Wirtschaft auch und vor allem um die nötige Profitmaximierung ging. Aufgrund dieser zunehmenden Kommerzialisierung oder Amerikanisierung von Kultur, wie ein Adorno das nannte, darf man selbst auf diesem Gebiet nie die materiellen Voraussetzungen der allgemeinen Produktions- und Rezeptionsbedingungen aus dem Auge verlieren. Und zu diesen Voraussetzungen gehörte in den fünfziger und frühen sechziger Jahren unter anderem die Tatsache, daß sich auch die verschiedenen Branchen der sich schnell entfaltenden Kulturindustrie immer stärker vom bisherigen Volksbegriff freimachten und lediglich die finanziell genau gestaffelten Konsumentenschichten ins Auge faßten. Um erst einmal ein Grobraster zu haben, teilte man diese Schichten meist in zwei Hauptgruppen ein, die allerdings im einzelnen dann noch sorgfältiger auseinanderdividiert wurden. Zu Anfang dieses Zeitraums sprachen die Kulturgewaltigen, also die Kultusminister, Radiointendanten, Zeitungsbesitzer, Filmverleiher, Verleger, Konzertveranstalter, Kunsthallendirektoren und Galeristen, unter Bezugnahme auf diese Zweiteilung meist nur von hoher und niederer Kultur. Später bürgerte sich zur Charakterisierung dieses Gegensatzes ein eher verschleierndes Begriffspaar wie ›E-Kultur‹ (ernste, elitäre Kultur) und ›U-Kultur‹ (Unterhaltungskultur) ein. Doch die Unterschiede zwischen diesen beiden Schemata sind an sich nicht so gravierend. Wichtig ist lediglich, daß damit das Konzept einer demokratischen Gesamtkultur oder ›A-Kultur‹ (Allgemeinkultur), in der es um die Probleme *aller* Menschen einer bestimmten Gesellschaft geht, zugunsten eines Nebeneinanders zweier deutlich getrennter Teilkulturen aufgegeben wurde, die sowohl geschmacklich als auch ideologisch nur wenig miteinander gemeinsam haben. Selbstverständlich gab es eine solche Zweiteilung schon früher. Bereits um die Jahrhundertwende und dann verstärkt in den Jahren der Weimarer Republik hatte sich eine Kulturindustrie entwickelt, die eindeutig ins Massenhafte tendierte und auf bürgerliche Geschmacksansprüche nur noch im Rahmen elitärer Minikulturen Rücksicht nahm. Doch wirklich zu sich selbst kam diese Art von Kulturindustrie erst in den fünfziger Jahren, als sich durch die ständige Zunahme neuer Massenmedien und eine immer effektivere technologische Infrastruktur im Hinblick auf die bereits eingetretene Pola-

risierung der Kultur eine ganz neue Situation ergab. Während bis dahin in manchen Bereichen der Kultur noch eine gewisse ›Naturwüchsigkeit‹ geherrscht hatte, das heißt nicht nur finanzielle Belange, sondern auch Ehrgeiz, Ruhm oder seelische Gratifikation von Wichtigkeit waren, nahm jetzt selbst auf diesem Sektor das Profitorientierte überhand. Erst jetzt wurden die einzelnen Kulturprodukte – wie in allen anderen Branchen – vorher schichtenspezifisch getestet und dann nach marktstrategischen Gesichtspunkten an die betreffenden Distributionsapparate weitergeleitet, um so eine möglichst hohe wirtschaftliche Effizienz zu erzielen.
Die meisten Manager der sich immer stärker kommerzialisierenden Kulturindustrie gingen bei solchen geschäftlichen Überlegungen vom Bildungsstand der einzelnen Bevölkerungsschichten aus. Da nach damaligen Statistiken, ob nun denen der Allensbacher oder des Emnid-Instituts, 82 Prozent der westdeutschen Bevölkerung nur einen Volksschulabschluß hatten, war ihnen von vornherein klar, daß das ›große Geld‹ allein im Bereich der Massenkunst, der Kommerzkunst, der U-Kunst zu machen war. Auf diesem Sektor wurde deshalb in den fünfziger Jahren am meisten investiert und eine auf Freizeitunterhaltung zielende Kulturindustrie aufgebaut, die sich mit ihren Erzeugnissen eindeutig an die kulturell Unterprivilegierten wandte. Innerhalb der verschiedenen Sparten dieser Industrie, die sich der Produktion von Illustrierten- und Heftchenromanen, Kintoppfilmen, Comic Strips, Schlagermusik, Radio-Krimis oder Seifenopern widmete, mußte darum alles Inhaltliche auf die Auffassungsgabe von Volksschülern zurecht- oder zurückgestutzt werden, um so den höchst klischeehaft hergestellten Serienprodukten einen geradezu ›reißenden‹ Absatz zu sichern. Dies war also jene Kunst, mit welcher man die besagten 82 Prozent auf dem Wege über die Eckkinos, Zeitungsstände, Bahnhofskioske und Leihbibliotheken sowie durch Massenmedien wie den Rundfunk und später das Fernsehen mit der nötigen Unterhaltung versorgte. Und zwar gingen die Produzenten dieser Kommerzkunst hierbei anfänglich so krud wie nur möglich vor und teilten die verschiedenen Gattungen lediglich nach den herkömmlichen Geschlechtsklassifizierungen ein. Für Frauen wurden damals eher ›weiche‹, für Männer eher ›harte‹ Unterhaltungsgenres hergestellt. Erst als die Kulturindustrie im Laufe der fünfziger Jahre

immer gigantischere Ausmaße annahm, schaltete sie noch weitere Differenzierungen ein und begann, für die einzelnen Alters-, Berufs- und Regionalgruppen bestimmte Subgenres zu schaffen, ohne dabei jedoch allzu ›speziell‹ zu werden und so den großen Absatz zu verpassen.
Während sich in diesen Bereichen die dahinterstehenden Zeitungs- und Illustriertenkonzerne, Schallplattenfirmen, Filmgesellschaften oder Buchverlage nur selten den Anschein von Bildungsträgern gaben, versuchten jene Firmen oder Kulturinstitutionen, die mit ihren Produkten die nächsthöhere Gesellschaftsschicht, nämlich die 14 Prozent der westdeutschen Bevölkerung mit Mittelschulabschluß zu erreichen hofften, fast immer mit dem Anspruch des Bildungsbewußten und damit Hochkulturellen aufzutreten. Sie offerierten Waren, die zwar meist schon etwas älter oder abgestanden wirkten, aber gerade wegen ihrer kulturellen Verspätung diesen Schichten das angenehme Gefühl einer Teilhabe an den bereits bewährten Gütern der bürgerlichen Kultur gaben. Diese ehemaligen Mittelschüler lasen also damals noch keine Heftchenromane, gingen noch nicht in die üblichen Kintoppfilme oder begeisterten sich noch nicht für sogenannte Schlagerparaden, sondern bevorzugten noch Opern- und Operettenmelodien, dekorative Kunstdrucke oder auch billige Ölbilder sowie die allgemein gelobten Bestseller, die Klassiker in Halblederausgaben für den Bücherschrank oder auch die Literatur fürs Herz aus dem Bereich der gemütvoll-romantischen, religiösen oder erbaulichen Tradition. Neben etwas höheren Formen der Radiomusik, gewissen Illustrierten oder Mittelklassefilmen, die man auch in diesem Umkreis keineswegs verschmähte, galt hier noch das ›Hohe‹ als Kultur. Und den damit verbundenen Anspruch befriedigten solche Schichten, indem sie sich Buchgemeinschaften anschlossen, aus städtischen Büchereien Romane entliehen oder alljährlich ihr Theaterabonnement erneuerten, um so über die letzten repräsentativen Aufführungen mitreden zu können (oder wenigstens dabeigewesen zu sein).
Im Gegensatz zu den Kulturbedürfnissen dieser beiden Bevölkerungsklassen, die noch recht homogen waren und sich deshalb mit bereits eingeschliffenen Kunstformen unschwer befriedigen ließen, stellten die oberen vier Prozent der westdeutschen Bevölkerung, die auf die höhere Schule gegangen war und über ein Abitur, ja zum Teil

sogar über eine Universitätsbildung verfügte, in den fünfziger und frühen sechziger Jahren auf dem Sektor Kultur wesentlich größere Ansprüche. Trotz ihrer Kleinheit handelte es sich hierbei um eine reichlich gemischte Schicht, zu der neben den Vertretern der gebildeten Altbourgeoisie auch die modernistisch interessierten Kritiker-, Künstler- und Intellektuellenkreise sowie die neoliberal orientierten Gruppen der kulturellen Parvenüs gehörten. Ein solches Bildungskonsortium war nicht einfach mit klischeehaft stereotypisierten oder traditionalistischen Kunstformen zu befriedigen, sondern verlangte eine Fülle kultureller Angebote, deren Spektrum vom Klassisch-Meisterlichen über das Avantgardistische bis zum Modischen der jeweiligen In-Kultur reichen mußte. Zu den Massenmedien sowie zur Bestseller- und Abonnementskultur hielten diese Schichten zwischen 1950 und 1965 noch gleichermaßen auf Distanz. Was sie bevorzugten, waren vor allem Kunstformen, die sie in ihrem gesellschaftlichen und kulturellen Anderssein bestätigten. Und dazu gehörte alles, was bei den unteren oder mittleren Schichten keinen großen Anklang fand. Die ehemaligen Oberschüler gingen daher in diesem Zeitraum vornehmlich in Symphonie-, Kammermusik- oder Musica-viva-Konzerte, frequentierten die Vernissagen der kleinen Galerien, nahmen an den Ausstellungseröffnungen der städtischen Kunsthallen teil, schlossen sich Cinéasten-Clubs an und befriedigten ihre Lesebedürfnisse mit weltliterarischen Kostbarkeiten oder Neuerscheinungen der elitären Belletristik. Im Bereich dieser Kultur und ihrer verschiedenen Spielarten herrschten also nicht die großen Konzerne vor. Hier waren es wesentlich kleinere Verlage, Konzertagenturen, Ausstellungsgremien, Kleinkunstbühnen oder Kunstvereine, welche diesen Kundenkreis mit den gewünschten Extras der höheren Kultur versorgten. Auf diesem Sektor erhielten sich darum eine Reihe kulturkonservativer, modernistisch-elitärer oder auch bloß in-bewußter Minikulturen, bei denen es nicht nur um Geld und Prestige, sondern auch um private Vorlieben ging. Und so ließen die neoliberalen Kulturtheoretiker nicht davon ab, immer wieder mit einem gewissen Stolz darauf hinzuweisen, daß es in der von ihnen gepriesenen ›ästhetischen Gemischtwarenhandlung‹ auch eine Gourmetecke gab.

Schon Theodor W. Adorno hat in den fünfziger Jahren immer wieder erklärt, daß man im Hinblick auf die Produkte der damals herrschenden Kulturindustrie nur von einer manipulierten, verwalteten und damit ›unfreien‹ Kunst sprechen könne. Mag auch seine Beweisführung manchmal etwas überspitzt wirken, in ihrer Grundtendenz ist eine solche Kritik keineswegs von der Hand zu weisen. Schließlich war das Kulturleben dieser Jahre weder so ›pluralistisch‹ noch so ›frei‹, wie es von den Neoliberalen gern hingestellt wurde, sondern lief in vielen Branchen der kulturerzeugenden Industrie auf eine unübersehbare Verflachung, Mechanisierung und Standardisierung der bisherigen Künste hinaus. Was sich in diesem Umkreis noch am ehesten als ›frei‹ bezeichnen läßt, sind lediglich die Minikulturen der oberen vier bis fünf Prozent der westdeutschen Bevölkerung. Wer also im Hinblick auf diesen Zeitraum vom Schicksal der ›freien Künste‹ spricht, muß in erster Linie von diesen sprechen. Denn nur hier gab es eine Kunst, die den Eindruck des Bedeutsamen, Modernen oder auch Avantgardistischen erweckt und damit eine, wenn auch eingeschränkte, unwirksame, elitäre Freiheit demonstriert. Und zwar lassen sich in diesem Bereich zwei Hauptgruppen unterscheiden, in denen sich auch sonst die entscheidenden ideologischen Tendenzen dieser Ära verkörpern: die Konservativen und die Neoliberalen.
Die Konservativen setzten sich damals weitgehend aus den Vertretern der gebildeten Altbourgeoisie sowie jener auf Bürgerlichkeit pochenden Mittelschichten zusammen, die unter Kultur – im Gefolge der Inneren Emigration – weitgehend etwas Höheres, Idealistisches, Bedeutsames verstanden, in dem sich die Seele einer bestimmten Nation oder gar eines ganzen Kulturkreises widerspiegele. Diese Schicht trat darum im Sinne herkömmlicher Bildungs- und E-Kultur-Vorstellungen weiterhin mit jenem bürgerlichen Stellvertretungsanspruch für eine ›hohe‹ Kultur ein, die sich der klassisch-romantischen, religiösen oder nationalen Tradition verpflichtet fühlt, während sie sowohl den modernistischen Avantgardismus als auch den Einbruch der kommerzialisierten U-Kunst in die Ränge der bürgerlichen Kultur energisch ablehnte. Die Anhänger solcher Vorstellungen rekrutierten sich vornehmlich aus jenen oberen oder mittle-

ren Schichten, die auch in ihrem Lebensstil »modernen« Phänomenen wie Tempo oder Streß bewußt aus dem Wege gingen und auf Muße, Vergeistigung oder Beseelung Wert legten. Aus diesem Grunde zogen sie sich – in ihren oberen Rängen – à la Ernst Robert Curtius und Hans Sedlmayr gern in eine nostalgisch verklärte Vergangenheit zurück und erbauten sich an der Größe älterer Meisterwerke. So erklärte Friedrich Sieburg 1955 in seinem Buch *Nur für Leser*, daß die »reinste Wonne« für ihn darin bestände, den »Großen« der Vergangenheit zu huldigen, da in der Gegenwartskunst nun einmal ein geradezu »notorischer Mangel an Meisterwerken« herrsche. Ins gleiche Horn stieß Hans Egon Holthusen, der noch 1964 in seinem Büchlein *Avantgardismus und die Zukunft der modernen Kunst* behauptete, daß man gegenwärtig in einer »postrevolutionären Epoche« lebe und es sich deshalb empfehle, von allem »Aktuellen« abzusehen und auch in der Kunst die Haltung des »Bewahrenden« einzunehmen. Wofür also diese Richtung schwärmte, waren jene antik-humanistischen, christlichen und klassisch-romantischen Traditionen, die einem ins Zeitlose entrückten Ensemble aller großen Kunstleistungen der Menschheit glichen und jedem wahren Kunstfreund jederzeit als unversiegbarer Quell der Tröstung, Erbauung oder Bildung zur Verfügung ständen. Wenn sich die Konservativen überhaupt der Kunst des 20. Jahrhunderts zuwandten, mußte dies eine Kunst sein, die sich eindeutig auf die eben aufgezählten Traditionen stützt, sie weiterbildet oder in sich aufzuheben versucht. Im Bereich der bildenden Kunst waren das vornehmlich die religiösen Realisten von Georges Rouault bis Ernst Barlach und Gerhard Marcks sowie die humanistischen Klassizisten von Aristide Maillol bis Richard Scheibe und Toni Stadler. Innerhalb der Musik schätzten diese Schichten aus dem Bereich der Moderne nur Komponisten wie Richard Strauss, Max Reger und Hans Pfitzner, bei denen noch eine klare Tonalität und Melodik herrsche, während ihnen schon Gustav Mahler, Paul Hindemith und Igor Strawinsky als fragwürdige Neutöner erschienen. Auf literarischem Gebiet waren sie dagegen etwas aufgeschlossener. Hier ließ man sowohl anspruchsvolle Formkünstler wie Hugo von Hofmannsthal, Rainer Maria Rilke, Stefan George, Rudolf Borchardt und Josef Weinheber, eindeutig religiöse Autoren wie T. S. Eliot (*Mord im Dom*), Paul Claudel (*Der seidene Schuh*), Werner Bergengruen,

Rudolf Alexander Schröder und Gertrud von Le Fort als auch all jene Dichter der gutbürgerlichen ›Geheimnisse des reifen Lebens‹ wie Hans Carossa (*Das Jahr der schönen Täuschungen*), Rudolf G. Binding (*Der Opfergang*) oder Karl Heinrich Waggerl (*Wagrainer Tagebuch*) gelten.
Die an konservativen Vorstellungen orientierte Schicht umfaßte zu Anfang der fünfziger Jahre sicher die Mehrheit der mittelständischen Kunstinteressierten, verhielt sich jedoch weitgehend theorielos und spielte darum in den oberen Regionen der neoliberalen Kunstdebatten dieser Ära nur eine neben- oder untergeordnete Rolle. Um so mehr diskutiert wurde hingegen in diesem Zeitraum jener Modernismus, der im Zuge der Anknüpfung an die deutschen und vor allem internationalen Traditionen einer wahrhaft freien, avantgardistischen Kunst in den führenden Kunstblättern der Zeit die meiste Aufmerksamkeit auf sich zog. Als künstlerisch ›modern‹ galt bei den neoliberalen Kunstkritikern dieser Jahre vor allem das, was diese Zirkel – nach den Jahren der faschistischen Gleichschaltung – als dynamisch, als neuartig, als ästhetisch arriviert, kurz: als ›frischen Wind‹ empfanden. Weil man im Bereich der deutschen Kunst aufgrund der weiterbestehenden Verdrängung oder Tabuisierung fast aller fortschrittlichen Traditionen dafür kaum Beispiele fand, griff man in diesem Punkt meist auf die Kunst anderer westlicher Länder zurück. Die frühen fünfziger Jahre waren deshalb in der Bundesrepublik die große Zeit für Autoren wie Jean-Paul Sartre (*Die Fliegen, Das Spiel ist aus, Die schmutzigen Hände*), Albert Camus (*Die Pest, Der Mythos von Sisyphos*), Jean Giraudoux (*Der trojanische Krieg findet nicht statt, Die Irre von Chaillot*), Jean Anouilh (*Antigone*), Federico Garcia Lorca (*Zigeunerromanzen, Bluthochzeit, Bernarda Albas Haus*), Christopher Fry (*Die Dame ist nicht für's Feuer, Ein Phönix zuviel*), Ernest Hemingway (*Fiesta, Wem die Stunde schlägt, Schnee auf dem Kilimandscharo*), Tennessee Williams (*Endstation Sehnsucht, Die Glasmenagerie*), Thomas Wolfe (*Schau heimwärts, Engel*), William Faulkner (*Licht im August, Schall und Wahn),* Thornton Wilder (*Unsre kleine Stadt, Die Brücke von San Luis Rey*), Max Frisch (*Stiller, Don Juan oder die Liebe zur Geometrie*) und Friedrich Dürrenmatt (*Ein Engel kommt nach Babylon, Der Besuch der alten Dame*), Maler wie Pablo Picasso, Georges Braque, Joan Miró und

Marc Chagall, Komponisten wie Igor Strawinsky (*Symphonie in drei Sätzen, Agon, Dumbarton Oaks*), Béla Bartók (*Konzert für Orchester, Musik für zwei Klaviere, Schlagzeug und Celesta*) und Benjamin Britten (*Simple Symphony, Albert Herring*) sowie Filmregisseure wie Jean Cocteau (*Orphée, Der Doppeladler, Die schrecklichen Kinder*), Marcel Carné (*Die Kinder des Olymp*), Frederico Fellini (*La Strada*) oder Vittorio de Sica (*Fahrraddiebe, Umberto D.*), das heißt für all jene Klassiker der Moderne oder Halbmoderne, die aufgrund ihrer relativ realistischen, melodiebezogenen oder inhaltlich aufregenden Kunst einen recht großen Prozentsatz innerhalb der gebildeten Oberschichten ansprachen. Selbst als die Zeit weiterschritt, wurden die Werke dieser Künstler immer noch viel gelesen, angeschaut oder gehört. Als Anlässe zu kulturtheoretischen Auseinandersetzungen traten sie jedoch nach 1955 allmählich in den Hintergrund. Was in den neoliberalen Kunstdiskussionen nach diesem Zeitpunkt ins Zentrum rückte, war – vor allem in Malerei und Musik – eine wesentlich abstraktere Stilhaltung, welche sich lediglich in der Literatur, die stets eine größere Inhaltsbezogenheit hat, nicht recht durchsetzen konnte.

Das größte Furore machten in den folgenden Jahren jene bewußt elitären Modernisten, die zwar ursprünglich nur eine kleine Gruppe bildeten, sich aber als die einzige ›Avantgarde‹ aufspielten und denen deshalb in den Medien der führenden In-Group die meiste Beachtung geschenkt wurde. Im Gegensatz zu den Konservativen, die weitgehend Werte wie Ruhe, Gefaßtheit, Bindung und Vergangenheitsorientiertheit vertraten, sowie den Anhängern der sogenannten Halbmoderne, die sich an die Meister der Jahre zwischen 1910 und 1930 hielten, bekannten sich die überzeugten Modernisten in Zeitschriften wie *Das Kunstwerk, Melos* oder *Akzente* von Anfang an zu Konzepten wie Bindungslosigkeit, Entideologisierung und Zukunftszugewandtheit und verwarfen dementsprechend alles, was nicht in die immer modebetontere Welt der prosperierenden Wirtschaftswunderjahre paßte, als anachronistisch. Die geeignetsten Medien einer solchen Ideologielosigkeit sahen auch sie in den als ›autonom‹ geltenden freien oder elitären Künsten. In den Formen dieser Kunst, die nicht den Marktgesetzen der herrschenden Kulturindustrie unterworfen seien, glaubten daher Kritiker wie Will Grohmann, Hans

Heinz Stuckenschmidt, Walter Höllerer, Helmut Heißenbüttel und Heinrich Vormweg, um nur ein paar solcher Modernisten aufzuzählen, noch am ehesten, von irgendwelchen falschen Verbindlichkeiten politischer, moralischer oder religiöser Art absehen zu können. Aus diesem Grunde befürworteten sie eine Kunst, die sich so experimentell, abstrakt und damit modernistisch wie nur möglich gibt, das heißt sich jeder finanziellen und ideologischen Indienstnahme von vornherein entzieht und nichts als ›frei‹ sein will.

Während also die Neokonservativen ihre konservativen Traditionen weiterpflegten, restaurierten die Neoliberalen in diesem Zeitraum den älteren Liberalismus, nur daß sie ihn gegen die herrschende Kulturindustrie ins Unideologische und damit Gesellschaftsentfremdete entleerten. Wenn diese Kritiker von Avantgardismus sprachen, verstanden sie darunter kein revolutionäres Fortschrittsdenken, das auf einem untrennbaren Ineinander von politischem, gesellschaftlichem *und* ästhetischem Fortschritt basiert, sondern einen künstlerischen Innovationismus um des Innovationismus willen. Aufgrund dieser Einstellung stellten sie die modernistischen Tendenzen des Symbolismus, des Jugendstils und des Frühexpressionismus, denen eine innerbürgerliche Sezession zugrunde gelegen hatte, wesentlich höher als das entschiedene Vorhutdenken jener Saint-Simonisten, Achtundvierziger, Kommunarden, Naturalisten, Proletkultler oder Linksfront-Vertreter der zwanziger Jahre, die auch in ihrer Kunst von gesamtgesellschaftlichen oder gar sozialistischen Vorstellungen ausgegangen waren. Und so lief der Modernismus der fünfziger Jahre letztlich auf eine Avantgarde selbstbewußter Individuen hinaus, die weniger die Wohlfahrt aller als eine noch größere Freizügigkeit der ohnehin Privilegierten im Auge hatten. Das Ergebnis dieser Entwicklung war ein ästhetischer Neoliberalismus, der seine höchsten Werte im Andersartigen, Originellen, Schwierigen, Abweichenden und somit Unvolkstümlichen sah. Demzufolge erklärten Helmut Krapp und Karl Markus Michel in ihren *Notizen zum Avantgardismus*, die 1955 in den *Akzenten* erschienen, daß es heutzutage keinen »Avantgardismus der Avantgarden und Programme«, sondern nur noch einen »Avantgardismus der Einzelnen und der Nuance« gebe, der die notwendige Kehrseite zur herrschenden Kulturindustrie bilde.

Nun, selbst dieser ›Modernismus der Einzelnen‹ war kein tausendfältiges Stimmengewirr, in dem jeder Einzelne nur seine eigene ›Nuance‹ zum Ausdruck zu bringen versuchte. Bei genauerem Zusehen lassen sich innerhalb dieses Avantgardismus mindestens fünf Spielarten unterscheiden, und zwar eine modische, eine repräsentative, eine sezessionistische, eine kritizistische und eine revoluzzerhafte (selbst wenn diese untereinander leicht konvergieren). Beginnen wir mit dem modischen Avantgardismus der neoliberalen Nutznießer des sogenannten ›Wirtschaftswunders‹, der Trendsetter, Parvenüs und *Magnum*-Leser, kurz: der Leute mit dem forcierten In-Geschmack, die im Zuge der wirtschaftlichen Expansion und der Verwestlichung der Künste ein Kulturkonzept guthießen, bei dem vor allem das Elegante, Schicke, Aparte und damit der Dernier cri im Vordergrund stand. Im Gefolge eines sich allmählich herausbildenden Camp-Geschmacks bevorzugten diese Schichten eine Party- oder Mode-Kunst, in der sich vornehmlich das ideologische und ästhetische ›With-it‹-Bewußtsein der führenden gesellschaftlichen In-Groups manifestieren sollte. Sie waren deshalb mit ihrem Modernekonzept recht freizügig und ließen neben den Spitzenleistungen der etablierten Avantgarde auch gewisse Elemente der zeitgenössischen U-Kultur gelten, sofern diese ans Spannende, Kitschige oder im weitesten Sinne ›Interessante‹ grenzten. Hier fand man also Schönberg *und* Jazzmusik, Joyce *und* Krimis, Kandinsky *und* Reklameposters als gleichermaßen ›in‹. Das »Gerümpel der Großmutterzeit«, hieß es 1958 im 19. *Magnum*-Heft, kann ebenso »reizvoll« sein wie die »Kunst der Etrusker«. Ja, Albert Schulze-Vellinghausen, einer der Starkritiker dieser Richtung, schrieb schon 1954 unter dem Titel *Kunst und Mode* im ersten *Jahresring*, daß er die Bilder eines Mondrian, die neuesten Automodelle und die Kleider eines Christian Dior ästhetisch durchaus ebenbürtig finde. In diesen Kreisen war überhaupt vieles nur modisches Accessoire, aber keine Kunst, in der auch Ideelles, Gesamtgesellschaftliches oder gar Politisches zum Ausdruck kommt. Sie wollten aus der vielgepriesenen Moderne »keine Religion, keine Heilslehre, keinen Messianismus« machen, wie es 1960 im 30. *Magnum*-Heft hieß, sondern ihre kurzlebigen Spielarten lediglich wie erfrischende ›Wellen‹ genießen. Auf die heutige Moderne, hieß es in diesem Umkreis schon damals, werde daher eines Tages sicher eine andere Moderne oder gar Postmoderne folgen.

Eine weitere Spielart innerhalb dieser avantgardistisch-orientierten Richtung strich hingegen eher den repräsentativen Charakter dieses Modernismus heraus. Zu ihr gehörten neben manchen Theaterintendanten, Museumsleitern, Konzertveranstaltern und Verlegern vor allem jene neoliberalen Künstler und Intellektuellen, die sich zwar von der offiziellen Kalten-Kriegs-Ideologie der Konservativen ausdrücklich distanzierten, jedoch als ›Avantgarde der Freiheit‹ das offiziöse Pendant dazu bildeten. In diesen Zirkeln herrschte zum Teil ein ebenso optimistisch-selbstbewußter Ton wie in der ersten Gruppe. Allerdings wollten sie die modischen Varianten des Modernismus nicht nur genießen und dann wegwerfen, sondern fühlten sich zugleich berufen, die Freiheit des künstlerischen Ausdrucks gegen jeden ›totalitären‹ Zugriff zu verteidigen. Eine neue Blütezeit jener abstraktionistischen, dodekaphonischen und konstruktivistischen Moderne à la Kandinsky, Klee, Arp, Schönberg, Webern, Stramm oder Schwitters, die man seit dem Ende der zwanziger Jahre in allen kommunistischen oder faschistischen Ländern gewaltsam unterdrückt habe, erschien dieser Richtung nur auf der Basis einer durch nichts eingeschränkten Freizügigkeit möglich. Was sie daher unterstützte, war vor allem das Gewagte, das Experimentelle, das Avantgardistische, das Neue um jeden Preis, wie es sich in den Werken eines Baumeister, Winter, Nay, Henze oder Stockhausen manifestiere. Überhaupt entwickelten die Vertreter dieser Richtung im Laufe der Jahre einen ausgesprochenen Stolz auf ihre eigene Avanciertheit und bedauerten all jene Künstler und Intellektuellen, die sich im ›Osten‹ noch immer mit den überholten Realismus-Vorstellungen des 19. Jahrhunderts herumschlagen müßten. Zu ihren geistigen Repräsentanten gehörten in erster Linie jene *Kunstwerk-*, *Melos-*, *Merkur-*, *Akzente-* und ›Documenta‹-Befürworter des ›modernen Lebens‹, die sich der tatkräftigen Unterstützung aller staatlichen Stellen sowie jenes ›Kulturkreises‹ im ›Bundesverband der deutschen Industrie‹ erfreuten, welche im gegenstandslosen, seriellen und formalistischen Stil des restaurierten Modernismus den halbamtlichen Stil der neugegründeten Bundesrepublik sahen. Dementsprechend stellte Helmut Becker 1953 im *Merkur* die »Finanzierung der kulturellen Freiheit« als eine der Hauptaufgaben des Staates hin, während die Mitglieder des ›Kulturkreises‹ für solche Aufgaben auch »private Mäzene« heranziehen wollten, wie es 1954 im *Jahresring* hieß. Der sezessionistische Modernismus läßt sich dagegen nicht so leicht charakterisieren. Er wurde anfangs nur von einer recht kleinen Intellektuellengruppe vertreten, die jedoch im Laufe der fünfziger Jahre allmählich Zulauf von jenen verwöhnten Kindern der kultivierten Altbourgeoisie erhielt, die nicht mehr so altmodisch sein wollten wie ihre Eltern und sich darum ebenfalls einem Modernismus verschrieben, zu dessen Verständnis eine besonders hohe Bildung, geistige Aufgeschlossenheit und Freude am Esoterischen gehörte. Ihnen konnte deshalb die moderne Kunst gar nicht abstrakt, intellektualistisch oder elitär genug sein. Dies war jene »kleine Minderheit«, wie Arnold Gehlen 1955 in seinem Aufsatz *Kunst und Konsum* erklärte, der es im Umgang mit der Moderne vor allem um eine »theoretische und intellektuelle Einarbeitung« in das Wesen des Ästhetischen ging. Aus diesem Grunde drang diese Gruppe nachdrücklich auf eine immer größere ›Verkomplizierung‹ innerhalb der modernen Künste, worunter sie zugleich eine steigende Autonomie alles künstlerischen Schaffens verstand. Ihr ideologisches Leitbild war meist die innerbürgerliche ›Absonderung‹, wobei sie gern auf jene L'art-pour-l'art-Prinzipien der Jahrhundertwende zurückgriff, in deren Zentrum der legendäre ›Elfenbeinturm‹ gestanden hatte. Und so bewegten sich diese Schichten – jenseits des staatlichen Kulturbetriebs – am liebsten im Bereich jener kleinen Galerien, Zimmertheater, elitären Musikfestivals und Lyriklesungen, wo man zu den Eingeweihten gehören mußte, um überhaupt davon zu wissen oder zugelassen zu werden. In der Propagandamaschinerie des Kalten Krieges, dem offiziösen Kulturbetrieb der Länder und Kommunen sowie der Welt der Massenmedien sahen diese Kreise, aufgrund ihrer an Fin-de-siècle-Künstlern wie Wilde, Hofmannsthal und Proust geschulten ästhetischen Sensibilität, lediglich eine Negativfolie ihrer eigenen Erwähltheit. Die Vulgarität einer solchen ›Unkultur‹ bestätigte sie eher, als daß sie haßerfüllte Affekte dagegen entwickelt hätten. Wie die Ästheten der Jahrhundertwende widmeten sich diese Cliquen und Koterien – ohne jedes kollektive Gewissen – vornehmlich der Verfeinerung ihres individuellen Geschmacks, das heißt blätterten in erlesenen Kunstzeitschriften, interessierten sich für die surrealistisch-erotischen Grafiken eines Ernst Fuchs, liehen ihr Ohr einem neuen

Werk von György Ligeti, vertieften sich in Benns *Probleme der Lyrik*, begannen die Schriften von Peter Szondi zu lesen – und fühlten sich durchaus geschmeichelt, wenn man sie als ›elitär‹ bezeichnete. Sie waren überhaupt weder fortschritts- noch rückschrittsbetont, sondern hielten sich lediglich an das qualitativ Beste, das ästhetisch Erlesene. Daß andere Menschen sich an weniger geschmackvollen Kunstwerken erfreuten, dafür machten sie nicht die ungenügende Schulbildung oder mangelnde kulturelle Konditionierung, sondern lediglich den Ungeschmack dieser Menschen verantwortlich. Und die meisten fühlten sich im Rahmen einer solchen Gesinnung, die oft genug ans Aristokratische oder Snobistisch-Provozierende eines Beardsley grenzte, relativ wohl. Jedenfalls gab sie ihnen ein inneres Selbstbewußtsein, welches sie im Rahmen der politischen oder gesellschaftlichen Ideologiebildung schwerlich in dieser Form gefunden hätten.
Anders stand es dagegen mit jenem kritizistischen Modernismus der fünfziger Jahre, zu dessen Begründern jene ›gebrannten Kinder‹ irgendwelcher totalitären Ideologien gehörten, die sich jetzt auf den Standpunkt der absoluten Ideologielosigkeit zurückzuziehen versuchten, dabei jedoch, falls sie zu den ehemaligen Linken gehörten, die ökonomischen und gesellschaftlichen Grundvoraussetzungen der jeweils herrschenden kulturellen Verhältnisse keineswegs aus dem Auge verloren. Sie wandten sich darum nicht nur gegen die ›Gefahr aus dem Osten‹ oder den ›schlechten Geschmack‹, sondern auch gegen jene Machinationen der modernen Kulturindustrie, deren Auswirkungen auf die Kunst der Gegenwart sie als geradezu ›verheerend‹ empfanden. Was daher die Vertreter dieser Richtung als die letztmögliche Form eines kritischen Avantgardismus hinstellten, war eine Radikalisierung des spätbürgerlichen Subjektivismus ins Solipsistische. Wer als Künstler heute noch kritisch wirken wolle, betonten sie geradezu unentwegt, müsse sich wie Wols, Hartung, Pollock, Webern, Boulez, Beckett, Genet oder Pound ins Schwer- oder Unverständliche zurückziehen, sich hermetisch abkapseln, um nicht in den allgemeinen Sog der kulturellen Vereinnahmung und Vermarktung zu geraten. Was also bis dahin als ästhetische Autonomie gegolten hatte, wurde von dieser Richtung als die letztmögliche Form von Engagement hingestellt.

Am deutlichsten werden solche Tendenzen in den Schriften Theodor W. Adornos greifbar. Das beweist schon sein Aufsatz *Auferstehung von Kultur?* von 1950, wo er den hektisch angekurbelten Kulturbetrieb dieser Zeit als eine funktionslose Erneuerung von längst Abgelebtem, von Anachronismen und Fossilien, charakterisiert. Auch seine Schriften der nächsten Jahre sind voller Rundumschläge, die sich sowohl gegen alle kulturbewahrenden Tendenzen, den Sozialistischen Realismus als auch die Produkte der herrschenden Kulturindustrie wandten. All das erschien Adorno lediglich als Ausdruck des Status quo, als vorgetäuschte Harmonie, als erpreßte Versöhnung, als Kitsch oder bestenfalls als altmodische Seelentröstung. Was er der gängigen Trias von »populär, traditionell und realistisch« daher gern entgegenstellte, war die kritische Trias von »abstrakt, elitär und avantgardistisch«, das heißt eine Kunst, die sich lieber negativistisch verweigert als sich weiterhin als Ausdruck eines nicht mehr existierenden »Ganzen« aufzuspielen. Das belegt wohl am besten sein Aufsatz *Der Artist als Statthalter*, der 1953 im *Merkur* erschien, wo er Paul Valéry als den Kronzeugen einer Kunst anpries, die sich als Antithese zur »spätindustriellen, von totalitären Regimes und Riesenkonzernen gesteuerten Massenkulturen« versteht, welche die Menschen zu »bloßen Empfindungsapparaten, Bezugspunkten von Conditioned Reflexes reduziert und damit den Zustand blinder Herrschaft und neuer Barbarei vorbereitet«. Nur ein Kunstwerk, das sich als Ausdruck des »bewußten Subjekts« gegen solche Tendenzen sperre und vor der Allmacht der Massenmedienkultur weder von vornherein »kapituliere«, indem es sich ihr anzupassen versuche, noch mit einem ebenso totalitären Herrschaftsanspruch auf sie reagiere, erklärte Adorno, sei heute noch wert, ›signifikant‹ genannt zu werden.
Im Laufe der fünfziger Jahre kamen jedoch Adorno zusehends Zweifel, inwieweit sich eine solche ästhetische »Stellvertretung des gesamtgesellschaftlichen Subjekts« im Rahmen der schnell anwachsenden Kulturindustrie überhaupt aufrechterhalten lasse. Das belegt unter anderem sein Essay *Kultur und Verwaltung* von 1960, wo er angesichts der Macht der »Apparate« zwar seine letzte Hoffnung noch einmal auf die wenigen wahrhaft »großen Künstler« setzt, jedoch sein Vertrauen auf einen dialektischen Umschlag in ein qualitativ

Anderes allmählich immer kleiner wird. Selbst die »extremsten« künstlerischen Manifestationen, schreibt er hier, die noch immer das »Institutionelle, Offizielle« zu denunzieren wagten, seien heute der Gefahr ausgesetzt, von diesen »offiziellen Institutionen« vereinnahmt zu werden. Und damit sei sogar das »herausfordernd Unnütze«, nämlich die Kunst, zum »schlechten Nützlichen, zum Schmieröl, zu einem für anderes Seienden, zur Unwahrheit, zu einer für den Kunden kalkulierten Ware der Kulturindustrie« geworden. Was also bleibe, behauptet Adorno, sei lediglich ein stoischer Pessimismus, der seinen sinnlos gewordenen Widerstand lediglich in einer ohnmächtigen Geste der Weigerung ausdrücke. Und so reihte sich auch er schließlich in jene elitär-pessimistische Kulturkritik ein, die wie Gottfried Benn in Erwartung des sicheren Untergangs lediglich trotzig weitermacht, lediglich ›übersteht‹, da sie keine Alternativen anzubieten hat.
Diese Stimmung war im Rahmen des kritizistischen Modernismus um 1960 so verbreitet, daß selbst jene Künstler und Intellektuellen, die nicht nur vom Konzept der strikten Weigerung ausgingen, sondern darüber hinaus auch aktivistische, ja fast revoluzzerhafte Kunstvorstellungen propagierten, immer wieder auf ihre eigene Person zurückfielen. Da nun einmal in diesen Jahren das selbstgenügsame Gefühl des Status quo vorherrschte, mußte in der westdeutschen Wirtschaftswunderwelt jeder noch so forcierte Neoavantgardismus notwendig in den Sackgassen anarchischer Einzelaktionen steckenbleiben. Einen Sinn hätten solche Aktionen nur gehabt, wenn sie dem ›Leviathan‹ der allesbeherrschenden Massen- und Medienkultur auf der Basis gesellschaftspolitischer Oppositionsbewegungen entgegengetreten wären. Da es jedoch solche Bewegungen kaum gab, und die meisten Modernisten aufgrund ihrer elitären Einstellung solche Bewegungen wohl auch abgelehnt hätten, blieb es selbst innerhalb dieser Richtung weitgehend bei Gesten der ohnmächtigen Weigerung. Sogar dann, wenn es zu irgendwelchen Happenings, Vostell-Events oder Fluxus-Aktionen kam, das heißt die Kunst ›auf die Straße‹ ging, wurden solche Ereignisse wegen ihrer bewußten ›Abwegigkeit‹ in den Blättern der Oberklasse zwar gebührend bewundert, jedoch vom Rest der Gesellschaft überhaupt nicht wahrgenommen. Auch diese Richtung, über die sich der junge Hans Magnus Enzens-

berger 1962 in seinen *Aporien der Avantgarde* verzweifelt lustig machte, blieb also Teil jener institutionalisierten Avantgarde, deren ästhetischen Kunststücken fast immer etwas Zirkushaftes oder zumindest Artistisches anhaftet. Selbst sie konnte sich nur in jenem Narrengetto austoben, in welchem den größten Narren oft die höchsten staatlichen Prämien verliehen wurden. Peter Weiss schrieb daher am 12. Mai 1960 anläßlich eines von Tinguely in Paris veranstalteten neodadaistischen Skulpturenumzugs, der trotz seiner grotesken Monstrosität lediglich von einigen Künstlern und ihrer Schickeria beachtet wurde, höchst einsichtig in sein *Notizbuch*: »Die Revolution der Kunst ist die Revolution von Einzelnen! Umwälzungen im Leben der Menschen auf den Straßen waren nicht erzielt worden. Vielleicht wurde dies auch gar nicht mehr beabsichtigt. Vielleicht ging es nur noch darum, das Leben eines Einzelnen in der Kunst zu befreien. Es gab keine Solidarität zwischen den Kunstproduzenten. Sie arbeiteten für sich, abgesondert voneinander, in einer anarchistischen Welt.«

Zur Kultur der Unterprivilegierten

Soviel zur Kunst der gesellschaftlichen Oberschichten innerhalb der Wirtschaftswunderwelt der fünfziger und frühen sechziger Jahre, der zwar die führenden Medien eine beachtliche Aufmerksamkeit schenkten, die jedoch von den unteren 82 Prozent der westdeutschen Bevölkerung aufgrund ihrer mangelnden Schulbildung kaum oder gar nicht wahrgenommen wurde. Doch welche Kunst produzierte man im gleichen Zeitraum eigentlich, um auch den bildungsmäßig und finanziell Unterprivilegierten, das heißt vor allem den Arbeitern, eine Möglichkeit zu geben, ihre kulturellen Bedürfnisse zu befriedigen? Einmal, höchst pauschal gesehen, wären damals für diese Schichten drei Formen von Kultur möglich gewesen: Erstens die Wiederherstellung jener proletarischen Gegenöffentlichkeit, wie sie einmal in den zwanziger Jahren bestanden hatte; zweitens die volkspädagogische Vermittlung hoher Kunst der Vergangenheit im Rahmen von Vereinigungen wie dem Arbeitersängerbund oder der Volksbühnenbewegung; drittens die Verbreitung einer vornehmlich der Unterhaltung und Zerstreuung dienenden Massenmedienkunst.

Zu Punkt Eins: von einer proletarischen Gegenöffentlichkeit, die um 1930 einmal Hunderttausende, wenn nicht Millionen von Menschen in ihren Bann gezogen hatte, läßt sich nach 1945 kaum noch sprechen. Sie war durch die Faschisten auf besonders grausame Weise zerstört worden. Ihre besten Vertreter hatte man fast alle ins Exil gejagt, in Konzentrationslagern umgebracht oder zu hohen Gefängnisstrafen verurteilt. Daher war das, was sich nach 1945 erneut als ›Arbeiterkultur‹ etablierte, nur ein kümmerlicher Nachklang dessen, was es in Form von Gewerkschaftsfesten, proletarischen Sängertreffen, linken Malerbünden wie der ASSO, Arbeiterorchestern, Agitprop-Theatergruppen, Roten Eine-Mark-Romanen, Korrespondentenberichten, Arbeiterphotographen und einer linken Massenpresse vor 1933 gegeben hatte. Demgegenüber erschienen – vor allem im Ruhrgebiet – jetzt lediglich einige Arbeiterromane, in denen ein unleugbar kleinlicher, ja kleinbürgerlicher Zug herrschte. Begriffe wie Klasse, Proletariat oder Kapitalismus spielten in dieser Literatur nur noch eine höchst marginale Rolle. Um so lieber sprachen ihre Autoren von »Arbeitsfreude«, vom »Kampf mit dem Schicksal«, vom »Sozialstaat« oder vom »Glück am häuslichen Herd«. Und zwar knüpften sie hierbei weitgehend an jene verlogenen Gemeinschaftsvorstellungen an, die schon in der Arbeiterliteratur des Dritten Reichs dominiert hatten. Daher kamen auch nach 1945 weiterhin Werke heraus, in denen wie eh und je von »Ordnung und Liebe«, vom »Arbeiter als Friedensstifter«, von der »Kameradschaft am Arbeitsplatz« oder von »gläubiger Schicksalsergebenheit« die Rede ist. Ob nun bei Erich Grisar, Otto Wohlgemuth, Willy Reschke, Matthias Ludwig Schröder oder Martha Schlinkert-Galinsky: immer wieder wurde hier das »Leben voll Arbeit und Kampf« als ein letztlich »herrliches Leben« hingestellt. Neben tüchtigen Arbeitern stehen in diesen Romanen stets ebenso tüchtige Fabrikbesitzer, so daß niemand Sorge um seinen Arbeitsplatz zu haben braucht. In allem äußert sich jener »Arbeitsfriede«, dessen Basis das oft beschriebene Feierabendglück und die Selbstverwirklichung innerhalb der Konsumsphäre sind. Wenn jemand diesen Frieden stört, sind das meist Agitatoren mit polnischen Namen und roten Haaren, die keine rechte »Heimat« haben. Fast noch peinlicher wirken die Romane christlicher Arbeiterschriftsteller wie Fritz Woike, wo neben dem »eisernen

Lied der Maschinen« und der ungebrochenen »Arbeitsfreude« der Bergleute zugleich die »segnenden Mächte« des Religiösen ins Spiel kommen. So deutet Woike die Niederlage der Deutschen im Zweiten Weltkrieg gern in eine »Gottesstrafe« um, während er allen »Weltverbesserern« mit dem Motto entgegentritt: »Vieles Grübeln tut nicht not, lieber fest auf Gott vertraut.«

Angesichts dieser Situation war es nach 1945 in Westdeutschland geradezu unmöglich, irgendwelche Basisorganisationen für ein spezifisch proletarisches Schrifttum aufzubauen. Dafür fanden sich weder wagemutige Verleger noch Kommunalpolitiker. Selbst den meisten Arbeiterschriftstellern wäre ein solcher Gedanke unverständlich erschienen. Um so aktiver waren dafür einige Industrieorganisationen, durch Preisausschreiben oder durch Neuausgaben älterer Arbeiterliteratur, in denen vielfach vorbelastete Autoren wie Heinrich Lersch, Max Barthel und Karl Bröger als maßgebliche Vorbilder hingestellt wurden, eine neu-alte Arbeiterliteratur aufzubauen. Besonders gefördert wurde diese Art von Literatur, von der man sich einen beträchtlichen Stabilisierungseffekt versprach, von der ›Vereinigung der Freunde der Kunst und Kultur im Bergbau e. V.‹. Überhaupt stand damals der Bergbau, als die Hauptvoraussetzung eines jeden wirtschaftlichen Wiederaufbaus, mehrfach im Zentrum solcher ›Förderungs‹-Interessen. So schrieb etwa die ›Deutsche Kohlebergleitung‹ nach 1945 wiederholt Wettbewerbe für den besten Bergwerksroman aus, der sich als Propaganda für die Idee der ›Sozialpartnerschaft‹ mißbrauchen ließ. An manchen dieser Wettbewerbe beteiligten sich über 800 Arbeiterschriftsteller, worunter viele waren, die schon im Dritten Reich die ›gebührende‹ Anerkennung der Oberen gefunden hatten. Ein engagierter Autor wie Bruno Schönlank, der 1945 aus dem Exil nach Westdeutschland zurückgekehrt war, um am Aufbau einer wirklichen Arbeiterkultur mitzuhelfen, resignierte daher schnell und kehrte wieder ins Ausland zurück. Seine Sprechchöre, in denen Parolen wie »Mitbestimmen muß der Arbeitsmann« vorkommen, wollte damals niemand hören.

Zu Punkt Zwei: ebenso traurig war es in den fünfziger Jahren um die volkspädagogische Vermittlung von älterer oder auch moderner E-Kunst bestellt. Eine Ausnahme in dieser Hinsicht bildeten lediglich die ›Ruhrfestspiele‹, wo man die Arbeiter mit den Meisterwerken

jener Hochkultur konfrontierte, die schon die alte Sozialdemokratie mit dem Slogan »Die Kunst dem Volke« ihren Anhängern als die einzig wahre Kultur präsentiert hatte. Daß es überhaupt zu diesen Festspielen kam, geht auf eine Initiative linker Gewerkschaftsführer in Recklinghausen zurück, welche den Hamburger Theatern im Winter 1946/47 illegal Kohlen beschafft hatten, wofür sich diese Bühnen im folgenden Jahr mit einigen Gastspielen in Recklinghausen revanchierten. Und so sahen 1947 6000 Arbeiter und Angestellte in einem großen Recklinghauser Saal acht Aufführungen der *Hochzeit des Figaro*, des *Don Pasquale* und drei weiterer Komödien. Daraus entwikkelte sich im Laufe der Jahre ein immer ausgedehnteres Kulturprogramm, dessen Kosten zu gleichen Teilen von der Stadt Recklinghausen und vom Deutschen Gewerkschaftsbund getragen wurden. Meist handelte es sich hierbei um Repertoire-Aufführungen der jeweiligen Stadt- oder Landestheater und nicht um besondere Arbeiterprogramme. Otto Burrmeister, der Kulturreferent im DGB-Bundesvorstand, der zum Leiter der Ruhrfestspiele ernannt wurde, betonte schon in den frühen fünfziger Jahren immer wieder, den »Arbeitnehmern« keine zweitklassige, sondern eine erstklassige Kultur vorsetzen zu wollen, was in der Realität auf eine Bevorzugung des altbewährten klassischen Kulturguts hinauslief und alles Aktuelle, Kontroverse oder gar Rebellische von vornherein ausschloß. Ihm ging es nicht um Konfrontation, sondern um Integration. Im Mittelpunkt stand deshalb meist jener »unsterbliche Drang zum wahren Menschentum«, wie der DGB-Chef Ludwig Rosenberg in Recklinghausen erklärte, der weit über alles klassengebundene Denken hinausreiche.
Was es bei den Ruhrfestspielen der fünfziger Jahre zu sehen und zu hören gab, war also keine Kultur für Unterprivilegierte, sondern eine Kultur für Kleinbürgerlich-Aufgestiegene, in der eine erbauliche Humanität vorherrschte. Allen Schichten der Bevölkerung, sagte Otto Burrmeister 1954 ausdrücklich, sollte hier wenigstens im Bereich der höheren Kultur das Gefühl der ›Gemeinsamkeit‹ gegeben werden. Obwohl Eugen Kogon und Walter Dirks bei ihrer Mitarbeit auch linke Aspekte vorbrachten, siegte somit ein Reformismus, der in bewußt harmonisierender Absicht stets das ›Ganze‹ herausstrich. Als deshalb Harry Buckwitz 1955 bei den Ruhrfestspielen eine Inszenierung des Brechtschen *Kaukasischen Kreidekreises* vorstellte, ha-

gelte es nur so von Protesten, und zwar nicht nur von seiten der CDU und der Bundesregierung, sondern auch von seiten des Deutschen Gewerkschaftsbundes. Gegen Hohes, Schwieriges, Sakrales, in denen sich das ›Allgemein-Menschliche‹ offenbar reiner spiegelt, wurden hingegen nie Proteste laut. So wurde etwa die sophokleische *Antigone*, ohne jeden Versuch einer historischen Vermittlung, 1957 ausgerechnet in der recht verschlüsselten Übersetzung Hölderlins gespielt. Überhaupt strich man bei Bildungsklassikern wie Shakespeare, Goethe oder Schiller stets das Zeitlos-Höhere heraus und ging jedem geschichtlichen oder gar gesellschaftlichen Bezug sorgfältig aus dem Wege. Als darum 1961 Bundespräsident Heinrich Lübke in Recklinghausen den Grundstein zu einem neuen Festspielhaus legte, war das Programm schon so stark auf das Klassisch-Konservative und Antikommunistische festgelegt, daß sich selbst ein Mann wie Lübke voll und ganz damit identifizieren konnte.

Das gleiche gilt für die verschiedenen Ausstellungen, die zum Begleitprogramm der Festspiele gehörten. Auch in ihnen dominierte lange Zeit die integrationistische Freiheitsideologie des Kalten Krieges. So gab es 1951 in Recklinghausen eine Ausstellung unter dem Titel *Kinder unseres Jahrhunderts* zu sehen, auf der Werke von Symbolisten, Expressionisten und Bauhauskünstlern unter dem Motto ›Freiheit und Menschenwürde‹ präsentiert wurden. 1952 folgte die Ausstellung *Mensch und Form in unserer Zeit*, wo zur Hebung des allgemeinen Geschmacks die ›Nierenformen‹ angepriesen wurden. Auch in den folgenden Jahren waren es meist die abstrakte Kunst, der Europa-Gedanke, die Westintegrierung oder der Sozialfriede, die im Zentrum solcher Ausstellungen standen – und die darum nicht nur in Recklinghausen, sondern auch in anderen Städten gezeigt werden konnten. Das gilt vor allem für die Ausstellung *Berlin. Ort der Freiheit für die Kunst*, die 1961 in Recklinghausen zu sehen war und noch einmal die Kalte-Kriegs-Thematik herausstrich. Auch hier gab es wiederum kaum historische Informationen. Das Ganze war so aufgebaut, daß die Besucher die gegenstandslose Malerei der fünfziger Jahre als logische Fortsetzung der frühen Moderne der Jugendstilkünstler und Expressionisten empfinden mußten. Wie alle vorhergehenden Veranstaltungen machte auch diese Ausstellung den Eindruck, als sei sie von modernistisch eingestellten Bildungsbürgern für kunstbeflissene Kleinbürger konzipiert worden. Ja, 1962 gab es in Recklinghausen sogar eine Ausstellung unter dem Titel *Polarität! Das Apollinische und das Dionysische* zu sehen, die in ihrem Kultursnobismus kaum zu überbieten war und geradezu einen offenen Hohn auf alle früheren Arbeiterbildungsbemühungen darstellte. Doch das wurde damals nur wenigen bewußt. Schließlich bekannten sich zu diesem Zeitpunkt sowohl der DGB als auch die SPD längst zu eindeutig integrationistischen Vorstellungen und unterwarfen sich damit vorbehaltslos der herrschenden, als freiheitlich und pluralistisch ausgegebenen Kultur, die jedoch in ihren offiziellen Ausprägungen noch immer eine Bildungskultur der oberen fünf Prozent der Bevölkerung war. Carlo Schmid erklärte dementsprechend am 25. Juni 1952 in der *Neuen Literarischen Welt* auf die Frage »Was ist Kulturpolitik?«, daß es nicht die Aufgabe des Staates oder irgendeiner Partei sei, den Dichtern, Künstlern und Gelehrten vorzuschreiben, was als »schön oder wahr« zu gelten habe. Jeder Versuch, eine bestimmte Kulturpolitik zu befördern, verstoße gegen den Grundsatz, wie Schmid behauptete, im Bereich der Kultur allein »den Menschen in den Mittelpunkt« zu stellen. Und auch Willy Brandt betonte im Oktober 1960 auf einem SPD-Kongreß unter dem Titel *Kultur und Politik in unserer Zeit* noch einmal ausdrücklich: »Wir wollen nicht eine ›sozialistische‹ Kultur, sondern: der freiheitliche Sozialismus setzt sich dafür ein, daß die schöpferischen Kräfte unseres Volkes die Möglichkeit erhalten, sich in einem reichgegliederten kulturellen Leben frei zu entfalten.« Das waren schöne, ja fast goldene Worte. Doch leider führten sie in der politischen und gesellschaftlichen Praxis lediglich dazu, den wirtschaftlich Stärkeren einfach freie Hand zu lassen und somit die Spaltung in eine elitäre E-Kultur und eine triviale U-Kultur nur noch zu vertiefen, statt sie endlich aufzuheben.

Zu Punkt Drei: da die Arbeiterromane den meisten Arbeitern viel zu langweilig waren und sie bei den Ruhrfestspielen und ähnlichen volkspädagogischen Veranstaltungen durch zu hohe Bildungsansprüche überfordert wurden, blieb ihnen letztlich nichts anderes übrig, als ihre kulturellen Bedürfnisse mit den Produkten jener Medienindustrie zu befriedigen, die im Laufe der fünfziger Jahre in immer weitere Bereiche des gesellschaftlichen Lebens einzudringen versuchte. Während sich diese Schichten früher in ihrer kärglich bemessenen Freizeit vornehmlich mit Sport, Tanz, Gesellschaftsspielen, Wandern, Basteln, Handarbeiten und Radfahren abgelenkt oder regeneriert hatten, bot ihnen jetzt die ständig wachsende Freizeit die Möglichkeit, sich mindestens vier bis fünf Stunden am Tag mit den Produkten jener Kulturwarenindustrie berieseln zu lassen, die ihnen neben der nötigen Unterhaltung zugleich die ebenso nötige Spannung bot, die sie als Ausgleich zu ihrer enervierenden und gratifikationslosen Arbeit unbedingt brauchten. Die Kulturformen, welche die unteren 82 Prozent der westdeutschen Bevölkerung zu diesem Zeitpunkt bevorzugten, waren deshalb vornehmlich Heftchenromane, Illustrierte, Kintoppfilme, Fernsehsendungen, Schlager und Unterhaltungsmusik. Da weder der DGB noch die SPD ein Konzept einer eigenen Unterschichtenkultur befürworteten oder Bildungsprogramme für die Masse der Arbeiter entwickelten, um sie wie früher auch mit Werken der hohen Kunst vertraut zu machen, überließen sie diese Schichten kulturell weitgehend jenen Profit- und Meinungsmachern, welche sie mit den Erzeugnissen einer eigens für diese Bevölkerungsklassen geschaffenen Kommerzkultur belieferten. Diese ›Kunst‹ verschaffte ihren Konsumenten zwar eine gewisse Unterhaltung, Entspannung, ja sogar Belustigung, ließ sie aber innerlich ebenso unbefriedigt wie jene Arbeit, welche die meisten Lohnabhängigen tagaus-tagein abzuleisten hatten.

Je mehr sich die Unterprivilegierten dieser scheinbar harmlosen U-Kultur in den Arme warfen, desto mehr gaben sie sich einem Sog ins Billige, Verkitschende, Vulgarisierende hin, der sie nicht nur unterhielt, sondern auch ideologisch konditionierte. Schließlich lagen fast allen diesen U-Kultur-Produkten die gleichen träumerisch-eskapistischen, das heißt pseudoromantischen Klischees irgendeiner besseren Welt zugrunde, in der alles im Zeichen einer ständigen Happy-End-Stimmung steht. Der Begriff ›Manipulation‹, der dafür gern gebraucht wird, ist für diesen Vorgang eigentlich viel zu schwach. Durch diese Kommerzkunst wurden nämlich diese Schichten nicht nur geistig abgestumpft und emotional eingelullt, sondern auch politisch und gesellschaftlich immer stärker in eine mit den gleichen Reaktionen ausgestattete, undifferenzierte ›Masse‹ verwandelt. Und das ließen die Älteren – wegen ihrer bereits angepaßten Haltung – auch willenlos über sich ergehen. Den Jugendlichen der gleichen Schichten, die es aufgrund des gesteigerten ›Tempos der Zeit‹ eher ins Dynamische, Härtere drängte, setzte man dagegen von seiten der Kulturindustrie ab Mitte der fünfziger Jahre eine deutlich ›amerikanisierte‹ Kommerzkunst vor, die wegen ihres harten ›Drive‹ und ihrer offeneren Sinnlichkeit zeitweilig als ›rebellisch‹ galt und somit die potentielle Unzufriedenheit dieser Schichten höchst geschickt in den Kompensationsbereich des U-Kulturellen kanalisierte. Mit Leitbildern wie Elvis Presley und James Dean wurde diesen Schichten eine Form des Amerikanismus nahegebracht, welche die Älteren innerhalb der gleichen Klasse nach 1945 noch entschieden abgelehnt hatten. Und so bekam die branchen- und schichtenspezifische U-Kultur-Industrie der fünfziger Jahre schließlich geradezu alle Kulturbedürfnisse der Unterschichten – von der Schnulzenromantik der Älteren bis zum us-amerikanischen Rebellionsgestus der Jüngeren – in den Griff und setzte sie im Laufe der Jahre in ungezählte Profitmillionen um.

Mode, Design und Architektur

Während der schwerverständliche, ja sich geradezu hermetisch abkapselnde Modernismus im Rahmen der sogenannten ›freien Künste‹ auf recht kleine Gruppen beschränkt blieb, brachten dem Modernismus in den angewandten Künsten wesentlich breitere Schichten der Bevölkerung Interesse entgegen. Auf diesem Gebiet fühlten sich nicht nur die auf ihre Andersartigkeit bedachten Intellektuellen, sondern auch die am westdeutschen Wirtschaftswunder profitierenden Freiberuflichen, höheren Beamten, Ingenieure und Managerschichten angesprochen. Wie schon in der Gründerzeit, der Jugendstil-Ära und der Stabilisierungsphase der Weimarer Republik zwischen 1923 und 1929, als es aufgrund der wirtschaftlichen Konjunktur zu einem gewaltigen Aufschwung der Bautätigkeit und der Gebrauchsgüterindustrie kam, schoben sich darum in den Zeitungen und Zeitschriften der fünfziger Jahre neben die herkömmlichen Feuilletons über literarische, musikalische und bildkünstlerische Themen auch eine Fülle von Berichten und Feature Stories über die jeweils neuesten Trends in Mode, Design und Architektur, welche sich vornehmlich an die

Leute mit dem großen Geldbeutel und dem hohen Sozialprestige wandten. Überhaupt waren es weniger die Künstler und Intellektuellen als diese Kreise, welche in der offiziösen Werbung und Selbstdarstellung der Bundesrepublik im Laufe der fünfziger Jahre immer stärker als die eigentlichen Trägerschichten des allgemeinen Fortschritts begrüßt wurden. Selbstverständlich schenkte der kultivierte Flügel dieser Schicht auch den ›freien Künsten‹, sofern sie sich im Rahmen der neuen Repräsentativkultur als gesellschaftliches Aushängeschild gebrauchen ließen, eine gewisse Beachtung. Ihr Hauptinteresse widmeten allerdings diese »Entscheidungsträger«, wie sie der *Spiegel* später nannte, eher jenen modischen Designerkünsten, mit denen sie ihr soziales Geltungsbedürfnis befriedigen konnten. Zu Anfang der fünfziger Jahre umfaßte diese Schicht sicher nicht mehr als fünf Prozent der westdeutschen Bevölkerung. Bis zum Jahr 1960 wurde jedoch ihr Lebensstil im Zuge eines steigenden Renommierbedürfnisses von immer breiteren Bevölkerungsschichten imitiert, so daß er schließlich für 10 bis 15 Prozent der Gesamtbevölkerung charakteristisch wurde.

Was dadurch nach zehnjähriger Zwangswirtschaft wieder verstärkt in den Vordergrund trat, war – wie in allen Hochkonjunkturperioden – das Prinzip des Modischen. Wohl selten ist das jeweils Neue von den liberal orientierten Mittelschichten so sehr als Befreiung, ja Beglückung empfunden worden wie in diesem Jahrzehnt. Besonders die gesellschaftlichen Parvenüs verschrieben sich damals dem Stil der internationalen Moderne mit einer solchen Verve, daß sie gegen Ende der fünfziger Jahre bereits glaubten, den westlichen ›Chic‹ auf allen Gebieten eingeholt, wenn nicht überholt zu haben. Mit dem Slogan »Wir sind wieder wer!« warf sich deshalb die neue Bourgeoisie gern zum Leitbild für alle anderen Klassen auf. Statt sich von der Gesamtgesellschaft mit einer intellektuellen ›Verschon-mich‹-Gebärde abzusondern, gab sie vor, den anderen stets um eine Nasenlänge voraus zu sein und unterstützte somit eine ›Moderne des Konsumismus‹, die weitgehend auf dem ständigen Wechsel der Mode beruht. Aus diesem Grunde kann man selbst in diesem Zeitraum, wenn man lediglich das Ensemble jener auf Mode, Design und Architektur beruhenden Künste ins Auge faßt, bei allem Pluralismus doch von einem gewissen In-Stil dieser Epoche sprechen.

Und zwar wurde dieser Stil wegen seiner heiteren, farbigen und geschwungenen Formgebung vor allem als ein Stil der ungehemmten Freizügigkeit, des wirtschaftlichen Aufschwungs und der neuen Weltoffenheit propagiert. Im Bereich der angewandten Künste, des industriellen Designs und des modischen Drum und Dran wies man hierbei auf die Ringelsocken, Hula-Hoop-Reifen, Schmetterlingsbrillen, Tüllröcke, Nierentische, Tütenlampen, Motorroller, Autos mit Schwanzflossen, Fernsehtürme sowie die kurvenartigen Formen der West-Berliner Kongreßhalle hin, die weithin als Ausdruck des Jugendlichen, Beschwingten, Freiheitlichen, Eleganten und Ungezwungenen galten. »Die Wirklichkeit ist nicht mehr grau«, liest man plötzlich überall, »bekennt Euch wieder zu Farbe, zu Schönheit, zu Glanz!« Aus diesem Grunde trug 1955 das 5. *Magnum*-Heft den Titel *Die Welt wird heiter* und trat nachdrücklich für eine »Demontage des tierischen Ernstes« ein. Ja, hier wurde die ›neue Heiterkeit‹ geradezu als Symptom der neuen Freiheit gewertet. »Wir dürfen uns leisten, wieder heiter zu sein«, hieß es in diesem Heft mit abstandnehmendem Rückblick auf jenes »Dunkle« der dreißiger und vierziger Jahre, das jetzt endlich in den Hintergrund trete. Statt sich etwas genauer mit der Herkunft dieses »Dunklen« auseinanderzusetzen, wandte sich *Magnum* lieber dem Hellen, Genießerischen zu und verlachte alle Konsum-Muffel, die noch immer an ideologischen Problemen krankten. In der Bildwelt solcher Blätter wurde so das neue menschliche Leitbild zusehends jener ungezwungene Freizeitmensch, jener Tourist und modebewußte Trendsetter mit der Hollywoodschaukel, dessen einzige Ideologie die des Konsumismus ist. Sich ›auszuleben‹, bedeutete deshalb in diesem Umkreis vor allem, das Moderne zu schätzen, modebewußt zu werden, eine egoistische Verbrauchermentalität zu haben, das heißt sich in Shopping, Hobbies, Travelling, Sex und Entertainment zu ›verwirklichen‹. Und das meinte letzten Endes, alles Alte einfach hinter sich zu lassen und sich im Rahmen dieser neuen Wegschmeißwunderwelt mit konsumistischem Eifer den Wonnen des skrupellosen Verbrauchs hinzugeben. »Konsum macht frei!«, erklärten die Propagandisten dieser Gesinnung damals geradezu pausenlos und forderten alle guten Bundesbürger und -bürgerinnen auf, nicht mehr auf Beständiges, Gediegenes, Haltbares Wert zu legen, sondern sich – im Gegensatz zu den

›spartypischen‹ Menschen der Nachkriegszeit – nur noch für den Dernier cri der jeweils letzten Mode zu begeistern.
Ein Gebiet, auf dem sich das besonders deutlich zeigte, war die Kleidermode. Hier kam es in den fünfziger Jahren zu einer immer rasanteren Folge neuer Hits, die von den modebewußten Schichten – im Sinne der »ewigen Wiederkehr des Neuen« – geradezu jedes Frühjahr oder jeden Herbst gegen die alten Hits ausgewechselt wurden. Die eher eleganten Modelle bezog man damals aus Paris, die eher auf eine ungezwungene Freizeit bedachten aus den USA. Und zwar bemühte sich die Pariser Haute Couture, die während der Kriegs- und Nachkriegszeit eine jahrelange Dauerkrise durchgemacht hatte, ab 1947 das frühere Modekarussell erneut in Gang zu setzen, indem sie ihre Spitzenkollektionen, die vor dem Kriege völlig auf den Geschmack der oberen Zehntausend zugeschnitten waren, jetzt dem Geschmack der neuen Mittelklasse anpaßte, ja über billige Derivate und Lizenzvergaben bis in die Unterschichten vorzudringen suchte. Zu den besten Kunden dieser neuen Modewelle gehörten jene westdeutschen Parvenüs, die sich als die Repräsentanten der neuen Wirtschaftswunderklasse profilieren wollten. Aus diesem Grunde griffen diese Käufer gierig nach allem, was den Charakter des Schicken, Eleganten, Westlichen hatte, um so ihre neue Gesinnung und zugleich ihren neuen Reichtum unter Beweis zu stellen. Während sie sich dabei im Bereich des Freizeitlooks in Form von Shorts, Hawaiihemden, Bikinis und Blue Jeans eindeutig an us-amerikanischen Vorbildern orientierten, bevorzugten sie im Rahmen der offiziellen Damenmode weiterhin den französischen Chic.
Den Auftakt dazu bildete jener ›New Look‹ mit seinen langen, schwingenden Glockenröcken und seiner schmalen Taille, das heißt seiner betont ›fraulichen‹ Silhouette, den Christian Dior 1947 kreierte und der kurz darauf über Zeitschriften wie *Constanze* und *Film und Frau* auch für die Frauen jener Schichten in den drei Westzonen zum Leitbild wurde, die sich eine solche Mode leisten konnten. Doch bereits im Jahr 1950 wurde dieser New Look durch wesentlich kürzere Falten- und Plisseeröcke sowie Jacken mit taschenbesetzten Schößen verdrängt. Darauf folgte im Frühjahr 1951 die Entdeckung der ›geometrischen‹ Figur, die bei Christian Dior etwas schlanker und bei Jacques Fath etwas runder ausfiel. 1952 wurde die Stromlinienform

zum letzten Schrei. Jetzt mußte jede wahrhaft elegante Dame plötzlich einen sehr kleinen Kopf, breite Schultern, eine schmale Taille, eine schlanke Hüfte und lange Beine haben, um sich überhaupt modisch einkleiden zu lassen. Außerdem trug Frau als Dame seit diesem Jahr wieder Hut. 1953 wurden die Tulpenlinie, die Prinzeßlinie und die Caprihosen, aber auch der Typ des formlosen Nonnenkleides propagiert und dadurch viele Frauen in Verwirrung gebracht. 1954 lancierte Dior die H-Linie. Außerdem wurden von nun ab die Röcke vorübergehend durch Petticoats aufgebauscht. 1955 folgten die A- und die Y-Linie, wobei sich die Couturiers zum Teil auf neue Kunststoffe wie Diolen und Orlon stützten. Auch der Begriff ›Boutiquenstil‹ tauchte um diese Zeit erstmals auf. 1956 waren es die Tunikakleider und die Schuhe mit den Pfennigabsätzen, die auf den Modemärkten Furore machten. 1957 setzten sich dagegen das Sackkleid, die Ballonrock-Mode und die toupierten Haare durch, die eindeutig ins Runde, ja Füllige drängten. 1958 waren es die Baby-Doll-Kleider mit ihrem betont ›puppenhaften‹ Charakter, die in den großen Modekollektionen dominierten. 1959 wurde weitgehend auf den schlichten, geradezu klassischen Charakter der Empire-Kleider zurückgegriffen usw. usw. Wie groß der Anteil der Frauen war, die diesem Modewechsel jeweils folgten, läßt sich heute nicht mehr genau bestimmen. In ihrer reinsten Form setzten sich diese Moden sicher nur bei den oberen fünf Prozent der sogenannten Vorzeigedamen aus den Verwaltungs- und Managerkreisen durch. Doch in leicht abgewandelter, auch dem Alltagsgebrauch angepaßter Form wurden diese Kleider, Hüte und Schuhe wahrscheinlich auch von den folgenden 25 bis 30 Prozent der westdeutschen Frauen, ja manche dieser Kleider sogar von noch breiteren Schichten getragen.

Nicht ganz so hektisch äußerte sich dieser modische Verschleiß im Bereich der Einrichtungsgegenstände, Hausgeräte, Möbel und des allgemeinen Designs. In der unmittelbaren Nachkriegszeit dominierte auf diesem Sektor erst einmal das ganz Einfache, Behelfsmäßige. So schrieb Bernhard Siepen 1949 unter dem Titel *Neue schlichte Möbel* in *Westermanns Monatshefte,* daß man heute »aus der Not eine Tugend machen« müsse, und stellte die erzwungene Einfachheit und Gediegenheit als den Durchbruch zu einem neuen Stil hin. »Wir dürfen das Möbel niemals als Ware sehen«, hieß es in diesem Aufsatz noch ›spartypisch‹, »es ist ein Lebensgut, sollte möglichst zum Erbgut werden.« Statt mit Möbeln imponieren oder gar Staat machen zu wollen, erklärte Siepen, solle man in Zukunft bei allen Einrichtungsgegenständen den Hauptnachdruck auf die »Dauerbarkeit« und »einfache Schönheit« legen. Er propagierte daher ein ›Zurück zum Handwerk‹ und setzte sich für alles ein, was behaglich, gemütlich und vor allem ›gediegen‹ wirkt.

Diese ›neue Einfachheit‹ wich jedoch Anfang der fünfziger Jahre in den oberen Rängen der Gesellschaft, die sich jetzt wesentlich moderner, modebewußter, fortgeschrittener einrichten wollten, sehr schnell dem Stil der neuen Heiterkeit, der neuen Eleganz, der modebetonten Kunststoffe. Allerdings waren es im Jahre 1955 – laut Meinungsumfragen – noch immer nur sieben Prozent der Bevölkerung, die in ›modern‹ eingerichteten Wohnungen lebten, während über 60 Prozent, welche nicht das nötige Geld für solche Wegschmeißeinrichtungen hatten, weiterhin das ›Gediegene‹ bevorzugten. Doch diesen tonangebenden sieben Prozent schlossen sich in der zweiten Hälfte der fünfziger Jahre sicher noch weitere zehn bis fünfzehn Prozent der Bevölkerung an und statteten ihre Wohnungen plötzlich immer heiterer, beschwingter, farbiger aus, um nicht als altmodisch zu gelten. Schließlich setzte sich dieser Stil damals auch in vielen Restaurants, Bars, Kinos, Läden und Ausstellungsgebäuden durch und galt somit als *der* modebetonte Freizeitstil schlechthin. Aus diesem Grunde verlangten mehr und mehr Menschen nach 1955 in ihren Appartements oder Häusern nicht nur einen technischen Mindestkomfort in Form von Zentralheizung, Gas- oder Elektroherden, Bädern und Kühlschränken, sondern auch ein zu diesen Geräten passendes Design ihrer Möbel und Gebrauchsgegenstände. An die Stelle der alten, gediegenen, haltbaren Möbel, der Vitrinen, Kleiderschränke und großen Eßtische, die meist Anschaffungen fürs Leben waren, traten dadurch zusehends jene mit Plastikstoffen bezogenen und mit Schaumgummi aufgepolsterten Möbel, die nur eine begrenzte Lebensdauer hatten und lediglich den letzten Chic verkörpern sollten. Was deshalb bei den neuen Möbeln der fünfziger Jahre vorherrschte, war – wie bei den Kleidern dieser Epoche – das Heitere, Bunte, Spielerische, Elegante, Beschwingte, Phantasievoll-Gekurvte, Kugelige oder Knollige, das in seiner aufdringlich ›modischen‹ Art recht pene-

Leo Garel: *Hast Du Dich schon einmal gefragt, passe ich mich der Einrichtung dieses Zimmers an?* (um 1955)

trant, ja geradezu parvenühaft aussah. ›Out‹ war in diesen Jahren sowohl das Altmodisch-Gediegene als auch das Hartkantig-Funktionalistische. ›In‹ war hingegen alles Organoid-Plastische, Leuchtend-Farbige, Dekorative, Caprihafte. Selbst Möbel sollten plötzlich schwerelos, beweglich, handlich, ersetzbar, wegschmeißbar wirken und nicht mehr den Eindruck des für die Ewigkeit Festgemauerten erwecken. Wohl der beste Ausdruck hierfür waren jene in den Naturformen des Neojugendstils entworfenen Nierentische, Palettische, von der Decke herunterhängenden Mobiles, wannenförmigen Sofas, drehbaren Tütenlampen, Ohrensessel und Snap-Couches, die immer wieder als symbolische Manifestationen für den Schwung, die Dynamik, den wirtschaftlichen Aufstieg dieser Ära ausgegeben wurden. Durch ihre Beweglichkeit und zwiebelartige Formgebung gemahnt das Aussehen dieser Möbel fast an die Werke eines Calder oder Arp, während die

Farbigkeit und die Musterung der Bezugsstoffe, Vorhänge und Tapeten an Bilder von Miró, Manessier, Ernst Wilhelm Nay und anderen gegenstandslosen Malern erinnern. Jedenfalls standen diese Möbel und Einrichtungsgegenstände mit ihren leuchtenden Kunststoffen, ihren lackierten Stahlelementen, ihren Messingstäben, ihren Formica- und Resopalplatten, ihren knallig bunten Steinmosaiken sowie ihren ebenso farbigen Perguflex-Fußbodenplatten in einem geradezu aufreizenden Gegensatz zu den grauen, tristen, einfarbigen Wohnungseinrichtungen der unmittelbaren Nachkriegszeit. In den alten Wohnungen konnte man noch diskutieren, in den neuen nur noch plaudern oder Small Talk machen. Mit ihren schaumgepolsterten Schalensesseln, ihren neapelgelben Vorhängen, ihren weißgetünchten Wänden, ihren buntkarierten Bezügen sowie ihren modernen Mehrzweckmöbeln in Form handlicher Tischchen und Ablagen bildeten diese Wohnungen in ihrer betonten Heiterkeit, Ungezwungenheit und unverbindlichen Banalität einen idealen Hintergrund für jene sich allmählich entwickelnde Gesellschaftskultur, deren Bekrönung schließlich die zwanglose Cocktail- oder Stehparty wurde.
Da sich in den späten fünfziger Jahren dieser Stil zusehends in die Breite auswirkte, gingen die führenden Gesellschaftsschichten nach diesem Zeitpunkt dazu über, entweder auf den ›Club‹-Stil der repräsentativen Eichenmöbel zurückzugreifen oder den Bauhaus-Prinzipien der absoluten Einfachheit zu huldigen, um sich so vom Nierentisch-Stil der gehobenen Mittelklasse abzusetzen. Als der neueste, feinste, erlesenste Stil galt im Rahmen dieser Kreise ab 1955 jener Stil des absolut Schlichten, wie ihn die seit 1950 existierende Ulmer ›Hochschule für Gestaltung‹ propagierte. Wie die damaligen Braun-Geräte sowie die Knoll- oder Thonet-Möbel beruhte er auf einer Formstrenge, bei der entweder einfache Schalenformen oder simple Vierecke vorherrschten. Im Gefolge dieses Trends verbreitete sich gegen Ende der fünfziger Jahre, vor allem im Bereich der Bungalow-Kultur der neuen Oberschicht, ein Stil der neuen Einfachheit, den sowohl *Die Kunst und das schöne Heim* als auch *Magnum* als das Non plus ultra der Moderne empfanden. Diese Wohnungen wirkten mit ihren leeren Wänden, ihren weißlackierten Möbeln und ihren höchst sparsamen roten, gelben oder blauen Farbakzenten fast wie Mondrian-Bilder. Ja, manche hatten eine Strenge, die geradezu an Japani-

sches erinnerte. Jedenfalls waren diese Wohnungen betont ungemütlich. In ihnen dominierte nicht das Heitere, sondern das Unbewohnte, Kühle, die starre Pracht des Einfachen. Trotz ihrer forcierten Simplizität verleugneten sie nicht jenen Zug ins Repräsentative, der – wie die betont schlichten Empire-Kleider des Jahres 1958 – an ›Klassisches‹ gemahnen sollte. Genau besehen, spiegelten sie den Stil jener hauchdünnen Oberschicht wider, die in diesen Räumen nicht wohnte, sondern ihre Appartements und Häuser nur vorzeigte, nur ausstellte, um der herrschenden Mode Genüge zu leisten. Und dadurch waren diese Wohnungen letztlich doch unklassisch. Schließlich standen auch sie nicht im Zeichen des Beständigen, sondern waren so eingerichtet, daß sich ihr Mobiliar schon eine Saison später durch ein völlig neues Meublement ersetzen ließ.

Innerhalb der Architektur, wo man nicht einfach von einem Tag auf den anderen planen kann, sondern wo es um wesentlich langfristigere Investitionen geht, waren dagegen dem Prinzip der geplanten Obsolenz von vornherein gewisse Grenzen gesetzt. In der unmittelbaren Nachkriegszeit herrschte auf diesem Gebiet erst einmal ein entschiedener Wille zur ›Neuordnung‹, der jedoch allzu bald wieder in den Hintergrund trat. So mußte ein Berliner Architekt und Städteplaner wie Hans Scharoun schon 1947 erleben, daß seine betont ›demokratischen‹ Planungskonzepte einfach als undurchführbar abgelehnt wurden. Wie schnell sich im Zuge des wirtschaftlichen Aufschwungs die bundesrepublikanische Bauszene änderte, beweist wohl am besten der Aufsatz *Für Menschen bauen. Zur Situation der neuen Architektur* von Walter Dirks und Hermann Mäckler, der 1952 in den *Frankfurter Heften* erschien. Als Vertreter entschiedener Neuordnungskonzepte bedauerten hier Dirks und Mäckler bereits, daß sich entgegen allen »übergreifenden Planungen«, die vom »sozialen und politischen Charakter des Bauens« ausgingen, in der Städteplanung einerseits der »private Einzelegoismus«, andererseits ein kommunaler »Bürokratismus« durchzusetzen beginne, der alles unter der Perspektive des »karitativen und sozialpolitischen Minimums« betrachte. Ihre Forderung nach einer fortschreitenden »Vermenschlichung« des Bauens wirkte daher zu diesem Zeitpunkt schon fast utopistisch. Schließlich hatte sich im Zuge der Rekapitalisierung der Bundesrepublik um 1950 auch im Bauen bereits jener Trend

durchgesetzt, dem es weder auf eine durchgreifende Demokratisierung der Gesamtgesellschaft noch auf eine größere Gediegenheit der hergestellten Produkte ankam, sondern der allein vom Gesichtspunkt der reinen Zweckmäßigkeit und Profitmaximierung ausging.
Allerdings sollte man beim ›Neuen Bauen‹ der fünfziger Jahre zwischen mehreren, sich zum Teil widersprechenden Tendenzen unterscheiden. Zu Anfang regierte erst einmal, wie nicht anders zu erwarten, das eherne Gesetz der Notwendigkeit. Da so viele Gebäude dem Krieg zum Opfer gefallen waren, mußte zwischen 1950 und 1955 schnell, ja sehr schnell gebaut werden, um Millionen von Obdachlosen und Flüchtlingen erste, wenn auch noch dürftige Heimstätten zu verschaffen und zugleich neue Fabriken und Verwaltungsgebäude für die wiederanlaufende Industrie zu errichten. Am einfachsten verfuhr man hierbei auf dem Gebiet des Wohnungsbaus. Auf ihm dominierten in den fünfziger Jahren vor allem zwei Bautypen: zum einen jene schematisch aneinandergereihten Eigenheime auf dem Lande oder am Rande kleinerer Städte, die sich in ihrer Formgebung weitgehend an den Siedlungsbau der dreißiger Jahre anschlossen, zum anderen jene riesigen, aber ebenso einförmig aneinandergereihten Zeilenbauten für Arbeiter und kleine Angestellte in den sogenannten Satellitenstädten oder den Wohnbezirken der größeren Städte, wo man – wegen mangelnder Kommunikationsmöglichkeit – am Abend nur fernsehen konnte und am Sonntag ins Grüne flüchten mußte. Diese Bauten warfen zwar wegen ihrer primitiven Bauweise und hochgradigen Rationalisierung sofort die erwünschten Profite ab, unterwarfen aber die in ihnen Wohnenden im Laufe der Jahre einer chronischen Zwangsneurose. Zu den rühmenswerten Ausnahmen in dieser Hinsicht, die auch in der Formgebung etwas origineller wirken, gehören unter anderem die Grindelhochhäuser (1954-1956) von Bernhard Hermkes in Hamburg, die ›Romeo und Julia‹-Wohntürme (1955-1959) von Hans Scharoun in Stuttgart, die Wohnhochhäuser der ›Interbau‹-Ausstellung (1957) im West-Berliner Hansaviertel sowie all jene Bauten, die Ernst May, der 1954 die Planungsabteilung der ›Neuen Heimat‹ übernahm, in Mainz, Wiesbaden und im Bereich der ›Neuen Vahr‹ in Bremen aufführen ließ.
Ebenso einfalls- und rücksichtslos verfuhr man auf dem Gebiet der Städteplanung beziehungsweise Städtekonservierung. Während in

Städten wie Freiburg, München und Münster zum Teil der Gesichtspunkt der ›Bewahrung‹ vorherrschend blieb, setzte sich bei der Neubebauung anderer Städte, wie etwa Frankfurt, Köln, Kassel, West-Berlin und Hannover, ein pures Nützlichkeitsdenken durch, dem sogar viele der stehengebliebenen Bauten, selbst solche mit historischer oder ästhetischer Bedeutsamkeit, zum Opfer fielen. Doch auch die Innenbezirke der relativ unzerstörten Großstädte wurden in diesen Jahren durch jene monströsen Warenhäuser verschandelt, welche zwar die kaufwillige Landbevölkerung in die Innenstädte lockten und damit zu einem gewaltigen Konsumanstieg beitrugen, aber zugleich viele der bisherigen Bewohner der Innenstädte wegen der Schließung der kleinen Läden, des Abrisses vieler alter Mietshäuser, des zunehmenden Verkehrs, der schlechten Luft, des steigenden Lärmpegels und der steigenden Mieten in die Außenbezirke abdrängten. Einzelne der älteren Bauten, wie etwa den Eschenheimer Turm in Frankfurt, ließ man zwischen den riesigen Neubauten zum Teil wie niedliche Spielzeuge oder Kuriositäten stehen. Anderes, und mochte es noch so bedeutsam sein, wurde dagegen einfach den neuen Achsen und Überführungen geopfert oder verschwand hinter knalligen Reklamewänden. All das führte zu einer fortschreitenden Verödung der früher so interessanten Innenstädte und ließ einen unwirtlichen, von vielen als unmenschlich empfundenen ›City‹-Bereich entstehen, der bei Tag überfüllt und bei Nacht fast leer war. Hier reihte sich schließlich ein Versicherungs-, Kauf-, Bank-, Büro- oder Parkhaus an das andere, die in ihrer gleichmäßig gerasterten Curtain-Wall-Fassade aus Glas, Stahl und Zement wie getreue Spiegelbilder eines auf dem Glauben an die Vorrangigkeit der Organisation und technischen Präzision beruhenden Wirtschaftssystems wirken. Im Zuge dieser Entwicklung entstand so bereits in den frühen sechziger Jahren jene ›verkehrsgerechte‹ Profitopolis, die völlig im Zeichen jener stahlgepanzerten »DIN-Normen- oder Rechnungshof-Architektur« steht, wie man später gesagt hat, in welcher der Mensch mehr und mehr zu einer Quantité négligeable wird. Und als im Gegenschlag dazu endlich jene seit langem geforderten Fußgängerzonen entstanden, machten sich auch in ihnen lediglich jene unzähligen Kleider- und Schuhgeschäfte breit, in denen nicht der Mensch, sondern der Kunde König ist.

Selbst manche der architektonisch bedeutsameren Bauten, die in diesen Jahren entstanden – und davon gibt es eine ganze Reihe – haben diesen Hang zum Kommerziellen und Reklamehaften. Auch sie wirken reichlich unproportioniert, das heißt passen sich nicht den gegebenen Bedingungen an, sondern stellen sich in erster Linie selber zur Schau, und zwar so knallig, so brutal, so parvenühaft wie nur möglich, indem sie alles um sich herum einfach zu dominieren suchen. Letztlich wollen auch diese Bauten vornehmlich ›auffallen‹ und wirken daher wie Christian-Dior-Kleider auf einer Modeschau oder Party, wo ebenfalls ein Kleid das andere auszustechen versucht. Zugegeben, zu Anfang der fünfziger Jahre gab es noch durchaus Versuche, bei neuen Büro- und Versicherungsbauten an den Stil der späten zwanziger oder dreißiger Jahre anzuknüpfen, das heißt sich in das bestehende Architekturensemble einzufügen. Aber selbst solchen Bemühungen lag selten das Gefühl einer sozialen Verantwortlichkeit zugrunde. In diesem Umkreis wollte man lediglich das Traditionsbewußte hervorkehren. Das gilt vor allem für jene Verwaltungsgebäude der großen Versicherungen und Banken der fünfziger Jahre mit ihren vertikal gegliederten Fassaden, ihren aufgesetzten Steinplatten und ihren profilartig gerahmten Fenstern, von denen unter anderem die Landeszentralbank in Dortmund von Wilhelm Kreis, das Verwaltungsgebäude des Gerling-Konzerns in Köln von Arno Breker, die Rhein-Main-Bank in Stuttgart von Paul Schmitthenner und der REW-Bau in Essen von Hans Dustmann in die Annalen der Architekturdarstellungen dieses Zeitraums eingegangen sind. Daß ihre Architekten weitgehend frühere Nazis waren, hat diesen Bauten später einen schlechten Ruf eingetragen. Doch die lange Zeit als ›kühn‹ gepriesenen Bauten der Modernisten und Funktionalisten dieser Jahre, wie etwa das Düsseldorfer Mannesmann-Gebäude von 1952 oder der Stuttgarter Fernsehturm von 1956, mit dem die Bundesrepublik für kurze Zeit das zweithöchste Bauwerk Europas besaß, waren letztlich nicht besser. Genau besehen, wirken sie in mancher Hinsicht durch ihre überdimensionale Unproportioniertheit fast noch brutaler, auftrumpfender, klotziger als die eben genannten Bauten, da sie überhaupt keine Rücksicht mehr auf das sie umgebende Environment nahmen und nur noch sich selbst zur Schau stellten.
Ähnliche Beobachtungen lassen sich im Kirchenbau dieser Jahre

machen, wo sich neben bewußt schlichten Lösungen auch manches Bizarre, Auffallende oder gar Knallige findet. Die guten Bauten waren hier jene, die sich wie die Kirchen von Rudolf und Maria Schwarz an einer frühchristlichen Einfachheit orientierten, durch die Verwendung von Natursteinen den Eindruck des Beständigen erwecken wollten und sich obendrein in das bestehende Architekturensemble einzufügen suchten. Die schrecklichen waren dagegen jene, die betont modernistisch auftraten. So wirken manche Kirchen von Reinhold Hofbauer fast wie Fabrikhallen. Andere, wie die 1963 von Egon Eiermann entworfene Kaiser-Wilhelm-Gedächtniskirche in West-Berlin, erinnern dagegen in ihrer einförmigen Rasterarchitektur fast an aufgestapelte Frischhaltepackungen in Supermärkten. Ja, es gab in diesen Jahren sogar Architekten, die beim Außenbau ihrer Kirchen einen öden Pappkarton- oder Baukastenstil bevorzugten, während sie im Innern ebenso einfallslose Metallstangengerüste anbringen ließen, als sei das Ganze nur ein Provisorium, das sich wenige Jahre später durch ein neues, nicht minder modebetontes Gebilde ersetzen läßt.

Etwas interessantere Architekturentwürfe finden sich erst in der zweiten Hälfte der fünfziger Jahre, von denen jedoch die meisten nicht ausgeführt wurden. Das gilt sowohl für das Staatstheater Kassel (1956) von Hans Scharoun als auch für jenen Entwurf, den Ludwig Mies van der Rohe 1957 für das Nationaltheater in Mannheim zur Diskussion stellte. Beide Projekte scheiterten an den zuständigen Behörden, die weder den nötigen Willen noch das genügende Augenmaß hatten, gemeinschaftsbezogenen Projekten wie Theatern eine über die provinzielle Mittelmäßigkeit hinausgehende Form zu geben. Während die Entwürfe für die Villen in den Vororten oder ›Westend‹-Teilen der Großstädte, und mochten sie noch so ›kühn‹ sein, fast alle ausgeführt wurden, kam ein auf die Gesamtgesellschaft bezogenes, wahrhaft humanes, rücksichtsvolles Bauen in diesen Jahren nie recht in Gang. Nur der private Egoismus konnte sich ungehemmt austoben; der Altruismus wurde dagegen von den Mächtigen und Verantwortlichen lediglich belächelt. Und so finden sich in diesem Zeitraum keine wirklich übergreifenden Bauideen, die sich mit den Planungskonzepten älterer Zeiten vergleichen ließen. Was gebaut wurde, waren, wie wir gesehen haben, entweder repräsentative Verwaltungsbauten, öde Zeilen- und Reihenhäuser, interessante Villenviertel und relativ mittelmäßige Gemeinschaftsbauten wie Kirchen und Theater, aber keine ästhetisch ambitionierten oder gar gemeinschaftsbezogenen Architekturkomplexe. Das Geld dafür wäre – in dieser zweiten ›Gründerzeit‹ – sicher dagewesen. Doch von einem Baugewerbe, das auf privatwirtschaftlicher Grundlage operiert, läßt sich nun einmal kein gemeinschaftsbetontes Bauen erwarten. Hier wird stets das Einzelne und nicht das Kollektive den letzten Ausschlag geben.

Einheit in der Vielfalt

Welche Folgerungen lassen sich aus einer derart wirren Situation ziehen? Auf Anhieb erst einmal keine. Schließlich scheint es in diesen Jahren im Bereich der Kultur geradezu alles gegeben zu haben: einen modisch bewegten Stromlinienstil im Rahmen des Designs und der Innenausstattung, eine vom repräsentativen Monumentalismus bis zum puren Nützlichkeitsdenken reichende Architektur, eine ins Triviale verflachte Kommerzkunst innerhalb der sich schnell ausbreitenden Massenmedien, einen halb eskapistischen, halb regressiven Kulturkonservativismus und eine sich in mehrere Spielarten aufspaltende modernistisch-elitäre Kunst. Es wäre deshalb von vornherein verfehlt, innerhalb dieser Vielfalt einen klar erkennbaren ›Stil der fünfziger Jahre‹ ausmachen zu wollen, wie das in manchen journalistischen Darstellungen dieses Zeitraums, die nur bestimmte Züge des modischen Designs und der Medienkultur ins Auge fassen, geschehen ist. In Büchern dieser Art wird oft recht unbekümmert vom Stil der ›Golden Fifties‹ gesprochen, als sei es geradezu eine Lust gewesen, in einer solchen Epoche der ungehemmten wirtschaftlichen Expansion und ihres industriell-designerhaften Styling gelebt zu haben. Ja, in Büchlein wie *Die 50er Jahre. Formen eines Jahrzehnts* (1978) von Paul Maenz und *Der Stil der 50er Jahre. Design und Kunsthandwerk* (1983) von Albrecht Bangert werden die ›geneigten Leser‹ bereits aufgefordert, möglichst bald mit dem Sammeln der modischen Artefakte dieser Ära zu beginnen, statt solange zu warten, bis die Preise für die Nierentische, Ohrensessel und Tütenlampen dieser Jahre ins Astronomische gestiegen seien.

Doch diese ›Golden Fifties‹, die dort als kulturelle Einheit vorgestellt werden, hat es ebensowenig gegeben wie die ›Golden Twenties‹. Beides sind bewußte Legenden, die einer entmythologisierenden Sehweise nicht standhalten. Wie bei der Betrachtung anderer Kulturepochen darf man auch hier nicht die politischen und ökonomischen Rahmenbedingungen unterschlagen. Und dazu gehören im Hinblick auf die fünfziger Jahre vor allem harte Fakten wie der Kalte Krieg, ohne den es nie zur Gründung der Bundesrepublik gekommen wäre, der durch Adenauer herbeigeführte Aufstieg der CDU/CSU zur Partei der absoluten Mehrheit sowie das von Erhard geschickt in die Wege geleitete ›Wirtschaftswunder‹, welches in hohem Maße zur inneren und äußeren Konsolidierung dieses anfangs höchst artifiziellen deutschen Teilstaats beigetragen hat. Daß sich diese Entwicklung gegen viele Hemmnisse staatsrechtlicher, ökonomischer, gesellschaftlicher und ideologischer Art durchsetzen mußte, haben wir gesehen. Und wir haben ebenfalls gesehen, wie kompliziert diese Durchsetzungsprozesse im einzelnen verlaufen sind. Warum sollte also die kulturelle Entwicklung eines solchen Staats, bei der eine geradezu unendliche Fülle verschiedenster Faktoren ins Spiel kommt, nicht ebenso kompliziert, verwirrend und widerspruchsvoll verlaufen sein?

Dennoch läßt sich innerhalb dieser unleugbaren Vielfalt an kulturellen Richtungen und Verhaltensweisen bei näherem Zusehen eine gewisse Einheitlichkeit erkennen. Alle diese kulturellen Konzepte, so unterschiedlich sie auf Anhieb auch wirken, sind letztlich Produkte eines sich zwischen Kaltem Krieg und Wirtschaftswunder herausbildenden Kulturbetriebs, der *eine* Vorstellung als besonders problematisch ablehnen mußte. Und das war die Forderung nach jener nationalen oder gesamtgesellschaftlichen ›Hohen Kunst für jedermann‹, wie sie in der unmittelbaren Nachkriegszeit, als die Massenmedien noch eine relativ untergeordnete Rolle spielten, fast alle anspruchsvollen Kulturtheoretiker – ob nun Christen, Humanisten, Marxisten, alte Völkische oder Vertreter der Inneren Emigration – erhoben hatten. Was dagegen die führenden Theoretiker des Neoliberalismus der fünfziger Jahre propagierten, war das Postulat eines kulturellen Pluralismus, der allein auf dem Prinzip von Angebot und Nachfrage beruht. Auch in diesem Punkte ließen sie sich von der Erhardschen Vorstellung leiten, daß die zu schaffende Demokratie keiner hochgespannten Ideologien bedürfe, sondern daß in ihr jeder vornehmlich seinem persönlichen Entfaltungs- und Bereicherungsdrang nachgehen solle. Zur plakativen Veranschaulichung dieses Konzepts zogen diese Kreise gern das Bild des kulturellen Supermarkts oder der ästhetischen Gemischtwarenhandlung heran, das einerseits höchst zutreffend, andererseits höchst irreführend ist. Zugegeben, in diesem Supermarkt konnten sich zwar alle Bundesbürger und -bürgerinnen, wenn auch innerhalb der Grenzen ihrer Bildung und ihres Geldbeutels, mit dem ihnen Gemäßen, das heißt dem Unterhaltsamen, Modernistisch-Elitären oder Kulturkonservativen bedienen und dann mit dem trügerischen Gefühl nach Hause gehen, das für sie Relevante gefunden zu haben. Was jedoch in diesem Supermarkt weitgehend fehlte, war eine Kunst, die sich bemüht hätte, mit Bildern eines zwar realistisch gesehenen, aber doch würdevolleren Daseins über das affirmative Status-quo-Denken dieser Jahre hinaus zu alternativen Formen einer höhergearteten Politik und Kultur vorzustoßen. Doch dieser Mangel wurde anfangs nur wenigen bewußt. Aufgrund der herrschenden Wirtschaftswundermentalität gaben sich die meisten in diesem Zeitraum noch mit Kunstformen zufrieden, die – ideologisch gesehen – ins Eindimensionale einer als positiv empfundenen gesellschaftlichen Entfremdung tendierten. Auch auf diesem Sektor ließ sich also die Mehrheit der westdeutschen Bevölkerung nach langen Jahren der Kriegs- und Nachkriegsmisere erst einmal von dem schier überwältigenden Angebot neuer Waren blenden, die alle so interessant, so unterhaltend, so sensationell zubereitet und verpackt waren, daß neben ihnen das verantwortungsbewußte, tiefempfundene, aber graue Kulturangebot der unmittelbaren Nachkriegszeit schnell ins Bedeutungslose verblaßte. Allerdings verblaßte damit zugleich jener utopische Vorschein auf eine Welt, in der ›eines schönen Tages‹ Dinge wie hemmungslose Bedürfniserweckung sowie egoistische Aneignung verschwinden und sich innerhalb eines demokratischen, nichtausbeuterischen, humanistisch-orientierten Gesellschaftssystems endlich wahrhaft altruistische Kultur- und Lebensformen entwickeln würden.

Eine Einheit ex negativo haben also diese Richtungen durchaus, wenn auch diese Einheit oft nur darin besteht, daß ihre Produkte – wie alle in einem Supermarkt angebotenen Waren – ein nicht zu übersehendes Preisschildchen tragen. Es handelt sich hier nicht um Werke, die in einem Gesellschaftssystem entstanden sind, wo selbst den Leistungen der Kunst ein kollektives Verantwortungsbewußtsein zugrunde liegt, sondern um Werke, deren Produzenten und deren Vermittlungsinstanzen, ob sie es wollen oder nicht, stets auf den Geschmack beziehungsweise die Kaufkraft bestimmter Konsumentenschichten angewiesen sind. Fast alle diese Werke stellen sich im Rahmen eines geradezu gigantisch aufgeblähten Kulturbetriebs als Waren zur Schau und appellieren somit vornehmlich an die privaten Profilierungs-, Kompensations- und Unterhaltungsbedürfnisse der an ihnen Interessierten. Werte wie Normbewußtsein, Respekt, Solidarität, Bindung oder Würde, die nur im Rahmen eines gemeinschaftsverpflichteten Denkens einen sinnvollen Ort haben, verloren daher in dieser Kunst schnell an Bedeutung. Gerade in ihr bewahrheitete sich jener fatale Satz des an allem Anstoß nehmenden Adorno, daß es »nichts Richtiges im Falschen« geben könne. Und das sollte man bei den verschiedenen Ausformungen von Kultur, die in den folgenden Kapiteln behandelt werden, nicht aus dem Auge verlieren. Dieser höchst vielgesichtigen, aber zugleich höchst massiven Einheitsfront entgegengetreten zu sein, blieb lediglich jener kritisch-engagierten Richtung vorbehalten, der das letzte Kapitel dieses Buchs gewidmet ist.

Massenverbreitete Kunst

Zur sozialpsychologischen Funktion der Massenmedien

Daß die Zeit zwischen 1945 und 1948/49 für die Entwicklung einer ins Massenhafte tendierenden Medienkultur noch wenig Ansatzpunkte bot, dürfte nach dem Vorhergesagten einleuchten. Aufgrund der Zerschlagung der technischen Infrastruktur, der Spaltung Deutschlands, des bewußt forcierten Föderalismus und der politisch-moralischen Umerziehungsvorstellungen der westlichen Alliierten bildete sich in diesen Jahren ein Kulturverhalten heraus, bei dem weniger das Unterhaltende, Spannende, Sinnliche als das Erbauliche, Anspruchsvolle, Hohe im Vordergrund stand. Organisationen wie der ›Kulturbund zur demokratischen Erneuerung Deutschlands‹ oder ähnliche Vereinigungen, die sich zu den ›unvergänglichen‹ Werten deutschen Geistes und deutscher Kultur bekannten, hatten deshalb anfangs erstaunlich hohe Mitgliedszahlen. Schließlich gehörte die deutsche Hochkultur nach 1945 zu den wenigen Bestandteilen des deutschen Erbes, das sich ohne Verlegenheit vorzeigen ließ und mit dem man den Besatzungsmächten die Größe des vorfaschistischen Deutschland vor Augen führen konnte. Vor allem die älteren bürgerlichen Schichten, die in der Inneren Emigration an religiösen, philosophischen oder moralischen Werten festgehalten hatten, beschworen damals geradezu unentwegt ›ihren‹ Bach, ›ihren‹ Kant oder ›ihren‹ Goethe. Aber auch die antifaschistischen Kreise, die sich von einer möglichen Beteiligung an der politischen, gesellschaftlichen und ökonomischen Neuordnung Deutschlands ausgeschlossen fühlten, demonstrierten ihren Hang nach Anderem, Besserem, Höherem in den ersten Jahren weitgehend im Bereich des Geistigen oder Kulturellen und legten gegenüber allem Materiellen oder Vergnüglichen, auf das sie ohnehin verzichten mußten, eine deutliche Verachtung an den Tag.

Zur Entwicklung der sogenannten Massen- und Medienkultur kam es – genau besehen – erst nach der Währungsreform, das heißt nach der Aufhebung der alliierten Lizenzbestimmungen, dem Neuaufbau einer technischen Infrastruktur und der allmählichen Integrierung der einzelnen Zonen und Länder zur Bundesrepublik. Erst als die hochgespannten Umerziehungsvorstellungen der unmittelbaren Nachkriegszeit aufgegeben wurden und die wirtschaftliche Konsolidierung zu einer deutlichen Einkommenssteigerung und Freizeitverlängerung führte, war es möglich, auch auf diesem Sektor eine profitverheißende Investitionspolitik einzuleiten und eine ›marktgerechte‹ Kulturindustrie aufzubauen. Neben die Konzepte einer ›Hohen Kunst für jedermann‹, wie sie die Linken vertraten, die Konzepte einer modernistisch-elitären Kultur im Sinne einer neuen Avantgarde sowie die Konzepte jener bewußt konservativen Kreise, die vom Kulturbegriff der älteren Bildungsbourgeoisie ausgingen und diesen mit spezifisch mittelständischem Stellvertretungsanspruch als *den* Kulturbegriff schlechthin ausgaben, trat also nach 1949/50 in steigendem Maße auch eine als ›demokratisch‹ aufgezäumte Massenmedienkultur, die auf alle höheren Bildungsansprüche verzichtete und aus finanziellen und ideologischen Gründen von vornherein an das Zerstreuungs- und Ablenkungsinteresse der unteren Bevölkerungsschichten appellierte.

Anfänglich, also bis etwa 1955, hatten die Kulturvorstellungen des älteren Bildungsbürgertums noch eine gewisse Chance, sich im gesellschaftlichen Allgemeinbewußtsein bemerkbar zu machen. Zu dieser Zeit mußte die Massenmedienindustrie erst wieder aufgebaut werden und auch die Einkommens- und Freizeitverhältnisse wurden erst nach 1955 wirklich besser. Obendrein wirkte in den frühen fünfziger Jahren noch jener durch die Nachkriegsmisere bedingte Zwang zur Verinnerlichung weiter, den selbst ein skeptischer Exilrückkehrer wie Theodor W. Adorno als einen geradezu unglaublichen ›Hunger nach Kultur‹ empfand. Doch dieser Kulturhunger hatte schon damals in der westdeutschen Gesellschaft keine wirkliche Basis, da die sogenannte ›gebildete‹ Schicht viel zu klein war. Nach den Erhebungen des Allensbacher Instituts besaßen im Jahr 1950 im Bundesgebiet und in West-Berlin nur 4 Prozent der Bevölkerung das Abitur. 14 Prozent verfügten über die Mittlere Reife und 82 Prozent hatten lediglich einen Volksschulabschluß. Und an diesen Verhältnissen änderte sich auch in den folgenden Jahren nur wenig. Im Jahr 1965, also gegen Ende des hier ins Auge gefaßten Zeitraums, verfüg-

ten 5 Prozent über das Abitur, 17 Prozent über die Mittlere Reife und 78 Prozent über einen Volksschulabschluß. Von einer allmählichen Angleichung der Bildung und damit kulturellen Homogenisierung der Bevölkerung, wie es damals hieß, kann also gar keine Rede sein. Im Gegenteil. Der Anteil der Arbeiter an der Bevölkerung vergrößerte sich in den Jahren zwischen 1950 und 1961 von 47,1 auf 48,2 Prozent, der der Angestellten von 17,3 auf 22,7 Prozent. Außerdem blieb der Prozentsatz der weiblichen Bevölkerung, die kulturell stets zu den Unterprivilegierten gehört hatte, im gleichen Zeitraum mit 55 Prozent weit über dem männlichen Bevölkerungsanteil von 45 Prozent. Als das Allensbacher Institut im März 1967 eine Umfrage veranstaltete, wieviele Mitglieder der westdeutschen Gesellschaft sich als Teil der Intelligenz empfänden, war der Anteil unter den befragten Männern lediglich 10, der der Frauen lediglich 8 Prozent. Ja, 21 Prozent der weiblichen Bevölkerung beteuerten, von einem solchen Begriff noch nie gehört zu haben. Die Schicht der ›Gebildeten‹ und damit der möglichen Träger einer ›höheren‹ Kultur blieb also zwischen 1950 und 1965 verschwindend klein, zumal von staatswegen eine allgemeine Volksbildung nicht besonders gefördert wurde. Bildung konnten sich damals nur die Besserverdienenden und zugleich »Ausgeruhten« leisten, um einen Begriff Martin Walsers aufzugreifen, deren Anteil auf etwa 15 Prozent geschätzt wurde. Und damit war der Anspruch einer ›Hohen Kultur für jedermann‹ von vornherein zum Scheitern verurteilt.
Was sich im Laufe der fünfziger Jahre auch kulturell durchsetzte, war deshalb nicht das Adenauersche Konzept der Mission des Abendlandes, sondern ein von Erhard geförderter wirtschaftsanheizender Konsumismus, der auf dem Prinzip der ökonomischen Selbstregulierung und damit dem Gesetz von Angebot und Nachfrage beruhte. Das bedeutete in letzter Konsequenz, daß sich große Teile der Kultur zusehends jenen industriellen Organisationsformen und Techniken anpassen mußten, deren Tendenz zur Standardisierung Adorno im Hinblick auf die vollentwickelte Kulturindustrie der USA bereits in den dreißiger Jahren kritisiert hatte. Aufgrund dieser Entwicklung entstand in der Bundesrepublik eine Kultur- und Meinungsindustrie, die weitgehend branchen- und schichtenspezifisch orientiert war, also die real existierenden Klassenunterschiede einfach akzeptierte.

In dem von ihr geschaffenen ästhetischen Supermarkt griffen darum 4 Prozent nach den kulturellen Delikatessen, 14 Prozent nach weniger teuren, aber immer noch achtbaren Kulturprodukten, während sich die restlichen 82 Prozent der Bevölkerung mit den landläufigen Erzeugnissen der Massen- und Medienkultur begnügten.
Die Gegenkräfte zu dieser fortschreitenden Nivellierung, wenn nicht Vulgarisierung des kulturellen Lebens, die von den herrschenden Meinungsmachern gern als positive Amerikanisierung und damit Abbau der älteren Standesbarrieren ausgegeben wurde, erwiesen sich als relativ schwach. Schließlich war die Arbeiterkultur der Weimarer Republik durch den Faschismus völlig zerschlagen worden. Noch weniger ließ sich an die ältere Volkskultur anknüpfen, welche durch ihre Assoziation mit den Nazis als ›erledigt‹ galt. Und so stellten sich die Führungskräfte der Kulturindustrie immer stärker auf die Vorstellungswelt jener ›nicht-totalitären Industriegesellschaft‹ ein, in der niemand zu einer bestimmten Weltanschauung gezwungen werde, sondern wo sich alle Menschen auf höchst genußvolle Weise an Unterhaltung, Spannung und Zerstreuung erfreuen könnten. Sie gaben also das fortschreitende Aufgehen in der Massen- und Medienkultur einfach als eine immer intensivere Anteilnahme am ›modernen‹ Lebensstil aus. Und dieser Schachzug erwies sich als äußerst effektiv. Selbst neue Massenmedien wie das Fernsehen, die Heftchenliteratur oder die Boulevardpresse wurden aufgrund dieser Verpackung von vielen schon nach kurzer Zeit als höchst ansprechend empfunden. All das brauchte den Unterprivilegierten in keiner Weise aufgezwungen werden, sondern wurde von diesen Schichten wegen ihrer mangelnden Bildung, der fortschreitenden Entpolitisierung und der herrschenden Arbeitsbedingungen, die zwar eine längere, aber als ›leer‹ empfundene Freizeit ermöglichten, geradezu enthusiastisch aufgenommen. Während die oberen 10 bis 15 Prozent der Bevölkerung, welche über die genügende Bildung und Muße verfügten, weiterhin Kulturformen wie die Buch- und Zeitschriftenlektüre oder den Konzert- und Theaterbesuch favorisierten und die Massenmedien teilweise noch verachteten, gaben sich die unteren 85 bis 90 Prozent in ihrer sich ständig vergrößernden Freizeit zusehends jener Unterhaltung hin, welche ihnen Fernsehen, Rundfunk, Kino, Illustrierten, Schlager oder Tanzmusik offerierten. Schon gegen Ende

der fünfziger Jahre nahm dadurch der Umgang mit den Massenmedien – nach der Arbeit und dem Schlafen – die quantitativ drittgrößte Zeitspanne im Leben dieser Menschen ein und belief sich auf etwa drei bis dreieinhalb Stunden pro Tag.

Was diese Schichten von den Massenmedien erwarteten, war zweierlei: Spannung und zugleich Entspannung. Da sie sich nach ihrer regelmäßigen, meist maschinellen Arbeit nicht mehr selber in den Zustand der Spannung versetzen konnten, erwarteten sie wenigstens in der Mittagspause, abends oder am Wochenende eine möglichst spannende Ablenkung von ihrer üblichen Beschäftigungsroutine, eine Spannung, die sie das Übliche, Immergehabte – also den gleichmäßigen Tagesablauf, die genormte Arbeit oder auch den Ehetrott – wenigstens vorübergehend vergessen ließ. Besonders ablehnend verhielten sich diese Schichten deshalb allem gegenüber, was sie in ›Probleme‹ verstrickte, das heißt Fragen der Politik, der Wissenschaft oder auch der hohen Kunst. Statt sich in ihrer Freizeit mit irgendwelchen hochgespannten Herausforderungen auseinanderzusetzen, begnügten sie sich lieber mit jenen aufputschenden Erregungen, Sensationen, Spannungselementen oder auch Belustigungen, welche ihnen die Massenmedien boten. Nicht den Müßiggang oder die hohe Langeweile fanden diese Schichten entspannend, sondern nur das, was sie aufs Neue ›spannte‹. Während die gebildeten und »wohlausgeruhten« Bürger zu ihrer Erbauung eher das Höhere, Ruhige, Kultivierte, also die Opus-Musik, die anspruchsvollen Romane, die Intimität eines Kammerkonzerts oder einen würdevollen Theaterbesuch bevorzugten, ergötzten sich die unteren 85 bis 90 Prozent der westdeutschen Bevölkerung vornehmlich an Fernsehsendungen, Preisausschreiben, Comic Strips, Sensationsmeldungen, Horoskopen, Heftchenromanen, Rätseln, Operettenmelodien, Schlagern, Krimis, Quizprogrammen, Western, Sportberichten, Reklamen, Illustrierten oder Tanzmusik. Im Gegensatz zu den Älteren, die Fernsehen, Zeitunglesen oder irgendwelche Hobbies bevorzugten, zogen die Jüngeren schon damals Rockmusik, Tanzen und Sport als Lieblingsbeschäftigungen in ihrer Freizeit vor. Im Hinblick auf die Geschlechter läßt sich während dieses Zeitraums bei Männern eine deutliche Vorliebe für Sport, Radiohören und Zeitunglesen, bei Frauen für Unterhaltungsmusik, Handarbeiten und Kinogehen beobachten.

So gesehen, erwiesen sich die bundesrepublikanische Massenmedien bereits gegen Ende der fünfziger Jahre als jene Surrogate für nichtgelebtes Leben, die sie auch heute noch sind. Zu ihnen griff man – nach der entleerenden Hast des Alltags – wie zu Drogen. Sie wurden hierdurch die effektivsten Manipulationsorgane, die es je gegeben hat und die in ihrer Wirkung selbst die Opiumfunktion älterer Religionen weit übertrafen. Und so gab es bald immer weniger Menschen, selbst unter den Gebildeten, die sich der Faszination, die von diesem Medium ausging, entziehen konnten. Während man bis 1955 noch von einem konkurrierenden Nebeneinander höherer und niederer Kulturkonzepte sprechen kann, traten nach 1955 eindeutig die technisch immer perfekter werdenden Massenmedien in den Vordergrund, was zu einer fortschreitenden Auszehrung des älteren bürgerlichen Stellvertretungsanspruchs in Sachen Kultur führte. Nicht nur die breiten Massen der Arbeiter und Angestellten, auch immer weitere Kreise unter den Beamten, Managern und Vertretern selbständiger Berufe ließen sich nach der arbeitsintensiven Tretmühle ihres Jobs in ihrer Freizeit zusehends in den Sog dieser rapide um sich greifenden neuen Massenmedienkultur ziehen. Lediglich die intellektuell Gestimmten, wie die Lehrer, Professoren, Ärzte, Anwälte oder gebildeten bürgerlichen Hausfrauen, versuchten weiterhin an gewissen Teilbereichen des älteren Kulturbetriebs festzuhalten. Doch auch sie konnten sich im Laufe der Jahre den stimulierenden Reizen und Sensationen dieser Medien nicht völlig entziehen und begannen im geheimen die ältere Hochkultur, die im Rahmen der allgemeinen Meinungs- und Kulturindustrie immer funktionsloser wurde, als spannungslos oder gar langweilig abzulehnen. Aufgrund dieser Entwicklung beschränkte sich der Aktionsraum der sogenannten E-Kultur schließlich auf jene magischen sieben bis zehn Prozent der westdeutschen Bevölkerung, die wegen ihres anerzogenen Hangs zur Verinnerlichung in jedem ›erweiterten Kulturbegriff‹ zwangsläufig eine Depravierung ins U-Kulturelle sehen mußten.
Wie skrupellos die großen Medien diese Entwicklung ausgeschlachtet haben, ist oft beschrieben worden. Dies Kapitel gehört wohl zu den finstersten im Buch der Kommerzialisierung von Kultur. Während sich die ältere Bourgeoisie – bei gleichem Profitinteresse – im Bereich der Kultur lange Zeit geistige, moralische oder religiöse Hemmungen

auferlegt hatte, fiel jetzt auch auf diesem Sektor ein Feigenblättchen nach dem anderen, bis schließlich das Prinzip Mammonismus auch in Kunst und Kultur seine nackteste Selbstrealisierung erlebte. Eine nicht zu unterschätzende Rolle spielten dabei jene schon erwähnten spannenden, sensationalistischen, erotisch-suggestiven Elemente, die zwar erst im Laufe der sechziger Jahre wirklich marktbeherrschend wurden, sich jedoch bereits in den fünfziger Jahren, vor allem nach 1955, immer bemerkbarer machten. Schon zu diesem Zeitpunkt brachen sich all jene knalligen Superman Comics, handlungsträchtigen Detektiv- und Westernfilme, mörderischen Krimis, aufregenden Science-Fiction-Stories, kolportagehaften Illustriertenromane, aufputschenden Rockklänge und reißerischen Reklamebilder Bahn, durch die in den gängigen Massenmedien Phänomene wie ›Gewalt‹ und ›Erotik‹ einen immer breiteren Spielraum einnahmen. Daher sprach Helmut Schelsky schon 1955 in seiner *Soziologie der Sexualität,* die schnell zu einem Bestseller wurde, im Hinblick auf die neu entstandene Medienwelt der Illustrierten, Filme, Schlager und Reklamen von einer »offenherzigsten Ausbreitung sexueller Anreize«. Ein solches Urteil wirkt, wenn man die spätere Entwicklung ins Auge faßt, die in dieser Hinsicht immer »offenherziger« wurde, sicher übertrieben, weist aber bereits auf einen sich anbahnenden Trend hin, den viele Vertreter der damaligen Bildungsbourgeoisie noch als skandalös empfanden.

Und die breiten Massen ließen sich von solchen Reizen nur allzu willig ans Gängelband nehmen, zumal ihnen diese Medien eine immer längere Freizeit, ein geradezu rauschhaftes Glück sowie einen ›Wohlstand für alle‹ versprachen und die wirtschaftliche Aufwärtsentwicklung dieser Jahre all diesen Versprechungen eine überzeugende Glaubwürdigkeit verlieh. Es kam daher in den Massenmedien der späten fünfziger Jahre zu einer immer stärkeren Reizüberflutung mit höchst verlockend ausgemalten Wunschbildern, welche der Mehrheit der Arbeiter und Angestellten den Aufstieg zu den Wonnen der Bourgeoisie als noch in ihrem Leben erreichbar vorgaukelten. Neben eher verdeckt eingesetzten sexuellen Anreizen, die sich an bestimmte Triebwünsche wandten, wurde dabei in den fünfziger Jahren vor allem an den Wunsch nach gesellschaftlichem Aufstieg appelliert. Während die Massenmedien der sechziger Jahre in steigendem Maße die bereits von innerer Entleerung und Langeweile geplagten, übersättigten, mit einer penetranten Wohlstandsmentalität ausgestatteten Normalbürger ins Auge faßten und ihnen im Bereich der luxuriösen Bedürfnisse des Reisens, der kulinarischen Genüsse und erotischen Abenteuer neue, ungeahnte Entdeckungen offerierten, sie also mit dem »Duft der weiten Welt« zu umnebeln suchten, stand in den späten fünfziger Jahren noch vornehmlich das Adrette, Wohlgekleidete, Manierliche im Vordergrund, das seinen Repräsentanten den Anschein bürgerlicher Ehrbarkeit verlieh. Fast alle Reklamebilder dieser Jahre wirken darum ausgesprochen ›sauber‹, ja geradezu geleckt und beschwören das Bild jener bürgerlichen Freizeitkultur, wo der Mensch erst da beginnt, wo die Jobsituation aufhört. Jede Möglichkeit, Arbeit und Freizeit in ein sinnvolles Verhältnis zueinander zu setzen, also beiden einen befriedigenden Anreiz zu geben, wurde in den Massenmedien dieser Ära noch bewußt negiert. Arbeit und Freizeit, Job und Hobby waren hier durch geradezu unüberwindliche Abgründe voneinander getrennt. Das eine, die Arbeit, schien nur da zu sein, um das andere, die Freizeit, zu ermöglichen. Und das konnte unter den gegebenen Umständen, deren vordringlichstes Ziel die Steigerung der Verkaufsziffern war, auch gar nicht anders sein. Schließlich konsumieren Menschen nicht während der Arbeit, sondern nur in der Freizeit. Nur dann gehen sie einkaufen, nur dann lassen sie sich von den Spannung und Unterhaltung versprechenden Reizen der vielfältigen Massenmedien überrieseln. Und so lief in dieser Welt alles zwangsläufig auf das gleiche hinaus: auf die Konsumanheizung. Überall sahen sich die Konsumenten der fünfziger Jahre von den farbstrotzenden Bildern einer Reklamewelt umgeben, deren oberste Werte lediglich Aufsteigenwollen, Verbrauchen und Angeben waren, während alles im älteren Sinne ›Kulturelle‹ in diesen Bereichen weitgehend als verinnerlicht, lustfeindlich, konsumfeindlich, wachstumsfeindlich und damit profitfeindlich galt.

Im Zuge dieser Entwicklung wurde auf diesem Sektor jedes Bedürfnis nach höherer Kunst und Kultur immer stärker als Triebverzicht, unangebrachte Sublimierung und damit Konsummuffelei diffamiert. Statt Werte wie Menschenwürde, Gemeinsinn, Lerneifer oder Geschmacksbildung in den Vordergrund zu rücken, beschwor die Welt der Massenmedien zusehends das Bild eines wertefreien Lebens, das

gerade wegen seiner Ideologie- und Skrupellosigkeit als ein wahrhaft modernes, weil konsumfreudiges Leben hingestellt wurde. All jenen, welche gegen diese konsumistische Verflachung opponierten (ob nun im Sinne linker Kulturkonzepte einer Hohen Kunst für jedermann, im Sinne eines mittelständischen Stellvertretungsanspruchs in Sachen Kultur oder im Sinne Adornos, der innerhalb dieser Massen- und Medienwelt das Ideal der spätbürgerlichen Subjektivität aufrechtzuerhalten suchte), hielten die Verteidiger dieser neuen Massen- und Medienkultur geradezu unentwegt das Leitbild einer demokratischen Selbstregulierung entgegen, die sich aus dem freien Spiel der Kräfte ergebe und deren verschiedene Ausprägungen nicht dem hochgestochenen Anspruch einer bestimmten Elite unterworfen werden dürften. Wie in allen anderen Konsumbereichen sprachen darum die Anhänger des Neoliberalismus in den fünfziger Jahren auch im Bereich der Kultur einfach von Moden oder Wellen, als sei das Verhältnis zur Kunst lediglich eine Geschmacksfrage, die man lieber dem Einzelnen überlassen solle. Und zwar gebrauchten sie hierbei gern den pseudodemokratischen ›Wir‹-Gestus der empirischen Soziologie, die bereits in diesen Jahren so tat, als ob Dinge wie Herkommen oder Bildung im Rahmen der allgemeinen Chancengleichheit bereits altmodisch geworden seien.
Doch nicht nur das. Die empirische Soziologie ging in diesem Zeitraum bereits zum Gegenangriff über und bezeichnete jede Form von Kulturkritik, die davon ausgehe, daß das Kino die »Jugend verderbe« und zu »Gewalttätigkeiten reize«, daß das Fernsehen »das Familienleben zerstöre« oder daß die offenherzigen Illustrierten die »Sitten verdürben«, wie es 1965 in dem Buch *Auf der Suche nach der Wirklichkeit* von Hemut Schelsky hieß, irregeleitet sei. Schelsky erklärte hier, daß der »moderne Mensch« durch die Massenkommunikationsmittel keineswegs »sich selbst entfremdet werde«, sondern sich in seinen »Tiefenschichten« diesen Massenkommunikationsmitteln bereits soweit »angepaßt« habe, daß die allgemeine Reizüberflutung überhaupt keine Spuren mehr hinterlasse. Was ehedem viele Menschen noch durchaus irritiert habe, liest man bei ihm, sei heute bereits zum »habituellen Alltagsverhalten« von Millionen geworden, das lediglich zerstreue – und deshalb jenseits von Nutzen oder Schaden stehe. Doch solche Argumente stießen schon um 1960 immer

stärker auf Kritik. Nach diesem Zeitpunkt mußten selbst die hartnäckigsten Verteidiger des allgemein verbreiteten Mißbrauchs dieser Medien zum Zwecke politischer Manipulation, emotionaler Vertingelung und ästhetischer Verrohung zugeben, daß die Bilder und Signale dieser Medien im Bewußtsein oder Unterbewußtsein der ihnen Ausgesetzten zu einer folgenreichen Konditionierung auf das sie umgebende System beitrugen. Und von diesen Prozessen werden die nächsten Kapitel, die sich den einzelnen Gattungen dieser Medienkultur zuwenden, nur allzu deutlich Zeugnis ablegen.

Die überparteiliche Presse

Während die Herausgabe von Zeitungen und Illustrierten in den ersten Nachkriegsjahren bloß mit ausdrücklicher Genehmigung einer der Besatzungsmächte möglich war, gestattete die Alliierte Hochkommission im Zuge der Gründung der Bundesrepublik am 21. September 1949 jedem Bürger dieses Staates (mit Ausnahme der als »hauptschuldig« eingestuften Nationalsozialisten), auch ohne vorherigen Lizenzantrag eine Zeitung oder Illustrierte herauszugeben. Dadurch stieg die Zahl der Zeitungen nicht nur sprunghaft von rund 400 auf 568 an, dadurch entstand überhaupt ein ganz neues Zeitungsklima. Auf diese Weise kam es nämlich zu einem harten Konkurrenzkampf zwischen den sogenannten Lizenzverlegern, den Neuverlegern und den jetzt wieder zugelassenen Altverlegern von vor 1945, der von keinem dieser drei Gruppen klar gewonnen wurde. Den Löwenanteil behielten allerdings die Lizenzverleger, die jedoch im Zuge des sich schnell entwickelnden Konkurrenzkampfes ihren Zeitungen in der Folgezeit ein neues Gesicht geben mußten. Während sie bisher ein sicheres Monopol besessen hatten und sich deshalb um die Attraktivität ihrer Zeitungen nicht groß zu kümmern brauchten, gaben nach 1949 viele dem Trend zur Kommerzialisierung, das heißt zur Unterhaltung und Verflachung nach, um unter den verschärften Wettbewerbsbedingungen überhaupt weiterexistieren zu können.

Eine relative Stabilisierung der Verhältnisse auf dem Zeitungsmarkt setzte erst um 1954 ein. Von da ab ging die Zahl der Zeitungen

– aufgrund der immer stärkeren Konzentration im Pressewesen – kontinuierlich zurück. Daher gab es im Jahr 1964 schließlich nur noch 183 Zeitungen, die in allen Teilen journalistisch selbständig gestaltet wurden. Viele der kleineren Blätter wiesen von nun ab lediglich im Lokalteil Abweichungen auf, während die Hauptteile bereits von Monopolen oder kartellartigen Zusammenschlüssen stammten. Dennoch blieb für die Bundesrepublik, jedenfalls im Vergleich zu anderen westeuropäischen Ländern, sowohl die hohe Zahl der Zeitungen als auch die stark lokale Bindung vieler dieser Zeitungen charakteristisch, worin sich noch immer die stark föderalistische Struktur der ersten Nachkriegsjahre widerspiegelt. Auch die Tatsache, daß fast alle dieser Zeitungen mit dem Anspruch des ›Überparteilichen‹ auftraten, geht auf die Politik der Besatzungsmächte nach 1945 zurück, die – im Gegensatz zur deutschen Presse der Weimarer Republik und der Nazizeit – weitgehend pluralistisch orientierte Zeitungen favorisierten. Während in den zwanziger Jahren noch fast die Hälfte und im Dritten Reich alle Tageszeitungen eine bestimmte Partei unterstützt hatten, waren in der Bundesrepublik der fünfziger und sechziger Jahre parteieigene oder parteigebundene Zeitungen relativ selten. Über 90 Prozent bekannten sich weiterhin zur Überparteilichkeit, wenn auch Blätter wie die *Rheinische Post,* die *Aachener Volkszeitung,* die *Kölnische Rundschau,* die *Ruhr-Nachrichten* und die *Welt,* um nur ein paar der bekannteren herauszugreifen, einen deutlichen CDU-Kurs steuerten. Blätter mit einer unverwechselbaren SPD-Ausrichtung, wie die *Westfälische Rundschau* oder die *Hannoversche Presse,* waren dagegen wesentlich seltener. Die recht verbreitete CDU-Orientierung ergab sich vor allem aus der wachsenden Anzeigenabhängigkeit vieler Zeitungen, die auch inhaltlich zu einer steigenden Homogenisierung und somit Standardisierung in Richtung auf eine konservative Grundtendenz führte. Besonders die Lokalblätter gerieten schon damals durch ihre Inserate in eine direkte oder indirekte Abhängigkeit von bestimmten regionalen Interessensgruppen, so daß sie sich andersgearteter oder gar politisch kontroverser Meldungen lieber enthielten und nur noch über das den Konservativen Genehme berichteten.

Während es vor 1945 noch 20 überregionale Zeitungen gegeben hatte, lassen sich in den fünfziger Jahren nur noch fünf Zeitungen

– *Die Welt,* die *Frankfurter Allgemeine,* die *Süddeutsche Zeitung,* das *Handelsblatt* und die *BILD*-Zeitung – als überregional bezeichnen. Auch diese Zeitungen bekannten sich vordergründig zum Prinzip der Unabhängigkeit, das heißt wollten »Zeitungen für Deutschland« sein, obwohl ihre politischen Orientierungen höchst verschieden waren und sie – vor allem bei Bundestagswahlen – ihr überparteiliches Feigenblättchen meist fallen ließen. Allerdings spielte die *BILD*-Zeitung, deren erste Ausgabe am 24. Juni 1952 erschien, im Rahmen dieser überregionalen Zeitungen eine deutliche Sonderrolle. Während die vier anderen bundesweiten Blätter in diesem Zeitraum nur von zwei bis drei Prozent der Bevölkerung gelesen wurden, erreichte die *BILD*-Zeitung (mit anderen Boulevardblättern) bereits in den späten fünfziger Jahren etwa 30 Prozent der westdeutschen Leser. An ihr läßt sich wohl am besten zeigen, wie rapide sich damals die allgemeinen Monopolisierungsprozesse vollzogen. So erschienen im Springer-Konzern schon 1957 nicht nur die *BILD*-Zeitung mit 3060000 Exemplaren, sondern auch das *Hamburger Tageblatt* und *Die Welt* mit 340000 beziehungsweise 210000 Exemplaren täglich. Außerdem gab Springer im gleichen Zeitraum die Wochenzeitungen *Welt am Sonntag* und *BILD am Sonntag* mit einer Druckauflage von 410000 beziehungsweise 940000 Exemplaren heraus. Gegen Mitte der sechziger Jahre hatte er seinen Konzern bereits so weit ausgebaut, daß über ein Viertel aller in der Bundesrepublik und West-Berlin verkauften Zeitungen das Springer-Impressum aufwiesen. Ja, *BILD* war damals schon zur sechstgrößten Tageszeitung der Welt emporgestiegen.

Schon in diesen frühen Jahren war *BILD* ein Blatt, das sich in seiner leicht faßlichen und zugleich emotional aufputschenden Berichterstattung fast ausschließlich an jene 82 Prozent der westdeutschen Bevölkerung wandte, die nur über einen Volksschulabschluß verfügten. *BILD* brachte kaum objektive Nachrichten, sondern gab allen Meldungen stets einen Drall ins Sensationelle oder zumindest Aufsehenerregende. Ihr ging es nicht um Volksbildung, Vergangenheitsbewältigung oder gar Erziehung zur Humanität, sondern vornehmlich um Marktbeherrschung und damit Profit. Alle Berichte wurden hier zu genüßlichen Konsumprodukten aufbereitet und in einer deutlich plebiszitären Manier vorgetragen. Nach den erprobten

Rezepten der sogenannten ›Yellow Press‹ brachte *BILD* bereits in den fünfziger Jahren gern atemberaubende Kriminalfälle oder Abenteuerstories, wobei sie sich meist der Form ›wahrer Geschichten‹ bediente, um so die Leser bei ihrem Identifikationsbedürfnis zu packen. Aus diesem Grunde wurde auf ihren Seiten schon damals alles ins Private, Intime, Individuelle, Triebhafte, Ehrgeizige kanalisiert. In einer ›Wirtschaftswunder‹-Gesellschaft, in der auch die anderen Massenmedien immer stärker an die vielbeschworenen ›niederen Instinkte‹, das heißt die Renommiersucht, den Bereicherungsdrang und die Verbrauchsgier appellierten, wollte *BILD* letztlich nur das sensationellste und damit effektivste solcher Massenmedien sein. Im Sinne der forcierten Konsumanheizung dieser Jahre unterstützte deshalb *BILD* alles, was in Richtung Genußverlangen, Aufstiegsbedürfnis und Angebenwollen tendierte. Und zwar stellte sie dabei die Filmstars, Schlagersänger, Politiker und Wirtschaftsgrößen, wie überhaupt alle ›Prominenten‹ der bundesrepublikanischen Gesellschaft, gern mit dem rhetorischen ›Wir‹-Gestus des Populistischen als »Menschen wie Du und Ich« hin, um nur ja nichts von den dahinterstehenden Ideologisierungsabsichten erkennen zu lassen. Aus dem gleichen Grunde griff *BILD* schon zu dieser Zeit all jene, die gegen die herrschende Konsumanheizung und den Erhardschen Slogan vom »Wohlstand für alle« verstießen, als Ordnungsstörer, ja als Gegner des Staates und des allgemeinen Wohlbefindens an. Während sich also auf ihren Seiten einerseits eine deutliche Kommerzialisierung aller politischen Nachrichten beobachten läßt, läßt sich andererseits eine ebenso deutliche Politisierung all jener sogenannten ›allgemein-menschlichen‹ Bedürfnisse wie Besitzverlangen und Konsumfreudigkeit (»Die D-Mark muß rollen!«) beobachten, die im Laufe der Jahre immer direkter und damit immer anreizender wurde. Und der Erfolg von *BILD* schien dieser Strategie völlig recht zu geben. So gaben schon 1962 74 Prozent der westdeutschen Gesellschaft in aller Offenheit zu, diese Zeitung wenigstens einmal wöchentlich in die Hand zu nehmen. Die Zahl der regelmäßigen Leser der *Frankfurter Allgemeinen,* die sich repräsentativ für »Deutschland« empfand, blieb dagegen im gleichen Zeitraum bei drei Prozent.

Neben dem Einfluß der *BILD*-Zeitung fiel der politische Einfluß von Wochenzeitungen wie *Die Zeit, Deutsches Allgemeines Sonntags-*

blatt, Rheinischer Merkur oder *Christ und Welt* schon in den späten fünfziger Jahren kaum noch ins Gewicht. Diese Blätter wandten sich mit ihren analysierenden Langkommentaren fast ausschließlich an die kleine Elite der Gebildeten und hatten darum nur Auflagen zwischen 50000 und 150000 Exemplaren wöchentlich. Lediglich *Die Zeit* erreichte zeitweilig eine Auflage von 250000 Exemplaren, was einem Prozentsatz von etwa 0,47 Prozent der damaligen westdeutschen Bevölkerung entsprach. Eine etwas größere Wirkung im Rahmen dieser Wochenblätter hatte – genau besehen – nur der *Spiegel,* der in seinem Layout dem us-amerikanischen Nachrichtenmagazin *Time* nachgebildet war. Allerdings beschränkte sich diese Wirkung weitgehend auf jene vier Prozent der Leser, die einen Oberschulabschluß hatten. Einer Statistik vom Sommer 1965 zufolge lasen ihn von den Ärzten 42 und von den Rechtsanwälten 55 Prozent, während der Anteil der *Spiegel*-Leser unter kleinen Angestellten und Arbeitern recht marginal blieb. Sein Erfolg bei Intellektuellen, Freiberuflichen und Managern beruhte vor allem auf seinem witzigen Enthüllungsjournalismus, seiner ironisch-pointierten Sprache und seiner quasi-literarischen Aufbereitung von Nachrichten zu Stories. Über diesen engen Kreis stieß der *Spiegel* erst in den frühen sechziger Jahren hinaus, als er seine ›kritische‹ Komponente allmählich abschwächte und somit in den Rang eines inseratwürdigen Organs aufstieg, das gerade für jene Luxusindustrien, die sich vornehmlich an die gesellschaftlichen Oberklassen wandten, zu einem wichtigen Meinungsträger ihrer Reklamebotschaften wurde.

Im Gegensatz zum *Spiegel,* dessen Wirkung wegen seiner kritischen, geistig anspruchsvollen Art lange Zeit auf die Gebildeten oder politisch Interessierten innerhalb der oberen fünf Prozent beschränkt blieb, erreichten jene wöchentlichen Nachrichtenmagazine mit Illustriertencharakter, die keine solchen kritischen Intentionen hatten, sondern in ihrem Sensationalismus und ihrer Unterhaltungstendenz wesentlich kruder verfuhren, bereits gegen Mitte der fünfziger Jahre Millionen von Lesern. Die weiteste Verbreitung hatten damals Rundfunk- und Fernsehblätter wie *Hör zu, TV Hören und Sehen, Gong, Bild und Funk* sowie *Funkuhr,* die von etwa 60 Prozent der westdeutschen Bevölkerung gelesen wurden. Als die führende Illustrierte auf diesem Gebiet setzte sich schnell das Springer-Blatt *Hör zu* durch, das in den frühen sechziger Jahren über eine Auflage von 3,8 Millionen Exemplaren verfügte und damit alle anderen Illustrierten dieser Art überflügelte. Im Rahmen der sogenannten unterhaltenden Illustrierten stiegen im gleichen Zeitraum Blätter wie *Stern, Quick* und *Neue Revue* an die Spitze der Publikumslieblinge, die gegen Ende der sechziger Jahre eine Gesamtauflage von sechs Millionen hatten und jede Woche etwa 40 Millionen Leser erreichten. Mit Ausnahme des *Stern* brachten diese Illustrierten kaum Politisches, sondern blieben in ihrer bebilderten Berichterstattung weitgehend auf dem Niveau der *Bild*-Zeitung. Den Aufhänger bildete meist eine sensationelle Mord-, Katastrophen-, Kalte-Kriegs- oder Liebesgeschichte, während der Rest der Seiten mit Romanen, Kurzgeschichten, Inseraten, Anekdoten, Rätseln, Preisausschreiben, Küchenrezepten, Comic Strips, Horoskopen und Witzen gefüllt wurde. Im Jahre 1964, also gegen Ende des hier behandelten Zeitraums, lag dabei der *Stern* mit einer verkauften Auflage von 1496000 Exemplaren an der Spitze, dicht gefolgt von *Quick* mit 1392000 und *Neuer Revue* mit 1106000 Exemplaren pro Woche.

Nach den Ermittlungen der damaligen Demoskopen waren es eher ältere als jüngere Menschen, eher Frauen als Männer, die in den fünfziger Jahren solche Illustrierten lasen, um sich aus der noch immer als ›hart‹ empfundenen Wirklichkeit in eine Welt der Unterhaltung oder des schönen Scheins zu flüchten. Um dies zu erleichtern, überwog bis 1960, ja bei manchen wesentlich länger, in der Aufmachung dieser Blätter weitgehend das Gediegene, Adrette und Gepflegte. Vor allem in der Werbung dominierte eindeutig das ›Kultivierte‹ oder zumindest die Sehnsucht nach einem Leben mit vornehmen Umgangsformen. Überhaupt waren die Illustrierten, selbst *Stern* und *Quick,* anfangs noch gar nicht so knallig, poppig, sensationell aufgemacht wie später, sondern gaben sich eher dezent, bürgerlich, reputierlich. Ihre Haupthelden waren Schlagersänger, Filmschauspieler, Sportheroen oder Vertreter der High Society, die ausgesprochen manierlich und wohlangezogen wirkten. Wie in den gleichzeitigen Filmen trugen hier die Männer noch elegante Zweireiher und die Frauen die jeweils modischen Glocken-, Sack- oder Ballonkleider. Die Männer kokettierten zudem mit einer Schmachtlocke, während die Frauen Dauerwellen hatten, die man heute ›fri-

sörfrisch‹ nennen würde. Auf Erotisches wurde dagegen weitgehend verzichtet. Was man sich auf diesem Sektor leistete, waren höchstens ein paar nylonbestrumpfte Beine. Selbst in den Romanen und Kurzgeschichten, die weitgehend im sogenannten Prominentenmilieu spielten, herrschte in den fünfziger Jahren noch ein gewisser ›Anspruch‹. Nach der Misere der Kriegs- und Nachkriegszeit wurde hier den Lesern und Betrachtern, wie später in der *Bunten Illustrierten,* eine Welt der Sauberkeit vorgespiegelt, in der noch jene hochdramatisierten, kriminalistischen, ja mörderischen Elemente fehlten, die dann in den sechziger Jahren in den Vordergrund traten, als im Zuge der gesteigerten Wohlstandsansprüche auch die Illustrierten zu wesentlich reißerischen Mitteln greifen mußten, um überhaupt im Geschäft zu bleiben. Die bebilderten Nachrichtenmagazine zwischen 1950 und 1960 brachten dagegen neben eher dezent dargebotenen Leichen vornehmlich Stories über Familientragödien, Hochzeiten, Empfänge, kulturelle Ereignisse, Kinder, Schäferhunde sowie Einrichtungstips, Rezepte oder Einblicke in das Leben berühmter Leute. All das wandte sich noch deutlich an die mittleren und unteren Gesellschaftsschichten, die bereits durch die ältere Trivialliteratur und Illustriertenwelt auf eine solche Geschmacksebene vorbereitet waren. Dafür sprechen unter anderem die Berufswünsche dieser Illustriertenleser. So stellten die Frauen 1960 in einer Illustriertenstatistik als ihre Traumberufe Jobs wie Kindergärtnerin, Verkäuferin, Krankenschwester, Modistin, Sekretärin, Friseuse, Gärtnerin und Lehrerin hin, während die Männer im gleichen Jahr als ihre erstrebten Lebensziele Berufe wie Ingenieur, Mechaniker, Förster, Kraftfahrer, Beamter, Architekt und Lehrer auflisteten.
Noch ›volksnaher‹ gaben sich die Blätter der sogenannten Regenbogenpresse, also Illustrierte wie *Neue Post, Wochenend, Das neue Blatt, Neue Welt* oder *Heim und Welt,* die sich vorwiegend auf märchenhaft verbrämte Berichte aus der Prominentenwelt beschränkten und gegen Ende der sechziger Jahre eine Gesamtauflage von rund neun Millionen pro Woche erreichten. Sie bewegten sich stets hart an der Grenze der sogenannten Boulevardpresse und brachten weitgehend Skandale und Skandälchen aus dem Leben des Hochadels, der Filmdivas und anderer Mitglieder der neuen und alten High Society, wobei in den fünfziger Jahren vor allem die Geschichte der ›un-

glücklichen‹ Kaiserin Soraya ständig neuen Anlaß zu aufregenden, lamentierenden oder lüsternen Geschichten bot. In diesen Blättern wurden jene ›Märchen‹ fabriziert, die selbst einer Hedwig Courths-Mahler noch zu billig gewesen wären. Hier war alles lediglich Illusion, vorgetäuschter Schein, der jedoch gerade in seiner verlogenen Vornehmheit und voyeurhaften Neugier jenes aufs Äußerste gesteigerte Klatschbedürfnis befriedigte, das in einer Gesellschaft ohne wahres Sozialbewußtsein stets ins Unendliche wuchert.
Doch den größten Sektor innerhalb der allgemeinen Illustriertenwelt nahmen die Frauenzeitschriften ein, zu denen man auch die Mode- und Wohnkulturzeitschriften rechnen kann. Wohl den durchschlagendsten Erfolg unter diesen Blättern hatten in den frühen sechziger Jahren, nach dem Umfang ihrer Verbreitung, Illustrierten wie *Für sie, Brigitte, Constanze, Praline, Ihre Freundin* und *Film und Frau.* Außerdem gehören in diesen Bereich Blätter wie *Die kluge Hausfrau, Schöner Wohnen, Eltern, Frau im Spiegel, Burda Moden, Petra, Neue Mode, Madame* und *chic,* deren Auflagen in die Hunderttausende gingen und deren Wirkung auf das Weltbild ihrer Leserinnen kaum zu überschätzen ist. Die meisten dieser Blätter wandten sich an die mittlere Schicht der bürgerlichen bis kleinbürgerlichen Hausfrauen, die neben ihrer Hausarbeit genug Zeit zum Konditern und Schmökern hatten. Sie bevorzugten daher Heldinnen, die weitgehend jener gesellschaftlichen Mittelschicht entstammen, für welche die Berufsarbeit nur ein kurzes Durchgangsstadium zur Ehe ist. Wie ihre Leserinnen leben diese Brigitten und Constanzen fast alle in einer Welt der Freizeit und des Konsums, die von der Welt der Politik, der Wissenschaft und der Wirtschaft höchst säuberlich abgetrennt ist. Während auf den Seiten von *Stern* und *Quick* auch Politiker, Wissenschaftler und Geschäftsleute erschienen, wurde in den damaligen Frauenzeitschriften fast ausschließlich das Freizeitleben jener Leute beschrieben, die zur Welt des Films, des Fernsehens, des Showbusiness, der Mode und der High Society gehören. Im Gegensatz zu den Männern, die irgendwo ›draußen‹ nach Erfolg streben und dabei in Konflikte mit dunklen Mächten geraten, bleiben die Frauen dieser Männer weitgehend in der ›heilen Welt‹ des Drinnen, der Welt der geselligen Kaffeekränzchen, der Friseursalons, Empfangsräume und Schönheitsbäder. Ihre Aufgabe ist es, dem Mann bei

seiner Karriere zu helfen, indem sie sich heiter, adrett, kultiviert geben und darin ihre Frau stehen. Überhaupt erscheint die Ehe in diesen Blättern stets als die einzig gültige Norm. Selbst die gefeierten Filmdivas stellen hier, wie es heißt, ihre Ehe und ihre Kinder stets über ihre Karriere. Wohin man auch blickt: Auf den Seiten dieser Blätter gibt nie das Geld, sondern stets das Gemüt den Ausschlag. Hier herrscht noch die ›heile Welt‹ der doppelten Moral.

Die sogenannte Modernität dieser Illustrierten erschöpfte sich meist darin, daß die dargestellten Frauen keine sparsamen Hausmütterchen mehr sind, sondern als elegante, gepflegte, verbrauchsfreudige Damen auftreten. Ja, manche dieser Frauen haben sogar einen Halbtagsberuf – doch meist nur darum, um sich ebenso chic zurechtzumachen und ebenso chic zu kleiden wie jene attraktiven Sekretärinnen, Fotomodelle, Mannequins oder Modistinnen, die es ebenfalls auf den Geldbeutel und das soziale Prestige ihrer Männer abgesehen haben. Was hier als Modernität ausgegeben wird, ist meist ein Lebensstil, dem als Antriebsquellen vornehmlich Renommiersucht, Neid, Habgier, Schadenfreude oder noch Schlimmeres zugrunde liegen. Wohl am deutlichsten kommt diese innere Leere in der vordergründigen Eleganz und Blasiertheit der modisch angemalten Gesichter zum Ausdruck. Alle diese Frauen leben mit einem Horror vacui, hinter dem ständig die Sorge steht, nicht mehr ›with-it‹ zu sein und damit nicht mehr zu den In-Groups einer Gesellschaft zu gehören, deren Grundimpuls jener sich aus der ›Befreiung‹ in ein ungehemmtes Konsumverlangen ergebende unsoziale Egoismus ist, den seine Verteidiger immer wieder als ›demokratisch‹ zu bemänteln suchen.

Rundfunk und Fernsehen als Anstalten des öffentlichen Rechts

Neben den Zeitungen und Illustrierten war das Primärmedium der meisten Westdeutschen nach dem Krieg, ja bis weit in die fünfziger Jahre hinein, zweifellos das Radio. Das Fernsehen blieb dagegen lange in einer recht marginalen Position und trat seinen durch nichts aufzuhaltenden Siegeszug erst in den frühen sechziger Jahren an. Hierfür spricht, daß die Zahl der regelmäßigen Rundfunkhörer in der Bundesrepublik zwischen 1959 und 1966 von 94 Prozent auf 82 Prozent der Gesamtbevölkerung zurückging, während die Zahl der Fernsehteilnehmer, die sich an diesem Medium gar nicht satt genug sehen konnten, in den gleichen Jahren mit einer solchen Schnelligkeit anwuchs, daß es zeitweise gar nicht genug Geräte zu kaufen gab. Da im Zuge dieser Entwicklung das Fernsehen für die meisten Bundesbürger und -bürgerinnen zur Hauptquelle der Unterhaltung wie auch der Nachrichtenübermittlung wurde, sahen sich die Programmgestalter der verschiedenen Hörfunkstationen ab 1960 gezwungen, in ihren ersten Programmen wesentlich unterhaltsamere und in ihren zweiten oder dritten Programmen wesentlich kulturbewußtere Sendungen auszustrahlen, um auf diese Weise sowohl dem Zerstreuungsbedürfnis der breiten Masse, der sogenannten Rand- und Nebenhörer, als auch den verfeinerten Ansprüchen der intellektuellen Elite gerecht zu werden. Die Entwicklung des Rundfunks steht also mit der Entwicklung des Fernsehens in einem so engen Verhältnis, zumal beide auch institutionell von den gleichen oder ähnlichen Körperschaften getragen wurden, daß man sie nur in ihrer wechselseitigen Beziehung aufeinander richtig beurteilen kann.

Auf dem Gebiet des Rundfunks war nach dem Ende des Dritten Reiches eine recht günstige Anfangssituation gegeben. Schließlich gab es 1945 in den Westzonen noch immer sieben Millionen funktionierende Radiogeräte, mit denen sofort neue Programme empfangen werden konnten. Da die Kinos weitgehend ausgebombt waren und auch das Papier für die Zeitungen oft fehlte, diente erst einmal der Rundfunk als das Hauptmedium der Umerziehung der deutschen Nation zu »Freiheit, Gerechtigkeit und Wahrheit«. Und zwar entschieden sich die Alliierten sowohl gegen eine Privatisierung der Rundfunkanstalten nach us-amerikanischem Vorbild als auch gegen einen zentralistischen Regierungsrundfunk nach französischem Muster und richteten die neuen Rundfunkanstalten als Institutionen des öffentlichen Rechts mit einer stark föderalistischen Grundstruktur ein. Die Funkhoheit lag anfangs ausschließlich bei den Befehlshabern der einzelnen Zonen. Die US-Amerikaner gründeten ihre Rundfunkanstalten in Frankfurt, München, Stuttgart und Bremen, die Engländer in Form des NWDR in Hamburg und die Franzosen in Form des SWF in Baden-Baden. Außerdem finanzierten die US-Amerikaner politische Sendeanstalten in eigener Regie wie den Rundfunk im

amerikanischen Sektor Berlins (RIAS), Radio Free Europe, The Voice of America und Radio Liberty. Anfang 1949 wurden die deutschsprachigen Sendeanstalten alleinverantwortlichen westdeutschen Intendanten anvertraut, denen die Besatzungsmächte einen nach pluralistisch-ständischen Konzepten ausgewählten Beirat von Vertretern der Landesregierungen, Kommunen, Universitäten, Bühnen, Gewerkschaften, Heimatvertriebenen, Kirchen, Familienverbände und Sportorganisationen zur Seite stellten, der zwar keine Verfügungsgewalt, aber doch ein gewisses Mitspracherecht hatte. Zu einer stärkeren Zentralisierung kam es erst nach dem 5. August 1950, als sich die anfänglichen sechs Landessender zur ›Arbeitsgemeinschaft der öffentlich-rechtlichen Rundfunkanstalten‹ (ARD) zusammenschlossen und ein gemeinsames Grundsatzprogramm entwickelten. »Er wird sich«, hieß es im Paragraphen 2 der Richtlinien des Süddeutschen Rundfunks von 1950, die hier stellvertretend für alle Richtlinien stehen sollen, »nicht den Wünschen oder dem Verlangen irgendeiner Partei, eines Glaubens, eines Bekenntnisses oder bestimmter Weltanschauungen unterordnen. Er wird weder mittelbar noch unmittelbar ein Werkzeug der Regierung, einer besonderen Gruppe oder einer Persönlichkeit sein, sondern in freier, gleicher, offener und furchtloser Weise dem ganzen Volke dienen.«
Dieses System erwies sich in den folgenden Jahren als relativ stabil. Als am 9. Mai 1951 die Deutsche Partei im Bundestag mit Unterstützung der CDU einen Antrag auf staatliche, das heißt regierungsfreundliche Funkhoheit stellte, wurde dieser Antrag von den Ländervertretern abgewehrt. Und so wuchs die Zahl der Sender in den folgenden Jahren zwar leicht an, aber der ›öffentlich-rechtliche‹ Charakter all dieser Sendeanstalten blieb erhalten. 1953 wurde in West-Berlin neben dem RIAS der Sender Freies Berlin (SFB) gegründet, der bis dahin ein Teil des britischen NWDR gewesen war. Darauf unterstellten die US-Amerikaner am 1. Juni 1954 auch den RIAS einem West-Berliner Intendanten. Willy Brandt erklärte bei dieser Gelegenheit, daß der RIAS in erster Linie ein »Sender der Freiheit« sei, der zugleich das »Bewußtsein jener Deutschen« vertreten solle, »die im kommunistischen Herrschaftsbereich zu leben gezwungen sind«. Im gleichen Jahr wurde auf Drängen Adenauers der NWDR in zwei Sender geteilt: den NDR in Hamburg und den WDR in Köln. 1957

schloß sich dann als letzter Sender der Saarländische Rundfunk der ARD an.
Zur Programmgestaltung dieser Rundfunkanstalten läßt sich folgendes sagen. Wenn man mehrere Jahrgänge der Zeitschrift *Hör zu* aus den fünfziger Jahren durchblättert, ist man überrascht, welches hohe Kulturbewußtsein diese Sender anfangs vertraten. So hoben etwa die Radiozeitschriften dieser Jahre Sendungen mit »Klassischer Musik aus Oper und Konzert« noch durch Fett- oder Sperrdruck hervor. Überhaupt waren lange Zeit die Hauptrubriken der Programmgestaltung Sendungen wie *Schöne Klänge, Konzert, Kammermusik und Lieder, Kunst und Literatur, Hörspiel* und *Welt und Wissen,* neben denen Sendungen wie *Tanzmusik und Jazz, Bunte Sendung, Für die Familie* und *Sport* erst allmählich an Boden gewannen. Doch je größer die Hörbeteiligung wurde, je schärfer der Rundfunk mit anderen Massenmedien wie den Illustrierten, der Heftchenliteratur und dann dem Fernsehen konkurrieren mußte, je weiter die Erfahrung der Kriegs- und Nachkriegszeit abrückte, desto größer wurde der Anteil der reinen Unterhaltungsprogramme, wodurch die anspruchsvolleren Konzert- oder Wortsendungen immer stärker in den Hintergrund traten oder in die hörschwachen Stunden, das heißt den frühen Nachmittag und den späten Abend, verlegt wurden.
Was aufgrund dieser Entwicklung im Laufe der Jahre zurücktrat, waren im Rahmen der Wortsendungen die Hörspiele und politischen Dokumentationen sowie auf dem Sektor der Musik die Sendungen mit klassischer oder modernistischer Musik. Während zu Anfang selbst die anspruchsvolle Musik, ob nun in Form neuer Funkopern oder schönbergisierender Orchesterstücke, eine lebhafte Unterstützung erfuhr, wurden die Musikprogramme der ARD-Stationen schon in der zweiten Hälfte der fünfziger Jahre, zum Teil aus Konkurrenz mit Radio Luxemburg und dem us-amerikanischen Soldatensender AFN, die vorwiegend Pop-, Rock- und Jazz-Musik brachten, immer anspruchsloser und wandten sich vor allem an jene Bevölkerungsschichten, die vom Radio lediglich ein beschwingt-dudelndes Hintergrundgeräusch erwarteten. Der Prozentsatz der an ›ernster‹ Musik Interessierten machte darum um 1960 nur noch ein Fünftel aller Musikhörer aus, während die anderen vier Fünftel fast nur Tanz- und Schlagermusik hörten. Die höchsten Ansprüche im

Rahmen der ARD-Anstalten stellte lange Zeit der Süddeutsche Rundfunk in Stuttgart, bei dem 1959 im I. Programm 55,3 Prozent auf Musiksendungen entfielen, von denen 20,0 Prozent der E-Musik und 35,3 Prozent der U-Musik gewidmet waren. Am ›volksnahsten‹ verhielt sich hingegen der Hessische Rundfunk, der im gleichen Jahr im I. Programm bei einem Gesamtprogramm von 61,4 Prozent Musik 9,5 Prozent E-Musik und 51,9 Prozent U-Musik brachte.
Sieht man sich die Hörerstatistiken dieser Jahre an, zeigt sich nur allzu deutlich, daß der anfänglich hohe Anspruch der Wort- und Musiksendungen von der überwältigenden Mehrheit der Bevölkerung, die aufgrund ihrer mangelnden Schulbildung keinen Bezug zu diesen Sendungen entwickeln konnte, abgelehnt wurde. Diese Schichten wollten Unterhaltung und nochmals Unterhaltung, ob nun in Form von Schlagerklängen, Sportsendungen, Bunten Abenden oder Ratespielen, aber nichts Anspruchsvolles. Während die ›Ausgeruhten‹ weiterhin auch ihre Wortprogramme hörten, bevorzugten sie vor allem leichtbeschwingte, ablenkende, zerstreuende Unterhaltungsmusik. Besonders beliebt waren in diesem Umkreis Sendungen wie *Mit Musik geht alles besser, Vergnügtes Potpourri, Schlager der Woche, Musik am Morgen* oder das allwöchentliche *Wunschkonzert.* Während im Jahr 1948 jenen 52 Prozent der westdeutschen Bevölkerung, die *mehr* Unterhaltungsmusik im Radio hören wollten, noch 45 Prozent gegenüberstanden, die *weniger* Unterhaltungsmusik hören wollten, wurde der Prozentsatz jener, die nur noch Unterhaltungsmusik hören wollten, später von Jahr zu Jahr immer größer. Und zwar liebten diese Schichten vor allem ›Eingängiges‹, das heißt nicht einmal Jazz, sondern Operettenmusik, Tanzmelodien oder einfach Schnulzen. Ja, selbst der mit Musik aufgelockerte Werbefunk wurde schon 1956 nur noch von 24 Prozent der Rundfunkhörer abgelehnt, während der Rest dieser Hörer (vor allem die Frauen und Jugendlichen der Unterschichten) solche Sendungen ausdrücklich befürworteten. Lediglich die oberen vier Prozent der gebildeten Oberschicht, also die Freiberuflichen, leitenden Beamten und selbständigen Geschäftsleute, hielten weiterhin auf ›Niveau‹ und sträubten sich energisch gegen bloße Unterhaltungs- oder Werbesendungen.
Ähnliches läßt sich im Rahmen der Wortprogramme beobachten. Während im Jahr 1948 noch 71 Prozent der Rundfunkhörer eine

weitere Zunahme von Kriminalhörspielen im Abendprogramm noch scharf ablehnten, stieg der ›Krimi‹ später zu einer der beliebtesten Sendungen des gesamten Wortprogramms auf. Doch was noch symptomatischer ist: Während die breiten Massen zu Anfang gerade den politischen Sendungen ein großes Interesse entgegenbrachten, nahm dieses Interesse im Laufe der fünfziger Jahre rapide ab. Als sich daher die Rundfunkanstalten für ein weitgehend entpolitisiertes Programm entschieden, wurde das von der überwältigenden Mehrheit der Bevölkerung lebhaft begrüßt. Vor allem die Frauen und die Jugendlichen schalteten in diesen Jahren bei politischen Sendungen fast immer ab. Daß diese Unterhaltungswelle zu einer fortschreitenden Verdummung führen mußte, war geradezu unvermeidlich. So wußten etwa im Jahre 1954 70 Prozent der westdeutschen Rundfunkhörerinnen nicht, was »staatliche Subventionen« sind. 73 Prozent hatten noch nie gehört, was der Ausdruck »nationale Souveränität« bedeutet. 90 Prozent konnten nicht erklären, was man unter »politischer Position« versteht. 94 Prozent behaupteten, daß ihnen der Begriff »Föderalismus« ein Buch mit sieben Siegeln sei. Ebenso traurig war es um die politische Bildung der meisten jungen Menschen bestellt. So fand sich im Jahre 1965 – nach den Angaben des Emnid-Instituts – unter den Jugendlichen zwischen 14 und 25 nicht ein einziger, der mit dem Begriff »dialektischer Materialismus« vertraut war. Selbst unter Konzepten wie »NATO« oder »Regierungskoalition« konnte sich die überwältigende Mehrheit dieser Generation nichts Genaueres vorstellen. Kein Wunder, daß anspruchsvollere Wortprogramme wie *Die Woche in Bonn* schon gegen Mitte der fünfziger Jahre nur noch von sechs bis sieben Prozent der westdeutschen Bevölkerung gehört wurden. Die Sendung *Die Stimme Amerikas,* die um 1950 relativ beliebt war, interessierte um 1955 bloß noch 14 Prozent der Rundfunkteilnehmer. Buchbesprechungen, Lyriksendungen und andere anspruchsvolle Wortsendungen hatten im gleichen Zeitraum lediglich eine Hörbeteiligung von ein Prozent, während die Zahl der reinen Unterhaltungshörer ständig zunahm.

Die Entwicklung des westdeutschen Fernsehens verlief, trotz der wesentlich längeren Anlaufzeit, in manchem recht ähnlich. Die ersten Experimente mit diesem Medium wurden am 27. November 1950 beim NWDR im Hamburg unternommen. Mit der Ausstrahlung eines regelmäßigen Abendprogramms von 20 bis 22 Uhr begann der NWDR am 25. November 1952. Der offizielle Gründungsakt des ›Deutschen Fernsehens‹, bei dem sich die westdeutschen Rundfunkanstalten des ARD-Systems bereit erklärten, auch für das westdeutsche Fernsehen verantwortlich zu zeichnen, fand am 27. März 1953 in Hannover statt. Das volle Gemeinschaftsprogramm der neun ARD-Anstalten lief allerdings erst am 1. November 1954 an. Während in den USA im Jahr 1954 bereits das Farbfernsehen eingeführt wurde und die englische Bevölkerung schon zwischen zwei Kanälen wählen konnte, waren es in der Bundesrepublik im gleichen Jahr lediglich 84278 Menschen, die Fernsehgenehmigungen beantragten und ihre Gebühren bezahlten. Das Primärmedium blieb hier vorerst der Rundfunk. Fernsehen war in der Bundesrepublik anfangs etwas, was weitgehend auf Kneipen und Aktualitätenkinos beschränkt blieb. Oder man sah sich dieses neue Medium erst einmal in den Schaufenstern der Elektrogeschäfte an. Im Jahre 1953 waren von den westdeutschen Fernsehbesitzern noch 23,5 Prozent Gastwirte und 21,6 Prozent Rundfunkhändler, während von den Arbeitern damals nur 4,8 Prozent einen Fernsehempfänger besaßen. Daß es in den folgenden Jahren auch in der Bundesrepublik zu einer schnellen Ausbreitung des Fernsehens kam, hat vor allem drei Gründe: erstens den wachsenden Wohlstand, zweitens das Interesse an der Fußballweltmeisterschaft von 1954, die man durch die Eurovision sehen konnte und aus der die BRD als Sieger hervorging, drittens die fallenden Preise. Während ein Fernsehtischgerät 1952 noch 1150 D-Mark gekostet hatte, konnte man das gleiche Gerät 1955 für 700 D-Mark erwerben. Im September 1955 verließ bei der Firma Philips bereits das 100000. Fernsehgerät die Fließbänder. 1957 überschritt die Zahl der Fernsehteilnehmer zum erstenmal die Millionengrenze. 1958 waren es 2132519, 1959 3375003 Bundesbürger und -bürgerinnen, die einen Fernsehapparat angemeldet hatten. Zwischen 1960 und 1964 stieg diese Zahl dann von vier Millionen auf über zehn Millionen Fernsehteilnehmer an.

Die Diskussion um ein Zweites Fernsehprogramm begann bereits in den Jahren 1956/57. Da in England, dessen öffentlich-rechtliche Fernsehanstalten lange Zeit als Vorbild des westdeutschen Fernsehens gegolten hatten, 1955 ein kommerzielles Zusatzprogramm eingeführt wurde, schaltete seit August 1956 auch der Bayerische Rundfunk in seine Fernsehprogramme Werbespots ein. Sowohl Adenauer als auch führende Unternehmerkreise setzten sich daraufhin für die Einführung eines privaten beziehungsweise regierungshörigen Fernsehens ein. Im Zuge dieser Entwicklung gründete Adenauer am 26. Juli 1960, in Vorbereitung auf den Wahlkampf des folgenden Jahres, die sogenannte »Deutschland-Fernsehen GmbH«. Doch dieser Plan blieb ebenso unrealisiert wie der Plan der Unternehmer, ein sogenanntes »Freies Fernsehen« zu gründen. Und zwar scheiterten diese Pläne am Einspruch der ARD-Anstalten Frankfurt, Hamburg und Bremen, die eine Klage beim Bundesverfassungsgericht einleiteten. Aufgrund dieser Beschwerde lehnten die Verfassungshüter in Karlsruhe am 28. Februar 1961 das »Deutschland-Fernsehen« als verfassungswidrig ab. Dafür wurde als Kompromiß noch im gleichen Jahr das »Zweite Deutsche Fernsehen« (ZDF) in Mainz gegründet, das ebenfalls eine Anstalt des öffentlichen Rechts war und zu 30 Prozent von den bereits existierenden ARD-Anstalten getragen wurde, während es die übrigen 70 Prozent seines Budgets durch Einnahmen aus dem Werbefernsehen decken mußte.

Die Programmgestaltung war anfangs recht schwierig, da es noch keine Fernsehkonserven gab und die meisten Sendungen ›life‹ gesendet werden mußten. Da man erst langsam eigene Serien zu entwickeln begann und auch das Politische eher im Hintergrund blieb, griffen die Fernsehintendanten in der zweiten Hälfte der fünfziger Jahre gern auf us-amerikanische Serien wie *Lassie, Fury, Texas Rangers* usw. zurück. Das Fernsehen sollte damals in erster Linie Freude schaffen, unterhaltend sein. Zu den beliebtesten Fernsehstars dieser Zeit gehörte der Fernsehkoch Clemens Wilmenrod, der den Wirtschaftswunderdeutschen Nachhilfeunterricht in Gastronomie gab. Ebenso beliebt waren Quizsendungen nach us-amerikanischen Vorbild mit Conférenciers wie Hans Joachim Kulenkampff und Peter Frankenfeld sowie Serien wie *Familie Schölermann* oder *Familie Hesselbach,* die schnell zu oft zitierten Leitbildern neudeutscher ›Gemütlichkeit‹ wurden. Neben solchen primär unterhaltenden Sendungen, zu denen selbstverständlich auch die Schlagerparaden, die Sportsendungen, die Krimis, die Unterhaltungsfilme und die Übertragungen aus dem Hamburger Ohnsorg-Theater zählten, wirkten die Dramen oder Opern, die meist sonntags und dienstags im Abendprogramm ausgestrahlt wurden, recht isoliert. Und doch gab es von solchen ›kulturbetonten‹ Sendungen damals prozentual sicher mehr als später. Vor allem die Literaturadaptionen für das Fernsehen, ob nun nach us-amerikanischen, britischen, französischen oder deutschen Werken, machten in den späten fünfziger Jahren noch einen hohen Prozentsatz der gezeigten Fernsehspiele aus. Allerdings mußten solche Adaptionen weitgehend ›unpolitisch‹, das heißt in ihrer Grundgesinnung durch und durch affirmativ sein. Als daher das ARD-Fernsehen 1958 ein Stück wie Dieter Meichsners *Besuch aus der Zone* brachte, das nicht völlig auf der offiziösen Linie lag, wurde diese Sendung von der CDU im Bundestag sofort als »Ostpropaganda« angegriffen.

Überhaupt wurde dem Fernsehen ab 1958/59, als es sich allmählich zu einem wirklichen Massenmedium entwickelte, von den Parteien und der Presse mehr und mehr Beachtung geschenkt. Schließlich stieg der Anteil der Fernsehteilnehmer an der erwachsenen Bevölkerung im Bundesgebiet und in West-Berlin zwischen 1955 und 1965 von 4 auf 64 Prozent an, wodurch das Fernsehen – neben der Zeitung – zur wichtigsten politischen Informationsquelle wurde. Während die Mehrheit der westdeutschen Bevölkerung bis dahin abends meist die Zeitung gelesen oder Radio gehört hatte, las die gleiche Mehrheit ihre Zeitungen um 1960 bereits auf dem Weg zur Arbeit oder in der Mittagspause. Da sie auch die Radiosendungen als immer nebensächlicher erachtete, blieben so die als kostbarste Zeit des Tages empfundenen Abendstunden zusehends dem Fernsehen vorbehalten. Viele Bundesbürger gingen daher ab 1960 immer später ins Bett und gaben sich mehr oder minder kritiklos den Wonnen der Flimmerkiste hin. Vor allem im Rahmen der Unterschichten stierte man abends fast unentwegt in die auf Raten gekaufte ›Glotze‹ und schaltete lediglich ab, wenn es kulturell anspruchsvolle Programme gab. Nach den offiziellen Statistiken schafften sich damals 61 Prozent der westdeutschen Bevölkerung ein Fernsehgerät an, weil sie ein gesteigertes »Bedürfnis nach Unterhaltung« hatten. 12 Prozent gaben den »Reiz des Neuen« und 11 Prozent die »tollen Sportsendungen« als Grund für die Anschaffung eines solchen Geräts an. Nur 13 Prozent behaupteten, daß sie sich vom Fernsehen eine intensivere Teilnahme am »Zeitgeschehen« versprächen. Aufgrund dieser Statistiken nimmt es nicht wunder, daß sich schon 1956 46 Prozent der Fernsehteilnehmer beklagten, daß es im Fernsehen nicht genug Unterhaltungssendungen gebe, während nur vier Prozent gegen die Zunahme solcher Sendungen waren. 27 Prozent wollten bereits damals mehr Sportsendungen und nur zehn Prozent weniger Sportsendungen sehen. 34 Prozent fanden, daß man im Fernsehen zuviel mit Politik bombardiert werde. Nur sechs Prozent erklärten, daß sie dieses Medium nicht genügend über Politik informiere. 60 Prozent wollten mehr Kintoppfilme, drei Prozent wollten weniger Kintoppfilme sehen. Alles in allem: 51 Prozent der westdeutschen Fernsehteilnehmer fanden, daß ihnen dieses Medium zuwenig Unterhaltung biete, während nur ein Prozent erklärte, daß es im Fernsehen zuviel Unterhaltung gebe. Die Männer bevorzugten dabei auf dem Sektor der Unterhaltungssendungen eindeutig den Sport und die Ratespiele, während die Frauen eher die Bunten Abende, die Schlagerparaden und die Kintoppfilme sahen.

In den frühen sechziger Jahren wurden dann – neben den Bunten Abenden, Schlagerparaden, Sportsendungen und Ratespielen – die Krimis und Spionagefilme zu den Lieblingen des breiten Publikums, das seine Hauptentspannung mehr und mehr im gesteigerten Konsum von Spannung suchte. Bei den populärsten Unterhaltungssendungen lag damals die Sehbeteiligung zwischen 40 und 60 Prozent, ja erreichte bei ausgesprochenen Publikumsknüllern zwischen 20 Uhr 15 und 22 Uhr manchmal bis zu 75 Prozent. Selbst das Werbefernsehen war Mitte der sechziger Jahre bereits so beliebt geworden, daß es von 35 Prozent der Fernsehteilnehmer fast regelmäßig gesehen wurde. Den Löwenanteil dieser Zuschauer stellten auch auf diesem Sektor wiederum Jugendliche und Frauen, die lediglich über eine Volksschulbildung verfügten. Bei Dramen und Opern lag deshalb die Sehbeteiligung meist nur bei vier bis sechs Prozent. 59 Prozent der Zuschauer hätten, wenn man die Statistiken befragt, schon im Jahr 1958 nichts gegen die Einführung eines privaten Fernsehens gehabt, falls ihnen ein solches Fernsehen lediglich die gewünschte ›Unterhaltung‹ geboten hätte. Die überwältigende Mehrheit der Fernsehteilnehmer protestierte überhaupt ständig gegen das sogenannte ›Überangebot‹ an kulturell anspruchsvollen Sendungen. Und je niedriger die Schulbildung, desto höher waren auch hier die Prozentsätze der Protestierenden. Diese Schichten erwarteten vom Fernsehen vornehmlich, daß es ihnen helfe, wenigstens in den Abendstunden die langweilige Routine des Berufs-, Ehe- und Hausfrauenlebens zu vergessen und für ein paar Stunden in die Welt der Spannung oder der ›guten Laune‹ zu entfliehen.

Das Fernsehen war darum schon in den späten fünfziger Jahren alles andere als jene »Abendschule der Nation«, wie manche der wohlmeinenden, aber ahnungslosen Liberalen behaupteten. Im Gegenteil. Das Fernsehen gab den meisten Bundesbürgern und -bürgerinnen das trügerische Gefühl, durch die bloße Partizipation an einem solchen Massenmedium bereits zu einem teilhabenden, ja mitbestimmenden Bestandteil dieser Gesellschaft geworden zu sein. Das Fernsehen hebe endlich jene Schranken auf, schrieb ein Mann wie Hans-Joachim Lange 1959 im 13. Heft von *Magnum,* die »Besitz, sozialer Rang und geistige Disponiertheit vor den Zugang zum Theater gelegt hätten«. Dieses Medium setze keine Bildung voraus, liest man hier, sondern gebe in seinen bewegten Bildern die wirkliche Wirklichkeit, das heißt eine Welt wieder, bei der »Bild und Inhalt, Welt und Abbild fast identisch« seien. Auf seinem Schirm, behauptete Lange, sehe man endlich »Menschen wie du und ich«, die man in der gehobenen Literatur so selten finde. Ja, derselbe Lange setzte allen ›elitären‹ Kritikern dieses wahrhaft demokratischen Mediums eine Haltung entgegen, für die das Wort ›affirmativ‹ schon fast euphemistisch klingt: »Unser Jahrhundert ist stolz darauf, daß die Teilhaberschaft an Werken des Geistes an keine Vorrechte mehr gebunden ist. Wenn diese Teilhaberschaft eine wahre Hilfe ist – und niemand leugnet das –, dann darf der Geist nicht erröten, wenn er Jux, Spiel und läßliche Vergnügen zu Nachbarn hat.«

Der Film

Die Filmproduktion, die von den westlichen Allierten nach 1945 gefördert wurde, lief in Hamburg, West-Berlin, Göttingen und München an. Allerdings wurden in den ersten Jahren nach dem Kriege wesentlich weniger Spielfilme gedreht als in der Zeit vor 1945. Zwischen 1946 und 1952 kamen lediglich 226 neue deutsche Filme in die Kinos der westlichen Besatzungszonen beziehungsweise der Bundesrepublik. Weitere 19 stammten aus der SBZ und dann der DDR, 178 aus England, 214 aus Frankreich und 641 aus den Vereinigten Staaten. Außerdem durften 570 alte deutsche Filme, die frei von faschistischen Propagandaelementen waren, wieder gezeigt werden. Schon diese knappe Statistik belegt deutlich genug, wie nachdrücklich die drei Westmächte ihre eigenen Filme lancierten, um sich nicht die einmalige Chance einer Erweiterung ihres Filmexports entgehen zu lassen. Allerdings begann das ganz große Geschäft für die westlichen Filmindustrien erst in den frühen fünfziger Jahren, als in vielen westdeutschen Städten – im Zuge des allgemeinen Baubooms – eine Reihe geradezu gigantischer Filmpaläste gebaut wurden. So faßte etwa das neugebaute Düsseldorfer Apollotheater 2811, der Metropalast in Berlin-Neukölln 2017 und das Capitol in Kassel 1178 Zuschauer. Vor allem als die Farbfilme anliefen und dann das Breitwandverfahren eingeführt wurde, steigerte sich der Zustrom der Kinobesucher geradezu ins Astronomische. Erst als sich in den späten fünfziger Jahren mehr und mehr Leute einen Fernseher anschafften, schwächte dieser Zuschauerstrom wieder ab. Ihren absoluten Höhepunkt erlebte die westdeutsche Filmproduktion im Jahre 1955 mit 128 neuen Spielfilmen, während sie 1962 nur noch 61 Spielfilme auf den Markt brachte. Auch die aus den USA eingeführten Filme gingen im gleichen Zeitraum merklich zurück. So importierte die Bundesrepublik im Jahre 1962 nur noch 122 us-amerikanische Filme, während es 1958 noch 242 gewesen waren.

Allerdings wurde dieser Aufschwung der westdeutschen Filmindustrie in den frühen fünfziger Jahren mit einer unübersehbaren Verflachung der produzierten Filme erkauft. Nach dem Lizenzsystem der unmittelbaren Nachkriegszeit, das auch anspruchsvollen Filmen eine gewisse Verbreitung zugesichert hatte, trat im Zuge der verstärkten Freigabe auch auf diesem Gebiet wieder das unerbittliche Gesetz von Angebot und Nachfrage in Kraft. Das bedeutete, daß nach der Währungsreform und der Gründung der Bundesrepublik die Nachkriegs- und Trümmerfilme jenen Wunschbildern des ›heilen Lebens‹ weichen mußten, welche der überwältigenden Mehrheit der westdeutschen Kinobesucher endlich ein Vergessen der nur allzu grimmigen Vergangenheit ermöglichten. Was die breiten Massen jetzt im Kino sehen wollten, waren nicht mehr die Sorgen und Probleme der eigenen Gegenwart, sondern der schöne Schein von ins Ewige verklärten Vorstellungen wie Heimat, Liebe und menschlichem Edelmut.

Den Auftakt dazu bildete die Welle der sogenannten ›Heimatfilme‹, deren konservative, ja reaktionäre Grundstruktur kaum zu übersehen ist. Wohl der erfolgreichste Filmemacher dieser Gruppe war Hans Deppe, der mit Filmen wie *Das Schwarzwaldmädel* (1950), *Grün ist die Heide* (1951), *Ferien vom Ich* (1952) und *Heideschulmeister Uwe Karsten* (1952) in drei Jahren gleich vier solcher Filme auf den Markt brachte. Auf der gleichen Linie lagen *Wenn die Abendglocken läuten* von Alfred Braun und *Meines Vaters Pferde* von Gerhard Lamprecht, die beide 1952 herauskamen. Die meisten dieser Filme knüpften an die penetrante Heimatmotivik der dreißiger Jahre an und wurden darum später als »gemütlicher Ausklang des Nazifilms« charakterisiert. Wie eh und je spielten solche Filme im Wald-, Heide- und Alm-Milieu. In ihnen hörte man die altbewährten Mühlen klappern und die ebenso altbewährten Bäche rauschen. In ihnen wurden geradezu unentwegt sattsam bekannte Volkslieder gesungen. In ihnen traten ständig die gleichen edlen Gutsherren, bärtigen Bergbauern oder treublickenden Oberförster auf. In ihnen trugen die rotbäckigen Maidlein, wenn sie heirateten, noch ein Jungfernkränzchen im Haar. In ihnen herrschte überhaupt eine durch nichts angekränkelte Gesundheit, Sittsamkeit und Gläubigkeit, als lebe man noch immer in den Zeiten des neckischen Mimili und ihres ehrwürdigen Aetti. Wie zeitbezogen jedoch diese Tendenz ins Ewige oft war, beweist wohl am besten der Film *Grün ist die Heide,* der in der Lüneburger Heide spielt, und wo mittendrin eine schlesische Trachtengruppe auf höchst rührende Weise ein Lied auf das verlorene Riesengebirge anstimmt. Darauf werden die armen Heimatvertriebenen auf ebenso rührende Weise in die bestehenden Ordnungen der neuen Heimat eingefügt. Die Natur, die Menschen, der Gesang, der Glauben an die heilende Kraft des Guten: alles steuert am Schluß auf eine Symbiose zu, die in ihrer kitschigen Einstimmigkeit kaum zu überbieten ist.

Neben den Heimatfilmen waren es vor allem die Ehe- und Liebes-

filme mit harmonischer Grundstruktur, welche zu Anfang der fünfziger Jahre die breiten Massen ins Kino lockten. Hier herrschte jene Seifenopernliebe, die durch nichts zu erschüttern ist, die auch die schlimmsten Gefährdungen übersteht, die bis ans Ende der Tage reicht, da sich diese Liebe in einer Welt ohne konkrete Konflikte und ohne materielle Voraussetzungen, das heißt in einer von vornherein auf ein Happy-End zudrängenden Welt der puren Idealität abspielt. Man denke an Filme wie *Es kommt ein Tag* (1950) von Rudolf Jungert, *Die Sünderin* (1950) von Willy Forst, *Die große Versuchung* (1952) von Rolf Hansen und *Solange du lebst* (1955) von Harald Reinl, in denen wie in den damaligen Illustrierten nur jene hochadretten, noblen Menschen mit Dauerwellen und Schmachtlocken, Diorkleidern und Zweireihern auftreten, denen niemand etwas Böses zutrauen würde. Manche dieser Menschen verstoßen zwar aus lauter Edelmut zeitweilig gegen die beschränkten Normen der bürgerlichen Gesellschaft und geraten dadurch in ›tragische‹ Konflikte. Aber das währt meist nur wenige Tage oder Wochen. Danach kommt es stets zum großen Happy-End mit jener Kußszene in Nahaufnahme, die damals noch als das Non plus ultra erotischer Offenheit galt. Selbst die sogenannte ›Leidenschaft‹ blieb in diesen Filmen stets adrett. Manche Frauen zeigten zwar schon ihre nylonbestrumpften Beine oder tiefausgeschnittenen Kleider. Aber mehr sah man nicht. Als Hildegard Knef in dem Film *Die Sünderin* für einige Sekunden nackt im Bade zu sehen war, wenn auch lediglich von hinten, führte das bereits zu einem großen Skandal. Wirklich Erotisches gab es damals nur in französischen oder schwedischen Filmen zu sehen – und auch dort nur sehr in Maßen. Daß in den westdeutschen Liebesfilmen Erotisches noch bis weit in die sechziger Jahre hinein fast völlig ausgespart blieb, dafür sorgten sowohl die ›Freiwillige Selbstkontrolle‹ der Filmindustrie als auch der katholische Volkswartbund, der sich viel auf seine kleinbürgerliche Muffigkeit zugute hielt.
Fast noch unerträglicher waren all jene Filme der dritten Welle, die im Hochadel- oder Fürstenmilieu spielten. Man denke an die überaus erfolgreiche *Sissi*-Serie, die Ernst Marischka zwischen 1955 und 1957 mit Romy Schneider drehte, in der es um das Leben jener bayerischen Prinzessin Elisabeth ging, die später zur Kaiserin von Österreich wurde. Oder man denke an Helmut Käutners *Ludwig II.* (1955)

mit O. W. Fischer und Wolfgang Liebeneiners *Königin Luise* (1956) mit Ruth Leuwerick. All diese Filme hatten mit deutscher Geschichte an sich wenig oder nichts zu tun, sondern spielten wiederum im Bereich jener ›Liebe‹, in der lediglich die Wetterwolken des Schicksals ihr Unwesen treiben. Hier wurde mit der durchaus gerechtfertigten Sehnsucht vieler Menschen nach Schönheit, Hoheit und Reinheit das gleiche perfide Spiel getrieben wie in vielen Illustrierten dieser Jahre, das heißt diese Sehnsucht einfach ins Kitschige umgelenkt. Was dort die ›deutschstämmige‹ Soraya oder die us-amerikanische Filmschauspielerin Grace Kelly waren, die den persischen Schah beziehungsweise den Fürsten von Monaco geheiratet hatten, waren in diesen Filmen die Traumhelden und Traumheldinnen der deutschen Fürstenhäuser, die nach den schrecklichen Verfehlungen der jüngsten deutschen Geschichte plötzlich wie Geschöpfe einer höheren Welt erschienen. Und doch manifestierte sich auch in diesem »Urlaub von der Geschichte«, wie es im Hinblick auf solche Filme damals hieß, dieser Flucht in den schönen Schein, eine deutliche Tendenz ins Restaurative. Wie schon in den Romanen einer Courths-Mahler wurde auch hier die Sehnsucht nach dem Edlen, Vornehmen und Schönen mit einer schamlosen Glorifizierung all jener Traditionen verbunden, deren Hauptelemente Gott, Kaiser, Adel und Reichtum waren.

Wohl am offensten zeigte sich diese Tendenz ins Restaurative in der zu gleicher Zeit anlaufenden Welle von Kriegsfilmen. Nachdem das Kriegsthema in den drei Westzonen zwischen 1945 und 1950 erst einmal weitgehend tabuisiert worden war, wurde es Anfang der fünfziger Jahre im Zuge des Kalten Kriegs und des von den USA in aller Offenheit geforderten westdeutschen Verteidigungsbeitrags immer nachdrücklicher auf die Tagesordnung gesetzt. Den Auftakt dazu bildeten us-amerikanische Filme wie *Entscheidung im Morgengrauen* (1951) von Anatol Litvak und *Rommel, der Wüstenfuchs* (1952) von Henry Hathaway, in denen die deutschen Landser und ihre Führer bereits mit einer gewissen Sympathie gesehen werden. Zwischen 1952 und 1958 vervierfachte sich dann – im Zuge der westdeutschen Wiederaufrüstung – die Zahl der in den Kinos gezeigten Kriegsfilme. Über 50 Prozent dieser Filme kamen aus den USA, die Westdeutschen und Österreicher steuerten etwa 20 Prozent zu dieser Kriegsfilmwelle bei. Einen ähnlichen Charakter hatten die vielen halbmilitärischen Abenteuer-, Wildwest- und Historienfilme dieser Jahre, in denen wie in den Kriegsfilmen ebenfalls unentwegt ›geballert‹ wurde. Während die Mädchen und Frauen in den fünfziger Jahren vor allem in Liebesfilme gingen, sahen sich die Jungen und Männer im gleichen Zeitraum hauptsächlich jene Filme an, in denen in ›echt männlicher‹ Kargheit weniger gesprochen als geschossen wird. Ob nun ein deutscher Landser oder ein Cowboy wie John Wayne: hier war allein der He-Man Trumpf.

Noch am harmlosesten gaben sich Kasernenhofschwänke wie *Mikosch rückt ein, Der Frontgockel* oder *Drei Tage Mittelarrest,* in denen die Zeit des Barras als eine Zeit der treuen Kameradschaft, der erotischen Freiheit und der tollen Streiche dargestellt wird. Lediglich der Film *Nullachtfünfzehn* (1954) von Paul May setzte auch in diesem Genre einige kritische Akzente. Ebenso wohlgemeint, aber letztlich unkritisch war der Film *Die letzte Brücke* (1954) von Helmut Käutner, in dem eine deutsche Ärztin als Vertreterin der ›reinen Menschlichkeit‹ zwischen den jugoslawischen Partisanen und deutschen Soldaten im beiderseitigen Kugelregen zusammenbricht und es somit unklar bleibt, wer sie eigentlich erschossen hat. Nach diesem Film verließen viele das Kino mit dem Gefühl, daß der gute Einzelne stets dem allmächtigen Schicksal zum Opfer fällt. Ebenso individualisiert, ja privatisiert wirkten Kriegsfilme wie *Des Teufels General* (1954) von Helmut Käutner und *Canaris* (1954) von Alfred Weidenmann, deren Haupthelden, als Vertreter des ›aristokratischen‹ Widerstands, von Curd Jürgens und O. W. Hasse höchst sympathieerweckend verkörpert wurden – und daher eher entlastend als anklagend wirkten. Ja, gegen Ende der fünfziger Jahre kamen in verstärktem Maße Kriegsfilme auf den Markt, die trotz einiger kritischer Szenen immer unverblümter die Opfer- und Leidensbereitschaft der deutschen Landser, das heißt ihren Mut und ihr Durchhaltevermögen feierten. Bei Streifen wie *Der Stern von Afrika, Division Brandenburg, Hunde, wollt ihr ewig leben?, Nacht über Gotenhafen* oder *Der Arzt von Stalingrad* hatte man fast das Gefühl, als solle mit diesen Filmen der neuen Bundeswehr ein höchst problematisches Traditionsbewußtsein eingehaucht werden, so positiv wurden hier manche der deutschen Landser und ihre Offiziere dargestellt. Und niemand protestierte dagegen. Während gegen den Film *Rommel, der Wüstenfuchs,* welcher der ersten offenen Rehabilitierung eines deutschen Generals gleichkam und der bereits in den ersten drei Wochen 1017432 Zuschauer in die westdeutschen Kinos lockte, die Gewerkschaft der technischen Filmschaffenden 1951 noch Protest eingelegt hatte, wurde um 1960 auf dem Gebiet des Kriegsfilms schon fast alles akzeptiert, und zwar selbst dann, wenn es ins eindeutig Faschistoide tendierte.

Das Publikum dieser Filme kam selbstverständlich aus allen Schichten der Bevölkerung. Dennoch fällt bei der Durchsicht der einschlägigen Statistiken ins Auge, wie überdurchschnittlich hoch der Anteil der kleinen Angestellten und Arbeiter war. Fast 70 Prozent dieser Kinogänger gehörten zu jenen, die einer anspruchsvollen Filmkunst intellektuell überhaupt nicht gewachsen waren. Was diese Schichten vom Medium Film erwarteten, war in erster Linie Unterhaltung. Zu ihren Lieblingsgenres gehörten darum Lustspiel-, Kriminal-, Wildwest-, Revue-, Heimat-, Liebes-, Sensations- und Kriegsfilme, und zwar vor allem solche, die eine weitgehende Identifikation der Zuschauer mit den Darstellern ermöglichten. Die Frauen bevorzugten damals, wie zu erwarten, eher Filme mit ›weichen‹, die Männer eher Filme mit ›harten‹ Themen. Die Jugendlichen ließen sich bei der Auswahl der Filme oft von den Berichten in Zeitschriften wie *Funk und Film* und *Bravo* leiten, die zeitweilig von über 60 Prozent dieser Altersschicht gelesen wurden. Hier informierte man sich vor allem über das Privatleben der jeweiligen Stars, das einen wichtigen Anreiz zur inneren Anteilnahme an der Welt des Films bot. Und zu diesen Stars gehörten Mitte der fünfziger Jahre – in der Reihenfolge der Beliebtheit – unter den Filmschauspielerinnen Maria Schell, Romy Schneider, Ruth Leuwerick, Grete Weiser, Johanna Matz, Sonja Ziemann, Luise Ullrich, Paula Wessely und Marika Rökk, während sich unter ihren männlichen Partnern – ebenfalls in der Reihenfolge der Beliebtheit – vor allem O. W. Fischer, Willy Birgel, Rudolf Prack, Hans Albers, Curd Jürgens, Dieter Borsche, Heinz Rühmann, Karl Heinz Böhm, Hans Moser und O. E. Hasse einer besonders intensiven Publikumsgunst erfreuten. Während die akademisch gebildeten Schichten hauptsächlich Problem- und Dokumentarfilme favorisierten, ja überhaupt nicht so oft ins Kino, sondern

eher ins Theater gingen, bevorzugten also die Unterschichten im Kino fast ausschließlich das Unproblematische.
61 Prozent der befragten Arbeiter erklärten Mitte der fünfziger Jahre, als man sie nach dem Grund ihres Kinobesuchs befragte, daß sie dort einmal für zwei Stunden das »wirkliche Leben« vergessen wollten. Zeitkritische Problem- und Dokumentarfilme wurden deshalb von diesen Gesellschaftsschichten weitgehend abgelehnt. Die Arbeiter und Angestellten, wie auch die Frauen und Jugendlichen dieser Schichten, besuchten das Kino nicht, um sich dort in die Stimmung der ›Kritischen‹ versetzen zu lassen. Im Gegenteil. Sie wollten dort Spannendes, Schönes, Rührendes, Happyendliches, das heißt ›Unreales‹ sehen. Und da ihnen die westdeutsche Filmindustrie all das in gehörigem Maße bot, sagten 86 Prozent aller kinobesuchenden Arbeiter im Jahre 1956, daß sie das Filmangebot »im allgemeinen befriedige«.
Wohl den stärksten Zulauf hatten die westdeutschen Kinos in der zweiten Hälfte der fünfziger Jahre. Danach ging der Kinobesuch in dem Maße zurück, wie das Fernsehen an Verbreitung gewann. Während im Jahr 1956 noch 816,5 Millionen Kinokarten im Bundesgebiet verkauft wurden, waren es im Jahr 1970 nur noch 167,4 Millionen. Selbst die Unentwegten unter den Kinogängern, nämlich die Jugendlichen der Unterschichten, setzten sich 1966 dem Fernsehen schon sechsmal soviel aus wie dem Film. Viele der filmproduzierenden Firmen mußten daher in den sechziger Jahren staatlich subventioniert werden, um überhaupt noch mit den importierten Filmen konkurrieren zu können. Andere Firmen gingen schließlich dazu über, reine Porno- oder Horrorfilme zu drehen, also sich einen Marktanteil dadurch zu sichern, indem sie das zeigten, was im Fernsehen immer noch verboten war.

Formen der Trivialität in den bildenden Künsten

Welche Rolle die bildende Kunst im Rahmen der massenhaft verbreiteten Künste spielt, ist bisher selten untersucht worden. Auf diesem Gebiet herrschte lange Zeit die Meinung, daß sich Gemälde, Plastiken und Grafiken – im Gegensatz zu Fotos und Filmen – wegen ihrer

auratischen Einmaligkeit der Tendenz zur Kommerzialisierung weitgehend entziehen. Solange man hierbei nur den Bereich der E-Künste ins Auge faßt, haben solche Argumente durchaus eine gewisse Triftigkeit. Wendet man sich jedoch auch den von der offiziellen Kunstgeschichte gern übersehenen U-Künsten zu, stößt man nur allzu schnell auf bildkünstlerische Genres, bei denen eindeutig der geschäftliche Gebrauchswert im Vordergrund steht.
So gab es etwa in den fünfziger Jahren, um mit der Malerei zu beginnen, nicht nur massenhaft verbreitete Reproduktionen hochberühmter oder auch recht unbekannter Bilder, sondern auch ebenso massenhaft hergestellte Ölgemälde, die in sogenannten Bilderfabriken angefertigt und dann in Warenhäusern, Glasereien, Touristenkiosks, Rahmengeschäften, Devotionalienhandlungen und Geschenkartikelläden millionenfach zum Verkauf angeboten wurden. Auf diese Weise hatten selbst Leute mit weniger Kleingeld durchaus die Chance, sich für die Wand über dem Sofa ein ›echtes‹ Ölgemälde anzuschaffen. Schon in den späten fünfziger Jahren existierten Bilderfabriken, die über 100000 solcher Gemälde im Jahr produzierten. Die Maler dieser Bilder verdienten oft drei- bis viermal soviel wie die sogenannten Kunstmaler der gleichen Ära. Sie signierten zwar ihre Bilder meist nur mit Giovanni, Louis, Bernadeo oder Zabateri und verzichteten damit auf die innere Befriedigung, mit ihrem wahren Namen in die ›Ewigkeit‹ einzugehen, verdienten aber dafür wesentlich besser als die Mehrheit jener Maler, die ihre Bilder zwar mit ihrem eigenen Namen signierten, aber zu 75 Prozent arme Luder blieben. Die meisten dieser Kitschproduzenten malten zwischen 20 und 35 Ölgemälde am Tag. Das ergab bei einem Lohn von 10 Mark je Bild immerhin die runde Summe von 200 bis 350 D-Mark pro Tag. Viele dieser Bilder wurden immer wieder nach dem gleichen Schema hergestellt. So gab es Anfang der sechziger Jahre ein ›holländisches Motiv‹ mit Gewässern und Schwänen, von dem über 600000 Originale verkauft wurden. Selbst des Malens bisher unkundige Pensionäre wurden in solchen Bilderfabriken solange auf ein bestimmtes Motiv ›eingeübt‹, bis sie täglich 20 Originale hinpinseln konnten. Und so hatte der Verkauf von ›echten‹ Ölgemälden den Verkauf von Kunstdrucken schon im Jahr 1965 im Verhältnis von drei zu zwei überrundet.
Unter den Motiven dieser Bilder erfreuten sich vor allem folgende ei-

ner besonders hohen Wertschätzung. Da wären erst einmal jene Kinderbilder, auf denen entweder pausbäckige Mädchen mit ihren Puppen spielen oder ein blonder Knabe verschämt in die Seine pinkelt, während im Hintergrund der Eiffelturm in den Himmel ragt. Auf den Tierbildern waren vornehmlich rassige Pferde, verspielte Kätzchen, bambiartige Rehe oder Hunde à la Lassie zu sehen. Im Bereich der Landschaftsbilder herrschten die Alpenketten, die aufgewühlten Meere oder die stillen Weiher vor, hinter denen sich eine rotglühende Sonne ›zur Ruhe begibt‹. Auch südländische Motive wurden im Zuge der Touristikwelle äußerst marktgängig. So kam es gegen Ende der fünfziger Jahre, als die Auslandstouristik begann, unter den Seen- und Meermotiven erst zu einer Gardasee- und dann zu einer Costa-brava-Welle. Unter ›englischen‹ Motiven verstand man damals vor allem elegante Reiterbilder oder auch Fuchsjagden zu Pferde, möglichst mit gotischen Adelsschlössern im Hintergrund. Bei den Interieurs dominierten die sogenannten ›altdeutschen‹ Stuben mit ihren wuchtigen Eßtischen, ihren Zinnkrügen sowie ihren holzgetäfelten oder gekachelten Wänden. Hier sollte das Ganze in erster Linie gediegen, ja traditionsbewußt wirken, was zum Teil durch Bibelsprüche an den Wänden unterstrichen wurde. Bei den Porträts herrschten die Charakterköpfe vor: also der alte Förster oder der olle Seebär mit der wettergegerbten Gesichtshaut und dem Südwester auf dem Kopf. Die offenbusige Zigeunerin stellte sich in diesem Bereich erst wesentlich später zur Schau. Vor 1960 galt auch hier noch immer das Gebot absoluter ›Sauberkeit‹. Bei den Städte- und Architekturbildern handelte es sich anfangs meist um traditionelle Örtlichkeiten wie Alt-Heidelberg oder die Rüdesheimer Drosselgasse, während sich später die New Yorker Skyline in den Vordergrund schob. Stillleben oder Motive der naiven Malerei waren dagegen in den fünfziger Jahren noch wenig gefragt. Dagegen wurden Kopien alter Meister nach wie vor gern gekauft, vor allem wenn es sich um bekannte Bilder von Brueghel, Rembrandt, Spitzweg oder Menzel handelte. Allerdings gaben bei solchen Käufen oft die Farben oder der Rahmen den Ausschlag. Viele Warenhäuser gingen deshalb in diesem Zeitraum dazu über, ihre Ölgemälde – im Hinblick auf Farbe und Form – vorher sorgfältig mit dem Angebot der Möbel-, Heimtextilien- und Lampenabteilungen abzustimmen.

Ähnliches gilt für den Verkauf der kommerziell hergestellten Statuen oder Statuetten dieser Ära. Auch sie wurden in Farbe und Form meist so entworfen, daß sie in die entsprechenden Wohnensembles paßten. Neben eher anspruchsvollen Porzellan-, Keramik-, Holz-, Stein- oder gar Bronzefiguren aus dem Umkreis von Balletteusen, Sportlern, Pferden, Hunden oder Katzen schoben sich in diesem Bereich schnell die allseits beliebten Hummel-Figuren in den Vordergrund, bei denen das Heimatlich-Kindliche vorherrscht und die daher gut neben die gemalten Interieurs mit den altdeutschen Stuben passen. Doch den Inbegriff plastischer Figuren bildeten für die Mehrheit der Bevölkerung damals noch immer die Gartenzwerge, die gegen Mitte der fünfziger Jahre wieder stark im Kommen waren. So gaben im Jahr 1956 bei einer Befragung des Allensbacher Instituts 58 Prozent der westdeutschen Bevölkerung zu, daß sie es gern sähen, wenn jeder Garten mit solchen Figuren geschmückt würde, während sich nur 33 Prozent gegen die grassierende Gartenzwerg-Mode aussprachen. Als ihre Lieblingsplastik bezeichneten dabei viele den *Fröhlichen Gärtner,* das heißt jenen Gartenzwerg, der eine Pfeife raucht und eine kleine Schubkarre vor sich herschiebt.

Wohl am deutlichsten läßt sich in diesem Zeitraum die Trivialisierung ins Massenhafte im Bereich des Grafischen verfolgen, das in seinen Druckformen von vornherein auf Vervielfältigung eingerichtet ist. Als besonders zeitgemäße Formen der Grafik empfanden damals viele Bundesbürger und -bürgerinnen die neu aufkommenden Comic Strips sowie alle Formen jener grafischen Werbung, die in diesen Jahren gerade in den Massenmedien immer stärker um sich griff. Comic Strips hatte es in Deutschland vor 1945 kaum gegeben. Als ab 1948 in den westdeutschen Zeitungen und Illustrierten plötzlich Comics wie *Phantom* und *Rip Kirby* auftauchten, galten sie erst einmal als typischer Ausdruck des »American Way of Life«. Allerdings fanden diese Comics auch in der Bundesrepublik schnell ihre Nachahmer. So gab es schon 1950 auf den Kinderseiten von *Hör zu* eine Reihe lustiger Bildergeschichten. Im gleichen Jahr begann in der Illustrierten *Quick* die Serie *Nick Knatterton* von Manfred Schmidt, in der es um einen hinterkopflosen Meisterdetektiv ging. Kurz darauf folgte der Pin-up-Comic *Kessie* im *Stern.* Doch nicht nur in Zeitungen und Illustrierten setzte sich im Bundesgebiet der Comic Strip

durch, auch in Form der Heftchenserie wurde er schnell populär. Und zwar dominierten auf diesem Gebiet lange Zeit die us-amerikanischen Strips. Am beliebtesten waren anfangs Comics-Hefte mit Titeln wie *Superman, Die weiße Göttin, Blonder Panther, Tarzan, Prinz Eisenherz* oder Disney-Serien wie *Micky Maus, Donald Duck, Klein Adlerauge* und *Der böse kleine Wolf,* die vor allem von Verlagen wie Ehapa und Mondial herausgebracht wurden. Ab 1952 setzte ein solcher Boom in der Comic-Strip-Industrie ein, daß es zu erbitterten Kämpfen um die jeweiligen Marktanteile der an diesen Heften beteiligten Verlage kam, deren Zahl schnell auf 20 anwuchs. 1953/54 erschienen bereits 80 Comic Strips in regelmäßigen Heftchenserien, wenige Jahre später waren es schon über 100.
Neben westdeutschen Serien blieben dabei weiterhin die us-amerikanischen oder mit us-amerikanischen Titeln versehenen Heftchen die marktbeherrschenden. Einer besonderen Beliebtheit erfreuten sich lange Zeit Cowboy- oder allgemeine US-Serien mit Titeln wie *Buffalo Bill, Sheriff Teddy, Pecor Bill, Hot Jerry, Cowboy Kid, Wild West, Texas, Buck Jones, Tom Bill, Joe the Kid, Der kleine Sheriff, Der schwarze Reiter* oder *Rocky Lane Western.* In ihrer überwiegenden Mehrheit wandten sich diese Heftchen an Jugendliche. Comic Strips für Erwachsense, wie man sie in einigen us-amerikanischen Zeitungen findet, blieben dagegen die Ausnahme. Etwa 65 Prozent dieser in der Bundesrepublik hergestellten Comics-Hefte, von denen Anfang der sechziger Jahre bereits drei Millionen Heftchen pro Woche erschienen, wurden von Kindern, meist Jungen, zwischen 8 und 14 Jahren gelesen. Wie zu erwarten, waren dies in überwiegender Mehrheit wiederum die Kinder der – aufgrund ihrer mangelnden Bildung – für solche Massenmedien besonders aufnahmebereiten Unterschichten. Im Gegensatz dazu stellten die Kinder aus den Haushalten der Oberschicht bis in die frühen sechziger Jahre nur ein Prozent der Leser und Betrachter solcher Comics-Hefte.
Viel ungenauer sind wir hingegen über die Formgebung und die Wirkung der grafischen Reklame auf die westdeutsche Bevölkerung in diesem Zeitraum informiert. Und doch läßt sich auch hier einiges aufschlußreiche Material, vor allem im Hinblick auf die Beliebtheit solcher Reklamen bei den Unterschichten, zusammentragen. So waren es in den frühen sechziger Jahren, als die ersten Statistiken dieser

Art angelegt wurden, wiederum die Frauen und die Jugendlichen dieser Schichten, die der Bilderwelt der Werbung ein besonders großes Interesse entgegenbrachten. Dementsprechend fanden es im Mai 1965 fast 60 Prozent der westdeutschen Bevölkerung völlig in der Ordnung, daß es immer mehr Werbung gebe. Als die wichtigsten Formen der Reklame bezeichneten diese Schichten natürlich jene, mit denen sie am häufigsten in Berührung kamen: nämlich die im Fernsehen, in den Illustrierten und in den Zeitungen. Nach einer Statistik aus der Mitte der sechziger Jahre wurden durch die Reklamen in den Illustrierten 83,1 Prozent, den regionalen Tageszeitungen 66,9 Prozent, den sogenannten Boulevard-Blättern 40,4 Prozent, dem Werbefernsehen 34,1 Prozent und den Sonntagszeitungen 27,4 Prozent der westdeutschen Gesamtbevölkerung erreicht. Wenn man all diese Medien zusammenfaßt, ergibt sich daraus eine recht stattliche Reichweite solcher Reklamen. Außerdem besteht wohl kein Zweifel daran, wie groß die politische, soziale und ideologische Massenbeeinflussung der verschiedenen Werbeträger in diesem Zeitraum gewesen sein muß. Schließlich waren es gerade die Reklamen, welche der sogenannten Wirtschaftswunder-Gesinnung seit der Mitte der fünfziger Jahre den leuchtendsten, gewinnendsten und damit profitabelsten Ausdruck verliehen. Auf ihnen sah man jene glücklichen, wohlangezogenen, ewig lächelnden Menschen, die es bereits ›geschafft‹ hatten und sich nun mit einer Cola, einem Fernsehapparat, einer neuen Wohnungseinrichtung, einer als ›würzig‹ angepriesenen Zigarette oder einem besonders schnittigen Sportwagen den Wonnen ihrer ›wohlverdienten‹ Freizeit hingaben. Hier herrschte weithin die Gesinnung: »Haste was, biste was! Haste nischt, biste nischt!« Der einzige Fetisch, dem diese Menschen huldigten, war die alles ermöglichende D-Mark. Nichts schien ihnen wichtiger zu sein als jenes Haben- und Besitzenwollen, in dem sich ein ins Konsumistische verflachter Materialismus manifestierte.

Dennoch wirken viele dieser Reklamen nicht unelegant. Im Gegensatz zu den späteren Fotoreklamen bevorzugten nämlich die Werbespezialisten damals noch weitgehend künstlerisch-grafische Elemente, die in ihrer billigen Hübschheit, ja geradezu Bravheit in einem merkwürdigen Kontrast zu der dahinterstehenden Wirtschaftswunder-Mentalität standen. Und dazu gehörten auch jene organoiden

Formen, in denen – wie bei den Möbeln und anderen Einrichtungsgegenständen dieser Jahre – der ›neue Schwung‹, die ›neue Heiterkeit‹ zum Ausdruck kommen sollte. Auch sie dienten dem Prinzip des Brandneuen, mit dem man die konsumhungrigen und parvenühaften Käufermassen Jahr für Jahr zu neuen Einkaufsorgien aufzuputschen suchte. Doch letztlich waren es weniger die Menschen, die in diesem Zeitraum in Schwung gerieten, als die ansteigenden Profitkurven. Während nämlich politisch alles beim alten blieb, rollte auf den Reklamen und in den Warenhäusern die D-Mark geradezu unentwegt – genau wie jener legendäre Volkswagen, der in diesen Jahren immer nur lief und lief und lief.

Unterhaltungsmusik

Mochten auch noch so viele Leute Zeitung lesen, Radio hören oder ins Kino gehen – wohl die beliebteste Unterhaltung der breiten Massen der westdeutschen Bevölkerung war schon in den fünfziger Jahren die Musik, und zwar Musik der leichtesten Art, Musik zum Mitsingen, zum Mitsummen oder Mitpfeifen, Musik, die etwas Beschwingt-Motorisches oder auch Emotional-Sentimentales hat. Musik dieser Art, ob nun als Vorder-, Seiten- oder Hintergrundsgeräusch, dominierte daher bald alles. Besonders bei Parties, in der Kneipe, beim Karneval, beim Tanzen wurde sie neben dem Alkohol zum wichtigsten Stimmungsmacher. Doch auch im Leben der Kleinfamilien oder Alleinstehenden galt sie als das geeignetste Mittel, die Angst vor der steigenden Entfremdung zu überwinden und den von ihr Angesprochenen das Gefühl der Beschwingtheit, des Dabeiseins, der Teilhabe an irgendeinem größeren Ganzen zu geben. Und so ließen sich die meisten Menschen bereits damals mindestens zwei bis drei Stunden täglich von Operettenmelodien, Schlagerparaden, Tanzmusik, Charakterstückchen, Wunschkonzerten, sogenannter Verdauungsmusik oder anderen Formen der gängigen Unterhaltungsmusik berieseln. Die bei gesellschaftlichen Anlässen noch ›life‹ produzierte Musik trat hierbei im Laufe der Jahre immer stärker hinter einer technischen Musikvermittlung zurück, wie man sie in diesem Ausmaß zuvor noch nie erlebt hatte. Auf diesem Gebiet breitete

sich darum die Unterhaltungswelle nach 1950 wohl am schnellsten aus. Hier war nicht nur der Gewinn am größten, sondern zugleich die Chance gegeben, eine möglichst rasche Standardisierung und Homogenisierung der Bevölkerung durchzusetzen. Schließlich galt diese Art von Musik im allgemeinen als inhaltslos, als untendenziös, als unpolitisch – und ließ sich deshalb in ihrer gefühlsmäßig-suggestiven Art, die von massendirigistischen Elementen nur so strotzt, besonders leicht im Sinne einer Manipulierung größten Ausmaßes verwenden, ohne daß sich die Mehrheit der Musikhörenden dessen überhaupt bewußt wurde.
Vor allem auf dem Gebiet der Unterhaltungsmusik setzte sich seit 1955 ein mediales Verbundsystem durch, das schnell einen geradezu monopolistischen Charakter bekam. Schon damals tauchte das gleiche Musikstück, meist in Form eines Schlagers, nicht nur im Rundfunk, sondern zugleich auf Schallplatten, in Musikboxen oder instrumentalen Arrangements auf, ja wurde durch Rundfunkzeitschriften, Musikfilme oder Schlagerparaden im Fernsehen noch weiter popularisiert. Zudem spielte auf diesem Gebiet auch der Starkult eine immense Rolle, durch den ein bestimmter Schlager – auf dem Wege der gefühlsmäßigen, verehrenden oder verliebten Identifikation – schnell zum Schlager der Millionen werden konnte. In den frühen fünfziger Jahren erreichte man diese Millionen noch am ehesten über die Rundfunkanstalten, die jahrelang unter der Kontrolle der westlichen Alliierten gestanden hatten und in denen sich deshalb die us-amerikanische Kommerzmusik am schnellsten verbreitet hatte. Gerade auf diesem Gebiet erwies sich die Musikindustrie der Vereinigten Staaten, die in den fünfziger Jahren hinter Öl und Stahl eine Zeitlang den dritten Platz in der Rangliste der us-amerikanischen Konzerne einnahm, als einer der ganz großen Sieger des Zweiten Weltkriegs. Wie schon beschrieben, war weit über die Hälfte der Programme der ARD-Sender der Musik gewidmet. Innerhalb dieser Programme war es die Tanz-, Unterhaltungs-, Operetten- und Verdauungsmusik, die in den Hauptsendezeiten eine absolut dominierende Rolle spielte. Lediglich auf weniger gehörten Wellen – wie Bayern II, dem Süddeutschen Rundfunk II, dem WDR III und dem NDR III, die für die intellektuelle Oberschicht ausgestrahlt wurden – gab es in den fünfziger Jahren mehr Ernste Musik und Opern als Unterhaltungsmusik

zu hören. Aber selbst in diesen Programmen stieg, wie man den Statistiken der frühen sechziger Jahre entnehmen kann, der Prozentsatz der Unterhaltungsmusik immer weiter an.
Ähnliches läßt sich auf dem Sektor der Schallplattenindustrie der fünfziger Jahre beobachten. Auch hier lag die Bundesrepublik anfangs weit hinter den USA zurück. Während die Vereinigten Staaten im Jahr 1947 bereits 400 Millionen Platten verkauften, hatten die westdeutschen Schallplattenfirmen, die außer der Deutschen Grammophon Gesellschaft in Hannover im Krieg fast völlig zerstört worden waren, erst im Jahr 1953 wieder die Produktionshöhe von 1939 erreicht. Auf diesem Gebiet begann also der große Aufschwung erst gegen Mitte der fünfziger Jahre, als die Zuwachsraten im Plattengeschäft plötzlich um 40 Prozent im Jahr stiegen. Die vier großen Konzerne, die sich in der Folgezeit auf oligopolistische Weise den Plattenmarkt untereinander aufteilten, waren folgende: der übernationale Konzern EMI, der unter dem Namen Elektrola neben englischen und französischen Marken vor allem us-amerikanische Platten für den westdeutschen Markt auswertete, die Deutsche Grammophon Gesellschaft, die ihre Unterhaltungs- und Tanzmusik unter dem Namen Polydor produzierte und dabei viele Platten der us-amerikanischen Firma Decca übernahm, die Firma Teldec, die neben us-amerikanischen Hits der Firma RCA auch westdeutsche Schlager herausbrachte, und schließlich die Firma Philips, die unter anderem das große Angebot der us-amerikanischen Firma Columbia für das Bundesgebiet vermarktete. Während der Anteil der Ernsten Musik oder ›E-Musik‹, wie es im Branchenjargon heißt, in den späten zwanziger Jahren noch 25 Prozent betragen hatte, schrumpfte er in den frühen sechziger Jahren auf 20 und schließlich im Jahre 1968 auf 13,1 Prozent zusammen. Die verhältnismäßig absatzschwache E-Musik konnte daher von diesem Zeitpunkt an ohne die Gewinne aus dem Geschäft mit der U-Musik gar nicht mehr produziert werden.
Zu den Hauptgenres der allenthalben gespielten Unterhaltungsmusik gehörten nach 1950 weitgehend folgende: die aus der älteren deutschen Tradition stammenden Operettenmelodien, die Altschlager der zwanziger und dreißiger Jahre, die ältere Tanzmusik aus dem Bereich von Walzer, Polka, Foxtrott und Tango sowie jener gehobene Unterhaltungsschmus à la *Valse triste* von Sibelius, die sich vor allem bei

der älteren Generation noch lange einer großen Beliebtheit erfreuten. Die Jugendlichen bevorzugten dagegen nach 1950 auch im Bereich der U-Musik eher das Motorische, Sinnliche, Schnelle, Vollaufgedrehte, Laute, Plärrige – kurz: den Sound der us-amerikanischen Unterhaltungs- und Kommerzmusik. Am langsamsten innerhalb der aus den Vereinigten Staaten importierten Genres faßte das Musical in der Bundesrepublik Fuß. Erst *Kiss me, Kate* hatte hier 1956/57 den ersten wirklichen Massenerfolg. Doch selbst in der Folgezeit konnte sich das Musical nie recht gegen die älteren deutschen Operetten eines Strauß, Lehár, Stolz oder Künnecke durchsetzen. Auch der aus den USA eingeführte Jazz interessierte nur einen relativ kleinen Ausschnitt der Bevölkerung. Den ersten Jazz hörten die Westdeutschen – neben billigster Hillbilly-Musik und schmalzigen Hawaii-Klängen – über den us-amerikanischen Soldatensender AFN. Diesen Jazz griffen von den westdeutschen Bands zuerst die Frankfurter ›Two Beat Stompers‹ und die West-Berliner ›Spree City Stompers‹ auf. Dazu kamen noch eine Reihe kleinerer Combos, die anfangs für us-amerikanische Soldatenbars spielten und schließlich auch vor westdeutschen Jazz-Fans auftraten. Obwohl einzelne Bands, wie die unter Albert Mangelsdorff und Kurt Edelhagen, in den fünfziger Jahren recht bekannt wurden, blieb der Jazz lange Zeit eine Angelegenheit kleiner, geistig anspruchsvoller Gruppen und drang selten über die Beliebtheitsschranke von fünf bis sieben Prozent der Gesamtbevölkerung hinaus. Dazu paßt, daß in den späten fünfziger Jahren fast nur jener intellektuelle Cool Jazz oder klassizistische Modern Jazz à la Dave Brubeck gespielt wurde, der etwas ausgesprochen Sprödes, Kühles, Kammermusikalisches hatte, das heißt sich von der schwitzenden Sinnlichkeit des Hot Jazz soweit entfernte, daß er fast in die Nähe der sogenannten avantgardistischen E-Musik geriet. Viele seiner Anhänger brachten daher diesen deutlich verkünstelten Jazz eher mit der modernen Malerei und Architektur als mit der deutlich sexuellen Motorik des älteren Dixieland-Jazz oder der verzweifelnden Schwermut der Blues-Melodien in Verbindung.

Wenn also im Hinblick auf die fünfziger Jahre von Unterhaltungsmusik gesprochen wird, so meint man damit nicht den Jazz, sondern vor allem die us-amerikanischen Hit Tunes beziehungsweise Schlager und Schnulzen der neudeutschen Eigenproduktion dieses Zeitraums. Zu Anfang, als noch der Rundfunk das Hauptmedium aller massenhaft verbreiteten Unterhaltung war, dominierten auf diesem Sektor erst einmal die us-amerikanischen Songs oder Hits. So herrschte 1945 in den drei Westzonen eine wahre Boogie-Woogie-Welle, auf die dann jedes zweite oder dritte Jahr neue Modewellen folgten. Überhaupt wurde in diesem Zeitraum fast jeder Hit in den USA auch ein Hit in Westdeutschland. Ein Großteil der bundesrepublikanischen Schlagerautoren lebte darum in dieser Zeit von der Eindeutschung us-amerikanischer Schlagertexte. Und das blieb so bis weit in die fünfziger Jahre hinein. Noch 1960 waren 50 Prozent der westdeutschen Erfolgsschlager Auslandskompositionen. Die sogenannten ›deutschen‹ Schlager dieser Ära, die weder in Text noch in Melodie auf us-amerikanische Vorbilder zurückgriffen, hatten es deshalb manchmal nicht leicht, sich überhaupt durchzusetzen. Und doch spielten auch sie eine unübersehbare Rolle, ja lassen sich sogar – bei aller Konstanz der Schnulzigkeit – als eine Folge deutlich unterschiedener Wellen interpretieren.

Kurz nach 1945 waren die Lieblingsthemen des westdeutschen Schlagers erst einmal Heimat und Wiedersehen. Dafür spricht etwa der millionenfach gespielte und gesungene Schlager *Ich hab so Heimweh nach dem Kurfürstendamm,* der erstmals 1949 Furore machte. Das Pendant dazu bildete jene Exotikwelle im westdeutschen Schlager, die 1947 mit den *Caprifischern* von Ralph Maria Siegel und Gerhard Winkler begann und dann um 1949/50 in Schlagern wie *Komm mit mir nach Tahiti, Florentinische Nächte* und *Im Hafen von Adano* ihren ersten Höhepunkt erlebte. Auch die vielen Hawaii-Schlager zwischen 1952 und 1956 wie *Zwischen Java und Hawaii, Unter Palmen fern am Meer in Hawaii* oder *Steig in das Traumboot der Liebe, fahre mit mir nach Hawaii* mit ihren schnulzigen Vibrato- und Glissando-Effekten gehören noch zu dieser Welle. Auf die rein kompensatorischen Heimweh- und Fernwehschlager folgten nach 1955, als der Wohlstand allmählich anstieg und eine ungeahnte Reisewelle einzusetzen begann, die wesentlich realeren Tourismusschlager. In ihnen wurden zwischen 1956 und 1958 erst einmal die bayrischen und österreichischen Alpen besungen, wofür sich Schlager wie *Es war im Zillertal, Das Edelweiß vom Wendelstein* oder *Echo vom Königsee* als Belege heranziehen ließen. Ab 1959 stieg dann Italien zum

Reiseland Nummer Eins auf, was in Schlagern wie *Komm ein bißchen mit nach Italien, O mia bella Napoli* und dem *Chianti-Lied* zum Ausdruck kommt. In den gleichen Umkreis solcher Tourismusschlager gehören Schlager wie *Tulpen aus Amsterdam, Wonderful Kopenhagen, Pigalle, Pigalle* und *Weiße Rosen aus Athen.* Ähnliche Erfolge konnten die deutschen Cowboy- und Westernschlager in diesem Zeitraum für sich buchen, die sich an Hillbilly-Klängen orientierten. Ihr größter Hit war 1949 die Schnulze *Von den blauen Bergen kommen wir,* von der als erstem Nachkriegsschlager über 100000 Schallplatten verkauft wurden. Und so ging es weiter über den massenhaft verbreiteten Song *Es hängt ein Pferdehalfter an der Wand* bis zu dem Schlager *Ich will 'nen Cowboy als Mann* von 1963, der schon fast zur späteren Marlboro-Reklame überleitet.

Fast 90 Prozent dieser Schlager waren Liebesschnulzen, in denen das Geliebtsein als das zentrale Bedürfnis des Menschen hingestellt wird, neben dem alle anderen Bedürfnisse notwendig ins Bedeutungslose verblassen. Immer wieder reihen sich hier suggestive Textzeilen aneinander, die lediglich den Bereich der ewigen Liebe, des einzig Richtigen und des schönsten Mädchens der Welt umkreisen. Ständig heißt es: »Leben heißt Lieben«, »Wunder gibt es immer wieder« oder »Lieber Dich und kein Geld« à la Marika Rökks Lieblingsschlager »Ich brauche keine Millionen, / Mir fehlt kein Pfennig zum Glück. / Ich brauche nur Deine Liebe / Und Musik, Musik, Musik.« Was in diesen Schlagern im Vordergrund steht, ist also stets das Traumland der weltentrückten Zweisamkeit, wobei eine rein gefühlsduselige ›Liiiebe‹ als Heilmittel gegen Übel aller Art angepriesen wird. Mit rührseligsten Texten und schmachtendsten Melodien steigert sich hier alles in jenen enterotisierten Traum hinein, bei dem der Kuß das Höchste aller Gefühle ist. Um dabei höchst schmalzig-schnulzige Effekte zu erzielen, hört man im Hintergrund solcher Schlageraufnahmen oft Vogelgezwitscher, Meeresrauschen, Summchöre oder sich ins Unendliche fortsetzende Echos, wodurch die subjektive Gefühligkeit ins geradezu Kosmische ausgeweitet wird. Eine so dick aufgetragene Sentimentalität wurde gerade von der älteren Generation damals noch als echt ›deutsch‹ empfunden und immer wieder jener ausländischen, das heißt süd- oder us-amerikanischen Unterhaltungsmusik mit ihren Samba-, Rumba-, Mambo-, Cha-

Cha-Cha-, Twist- und Rock'n'Roll-Klängen als innig, ja seelenvoll entgegengehalten.
Die eigentlichen Stars dieser Schlagerwelt, ohne welche solche Millionengeschäfte gar nicht denkbar sind, waren in den fünfziger und frühen sechziger Jahren vor allem folgende. Als Hauptvertreter der Heimweh- und Fernwehschnulzen galt Freddy Quinn (eigentlich Franz Nidl-Petz), von dessen Schlagern zwischen 1954 und 1966 17 Millionen Schallplatten verkauft wurden und der zwölfmal die Goldene Schallplatte erhielt. Dagegen trat der Schlagersänger Vico Torriani eher wie ein westdeutscher Perry Como auf. Ihm zur Seite stand Catarina Valente, die 1954 mit dem Erfolgsschlager *Ganz Paris träumt von der Liebe* herauskam, darauf von Teldec einen Weltvertrag erhielt und seitdem Schlager in 12 Sprachen produzierte. Noch erfolgreicher war lediglich Peter Alexander, der in kurzer Zeit drei Dutzend Filme drehte und in den späten sechziger Jahren im ZDF eine eigene Fernsehshow erhielt, die mit einer Einschaltquote von 80 Prozent alle bis dahin erzielten TV-Rekorde in den Schatten stellte.
Während diese Schlager und ihre Stars bis weit in die sechziger Jahre hinein die offizielle Unterhaltungsmusik repräsentierten, bildete sich bereits gegen Mitte der fünfziger Jahre eine eher auf Jugendliche zugeschnittene Schlagerwelt heraus, die aus den USA kam, sich Rock'n'Roll nannte und aus einer Mischung von ›schwarzem‹ Blues und ›weißer‹ Hillbilly beziehungsweise Country & Western Music bestand. Im Gegensatz zu den traditionellen Modetänzen mit ihren festgelegten Schritten konnte man zu diesen Schlagern auch ohne jede Vorkenntnisse tanzen, indem man einfach spontan ›mitmachte‹, was vor allem von den Jugendlichen der Unterschichten als eine ungeheure Befreiung empfunden wurde. Rock'n'Roll galt daher schon um 1955 als die generationsspezifische Musik jener Teens und Twens, die sich für Actionfilme, schnittige Motorräder, schwarze Lederjacken und ›steile Zähne‹ interessierten. In ihr sahen diese Schichten eine Musik von unten, eine Musik von Laien, eine schweißige, sinnliche, erotische Musik, die sie als wesentlich ›echter‹ empfanden als die prüde, verlogene, traumhaft-illusionäre Schnulzenmusik des offiziellen Schlagerbetriebs. Ihr erster Star war in Westdeutschland Bill Haley, dessen Schlager *Rock around the Clock* aus dem Film

Blackboard Jungle von 1955 (auf deutsch: *Saat der Gewalt*) zum Hauptschlager der Teenager wurde. Doch der eigentliche König des Rock'n'Roll wurde dann Elvis Presley, der ab 1956 zum Superstar aller Schlagersänger für die Altersgruppe zwischen 15 und 25 aufstieg. Durch ihn kam 1957/58 auch unter den Halbstarken der Bundesrepublik beim Tanzen jenes Schaukeln, Wälzen und Rocken in Mode, das allgemein als Ausdruck einer intensivierten Sinnlichkeit empfunden wurde. Da die Jugendlichen dieser Jahre bereits über ein recht beträchtliches Taschengeld verfügten, das sie vornehmlich in ihre Freizeitvergnügungen investierten, wurde gerade der Rock'n'Roll, der als ›Rebellion der skeptischen Generation‹ hingestellt wurde, ein Geschäft größten Ausmaßes, in das auch die westdeutsche Schlagerindustrie einzusteigen versuchte. Als die bundesrepublikanische Variante von Elvis Presley wurde damals Peter Kraus aufgebaut, der mit seiner betonten Jugendlichkeit, seinem naßforschen Wesen und seinem ständigen »Hey Boys« jene geplanten Krawalle zu inszenieren versuchte, die sich um 1960 fast regelmäßig bei Rockkonzerten abspielten. Manche dieser frühen Rocksänger traten bei solchen Anlässen als ausgesprochene ›Heulbojen‹ auf, wie es im Branchenjargon hieß, konnten sich aber gegen die ältere Schlagerkultur nicht recht durchsetzen, so daß nach 1960 noch einmal eine weichere Welle über den bewußt ›harten‹ Ton siegte.

Aufs Ganze gesehen, bot also die Unterhaltungs- oder U-Musik – ob nun im Rundfunk, von der Platte, im Kino oder im Fernsehen – der überwiegenden Mehrheit der westdeutschen Bevölkerung eine kaum zu überschätzende Lebenshilfe. In einer Gesellschaft ohne positive gemeinschaftsstiftende Ziele, die immer offener dem verbrauchsanheizenden Egoismus huldigte, half sie dieser Mehrheit, die steigende Entfremdung, ja Vereinsamung mit dem Schein des Wohlbefindens, der imaginierten seelischen oder erotischen Wunscherfüllung zu überspielen, indem sie diese Mehrheit aus ihrer Alltagsroutine in die Illusion eines besseren, beglückteren Lebens entrückte. Sie lieferte ihnen jene Tagträume der ›Liiiebe‹ als einer Form der weltentrückten Zweisamkeit, wie sie sich nur unter südlichen Himmeln, auf fernen exotischen Inseln oder unter den Dächern von Paris abspielt. Sie vermittelte also ihren Hörern jene irrealen, verlogenen Gefühle der Geborgenheit und Erfüllung, die sich immer nur dann einstellen, wenn man in einer absolut materialistisch eingestellten Welt plötzlich die Liebe als den wahren Endzweck des Lebens hinstellt und damit zu einem romantisch universellen Prinzip erhebt. Indem man also die Gefühle dieser Menschen immer stärker in Richtung Duseligkeit und Gedankenlosigkeit lenkte, das heißt sie mehr und mehr verschmierte und verkleisterte, schuf man die größte und profitabelste Illusionsindustrie, die es in Deutschland je gegeben hat.

Es war darum diese U-Musik, von der die Mehrheit der westdeutschen Bevölkerung gar nicht genug hören konnte. Das wird durch fast alle Statistiken aus diesem Zeitraum bestätigt. So hörten schon 1949 64 Prozent der Radiohörer lieber Musik und nur sechs Prozent lieber Wortsendungen (der Rest verhielt sich unentschieden). Und zwar stuften die Wortgegner die Musik – in der Rangfolge der Beliebtheit – in folgende Kategorien ein: Unterhaltungsmusik, Wunschkonzerte, leichte Unterhaltungsmusik, Volksmusik, moderne Tanzmusik, Märsche, Opernarien, symphonische Musik, Kammermusik, Jazz und schließlich ernste Musik moderner Komponisten. In Prozentzahlen sieht das oft noch betrüblicher aus. So wünschten sich etwa 1954 67 Prozent der Rundfunkhörer vornehmlich Schlager, 13 Prozent vornehmlich volkstümliche Musik, 11 Prozent vornehmlich Operettenmelodien und nur 9 Prozent vornehmlich ernstere Musik. Im Jahr 1956 ermittelte der Süddeutsche Rundfunk durch eine Umfrage, daß sich 35 Prozent seiner Hörer mehr Musik und nur 5 Prozent weniger Musik wünschten. Ja, nach einer Statistik aus dem Jahr 1963 waren 64 Prozent der Radiohörer nur an leichter Musik und 3 Prozent der Radiohörer nur an ernsthafter Musik interessiert. Als die bekanntesten deutschen Komponisten der Vergangenheit wurden bei solchen Hörerumfragen – neben Mozart – meist Johann Strauß und Franz Lehár ermittelt. Ähnliche Ergebnisse ergaben sich bei Umfragen unter Fernsehzuschauern. Auch hier wurden bei einer Umfrage vom Jahr 1966 die einzelnen Musikgenres – in der Reihenfolge ihrer Beliebtheit – in folgende Kategorien eingestuft: Operettenmelodien, ganze Operetten, Schlager, Unterhaltungsmusik, Volksmusik, Marschmusik, Tanzmusik, Opernmelodien, ganze Opern, klassische Musik, moderne E-Musik, Orgelmusik, Kammermusik, Symphonien und Jazz. In Prozentzahlen sieht das auch hier fast noch trauriger aus. Bei einer Umfrage von

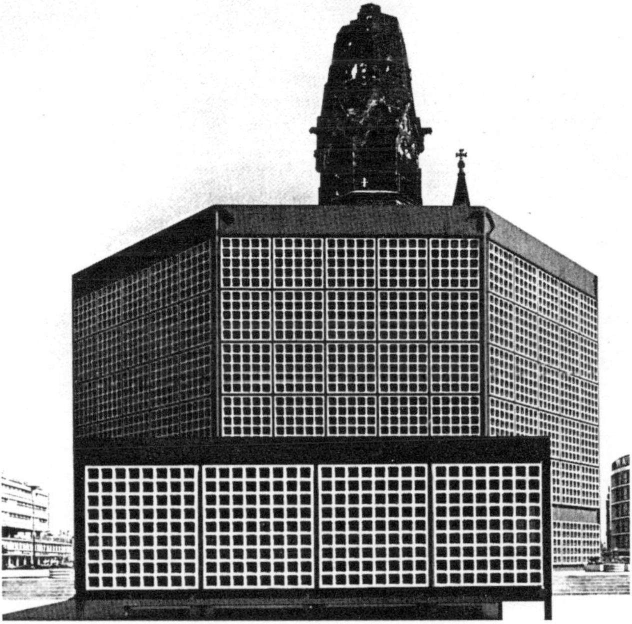

42 Egon Eiermann: *Kaiser-Wilhelm-Gedächtniskirche,* West-Berlin (1963)

43 Rudolf und Maria Schwarz: *St. Michael,* Frankfurt (1953/54)

44 Paul Posenke: *Kircheninneres,* Hassenroth in Hessen (1964/66)

45 Rudolf Schwarz und Josef Bernard: *Heiligkreuzkirche,* Bottrop (1957)

46 Willy Engelhardt: *Filmplakat* (1952)

47 Ernst Litter: *Filmplakat* (1955)

48 Johann Speier: *Miriam*

49 Haerendel: *Alter Seebär*

50 *Gartenzwerge der Firma Heissner,* Lauterbach

51 Manfred Schmidt: *Figuren aus dem Comic Strip »Nick Knatterton«* (1952)

52 *Werbeprospekt* (1957)

53 *Schallplattenhülle* (um 1960)

1963 sagten 56 Prozent, daß sie lediglich an leichter Musik, und nur 3 Prozent, daß sie lediglich an ernsthafter Musik interessiert seien. Ja, das Interesse an moderner, sogenannter avantgardistischer E-Musik geht bei solchen Statistiken selten über die Ein-Prozentgrenze hinaus.

Was also in den späten fünfziger und frühen sechziger Jahren in den Massenmedien als Musik dominierte, waren weitgehend ältere Formen der Unterhaltungsmusik oder Formen, die sich ihnen anzupassen versuchten. Im allgemeinen lehnten die Hörer dieser Musik fast alles ab, was sich ober- oder unterhalb ihrer Geschmacksgrenzen befand. Noch 1966 sprachen sich 55 Prozent der Hörer gegen die Übertragung von Klavier- und Violinkonzerten, das heißt Werken sogenannter ›Opus-Musik‹ im Radio aus. Im selben Atemzug verwahrten sich jedoch 71 Prozent der gleichen Hörer ebenso strikt dagegen, im Rundfunk Gruppen wie die Beatles zu übertragen. Allerdings lassen sich bei solchen Statistiken, falls sie nicht nur Pauschalsummen bieten, im Hinblick auf Alter, Geschlecht, Bildung und Herkommen oft beträchtliche Unterschiede feststellen. Bei Männern überwog damals noch das Interesse für schnellere, schärfere, lautere Musik, während Frauen eher gedämpftere, ernsthaftere, sentimentalere Musik bevorzugten. Doch der Nachweis solcher Differenzen bleibt meist an der Oberfläche und dringt nicht bis zum Kern der Sache vor. Die wirklichen Differenzen im Hörverhalten der einzelnen Bevölkerungsgruppen werden nur in jenen Statistiken deutlich, die auch die soziale und bildungsmäßige Herkunft der Befragten mit berücksichtigen. Erst dann wird klar, welche gesellschaftliche Funktion die verschiedenen Musikformen in dieser Zeit tatsächlich hatten. So setzten sich von den Menschen mit Abitur 84 Prozent dafür ein, daß der Rundfunk auch »schwere Musik« bringen solle, während sich von den Menschen mit Volksschulbildung nur 26 Prozent für die Tolerierung von »schwerer Musik« im Radio aussprachen. Was diese beiden Gruppen dennoch verband, war ihr starres Festhalten an älteren Formen der Musik: bei der einen mehr auf der gehobenen, bei der anderen mehr auf der niederen Ebene. Selbst die Oberen wollten damals (in ihren älteren Jahrgängen) noch keine moderne E-Musik hören und selbst die Unteren wehrten sich damals (in ihren älteren Jahrgängen) noch gegen den Einbruch der Rockmusik. Und so ergab sich

für die Masse der jugendlichen Hörer, die es nach einer anderen, zeitgemäßeren Musik drängte, eine recht prekäre Situation.
Doch auf welcher Grundlage hätte man damals eine neue, gesamtgesellschaftliche Musikkultur aufbauen können? Das nationale, bündische und folkloristische Liedgut war durch die Nationalsozialisten total korrumpiert worden. Diese Art von Musik gab also nach 1945 keine Basis für eine wahrhaft populäre Musikkultur mehr ab. Ebenso unmöglich wäre es gewesen, im Hinblick auf eine zukünftige Musik vom Geschmack der Bildungsbourgeoisie auszugehen, da diese Schicht trotz ihres hochgespannten Stellvertretungsanspruchs einfach nicht groß genug war, um sich mit ihren Vorstellungen durchsetzen zu können. Die von ihr favorisierte klassische Musik wie auch die restaurierte Moderne wurden zwar im Rundfunk und im Fernsehen als Ausnahmeformen beibehalten, aber von den breiten Massen, vor allem den Jugendlichen unter ihnen, entweder abgelehnt oder gar nicht wahrgenommen. Während die Mehrheit der älteren Generation weiterhin die herkömmliche Unterhaltungsmusik bevorzugte, geriet die Jugend in diesem Zeitraum zusehends in den Sog der us-amerikanischen Kommerzmusik. So kauften die Jugendlichen schon um 1955 etwa 50 Prozent aller Schlagerplatten. Allein zwischen 1957 und 1960 wurden von dieser Käufergruppe annähernd 200 Millionen D-Mark in Platten umgesetzt. Anfang der sechziger Jahre galt es bereits unter Dreizehn- bis Vierzehnjährigen als Statussymbol, die letzten Schallplattenhits zu besitzen. Das Interesse an E-Musik wurde im Zuge dieser Entwicklung bei jungen Hörern immer geringer, wenn auch unter der winzigen Schicht der Oberschüler (4 Prozent) etwas langsamer als unter der Masse der Volksschüler (82 Prozent). Die Oberschüler und -schülerinnen versuchte man in Schule und Elternhaus noch eine Weile für die älteren Musikantenideale, das heißt eine ›Junge Musik‹ mit Blockflöten, Geigen und Liedern von Hugo Distler, Armin Knab und Hans Lau, eine ›frische, saubere, reine‹ Musik, eine Musik mit Innerlichkeit und Wandervogelromantik zu begeistern. Aber alle diese Versuche scheiterten an der ins Massenhafte drängenden Modeorientiertheit der übermächtigen Freizeitindustrie, die auch diese Bevölkerungsschichten mehr und mehr in ihren Bann schlug. Daher hörten selbst die Kinder der ›besseren Familien‹ schon Mitte der fünfziger Jahre im Radio in erster Linie Schla-

ger, Tanzmusik, Unterhaltungsmusik, Operetten, Opern und Jazz, obwohl 54 Prozent dieser Oberschüler und -schülerinnen zu Hause noch Klavier, Blockflöte oder Violine spielten, 22 Prozent noch in einem anspruchsvollen Chor mitsangen und 55 Prozent noch von ihren Eltern in Symphoniekonzerte mitgenommen wurden. Unter den Schallplatten, welche diese Schichten im Jahr 1965 kauften, nahm schließlich die klassische Musik nur noch 17 Prozent ein, während der Anteil der Schlager-, Beat- und Tanzmusik bereits 72 Prozent ausmachte.

Die Jugendlichen der Unterschichten gaben sich hingegen von Anfang an viel schneller jener U-Musik hin, die ihnen durch ihre ungehemmte Motorik, ihren Drive, ihre Sinnlichkeit als die einzig ›zeitgemäße‹ Form der Musik erschien. Diese Musik, die allen konsumanheizenden Gefühlen den offensten Ausdruck verlieh, wurde von ihnen vornehmlich als Befreiung aus Alltag und Routine, als Enthemmung, als Untertauchen in ihrer eigenen Triebwelt begrüßt. Neben dem Sport gaben sie darum bei Meinungsbefragungen dieser Jahre stets das Musikhören als ihre wichtigste Freizeitbeschäftigung an, vor allem das Hören von Schlagern und Tanzmusik. Diese Schichten hörten fast überhaupt keine symphonische Musik oder Kammermusik, ja nicht einmal Jazz. Den besten Beweis dafür liefern wiederum ihre Schallplattenkäufe. So waren unter den Platten, welche die Jugendlichen der Unterschichten im Jahr 1965 kauften, Schlager und Beat mit 95 Prozent, klassische Musik und Jazz dagegen nur mit je einem Prozent vertreten. Und zwar ließen sich diese Jugendlichen, besonders im Herbst und Winter, fast drei bis vier Stunden täglich von solcher Musik berieseln, das heißt paßten sich geradezu willenlos den modischen Trends jener Illusionsindustrie an, die auf diesem Gebiet wohl ihre gewaltigsten Triumphe feierte.

Zeitungs-, Illustrierten- und Heftchenromane

Wenn im Hinblick auf die fünfziger Jahre von massenverbreiteter Literatur gesprochen wird, stellt sich meist der Begriff des Bestsellers ein. Ein solcher Begriff ist jedoch höchst irreführend. Die damaligen Beststeller der ›Schönen Literatur‹ waren nämlich gar keine massen-

haft verbreiteten Bücher, sondern wurden fast ausschließlich von den gebildeten Oberschichten gekauft. Auch sie gehörten zu jener Belletristik, die in dem hier behandelten Zeitraum noch als ›bürgerlich‹ galt. Was sie von anderen Büchern innerhalb dieser Sparte unterschied, war lediglich ihre Auflagenhöhe. Während Romanbestseller in Zehntausenden oder gar Hunderttausenden von Exemplaren erschienen, mußten sich andere Romane oft mit wesentlich kleineren Auflagen bescheiden. So gesehen, ist es recht unerheblich, ob man die Salonlöwen oder die Mauerblümchen innerhalb dieser Belletristik ins Auge faßt: alle diese Bücher wandten sich um 1950 noch vornehmlich an die Hochkulturleser und nicht an irgendeine undifferenzierte Masse. Selbst die Einführung des Taschenbuchs, die zum gleichen Zeitpunkt erfolgte, änderte an diesen Zuständen wenig. Daß zwischen 1950 und 1957 etwa 1300 Titel auch in broschierter Form erschienen, von denen 64 Millionen Exemplare verkauft wurden, bedeutete letzten Endes nur, daß in diesen acht Jahren jeder Bundesbürger *ein* Taschenbuch kaufte. In der Folgezeit nahm zwar der Anteil der Taschenbücher an der Gesamtproduktion ständig zu, aber auch das führte keineswegs zu jener durchgreifenden Demokratisierung des Buchmarkts, von der damals so oft die Rede war. Letztlich wurden durch diese Ausweitung des Taschenbuchmarkts bloß jene ohnehin gebildeten und kaufkräftigen Schichten mit preislich herabgesetzten Klassikern, Meistern der Moderne oder anspruchsvollen Sachbüchern versorgt, für die sie vielleicht auch mehr Geld ausgegeben hätten. Die überwiegende Mehrheit der westdeutschen Bevölkerung, die sich aufgrund ihrer Unbildung und ihrer kleinen Portemonnaies nur in den seltensten Fällen in Buchläden wagte, blieb von dieser Entwicklung weitgehend unberührt.
Das gleiche gilt für die sogenannte Dauerseller-Literatur, deren Verkaufsziffern zwar ebenso imponierend klingen, die aber ebenfalls nur von fünf Prozent der Gesamtbevölkerung gelesen wurde. So haben es von den Romanen, Novellen und Erinnerungsbüchern der beliebtesten deutschen Autoren des 20. Jahrhunderts, das heißt von Schriftstellern wie Josef Martin Bauer, Rudolf G. Binding, Waldemar Bonsels, C. W. Ceram, Agnes Günther, Hugo Hartung, Hans Hellmut Kirst, Arnold Krieger, Thomas Mann, Erich Maria Remarque, Rainer Maria Rilke, Karl Aloys Schenzinger, Carl Ludwig

Schleich, Richard Voß und Ehm Welk, zwischen 1900 und 1964 lediglich 15 Werke geschafft, eine Auflage von über einer Million zu erreichen. Und auch jene Bücher, welche gegen Ende der fünfziger Jahre in einer Statistik der *Erfolgreichsten Bücher der Schönen Literatur zwischen 1950 und 1958* angeführt werden, dürfen keineswegs als massenhaft verbreitet bezeichnet werden. Selbst diese Werke, zu deren Autoren – in der Reihenfolge ihrer Beliebtheit – Schriftsteller wie Wilhelm Busch, Erich Maria Remarque, Richard Voß, Ludwig Ganghofer, Thomas Mann, Hermann Hesse, Waldemar Bonsels, Rudolf G. Binding, Alexander Spoerl, Felix Dahn, Hermann Löns, Ehm Welk, Carl Ludwig Schleich, William von Simpson, Isabel Hamer, Axel Munthe, Rudolf Herzog, Ina Seidel, Agnes Günther, Paul Keller und Karl May gehören, sind immer noch Teil der Hochliteratur und werden in allen Lexika als ausgesprochen ›bürgerliche‹ Werke gewürdigt. Das gleiche gilt für Romane von Erfolgsautoren wie Johannes Mario Simmel, Willi Heinrich oder Annemarie Selinko, die man keineswegs in die Rubrik ›populäre Gebrauchsschriftsteller‹ einreihen sollte, wie das manchmal geschehen ist. Ihr Bekanntheitsgrad dürfte gegen Mitte der fünfziger Jahre den von Bauer, Ceram, Hartung, Kirst oder Krieger kaum übertroffen haben. Die Namen dieser acht Autoren waren damals etwa zehn bis zwölf Prozent der westdeutschen Leserschaft bekannt. Im Vergleich zu anspruchsvollen Schriftstellern wie Günter Eich oder Ingeborg Bachmann, die um 1960 sicher nur zwei bis drei Prozent der gleichen Bevölkerungsschicht vertraut waren, ist das relativ viel. Doch wenn man die Gesamtmasse der potentiellen Leser dieses Landes ins Auge faßt, wirken selbst zehn bis zwölf Prozent noch reichlich marginal.

Die Leser solcher Bestsellerromane, die meist das Abitur oder zumindest die Mittlere Reife hatten, kauften ihre Bücher entweder in Buchläden oder bezogen sie durch Buchgemeinschaften wie die Büchergilde Gutenberg, den Deutschen Bücherbund, den Bertelsmann Lesering, die Deutsche Buch-Gemeinschaft oder den Europäischen Buchklub, um nur die bekanntesten dieser Vertriebssysteme zu nennen. 1952 gab es 31 solcher Buchgemeinschaften im Bundesgebiet, deren Zahl bis 1959 auf 40 anstieg, welche vor allem die leseinteressierten Mittelschichten mit den bereits aufgezählten Best- und Dauersellern belieferten, denen sie durch geschmackvolle Leder-

oder Leinenrücken ein prestigeverheißendes Aussehen zu geben versuchten. Zu Beginn der sechziger Jahre errang dann der Bertelsmann-Konzern durch Ankäufe anderer Buchgemeinschaften die unangefochtene Vormachtstellung in diesem Bereich. Sein Marktanteil lag im Rahmen der bundesrepublikanischen Buchgemeinschaften schließlich bei etwa 50 Prozent. Schon gegen Mitte der sechziger Jahre hatte dieser Lesering über 2,5 Millionen Mitglieder, was einen jährlichen Buchabsatz von über 20 Millionen Bücher garantierte. Überhaupt wurden zu diesem Zeitpunkt bereits 80 Prozent der gesamten belletristischen Literatur durch solche Buchgemeinschaften ausgeliefert und nur noch 20 Prozent in Buchläden umgesetzt. Aus diesem Grunde stieg ein Roman wie *Geliebt, gejagt und unvergessen* von Arnold Krieger, von dem über das Buchhandlungssortiment nur 10000 Exemplare abgesetzt werden konnten, in dem Moment, als ihn Bertelsmann auf seine ›Vorschlagsliste‹ setzte, rasch in jene Auflagenhöhe, wo es nicht mehr um Zehntausende, sondern um Hunderttausende geht. Die erfolgreichsten Bücher dieser Buchgemeinschaften blieben allerdings die bereits wohleingeführten Hits der internationalen Best- oder Dauerseller-Listen. Bei Bertelsmann gehörten hierzu um 1960 vor allem die Hauptromane von Vicki Baum, Louis Bromfield, Pearl S. Buck, Erskine Caldwell, Daphne du Maurier, John Galsworthy, Trygve Gulbranssen, Isabel Hamer, Ernest Hemingway, John Knittel, Thomas Mann, Thyde Monnier, Annemarie Selinko und William von Simpson, von denen Bertelsmann häufig über 500000 Exemplare absetzte. Doch selbst eine Zahl wie Fünfhunderttausend, so gewaltig sie auch klingt, bleibt im Hinblick auf die westdeutsche Gesamtbevölkerung noch immer unter der Einprozentgrenze. Und so können selbst die im Rahmen der Buchgemeinschaften vertriebenen Bücher nicht unter die wahrhaft massenverbreitete Literatur gerechnet werden.
Anders steht es dagegen mit jener Literatur, welche man mit dem Schlagwort Leihbibliotheksliteratur charakterisiert. Von solchen Leihbibliotheken gab es 1950 im Bundesgebiet 13111, deren Zahl sich bis 1955 auf 20550 steigerte. Während der Buchbestand der öffentlichen Volksbibliotheken im Jahr 1957 etwa 7,6 Millionen Bände umfaßte, besaßen die privaten Leihbibliotheken bereits 1955 rund 20 Millionen Bände. Diese Art von Bibliotheken verliehen damals

durchschnittlich zwischen 90 bis 100 Millionen Bände im Jahr, erreichten also eine wesentlich größere Leserschaft als die Buchgemeinschaften. Die Mehrheit der von ihnen ausgeliehenen Bücher stammte aus dem schier unerschöpflichen Reservoir der bereits erwähnten Best- und Dauerseller, umfaßte jedoch auch jenen Bereich, der eindeutig in die Trivialität übergeht. Schon in den frühen fünfziger Jahren begannen daher einige Verleger, einen Großteil ihrer Produktion gar nicht erst auf den Buchmarkt zu bringen, sondern sofort an die Leihbibliotheksbesitzer weiterzuleiten. Im Jahr 1958 gab es in der Bundesrepublik bereits 30 solcher Leihbibliotheksverlage, die monatlich rund 150, das heißt jährlich etwa 1800 Bücher mit einer Durchschnittsauflage von 2000 bis 4000 Exemplaren, direkt für diese Leihbibliotheken publizierten. Während die höhere Literatur oft nur aus Prestigegründen gekauft und in den Bücherschrank gestellt wurde, wurde diese Literatur wirklich gelesen, ja geradezu verschlungen, wobei auf jeden Band pro Jahr etwa zehn Kunden kamen. In diesem Bereich hat man es also nicht mehr mit jenen legendären fünf bis sieben Prozent zu tun, die sich für gehobene Literatur interessierten. Nach den Ermittlungen des Allensbacher Instituts waren es im Jahr 1957 etwa 14 Prozent der westdeutschen Bevölkerung, die sich in diesen Leihbibliotheken regelmäßig mit Lesefutter versorgten.

Doch selbst die Bücher dieser Leihbibliotheken fallen immer noch nicht in den Bereich der wahrhaft massenverbreiteten Literatur. Schließlich sind 14 Prozent nur ein Siebtel der Bevölkerung. Was die Massen damals wirklich lasen, war etwas viel Anspruchsloseres. Hierbei handelte es sich nicht um jene gebundenen Bücher, die im Sortiment der Buchhandlungen, Buchgemeinschaften und Leihbibliotheken im Vordergrund stehen, sondern vor allem um drei Formen von Literatur: den Zeitungsroman, den Illustriertenroman und die sogenannte Heft- oder Heftchenliteratur. Diese Art von Romanen wurde vorwiegend durch Zeitungskioske und Bahnhofsbuchhandlungen vertrieben, von denen es um 1965 in der Bundesrepublik 60700 beziehungsweise 1200 gab. Wenn also von einer wahrhaft massenverbreiteten Literatur die Rede ist, dann sollte man vornehmlich diese Literatur ins Auge fassen. Das beweisen sämtliche Statistiken dieser Ära. So lasen schon Mitte der fünfziger Jahre etwa 15 Millionen Bundesbürger und -bürgerinnen täglich die Romanfortsetzungen in den Tageszeitungen, weitere zehn Millionen pro Woche die Fortsetzungsromane in den Illustrierten und eine kaum abzuschätzende Leserschaft all jene Liebes-, Frauen-, Gesellschafts-, Arzt-, Heimat-, Abenteuer-, Kriminal-, Zukunfts-, Wildwest- und Kriegsromane, die ebenfalls Woche für Woche von den Heftchenverlagen auf den Markt geworfen wurden.

Wohl das traditionsreichste dieser Genres ist der Zeitungsroman. Diese Gattung geht bis zur Mitte des 19. Jahrhunderts zurück, war allerdings in den Boulevardblättern schon seit langem in den Sog der Trivialisierung geraten, dem sich in dem hier behandelten Zeitraum nur noch anspruchsvolle überregionale Blätter wie *Die Welt,* die *Frankfurter Allgemeine* und die *Süddeutsche Zeitung* entgegenzusetzen versuchten. Während diese Zeitungen meist Vorabdrucke aus ambitionierten Neuerscheinungen brachten, begnügten sich die meisten anderen Zeitungen mit Nachdrucken gängiger Trivialromane aus dem Leihbibliotheksangebot. Von solchen Romanen erschienen Anfang der sechziger Jahre in den westdeutschen Tageszeitungen und Wochenblättern etwa 10000 pro Jahr, die von durchschnittlich 40 bis 50 Prozent der Gesamtbevölkerung der Bundesrepublik gelesen wurden. Auch die Leser der Illustriertenromane lassen sich nur schätzen. So wissen wir zwar, daß 1965 die wöchentliche Druckauflage der 69 Illustrierten sowie Funk- und Fernsehzeitschriften bei 29,7 Millionen, die der 29 Frauen- und Modezeitschriften bei 8,9 Millionen und die der anderen 103 Publikumszeitschriften bei 11,8 Millionen lag. Aber wieviele Leser die in ihnen erscheinenden Romanfortsetzungen wirklich lasen, läßt sich ebenfalls nur mit Grobziffern wie 40 bis 50 Prozent angeben. Was wir allerdings genau wissen, ist die Tatsache, daß die Redaktionen dieser Illustrierten wegen des harten Konkurrenzkampfes mit anderen Illustrierten und Massenmedien den Romanen eine besonders wichtige Rolle beimaßen und deshalb als Autoren zum Teil höchst anerkannte Bestsellerautoren anheuerten. So schrieben für Illustrierten wie *Stern, Quick, Revue* und *Hör zu* in diesem Zeitraum vor allem Romanciers wie Heinz G. Konsalik, Will Berthold, Hans Habe, Marie Louise Fischer, Stefan Olivier, Daphne du Maurier, Hans Hellmut Kirst, Raymond Chandler, Marion von Möllendorf, Hans Kernmayer, Johannes Mario Simmel,

Manfred Gregor, Wolfgang Ott und Klaus Hellmer die gewünschten Fortsetzungsromane. Die Honorare der Starautoren betrugen dabei pro Roman bis zu 100000, ja in Ausnahmefällen bis zu 250000 D-Mark. Und zwar wurden diese Autoren und Autorinnen von den Redaktionen selbst ausgewählt oder ihnen durch die 1957 in München gegründete Ferenczy Presse-Agentur, kurz: FPA, vermittelt, die etwa 60 Schriftsteller und Schriftstellerinnen unter Vertrag hatte und zugleich fließbandähnliche Produktionen von Romanen mit mehreren Herstellern koordinierte. Etwa ein Drittel aller Illustriertenromane wurde um 1960 durch die FPA vermittelt oder durch die in ihrem Solde stehenden Autoren und Autorinnen geschrieben. Die Rundfunk- und Fernsehillustrierten druckten zu diesem Zeitpunkt zirka vier bis sechs, die allgemeinen Illustrierten zirka zehn bis fünfzehn solcher Romane pro Jahr in Fortsetzungen ab.

Nicht ganz so genau sind wir über die Produktion der Heftchenliteratur informiert. Vor allem ihre Anfänge liegen etwas im Dunkel. Eins steht jedoch fest: sie begann erst, als 1949 der Lizenzzwang für Verleger aufgehoben wurde. Danach entwickelte sie sich allerdings so schnell, daß es 1953 162 Heftchenserien pro Woche gab, die bei vielen um die jeweiligen Marktanteile ringenden Verlagen erschienen. Wie bei den Comic Strips kam es auch in dieser Branche um 1954/55 zu einer gewissen Krise, die zu einer steigenden Konzentration im Heftchengeschäft führte. So waren es im Jahr 1958 nur noch zwölf, im Jahr 1965 nur noch sechs Verlage, nämlich Moewig, Marken, Bastei, Pabel, Kelter und Zauberkreis, die etwa 90 Prozent des Heftchenmarktes beherrschten. Die Produktion stieg dabei von etwa 60 bis 80 Millionen Exemplaren pro Jahr um 1955/56 auf rund 130 Millionen im Jahr 1962 und schließlich auf 157 Millionen im Jahr 1965 an. Die Zahl der Serien ging hingegen im gleichen Zeitraum von 150 auf 85 zurück. Die meisten dieser Heftchenromane wurden kollektiv, ja geradezu fließbandmäßig hergestellt und dann von gewieften Redaktionsstäben für den Druck vorbereitet. Allerdings gab es auch viele Einzelautoren oder -autorinnen, die sich vertraglich an einen der Großverlage banden und dafür pro Romanheft ein Honorar zwischen 1000 und 2000 D-Mark bekamen. Mitte der sechziger Jahre lassen sich etwa 1500 bis 2000 solcher Groschenheftautoren und -autorinnen nachweisen, die entweder neben- oder hauptberuflich für die sechs großen Heftchenverlage tätig waren. Alles, was sie schrieben, wurde im Verlag genau geprüft und getestet, um nicht gegen irgendwelche Leservorurteile zu verstoßen. Deshalb bekamen die Autoren den Plot und das Milieu vom Verlag meist genau vorgeschrieben. Ebenso deutlich wurde ihnen gemacht, daß sie sich auf keinen Fall irgendwelchen Reflexionen hingeben durften. Was man von ihnen erwartete, war ein allgemein eingeschliffenes Vokabular, eine Folge spannender Handlungselemente und ein möglichst starker Identifikationswert oder I-Wert, wie es im Branchenjargon hieß, dessen Grundlage die Denk- und Fühlweise der ungebildeten Unterschichten bildete.

Die beiden vorherrschenden Genres innerhalb dieser Romane, ob nun der Zeitungs-, Illustrierten- oder Heftchenromane, waren der Liebes- und der Abenteuerroman. Zum Genre des ›weichen‹, eher auf Frauen berechneten Liebesromans gehörten als Untergruppen noch der Schicksals-, Gesellschafts-, Ehe-, Arzt-, Heimat- und Adelsroman, zum Genre des ›harten‹, eher auf Männer berechneten Abenteuerromans noch der Wildwest-, Kriminal-, Zukunfts-, Kriegs- und Landserroman. Die höchsten Auflagen erreichten anfangs die Frauenromane und später die Kriminalromane. So gab es unter den Heftchenserien im Jahr 1953 83 Liebes-, Heimat- und Schicksalsromane und 79 Kriminal-, Wildwest- und Abenteuerromane. Bis zum Jahr 1958 ging dagegen die Zahl der Liebes-, Heimat- und Schicksalsromanserien auf 27 zurück, während die Zahl der Kriminal-, Wildwest-, Abenteuer-, Zukunfts-, Kriegs- und Landserromanserien bei 49 lag. Und bei diesem Prozentverhältnis blieb es dann eine Weile. In den Illustrierten, die zur Schmökerlektüre der Frauen gehörten, wurden dagegen weiterhin vornehmlich Liebesromane abgedruckt und den härteren Kriminal- und Kriegsromanen nur eine untergeordnete Rolle eingeräumt.

Im Liebes-, Frauen- oder Schicksalsroman der fünfziger und frühen sechziger Jahre dominierten meist folgende Klischees. In ihnen gibt es weder Alltag noch Arbeit, geschweige denn Kunst, Politik oder Wissenschaft. Die Handlung dieser Romane spielt weitgehend in interessanten Großstädten wie Paris, New York, München, London, Rom oder bekannten Ferienorten wie Cannes, Biarritz und Monaco. Irgendwelche Landschaften tauchen nur dann auf, wenn die Handlung einen idyllischen Zufluchtsort für die ›große Liebe‹ erfordert. Die positiven Helden und Heldinnen dieser Romane sind stets jung, gebräunt, attraktiv und unternehmungslustig. Die Männer besitzen trotz ausgeprägter Männlichkeit noch immer eine jungenhafte Wildheit. Die Frauen sind dagegen sinnlich-schön, haben aber dennoch alle Voraussetzungen, gute Ehefrauen und Mütter zu werden. Die einzelnen Episoden spielen vornehmlich in luxuriösen Villen, am Strand, auf Rennplätzen, in Spielcasinos oder sogenannten besten Hotels, wobei unter den männlichen Protagonisten die Filmstars, Sportheroen, Playboys, Ärzte oder reichen Geschäftsleute vorherrschen. Die Liebe entwickelt sich stets auf den ersten Blick, das heißt springt wie ein elektrischer Funke über. Anschließend kommt es selbstverständlich zu einigen Komplikationen, zu Eifersucht, ja sogar zu halbwegs tragisch anmutenden Konflikten, bis schließlich wie im Märchen oder im Traum ein alles überstrahlendes Happy-End das Ganze beschließt.

Was hinter den erwähnten Komplikationen steht, ist meist das ›Schicksal‹, das heißt irgendeine unerklärliche Macht, gegen die kein Kraut gewachsen ist. Überhaupt spielen Vernunft, sittliche Entscheidungsfreiheit oder Eigenverantwortlichkeit des Menschen in diesen Romanen eine höchst beiläufige Rolle. Fast alles steht im Zeichen der Unsicherheit, der inneren Leere, ja der Sinnlosigkeit, weshalb die Moral der Geschicht' meist auf ein flüchtiges Carpe diem hinausläuft. Letztlich scheint hier das ganze Leben ein einziges Risiko zu sein. Man spielt mit Menschen und Herzen, wie man in einer Lotterie mit Geld und Chips spielen würde. Genau besehen, stehen in diesen Romanen alle gegen alle, das heißt alles ist Krieg, alles ist Konkurrenz, alles ist ständiger Schönheitswettbewerb. Die Hauptantriebe des Geschehens sind fast immer Egoismus, Untreue, Verlogenheit, Angeberei, Klatschsüchtigkeit oder Falschspiel. Recht behalten hier nur jene, die über das nötige Geld oder die nötige Attraktivität verfügen. Wer nach Geld strebt, wird als Aufsteiger abgelehnt. Wer dagegen Geld wie Heu besitzt, gilt als gemachter Mann. Und so herrschen in diesen Romanen – bei aller vorgetäuschten Schicksalsmächtigkeit – doch höchst konventionelle Klassen- und Kastenschranken. Das Ganze präsentiert sich als eine Gesellschaft ohne Wandel, ohne Vernunft, ohne Sinn, die einfach als naturgegeben hingenommen wird. Geschichte und Politik müssen deshalb stets draußen bleiben. Die wahren Entscheidungen fallen hier nicht auf der Ebene der Macht, sondern auf der Ebene des sogenannten Rein-Menschlichen, das heißt des Reichen und Schönen, die sich am Schluß meist zu edler Harmonie verbinden.

Als das höchste Glück der Erdenkinder wird den Leserinnen dieser Gesellschafts- und Schicksalsromane stets die große Liebe hingestellt. Während draußen, in der Welt der herzlosen Wirklichkeit, fast durchgehend die dunklen Schicksalsmächte vorherrschen, gibt in der Welt des Drinnen, der Idylle der weltentrückten Zweisamkeit, nur das Persönliche, Private den Ausschlag. Selbst die krassesten Außenseiter kehren am Schluß dieser Romane liebend gern ins Gewohnte zurück, reihen sich wieder ein und werden unsagbar glücklich. Da die böse äußere Welt doch nicht zu ändern ist, versucht man wenigstens in der Liebe das Perfekte, den erfüllten Traum zu finden, der wie im Film der fünfziger Jahre seinen Höhepunkt meist im keuschen Kuß erlebt. Nach einem Leben voller unbefriedigender Abenteuer müssen hier die Männer – zur inneren Genugtuung ihrer Bräute – stets erkennen, daß die höchsten Werte des Lebens Dinge wie Häuslichkeit und Familiensinn sind. Die bergende Ehe triumphiert darum stets über die kurz aufflackernde Leidenschaft. Nach einem Ausflug in die Welt des Draußen, der für die nötige Spannung sorgt, setzen sich am Schluß stets ins Kleinbürgerliche verkitschte Werte wie Pflichterfüllung, Treue, Bescheidenheit, Fleiß und Ordnung durch. Wer bei der Lektüre solcher Romane auf die Propagierung von Werten wie Solidarität oder soziale Gerechtigkeit wartet, wird wohl stets umsonst warten. Hier wird der Geist der Utopie – wie er sich etwa in dem Verlangen nach einem Ausflug in die Welt des Draußen äußert – stets vom Ungeist des Bestehenden besiegt. In Romanen dieser Art gibt es keinen Fortschritt, keine Geschichte. Über allem steht das Schicksal oder die ewige Natur, deren Macht nicht zu brechen ist. Und dieser Macht muß man sich beugen, indem man sich anpaßt oder ins Idyllische ausweicht.

Das wird am deutlichsten im sogenannten Frauenroman, der eine noch trivialere Subspezies dieser Schicksals- und Gesellschaftsromane bildet. Er appelliert vor allem an die Vorurteile der ungebildeten Leserinnen gegen die emanzipierte Frau, welche durch ihr selbstbe-

wußtes Auftreten die überlieferte Eheordnung in Frage stellt. Während die Autorität des Mannes in diesen Romanen als unantastbar gilt, wird die berufstätige Frau stets als im schlimmsten Sinne emanzenhaft gezeichnet. Solche Frauen denken nur an ihre Karriere, haben kein Glück in der Liebe und wirken darum hart und frustriert. Die guten Frauen widmen sich dagegen in diesen Werken ganz ihren Hausfrauensorgen und Mutterpflichten. Allerdings machte sich hierbei im Laufe der Zeit ein gewisser Wandel bemerkbar. So treten in den späten fünfziger Jahren an die Stelle der Hausmütterchen der Nachkriegszeit zusehends jene jugendlichen, attraktiven, gepflegten Wirtschaftswunderdamen, die sich voll und ganz am modernen Freizeit- und Konsumverhalten orientieren. Anstatt weiterhin zu sparen, geben diese Damen einen Großteil ihres Geldes für Kleider und Kosmetik aus. Und zwar tun sie das nicht nur, um ihrem Mann zu gefallen, sondern auch um ihrem engeren und weiteren Bekanntenkreis zu imponieren. Die damit erreichte Modernisierung und Liberalisierung bleibt also rein auf den Bereich des Konsumistischen beschränkt. Ansonsten verhalten sich diese Frauen völlig konservativ, das heißt lehnen Beruf, Abtreibung und Scheidung entschieden ab. Die höchsten Werte ihres Lebens sehen sie weiterhin in Ehe und Familie. Während die Männer in ihren Berufen erfolgreich sind, verbuchen diese Frauen ihre größten Erfolge in der Liebe und im Bereich des Häuslichen. Sie haben wohlverdienende und zugleich gutaussehende Ehegatten, elegante Villen oder zumindest luxuriöse Appartmentwohnungen, die schönsten Kinder ihres Bekanntenkreises, fünfstellige Bankkonten – und appellieren somit an alle unter- oder oberschwelligen Glücks- und Aufstiegswünsche ihrer in die Millionen gehenden Leserinnen.
Wie sehr sie sich, um dieses Ziel zu erreichen, irgendwelchen angesehenen Männern unterordnen müssen, belegt am besten der sogenannte Arztroman, in dem sich die märchenhaftesten Seifenopern abspielen. Die in ihm auftretenden Chefchirurgen oder Stationsärzte sind meist edle Einzelkämpfer, die geradezu Unvorstellbares leisten, indem sie selbst Unheilbaren wieder auf die Beine helfen. Doch diese Ärzte sind nicht nur menschlich edel, sondern auch übermenschlich attraktiv. Die meisten treten wie die weißen Götter auf, das heißt als große, schlanke, souveräne Schicksalslenker, denen von allen Seiten

ein ehrfürchtiges Wohlwollen, ja eine geradezu religiöse Reverenz entgegengebracht wird. Daß sie zudem Unsummen verdienen, wird zwar nicht völlig verschwiegen, aber als gerechtfertigt hingestellt. Kein Wunder also, daß sich alle Krankenschwestern und Patientinnen in solche Übermenschen willenlos verknallen, sich ihnen demütig unterordnen oder gar wonnevoll hingeben möchten. Doch auch hier siegt natürlich stets die bergende Ehe über die frevlerische Leidenschaft. Da diese Männer über genug Vermögen verfügen, können sie es sich leisten, am Schluß eine der besonders attraktiven Krankenschwestern zu heiraten, die ihnen verspricht, diesen Gnadenakt für den Rest ihres Lebens mit liebevoller Demut zu vergelten.

Soviel zu den Schicksals-, Gesellschafts-, Liebes- und Arztromanen, die weitgehend von Frauen gelesen wurden. Innerhalb der härteren Spezies dieser Illustrierten und Heftchenromane, die sich eher an Männer wandten, war es der ›rasante‹ Kriminalroman, ob nun in Form einer Detektiv-, Kriminalkommissar- oder Agentengeschichte, der sich in diesem Zeitraum in den Vordergrund schob. Zu einem wirklich populären Genre wurde der Kriminalroman allerdings erst in der zweiten Hälfte der fünfziger Jahre. Noch 1955 betrug die Zuwachsrate der Krimis pro Jahr nur acht Prozent, während sie in den folgenden Jahren schnell um 50, 130, 170, 210 und schließlich 1960 bei manchen Verlagen um 300 Prozent anstieg. Als besonders erfolgreich erwiesen sich die Krähen-Bücher des Nest-Verlages, die schwarzen Kriminalromane bei Scherz, die Ullstein-Krimis, die Mitternachtsbücher bei Desch, die Blau-Gelb-Kriminalromane des Diana-Verlages sowie die Goldmann- und Heyne-Krimis. Diese Romane, die zum Teil bei renommierten Verlagen erschienen, erreichten schon damals – vor allem über die Leihbibliotheken – Millionen von Lesern. Doch die wirklich massenverbreiteten Krimis waren erst jene, welche bei den bekannten Heftchen-Verlagen herauskamen. Ihre Handlungen spielten – im Gegensatz zu älteren, meist in England oder Frankreich angesiedelten Krimis – fast durchweg in den Straßenschluchten und Wolkenkratzern der us-amerikanischen Großstädte, da den westdeutschen Lesern London und Paris allmählich zu bieder erschienen. Ihr Hauptheld war meist ein staatlich legitimierter Killertyp à la James Bond oder Mike Hammer. Wohl die besten Beispiele dafür liefern Serien wie *Jack Hilton* bei Kelter,

FBI-Agent John Drake bei Marken, *Captain Morris* bei Moewig, *Kommissar X* bei Pabel oder *Jeff Conter, Spezialagent des FBI* bei Zauberkreis, die in der Übernahme us-amerikanischer Leitbilder zum Teil bis zur totalen Assimilation gingen.
Der publikumswirksamste Renner innerhalb dieser Agentenromane war und ist die Serie *G-Man Jerry Cotton,* die seit 1955 alle vierzehn Tage, seit 1959 allwöchentlich beim Bastei-Verlag erscheint und die das Gemeinschaftsprodukt von sechs Hausautoren und etwa 40 nebenberuflich tätigen Schriftstellern bildet. Diese Serie erreichte bis zum Jahr 1970 eine Gesamtauflage von 200 Millionen verkauften Exemplaren und erwies sich somit als der größte Heftchenerfolg des gesamten Zeitraums. Aber dafür wurde den Lesern dieser Serie auch etwas geboten. Jerry Cotton kann nicht nur »schießen, boxen, ringen, Jiu-Jitsu, chauffieren, fliegen, tauchen, mit dem Fallschirm springen«, sondern auch »Whisky trinken und die Aufmerksamkeit des weiblichen Geschlechts erregen«, wie es in einer Selbstreklame des Bastei-Verlages hieß. Allerdings wurden dabei offene Sexszenen stets vermieden, um nicht mit der Bundesprüfstelle in Konflikt zu geraten. Um so offener war man dafür in allem, was Härte und Brutalität betrifft. »Seine Härte«, heißt es in derselben Reklame weiter, »beweist Jerry Cotton in täglichen Boxkämpfen und Schießereien. Er wird überfallen, k.o. geschlagen, gefesselt und an den Rand des Todes gebracht. Doch immer weiß er sich zu befreien, selbst wenn er mit der leergeschossenen Pistole eine ganze Bande in Schach halten muß.« Und so erweist sich der stets dienstbereite Jerry in diesen Heftchen als *der* Starfighter des FBI, der im Kampf gegen die übelsten Gangster mehr wert ist als ein halbes Dutzend anderer G-Men. Wie die Helden der meisten Western- und Kriminalhefte ist er schlank, attraktiv, 1,80 m groß, sieht aus wie ein Filmstar, wirkt auf Frauen geradezu unwiderstehlich (hat jedoch kaum Zeit für sie), erlegt einen Gegner nach dem anderen und ist selbst nach Tausenden von Gefechten, bei denen er oft hart angeschlagen wird, immer noch so gut wie neu. Kurz: Jerry Cotton ist jener stubenreine Supermann, mit dem sich alle anderen jungen Männer neidvoll identifizieren sollen. Dazu paßt, daß die versteckte oder offene Werbung der Jerry-Cotton-Hefte meist im Dienste us-amerikanischer Zigaretten, Karate-Schnellkurse, Body-Building und Potenzverstärkungsmittel steht,

sich also an all jene wendet, die genauso kräftig und toll aussehen wollen wie er. Doch was noch schlimmer ist: diese Heftchen stellen ihren Lesern die Welt als einen Schauplatz ständiger Auseinandersetzungen hin, wo der härteste Konkurrenzkampf herrscht, wo man sich gnadenlos durchsetzen muß, ja wo man wie in den Kriegsromanen ständig töten muß, um nicht selbst getötet zu werden. Und zwar geschieht das alles zum höheren Ruhme jenes FBI, das wie eine Armee organisiert ist und dessen Chef, der legendäre Mr. High, eine unantastbare Autorität besitzt. In all diesen Heftchen richtet man sich nach der Maxime: »Wenn Du Dich vor den Oberen duckst, darfst Du die Unteren ruhig treten.«

Was auf Agentenromane wie *Jerry Cotton* zutrifft, gilt letztlich für alle Kriminalkommissar-, Wildwest- oder Abenteuer-Heftchenserien, die in den fünfziger und frühen sechziger Jahren erschienen. In ihnen herrscht fast durchweg ein starres Festhalten an spezifisch mittelständischen Wertvorstellungen, eine unkritische Identifizierung mit der eigenen Berufsgruppe, ein kaum unterdrückter Stolz auf billigste Vorurteile, eine Verleugnung jedweder Innerlichkeit, Subjektivität und phantasievollen Emotionalität, eine durchgehende Befangenheit in abergläubischen Schicksalsvorstellungen, ein primitives Freund-Feind-Denken und ein übertriebenes Zurschaustellen männlicher Robustheit. Um den Leser willenlos mitzureißen, steht hier alles im Zeichen eines unreflektierten Handelns. Es gibt in diesen Heftchen kaum eine Seite, auf der nicht geboxt, geschlagen und geballert wird. Und damit gehen diese Krimis geradezu nahtlos in die anderen Abenteuerromane dieser Ära über, in denen ebenfalls ständig geboxt, geschlagen und geballert wird. Man denke an die vielen Westernhefte dieser Jahre mit ihren unvermeidlichen Pistolenduellen, vor allem in der ritualisierten Form des Showdown. Auch hier erscheint die gesamte Welt, diesmal in Form des freien Westens, als ein Ort der Gewalt, wo man töten muß, um nicht getötet zu werden. Diese Romane laufen darum meist auf die Maxime hinaus: »Ich habe ihn niedergeknallt wie einen tollwütigen Hund, um ihn endlich unschädlich zu machen.«

Während die Westernheftchen im Laufe der fünfziger Jahre allmählich an Verbreitung abnahmen, begannen die Kriegs- und Landserromane im Zuge der Wiederbewaffnung der Bundesrepublik um

1955/56 gewaltig zuzunehmen. Auf der Ebene der Illustrierten- und Bestsellerromane gelang es vor allem Heinz G. Konsalik, Will Berthold und Stefan Olivier, diesem Genre mit ihren antikommunistischen Ostfrontromanen zum Durchbruch zu verhelfen. Innerhalb der Heftchenserien war es die berühmt-berüchtigte *Landser*-Serie beim Pabel-Verlag, die sich – neben den *Schildheften, Marine-Büchern* und *Soldatengeschichten* – schnell an die Spitze der publikumswirksamsten Reihen dieser Art setzte und von der bereits zwischen 1957 und 1965 380 Nummern herauskamen. In all diesen Werken ist die blinde Treue noch immer der höchste Wert. Besonders die kleinen Soldaten, liest man ständig, hätten im Zweiten Welt krieg lediglich ihre Pflicht getan. Für ihre offensichtlichen Niederlagen werden meist irgendwelche dunklen Schicksalsmächte verantwortlich gemacht. Auch aus diesem Genre wird jede weiterführende Reflexion, die so bitter nötig gewesen wäre, bewußt ausgeschaltet. Was im Vordergrund steht, ist wiederum nur das Schießen. Man schießt, um nicht selber erschossen zu werden. Wenn überhaupt Politisches in einem direkten Sinne zur Sprache kommt, wird das Braune gern mit der Entschuldigung gerechtfertigt, daß eben das Rote noch schlimmer sei. Oder man greift – wie Konsalik in seinem *Arzt von Stalingrad* – bis auf die alten Schreckbilder der ›Gelben Gefahr‹ zurück und stellt die Russen als schlitzäugige Asiaten hin. Doch dies gemahnt schon an Darstellungsmethoden, die eher im gebundenen Roman für die Mittelschichten als in den *Landser*-Heften für die Unterschichten üblich sind.

In den *Landser*-Heften wird fast alles in der zur unmittelbaren Identifizierung einladenden Perspektive des Subjektiv-Erlebten dargestellt. Hier bleiben alle Reflexionen über die Vor- und Nachkriegszeit wohlbewußt draußen. Das gleiche gilt für die Frage nach den Ursachen des Krieges, der Kriegsschuld oder gar der Kriegsziele. Auch Hitler und die NSDAP werden fast nirgends erwähnt. Noch weniger erfährt man von den Untaten der Gestapo oder den Zuständen innerhalb der Strafkompanien oder Konzentrationslager. All das scheint es zwischen 1939 und 1945 überhaupt nicht gegeben zu haben. Was es gab, waren kurzlebige Einzelsiege, heroische Einsätze und eine ebenso heroische Durchhaltemoral. Falls wirklich einmal Grauenhaftes passiert und auch Deutsche ins Gras beißen müssen, läßt man darauf gern Eskapaden ins Abenteuerliche folgen oder weicht in einen knackigen Landserhumor aus. Und so erscheint der Zweite Weltkrieg letztlich als eine naturgegebene Angelegenheit, die nicht weiter erklärt zu werden braucht. Der hier dargestellte Krieg ist einzig und allein eine Sache der Krieger, der Soldaten, der Landser, die überhaupt kein politisches Bewußtsein haben. Um den Leser der fünfziger Jahre die nötige Identifikationsmöglichkeit zu bieten, spielen fast alle dieser Romane an der Ostfront. Westliche Gegner treten deshalb höchst selten auf. Wesentlich mehr erfährt man dagegen über die Russen und Kommunisten, die fast durchweg als »Schmutz«, »Schweine«, »rote Barbaren« oder »rote Horden« hingestellt werden, während die Deutschen fast alle prächtige Kerle, gute Kameraden und verantwortungsbewußte Soldaten sind, die ihren ebenso prächtigen, guten und verantwortungsbewußten Vorgesetzten nur allzu willig Gefolgschaft leisten. Das Resultat ist daher ein absolut gereinigtes Bild des deutschen Militärs, das weder zu kritischem Denken noch demokratischer Solidarität anregt. Immer wieder wird das falsche Kollektiv beschworen, um auch die Leser von heute zu konformistischer Leistungsmoral und unbedingter Wehrbereitschaft aufzuputschen.

Wohl am spätesten entwickelte sich das Genre der Science-Fiction- oder Zukunftsromanreihen. In gebundener Form erschienen solche Werke schon ab 1946/47, eine ins Massenhafte tendierende Verbreitung erreichte jedoch erst die 1953 bei Pabel einsetzende *Utopia-Reihe.* Ab 1958/59 kam es dann innerhalb der Science-Fiction-Reihen zu einem wirklichen Boom, der bis weit in die sechziger Jahre andauerte und als dessen Sieger die seit 1961 erscheinende *Perry-Rhodan*-Reihe hervorging, deren Zentralfigur eine Art Weltraum-Tarzan ist. Neben eher herkömmlichen Werken, in denen es um die Erfindung der drahtlosen Nachrichtenübermittlung, den Einsatz von Robotern oder kühne Stratosphärenflüge geht, die im Branchenjargon als Space Operas bezeichnet werden, da hier bei aller technizistischen Arriviertheit im Bereich des Menschlich-Allzumenschlichen meist eine an altmodische Seifenopern erinnernde Psychologie den Ton angibt, erschienen auf diesem Gebiet auch Science-Fiction-Werke, in denen es hauptsächlich darum geht, die USA als jenen Staat hinzustellen, dem nicht nur technisch, sondern auch politisch und moralisch die Führungsrolle in der Welt gebührt. In ihnen drängen sich die westdeutschen Naturwissenschaftler nur so danach, der USA im Kalten Krieg gegen die barbarische, asiatische, weltbedrohende Sowjetunion ihre Hilfsdienste anzubieten. Vor allem frühere Nazi-Autoren schrieben damals Zukunftsromane, in denen Teams von us-amerikanischen und westdeutschen Wissenschaftlern atomare Vernichtungsmittel erfinden, welche die Sowjetunion, wie es gern hieß, »endlich in die Schranken weisen«. Überhaupt wirkt ein Großteil der Science-Fiction, die in der Ära des Kalten Krieges und der Wiederbewaffnung der Bundesrepublik geschrieben wurde, ausgesprochen militaristisch. Auch in ihr wird – wie in den Wildwest- und Landserromanen – ständig geballert, ja manchmal sogar mit atomaren Mitteln eine Rollback-Strategie eingeleitet, die bis zur Vernichtung fast aller Ostblockstaaten führt.

Bei der Frage, wer denn all diese Literatur, ob nun die gebundene oder ungebundene, eigentlich gelesen habe, ist man oft recht formalsoziologisch vorgegangen. Anstatt bei solchen Erhebungen auch Kriterien wie Alter, Geschlecht, Einkommen oder Bildungsgrad heranzuziehen, haben sich viele Statistiker häufig mit folgenden Fragen begnügt: wieviele Menschen lasen überhaupt, wieviele kauften Bücher und wieviel Zeit investierten sie in ihr Lesevergnügen? Und zwar wurde dabei fast ausschließlich die Lektüre traditioneller Buchtypen, aber nur selten die Lektüre von Zeitungs-, Illustrierten- und Heftchenromanen mit berücksichtigt. Auf der Grundlage solcher Meinungsumfragen rangierte das Bücherlesen in dem hier behandelten Zeitraum nach Freizeitbeschäftigungen wie der Zeitungslektüre, dem Fernsehen, dem Radiohören und der Illustriertenlektüre durchweg an fünfter Stelle. Wenn man diesen Statistiken glauben kann, haben die Bundesbürger und -bürgerinnen in den späten fünfziger Jahren etwa zwei Stunden in der Woche mit der Lektüre von Büchern verbracht, im Winter etwas mehr und im Sommer etwas weniger. 7 Prozent lasen damals im Jahr über 30 Bücher, 5 Prozent 20 bis 29 Bücher, 14 Prozent 10 bis 19 Bücher, 14 Prozent 3 bis 4 Bücher, 7 Prozent 2 Bücher, 4 Prozent 1 Buch und 32 Prozent überhaupt kein Buch. Ähnliche Prozentzahlen hat man für den Bücherkauf ermittelt. Im Jahr 1960 kauften 55 Prozent der Westdeutschen überhaupt kein Buch, 14 Prozent Bücher nur als Geschenkartikel, 17 Prozent

Bücher für sich und andere und lediglich 16 Prozent nur Bücher für sich selber. Ebensooft wurde die Frage gestellt, wieviele Bücher die einzelnen Menschen damals besaßen. Auf diesem Gebiet sind zwar die einschlägigen Statistiken nicht ganz widerspruchsfrei, erlauben aber doch folgende Verallgemeinerungen. Im Jahre 1955 gab es in 32 Prozent der westdeutschen Haushalte noch keine gebundenen Bücher. Weitere 58 Prozent besaßen höchstens 10 Bücher. Mit mehr als 10 Büchern konnten damals nur 17 Prozent der Westdeutschen aufwarten. Und von diesen waren es wiederum nur sieben bis acht Prozent, die erklärten, *viele* Bücher zu besitzen. In den folgenden Jahren vergrößerte sich zwar der Buchbesitz kontinuierlich, nahm aber nie so drastisch zu, um im Hinblick auf die Bundesrepublik den offiziell gern gebrauchten Ehrentitel eines ›gebildeten‹ oder ›kultivierten‹ Landes zu rechtfertigen.

Wer an etwas genaueren Formen des Lektüreverhaltens in den fünfziger und frühen sechziger Jahren interessiert ist, dem sagen solche Zahlen natürlich wenig. Schließlich wird mit Statistiken dieser Art nur die Lektüre und der Besitz gebundener Bücher erfaßt. Aber die Mehrheit der Leser, wie wir bereits wissen, wagte sich ja in die anspruchsvollen Buchhandlungen gar nicht hinein, kaufte also gar keine gebundenen Bücher und legte auch keinen Wert darauf, solche Bücher zu besitzen. Diese Leute besorgten sich ihr Lesefutter in den Leihbibliotheken oder kauften es am Zeitungsstand. Ihr Leseverhalten ist darum statistisch recht schwer zu erfassen, zumal Romanheftchen oft von fünf bis acht Menschen gelesen wurden, während gebundene Bücher meist nur einen Leser fanden oder einfach ungelesen im Bücherschrank verschwanden. Auf jeden »lesenden Schöngeist«, wie es im Branchenjargon der fünfziger Jahre noch hieß, kamen aufgrund dieser Verhältnisse im Jahr 1960 etwa 15 Leser, die nur Zeitungs-, Illustrierten- oder Heftchenromane ›verschlangen‹. Oder noch schärfer gesagt: nur etwa sieben bis zehn Prozent der westdeutschen Bevölkerung las damals Literatur in gebundener Form, während die Mehrheit der Bundesbürger und -bürgerinnen sich lediglich an die sogenannte Trivialliteratur hielt.

Entscheidend ist also nicht die Frage, wieviel gelesen wurde, sondern die Frage, was gelesen wurde. Nach einer Emnid-Untersuchung vom Jahr 1958 lehnten damals nur 17 Prozent der Gesamtbevölkerung eine Beschäftigung mit Trivialliteratur ab, während die Ressentiments gegen Sach- und Kunstbücher sowie anspruchsvolle Belletristik recht beträchtlich waren. Nach der Bergedorf-Studie von 1962 lasen 31,5 Prozent der Westdeutschen Kriminalromane, 29,9 Prozent Abenteuerbücher, 21,6 Prozent Reisebücher, 19,5 Prozent Kriegsbücher, 17,6 Prozent Liebesromane, 15,1 Prozent Erzählungen, 6,5 Prozent Fachbücher, 3,6 Prozent Bücher mit geschichtlichen Themen, 3,3 Prozent Problembücher, 1,2 Prozent Tierbücher, 1,1 Prozent wissenschaftliche Bücher, 0,6 Prozent Kunstbücher, 0,6 Prozent Tatsachenberichte, 0,2 Prozent Biographien, 0,1 Prozent Dramen, 0,1 Prozent Kurzgeschichten und 0,1 Prozent Klassiker. Kurze Zeit später ergab eine DIVO-Untersuchung, daß 78 Prozent der westdeutschen Bevölkerung spannenden Unterhaltungsbüchern den Vorzug gaben, während sich nur acht Prozent für Fachbücher, sechs Prozent für Klassiker und fünf Prozent für Sachbücher interessierten.

Doch die beliebteste Ermittlungsmethode war in den fünfziger Jahren, nach den geschlechtsspezifischen Unterschieden im Lektüreverhalten zu fragen. Solche Statistiken geben jedoch für den hier ins Auge gefaßten Zeitraum nicht viel her, da Männer und Frauen damals etwa gleich viele Bücher durch Buchgemeinschaften bezogen (40 Prozent gegenüber 38 Prozent), etwa gleich gern in Buchhandlungen gingen (acht gegenüber sieben Prozent), etwa gleich viele Bücher aus Leihbibliotheken entliehen (beide 15 Prozent) und etwa gleich viele Romanhefte verschlangen (36 gegenüber 37 Prozent). Unterschiede lassen sich hier nur auf folgenden Gebieten ermitteln: so lasen Frauen damals etwas mehr als Männer, Männer bevorzugten bei ihrer Lektüre eher Abenteuerromane, also Krimis und Kriegsromane (13 Prozent gegenüber drei Prozent), während Frauen eher zu weicher Unterhaltungsliteratur, also Liebes- und Familienromanen (33 Prozent gegenüber 12 Prozent) griffen. Außerdem lasen Frauen damals mehr gehobene Belletristik und Klassiker als Männer, wie überhaupt mehr romanhafte Hochliteratur.

Auch die Statistiken über das Lektüreverhalten der verschiedenen Altersgruppen gehen in den fünfziger und frühen sechziger Jahren kaum über das Erwartete hinaus. Hier wird lediglich festgestellt, daß jüngere Menschen damals mehr Bücher kauften und mehr Bücher lasen als ältere Menschen. Außerdem verhielten sich jüngere Menschen der neu erscheinenden Literatur gegenüber wesentlich aufgeschlossener als ältere Leser, die weitgehend die Bestseller der Vergangenheit favorisierten. Interessant sind auf diesem Gebiet lediglich die Unterschiede, die sich bei der Lektüre von Jungen und Mädchen zwischen 14 und 17 Jahren abzeichnen. So dominierten bei den Jungen im Bereich der gebundenen Bücher damals noch Autoren wie Karl May, Sven Hedin, Hermann Löns, Theodor Storm, Karl Aloys Schenzinger, Lewis Wallace (*Ben Hur*), Gustav Freytag, Ludwig Ganghofer und Felix Dahn, während die Mädchen neben Storm, Ganghofer und Freytag vor allem Autoren und Autorinnen wie Johanna Spyri (*Heidi*), Erich Kästner (*Das doppelte Lottchen*), E. von Rhoden (*Trotzkopf*), Rudolf Herzog, John Knittel, Agnes Günther und Trygve Gulbranssen bevorzugten – also jene Bestsellerautoren, an denen auch die Leser der Buchgemeinschaften ihr Hauptvergnügen fanden. Zudem läßt sich feststellen, daß die Mädchen (wie die späteren Frauen) gern Liebesromane, Klassiker und anspruchsvolle Belletristik lasen, während die Jungen (wie die späteren Männer) lieber zu Abenteuerromanen und historischen Romanen griffen. Das gleiche trifft auf die Heftchenliteratur zu. Hier kauften die Jungen eher Landser- und Wildwestromane, während sich die Mädchen eher an Gesellschafts-, Heimat- und Schicksalsromane hielten.

Soziologisch konkretere Einsichten in das westdeutsche Lektüreverhalten gewinnt man erst, wenn man sich jene Statistiken ansieht, die über solche formalsoziologischen Kriterien hinausgehen, das heißt auch Schulbildung und Einkommen der jeweils ins Auge gefaßten Leserschichten mit berücksichtigen. Erst dann wird klar, wie scharf der Gegensatz zwischen elitärer und massenverbreiteter Literatur in den fünfziger Jahren wirklich war. Das zeigt sich bereits in der Form, wie sich die verschiedenen Lesergruppen ihre Lektüre verschafften. So kauften die Schichten mit Abitur oder Mittlerer Reife ihre Bücher hauptsächlich in den etablierten Buchhandlungen oder bezogen sie durch die verschiedenen Buchgemeinschaften. Sie waren also vornehmlich an anspruchsvollen, gebundenen Büchern interessiert (obwohl sie auch gediegene Taschenbücher nicht verschmähten). Von den Mitgliedern der Unterschichten, die lediglich einen Volksschulabschluß hatten, wagten sich dagegen nur vier Prozent in die etablierten Buchhandlungen hinein. Falls sie überhaupt lasen, bezogen sie ihre Lektüre vor allem aus Leihbibliotheken oder erwarben sie an Zeitungsständen. Ihre Lektüre setzte sich also weitgehend aus Illustriertenromanen, billigen Krimis sowie Werken der Heftchenliteratur zusammen. Im Jahr 1959 fanden es noch fast 50 Prozent der westdeutschen Bevölkerung unnötig, gebundene Bücher zu kaufen – im Gegensatz zu jenen Schichten mit Abitur, von denen sich über 90 Prozent laufend gebundene Bücher anschafften. Etwa 40 Prozent der Arbeiter besaßen damals zu Hause überhaupt noch keine Bücher, während von den Schichten mit Abitur nur fünf Prozent zu Hause keine Bücher besaßen. Ebenso verschieden war die schichtenspezifische Einschätzung des gebundenen Buches. So erklärten zehn Prozent der ehemaligen Volksschüler, daß der Besitz von Büchern von Reichtum zeuge, während nur zwei Prozent der Schichten mit Abitur den Buchbesitz mit einem höheren Einkommen assoziierte.

Aufs Große und Ganze gesehen, läßt sich für die Zeit zwischen 1950 und 1965 sagen, daß damals die Schichten mit Abitur oder Mittlerer Reife etwa zehnmal soviele Bücher kauften und lasen wie die Schichten mit Volksschulabschluß. Die meisten Bücher kauften und lasen in diesem Zeitraum die Mitglieder der Beamten- und Angestelltenschicht sowie die Vertreter selbständiger Berufe. In den Schichten mit Volksschulabschluß lasen damals 29 Prozent, den mit Mittlerer Reife 49 Prozent, den mit Abitur 55 Prozent und den mit Universitätsbildung 73 Prozent gebundene Bücher. Innerhalb der Schichten mit Abitur behaupteten zum gleichen Zeitpunkt fast 80 Prozent, daß das Lesen zu den wichtigsten menschlichen Bedürfnissen gehöre, während unter ehemaligen Volksschülern nur 21 Prozent das Lesen als wichtig empfanden. Ja, 56 Prozent der Arbeiter gaben zu, höchst selten zu einem Buch zu greifen.

Doch fast noch wichtiger als solche Statistiken sind alle jene Erhebungen, in denen diese Ziffern mit der Art von Lektüre in Beziehung gesetzt wurden, welche die einzelnen Bevölkerungsschichten zwischen 1950 und 1965 lasen. Grob gesprochen, lasen damals etwa sechs Prozent der westdeutschen Bevölkerung sogenannte ›qualifizierte‹ Literatur und 74 Prozent sogenannte ›unqualifizierte‹ Literatur, während 20 Prozent überhaupt nicht lasen. Zur ›qualifizierten‹ Literatur zählten in diesen Jahren vor allem Klassiker, Fachliteratur, Dauerseller, Biographien, anspruchsvolle Belletristik und weltanschauliche Literatur, deren Leser fast alle über das Abitur oder die Mittlere Reife verfügten. Diese Art von Büchern blieb daher den Unterschichten weitgehend unbekannt. Zu ihren Lieblingsgenres im Bereich der gebundenen oder broschierten Bücher gehörten, wie zu erwarten, der Krimi, der Liebesroman, die Reisebeschreibung und die geradezu unübersehbare Flut der Illustrierten- und Heftchenliteratur. Um 1960 waren bereits zwei Drittel der bundesdeutschen Bevölkerung regelmäßige oder häufige Leser dieser Art von Literatur, ja 37 Prozent konsumierten fast nur Romanheftchen, von denen sie durchschnittlich 33 Stück im Jahr verschlangen. Innerhalb der Oberschichten kauften dagegen nur 15 Prozent ab und zu ein Produkt dieser Heftchenliteratur. Die anderen 85 Prozent rekrutierten sich durchweg aus den Mittel- oder Unterschichten. So erklärte etwa der Bastei-Verlag im Jahr 1960 voller Stolz, daß 77,7 Prozent der Leser seiner Heftchenproduktion lediglich einen Volksschulabschluß habe.

Jene Literatur, die es an den Zeitungsständen zu erwerben gab, muß deshalb als die eigentlich massenverbreitete Literatur dieser Jahre bezeichnet werden. Dies waren die Romane für die Unterschicht, in denen das verbreitete Bedürfnis nach Spannung und Unterhaltung von wenigen Großverlagen auf das Schamloseste ausgebeutet sowie eine Herz- und Hirnkonditionierung größten Ausmaßes betrieben wurde. Da nur 18 Prozent der Bevölkerung über eine höhere oder mittlere Bildung verfügte, also von einer Chancengleichheit gar keine Rede sein konnte, gerieten die restlichen 82 Prozent der Bevölkerung geradezu notwendig in den Sog der Illustrierten- und Heftchenliteratur, durch welche in den Unterschichten all das verstärkt wurde, was einer Stützung des ›Systems‹ zugute kam, nämlich die Bereitschaft zur Unterordnung, zur Konformität mit der eigenen Gruppe, zur mangelhaften Rollenflexibilität, zum Antikommunismus, zur Reflexionsunfähigkeit, zur mangelnden Ich-Autonomie, zur impulsiven Affektentladung, zur eingeschränkten Möglichkeit in Alternativen zu denken, zum Fatalismus, zur mangelnden Erkenntnis struktureller Zusammenhänge innerhalb des Gesellschaftsgefüges und damit zur Bejahung des Gegebenen. Während die Gedanken der Herrschenden früher über bestimmte Vermittlerpersonen wie Pfarrer, Lehrer oder Väter verbreitet wurden, wurde diese Vermittlung jetzt

– neben den anderen Medien – mehr und mehr von der massenverbreiteten Literatur übernommen. Und zwar redete man diesen Massen dabei ein, daß sie im Konsum dieser Freizeitmedien ihre eigentliche Selbstverwirklichung erlebten, um ihnen nicht klar werden zu lassen, welchem Dirigismus größten Stils sie hierbei unterworfen wurden.

Das beweisen vor allem Studien, in denen die Wirkung jener Art von Heftchenliteratur untersucht wird, mit der man schon damals an die Masse der jugendlichen Leser heranzukommen suchte. So wurden für die jungen Mädchen schon zu Anfang der fünfziger Jahre vornehmlich Liebes- und Schicksalsromane auf den Markt geworfen – und 42 Prozent dieser Mädchen griffen auch danach (und zwar im Verhältnis von 16 zu 3 im Vergleich zu den Jungen). Die meisten Mädchen ließen sich aufgrund ihrer Unbildung von diesen Romanen einfach mitreißen und bangten bei der Lektüre lediglich darum, ob sich die beiden Liebenden auch wirklich ›kriegen‹. Indem sie sich hierbei mit der zwar schönen, aber weitgehend ungebildeten Heldin identifizierten, wurden sie durch ihre Lektüre in jenem Rollenverhalten bestärkt, nach dem ein Mädchen lediglich darauf zu warten hat, von irgendeinem attraktiven und erfolgreichen Mann geheiratet zu werden. Neben den älteren kitschigen Jungmädchenbüchern à la *Heidi* und *Trotzkopf* wurden somit gerade die Liebesromane innerhalb der Heftchenliteratur zur Lieblingslektüre der meisten Volksschülerinnen, die darin zwar nur Spannung, Herzensspeise und Unterhaltung suchten, aber zugleich ein komplettes Weltbild mit versklavenden Normvorstellungen mitgeliefert bekamen, dessen Wirkung kaum zu unterschätzen ist.

Für die Jungen brachte man im gleichen Zeitraum jene Abenteuer-, Kriminal- und schließlich Landser-Hefte heraus, zu denen fast 50 Prozent dieser Jungen griffen (und zwar im Verhältnis von 14 zu 5 im Vergleich zu den Mädchen). Besonders die *Landser*-Hefte hatten auf die damaligen Volksschüler verheerende Wirkungen. So sahen 57 Prozent der jugendlichen Leser dieser Hefte im Zweiten Weltkrieg ein reines Naturereignis. 53 Prozent behaupteten, daß der Kommunismus die Hauptgefahr für die Zukunft Deutschlands sei. 84 Prozent waren davon überzeugt, daß in diesen Heften die »reine Wahrheit« dargestellt werde. 60 Prozent fanden, daß die Russen das unsympathischste Volk der Welt seien. Was also diese Hefte bei ihren Lesern vor allem bewirkten, war eine Zementierung bereits bestehender Vorurteile, ein größerer Wille zur Gruppenintegration, eine Verstärkung der allgemein propagierten Leistungs- und Erfolgsmoral sowie eine unkritische Übernahme höchst problematischer Freund-Feind-Klischees.

Modernistisch-elitäre Kunstformen

Manifeste des Andersseins

Die unausbleibliche Reaktion auf die im Laufe der fünfziger Jahre anschwellende Flut einer massenhaft verbreiteten Kommerzkultur vollzog sich in drei Formen: 1. in der Tendenz, sich von den als trivial empfundenen Produkten der gängigen Freizeitindustrie elitär abzusondern, 2. dieser zunehmenden Vermassung mit dem Stellvertretungsanspruch älterer bürgerlicher Hochkulturvorstellungen entgegenzutreten oder 3. dieser Trivialisierung des Künstlerischen mit kritischen Konzepten einer wahrhaft populären Kunst begegnen zu wollen.

Beginnen wir mit der ersten Haltung, die in dieser Massenkunst von vornherein einen Hang nach ›unten‹ erblickte. Sie ließ nur die ästhetische Exklusivität gelten und stützte sich hierbei auf die Vorstellung einer reinen, autonomen Kunst, die bloß um ihrer selbst willen geschaffen wird. Aus diesem Grunde lehnte sie im Sinne des Neoliberalismus alle sogenannten ›totalitären‹ Ansprüche an Kunst, ob nun religiöser, kommerzieller, spießbürgerlicher, faschistischer oder sozialistischer Art ab und ließ lediglich das Ich und seine absolute Freiheit gelten. Diese Richtung war also nicht nur antitotalitär, sondern geradezu antigesellschaftlich eingestellt. Statt sich für eine Kunst für jedermann, eine Kunst, welche der Gesamtgesellschaft zur Verfügung steht, einzusetzen, vertrat sie das Konzept einer Kunst gegen jedermann, die sich allen ideologischen oder kommerziellen Ansprüchen von vornherein zu entziehen sucht. Sie trieb also die alte bürgerliche Vorstellung, daß sich das Kunstwerk im Zeichen eines ›interesselosen Wohlgefallens‹ von jeder außerkünstlerischen Bevormundung freimachen solle, bis zu ihren letzten Konsequenzen, um auch der Kunst endlich den ihr gebührenden Rang des Autonomen zu verleihen.

Im Gefolge solcher Anschauungen wandten sich fast alle Vertreter des elitären Modernismus von vornherein gegen künstlerische Ausdrucksformen, die ins Nationale, Gesamtgesellschaftliche, Massenhafte, Kirchliche oder Kommerzielle tendieren, und favorisierten statt dessen alles, was einen Drall ins Exquisite, Verschlüsselte, Hermetische, Esoterische, Absurde, Formalistische, Bizarre, Groteske, ja Endzeitliche verrät. Man erinnere sich, was Theodor W. Adorno zwischen 1950 und 1960 alles gegen die nationale, sozialistische, faschistische oder kommunistische ›Vereinnahmung‹ von Kunst zu außerkünstlerischen Zwecken geschrieben hat, die ihm von vornherein als eine Tendenz ins Gegängelte, Verwaltete oder Apparathafte erschien. Und mit solchen Anschauungen stand er damals keineswegs allein. Dies war eine Haltung, die nach 1950 von fast allen ›modernistisch‹ orientierten Kunstkritikern geteilt wurde. So schrieb auch Karl Korn, der als Feuilletonchef der *Frankfurter Allgemeinen* einen nicht unbeträchtlichen Einfluß hatte, 1953 in seiner Schrift *Die Literaturfabrik,* daß dem »geistigen Menschen« heutzutage zwischen kapitalistischem Tun und abendländischem Trachten nur noch ein Ort offenstehe, den die »Apparatur« nicht beherrschen könne, nämlich der Ort der hohen Kunst.

Aus diesem Grunde setzten sich die meisten Vertreter dieser Richtung fast ausschließlich für elitäre Kunstformen wie abstrakte Gemälde, Drahtplastiken, serielle Kompositionen, absolute Gedichte, absurde Theaterstücke oder Prosaexperimente ein, die sich von vornherein an einen begrenzten Kreis von Liebhabern wandten, um wenigstens auf diesem Gebiet völlig unter sich zu sein, und lehnten Formen wie realistische Bilder, viersätzige Symphonien oder konventionell erzählte Romane schon wegen ihrer Bezogenheit auf ein breites Publikum ab. Und zwar äußerten sie solche Meinungen vor allem in jenen betont anspruchsvollen Zeitschriften, die in diesem Zeitraum die Kommunikationszentren der kulturellen Elite bildeten. Für den Bereich der bildenden Künste war das die Zeitschrift *Das Kunstwerk,* für die sogenannte ›Neue Musik‹ die Zeitschrift *Melos* und für die Literatur – neben kleineren Blättern wie *Augenblick, Lyrische Hefte* und *Konturen* – die Zeitschrift *Akzente.* Diese Blätter traten in den fünfziger Jahren mit dem Anspruch auf, sich – von kleineren Seitenhieben auf den Kommunismus einmal abgesehen – unter weitgehender Ausschaltung aller politischen, ideologischen und sozialen Probleme lediglich für das Neue, Individuelle, Andersartige in den Künsten einzusetzen. Sie waren deshalb allem Modernen, Innovativen und Experimentellen gegenüber höchst ›aufgeschlossen‹, stellten jedoch selten die Frage, was man mit diesen Experimenten eigentlich bezwecke, wen man damit ansprechen wolle oder worin überhaupt die Alternative dieser Art von Kunst zu den älteren Hochkulturformen oder den gegenwärtigen Formen der Massenkultur bestehe. Statt wirklich kritisch aufzutreten und neue Programme aufzustellen, sonderten sich diese Blätter vom Konservativen, Engagierten und Vulgären einfach ab und lobten dafür das Nochniedagewesene, das Moderne um jeden Preis.

Die aktiven Befürworter, Liebhaber oder Interessenten dieser Art von modernistisch-elitärer Kunst dürften in den fünfziger Jahren die Zwei- bis Dreiprozentgrenze eher unter- als überschritten haben. Und zwar handelte es sich hierbei um eine höchst gemischte Schicht aus freischwebenden Intellektuellen, anpassungsbereiten Journalisten, gesellschaftlich benachteiligten Außenseitern, modischen Snobs, auf das Nouveauté-Wesen eingestellten Künstlern, mit dem Schein des Neuen leicht zu verführenden Jugendlichen sowie all jenen Managern, Freiberuflichen und höheren Angestellten, die sich ihre Wohnungen damals im *Magnum*-Stil einrichten ließen. Jedenfalls war die Trägerschicht dieser Kunst nicht mehr jene bildungsbeflissene Altbourgoisie, die um 1950 unter ›Kunst‹ noch etwas Hohes, Erbauliches, Sakrales oder auch Gekonntes, Meisterliches, Repräsentatives verstanden hatte.

Wohl die größte Gruppe innerhalb der Befürworter dieses Modernismus stellten die Parvenüs und neoliberalen Nutznießer des westdeutschen ›Wirtschaftswunders‹, die sich im Laufe der fünfziger Jahre immer stärker mit dem Flair des Exquisiten umgeben wollten. Dies waren jene Kreise, die im Gegensatz zum älteren Bürgertum die modernistisch-elitäre Kunst durchaus in enger Nachbarschaft zu anderen neuen Medien wie dem Fernsehen oder dem Jazz sahen. All das erschien ihnen als ›modern‹, als ›in‹, als ›with-it‹. Während bis 1949 in den kulturinteressierten Schichten noch ein enormer Sinnhunger geherrscht hatte, der sich vor allem an Tiefem, Philosophischem, Klassischem, Abendländischem abzusättigen suchte, setzte sich nach der Währungsreform und der Gründung der Bundesrepublik innerhalb der neureichen Wirtschaftswunderkreise selbst im Bereich der Kultur eine Gesinnung durch, deren oberste Werte Bereicherung und Auffallenwollen waren. Alle Formen von Kunst, die in die Tiefe gingen oder gar Mahnmale der nationalen Katastrophe aufzurichten suchten, galten darum in diesen Kreisen schnell als obsolet. Jene Aufsteiger, welche das Gerede von Krieg und Nachkrieg nicht länger ertragen konnten, die nicht mehr ständig an die Gefahr eines Dritten Weltkriegs, der Atombombe oder anderer Weltuntergangsdrohungen gemahnt werden wollten, hatten für Dunkles, Anklagendes, Appellartiges keinen Bedarf mehr. Sie umgaben sich lieber mit einer modernistischen, dekorativen oder auch gegenstandslos unverbindlichen Kunst, um zu demonstrieren, wie sehr sie die ›Moderne‹, das Modische, die technische Innovation, das Schicke, das Originelle um jeden Preis zu schätzen wußten.

Soviel zu den Parvenüs. Für die Intellektuellen innerhalb dieser Schicht erfüllte dagegen diese modernistisch-elitäre Kunst eine etwas andere Funktion. Sie gab ihnen das erwünschte Gefühl, der breiten Masse, die immer noch am Altmodischen klebe, ästhetisch und geistig turmhoch überlegen zu sein. Ihre Elitevorstellung leitete sich also aus dem Bewußtsein ab, für etwas Sinn zu haben, was als schwierig oder gar abwegig galt, das heißt ›anders‹ zu sein als die anderen. Während nach 1945 selbst im Bereich der E-Kultur-Debatten noch viel von Volk, Nation und gemeinsamem Schicksal die Rede war, trat jetzt in den gleichen Bereichen ein Jargon, in dem sich vornehmlich der Stolz auf ein elitäres Außenseitertum widerspiegelt. Ob nun bei Vernissagen, in den Feuilletons oder den Salons dieser Schicht, überall verbreitete sich der sprachliche Entre-nous-Gestus des Schwer- und Unverständlichen. Das Wort ›Avantgarde‹, das dabei manchmal auftaucht, wurde in diesem Umkreis nur noch im Sinne des Auratischen, der inneren und äußeren Selbstlegitimierung gebraucht. Als Avantgardist gehörte man um 1955 zu jenen Ausgezeichneten, die sich bloß für die obersten Produkte der modernistisch-elitären Kultur interessieren und alles in den Bereich der U-Kultur Gehörige höhnisch von sich weisen. Während sich in den ›tieferen Regionen‹ auch kulturell eine immer stärkere Standardisierung und Homogenisierung des Massengeschmacks vollzog, erfreute sich diese Intelligenz kritiklos an den ästhetischen Produkten einer gettoartigen Narrenfreiheit, die selbst in ihrer formalen ›Radikalität‹ einen ausgesprochen affirmativen Charakter hat.

Das gleiche gilt für all jene Künstler, die sich in den fünfziger Jahren dieser Richtung verschrieben. Auch sie schlossen sich dem Stil des Modernistisch-Elitären vor allem aus Gründen der gesellschaftlichen und ästhetischen Selbstlegitimierung an. Was sich später weitgehend als Mode entpuppte, auf die eine Fülle anderer Moden und Antimoden folgte, wurde von den Künstlern dieser Richtung noch weitgehend als existentieller Akt empfunden, der in der Schöpfung neuer visueller, akustischer und sprachlicher Konzeptionen, ja der Schöpfung ungeahnter neuer Weltzusammenhänge besteht. Als hätte es nie eine Ideologikritik der bürgerlichen ›Institution Kunst‹ gegeben, proklamierten sie gern die völlige Autonomie des Künstlers als eines Einzelnen und Andersartigen, als des freiesten aller freien Menschen, der keinerlei sozialen Verpflichtungen unterliegt, sondern lediglich seiner eigenen Stimme folgt. Der offensichtliche Zustand der Isolierung, in dem diese Künstler lebten, wurde so aus dem Vogelfreien einfach ins Elitär-Erlesene umgedeutet. Gerade das, was die ältere Avantgarde – vor allem in ihren dadaistischen und surrealistischen Varianten – zum Teil zugunsten einer neuen Lebenspraxis durchbrechen oder zumindest in Frage stellen wollte, nämlich das Konzept der Autonomie der Kunst, stieg damit noch einmal zum allesbeherrschenden Prinzip einer restaurierten Moderne auf, die sich über dem Ozean der Geschmacklosigkeit und Manipulation in den Massenmedien als der einzig wertvolle Kunstausdruck schlechthin zu etablieren suchte.

Wenn also von einer modernen oder modernistischen Kunst der fünfziger Jahre gesprochen wird, sollte man stets bedenken, daß dies lediglich die Kunst der oberen zwei bis drei Prozent der westdeutschen Bevölkerung war. Doch dieser Prozentsatz genügte, um dieser Kunst in den führenden Organen und Organisationen der bundesrepublikanischen Gesellschaft eine dominierende Rolle zu sichern. Und so etablierte sich die modernistische Kunst in der Adenauer-Ära als offizieller Stil einer restaurierten Moderne, der zum In-Stil und damit zum obersten Maßstab aller dazugehörigen In-Groups wurde. Solange sich deshalb die führende In-Group dieser Gesellschaft als stabil erwies, erwies sich auch dieser Stil als stabil. Innerhalb einer solchen Machtstruktur, der es gelang, sich politisch, ökonomisch und gesellschaftlich gegen alle kritischen Elemente abzuschirmen, hatte eine oppositionelle Kunst nur geringe Chancen, ihren Widerspruch anzumelden oder gar als neue Stilformation aufzutreten. Im Rahmen dieser Gesellschaft konnte es in den oberen Rängen nur eine Kunst des interesselosen Wohl- und Unwohlgefallens geben, die inhaltlich so entleert ist, daß sie ins Formalistische und damit Affirmative tendiert.

Zur ideologischen Rechtfertigung ihres elitären Modernismus bot diese Richtung meist Vorstellungen auf, die von der absoluten Ichhaftigkeit aller anspruchsvollen Kunst ausgehen. Beginnen wir mit jenen Manifesten und Verlautbarungen, in denen dieser L'art-pour-l'art-Standpunkt einen ausgesprochen snobistisch-elitären Anstrich hat. In ihnen begegnet man ständig den gleichen Klischees: Entweder dem Bild des Elfenbeinturms oder der romantischen Vorstellung, daß jeder wahre Künstler in der Welt der Spießer und Banausen notwendig ein total entfremdetes Leben führen müsse. Bei einigen Vertretern dieser Richtung, für die Bescheidenheit keine besondere Tugend war, verband sich damit gern die Vorstellung, daß alle bedeutsamen Künstler und vor allem Kritiker ihrer eigenen Zeit stets himmelhoch überlegen seien. Diese Gruppe spielte sich daher gern als die Avantgarde der wahren Kenner, der gewieften Connaisseurs, der Happy Few, der Sensiblen, Feinfühligen und Differenzierten auf, die den stumpfen Naturen nicht nur den Sinn für das Ästhetisch-Kulinarische, Gourmethafte und Palatale, sondern auch die Einsicht in die wirklichen Entwicklungsgesetze der Kunst voraus hätten.

Wohl am deutlichsten profilierte sich diese Richtung auf dem Gebiet der bildenden Künste und der Musik, deren Werke stärker auf ein gewisses Patronat angewiesen sind, um überhaupt aufgeführt, gezeigt oder gar gekauft zu werden als die meisten Werke der Literatur. So wurden etwa auf dem Gebiet der Malerei die Sprecher dieses Modernismus in den fünfziger und sechziger Jahren nicht müde, Gemälde in erster Linie als Sammelobjekte für Kenner und Kunstfreunde hinzustellen. Im Sinne solcher Thesen sprach sich Hermann Beenken schon 1950 im *Monat* gegen jede Auftrags- oder Monumentalmalerei aus und setzte sich statt dessen für eine Malerei ein, die sich in erster Linie an die (reichen) Sammler wende, die in ihren Häusern »Kunst um der Kunst willen« besäßen und daher die »wirklichen Kunstfreunde« seien. Werner Haftmann erklärte 1955 bei der Eröffnung der ersten ›Documenta‹ in Kassel emphatisch, daß er noch immer von der Fülle der modernen »Meisterwerke« beeindruckt sei, die in den Eß- und Wohnzimmern jener »glücklichen Menschen« hingen, die er bei der Zusammenstellung dieser Ausstellung in Mailand, Paris, London und Bern besucht habe. Ja, Bruno E. Werner entblödete sich nicht, 1964 in der Zeitschrift *Melos* eine *Ehrenrettung für den Snobismus* zu veröffentlichen, in der er den Radius der bildenden Kunst ebenfalls von vornherein auf die reichen Kenner und Sezessionisten einschränkte.

Im Bereich der elitären Musikkritik war es vor allem H. H. Stuckenschmidt, der in diesen Jahren den Moderne-Fans mit ständigen Hinweisen auf die notwendig esoterische Struktur aller wahrhaft avantgardistischen E-Musik ein gutes Gewissen zu geben suchte. Er berief sich dabei gern auf die Maxime von Oscar Wilde, daß alle bedeutsame Kunst zutiefst »nutzlos« sei. Stuckenschmidt nannte deshalb 1958 den »elfenbeinernen Turm« den »angemessenen Wohnsitz für jedes künstlerische Schaffen« und verdächtigte all jene, die der modernen E-Musik »Subjektivismus« oder »Volksfremdheit« vorwürfen, einer Tendenz ins Faschistische. Einer seiner zentralen Aufsätze, der 1955 in *Melos* erschien, heißt daher *Musik gegen jedermann.* »Seit totalitäre Diktaturen den Begriff Humanität diskreditiert haben«, erklärte Stuckenschmidt hier, »sollte man ihn wenigstens von der Sphäre der Kunst entfernt halten. Und da es sich als unmöglich erwiesen hat, Musik für jedermann zu schaffen, sollte man sich um ihren Gegensatz bemühen.« Was sich Stuckenschmidt unter einer solchen Musik gegen jedermann konkret vorstellt, beweist jenes Loblieb auf die Königin Marie-José, die in ihrem Schloß Merlinge am Genfer See von Zeit zu Zeit exquisite Kammermusikabende vor geladenen Gästen veranstaltete, bei denen nur Werke der jüngsten Avantgarde gespielt wurden. »Merlinge ist ein Symptom«, schrieb Stuckenschmidt 1960 in seinem Essay *Eine Königin fördert die Avantgarde,* der ebenfalls in *Melos* herauskam, »es gibt heute in der Welt ein paar durch Geburt und Schicksal ausgezeichnete Menschen, die sich nicht mit dem Routineleben ihrer Klassentradition begnügen. Sie suchen die Verbindung mit den exponiertesten Formen des Zeitgeistes.« Kein Wunder, daß der gleiche Stuckenschmidt dem Fürsten von Fürstenberg, der als »Grandseigneur« die Avantgardisten in Donaueschingen stets unter einem »Ölporträt Wilhelm des Zweiten in Garde-du-Corps-Uniform« empfangen habe, in seinen *Melos*-Beiträgen eine ebenso peinliche Reverenz erwies.

Doch neben solchen Einzelstimmen, die in ihrer Verklärung des Avantgardistisch-Außenseiterischen eindeutig zum Snobistischen oder Aristokratischen neigten, erhob sich bald ein ganzer Chor von Stimmen, der bei der Verteidigung des Ästhetisch-Partikularen gegen die sogenannten ›totalitären‹ Forderungen der Mehrheit der philisterhaften Status-quo-Vertreter eher zynische, defätistische oder solipsistische Anschauungen bevorzugte. So schrieb Willi Baumeister in seinem Buch *Das Unbekannte in der Kunst* schon 1947, daß alle wahren Künstler zwangsläufig »Isolierte« seien, die mit anderen »Isolierten« zu kommunizieren versuchten. In dem Buch *Die faschistische Kunstdiktatur* von Paul Ortwin Rave hieß es 1949, daß man als Maler nur dann groß werde, wenn man sich elitär verhalte. Der nationalsozialistische Slogan »Die Kunst dem Volke« erschien ihm daher höchst problematisch. Auch Werner Haftmann verdammte in seiner *Malerei im 20. Jahrhundert* (1954) jeden Versuch, sich den »Sehgewohnheiten der Masse« anzupassen, ja überhaupt eine »mittlere Linie« als »verbindliches Maß« hinzustellen. Kunst war für ihn nur das, was aus den »verschwiegenen Zonen des Menschen als Einzelnen« stammt, wie es in seinem Essay *Über das moderne Bild* von 1955 heißt. Jede »freiheitliche schöpferische Handlung, als eine indirekte Verhandlung des Subjekts mit seiner Wirklichkeit«, erklärte Haftmann, finde stets in »Einsamkeit und außerhalb jeder Gemeinschaft und Kameradschaft« statt. Ähnliche Zweifel am Postulat der »Allgemeinverständlichkeit« der Kunst äußerte Franz Roh in seiner *Geschichte der deutschen Malerei* (1958), wo er nur jene Künstler als groß hinstellte, die von der breiten Masse »mißverstanden« würden. Und auch bei Will Grohmann heißt es in dem Essay *Restauration und Aktualität,* der 1954 in *schri kunst schri* erschien, daß heute nicht mehr die Gruppe, sondern nur noch der große Einzelne zähle, der für die »Wenigen« schaffe und von noch Wenigeren verstanden werde.

Fast die gleichen Äußerungen finden sich auf musikalischem Gebiet. So schrieb Hans Renner 1955 in seiner *Geschichte der Musik,* daß die Werke der Avantgarde »einstweilen nur einen sehr begrenzten Wirkungskreis« gefunden hätten. Doch das sei früher, fuhr er fort, auch nicht anders gewesen. Zu allen Zeiten habe es eine »musica reservata« gegeben, die zwar nur wenige beachtet hätten, die aber nichtsdestoweniger die einzig bedeutsame Musik gewesen sei. Auch in der Zeitschrift *Melos* heißt es in diesen Jahren ständig, daß das Ziel aller wahrhaft modernen Komponisten sein müsse, für jene »›Happy Few‹ zu schreiben, die selbstlos der Musik dienten«. Wohl den besten Beweis für die Qualität der neuen Musik sahen die Moderne-Fans darin, daß die Älteren, die Zurückgebliebenen, die Rückständigen, die Spießer, die Banausen, die Kulturbonzen, die Uneingeweihten, kurz: die unavantgardistischen Menschen jedesmal in Buhrufe ausbrächen, wenn Werke der neuen Musik aufgeführt würden. Und daraus zogen sie den Schluß, daß eine solche Musik eben kein größeres Publikum, keine Masse, sondern nur eine Handvoll verständnisvoller Partner brauche.

Ja, selbst in der E-Literatur dieses Zeitraums, deren Werke als nicht so elitär empfunden wurden wie die Werke der gegenstandslosen Malerei oder der bewußt modernistischen Musik, sondern die eine etwas breitere Resonanz hatten, tendierten einige Autoren seit dem Anfang der fünfziger Jahre zu ähnlich elitären Gesinnungen. Den Ton setzte hierbei Gottfried Benn, der bereits 1951 in seiner Marburger Rede *Probleme der Lyrik* für eine »monologische« Literatur eintrat, die an »niemanden« gerichtet sei. Noch prononcierter äußerte er sich in seinem Manifest *Meine Herren Nachfolger!*, das 1955 in *Texte und Zeichen* herauskam, wo Benn den jungen Dichtern empfahl, beim Schreiben lediglich das »Kalte und Egoistische« im Auge zu behalten und in allen Dingen »bis ans Ende der Nacht zu gehen«. Und das taten dann auch manche, die sich in seinem Gefolge zu einem bewußt elitären Dichtungskonzept bekannten, das letztlich auf einen snobistisch-zynischen Antihumanismus hinauslief.

Doch neben solchen ins Aristokratische, Snobistische oder gar Zynische tendierenden Absonderungstendenzen versuchten andere Kunstkritiker dieser Jahre, diesem bewußten Elitismus eine Wendung ins Positive, ja fast Gesellschaftsbezogene zu geben, indem sie im Hinblick auf die steigende Isolierung des avantgardistischen E-Künstlers auch religiöse, sozialpsychologische oder dialektisch-kritische Gesichtspunkte ins Spiel brachten. Als Beispiel für den christlichen Elitismus sei hier lediglich auf Kurt Marti verwiesen, der in dem Buch *Moderne Literatur, Malerei und Musik* (1963) die steigende Abstraktion in den Künsten der fünfziger Jahre nicht im Sinne Sedlmayers als Abfall von Gott, sondern als verstärkte Gottnähe interpretierte und gerade in den extremsten Formen der konkreten Lyrik, das heißt den »Konstellationen« eines Eugen Gomringer, den Ausdruck eines »meditativen Schweigens« erblickte. (Andere wiesen in diesem Zusammenhang gern auf die schwarzen Leinwände gewisser gegenstandsloser Maler hin.) Im Gegesatz zum totalitären Anspruch der heutigen Gesellschaft erschien Marti überhaupt jede innere Emigration als ein Weg zu Gott, weshalb er sich für eine Avantgarde der von Gott ergriffenen Einzelnen gegen alle herrschenden Ideologien und Ideologeme einsetzte. Eine wirkliche »Freiheit« sah er nur dann garantiert, wenn man sich auf existentialistisch-christliche Weise aus der Gesellschaft, das heißt aus dem kollektiven »Man«, heraushalte und sich in das »Privatissimum des Ich« zurückziehe.

Eher sozialpsychologisch argumentierte dagegen Arnold Gehlen, welcher im Rahmen der totalitär verwalteten Gesellschaft der fünfziger Jahre nur jener Kunst den höchsten Rang zuerkannte, die der geistigen Elite durch ihren Hang zum Abstrakten, Elitären, Modernistischen eine temporäre psychologische Entlastung gewähre. In den »durchbürokratisierten Gesellschaften« von heute, schrieb Gehlen 1960 in seinem Buch *Zeit-Bilder*, dem er den Untertitel *Zur Soziologie und Ästhetik der modernen Malerei* gab, sei das Auftreten von »Außenseitern und Nonkonformisten« geradezu unerläßlich. Während man sich in der Öffentlichkeit stets gewissen Formen anpassen müsse, werde man in der modernen E-Kunst, heißt es höchst verräterisch, zu nichts verpflichtet. In ihr äußerten sich »Letztpositionen« einer Freiheit, die aufgrund ihrer »Reflexionswachheiten und Libertinismen« in der sozialen Praxis gar nicht »unterzubringen« wären. Gehlen griff also noch einmal die altliberale These auf, daß Kunst letztlich ein Ersatz für nichtgelebtes Leben sei. Sie wirke zwar selbst in ihren »extremsten« Formen recht marginal, wie er selber zugab, das heißt habe jede gesamtgesellschaftliche Funktion verloren, biete jedoch der geistigen Elite noch immer eine gewisse geistige und emotionale »Entlastung«.

Im Vergleich dazu stieß Theodor W. Adorno mit seiner These, daß gerade im Phänomen des Elitären ein letztes Potential der Verweigerung stecke, als einer der wenigen Vertreter dieses Ästhetizismus bis in den Grenzbereich des Kritischen vor. Auch er unterschrieb zwar die bekannte Maxime Arnold Schönbergs, die sich 1946 in einem Brief an Willi Schlamm findet: »Wenn es für die Masse ist, ist es keine Kunst; wenn es Kunst ist, ist es nicht für die Masse«, gab aber dieser Haltung einen ganz anderen, das heißt dialektisch-kritischen Dreh, gegen den sich Schönberg ausdrücklich verwahrte. Wenn sich also Adorno in diesen Jahren über ein ideologisches ›Engagement‹ in den Künsten lustig machte und sich dabei auf die elitär-negativistischen Kunstauffassungen eines Schönberg berief, ja sogar Anspielungen auf den legendären Elfenbeinturm oder den L'art-pour-l'art-Standpunkt des Fin de siècle nicht verschmähte, geschah das nicht nur aus aristokratischem oder zynischem Snobismus, sondern weil er davon überzeugt war, daß sich gerade in den spät- und letztbürgerlichen Subjektivitätsvorstellungen von Kunst ein Rest an negativer Verweigerung verberge. Seine These, daß in der offensichtlichen »Funktionslosigkeit« von Kunst ihre eigentliche Funktion, nämlich ihre Negativität, zum Ausdruck komme, hängt sicher auch mit der alten jüdischen Aversion gegen Staat und Gesellschaft schlechthin zusammen, die in solchen Phänomenen notwendig Gefährliches erblicken mußte, teilt aber zugleich alle subjektiven Illusionen einer gesellschaftlichen Funktion von elitärer Kunst. Adorno wandte sich daher in diesen Jahren geradezu pausenlos gegen alle restaurativen oder totalitären Tendenzen dieser Jahre, mochten sie nun völkisch-bündische, existentialistische oder christliche sein. All das, was da aus der Dialektik »rückwärts herauszuspringen« suche, erschien ihm als ›gegängelt‹, als ›verlogen‹, als ›ideologisch‹ oder im falschen Sinne ›eigentlich‹. Und so erhob Adorno in seiner *Kritik am Musikanten* von 1956, ob nun auf dem Gebiet der abstrakten Malerei, der modernistischen Musik oder des absoluten Gedichts, die »elitäre Abweichung« zum obersten Prinzip aller wahrhaft neuen Kunst.
Allerdings ging Adorno dabei nie so weit, in diesem extremen Subjektivismus ein Zeichen authentischer Spontaneität zu sehen. Wie später für Foucault gab es schon für Adorno nicht Eigentliches, Direktes, Unbedingtes. Alles, selbst das Bizarrste, erschien ihm als

Ausdruck einer Gesellschaft, in der sich auch Ästhetisches – aufgrund der allgemeinen Entfremdung – nur noch in Form der Negation ›genuin‹ ausdrücken kann. Statt also verlogene Autonomiekonzepte zu befürworten, kehrte Adorno das Prinzip des Autonomen dialektisch gegen sich selbst, indem er es als eine letztmögliche Form des Widerstands gegen die entfremdende Ideologisierung der Kunst im Rahmen aller totalitären oder verwalteten Gesellschaften hinstellte. Während andere Verfechter dieses Elitismus die ästhetische Autonomie als eine willkommene Form des Eskapismus begrüßten, bezeichnete sie Adorno als die geeignetste Form des Engagements, nämlich des partiellen Widerstands der Kunst innerhalb eines sich selbst entfremdeten und damit sinnlos gewordenen Fortschrittsdenkens, das in allen modernen Industriegesellschaften Amok laufe. Doch was sich da als Widerstand verstand, wurde von den Organisationen der verwalteten Welt selbstverständlich als perfekte Rechtfertigung der allgemeinen Entideologisierung mißbraucht. Und so ist auch der dialektisch-negativistische Avantgardismus eines Adorno, wie alle diese abstrakt-elitären Modernekonzepte, letztlich der Ausdruck eines konformen Nonkonformismus, wie ihn sich die auf Unterdrückung kritischer Stimmen bedachten Vertreter dieses Systems gar nicht besser wünschen konnten. Ob sich dieses Elitäre nun aristokratisch, snobistisch, christlich, psychologisch-entlastend oder dialektisch-negativistisch äußerte, war diesen Schichten nicht so wichtig. Ihnen genügte, daß diese Haltung eine elitäre und damit ineffektive blieb.

Um zum Schluß zu kommen: genau besehen, laufen fast alle Manifeste dieses abstrakt-modernistischen Elitismus auf eine Avantgarde hoffnungslos Vereinzelter hinaus, durch welche das Konzept der älteren Avantgarde, nämlich sich als Vertretung des politischen, sozialen *und* ästhetischen Fortschritts für die Interessen der Mehrheit der Bevölkerung einzusetzen, geradezu auf den Kopf gestellt wird. Ja, nicht einmal die wesentlich eingeschränkteren Bemühungen modernistischer Bewegungen wie des Dadaismus oder Surrealismus, an die Stelle der ›Institution Kunst‹ die ›Lebenspraxis‹ zu setzen, wurde von dieser Richtung ins Auge gefaßt. Im Gegenteil. Diese Richtung wollte innerhalb der Avantgarde dem Prinzip der Autonomie einen geradezu institutionalisierten Charakter geben. Unter wahrhaft moderner Kunst verstand sie darum nur das Elitär-Abgehobene, das den breiten Massen der Bevölkerung Schwer- oder Unverständliche, das sich als reine Form, als modische Novität, als nicht entfremdeter Subjektivitätsausdruck oder als negativistische Antikunst ausgibt. Als ideologische Rechtfertigung wurde dabei gern die These aufgestellt, daß die kulturelle Minderheit auch in einer Demokratie nicht majorisiert werden dürfe. Und damit stellte sich eine fatale Parallele zu jener wirtschaftlichen Minderheit ein, die sich ebenfalls von niemandem majorisieren lassen wollte.

Die meisten Vertreter dieser Richtung wandten sich deshalb wie Rolf Liebermann 1962 in *Melos* sowohl gegen das »Konservative« als auch gegen eine »sterile Massenkunst« – und befürworteten lediglich das Abweichende, Irritierende, Bizarre. Nur jene Kunst, für welche das breite Publikum zu dumm, zu rückständig, zu provinziell oder zu ungebildet sei, erschien ihnen wirklich gut. Statt also ihren sogenannten avantgardistischen Verlautbarungen irgendeine Tendenz ins Fortschrittliche oder gar Veränderungsbetonte zu geben, hielten sie am Elitären, Esoterischen, Nonkonformistischen fest, sprachen von Künstlerkunst, von Kennerkunst, ja von Reservatskunst, die sich am besten unter Ausschluß der breiten Öffentlichkeit abspielen solle. Und damit verbreitete sich innerhalb dieser Richtung eine Vogelfreiheit der Verantwortungslosigkeit, die sich einerseits als Willkür, Hemmungslosigkeit, Neuigkeitssucht, Verliebtheit in Modisches oder ewige Wiederkehr des Neuen, andererseits als Ausdruck der Vereinsamung, Isoliertheit, Entfremdung oder Verweigerung interpretieren läßt. Jedenfalls entstand so ein Avantgardismus der Beziehungslosigkeit, der in seiner extremen Subjektivität sowohl die Befreiung in den Kapitalismus als auch die Entfremdung innerhalb dieser Befreiung widerspiegelt. Überall kam es zu einer Dialektik zwischen Emanzipation und Einsamkeit, die als nicht zu überwindende Antinomie aufgefaßt wurde. Ja, noch schlimmer. Jede Erkenntnis oder Ideologie, die aus dieser Antinomie herausführen könnte, wurde als dumm oder sinnlos hingestellt, da sie die gesellschaftliche Realität nicht bloßlege, sondern lediglich noch weiter verhülle. Vor allem Adorno hat in höchst überspitzter Manier, so etwa in seinen *Ideen zur Musiksoziologie* von 1959, selbst den geringsten Ansatz zu einer neuen Ideologie immer wieder als »Erscheinung falschen Bewußtseins« oder gar als »Herrschaftsmoment« verdammt. Und so war das letzte Reservat dieser Richtung meist ein »Avantgardismus des Einzelnen und der Nuance«, wie es in den höchst aufschlußreichen *Notizen zum Avantgardismus* von Helmut Krapp und Karl Markus Michel heißt, die 1955 in *Akzente* erschienen. Da es heutzutage keine ernstzunehmenden Programme oder Ideologien mehr gebe, da Konzepte wie Revolution und Restauration gleichermaßen atavistisch geworden seien, liest man hier, bleibe der Avantgarde schließlich nur noch die ästhetische Deformation oder ein anarchisches Spiel mit den Schocks von gestern übrig.

Die Wiederentdeckung und Aufarbeitung der älteren Moderne

In der unmittelbaren Nachkriegszeit, als in den Künsten noch einerseits das Mahnende, Appellartige, Kritische, andererseits das Heilende, Tröstende, Erbauliche dominierte, erschien vielen die spezifisch ›moderne‹ Kunst des frühen 20. Jahrhunderts als zu kalt oder formalistisch. Aus diesem Grunde herrschten, wie wir gesehen haben, in der offiziösen Kunstkritik damals noch christliche, bürgerlich-humanistische oder sozialistische Konzepte einer Hohen Kunst für jedermann vor. Zugegeben, auch der modernistisch-elitären Kunst wurde – wegen ihrer Diffamierung unterm Faschismus – wieder der nötige Respekt gezollt. Aber dies geschah zwischen 1945 und 1950 noch recht halbherzig und kam fast einer Pflichtübung gleich. Daß diese Richtung überhaupt wieder einflußreich werden konnte, wurde erst im Rahmen jenes neoliberalen Kulturbetriebs der fünfziger Jahre möglich, als sich auf der einen Seite eine gewaltige Massen- und Medienkultur entwickelte, während es auf der anderen – als Gegenschlag dazu – zu einer elitären Absonderungs- und Verweigerungstendenz kam, die sowohl die Konzepte einer Hohen Kunst für jedermann als auch die einer Niederen Kunst für jedermann verwarf und statt dessen einen elitären Außenseiterstandpunkt vertrat. Was also die Modernisten bevorzugten, war weder eine idealistische, christliche, realistische noch eine niedere, kommerzialisierte, trivialisierte Kunst, sondern eine Kunst, die ihre Tendenz ins Ungesellschaftliche in möglichst formalistischen, hermetischen, seriellen, gegenstandslosen, absurden, bizarren, autonomen oder absoluten Darstellungsweisen zum Ausdruck brachte. Um dieser vielbeschworenen ›Moderne‹ eine ebenso ehrwürdige Tradition zu geben wie der Tradition des Klassischen und Realistischen, kam es im Rahmen dieser Richtung bereits in den frühen fünfziger Jahren zu einer hektischen Suche nach Vorläufern einer Kunst, die sich als ›abstrakt-elitär‹ ausgeben ließ. Und zwar griff man hierbei meist auf zwei Epochen zurück: den Manierismus des späten 15. Jahrhunderts und die Zeit der Kunst-Ismen zwischen 1900 und 1925.

Zu den Büchern, welche die wiederentdeckte Kunst des Manierismus in die Ahnenkette der Moderne einzubeziehen versuchten, gehörten vor allem *Das Groteske. Seine Gestaltung in Malerei und Dichtung* von Wolfgang Kayser, *Die Welt als Labyrinth. Manier und Manie in der europäischen Kunst* von Gustav René Hocke und *Phantastik und Komik* von Erwin Gradmann, die alle drei 1957 herauskamen. Kayser betonte schon zu Anfang seines Buches, daß es ihm vor allem darum gehe, »Zugänge zur modernen Kunst« zu finden. Er hob deshalb an der Kunst des Manierismus hauptsächlich jene Aspekte hervor, in denen sie ins Phantastische, Dämonische, Groteske, Geheimnisvolle, Abstrakte, Elitäre übergeht – und sich damit den Forderungen eines glatten Realismus entzieht. Das spezifisch Moderne dieser Kunst sah Kayser besonders in ihrer Tendenz, vor den Forderungen des Tages ins Zynische, Absurde, Ahistorische oder gar Undurchschaubare auszuweichen – also in jenen Bereich, wo die Inhalte immer unwichtiger werden und schließlich, wie bei den Vertretern des elitär-abstrakten Avantgardismus, nur noch der Einzelne und die Nuance zählt. Das gleiche tat Hocke, der die Vorformen der heutigen Kunst vornehmlich in jener ›asianischen‹ Kunst erblickte, wie sie sich in den concettistischen Stilübertreibungen, Untergangsvisionen, Bildermythen und verfremdeten Mythen des Manierismus manifestiere, von denen er – auf die gleiche ahistorische Weise wie Kayser – einen unmittelbaren Bezug zur heutigen Moderne herzustellen versuchte. Ja, in seinem Aufsatz *Europa und das Absurde,* der ein Jahr später im *Merkur* erschien, schrieb Hocke, daß sich unter den avancierteren Geistern in den letzten Jahren die Erkenntnis verbreitet habe, im »klassizistischen und humanistischen Kanon des Idealismus oder gar dem realistischen des Empirismus« nur noch den Ausdruck einer ebenso »abgegrenzten wie stilisierten Welterfahrung« zu sehen, auf die eine wesentlich modernere, manieriertere, asianischere folgen müsse. Und auch Gradmann wies vor allem auf die unübersehbare Abwendung von der Abbildlichkeit des Klassischen und die steigende Vorliebe für Alogik, Chaotik, Groteske und Abstraktheit hin, durch die es in der modernen Kunst – wie schon im Manierismus – zu den seltsamsten Querverbindungen zwischen syllogistischer Kombinatorik und phantastischer Abgründigkeit komme.

Das zweite Leitbild dieses elitären Modernismus war, wie gesagt, jene ›Kunstrevolte‹ um 1910, in der sich der Durchbruch zur absoluten Kunst vollzogen habe. Im Bereich der Malerei wies man in diesem Zusammenhang gern auf die ersten abstrakten Bilder Kandinskys hin, die um 1910 entstanden waren, im Bereich der Musik auf die Aufhebung der Tonarten und damit die Emanzipation der Dissonanz seit 1908, wie sie sich vor allem im Schaffen Schönbergs beobachten lasse, und im Bereich der Literatur auf jene freien Rhythmen und Wortassoziationen, die sich in der Lyrik August Stramms zwischen 1912 und 1915 finden. »Alles, was seither an Literatur, Malerei und Musik produziert worden ist«, schrieb H. H. Stuckenschmidt 1960 unter dem Titel *Eine neue Kulturepoche* in *Melos*, »steht im Zeichen dieser umwälzenden Erfahrungen. Noch heute spüren wir in den ersten Resultaten der Entdeckerzeit, in den Kunstwerken zwischen 1906 und 1920, das Pathos des Schreckens vor dem überwältigenden Eindruck unbekannter Welten.« Die Hauptvertreter dieser Richtung, ob nun Stuckenschmidt als Vertreter der eher aristokratischen Richtung, Benn als Vertreter der eher zynischen Richtung oder Adorno als Vertreter der eher dialektisch-negativistischen Richtung, ließen darum nicht ab, immer wieder auf die inneren Zusammenhänge in den Werken eines Kandinsky, Klee, Schönberg, Webern, Berg, Kafka, Stramm oder Schwitters hinzuweisen, in denen die ›moderne‹ Kunst- und Lebensrevolte einen Höhepunkt erreiche, den sie später nie wieder eingeholt, geschweige denn überboten habe.

Vor allem im Hinblick auf die modernistische Malerei wurden die Anhänger des Elitismus in den fünfziger Jahren nicht müde, unentwegt die gleichen »stilgeschichtlichen Ableitungen über Cézanne, über die sogenannten Fauves, den Kubismus usw. einschließlich der anderen Linienführungen über den nordischen und deutschen Expressionismus, die russischen Abstrakten« aufzustellen, wie Arnold Gehlen 1948 in seinem *Merkur*-Beitrag *Soziologischer Kommentar zur Malerei* schrieb, um die heutigen Abstrakten in eine möglichst interessante Ahnenreihe zu stellen. Alles Moderne, das heißt Antiklassische und Antirealistische, und zwar gleichviel welcher stilistischen Provenienz, fand in solchen Ableitungen sein logisches Plätzchen innerhalb einer Folge formaler Innovationen, die immer stärker in reine, absolute Formen übergehe. Schon der Expressionismus, behauptete Anton Henzen 1952 in *schri kunst schri,* wollte lediglich den Farben und Formen ihren »reinsten Ausdruck« geben, das heißt nicht Abbild, sondern Vision, nicht Reproduktion, sondern »impulsiver Ausdruck einer bewegten und seherischen Seele« sein. Alle gegenständlichen Maler nach den Expressionisten erschienen deshalb den Vertretern dieser Richtung als mehr oder minder veraltet. Wofür sie sich interessierten, waren allein die »Geburtshelfer« der abstrakten Kunst, wie Will Grohmann 1954 in seiner Klee-Monographie und Werner Schmalenbach 1959 im Hinblick auf Hans Arp im *Kunstwerk* schrieb. Zu den wirkungsmächtigsten Vertretern dieser Richtung gehörte Werner Haftmann, dessen Buch *Malerei im 20. Jahrhundert* (1954) fast zur Bibel der modernistischen Kunst wurde. Hier hieß es schon in der Einleitung, daß alles, was im 20. Jahrhundert künstlerisch zähle, von den abstrakten Malern, das heißt »außerhalb der Tradition und der von ihr abgeleiteten humanistischen Klischees« geschaffen worden sei. Wirklich gepriesen wurden darum in diesem Buch nur die erwähnten ›Geburtshelfer‹ der »Großen Abstrakten« sowie all jene, die sich auf der Grundlage dieser Tradition noch heute um eine »*neue* Auseinandersetzung mit der Wirklichkeit« bemühten. Diese Sicht blieb mindestens bis zu dem Buch *Die Vorgeschichte der abstrakten Kunst* (1964) von Otto Stelzer in der offiziösen Kunstkritik die schlechthin dominierende. Wenn man sich in diesem Bereich, der sich rein auf die Gegenwartssituation konzentrierte, überhaupt der Vergangenheit zuwandte, dann nur, um sie nach Vorläufern dieser Art von ›Moderne‹ durchzukämmen, das heißt nach einem »Tachismus avant la lettre« zu suchen, wie Stelzer schrieb.

Auch in der neoliberalen Musikkritik wurde neben der manieristischen Musica reservata eines Gesualdo meist die Musik um 1910 als Leitbild eines wahrhaft ›modernen‹ Komponierens hingestellt. Man wies in diesem Zusammenhang gern auf Strawinskys *Sacre du printemps* (1912), Debussys *Jeux* (1912) und gewisse neutönerische Werke Busonis hin, in denen sich die ersten Ansätze zu einer schwebenden Tonalität oder gar Atonalität finden ließen. Selbst der zwischen 1915 und 1920 entwickelten, aber relativ unbekannt gebliebenen Harmonielehre eines Josef Matthias Hauer wurde jetzt der erste Respekt gezollt. Als das alles überragende Leitbild stieg jedoch um 1950 die Schönbergsche Methode der »Komposition mit zwölf nur aufeinander bezogenen Tönen« auf, die aus der gleichen Ära stammt. Bis zu diesem Zeitpunkt hatte Schönberg in den USA und in Westeuropa als ein seltsamer, bizarrer Einzelgänger gegolten, den selbst jene Musikkritiker, welche der Moderne sonst wohlwollend gegenüberstanden, als zu formalistisch empfanden. In diesem Sinne schrieb Karl Heinz Wörner noch 1949 in seiner *Musik der Gegenwart*, daß Schönbergs Musik wegen ihrer »Esoterik« nur einen »kleinen Anhängerkreis« anspreche. Doch mit der Restauration spezifisch modernistischer Musikvorstellungen mußte um 1950 auch der Ruhm Schönbergs notwendig steigen. Schließlich setzte sich durch diesen Paradigmawechsel jenes Avantgardekonzept durch, nach dem gerade das Elitäre, Schwerverständliche, von den Zeitgenossen Verkannte die wahre Zukunft enthalte. Von großem Einfluß war hierbei die *Philosophie der neuen Musik* (1949) von Theodor W. Adorno, in der Schönberg wegen seiner subjektivistischen Expressivität gegen die angeblich mechanistische Kompositionstechnik eines Strawinsky ausgespielt und zum alleinigen Vorbild jeder nur möglichen neuen Musik erhoben wird. Und zwar gebrauchte dabei Adorno im Hinblick auf Schönbergs Musik das folgenreiche Bild von der »Flaschenpost« zu neuen Ufern, welche die einzig gültige Botschaft enthalte. Schönbergs Musik sei darum so bedeutsam, lesen wir hier, weil sie sich auf gut dialektisch-negativistische Weise in stolzer Einsamkeit entwickelt und nie nach »Wirkung« gestrebt habe. Ähnliche Thesen finden sich 1951 in der Schönberg-Monographie von H. H. Stuckenschmidt. Auch er behauptete, daß Schönbergs Musik heute so neu und »überzeugend« wie nie zuvor klinge, und stellte sie wie Adorno als das überzeugendste Beispiel eines »ästhetisch-musikalischen

Absolutismus« hin, der »jede geringste Forderung außermusikalischer Kräfte an die Musik« strikt von sich weise.

Neben solchen Publikationen waren es vor allem die Einflüsse aus Italien (Luigi Dallapiccola, Luigi Nono) und die Darmstädter Ferienkurse unter René Leibowitz, welche die frohe Botschaft der zwölftönigen Musik in der Bundesrepublik verbreiteten. Und so liefen die meisten westdeutschen Anhänger der Neuen Musik nach 1950 von Hindemith zu Schönberg über. Das belegt unter anderem das Buch *Neue Musik in der Entscheidung* (1954) des gleichen Wörner, der noch kurz zuvor Schönberg als zu »esoterisch« abgelehnt hatte und ihn jetzt als den führenden Meister jener Moderne herausstrich, die unser ganzes »Jahrhundert überstrahle«. Aus diesem Grunde wurde in der Bundesrepublik nach 1950 ein Schönberg-Werk nach dem anderen erst- oder uraufgeführt. Von besonderer Bedeutung war hierbei 1954 die Uraufführung von Schönbergs *Moses und Aaron* durch Hermann Scherchen – eines Werks, das in seinem »aktuellen Dualismus zwischen Freiheit und Willkür, zwischen Geist und geistfeindlicher Gewalt« von den *Melos*-Autoren selbstverständlich zur Rechtfertigung ihrer eigenen Außenseiterposition gegen die Welt der sogenannten Pragmatiker und Realpolitiker herangezogen wurde.

Doch zu diesem Zeitpunkt erkor sich die musikalische Avantgarde bereits ein neues Vorbild, nämlich den Schönberg-Schüler Anton Webern. Auch er hatte bis zum Anfang der fünfziger Jahre als ein Komponist »ferner Abseitigkeit«, ja als völlig bizarr gegolten, um noch einmal aus Wörners *Musik der Gegenwart* von 1949 zu zitieren. Aber gerade weil man ihn lange Zeit als einen »kuriosen, wenn auch beachtlichen Sonderfall fürs Raritätenkabinett« eingeschätzt hatte, wie es 1960 in *Melos* hieß, dessen Gesamtwerk nur eine Aufführungsdauer von etwa fünf Stunden beanspruche, stieg er jetzt zum idealen Leitbild aller Vertreter des Elitär-Abstrakten in der Musik auf. Die erste Auseinandersetzung mit Webern erfolgte 1953, dem Jahr seines 70. Geburtstags, in einem *Melos*-Beitrag von Gerth-Wolfgang Baruch und in dem Webern-Sonderheft der Zeitschrift *Die Reihe,* in dem sich Stockhausen, Eimert, Boulez und Pousseur zu ihm bekannten. Was einmal »Spezialität« oder »Schreck« war, wie Adorno 1959 in einem Webern-Aufsatz im *Merkur* schrieb, sei um

1955 zum Vorbild fast aller jungen Avantgardekomponisten geworden. Webern habe aufgrund seiner »Esoterik«, hieß es hier, der seriellen Musik von heute endlich den ersehnten »Ahnenpass« ausgestellt. Ebenso positiv äußerte sich Winfried Zillig in den fünfziger Jahren über Webern, wie man seinem 1964 erschienenen Sammelband *Variationen über neue Musik* entnehmen kann, wo er vom »Helden« Webern spricht, den man in einer »tauben Welt der Unwissenheit und Gleichgültigkeit« überhaupt nicht wahrgenommen habe und dessen überragende Bedeutung erst heute allmählich einsichtig werde. Wie schnell der Ruhm Weberns in diesen Jahren anwuchs, geht aus einer Äußerung Wolfgang Fortners hervor, der 1960 in *Melos* die Neue Musik bereits in ›vor- und nachwebernsche Strömungen‹ einteilte. Ja, ein anderer *Melos*-Beiträger schrieb im gleichen Jahr: »Webern ist heute tabu; er ist das Maß aller Dinge geworden.«

Auf dem Gebiet der Literatur nahm diese Wendung ins Modernistisch-Elitäre etwas andere Formen an. Schließlich läßt sich Sprache nicht so abstrakt handhaben wie das Material der gegenstandsfreien Malerei oder der seriellen Musik. Da Sprache auch dem Alltagsverkehr dient und deshalb notwendigerweise mit ›Bedeutung‹ aufgeladen ist, sind allen literarischen Versuchen, ins total Bedeutungslose vorzustoßen, von vornherein gewisse Grenzen gesetzt. Es gab zwar in der dadaistischen Lautpoesie um 1920 sowie im Bereich der Konkreten Lyrik der späten fünfziger Jahre durchaus Versuche, auch Sprache als pures Material zu behandeln. Doch solche Bemühungen blieben peripher. Die überwältigende Mehrheit der modernistischen Autoren hielt auch nach 1950 an den normativen Bedeutungsinhalten der überlieferten Sprache fest. Dennoch spielten sich auch auf diesem Gebiet Prozesse ab, die sich mit ähnlichen Vorgängen in der Malerei und Musik dieser Ära vergleichen lassen. So ging auch die betont elitäre Literaturkritik zu diesem Zeitpunkt dazu über, die Kunst-Ismen zwischen 1910 und 1925 als den eigentlichen Durchbruch der ›Moderne‹ hinzustellen, die sich hauptsächlich auf die Schaffung hermetisch-abgeschlossener, ja autonomer Sprach- und Wortgebilde konzentriert habe, statt weiterhin die soziale Verantwortlichkeit der Literatur in den Vordergrund zu rücken. Unter spezifisch ›moderner‹ Literatur wurde deshalb nach 1950 – im Bereich der deutschen Tradition – vornehmlich die exquisite Lyrik der Jahrhundertwende (George, Rilke, Hofmannsthal), die frühexpressionistische Lyrik (Trakl, Heym, Stadler), die Dichtungen des ›Sturm‹-Kreises (Stramm), die Prosa eines Kafka, Broch und Musil sowie die Lautpoesien der Dadaisten (Ball, Blümner, Schwitters) verstanden. Und wie in der Kunst- und Musikkritik gliederte man auch hier diese Strömungen in eine Ahnenkette des Modernismus ein, die geradezu zwangsläufig in die formalistisch orientierte Literatur der fünfziger Jahre einmündet.

Ein ehemaliger Expressionist wie Gottfried Benn sprach darum in einem *Merkur*-Beitrag schon 1950 von der erhofften »Phase II« der modernen Literatur in Deutschland. Unter Ablehnung aller ideologischen Stützen und Hilfskonstruktionen forderte er – mit einem bewundernden Blick auf die L'art-pour-l'art-Bestrebungen nach 1910 – von den kommenden Dichtern vor allem Härte und Artistik. Überhaupt hörte man innerhalb dieser Richtung immer wieder: nur keine Inhalte, keine Weltanschauungen, sondern reine Form, Statik, Montagebewußtsein oder auch wildwuchernde Phantasie, um so die Stimmung des Irrealen, des Absurden, des Déjà-vu zu verstärken. Im Sinne dieses Antirealismus wandte sich Ernst Kreuder in seinem Aufsatz *Literatur und modernes Lebensgefühl,* der 1950 in den *Deutschen Beiträgen* erschien, gegen all jene Autoren, die noch immer bemüht seien, die »Literatur zu einer Publizistik der Sensationen und Grausamkeiten«, einer »Berichterstattung der Trivialitäten« oder einer »Geschichtsschreibung der Verruchtheit« zu machen, und pries statt dessen Lyriker wie Trakl, Heym und Benn, die sich ausschließlich der »reinen Kunst« gewidmet hätten. All das, was sich weiterhin auf christliche, sozialistische oder humanistische Ideologien stütze, behaupteten die Vertreter dieser Richtung, möge ja ganz gut gemeint sein, habe aber selten sprachliches Niveau. Als wahre Dichtungen erschienen ihnen allein Werke mit forcierter Artistik, subjektiver Originalität und ideologischer Nichtassimilierbarkeit. Peter Heller bezeichnete diesen Modernismus in seinem *Merkur*-Aufsatz von 1951 einfach als »eisgekühlten Expressionismus«. Andere sahen einen »Neoavantgardismus« darin. Wenn man sich also zur Legitimierung der eigenen Bestrebungen auf die Literatur zwischen 1910 und 1920 bezog, geschah das meist unter Ausschaltung aller gesellschaftlichen oder gar politischen Intentionen dieser Literatur. Vor allem der Expressionismus wurde von dieser Richtung in eine reine ›Kunstrevolte‹ uminterpretiert. Für die Modernisten war überhaupt Dichtung nur das, was sich angesichts der allgemeinen ›Wortverramschung‹ innerhalb der Massen- und Medienkultur auf die Schaffung hermetisch chiffrierter Sprachgebilde konzentrierte. Ob sie sich hierbei auf Adorno oder Benn stützten, lief letztlich auf dasselbe hinaus.

Während in Malerei und Musik mit Kandinsky und Klee beziehungsweise Schönberg und Webern vornehmlich deutsche Künstler zu Leitbildern dieses restaurierten Modernismus erhoben wurden, stellte man in der Literatur neben den genannten deutschen Traditionen auch eine Reihe ausländischer Autoren als exemplarisch hin. Besonders häufig beriefen sich die Vertreter dieser Richtung auf die französischen Symbolisten sowie Modernisten wie Joyce, Pound und den frühen Eliot. Das belegt bereits die bekannte Marburger Rede *Probleme der Lyrik* (1951) von Gottfried Benn. Als ebenso vorbildlich empfanden viele Vertreter dieser Richtung das Buch *Die Struktur der modernen Lyrik* (1956) von Hugo Friedrich, in dem zu den spezifisch ›modernen‹ Dichtern der letzten 100 Jahre vor allem Baudelaire, Poe, Lautréamont, Nerval, Verlaine, Rimbaud, Mallarmé, Apollinaire, Valéry, Pound, Benn, Trakl, Ungaretti, Eliot, Lorca, Saint-John Perse, Rilke, Eluard und Aragon gerechnet werden. Und zwar arbeitete Friedrich hierbei als Hauptkriterien ihrer Werke vor allem die Neigung zu Dissonanz, Abstraktion, Abnormität, Endzeitlichkeit, Nichtassimilierbarkeit, Nihilismus, Sprachmagie, Diskontinuität, Absurdität sowie die Vorliebe für Okkultes, Spielerisches, Arabeskes und Monologisches heraus. Für all das schlug er den Sammelbegriff »entromantisierte Romantik« vor. Genau besehen, finden sich die meisten Kriterien dieser Art von ›Modernität‹ schon in Hans Sedlmayrs *Verlust der Mitte* von 1948, waren aber dort noch mit einem negativen Vorzeichen versehen worden, während sie jetzt zu Inbegriffen des Avantgardistischen und damit Elitär-Positiven aufstiegen. »Schönheit der absoluten Form ist die Gewähr dafür«, schrieb Friedrich gegen Ende seines Buches im Hinblick auf diese »Poésie pure«, daß »selbst im Angesicht des Nichts der Glanz des Logos, der menschlichen Wesenswürde nicht erlischt«. Und damit wurden selbst in der Literatur Begriffe wie Autonomie, Konstruktion und Artistik zu den höchsten Konzepten des Künstlerischen schlechthin erhoben.

Der Antirealismus als programmatische Fundierung des ästhetischen Nonkonformismus

Die logische Folge dieses forcierten Elitismus, der sich zu seiner inneren Rechtfertigung gern auf die sogenannten ›Vorläufer‹ einer rein ästhetischen Kunstbetrachtung berief, war eine merkliche Abschwächung aller inhaltlich-realistischen Elemente innerhalb der modernistischen E-Kulturformen der fünfziger Jahre. Von den Hauptvertretern dieser Richtung wurde Kunst nicht mehr als Gefäß, Spiegel oder Illustration irgendwelcher vorgegebenen Inhalte aufgefaßt, sondern im Zuge der sich schnell ausbreitenden formalistischen Tendenzen zusehends ins Autonome erhoben. Als ›autonom‹ galt in diesem Umkreis primär die Freiheit von allen ideologischen Zielsetzungen und zugleich eine fortschreitende Beschränkung auf die sogenannten Materialien der einzelnen Künste, ob nun Form, Farbe, Klang oder Wort, um so der Kunst, wie schon im Ästhetizismus der Jahrhundertwende, die Möglichkeit zu geben, endlich zu sich selber zu kommen.

Am deutlichsten läßt sich dieser Vorgang in der Malerei verfolgen, wo die relativ ›realistische‹ Bildwelt der unmittelbaren Nachkriegszeit in den Jahren nach 1950 einer Tendenz ins Gegenstandslose zu weichen begann, die sich als Gipfelpunkt aller abstrahierenden Strömungen innerhalb der Malerei der letzten drei Jahrhunderte verstand. Kunstkritiker wie Werner Haftmann, Will Grohmann, Carl Linfert und Albert Schulze-Vellinghausen, ja geradezu alle Verfechter des elitären Prinzips traten demzufolge nach 1950 als Exponenten des Antirealistischen in der Kunst auf und unterstützten in Organen wie *Jahresring, Monat, Merkur, Das Kunstwerk* oder führenden Tageszeitungen die These, daß sich die Malerei nur durch eine konsequente Gegenstandslosigkeit vom erdrückenden Ideologieballast der Vergangenheit befreien könne. Vor allem Haftmann wandte sich in Blättern wie *Die Welt* und *Die Zeit* seit 1952 mit dem Satz »Ein Bild ist wesentlich eine plane, von Farben in einer bestimmten Anordnung bedeckte Oberfläche« geradezu pausenlos gegen jene christlichen, humanistischen oder sozialpolitischen Argumente, die auch in der Malerei auf einer gesamtgesellschaftlichen Verantwortlichkeit bestanden. Wie alle Vertreter des elitären Modernismus trat Haftmann solchen Ansprüchen mit der These entgegen, daß jede wahrhaft moderne Kunst im Prinzip subjektivistisch und damit anarchistisch sei. Im gleichen Sinne argumentierte damals selbst Franz Roh, der sich in den zwanziger Jahren als ein Hauptvertreter der Neuen Sachlichkeit aufgespielt hatte, jedoch 1953 im *Kunstwerk* seine jugendliche Verblendung plötzlich bereute und erklärte, damals noch nicht erkannt zu haben, daß die Königslinie der Malerei des 20. Jahrhunderts ins Gegenstandslose tendiere. Unter Bezugnahme auf die gängige Totalitarismustheorie schrieb darum Roh 1958 in seiner *Geschichte der deutschen Malerei bis zur Gegenwart,* daß es völlig verfehlt sei, »die bildenden Künste zum Träger eines politischen Gedankens zu machen«, und bekannte sich zu einer Malerei der wertfrei-ästhetizistischen Abstraktion. Weil Kunst keine Moral, keine Idee, kein weltanschauliches Telos brauche, hieß es bei ihm und anderen Vertretern dieses elitären Modernismus immer wieder, brauche sie auch keinen Realismus.

Diese programmatische Verdammung aller realistischen Tendenzen führte in der westdeutschen Kunstkritik zwischen 1950 und 1955 zu einer merklichen Zurückdrängung des bisherigen Stilpluralismus und damit einer fortschreitenden Vereinheitlichung im Sinne eines Konzepts der totalen Gegenstandslosigkeit. Während sich vor 1950 die linkskritischen, halbmodernen und gegenstandslosen Richtungen in der Kunstkritik noch wechselseitig toleriert hatten, traten nach 1950 die Vertreter der legendären »Balken, Kreise und Striche« zusehends mit dem Anspruch einer geradezu monopolistischen Markt- und Meinungsbeherrschung auf. Da diese Vereinheitlichung weitgehend im Zeichen des Kalten Krieges geschah, begann sie in ihren ideologischen Verlautbarungen meist mit einer systematischen Verteufelung aller hinter dem ›Eisernen Vorhang‹ vertretenen Ideologien und Kunstprogramme. Im Bereich der Malerei galt diese Kritik vor allem der Theorie des ›Sozialistischen Realismus‹, welche in diesen Jahren im Zuge des Kalten Krieges ebenfalls eine Phase ideologischer Verhärtungen durchlief. Aufgrund dieser Entwicklung glaubten sich die modernistisch-orientierten Kunstkritiker der Bundesrepublik nach 1950 durchaus berechtigt, jede Form der Realistik einfach als Zeichen der Unfreiheit abstempeln zu können, das heißt als willenloses Abpinseln der vorgegebenen Wirklichkeit oder als ebenso willenlose Anpassung an die Kunstdiktatur der Stalinschen Schönfärberei. Durch solche Konzepte, liest man in den Verlautbarungen dieser Richtung geradezu unentwegt, erniedrige sich der Maler zum bloßen Fotografen oder gar Sklaven ohne eigene Identität. Statt sich zum Schöpfer neuer, gegenstandsloser Welten aufzuschwingen, werde er so zum Komplizen einer ›Welt des Terrors‹, die auch dem ›Freien Westen‹ gefährlich werden könne. Eine solche »Unkunst« lebe heute nur in den Ländern des Ostblocks weiter, erklärte Klaus Jürgen-Fischer 1955 im *Kunstwerk*, wo man wie im Dritten Reich alle »schöpferischen Kräfte« unbarmherzig gefesselt habe. Während in den frühen zwanziger Jahren selbst in der Sowjetunion im Bereich der Malerei noch die Avantgarde des Gegenstandslosen vorgeherrscht habe, sei in diesen Breiten in den letzten zwei Jahrzehnten eindeutig das Muffige, Verklemmte, Ressentimentgeladene, Kleinbürgerliche, Wirklichkeitsbezogene und damit Intolerante maßgeblich geworden.

Doch nicht nur die östlichen Realisten, auch die Realisten im eigenen Lager, die weiterhin an einer antifaschistisch-linken Gesinnung festzuhalten versuchten, gerieten nach 1950 in die Schußlinie solcher Kritiker. Was ihnen – seit dem Verbot des ›Kulturbundes zur demokratischen Erneuerung Deutschlands‹ und ähnlicher Säuberungsmaßnahmen – von den Modernisten vorgeworfen wurde, war das Gleiche, was diese Kreise den Anhängern des Sozialistischen Realismus anlasteten, nämlich ein Hang zum Altmodischen, Subalternen, Massenhaften und damit Totalitären. Am schärfsten angegriffen wurden im Zuge dieser Kampagne entschiedene Gesellschaftskritiker wie Karl Hubbuch oder Otto Dix, die wegen ihres prononcierten Wirklichkeitsbezugs und des Appellcharakters ihrer Bilder zeitweilig geradezu als ›Unkünstler‹ galten. Doch auch jede Form einer gemalten ›Trauerarbeit‹ erschien den Nutznießern des bundesrepublikanischen Wirtschaftswunders zusehends peinlicher. Sie wollten die faschistische Vergangenheit im Zeichen des neugewonnenen Wohlstands möglichst schnell verdrängen und stellten deshalb sogar existentialistische, humanistische oder christliche Warnbilder als ideologie- und damit linksverdächtig hin. Im Zeichen einer freien Industrie- und Konsumgesellschaft ›moderner Menschen‹, wie es gern hieß, empfanden sie nur noch das Konzept der absoluten Ideologielosigkeit als zeitgemäß. Selbst die Vertreter der Halbmoderne wurden deshalb in diesen Jahren – wegen ihrer ›realistischen‹ Malart oder ihrer gesamtdeutschen Gesinnung – entweder bewußt übersehen, lächerlich gemacht oder wie im Falle Carl Hofers massiv angegriffen. Wohl den unrühmlichsten Lorbeer verdienten sich in diesem Zusammenhang Will Grohmann, Carl Linfert und Werner Haftmann, die allen sogenannten Realisten vorwarfen, am banausischen Geschmack des 19. Jahrhunderts festzuhalten, ja einer politischen Art engagé oder gar Art dirigé zu huldigen, die sich durch ihren Mißbrauch unter Stalin und Hitler längst als unkünstlerisch disqualifiziert habe. Eine der schärfsten Debatten dieser Art spielte sich 1954/55 in der Zeitschrift *Der Monat* ab, wo den Anhängern des Wirklichkeitsbezugs von Kritikern wie Linfert und Grohmann der Vorwurf einer massenbezogenen Plattheit, das heißt einer Neigung zum Totalitären gemacht wurde, gegen den sich Carl Hofer im gleichen Jahr in der Hamburger *Zeit* mit dem Beitrag *Wiederum entartet* zur Wehr zu setzen versuchte. Welche realen Folgen solche Verdächtigungen haben konnten, mußten Otto Dix, Max Pechstein und Max Unold schon 1953 erfahren, als man ihre Werke bei größeren Ausstellungen einfach ablehnte und dafür gegenstandslose Bilder favorisierte. Ja, als einige Realisten wie Emil Scheibe, Adolf Heinziger und Werner Berg, die es gewagt hatten, trotz aller Diffamierungen weiterhin ›unmodern‹ zu malen, um 1960 ein erstes Comeback anstrebten, wurden sie von der Kritikergarde des elitären Modernismus sofort massiv zurückgewiesen. Dies seien Maler, schrieb Alfred Schmeller 1960 im 30. Heft von *Magnum,* welche noch immer der lächerlichen Utopie anhingen, die »soziale Frage mit dem Pinsel lösen« zu wollen. Ebenso scharf wandte sich Klaus Jürgen-Fischer 1962 in der Zeitschrift *Das Kunstwerk* gegen die ersten Zeichen einer »Neuen Figuration«, um so dieser Richtung von vornherein einen Riegel vorzuschieben. Die offizielle bis offiziöse Rechtfertigung der gegenstandsfreien Malerei ging bis 1960 meist von einer bewußten Uminterpretation des

Begriffs ›Avantgarde‹ aus. Während sich Teile der älteren Avantgarde zwischen 1910 und 1925 selbst in ihrer ästhetischen Formgebung noch durchaus politisch oder zumindest gesellschaftskritisch verstanden hatten, wurde jetzt selbst die ältere Avantgarde in eine reine Kunstrevolte umgedeutet, der es vornehmlich um formale Innovationen gegangen sei. Auf diese Weise brachte man es fertig, sogar den linken Konstruktivismus der frühen zwanziger Jahre als eine ›Moderne‹ zu restaurieren, die keinerlei politische, geschweige denn rebellische Züge aufweist, ja verstand es sogar, diese Kunst – mittels einiger ideologischer Verrenkungen – in ein stilbestimmendes Element der neuen Systemkunst umzuwandeln. Manche zogen hierbei alle nur denkbaren Register, um diese restaurierte, aber ihres früheren Sinns entkleidete Moderne als *die* Moderne schlechthin auszugeben, indem sie diese Kunst sowohl gegen die linke Kritik des Ostens als auch gegen die konservative Kritik eines Hans Sedlmayr verteidigten, die beide – wenn auch mit höchst verschiedener Akzentsetzung – noch immer die Inhaltslosigkeit dieser Kunst beklagten und deshalb von den Vertretern des Modernismus als ›altmodisch‹ denunziert wurden.

Als die entscheidenden Topoi innerhalb der Legitimationsstrategien dieser gegenstandslosen Malerei tauchten in den Feuilletons der fünfziger Jahre meist folgende Kriterien auf. Da wären erst einmal die formalästhetischen Rechtfertigungen. In dieser Kunst, liest man, habe sich der Künstler endlich vom Gegenstand befreit, verfahre also nicht mehr zwanghaft abbildlich, sondern kreativ frei. Hier komme also die Malerei endlich zu sich selbst, indem sie alle Bindungen an Sujets oder genrehafte Motive abstreife und nur ihr eigenes Material oder den freien Umgang mit diesem Material thematisiere. Die »vorgeformten Leitbilder aus dem Raum des Humanistischen, des Sozialen, des Idealistischen und Religiösen«, sagte Haftmann 1955 anläßlich der Eröffnung der ersten ›Documenta‹ in Kassel, seien »verblaßt« und gäben deshalb dem wahrhaft »künstlerischen Menschen keine Impulse« mehr. Was derselbe Haftmann statt dessen pries, war lediglich das total ›autonome‹ Bild, das eine »rein artistische Veranstaltung« sein müsse, wie er 1954 im Schlußkapitel seiner *Malerei im 20. Jahrhundert* schrieb. Conrad Westphal stellte im gleichen Jahr in *schri kunst schri* die »reine Fläche« als den »Anfang und das Ende«

jeder wahrhaft modernen Kunst hin. Überhaupt erklärten solche Kritiker immer wieder, daß in der gegenstandslosen Kunst jeder Maler sein eigener Schöpfer sei, wodurch sich das Schimpfwort ›Formalist‹ in diesem Umkreis geradezu in einen Ehrentitel verwandelte, mit dem man den eigenen Materialfetischismus zu bemänteln versuchte. Dementsprechend betonte Werner Schmalenbach 1959 bei der Eröffnung einer Hann-Trier-Ausstellung in Hannover höchst unverblümt: »Es geht um das Bild, um das gemachte Bild. Das ist die Realität, und sie hat zumindest für diesen Künstler mehr Gewicht als die der Kriegs- oder sonstigen Erlebnisse.« Ebenso offen schrieb Werner Luft 1955 in *schri kunst schri*: »Nicht Sinn-, sondern Formzusammenhänge bestimmen heute die Qualität eines Kunstwerks.« Ja, Arnold Gehlen behauptete 1959 im *Jahresring*, daß ihm Jugendliche angesichts »abstrakter Bilder« versichert hätten, hierin sähen sie den Ausdruck wahrer »Freiheit«. Die abbildende Funktion der älteren Malerei, fügte er hinzu, hätten heutzutage ohnehin das Foto und der Film übernommen.

Das Wort ›Freiheit‹ machte in diesem Umkreis überhaupt eine ungewöhnliche Inflation durch. In allem war man plötzlich ›frei‹: im Verzicht auf einen faßbaren Gegenstand sowie im Umgang mit Farbe, Linie, Form, Fläche und Raum. Indem man vorgab, sich von allen bisherigen Gesinnungen, Programmen, Theorien und Ideologien zu befreien, glaubte man sich auch vom ›schmutzigen‹ Geschäft der Politik befreien zu können. Worte wie Gesinnungskünstler oder Moralist wurden darum von dieser Richtung nur noch negativ benutzt. Wesentlich positiver empfand sie dagegen jene Materialkünstler und Formbeherrscher, die ihr Hauptaugenmerk dem ›Wie‹ und nicht mehr dem ›Was‹ widmeten. Als besonders zeitgemäß wurde hierbei die Wendung ins Industrielle und Technische hingestellt. Deshalb ist in den Programmen dieser Richtung ständig von der Schönheit der technischen Form, von geometrischen Mustern oder durchmathematisierten Flächen die Rede, als habe man es mit Reißbrettzeichnungen eines Ingenieurbüros zu tun. Auch die Unabbildlichkeit des modern naturwissenschaftlichen Weltbildes mußte in diesem Umkreis häufig zur Rechtfertigung der zunehmenden Gegenstandslosigkeit herhalten. So verteidigte Willi Baumeister schon 1950 die abstrakte Malerei beim ›Ersten Darmstädter Gespräch‹ gegen Sedlmayr und Hausenstein mit einem Hinweis auf die moderne Atomphysik, die auch keine Abbildlichkeit mehr erlaube. Im gleichen Tenor erklärte Werner Haftmann 1952 in seinem Aufsatz *Glanz und Gefährdung der abstrakten Malerei,* daß die weitgehend gegenstandslose Welt, die man durch die Riesenaugen der Fernrohre oder die neuen Feldelektronenmikroskope wahrnehme, wesentlich faszinierender sei als jene »armselig-menschliche Sichtbarkeit«, welche »Herrn Hinz und Fräulein Kunz« auf ihren Spaziergängen durch die Natur als Wirklichkeit erscheine. Ebenso nachdrücklich zog 1953 Carl Linfert im *Monat* das physikalische Weltbild eines Werner Heisenberg zur Rechtfertigung der abstrakten Malerei heran. Während die Technik vielen der älteren Gesinnungskünstler noch ein Anathema war, hatte man in diesem Bereich, wie Fritz Baumgart 1953 in seinem Buch *Die Kunst unserer Zeit* schrieb, nicht die geringsten Skrupel, sie immer enger in die Kunst »hereinzunehmen«. Nicht nur Max Bense verglich darum in diesen Jahren den Künstler gern mit einem technischen Designer, der wie die frühen Konstruktivisten in eine Laborsituation gehöre, auch andere Modernefanatiker dieser Jahre forderten geradezu unentwegt, daß die moderne Malerei die industrielle Situation unserer Zeit widerspiegeln müsse. Am weitesten ging dabei Hans Joachim Sperr, der 1954 im *Jahresring,* dem Organ des ›Kulturkreises‹ im ›Bundesverband der deutschen Industrie‹, erklärte, daß sich das Leben aller Menschen heute in einer Umwelt abspiele, in der »die überwiegende Mehrheit aller Einzelteile« ein »Produkt der Industrie« sei und deshalb auch die Kunst gar nicht umhin könne, sich der Methoden der industriellen Produktion zu bedienen.

Auf einer etwas höheren Ebene wurde dagegen – à la Kandinsky – ständig die gesteigerte ›Geistigkeit‹, das heißt die subjektiv-idealistische Komponente der gegenstandslosen Malerei herausgestrichen. Neben Begriffen wie Technisierung tauchen darum im Umkreis solcher Theorien ebenso häufig Worte wie Intellektualisierung, Konzeptualisierung oder gar Spiritualisierung auf. Noch beliebter wurde es, diesem Abstraktwerden eine Tendenz ins Innerliche, Psychische, Existentielle unterzuschieben, indem man den von allen objektiven Gegebenheiten befreiten Malprozeß als einen geheimnisvollen, unkontrollierbaren Akt hinstellte, bei dem sich die psychische Energie des schaffenden Künstlers ins Kreative »entstaut«. »Ein Bild entsteht während des Malens«, hieß es 1959 im 24. *Magnum*-Heft unter dem Titel *Die freie Geste,* »das Malen selbst, der Vorgang, gibt die Impulse, es entläßt aus sich Vorstöße. Wenn der Maler ein Bild beginnt, weiß er nie, wie es ausgeht.« »Daher ist diese Malerei«, liest man weiter, »die schärfste und absolut einseitige Betonung des Menschlich-Individuellen« und somit eine der besten Waffen im Kampf gegen »alle kollektivistischen Tendenzen unserer Zeit«. Manche dieser Kritiker setzten den Akt des Malens sogar mit Übergriffen ins Magische, Gewaltsame, Paroxystische gleich und sprachen von Ekstase, Beschwörung oder »Innerer Vibration«, um im Bereich dieser Action Painting auf die »mysteriöse Einheit« des malenden Ich mit irgendwelchen kosmischen Urkräften hinzuweisen. Überhaupt wurde in diesen Jahren gern verkündet, daß man als moderner Maler nicht nachschaffen, sondern den geheimen Formgesetzen der Materie nachgehen solle. Und dadurch stellten sich in diesem Bereich oft kaum verschleierte mystische Wallungen, ja geradezu religiöse Verzückungen ein.

Während Hans Sedlmayr, Paul Metz und Wladimir Weidlé noch geglaubt hatten, die halbabstrakte und gegenstandslose Malerei aus religiösen Gründen ablehnen zu müssen, wurde also jetzt gerade die Leere und Unbestimmtheit solcher Bilder von manchen als willkommener Anlaß zur Meditation hingestellt. Ein wichtiger Vorläufer dieser Richtung war Willi Baumeister, der in seinem Buch *Das Unbekannte in der Kunst* schon 1947 unter Berufung auf Mystiker wie Meister Eckhart sowie den Zeichencharakter der Bilder Kandinskys und Mondrians das visionäre »Schauen« weit über das bloße »Sehen« gestellt hatte. Ähnliches verkündete Martin Heidegger 1950 in seiner Schrift *Holzwege,* in der er die Kunst – mit einer deutlichen Wendung ins Theologische – als die sich offenbarende »Wahrheit des Seienden« feierte. Nicht minder emphatisch bekannte sich 1952 Wilhelm Weischedel in seinem Buch *Die Tiefe im Antlitz der Welt. Entwurf einer Metaphysik der Kunst* zu einer abstrakten Malerei, die gerade durch die »Eigenmacht der Urformen« ins Numinose und damit Religiöse vorstoße. Selbst hohe Würdenträger der katholischen Kirche wie Monsignore Maurer, der Prediger am Wiener Stephansdom, schlossen Mitte der fünfziger Jahre ihren Frieden mit der modernen Kunst und setzten sich aktiv für den Einbezug gegenstands-

loser Werke beim Bau neuer Kirchen ein. Im Gefolge solcher Tendenzen gab es 1961 in Frankfurt eine Ausstellung *Kirche und abstrakte Kunst* zu sehen, wo gerade den gegenstandslosen Werken, als den Ausdrucksträgern wahrer Tiefe, die Fähigkeit zugesprochen wurde, einen »Lichtstrahl in das Dunkel unserer Existenz« zu werfen, wie Rudolf Marees 1962 im Januarheft der Zeitschrift *Kunst und Kirche* schrieb. Aus einem ähnlichen Grunde gab Wieland Schmied seinem Buch *Zur Kunst der Christen,* das im gleichen Jahr erschien, den Obertitel *Fenster ins Unsichtbare.* Und auch Kurt Lüthi bekannte sich 1963 in dem Buch *Moderne Literatur, Malerei und Musik* als gläubiger Christ zur abstrakten »Gegenwartsmalerei«, das heißt wandte sich gegen die Thesen des inzwischen obsolet gewordenen Sedlmayr und reihte sich in die Linie jener Stimmen von Worringer zu Haftmann ein, bei denen das Prinzip der Abstraktion immer stärker ins Eigentliche, Theologische übergeht, bis schließlich die total schwarze Leinwand zum höchsten Meditationsobjekt wird.
Auf musikalischem Gebiet stellte sich die Frage eines bewußten Antirealismus selbstverständlich anders als auf dem der Malerei. Da dieses Medium, von gewissen Formen einer lautmalerischen Programmusik einmal abgesehen, für eine direkte Mimesis relativ ungeeignet ist, standen die westdeutschen Manifeste einer modernistisch-elitären Musik der fünfziger und frühen sechziger Jahre weniger im Zeichen eines rabiaten Antirealismus als im Zeichen jener allgemeinen Abwendung von Melodie und Tonalität, die bereits um 1910 einsetzte und in den zwanziger Jahren ihren ersten Höhepunkt erlebt hatte. Wer also nach 1950 in den modernistischen Formen der sogenannten E-Musik noch immer auf Gemütswerte hoffte, die eine unmittelbare Identifikation erlauben, wurde notwendig enttäuscht. Was sich hier in den Vordergrund drängte, war eine »Musik gegen jedermann«, wie H. H. Stuckenschmidt schrieb, die sich in die eisige Höhenluft des Exklusiven, Schwerverständlichen, Hermetischen und damit letztlich Abstrakten, weil jenseits des bisher als ›human‹ Verstandenen, zurückzog.
Wohl am vordergründigsten äußerte sich diese Wendung ins Abstrakte in all jenen Genres, wie etwa der Oper, die auf eine szenische Repräsentation der dargestellten Vorgänge angewiesen sind. Während in der älteren Oper, ob nun im Bereich des Dramatischen oder

im Bereich des Bel canto, stets ein illusionistisches, das heißt die ›Realität‹ widerspiegelndes Bühnenbild vorgeherrscht hatte, wurde für die Zeit nach 1950 – zum Teil unter Anlehnung an gewisse Reformkonzepte der Jahrhundertwende – eher die Nichtgegenständlichkeit des Bühnenraums stilbestimmend. Das bekannteste Beispiel dafür ist das Abstraktwerden Bayreuths in diesem Zeitraum, wo Wieland Wagner nach 1951 mit seiner durchgreifenden »Entrümpelung« der Wagner-Bühne, die zugleich einer Entideologisierung Wagners gleichkam, weltweit Furore machte. Er bediente sich dabei neben wenigen, geradezu archetypisch verwendeten Requisiten vor allem mystisch-magischer Lichteffekte, was zu einer Geometrisierung des gesamten Bühnenraums führte, die von den Vertretern des modernistischen Prinzips, wie etwa den Kritikern der Zeitschrift *Melos*, lebhaft begrüßt wurde. Malerei, Architektur, Bühnenbild, ja schließlich sogar die Texte traten bei diesen Inszenierungen völlig hinter den abstrakten Klängen einer ins Absolute gesteigerten Musik und zugleich dem Gefühl eines immensen, aber zugleich leeren Raums zurück. Alles wurde hier ins Abstrakte verwesentlicht, wie es damals hieß, um so den Eindruck magischer Raumgebilde zu erwecken, die in vielem den Grundformen der gegenstandslosen Malerei dieser Jahre entsprachen. Ja, manche Opernregisseure und -komponisten gingen damals in ihrer Ablehnung des Realistisch-Vermittelnden soweit, daß sich schließlich das gesamte Bühnengeschehen – wie bei bestimmten Balletten, den eigentlichen Lieblingsspektakeln dieser Ära – ins Abstrakte verflüchtigte. Man denke an die *Abstrakte Oper Nr. 1*, die Boris Blacher 1952 komponierte und in der er menschliche Grundbefindlichkeiten wie Angst, Liebe und Schmerz auf der Grundlage offenbar sinnloser neodadaistischer Lautpoesien (Na-nore, Da-ba-la, Da-mu-na, Te-te-re, Pe-pe, Li-li usw.) auszudrücken versuchte.

Doch all das sind an sich Marginalien. Entscheidend ist, daß dieser programmatische Antirealismus sogar in den Diskussionen um das Wesen der Instrumentalmusik die Oberhand behielt. Während sich bis in die zwanziger Jahre die Vertreter autonomie- und heteronomieästhetischer Anschauungen auf diesem Gebiet noch erbitterte Schlachten geliefert hatten, das heißt den einen das Prinzip der absoluten Musik und den anderen das Prinzip der realistisch-vermittelnden Musik als das Entscheidende erschienen war, kam es nach 1950 im Bereich des Modernistisch-Elitären zu einer geradezu diktatorischen Vorherrschaft des autonomieästhetischen Prinzips. Statt sich weiterhin mit der Frage auseinanderzusetzen, was Musik eigentlich geistig oder seelisch vermittle, beziehungsweise wie sie es vermittle, kaprizierte man sich zusehends auf die These, daß Musik nur sich selbst ausdrücke und es daher sinnlos sei, sie auf spezifische ›Inhalte‹ zu befragen. Die Vertreter heteronomieästhetischer Ansichten, wie etwa die Musikkritiker des Ostblocks, die sich bei ihren Bemühungen um eine genauere Erkenntnis der Abbildlichkeit des Nichtabbildlichen im Bereich der Instrumentalmusik weiterhin zur platonischen Ethos-Lehre, zur Kategorie der gedoppelten Mimesis à la Georg Lukács oder zur Intonationslehre eines Boris Assafjew bekannten, wurden deshalb im Westen entweder überhaupt nicht wahrgenommen oder als altmodisch belächelt. Entgegen allen älteren Widerspiegelungstheorien, die gerade im Bereich der Einfühlungsästhetik des 18. und 19. Jahrhunderts eine große Rolle gespielt hatten, stützte sich die autonomieästhetische Richtung der westdeutschen Musikkritik der fünfziger Jahre fast ausschließlich auf die These, daß Musik überhaupt nichts ausdrücke. Man berief sich hierbei gern auf das bekannte Diktum von Strawinsky: »Ich bin der Ansicht, daß die Musik ihrem Wesen nach unfähig ist, etwas ›auszudrücken‹, was es auch sein möge: ein Gefühl, eine Haltung, einen psychologischen Zustand, ein Naturphänomen oder sonst irgend etwas. Der ›Ausdruck‹ ist nie eine immanente Eigenschaft der Musik gewesen und auf keine Weise ist ihre Daseinsberechtigung vom ›Ausdruck‹ abhängig.« Ebenso häufig wurde in diesem Umkreis folgender Ausspruch von Schönberg zitiert: »Man findet nur wenige Menschen, die Musik vom rein musikalischen Standpunkt her erfassen können. Die Einbildung, daß eine Komposition Bilder oder Vorstellungen erwecken müsse und ohne Worte nicht verstanden werden könne, ist die banalste Auffassung vom Kunstwerk, die es überhaupt gibt.«

Die westdeutschen Beiträge zur modernistischen Musiktheorie der fünfziger und frühen sechziger Jahre sind daher voller Bekenntnisse zu Autonomie, Materialgerechtheit und Nichtabbildlichkeit, um so die angeblich ›abstrakten‹ Formen der Instrumentalmusik zu den reinsten, zerebralsten und damit höchsten Formen der ersehnten

neuen E-Musik zu erheben. In all diesen Verlautbarungen geht es nur noch um das »Musikalische an sich«, während jede Wendung zu Inhaltsfragen als »antimusikalische« Geschmacksverwirrung hingestellt wird, wie es 1961 in dem Beitrag *Musik-Ästhetik* von Albert Wellek zu der großangelegten Enzyklopädie *Musik in Geschichte und Gegenwart* heißt. Und zwar wurden zur Rechtfertigung dieser Nichtabbildlichkeit des musikalischen Ausdrucks fast die gleichen Kriterien wie im Hinblick auf die abstrakte Malerei herangezogen: nämlich das Autonomieästhetische, die Nähe zu Technik und Industrie, die steigende Spiritualisierung des künstlerischen Ausdrucks sowie eine psychische Unmittelbarkeit, die sich bis zur mystisch-religiösen Verzückung steigern kann. Eher affirmativ eingestellte Kritiker, wie H. H. Stuckenschmidt, legten hierbei den Akzent vornehmlich auf das in dieser Autonomieästhetik zum Ausdruck kommende Prinzip der absoluten Freiheit, während eher antiaffirmativ orientierte Musikkritiker, wie Theodor W. Adorno, den Akzent vornehmlich auf das geheime Widerstandspotential legten, das in diesem Autonomieanspruch steckt. Letztere betonten deshalb stets das Nichtabbildliche, das Absolute einer solchen Musik, die keinerlei »Konzessionen an das Menschliche« macht, wie es in Adornos *Philosophie der neuen Musik* (1949) heißt, sondern sich zur vorgegebenen Situation rein negativ verhält.
Völlig anders stellte sich dagegen das Problem des ›Realismus‹ im Bereich der bewußt modernistischen Literatur nach 1950. Schließlich kann Literatur nie so abstrakt oder gegenstandslos werden wie Malerei und Musik (wenn man von peripheren Phänomenen wie dadaistischen Lautpoesien einmal absieht), sondern bleibt durch ihr ›Material‹, nämlich die Sprache, die auch der alltäglichen und damit höchst konkreten Verständigung dient, stets an vorgegebene Bedeutungsinhalte gebunden. Für die Modernisten unter den Schriftstellern der fünfziger Jahre war es darum wesentlich schwieriger, mit ihren Werken in den Bereich jener Unrealistik und damit Autonomie vorzustoßen, der den bewußt elitären Malern und Komponisten als der eigentlich moderne erschien. Und doch bemühten sich auch sie, den Akzent des spezifisch Poetischen immer stärker auf das Formale, Sprachliche, Genrebetonte zu legen, um somit Wortgebilde zu schaffen, die sich in ihrer forcierten Antialltäglichkeit nicht auf soge-

nannte ›realistisch-platte‹ Bedeutungen reduzieren ließen. Gegen alle Forderungen einer größeren Einfachheit, Schlichtheit oder gar sprachlichen Kahlschlaggesinnung, wie sie in der unmittelbaren Nachkriegszeit erhoben wurden, setzten sich deshalb die formalistisch orientierten Autoren nach 1950 (in deutlicher Anlehnung an die Wortkunst des Jugendstils und des Frühexpressionismus) für einen Umgang mit Sprache ein, der in letzter Konsequenz auf eine Sprachartistik hinausläuft, bei der das ›freie Ich‹ die Sprache mehr und mehr als ein willkürlich umzuformendes Material behandelt. Für diese Autoren war Literatur nichts Erlebtes, Erfahrenes, auf die zeitgenössische Situation oder gar die Gesamtheit der Nation Bezogenes mehr, sondern ein Medium des Modernistisch-Spiritualisierten, bei dem man zwar nicht so subtile Materialien zur Verfügung hatte wie in der abstrakten Malerei und Musik, wo sich aber das Gegenstandsfreie dennoch in Formen des Chiffrierten und Hermetischen approximieren ließ.

Wohl am deutlichsten läßt sich dieser neue Trend in den programmatischen Verlautbarungen der neo- bis rechtsliberalen Literaturwissenschaft dieser Jahre ablesen, wo sich im Zuge der Abwendung vom Faschismus, des Antitotalitarismus, der Frontstellung gegen den Osten und des daraus resultierenden Kalten Krieges ein deutlicher Umschlag aus einer eher inhaltsästhetisch ausgerichteten zu einer eher formalästhetischen Literaturwissenschaft beobachten läßt, die im Zeichen des Autonomieästhetischen gegen das Heteronomieästhetische zu Felde zog. Das ›Außerliterarische‹, das heißt das Inhaltsbezogene, Realistische, Konkrete, trat dadurch innerhalb dieser Richtung so stark in den Hintergrund wie selten zuvor. Und zwar setzte dieser Trend zum Dichterisch-Sprachlichen, zur Werkimmanenz, zur Betrachtung des Kunstwerks qua Kunstwerk bereits in den Jahren 1947/48 ein. So forderte Kurt May schon 1947 im *Trivium,* die Literaturwissenschaft endlich in eine ›Sprach-Kunst-Geschichte‹ umzuwandeln. Wolfgang Kayser erklärte 1948 in seinem Buch *Das sprachliche Kunstwerk,* daß man sich in Zukunft nur mit jenen Fragen auseinandersetzen solle, welche ein »literarisches Werk als solches stellt«. Außerliterarisches wurde deshalb von Kayser nur im Vorhof des Tempels geduldet, um die Kernzone der Literaturwissenschaft für die Erschließung der überzeitlichen »Bauformen« freizuhalten. Eine ähnliche Einstellung liegt Paul Böckmanns *Formgeschichte der deutschen Dichtung* (1949) zugrunde. Auch hier heißt es, daß Literaturgeschichte nie in eine »allgemeine Kultur- und Geistesgeschichte« ausarten dürfe, sondern die »Dichtung als Dichtung« zu ihrem einzigen Forschungsgegenstand erheben müsse.

Doch all diese Statements hätten sicher nicht genügt, einen grundlegenden Kurswechsel herbeizuführen, wenn sich nicht zur gleichen Zeit auch in den USA – im Gegenzug zur eher inhaltsbezogenen Literaturwissenschaft der sogenannten Red Decade – der berühmt-berüchtigte New Criticism durchgesetzt hätte. Auch in diesem Lande wurde nämlich nach 1945 jede Form der politischen, moralischen und historischen Deutung von Dichtung als antiquiert abgelehnt und die Methode des Close Reading als die alleingültige Herangehensweise an Literatur hingestellt. Um der Genetic Fallacy aus dem Wege zu gehen, schwor man auch hier immer stärker auf einen Formalismus, durch den das Inhaltliche zusehends beiläufiger wurde. So wandten sich René Wellek und Austin Warren in ihrer *Theory of Literature* (1949) gegen alle »cause-governed methods«, das heißt gegen jeden »extrinsic approach«, der sich in den Dienst außerliterarischer Faktoren stelle. Ein Zu-sich-selbst-Kommen der Literaturwissenschaft versprachen sich Wellek-Warren nur von einem »intrinsic approach«, der sich vorwiegend mit Phänomenen wie Form, Sprache, Stil, Genre, Euphonie, Rhythmus, Metrik, Metapher, Symbol oder Gattung beschäftige. Literatur war für sie in erster Linie Literatur, das heißt ein Phänomen mit einer eigenen Logik. Ihr mit einem aus der Realität entlehnten Wahrheitsbegriff beikommen zu wollen, verstieß nach ihrer Meinung gegen das innerste Wesen jeder poetischen Produktion. Und so lief ihre Theorie letzten Endes auf ein kongeniales Anempfinden und damit einen ›formalistisch‹ verbrämten Subjektivismus hinaus.

Welche Wirkung diese Theorien hatten, läßt sich in den Jahren zwischen 1950 und 1965 geradezu mit Händen greifen. Überall huldigten in diesem Zeitraum die Modernisten unter den neo- bis rechtsliberal eingestellten Literaturwissenschaftlern eine ›Strukturanalyse‹, die sich fast ausschließlich auf die formalästhetische Qualität ihrer Forschungsgegenstände beschränkt. Als der entscheidende Gesichtspunkt, unter dem sie Literatur analysierten, erschien diesen Gruppen nicht der Zeugniswert, sondern der Werkcharakter der jeweils behandelten ›Texte‹. Aus diesem Grunde wurde in diesem Umkreis das Künstlerische immer stärker aus den ideen- und geistesgeschichtlichen Zusammenhängen herausgelöst, das Biographische fast völlig vernachlässigt, das Politische und Soziale bewußt an die Peripherie verbannt, um sich rein ›puristisch‹ mit dem Werk als solchem beschäftigen zu können. Nicht mehr das ›Drum und Dran‹, sondern das innerste Wesen des Künstlerischen sollte nach Meinung dieser Kreise von nun ab im Mittelpunkt stehen: das Literaturhafte der Literatur, das Dichterische der Dichtung, das Poetische der Poesie oder wie die vielen Tautologien dieser Richtung auch heißen mögen. Und so entstand schließlich jene ›Kunst der Interpretation‹, wie man diese Methode nannte, als deren entscheidende Voraussetzung viele das allersubjektivste Gefühl hinstellten. Mit besonderer Vorliebe konzentrierten sich diese Wissenschaftler auf die hermetische Poesie eines Mallarmé, Trakl, Rilke oder Valéry, ganz zu schweigen von den ›Sprachgittern‹ oder ›Verbalkonstruktionen‹ der jüngsten Poesie. Überhaupt sprachen sie gern von einer ›Poésie pure‹, die nur noch aus ästhetischen Zeichen und Formen zu bestehen scheint. Kein Wunder daher, daß in den Untersuchungen dieser Richtung Begriffe wie Kolorit, Gewebe, Kontraste oder Strukturen dominierten, als habe man es in der Dichtung, wie in der abstrakten Malerei, bloß noch mit Farben und Linien, aber nicht mehr mit ›realen‹ Aussagen zu tun. Um nur ja keiner der herkömmlichen Nachahmungs- oder Widerspiegelungstheorien zu verfallen, sahen deshalb diese Gruppen in Texten fast ausschließlich autonome Strukturgebilde, die lediglich in Bildern, Formen und Symbolen zu uns sprechen. Und diese hob man so stark von allem Wirklichen ab, daß die sogenannte ›Kunst der Interpretation‹ streckenweise fast in eine Art Guesswork überging. Das weltanschauliche Konzept dieser Richtung glich sich somit immer mehr einer symbolistischen und phänomenologischen Betrachtungsweise an, deren Ahnenkette bis zu Edmund Husserls *Ideen zu einer reinen Phänomenologie* (1913), Ernst Cassierers *Philosophie der symbolischen Formen* (1923–1929), Roman Ingardens *Das literarische Kunstwerk* (1929) und Susanne Langers *Philosophy in a New Key* (1942) zurückreicht.

Bei einem so weitgehenden Verzicht auf die herkömmlichen Kommunikationsfunktionen blieben im Umkreis dieses Formalismus schließlich nur abstrakte Sprachbilder und Symbolstrukturen übrig. Vom eigentlich Menschlichen war darum im Rahmen solcher autonom gesetzten Kategorien kaum noch die Rede. Was sollten hier noch Phänomene wie Tragik, Schuld oder Sühne? An ihre Stelle traten Schlagwörter wie Technik, Craft, Textur oder Erzählpartikel, das heißt formale Patterns, die mit der ursprünglichen Meaning nur wenig verbindet. Während zu Anfang der fünfziger Jahre auch das Existentialistisch-Symbolistische noch eine wichtige Rolle spielte, traten später jene Strömungen in den Vordergrund, welche den Hauptakzent auf die rein gestalthaften Aspekte legten. So bekannte sich Max Bense in dem Band *Mathematik und Dichtung* (1965) zu einer »technologischen Ästhetik«, die sich vornehmlich um die Erkundung formaler Innovationen bemüht. Nicht mehr der »Seinsbezug« des Dichterischen erschien ihm als das Wichtigste, sondern das Prinzip der »künstlerischen Manipulation«. Auf diese Weise wurde die Beschäftigung mit Literatur schließlich eine Beschäftigung mit ›Texten‹, die man am besten mit Mitteln der Textsemiotik, Textstatistik, Texttypologie und Kybernetik betreibt, um sich nicht auf spezifisch Inhaltliches einlassen zu müssen. Noch weiter ließ sich der formalistisch eingestellte Antirealismus wohl kaum treiben. Im Rahmen dieser Theorie gab es schließlich nur noch eine absolut mathematische Objektivität einerseits und eine ebenso absolute Entideologisierung andererseits, die sich allerdings darin ähnelten, daß sie beide ins Abstrakte tendierten.

Selbstverständlich konnte man nicht alle Texte soweit ›entleeren‹. Am höchsten schätzte daher diese Richtung die Lyrik, bei der sich sowohl die existentialistisch-symbolistische als auch die formalistisch-technizistische Tendenz am reinsten verwirklichen ließ. Wie im New Criticism wurde aus diesem Grunde die Lyrik immer wieder als die subjektivste, purste, unrealistischste Form der Dichtung, ja als das Non plus ultra aller ins Absolute tendierenden Richtungen in der Literatur hochgelobt. Man berief sich hierbei anfangs gern auf Gottfried Benn, jenen »einsamen Ausdrucksfinder und Sätzebildner«, wie ihn Walter Jens noch 1957 in *Texte und Zeichen* nannte, dem es auf vorbildliche Weise gelungen sei, dem Platt-Realen durch ein Ausweichen in die technische Mache und die Allgemeinheit des Seins zu

entgehen. Wohl das umfassendste System dieser Richtung lieferte Hugo Friedrich mit seinem Buch *Die Struktur der modernen Lyrik* (1956), in dem als kongeniale Vertreter des ›modernen Bewußtseins‹ jene Lyriker hingestellt wurden, die in ihrer subjektivistischen und zugleich formalistischen Art am weitesten in den Bereich des Antirealistischen vorgedrungen seien. Einer der letzten Bände dieser ins ›Immanente‹ tendierenden Richtung trug daher nicht zufällig den Titel *Lyrik als Paradigma der Moderne* (1964).
Andere Gattungen, wie das Drama oder der Roman, setzten dieser totalen Formalisierung und Symbolisierung – aufgrund ihres größeren Realitätsbezugs – einen wesentlich größeren Widerstand entgegen. Dennoch gab man sich auch bei der Beschäftigung mit solchen Genres alle Mühe, sie rein formalästhetisch oder strukturalistisch zu interpretieren. So ging etwa Peter Szondi in seiner *Theorie des modernen Dramas* (1956) von der These aus, daß die ›Modernität‹ des nachnaturalistischen Dramas vornehmlich von seiner »Formgebung« her erschlossen werden müsse. »Ziel dieses Buches«, schrieb er, »ist der Aufweis neuer Formen, denn die Geschichte der Kunst wird nicht von Ideen, sondern von deren Formwerdung bestimmt«. Als spezifisch ›modern‹ arbeitete Szondi am Drama des 20. Jahrhunderts vor allem Formelemente wie die Episierung, das Revue- und Montagehafte, den Monologue intérieur und das Spiel mit der Zeit heraus. Ähnliches versuchte Walter Jens für die Prosa in seinem *Plädoyer für die abstrakte Literatur,* das 1955 in *Texte und Zeichen* erschien. Entgegen der These, daß zum Erzählen vornehmlich »Fabulierlust, plastische Gestalten, konkrete Themen und anschauliche Dialoge« gehörten, setzte sich Jens hier für eine Erzählkunst ein, die bewußt »intellektuell« und »konstruierend« verfährt. Unter Berufung auf den Chandos-Brief Hofmannsthals und die Rönne-Bekenntnisse Benns wurde hier der bisherige Realismus als verkommener »Traditionalismus« zugunsten einer »intellektuellen Retortenkunst« verworfen, die zwar nicht »blutvoll«, »urtümlich« und »kraftvoll-episch« sei, aber dafür in ihrer abstrakt-artistischen Art die »Situation des modernen Menschen« à la Kafka, Musil und Broch wesentlich besser widerspiegele als alle sogenannten ›Geschichtenerzähler‹. Deshalb wurde es in der formalistisch eingestellten Literaturwissenschaft der späten fünfziger Jahre schnell Mode, im Hinblick auf eine Prosa von

Rang, wie es hieß, nur noch von Erzählpartikeln, Bauformen und Verweisungszusammenhängen zu sprechen – und den Plot oder gar das spezifisch Realistische der Darstellungsweise als beiläufig hinzustellen.

Zusammenfassend läßt sich über die Neigung zum ›Formalistischen‹ in der neo- bis rechtsliberalen Literaturtheorie, Literaturkritik und Literaturwissenschaft der fünfziger und frühen sechziger Jahre sagen, daß in ihnen – trotz der Gebundenheit der Sprache an eine realistische Bedeutung – immer wieder eine mögliche Tendenz ins Abstrakte, Schwerverständliche, Unvolkstümliche, Absurde, Groteske, Hermetische, Absolute, kurz: Unrealistische herausgestrichen wird. Dieser Tendenz legte man meist eine der folgenden Rechtfertigungen zugrunde. Da wäre erst einmal jene existentialistische Legitimationsstrategie, die von der sogenannten Bewußtseinslage des ›modernen Menschen‹ (sprich: des Verschon-mich-Intellektuellen) ausging, der aufgrund seiner ›ideologischen Ortlosigkeit‹ (sprich: seines mangelnden sozialen Gewissens) in seinem literarischen Ausdrucksverlangen notwendig zu Sageweisen des Irrationalen, Mythischen, Seinshaften, Surrealistischen oder Hermetisch-Chiffrierten greifen müsse, falls er sich – angesichts der Vordergründigkeit der von den Banausen als ›real‹ empfundenen Wirklichkeit – überhaupt noch adäquat ausdrükken wolle. Im Bereich dieser Richtung dominierte deshalb eine geradezu heideggerianische Sakralisierung der Sprache, die hinter dem bloßen Wortsinn des ›Man‹ und des ›Geredes‹ zu einem notwendig abstrakten, weil nur mystisch erfaßbaren Urgrund aller Dinge vorzustoßen versucht.

Fast die gleiche Absicht läßt sich bei jenen Autoren und Kritikern beobachten, die aufgrund ihrer spezifisch formalästhetischen Anschauungen in der Sprache ein ahistorisches ›Material‹ sahen, das sich aus dem Bereich des Gegenwärtigen und Bezeichnenden ohne weiteres in den Bereich des Zeitlosen und Unbezeichneten, das heißt des Selbstgeschaffen-Kreativen und damit Autonomen erheben lasse. Wie bei den Existentialisten rückte man auch hier von der Welt der vorgegebenen Objekte oft soweit ab, daß schließlich das Artifizielle über das Vorgegebene, das Unrealistische über das Realistische den Sieg davontrug. Innerhalb dieses Trends lassen sich bei genauerem Zusehen zwei Richtungen unterscheiden. Die eine ließe sich als

›kreativistisch‹ charakterisieren. In ihr wurde nicht die wirkliche Wirklichkeit, sondern nur die durch die Literatur geschaffene Wirklichkeit als tatsächlich ›real‹ anerkannt. So schrieb etwa Günter Eich 1955 unter dem Titel *Literatur und Wirklichkeit* in der Zeitschrift *Akzente:* »Erst durch das Schreiben erlangen für mich die Dinge Wirklichkeit. Sie ist nicht meine Voraussetzung, sondern mein Ziel. Ich muß sie erst herstellen.« Die andere Richtung ließe sich als »technizistisch« charakterisieren. Sie ging von der Prämisse aus, daß wir heute auf allen Gebieten, also auch in der Literatur, in einer Welt der ›Machbarkeit‹ lebten, wo selbst der Dichter zum »Fachmann der Technik« werden müsse, wie Horst Krüger 1960 unter dem Titel *Literatur im technischen Zeitalter* in dem Almanach *schri kunst schri* erklärte. Innerhalb dieser Gruppe berief man sich darum gern auf das Leitbild des poetischen ›Machers‹, der sich völlig dem Prinzip des ›fabbricare‹ unterstelle und in seinen zerebralen Sprachgebilden ein Äußerstes an intellektueller Präzision zu erreichen suche.
Die dritte und vielleicht wichtigste Legitimationsstrategie im Rahmen dieses programmatischen Antirealismus war jene, die sich an das hermetizistische Programm Adornos hielt. Hier entwickelte man eine L'art-pour-l'art-Gesinnung, die sich von vornherein gegen jede ablesbare Inhaltlichkeit wehrte, um nur ja keine Dichtungen zu schaffen, die sich in den Dienst irgendwelcher Ideologien stellen ließen. Diese Richtung verkündete also die volle ›Autonomie der Kunst von der Gesellschaft‹ vor allem deshalb, weil sie in der fortschreitenden Abstraktion eine »instinktive oder bewußte Reaktion der Kunst auf die Entartung der Idee zur Ideologie« erblickte, wie Alfred Andersch 1956 in seinem bekannten Aufsatz *Die Blindheit des Kunstwerks* in *Texte und Zeichen* behauptete. Kurz gesagt: im Rahmen dieser Richtung galt die Antirealistik in erster Linie als ein Zeichen des Widerstands. Je unverständlicher, nihilistischer, kafkaesker ein bestimmter Text wirke, hieß es hier, desto besser. Aus diesem Grunde trat diese Richtung der bundesrepublikanischen Gesellschaft mit einem negativistischen Nonkonformismus entgegen, welcher die angeblich falsche Sinnhaftigkeit aller bisherigen Ideologien, vor allem der totalitaristischen, durch die abstrakte Leere der bewußten Sinnlosigkeit zu desavouieren suchte. Da sämtliche Bemühungen, der Kunst eine »gesellschaftliche Funktion« zu geben, bisher stets »ge-

scheitert« seien, wie Adorno noch in seiner späteren *Ästhetischen Theorie* erklärte, schwor diese Richtung vornehmlich auf eine Negation der Negation. Und damit unterstützte auch diese Kunst einen nonkonformistischen Konformismus, der aufgrund seiner Tendenz ins Formalistische jenem System, dem er sich zu entziehen suchte, das perfekte Alibi einer ›Freiheit‹ lieferte, die erst gegen Ende der sechziger Jahre als eine besonders raffinierte Form der ›repressiven Toleranz‹ durchschaut wurde.

Die organisatorische Institutionalisierung der sogenannten Avantgarde

Soviel zu den Programmen und Manifesten dieses ästhetischen Modernismus, der zwar zwischen 1950 und 1965 nur zwei bis drei Prozent der westdeutschen Bevölkerung interessierte, aber dennoch als die offizielle oder offiziöse Kunstrichtung dieses Zeitraums galt. Daß eine so hochgestochene und wirklichkeitsfremde Kunst überhaupt eine solche Funktion übernehmen konnte, hat selbstverständlich eine Vielzahl von Gründen. Vom ideologischen Vorzug dieser Richtung, das heißt ihrem bewußt elitären und antirealistischen Charakter, der sich im Sinne ›westlicher Freiheit‹ höchst wirkungsvoll gegen die sogenannte ›gegängelte Kunst‹ hinter dem Eisernen Vorhang ausspielen ließ, war bereits ausführlich die Rede. Doch mit Proklamationen allein (und mögen sie noch so lautstark vorgetragen werden) läßt sich ein neuer Stil, selbst wenn es sich hierbei um den Stil der führenden In-Group handelt, nie durchsetzen. Ein solcher Prozeß erfordert zugleich eine aufnahmebereite soziale Trägerschicht und vor allem ein gut arbeitendes Management, das sich die Bekanntmachung und Verbreitung dieser Art von Kunst zum Ziel setzt. Und an solchen organisatorischen Beihilfen mangelte es dieser Richtung in den fünfziger und frühen sechziger Jahren keineswegs, wenn auch die Drahtzieher dieser Institutionalisierung des Modernismus selten diktatorisch, sprich direkt verfuhren, sondern sich meist einer wesentlich subtileren, das heißt indirekten Methode bedienten. Diese Taktik erwies sich – aufs Ganze gesehen – als äußerst effektiv. Jedenfalls führte sie zu einer geradezu monolithischen Vorherrschaft des modernistisch-elitären Prinzips in allen E-Kulturformen (und lieferte zugleich den hierfür Verantwortlichen das perfekte Alibi, allen wahrhaft Kulturinteressierten eine Wahl gelassen zu haben, statt ihnen – wie im Osten – einfach staatsmonopolistische Direktiven vor die Nase zu setzen).

Besonders deutlich läßt sich das im Bereich der Malerei beobachten, wo die ›restaurierte Moderne‹ in diesem Zeitraum von seiten der Industrie, der kommunalen Verwaltungsapparate, der Ausstellungsgremien, der Galerien, der führenden Kunstzeitschriften und der Starkritiker eine zwar indirekte, aber letztlich doch recht massive ideologische, finanzielle und auch organisatorische Unterstützung erfuhr. In diesem Bereich kann man daher in den fünfziger und frühen sechziger Jahren tatsächlich von einem ›Management der Moderne‹ sprechen. Von besonderer Wichtigkeit war hierbei anfänglich die mäzenatische Funktion des ›Kulturkreises‹ im ›Bundesverband der deutschen Industrie‹, der im August 1951 gegründet wurde und sich mit allen ihm zur Verfügung stehenden Mitteln (die recht beträchtlich waren) für die Verbreitung gegenstandsfreier Kunst einsetzte. Seine erster Vorsitzender war Hermann Reusch, der sich während des Zweiten Weltkrieges als ›Wehrwirtschaftsführer‹ im Bereich ›Südost‹ betätigt hatte und nach 1945 zum Chef des fünftgrößten Konzerns der Bundesrepublik aufgestiegen war. Zu den einflußreichsten Vorstandsmitgliedern dieses ›Kreises‹ gehörten neben Alfried Krupp vor allem der Wella-Fabrikant Karl Ströher und der Schokoladenfabrikant Bernhard Sprengel. Es war daher diese Organisation, die sich die »Herstellung einer inneren Front«, zu der Adenauer in einer Rede vor dem ›Bundesverband der deutschen Industrie‹ vom 25. Juni 1951 nachdrücklich aufgerufen hatte, besonders innig zu Herzen nahm und sich in der Folgezeit immer wieder als »Vorposten der freien Welt« herausstrich. Das kam besonders auf ihren Jahrestagungen zum Ausdruck, zu denen als Festredner so ›illustre‹ Sprecher wie Ortega y Gasset, Eugen Gerstenmaier, General Hans Speidel, Gustav René Hocke, Ernst Jünger, Max Bense, Monsignore Otto Maurer und Otto F. Friedrich, der spätere Präsident der westdeutschen Arbeitgeberverbände, eingeladen wurden. Auf der gleichen Ebene lagen die anderen Aktivitäten dieses Kreises. So stiftete er zur Stärkung der westlich-abstraktionistischen Kunst nicht nur eine Reihe wichtiger Preise, sondern verlieh auch Stipendien, organisierte vermögende Sammler, kaufte Hunderte von ungegenständlichen Bildern auf (mit denen er dann in Form von Geschenken oder Leihgaben die Museen überflutete) und gab obendrein ab 1954 das Periodikum *Jahresring* heraus, in dem sich namhafte Kritiker wie

Karl-Otto Götz: *Reklame* (1953)

Werner Haftmann, Carl Linfert, Gustav René Hocke und Franz Roh für den Siegeszug der abstrakt-elitären Malerei einsetzten (indem sie die formalästhetischen Kriterien über jede politische und soziale Verantwortlichkeit stellten). All das führte nicht nur zur Restauration des früheren Autonomieprinzips, die als das Zu-sich-selbst-Kommen der Kunst hingestellt wurde, sondern auch zu einer enormen Hausse der abstrakten Malerei auf dem öffentlichen Kunstmarkt, die erst nach 1961/62 wieder leicht abflaute.
Auch an anderen Beispielen indirekter Lenkung innerhalb der bildenden Künste besteht in diesen Jahren kein Mangel. So wurden etwa ab 1950 Jahr für Jahr von den Städten und Kunstvereinen immer mehr Preise an gegenstandsfreie Maler verliehen. Auch viele der großen Retrospektiven dieser Zeit waren den Vätern der Gegenstandslosigkeit gewidmet: Kandinsky 1953 in Köln, Hans Arp 1955 in Hannover, Kurt Schwitters 1956 in Hagen, Josef Albers 1957 in Hagen usw. Wohl am deutlichsten läßt sich die organisatorische Beeinflussung dieser Trend- und Tendenzwende an der Folge der ›Documenta‹-Ausstellungen in Kassel ablesen. Schon bei der ersten ›Documenta‹, die im Jahr 1955 stattfand und als deren Geschäftsträger eine ›Gesellschaft für abendländische Kunst des 20. Jahrhunderts‹ auftrat, zeigte sich das in wünschenswerter Klarheit. Neben lokalen Initiatoren, wie dem Architekten Arnold Bode und einem kunstinteressierten Bankier, standen die Hauptverantwortlichen fast alle dem ›Kulturkreis‹ im ›Bundesverband der deutschen Industrie‹ nahe. Das gilt vor allem für Werner Haftmann, den Spiritus rector des Ganzen, der über die Auswahl, Anordnung und Akzentsetzung bestimmte. Er räumte etwa ein Drittel der Ausstellung den ›Klassikern der Moderne‹ ein und ließ darauf – in geradezu ›logischer‹ Konsequenz – die jüngeren Abstrakten folgen. Alle exponierten Realisten des 20. Jahrhunderts, also Maler wie Liebermann, Slevogt, Grosz, Kollwitz, Rivera, Guttuso oder Buffet, blieben hingegen ausgeschlossen. Was Haftmann im Auge hatte, war lediglich die Absicht, die Nachkriegsabstraktion als die eigentliche Erfüllung aller bisherigen ›modernen‹ Malerei hinzustellen. Er schrieb deshalb in seiner Katalogeinführung, daß man nach der »Episode des Totalitarismus«, das heißt eines »seltsam anmutenden Anfalls von Bilderstürmerei« (womit offenbar der Nazismus gemeint war) sowie den Sirenenklängen der »Massen-

beglückung« von seiten der Kommunisten, jetzt wieder zum »modernen europäischen Geist« zurückkehren müsse. Denn große Kunst, behauptete Haftmann, entstehe nur da, wo man über ein »Bewußtsein der Freiheit« verfüge, weshalb in totalitären Staaten bisher noch kein »einziges erinnerungswürdiges Werk« entstanden sei. Will Grohmann pflichtete dem bei und stellte 1955 die erste ›Documenta‹ im *Merkur* als einen großen Sieg der geistig Beweglichen über die »geistig Trägen« hin. Doch von den 130000 Besuchern, welche diese Ausstellung sahen, waren sicher nur die Hälfte über das, was dort an den Wänden hing, wirklich erbaut. Und das bedeutet, daß in der damaligen Bundesrepublik nur 0,23 Prozent der Bevölkerung zu den ›geistig Beweglichen‹ gehörten.
Auf der zweiten ›Documenta‹ von 1959 gab es fast ausschließlich Werke der informell-gegenstandsfreien Kunst zu sehen, was von den Vertretern der elitär-abstrakten Richtung als Endsieg der totalen Gegenstandslosigkeit empfunden wurde. Erst jetzt, hieß es in ihren Besprechungen, sei der ästhetische ›Rollback‹ vollkommen. Erst jetzt hätten die Bundesrepublikaner den Anschluß an das westliche Weltniveau erreicht. Erst jetzt seien an die Stelle von etwa zwei Dutzend rund zwei- bis dreihundert gegenstandslose Maler getreten. Nicht minder begeistert äußerten sich die gleichen Kreise über die dritte ›Documenta‹ von 1963, wo im Rahmen der ausgestellten Gegenwartskünstler die Abstrakten wiederum eine erdrückende Übermacht bildeten. Ähnliches gilt letztlich für fast alle großen Ausstellungen moderner Malerei um 1960, bei denen die Verflechtung mit den offiziellen und offiziösen Vertretern des Establishments immer enger wurde. So gehörten dem Ehrenausschuß der Baden-Badener Ausstellung von 1959 neben bekannten Landes- und Kommunalpolitikern auch der Geschäftsführer des ›Kulturkreises‹ an. Die Veranstaltung des Künstlerbundes in Wiesbaden vom gleichen Jahr wurde sowohl vom Bundesinnenministerium als auch vom Ministerium für gesamtdeutsche Fragen unterstützt. Noch deutlicher war dieser offiziös-repräsentative Charakter bei den West-Berliner Ausstellungen dieser Jahre, die häufig als ›lautloser Aufstand‹ gegen den Sozialistischen Realismus hingestellt wurden. Dafür spricht unter anderem die Superschau *Berlin. Ort der Freiheit für die Kunst* von 1960, welche mit Werken der Berliner Sezession um 1900 begann und dann

diesen ›freiheitlichen Sezessionismus‹ sukzessive in den Werken der jüngsten Vertreter der Gegenstandslosigkeit kulminieren ließ.
Fast die gleiche finanzielle und organisatorische Unterstützung erfuhr die modernistisch-elitäre Musik in diesem Zeitraum. Hier waren es weniger die Vertreter des ›Kulturkreises‹ im ›Bundesverband der deutschen Industrie‹, die sich dieser Richtung annahmen, als einige reiche Mäzene sowie die Studios für moderne Musik im Rahmen der öffentlich-rechtlichen Rundfunkanstalten. Von entscheidender Bedeutung waren dabei die ›Internationalen Ferienkurse‹, die jedes Jahr in Darmstadt abgehalten wurden und sich unter anderem der Unterstützung des Hessischen Rundfunks erfreuten. Neben Interpretationskursen gab es hier auch Kompositionsseminare, in denen sich die jungen westdeutschen Komponisten mit der ›Neuesten Stimmung im Westen‹ vertraut machen konnten. Und zwar betätigten sich dabei als Lehrer fast alle ›Größen‹ der zeitgenössischen Musik, ob nun Olivier Messiaen, Ernst Krenek, Edgar Varèse, Luigi Dallapiccola, Luigi Nono, Pierre Boulez, Bruno Maderna, Henri Pousseur, Luciano Berio oder John Cage. Wofür sich die jungen Komponisten interessierten, waren anfänglich vor allem die Werke der Wiener Dodekaphonisten, erst die von Schönberg und dann – ab 1953 – die von Webern. Auf den hierfür arrangierten ›Zwölftonkongressen‹ traten als Dirigenten, Ausführende oder Vortragende unter anderem René Leibowitz, Eduard Steuermann, Rudolf Kolisch, Theodor W. Adorno, Josef Rufer, Willi Reich und Hans Jelinek auf. 1951 wurde in Darmstadt, und zwar unter der Leitung von Hermann Scherchen, das Fragment *Der Tanz um das goldene Kalb* aus der Oper *Moses und Aaron* von Schönberg uraufgeführt. Überhaupt sparte man hier weder Mühe noch Geld, um die neue Komponistenelite so schnell wie möglich auf den letzten Stand der westlichen Avantgarde zu bringen. Und so wurde Darmstadt zugleich einer der wichtigsten Prüfstände für die Werke der jungen bundesrepublikanischen Komponisten, vor allem die eines Hans Werner Henze und Karlheinz Stockhausen, die hier ihre Feuerprobe bestehen mußten, bevor sie für öffentliche Aufführungen freigegeben wurden.
Eine etwas andere Funktion hatten die ›Donaueschinger Musiktage für zeitgenössische Musik‹, die jedes Jahr unter dem Patronat des Prinzen Max von Fürstenberg und des Südwestfunkorchesters unter

der Leitung von Hans Rosbaud stattfanden. Hier gab es keine Instruktionen, hier wurden nur neue Werke auf- oder uraufgeführt. 1951 war es *Die Zwitschermaschine* (nach Paul Klee) von Giselher Klebe, 1953 der bruitistische *Orphée 53* von Pierre Schaeffer, 1954 das Werk *Le marteau sans maître* von Pierre Boulez, 1958 die *Gruppen für Orchester* von Karlheinz Stockhausen, welche in Donaueschingen für den nötigen Enthusiasmus und die ebenso nötigen Skandale sorgten. Von einer ähnlichen Bedeutung für die Durchsetzung der modernistisch-elitären Musik im Rahmen der führenden Kritikerkreise waren die großen Musikfeste der ›Internationalen Gesellschaft für neue Musik‹, von denen eins 1951 in Frankfurt, ein anderes 1960 in Köln stattfand, und die von H. H. Stuckenschmidt in *Melos* als entscheidende Siege der Moderne gegen den altmodisch-philisterhaften Geschmack totalitärer Regime gefeiert wurden, da sie der westdeutschen Musik, nach der »Isolierung« unterm Faschismus, wieder einen internationalen Charakter gegeben hätten.
Doch all diese Feste und Ferienkurse hätten – trotz wohlwollender Presse – sicher nicht genügt, der sogenannten ›Neuen Musik‹ die gewünschte Resonanz zu geben, wenn nicht auch die Rundfunkanstalten immer wieder für sie eingetreten wären. Von der Beteiligung des Hessischen Rundfunks an den Darmstädter Ferienkursen und des Südwestfunks an den Donaueschinger Musiktagen war bereits die Rede. Der Bayerische Rundfunk übertrug in den gleichen Jahren regelmäßig die von Karl Amadeus Hartmann initiierte Konzertreihe *Musica viva*. Beim Norddeutschen Rundfunk in Hamburg gab es in den fünfziger Jahren die Sendereihe *Das neue Werk*, beim Westdeutschen Rundfunk in Köln die Reihe *Musik der Zeit* und beim Sender Freies Berlin die Reihe *Musik der Gegenwart*. Junge Komponisten hatten deshalb kaum Schwierigkeiten, ihre Werke zu Gehör zu bringen. Wie die jungen Maler wurden auch sie – einerseits aus schlechtem Gewissen der faschistischen Vergangenheit gegenüber, andererseits zur Bekämpfung des Sozialistischen Realismus – geradezu von allen staatlichen und privaten Institutionen gefördert (solange sie sich einer antirealistischen Grundtendenz befleißigten). Im Rückblick auf diese Situation schrieb Joachim Kaiser 1962 in dem Band *Bestandsaufnahme* über die Pflege der Neuen Musik in den fünfziger und frühen sechziger Jahren: »›Wenn Sie aufgeführt werden wollen,

müssen Sie nach Westdeutschland gehen‹, raunen sich in Amerika die jungen Komponisten zu. In Kranichstein bei Darmstadt, am Westdeutschen Rundfunk in Köln sind wohldotierte Zentren der Beschäftigung mit den jeweils neuesten Klängen entstanden.« Für die Liebhaber moderner E-Musik habe sich daraus eine geradezu »ideale« Situation ergeben. »In fast jeder (west)deutschen Rundfunkanstalt kann man«, wie Kaiser erklärte, »wenn auch zu mitternächtlicher Stunde, Kompositionen hören, die mit keinem auf Werbung und Hörerfang ausgerichteten Programm in Verbindung zu bringen wären. Eine neue Oper des erfolgreichen Hans Werner Henze wird an mehreren Bühnen zugleich gebracht, Herbert von Karajan setzt eine Henze-Komposition ins Salzburger Festspielprogramm, bevor sie nur auf dem Papier steht, der NWDR läßt sich die Uraufführung der unvollendeten Schönberg-Oper *Moses und Aaron* einige Millionen kosten.« All das war sicher nicht über-, sondern eher untertrieben. Die Bundesrepublik ließ sich in der Adenauer-Ära die Pflege der elitär-modernen Musik, die eigentlich ›fast niemand hören wolle‹, wie es immer wieder hieß, aus ideologischen Gründen tatsächlich Unsummen an Steuergeldern kosten und schuf somit für die sogenannte ›Neue Musik‹ eine Heimstatt, wie sie in keinem anderen Land der Welt existierte. Fast alle zwölftönigen, seriellen und aleatorischen Instrumentalkompositionen sowie die meisten modernen Opern wurden darum in diesem Lande (und nicht in Frankreich, Italien oder den USA) uraufgeführt, wie sich aus den einschlägigen Statistiken und Bibliographien über diesen Zeitraum ergibt. Für die Komponisten und ihre connaisseurhaften Koterien war also diese Ära das goldene Zeitalter der Neuen Musik. Doch für wen sonst? Schließlich war es nur allzu offensichtlich, wie selbst H. H. Stuckenschmidt 1959 in dem Band *Prisma der gegenwärtigen Musik* zugeben mußte, daß dieser künstlich forcierte Musikbetrieb ein höchst »exklusiver« war (der weniger eine ästhetische als eine ideologische und gesellschaftliche Funktion hatte). Dies war keine Musik, die sich an die sogenannten »Massenhörer« wandte, wie der gleiche Stuckenschmidt schrieb, sondern deren Hörer fast ausschließlich aus den Kreisen der bürgerlich ›Ausgeruhten‹ stammten.

Auf dem Gebiet der Literatur wäre es dagegen etwas übertrieben, von einem »Management der Moderne« zu sprechen. Die einzige

Organisationsform, die es hier im Bereich des Modernismus gab, war die ›Gruppe 47‹. Doch selbst sie hatte nicht die Funktion, eine sogenannte ›Avantgarde‹ zur offiziösen Systemkunst hochzulancieren, sondern ließ in ihren Reihen eine Fülle sich widersprechender Stilhaltungen gelten, die vom Modernistisch-Elitären bis zum Kritisch-Engagierten reichten. Wie wir wissen, ging der Gründung dieser Gruppe eine enge Zusammenarbeit jener *Ruf*-Autoren um Hans Werner Richter und Alfred Andersch voraus, welche sich in der unmittelbaren Nachkriegszeit um eine ›demokratische Alphabetisierung‹ Deutschlands bemüht hatten. Als jedoch diese Bemühungen 1947 durch das Verbot des *Ruf* und dann des *Skorpion* jäh abgeblockt wurden, verschob sich innerhalb dieser Gruppe der Hauptakzent vom Politisch-Publizistischen allmählich zum Modernistisch-Ästhetischen. Durch diesen Wandlungs- und Rückzugsprozeß trat schließlich an die Stelle der bisherigen Trümmer- und Kahlschlagliteratur, die lediglich Heinrich Böll noch einige Jahre verteidigte, eine deutliche ›Literarisierung‹, die fast einer neuen ›Inneren Emigration‹ gleichkam. Ihren entscheidenden Durchbruch erlebte diese Tendenz, als Ilse Aichinger 1952 vor der ›Gruppe 47‹ ihre kafkaisierende *Spiegelgeschichte* vortrug und dafür großen Beifall erhielt. Dieser Beifall, schrieb Hans Werner Richter später, markierte das »Ende der Kahlschlagperiode«.

Die Entwicklung der ›Gruppe 47‹ in den frühen fünfziger Jahren war also – aufs Große und Ganze gesehen – eine vom Inhalt zur Form, vom Was zum Wie, vom politischen Programm zum ästhetischen Anspruch. Doch nicht allein das. Sie war zugleich die Metamorphose eines kleinen, burschikosen, von der breiten Öffentlichkeit kaum beachteten Freundeskreises zu einem prestigeverheißenden Autorenverband, der aus dem Dunkel der literarischen Werkstattgespräche immer stärker ins Rampenlicht des modernistischen Literaturbetriebs und seiner Marketingstrategien geriet. So stellten 1954 beim Treffen der ›Gruppe 47‹ die Rundfunkanstalten zum erstenmal Mikrophone auf, wodurch das Ganze einen geradezu offiziösen Anstrich bekam und die nötige Publicity erhielt. Obendrein tauchten bei diesem und den folgenden Treffen immer mehr Funkjournalisten, Zeitungs- und Zeitschriftenredakteure, Verlagslektoren, ja selbst bekannte Verleger auf, um sich mit den neuesten Tendenzen vertraut zu machen und zugleich erfolgversprechenden Talenten ihre letzten Produkte abzukaufen. Und die ›Gruppe 47‹ tat nichts dagegen. Im Gegenteil. Sie begrüßte diese Entwicklung, da sie zu einer materiellen Sicherstellung ihrer Mitglieder beitrug. Im Zuge dieser Entwicklung wurde aus einer literarischen Werkstatt langsam, aber stetig eine Publikationsagentur, der eine Koterie von Autoren, Kritikern und Verlegern vorstand, ohne deren Segen der Zugang zu den oberen Rängen der modernen bis modernistischen E-Literatur kaum noch möglich war.

Erste Höhepunkte erlebte dieser Trend in den Jahren 1956/57, als bei den Jahrestreffen der ›Gruppe 47‹, zu denen erstmals auch ausländische Journalisten angereist kamen, die bewußt modernistisch eingestellten Autoren dem neuen ästhetischen Anspruch mit einer »Literatur der reinen Form« entgegenkamen. Über diese neuen Tendenzen berichtete Marcel Reich-Ranicki am 15. November 1958 in der *Kultur* mit einem Beitrag unter dem höchst aufschlußreichen Titel *Eine Diktatur, die wir befürworten,* in dem er die zunehmende Verfeinerung und Literarisierung ausdrücklich guthieß. Und damit war auch in der höheren Literatur eine Makro-Öffentlichkeit erreicht, die sich in ihrer organisatorischen Institutionalisierung fast mit den ›Documenta‹-Ausstellungen oder Darmstädter Ferienkursen dieser Jahre vergleichen läßt. Um als Modernist ernst genommen zu werden, mußte man jetzt selbst in der Literatur den Akzent vornehmlich auf das ›Wie‹ legen. Die größte Chance, vom Kritikergremium der ›Gruppe 47‹ akzeptiert zu werden, hatten darum bis weit in die fünfziger Jahre hinein die intellektuell-brillanten, exhibitionistischen oder artistischen ›Texte‹, während das Publizistische oder Lamentierende allmählich außer Kurs gerieten.

Nur so ist zu verstehen, warum auf den Tagungen der ›Gruppe 47‹ – außerhalb der obligaten Lesungen und ihrer kritischen Zerpflükkung oder Belobigung – in steigendem Maße über neue Stars, über Ruhm und Karriere gesprochen wurde. Von der ursprünglichen Solidarität dieser Gruppe war daher um 1956/57 nicht mehr viel zu spüren. Jeder vertrat bloß noch sich selbst und versuchte sich dementsprechend so teuer und prestigeverheißend wie nur möglich zu verkaufen. Die Rundfunkanstalten, die Zeitschriftenherausgeber und Verleger hatten es darum nicht schwer, die einzelnen Mitglieder die-

ser Gruppe gegeneinander auszuspielen oder irgendwelche Stars unter Vertrag zu nehmen. Im Bereich der Verlage waren es anfänglich vor allem Desch, Piper und Rowohlt, aber dann auch Suhrkamp, S. Fischer, Hanser, Luchterhand und Wagenbach, welche die Autoren der ›Gruppe 47‹ für ihre Häuser verpflichteten. Selbst die Rundfunkanstalten gaben damals prominenten Mitgliedern dieser Gruppe wie Hans Magnus Enzensberger, Martin Walser, Helmut Heißenbüttel, Günter Eich und Wolfgang Hildesheimer die Möglichkeit, sich für die steigende Publizität der modernistischen Literatur einzusetzen. Und so entstand schließlich gegen Ende der fünfziger Jahre im Bereich der E-Literatur eine Situation, in der betont konservative Kritiker wie Friedrich Sieburg, Hans Egon Holthusen, Hans Habe und Rudolf Krämer-Badoni allmählich ins Hintertreffen gerieten.
Mit all dem soll die ›Gruppe 47‹ keineswegs zu *dem* westdeutschen Schriftstellerverband der fünfziger Jahre mythisiert werden. Diese Tendenz ins Ästhetisierende dominierte nämlich nur wenige Jahre. Schon ab 1958, als Günter Grass aus seiner *Blechtrommel* vorlas, und dann verstärkt ab 1960/61 läßt sich innerhalb dieser Gruppe eine merkliche Polarisierung in einen zum Formalistischen und einen zum Gesellschaftskritischen neigenden Flügel beobachten. Während in der Folgezeit ein Kritiker wie Walter Höllerer mit seinem West-Berliner ›Literarischen Colloquium‹ weiterhin die vorwiegend ästhetisierenden Tendenzen unterstützte, gaben sich andere Siebenundvierziger wie Grass, Walser, Enzensberger, Böll, Walter Jens und Hans Mayer nach diesem Zeitpunkt alle erdenkliche Mühe, der forcierten Durchsetzung einer neoformalistischen Literaturvorstellung mit dem Konzept jener modernen, aber zugleich kritisch-engagierten Literatur entgegenzutreten, von der noch ausführlich die Rede sein wird.

Der Siegeszug der gegenstandsfreien Malerei

Die modernistisch-elitäre Malerei, die diesen Programmen und Manifesten entspricht, ist in den letzten drei Jahrzehnten unter Begriffen wie Abstrakte Malerei, Non-Representational Painting, Abstract Expressionism, Art informel, Tachismus, Action Painting,

Automatismus, Fleckenmalerei, Neokonstruktivismus, Serielle Malerei oder Monochrome Malerei in die westliche Kunstgeschichte eingegangen. Man hat hierbei viel Aufhebens um die einzelnen Varianten gemacht und immer wieder zwischen deutlich markierten Stilphasen unterschieden, um so das spezifisch ›Innovationistische‹ der verschiedenen Richtungen herauszustreichen. Doch diese Varianten sind an sich unerheblich. Letztlich geht es in dieser Art von Malerei weitgehend um die gleiche Ungegenständlichkeit, die sich lediglich in eine Folge äußerlich verschiedener Drapierungen einzukleiden versucht. Es wäre daher müßig, hinter den vieldiskutierten Stilphasen dieser Malerei irgendwelche chronologischen Gesetzmäßigkeiten aufspüren zu wollen. Ob nun gemalt, gekratzt, gespachtelt oder geschmiert, ob fleckig oder linear, ob malerisch oder graphisch – all das läuft letzten Endes ständig auf das gleiche hinaus: auf eine Gegenstandslosigkeit, die ebenso hintergründig wie nichtssagend wirkt und in den gängigen Feuilletons gern mit Oxymera wie ›geometrisierender Dynamismus‹, ›religiöser Existentialismus‹ oder ›kosmische Verinnerlichung‹ umschrieben wird.
Lassen wir darum alle modischen Etiketten dieser Art von Malerei, mit denen sie dem Anspruch des ›Brandneuen‹ Genüge zu leisten versuchte, einmal beiseite und konzentrieren wir uns auf das Grundsätzliche, nämlich die zeitgeschichtliche Spezifik dieser Abstraktionstendenzen, denen zwischen 1910 und 1925 sowie in dem Zeitraum von 1950 bis heute zwar auch verwandte, aber zugleich höchst unterschiedliche Intentionen zugrunde lagen. In den Jahren zwischen 1910 und 1925 hatten jene Abstraktionstendenzen, die in den Geschichten der europäischen Malerei meist mit Adjektiven wie kubistisch, futuristisch, orphistisch, expressionistisch, dadaistisch oder konstruktivistisch umschrieben werden, noch einen deutlich rebellischen Charakter gehabt. Von solchen Absichten, nämlich diese Kunst als den ästhetischen Ausdruck gesellschaftskritischer Bewegungen oder gar utopischer Entwürfe einer neuen, noch zu schaffenden Gesellschaft zu sehen, kann dagegen in der gegenstandsfreien Malerei nach 1945 keine Rede mehr sein. Diese Malerei verstand sich nicht als kritisch, aufbegehrend oder gar revolutionär, sondern hatte eine deutlich subjektivistisch-elitäre Note, um sich von dem als ›depraviert‹ empfundenen Massengeschmack abzusetzen. Während in

der realistisch-engagierten oder auch halbmodernen Malerei der Jahre zwischen 1945 und 1950 noch ein merklicher Appellcharakter vorgeherrscht hatte, zog sich die gegenstandsfreie Malerei in der unmittelbaren Nachkriegszeit und dann verstärkt nach 1950 in steigendem Maße ins Private, Vogelfreie, Solipsistische zurück, wodurch sie nicht nur ihre konkret zu fassende Inhaltlichkeit, sondern zugleich ihre gesamtgesellschaftliche Verbindlichkeit verlor. Was also im Bereich der abstrakten Malerei um 1920 wegen seiner ›kühnen‹ Formgebung einmal als ›revolutionär‹ gegolten hatte, ging im Rahmen der weniger avantgardistischen als modernistischen Malerei der fünfziger und frühen sechziger Jahre zusehends in eine elitär-abstrakte Kunst über, die von den offiziösen Kritikern, Sammlern, Connaisseurs und Museumsleuten als die spezifische In-Kunst und damit Systemkunst dieser Ära hochgelobt wurde.

Die ästhetischen Resultate waren somit, wie gesagt, fast immer die gleichen. Ständig wird man im Rahmen dieser neu-abstrakten Malerei mit einer Gegenstandslosigkeit konfrontiert, die sich gegen jede inhalts- und damit publikumsbezogene Auslegung zu sperren scheint. Allerdings lassen sich hierbei, bei genauerem Zusehen, etwa drei Richtungen unterscheiden: eine zeichenhaft-symbolistische, eine geometrisierend-konstruktivistische und eine tachistisch-informelle, die sich zwar zeitlich weitgehend überschneiden, aber im folgenden aus darstellerischen Gründen hintereinander behandelt werden sollen. Der eigentliche Durchbruch dieser Art von Malerei vollzog sich, wenn man von einigen versprengten Vorläufern und Außenseitern einmal absieht, weitgehend in den Jahren 1949/50, als die Westintegration der Bundesrepublik zu einem unabweislichen Faktum wurde. Jedenfalls schlossen sich in diesen Jahren die gegenstandsfreien Maler zu schnell bekannt werdenden Künstlergruppen zusammen. So wurde 1949 im Ruhrgebiet die Gruppe ›Junger Westen‹ und in München die Gruppe ›ZEN‹ gegründet. 1952 entstand in Frankfurt die Gruppe ›Quadriga‹, 1953 in Düsseldorf die ›Gruppe 53‹. Und damit wurde die gegenstandsfreie Malerei zu einem Phänomen, das in den oberen Regionen der Kunstkritik immer mehr Aufsehen zu erregen begann.

Wohl am bekanntesten waren damals gegenstandslose Maler wie Willi Baumeister, Fritz Winter, Ernst Wilhelm Nay, Georg Meister-

Willi Baumeister: *Kosmische Geste* (1951)

mann, Otto Ritschl, Theodor Werner und Hans Hartung, deren Bilder aus diesen Jahren weitgehend ins ›Zeichenhaft-Symbolistische‹ tendieren. Viele dieser Maler hatten in ihrer Jugend mit einer neusachlichen oder spätexpressionistischen Gegenständlichkeit begonnen, diese jedoch im Laufe der Jahre oder Jahrzehnte so stark ins Abstrakte transportiert, daß von den ursprünglich klar erkennbaren Objekten schließlich nur zeichenhafte Chiffren übrig blieben. Das gilt vor allem für Willi Baumeister, der von den Kunstkritikern der fünfziger Jahre als der wichtigste Maler dieser Richtung angesehen wurde. Baumeister war um 1930 von Gemälden mit Sport- und Maschinenmotiven zu total abstrakten Bildern übergewechselt, denen er mit magisch wirkenden Zeichen den Charakter vieldeutiger ›Ideogramme‹ zu geben versuchte. Wie er 1947 in seinem Buch *Das Unbekannte in der Kunst* betonte, ging er hierbei stets von »Visionen«, das heißt einer mystischen »Schau« des Universums aus. Seine *Montaru-*, *Monturi-* und *Aru-*Bildserien der fünfziger Jahre, in denen sich Baumeister bemühte, Reste eines sogenannten »Menschlichkeitsgedächtnisses« zu speichern oder aufzuheben, stecken daher voller untergründiger Assoziationen an archaische Mauerbilder, alte

Landkarten oder mexikanische Tempelfriese. Manche dieser Bilder wirken fast wie exotische Schriftzeichen, welche auf hieroglyphisch-verschlüsselte Inhalte hinzuweisen scheinen, die nur den mystisch Eingeweihten verständlich sind. Fast denselben ›zeichenhaften‹ Charakter haben viele Bilder von Fritz Winter, der unter Klee und Kandinsky am Bauhaus studiert hatte und seinen – bei aller Gegenstandslosigkeit – grafisch-zeichenhaften Bildern gern vielsagende Titel wie *Urkräfte, Abend* und *Verlorenheit* gab. Während Winter schon in den dreißiger und frühen vierziger Jahren gegenstandslose Bilder gemalt hatte, ging Ernst Wilhelm Nay, der von Carl Hofer herkam, erst um 1950 dazu über, auf deutlich erkennbare Motive zu verzichten. Dennoch finden sich auch bei ihm, trotz der Buntheit seiner Farbfleckenmanier, immer wieder grafische Restelemente, die auf einen symbolischen, nach seiner eigenen Aussage sogar metaphysischen Urgrund seiner Bilder hinzudeuten scheinen.

Die zweite Gruppe der gegenstandsfreien Malerei nach 1949/50 läßt sich am besten mit dem Adjektiv ›geometrisierend-konstruktivistisch‹ charakterisieren. Sie ging in ihren Traditionen weitgehend auf Mondrian, Malewitsch, den Kubismus, das Bauhaus, Schlemmer und Kandinsky zurück und gebrauchte zur Umschreibung ihrer ästhetischen Absichten in den fünfziger Jahren vor allem Begriffe wie ›Konzeption‹, ›Struktur‹ oder ›konkrete Form‹. Ihren Grundstock bildete eine Gruppe älterer Konstruktivisten und Bauhäusler aus den zwanziger Jahren, der unter anderem Maler wie Carl Buchheister, Erich Buchholz, Max Burchartz und Walter Dexel angehörten. Daß diese Richtung erneut zu einer einflußreichen Strömung anwuchs, hing mit einer Reihe konkreter Impulse zusammen. Von besonderer Wichtigkeit war hierbei die 1950 in Ulm gegründete ›Hochschule für Gestaltung‹, die unter der Leitung von Max Bill stand, der 1954 die Oberaufsicht über die Abteilung ›Visuelle Kommunikation‹ einem prononcierten Konstruktivisten wie Friedel Vondemberge-Gildewart übertrug, 1955 als Gastdozenten den einflußreichen Bauhausgeometriker Josef Albers gewann und schließlich auch Max Bense, den theoretischen Hauptexponenten dieser ästhetisch-technizistischen Tendenzen, zu Vorträgen nach Ulm holte, der bereits in seinem Buch *Konturen einer Geistesgeschichte der Mathematik* (1946–1949) die engen Beziehungen zwischen Kunst und Technik herausgestellt hatte

Georg Meistermann: *Glasfenster* (1958)

und auch in den fünfziger Jahren nicht müde wurde, immer wieder auf den gemachten, fabrizierten, konstruierten Charakter aller wahrhaft modernistischen Kunst hinzuweisen.

Die ersten Anhänger dieser Richtung rekrutierten sich aus jenen westdeutschen Künstlern, die in der zeichenhaft-symbolischen Richtung lediglich eine unentschiedene Zwitterkunst zwischen Abstraktion und Gegenständlichkeit sahen. Im Zuge einer immer konsequenteren Formalisierung versuchten sie daher, zu einer wesentlich entschiedeneren ›Gestaltung‹ des künstlerischen Materials nach immanenten Strukturgesetzen vorzustoßen. Zu dieser Gruppe gehörten unter anderem Künstler wie Günter Frühtrunk, Karl Georg Pfahler, Hartmut Böhm und Gerhard von Graevenitz, deren Werke in ihrer neuen Strenge, formalen Disziplin und geometrisierenden Art, mögen sie auch untereinander noch so verschieden sein, deutlich an die Op-Effekte eines Vasarely erinnern. Um 1960 tendierte diese Richtung, zum Teil aus wachsender Abneigung gegen die wilden Farbräusche der Tachisten, zu einer noch größeren Reduktion der künstlerischen Mittel ins Konstruktivistische. Man denke an jene Gruppe, die ab 1958 in Düsseldorf die Zeitschrift *Zero* herausgab und zu deren Hauptvertretern Otto Piene, Heinz Mack und Günther Uecker gehörten. Während sich Piene und Mack in dem Bestreben, wieder mit einem neuen Nullpunkt (Zero) zu beginnen, hauptsächlich auf kinetische Lichteffekte in Form von Lichtrotoren, Lichtstelen oder Lichtballetten beschränkten, ging Uecker ab 1958 dazu über, sorgfältig geometrisierte Bretter mit systematisch eingeschlagenen Nägeln zu bestücken und dann mit einem mattweißen Farbstoff zu übersprühen. Ja, die Effekte dieser Nagelstrukturen wurden durch eine gleichmäßige Drehung dieser Bretter oder ein gleichmäßig wechselndes Licht noch obendrein ins Kinetische gesteigert. Im Gegensatz zu solchen ›intellektuellen Bastlern‹, wie diese drei wegen ihrer kinetischen Experimente sowie ihrer Freundschaft mit Yves Klein gern genannt wurden, die sich fast ausschließlich auf dem Feld einer konstruktivistischen Objektkunst bewegten, bevorzugten andere Konstruktivisten, wie etwa Raimund Girke, um 1960 eher eine konsequent monochrome oder farblose Malerei, die sich ebenfalls auf graue oder mattweiße Töne beschränkte und die optische Gliederung der bemalten Farbflächen allein durch Reliefs, Löcher, Schlitze oder

Faltungen zu erreichen suchte. Freilich verzichtete auch diese Richtung – zur Steigerung ihrer Farb- und Formeffekte – nicht auf kinetisch erzeugte Licht- und Schattenwirkungen, wie das 1960 auf der ersten Ausstellung dieser Malerei in Leverkusen geschah.
Die dritte Hauptströmung dieser gegenstandsfreien Kunst, deren Grundzug sich am besten mit dem Adjektiv ›tachistisch-informell‹ umreißen läßt, geht ebenfalls auf die Zeit nach 1945 zurück, erlebte jedoch ihren Durchbruch in die Öffentlichkeit erst um 1955. In ihren Anfängen wurde diese Fleckenmalerei, jedenfalls in der Bundesrepublik, erst einmal als ›Neo-Expressionismus‹ aufgefaßt, so sehr fühlten sich die älteren Ausstellungsbesucher bei diesen ›Klecksereien‹ an die Bilder des frühen Kandinsky oder der ›Brücke‹-Maler erinnert. Doch dann setzte sich allmählich die Erkenntnis durch, daß die Hauptanreger dieser tachistisch-informellen Malerei eher die Vertreter des us-amerikanischen Abstract Expressionism, also Maler wie Jackson Pollock, Robert Motherwell und Willem de Kooning, sowie die Vertreter der französischen Art informel, also Maler wie Georges Mathieu und Jean Dubuffet, waren. Im Hinblick auf die Werke dieser Maler wurde immer wieder behauptet, daß sie Produkte seelischer Ekstasen seien, bei denen sich das aufs Höchste gesteigerte Gefühl auf die direkteste, spontanste Weise, das heißt in Form einer Action Painting, auf die Leinwand ›entlade‹. Als die markantesten Zeugnisse des Tachismus, der Art informel oder Fleckenmalerei galten deshalb um 1955 vor allem jene Bilder, bei denen der jeweilige Malakt nicht auf rationalen Vorüberlegungen beruht, sondern sich als psychischer Prozeß zum Ausdruck zu bringen versucht. Auf diesen Bildern wurden also nicht bestimmte, säuberlich vorgezeichnete Felder ausgemalt, sondern die Farbe einfach auf die Leinwand gespritzt, geschossen, gesprüht, geschlagen oder geträufelt. Manche Maler dieser Richtung legten die zu bemalenden Leinwände einfach auf den Boden ihrer Ateliers, ließen die verschiedenen Farben von oben auf die Bildfläche tropfen und verschmierten sie dann mit Lappen (oder auch mit den Füßen) zu ›erregend‹ wirkenden Farbkomplexen. Andere tanzten beim Malen vor der Leinwand. Jedenfalls sollte jedes tachistische Bild den Eindruck erwecken, daß ihm der psychomotorische Reflex einer bestimmten Persönlichkeit zugrunde liegt. Statt den Malprozeß rational steuern zu wollen, bemühten sich diese

Künstler, beim Malen so spontan, so existentiell und damit so authentisch wie nur möglich zu verfahren. Kurz: das Bild sollte sich selber malen, wie es damals hieß. Während sich die Konstruktivisten vornehmlich um ›Ideogramme‹ bemüht hatten, trat also hier eindeutig das ›Psychogramm‹ in den Vordergrund.

Der Durchbruch dieser Richtung vollzog sich, wie gesagt, um die Mitte der fünfziger Jahre. Jedenfalls widmete *Das Kunstwerk* dem Tachismus im Jahre 1955 erstmals ein ganzes Heft und stellte die »unmittelbare Darstellung des Psychischen«, die sich in dieser Malerei beobachten lasse, als die momentan »führende« Richtung in den USA, Italien, Frankreich und der Bundesrepublik hin. In den folgenden zwei bis drei Jahren wurde dann diese improvisierte ›Bewegungsmalerei‹, die sich selbst als ein bewußter (oder modischer) Gegenschlag zur geometrisierenden Manier der Mondrian-Albers-Schule verstand, geradezu allenthalben als der letzte Schrei angepriesen. So schrieb etwa Albert Schulze-Vellinghausen 1957 im 12. Heft der Zeitschrift *Magnum* unter dem Titel *Wo steht die Malerei heute?* einfach lapidar: In »allen freien Ländern« des Westens male man heute »tachistisch«. Für die Entstehung der bundesdeutschen Variante dieses Tachismus waren vor allem zwei Maler entscheidend, und zwar Wols (Otto Wolfgang Schulze) und Hans Hartung, die beide Anfang der dreißiger Jahre Deutschland verlassen hatten und nach Paris übergesiedelt waren, wo sie im Laufe der späten dreißiger und frühen vierziger Jahre einen kalligraphisch-tachistischen Stil seelischer Psychogramme entwickelten, der bei Wols eher intime, bei Hartung eher großzügig hingepinselte Züge annahm. Vor allem Wols, von dem 1959 auf der zweiten ›Documenta‹ eine stattliche Reihe von Werken zu sehen war, wurde damals von Werner Haftmann mit dem Statement »Wols steht am Anfang der neuen Kunstrichtung, die wir ›art informel‹ nennen« geradezu zum Säulenheiligen dieser neuen Richtung erhoben.

Und so griffen um 1955 über die Hälfte der gegenstandslosen Maler in der Bundesrepublik die ›tachistische‹ Malweise auf. Am lautstärksten wurden damals in den einschlägigen Feuilletons Maler wie Bernard Schultze, Emil Schumacher, Hann Trier, Klaus Jürgen-Fischer, Fred Thieler, Hubert Berke und Hans Platschek gefeiert, welche die Betrachter immer wieder mit den gleichen hingekritzelten, geschmierten oder flächig wogenden Farbkomplexen konfrontierten, die sie als den Ausdruck ihrer ureigensten psychischen Motorik bezeichneten. Diese Malerei, hieß es damals unentwegt, sei der kongeniale Ausdruck freier Individuen, die sich im Akt des Malens jeder Form von Repression widersetzten. Hier stelle sich der Künstler gegen die gesamte Gesellschaft, wie man unter Berufung auf älteste romantische Vorstellungen erklärte, indem er sich in einen dionysischen Taumel hineinsteigere und sich als ›Gestalter des Gestaltlosen‹, als ›Sinngeber des Sinnlosen‹ betätige. Fred Thieler nannte dementsprechend seine Bilder einfach »Impulse des Lebens«. Hann Trier schrieb mit ähnlicher Intention: »Beim Malen schwebe ich. Ich tanze mit Pinseln. Die Bilder wachsen aus der Aktion meiner Hände.« Überhaupt galt als Grundimpuls dieser tachistischen Action Painting weithin ein gesteigertes Ichgefühl, das sich im Zustand totaler Weltabgelöstheit dem selbstherrlichen Ausdruck seiner psychomotorischen Energien hingibt. Viele der tachistischen Maler charakterisierten deshalb ihre Bilder als ›innere Monologe‹, als ›Vibrationen‹ oder einfach als ›Chiffren‹. Und damit hatten sie auf ihre Weise sicher recht.

Doch kaum hatte sich diese Richtung in den Feuilletons und bei den Käufern durchgesetzt, so mußte sie um 1960 schon wieder einem neuen Ismus weichen, für den Rolf Weweder in *Das Kunstwerk* vom gleichen Jahr die Bezeichnung »Nach-Tachismus« vorschlug. Er verstand darunter eine Wendung ins »Neoplastizistische und Konstruktivistische«. Doch hatte nicht der Tachismus gerade in einer Wendung gegen diese Richtungen seinen Ausgangsimpuls gesehen? Genau betrachtet: Ja. Aber ein solches Ismenkarussell beruht nun einmal auf jener »ewigen Wiederkehr des Neuen«, in der Walter Benjamin bereits in den dreißiger Jahren das Grundprinzip aller modernistisch-elitären Kunstrichtungen erkannt hatte.

Serielle und postserielle Musik

Aufs Große und Ganze gesehen, läßt sich in der stilistischen Entwicklung der modernistisch-elitären Musik der fünfziger und frühen sechziger Jahre ein auffälliger Wandel von seriellen zu postseriellen

Kompositionstechniken beobachten. Allerdings vollzog sich dieser Prozeß nicht so einlinig und widerspruchslos, wie später oft behauptet wurde. Um 1950, zu Beginn dieser Ära, hätte man weder den Siegeslauf der seriellen noch den Triumph der auf sie folgenden postseriellen Musik voraussehen können. Als die wichtigsten Vorbilder einer neuen Avantgarde galten damals noch Strawinsky, Bartók und Hindemith, die weltweit anerkannten ›Klassiker der Moderne‹. Lediglich Adorno setzte bereits 1949 in seiner *Philosophie der neuen Musik* den neoklassizistischen, neofolkloristischen und neobarocken Tendenzen in den Werken dieser drei Komponisten die dodekaphonische Musik Schönbergs als die einzig zukunftsweisende entgegen. Eine solche Zuspitzung der Gegensätze wurde jedoch von den meisten westdeutschen Avantgardekomponisten zu diesem Zeitpunkt noch abgelehnt. Besonders die Vertreter der mittleren Generation dieser Gruppe, zu der unter anderem Karl Amadeus Hartmann, Wolfgang Fortner, Boris Blacher und Werner Egk gehörten, schufen um 1950 weitgehend Werke, in denen die Einflüsse beider Richtungen auf eine vielfältige Weise ineinander übergehen.
Daß solche Synthesen nicht unbedingt eklektisch zu sein brauchen, beweist vor allem das Werk von Hartmann, in dem sich – nach seiner expressiven Bekenntnismusik der Inneren Emigration und der unmittelbaren Nachkriegszeit – in den fünfziger Jahren durch die steigende Integration neobarocker *und* schönbergisierender Elemente der Eindruck des Modernistisch-Elitären zwar verstärkt, aber das Ausdruckshafte dennoch nie ganz verschwindet. Das äußert sich schon in seiner Formenwahl. Hartmann war der große Symphoniker dieser Ära, dessen Werke ein faszinierender Wechsel von lyrischer Expressivität und aggressiver Dynamik auszeichnet. Statt sich völlig der intellektuellen Strenge Schönbergs zu unterwerfen, bevorzugte Hartmann eine spätexpressionistische Ausdrucksweise, die, wie er 1949 anläßlich einer Aufführung seiner *Dritten Symphonie* betonte, eher in der »geistigen Landschaft Alban Bergs« wurzelt. Was Hartmann mit Schönberg gemeinsam hat, ist lediglich die Tendenz zur Komprimierung sowie gelegentliche Ausflüge ins Zwölftönerische, die aber für seine Musik nie konstitutiv werden. So herrscht in seiner *Fünften Symphonie* von 1950 ein durchaus konzertanter Geist, während der Schlußsatz seiner *Sechsten Symphonie* von 1953,

der auf drei Fugen beruht, ganz offen ins Neobarocke ausschweift. Entscheidend blieb jedoch für Hartmann – trotz seiner modernistisch-komplexen Tonsprache – in letzter Instanz stets das Innerlich-Bewegte, das Expressive, das Bekenntnishafte. Mochte er seine Sätze auch noch so kunstvoll bauen, viele von ihnen wirken wie ein einziger, bis zum Zerreißen gespannter Bogen, dem weitgehend das Prinzip der gefühlsmäßigen Steigerung, ja Übersteigerung zugrunde liegt.

Die Werke Fortners, Blachers und Egks aus den gleichen Jahren haben dagegen einen wesentlich ›artifizielleren‹ Charakter. Während Fortner anfangs einer klassizistischen Haltung im Sinne Hindemiths und Strawinskys huldigte, bei der eindeutig das Musikantische, Kontrapunktische, Kristalline überwog, zeichnet sich bereits in seiner *Ersten Symphonie* von 1947 eine Tendenz ins Modernistische ab, die dann – vor allem nach dem *Dritten Streichquartett* von 1948, das bereits zwölftönig angelegt ist – auch für seine folgenden Werke stilbestimmend bleibt. Im Gegensatz zu seiner *Ersten Symphonie,* wo Fortner noch stark ausdruckshaft verfährt, ja das Finale des Schlußsatzes in eine Doppelfuge münden läßt, verzichtete er ab 1950 zusehends auf den sogenannten Gefühlsausdruck und entwickelte ganze Werke, wie seine *Mouvements für Klavier und Orchester* (1954), aus einer einzigen Zwölftonreihe, um ihnen den Charakter bewußt durchstrukturierter Klanggebilde zu geben. Allerdings gestattete sich Fortner 1957 in seiner Oper *Bluthochzeit* nach Lorca, als sei er der monotonen ›Strukturierung‹ müde, auch wieder Musikdramatisch-Spätexpressionistisches im Sinne Bergs. Blacher ging dagegen in seinen Werken der fünfziger Jahre von einem witzig-pointierten Strawinsky-Stil allmählich zu einem Modernismus über, der formal von den ›variablen Metren‹ im Gefolge Messiaens über Schönbergs Dodekaphonie bis zum seriellen Punktualismus reicht. Ebenso vielseitig, wenngleich weniger modernistisch wirken die Werke Egks aus diesen Jahren. Auch er begann 1945 mit Strawinsky-Elementen, wovon noch seine *Französische Suite* von 1950 Zeugnis ablegt, die in ihrer geistreichen Umspielung Rameauscher Motive an Strawinskys *Pergolesi-Suite* erinnert. Obwohl Egk im Laufe der fünfziger Jahre auch eine Fülle anderer Stilmittel aufgriff, ging er dabei nie soweit, auf wiedererkennbare Melodieansätze oder klare thematische Gliede-

rungen zu verzichten. So gesehen, blieb Egk der publikumsfreundlichste unter all diesen Modernisten.
Eine ähnlich eklektische Haltung vertraten jüngere Avantgardekomponisten wie Hans Werner Henze, Giselher Klebe und Bernd Alois Zimmermann, die sich nach 1945 – im Gefolge ihrer Lehrer Fortner und Blacher – an den Werken Strawinskys und Hindemiths orientierten und dann über die Dodekaphonie zu immer ›kühneren‹ Stilhaltungen vorstießen, wobei sie einerseits die Expressivität des frühen, andererseits die Zwölftönigkeit des mittleren Schönberg als Ausgangsbasis ihrer eigenen Kompositionsversuche verwandten. Daher finden sich in ihren Werken aus der Zeit um 1950 sowohl lyrische Aufschwünge als auch geistige Strukturierungen, sowohl Gefühlspathos als auch intellektuelle Abstraktion, ja ausgesprochene Klangaskese. Als Ausdruck einer unentschiedenen Übergangsphase steht hier vieles zwischen unmittelbarem Bekenntnis und rein mechanisch angeordnetem ›Material‹. Henze begann 1945 stilistisch bei Hindemith und Strawinsky, eignete sich dann 1947 in einem von René Leibowitz geleiteten Darmstädter Ferienkurs sowie bei seinem gerade zu Schönberg bekehrten Lehrer Fortner die Dodekaphonie an – und verwertete diese Einflüsse bereits 1948 in seinem *Ersten Violinkonzert.* Wenn man seinen späteren Aussagen glauben kann, empfand Henze die Klangwelt Schönbergs damals als etwas bewußt Groteskes, Abwegiges, Verbotenes, Antifaschistisches – und nicht nur als Ausdruck einer bestimmten Kompositionstechnik. Sein *Violinkonzert* wirkt deshalb äußerst diszipliniert und doch auf eine eminent ›lyrische‹ Weise mitreißend. Es ist ein Werk, wie Henze später erklärte, zu dem Schönbergs Zwölftonmusik lediglich das »Grundmaterial für das große Espressivo« lieferte. Das wird noch deutlicher in seiner Funkoper *Ein Landarzt* (1951) nach Kafka, wo das Zwölftonmaterial vornehmlich im Sinne des Gefährlich-Dräuenden eingesetzt wird. Allerdings war Henze selbst in dieser Zeit kein Purist, sondern überraschte sein Publikum schon 1953 mit einer *Ode an den Westwind für Cello und Orchester,* die einen ausgesprochen melodiösen, ja fast klangschwelgerischen Charakter hat. Und auch in seinen folgenden Werken, wie den *Fünf neapolitanischen Liedern* (1957), dem Ballett *Undine* (1957) und der Oper *König Hirsch* (1960), verband Henze seinen Modernismus, der auch Dodekapho-

nisches und Serielles nicht verschmäht, immer stärker mit älteren Formelementen, harmonischen Wendungen und weitgespannten Melodieansätzen.
Fast die gleiche Entwicklung machte Klebe durch. Er lernte bei Blacher und ging dann 1951 zur Zwölftontechnik über, wie sein *Streichquartett* vom gleichen Jahr und seine *Symphonie für 42 Streicher* von 1953 beweisen, die einen streng durchmathematisierten Eindruck erwecken. Anschließend versuchte sich Klebe auch in seriellen sowie elektronischen Kompositionstechniken. Allerdings gab er dabei, wie Henze, bei aller formalen Experimentierfreude nie seine an Berg erinnernde Expressivität sowie seinen Willen zu großräumiger Formgebung auf, was vor allem seine Opern *Die Räuber* (1956) und *Die tödlichen Wünsche* (1960) belegen. Auch Zimmermann begann nach 1945 im Gefolge Strawinskys, Bartóks und Hindemiths, wurde dann, wie Henze, von Fortner und Leibowitz auf Schönbergs Musik gelenkt und entwickelte sich dadurch zu einem ausdrucksstarken Neoexpressionisten. Das manifestiert sich vor allem in seinem äußerst klangintensiven *Violinkonzert* von 1950, das in seinem eruptiven, zum ›großen Espressivo‹ neigenden Stil deutlich an Hartmann gemahnt und besonders in seinem »Fantasia« überschriebenen Mittelsatz von beeindruckender Gefühlsstärke ist. Selbst in seinen späteren Werken, wo Zimmermann, wie Klebe, geradezu alle Spielarten der konsequenten Reihentechnik, der Elektronik sowie weiterer postserieller Kompositionsarten durchprobiert, hält dieses intensive Ausdrucksbemühen, das so eng mit der Stimmung der unmittelbaren Nachkriegszeit und der Anlehnung an die Klangvorstellungen der Wiener Schule verbunden ist, weiterhin an.
Wie bereits angedeutet, wich das Schönbergsche ›große Espressivo‹ zwischen 1950 und 1955 einer wesentlich disziplinierteren und zugleich subtileren Kompositionsweise, bei der an die Stelle des Aufwühlenden, Großräumigen, Ekstatischen, Appellartigen zusehends das Komprimierte, Aphoristische, Experimentelle und damit im engeren Sinne ›Modernistische‹ trat. Daher verehrten die bewußten Neutöner von nun ab nicht mehr Schönberg, sondern Webern als den bedeutendsten Schrittmacher einer totalen Vergeistigung und Durchmathematisierung des musikalischen Materials. Weberns Musik, die noch kurz zuvor selbst unter Kennern als reichlich ›abwegig‹

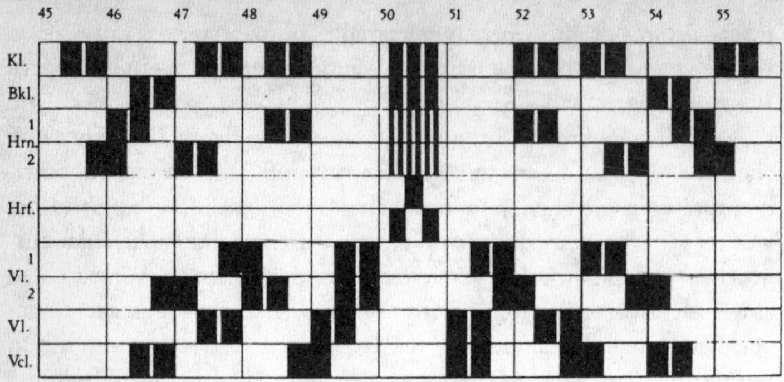

Hans Vogt: *Transkription der 4. Variation des 2. Satzes von Anton Weberns »Symphonie« (op. 21).*

gegolten hatte, gewann für sie plötzlich jene Leitbildlichkeit, mit der sie die spätexpressionistische Atonalität zugunsten einer konsequent durchstrukturierten und somit abstrakt gewordenen Musik zu verwerfen hofften. Während Schönberg selbst seine Zwölftonreihen noch thematisiert und mit aufwühlender Emotionalität erfüllt hatte, lieferte Webern in seinen Kompositionen erste Beispiele dafür, die jeweiligen Zwölftonreihen zu entthematisieren und damit ihres melodiösen Charakters zu entkleiden. Erst seine Musik galt deshalb im Rahmen der allgemein verehrten Wiener Schule als jene Musik, die nicht mehr von atavistischen Gefühlsimpulsen gespeist ist, sondern in der sich alle musikalischen Parameter einer einheitlichen Werkidee unterordnen müssen. Und zwar habe das Webern, wie es oft hieß, durch eine weitgehende Angleichung horizontaler und vertikaler Aufbauprinzipien, eine höchstmögliche Konzentrierung sowie eine ans Mathematische grenzende punktuelle Anordnung der Töne erreicht, worin die konsequenten Modernisten in der nach Überwindung der älteren Mimesislehren lechzenden Zeit um 1950 entscheidende Vorstöße in das musikalische Neuland der totalen Abstraktion erblickten.

Das Ergebnis dieser Wende war ein Serialismus, der über das Prinzip der strengen Zwölftönigkeit zum Prinzip der ›vollständig durchorganisierten Tonmaterie‹ vorzudringen suchte. Im Rahmen dieser Kompositionstechnik wurde nichts, aber auch gar nichts dem Zufall, dem ›Gefühl‹ überlassen, sondern alle musikalisch relevanten Eigenschaften oder Parameter, also Tonhöhe, Tondauer, Tonintensität, Tondichte, Klangfarbe, Rhythmus, Dichteverhältnisse usw. im Sinn durchgehender Reihenprinzipien angeordnet. Das Ziel dieses Serialismus war also eine konsequente Durchmathematisierung des gesamten Materials. Nicht mehr der Ausdruck menschlicher Grundbefindlichkeiten wie Trauer, Angst oder Ekstase, den noch Schönberg angestrebt hatte, sondern die nach strengen Gesetzlichkeiten erfolgende Reihung der verschiedenen Parameter wurde jetzt zum Telos einer sich als wahrhaft modern verstehenden Kompositionsweise. Indem man dabei zum Teil auf eine mystische Zahlensymbolik zurückgriff, ja sogar von mathematischen Urprinzipien des Universums sprach, stellte sich – wie in gewissen Bereichen der abstrakten Malerei dieser Zeit – manchmal eine seltsame Verquickung religiöser

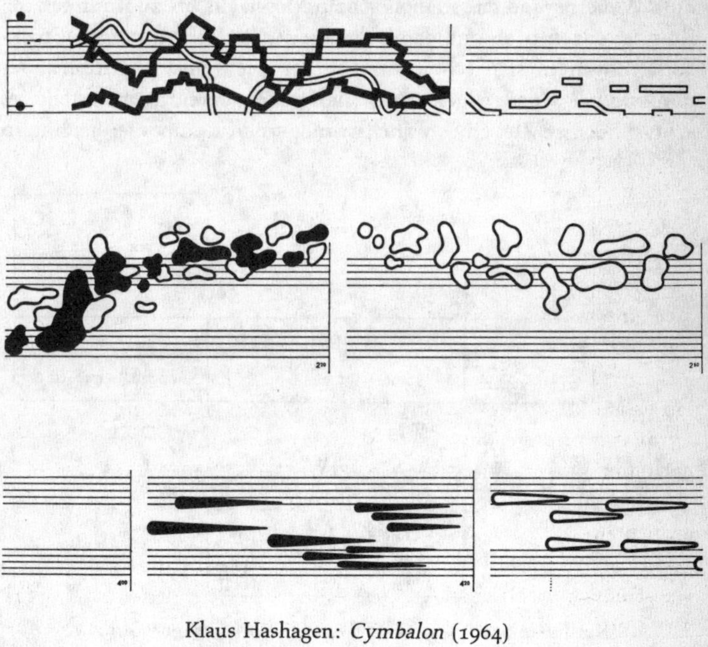

Klaus Hashagen: *Cymbalon* (1964)

und technischer Tendenzen ein. Das zeigt sich am deutlichsten bei Olivier Messiaen, dem eigentlichen Begründer dieser seriellen Technik. Bereits seine Klavieretüde *Mode de valeurs et d'intensités,* die er 1949 in Darmstadt vorführte, beruht auf Kompositionsprinzipien, bei denen nicht mehr der menschliche Ausdruck, sondern eine nur mystisch nachvollziehbare Gesetzmäßigkeit thematisiert wird. Ein größeres Aufsehen erregte jedoch diese Technik erst 1951, als Pierre Boulez mit seiner *Polyphonie X* und Karlheinz Stockhausen mit seinem *Kreuz-Spiel* in Darmstadt Werke vorstellten, die beide auf den von Messiaen aufgestellten Grundprinzipien beruhten. Danach war dann kein Halten mehr. Das beweisen die Darmstädter Ferienkurse von 1953, bei denen fast das gesamte Programm im Zeichen Weberns stand und Stockhausen seine *Kontrapunkte* für 10 Instrumente aufführen ließ.

Überhaupt wurde Stockhausen schnell zum eigentlichen Zentrum dieser frühseriellen Phase, indem er den athematischen Punktualismus Weberns und das Reihenprinzip Messiaens bis zu ihren letzten Konsequenzen trieb und damit das meiste Aufsehen erregte. Stockhausen wandte sich schon 1952 in seinem Aufsatz *Kriterien der punktuellen Musik* gegen den bisherigen Formbegriff und stellte es als das höchste Ziel eines wahrhaft modernen Komponierens hin, in

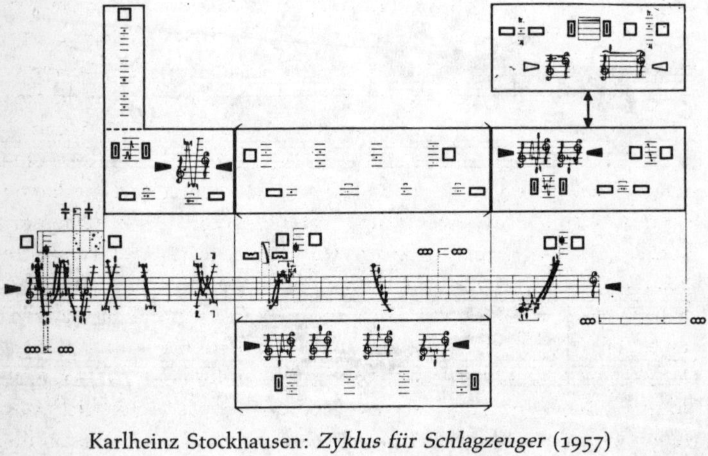

Karlheinz Stockhausen: *Zyklus für Schlagzeuger* (1957)

der Musik durch die Vollkommenheit der Materialanordnung die »Vorstellung von Ordnung«, von Ordo, von Harmonia mundi zu erzeugen. Ihm schwebte eine Musik vor, bei der man nie das Gefühl habe, »aus einem unverwechselbaren und äußerst einheitlichen Gefüge herauszufallen«. Er verglich daher die alles zusammenhaltende »Struktur« gern mit jenem ewigen »Licht«, das alles Seiende »durchdringt«. Im Klartext gesprochen, hieß das, daß an die Stelle der Entwicklung die Statik, des zeitlichen Zusammenhangs das räumliche Gefüge, des menschlich Auszudrückenden das bereits göttlich Ausgedrückte treten sollte.

Wenn auch nicht alle Anhänger der seriellen Technik so mystisch eingestellt waren wie Stockhausen, eine Tendenz ins Statische, Zyklische, Antilineare und damit Fortschrittslose behielt diese Kompositionstechnik auch in der Folgezeit bei. Die meisten ihrer Vertreter, die sich innerhalb der sogenannten Avantgarde ab 1953 als die Führer dieser In-Group etablierten, sprachen nach diesem Zeitpunkt nur noch von ›Strukturen‹ und hatten für Dinge wie Gefühl, Dramatik oder ›großes Espressivo‹ lediglich ein mitleidiges Lächeln übrig. Überhaupt wurden diese Kreise immer allergischer gegen alles Empfundene, was sich in thematischen Zusammenhängen oder gar Melismen ausdrückt, das heißt wehrten sich gegen jene musikalischen ›Zeichen‹, wie sie es nannten, denen ein appellativer Charakter zugrunde liegt. Daher wurde das Reihenprinzip für kurze Zeit geradezu zur alleinseligmachenden Doktrin, zum ›Modediktat‹. Was nicht im »Webern-Stil« komponiert war, wie Hans Werner Henze später schrieb, galt um 1955 in den Augen der inzwischen einflußreichsten Clique um Boulez und Stockhausen von vornherein als veraltet. Während bis 1950/51 selbst unter den avantgardistischen Komponisten, die stets dem Druck zur Profilierung ausgesetzt sind, noch eine beachtliche Solidarität, wenn nicht gar das Gefühl eines gemeinsamen Ringens um einen neuen Ausdruck geherrscht hatte, versuchte jetzt jeder den anderen nur noch mit einer neuen ›Masche‹ auszustechen. Und das war zwischen 1953 und 1955 nun einmal das Serielle, als dessen Hauptvertreter Boulez und Stockhausen galten.

Doch ein so starres Modediktat konnte sich im Rahmen einer auf das Nouveauté-Wesen eingerasteten Moderne selbstverständlich nur wenige Jahre halten. Deshalb kam es schon um die Mitte der fünfziger Jahre zu mehreren Einbrüchen anderer modernistischer Strömungen, die zwar weiterhin an Prinzipien wie Abstraktion, Athematik usw. festhielten, sich aber in ihren propagandistischen Manifestationen als brandneu ausgaben. Hierzu gehörten unter anderem die informelle, tachistische, neodadaistische, konkrete, automatistische, aleatorische und elektronische Musik – kurz: all das, was dann als postserielle Musik in die Geschichte der sogenannten Avantgarde eingegangen ist. Der eigentliche Durchbruch dieser Richtungen, die sich gegen die zunehmenden Zwänge des Serialismus auflehnten, vollzog sich um 1958. Einer der ersten Impulse zu dieser Lockerung ging hierbei von John Cage aus, der als clownshafter Neodadaist mehrfach erklärte, man solle in Zukunft »Töne Töne sein lassen und nicht Webern«. Im Jahr 1954, als Cage erstmals in der Bundesrepublik auftrat und mit dem Pianisten David Tudor in Donaueschingen seine präparierten Klaviere auf geradezu »rührende« Weise mit kleinen Stöckchen und Hämmerchen traktierte, war er noch auf haßerfüllte »Ablehnung« gestoßen, wie Hans Curjel 1955 im *Melos* schrieb. Die Aufführung des *Klavierkonzerts* von Cage, die 1958 in Darmstadt stattfand, wurde dagegen gerade wegen ihrer hanebüchenen Blödelei als eine längst überfällige Befreiung aus den tierisch ernsten Gesetzmäßigkeiten der Wiener Schule und ihrer serialistischen Fortsetzer empfunden. Nach Jahren striktester Reihenkompositionen bekam man hier plötzlich musikalische Gebilde vorgesetzt, die den Ausführenden eine bisher ungeahnte Freiheit der Interpretation erlaubten. Hier gab es lange Pausen, hier wurden die Saiten auf eine offenbar höchst willkürliche Weise mit Nägeln und Schrauben bearbeitet, hier hörte man mittendrin planlos angedrehte Radiomusik, hier vergnügten sich die Ausführenden ab und zu mit kleinen Kindertrompeten – ja, hier gab es überhaupt alles, was unvorhergesehen war und dadurch aufheiternd wirkte. Manche solcher Aufführungen gingen somit in neodadaistische Happenings oder zumindest szenische Improvisationen über, bei denen plötzlich Mehltüten zerplatzten oder sich einige der Interpreten entkleideten. Doch bei allem Unsinn wurde stets der Schein des Tiefsinns gewahrt, wie auch Cage bei aller Alberei gern den *I-Ging* oder die Schriften Meister Eckharts zitierte.

Und so kam es bald auch außerhalb Darmstadts zu von Cage inspirierten Konzerten, die in ihrer »Mischung von Geräuschen, Lärm und auch Tönen« 1960 in *Melos* als »Neodada« eingestuft und mit den bruitistischen Veranstaltungen von Hugo Ball um 1920 verglichen wurden. Allerdings löste man hierbei die Tonstruktur nur in den seltensten Fällen in eine Folge unzusammenhängender Teilelemente und damit bewußte Anti- oder Unmusik auf. Meist blieb es bei der Freigabe gewisser Einzelteile innerhalb der totalen Prädetermination. Das gängige Etikett dieser Musik war das Wort ›Aleatorik‹, um durch das Bild des Würfels (lat. Alea) auf die Rolle des Zufalls innerhalb dieser Richtung hinzuweisen. Auch hier waren es wiederum Boulez und Stockhausen, die sich als erste in dieser kombinatorischen Zufallskunst versuchten und sich bemühten, sie in ein neues System zu bringen. Aus diesem Grunde begannen sie ab 1957/58 in ihren Serialismus auch spontaneistische Elemente aufzunehmen, indem sie in ihren Kompositionen dem Interpreten ein zwar determiniertes, aber austauschbar-flexibles Material zur Verfügung stellten, wodurch neben das Element der Notwendigkeit auch das Element des Zufalls trat. Die Notenbilder dieser aleatorischen Musik sehen daher höchst verwirrend aus, da sie nicht von einer logischen Folge der einzelnen Teile ausgehen, sondern die Folge der verschiedenen Teilkomplexe wie auch die Häufigkeit der Wiederholung den Ausführenden überlassen. Diskutiert wurden die Grundprinzipien dieser Art von Musik erstmals 1957 in Darmstadt, wobei sich Boulez vorwiegend der Theorie des Aleatorischen widmete, während Stockhausen mit seinem *Klavierstück XI* ein erstes Beispiel dieser neuen Richtung vorstellte. In diesem Werk, das an sich eine Komposition in strengster Reihentechnik ist, können die 19 unverbundenen Einzelteile von dem jeweiligen Interpreten beliebig miteinander verbunden werden, woraus sich eine in die Millionen gehende Möglichkeit an Kombinationen ergibt, da dem Ausführenden nicht nur die Aufeinanderfolge, sondern auch das Tempo, die Anschlagsform, die Lautstärke usw. überlassen wird. Das Spezifische dieser Musik ist also die Spannung von Fixiertem und Unfixiertem, das heißt die Möglichkeit zur Spontaneität innerhalb des Festgelegten, woraus sich in der Aufführungspraxis oft eine Art Action Music ergibt. In den theoretischen Statements, die Stockhausen in diesen Jahren abgab, ist daher nicht mehr wie bisher von einer geradezu überweltlichen »Ton-

Ordnung« die Rede, sondern wird im Gegenteil immer stärker der gesteuerte Zufall, die eigene Stimme, das sich selbstherrlich entfaltende Ich herausgestrichen.
Der zweite Impuls, der zu einer Auflockerung und dann Auflösung der seriellen Kompositionstechnik führte, kam aus jenem Bereich, der meist mit dem Schlagwort ›Musique concrète‹ umschrieben wird. Hierbei handelt es sich um jene Musik, die wie die Klangexperimente von John Cage ebenfalls auf die avantgardistische Geräuschmusik der Zeit zwischen 1910 und 1925 zurückgeht, das heißt sowohl die futuristischen Klangexperimente eines Luigi Russolo, die grotesken Mischklänge der Balletmusik *Parade* (1916) von Eric Satie als auch den Bruitismus der *Intégrales* (1926) von Edgar Varèse in sich ›aufzuheben‹ sucht. Die Musique concrète beruht also auf einer Kompositionsweise, die danach trachtet, den ›autonomen‹ Charakter von Musik durch die Geräusche der ›realen‹ Welt zu durchbrechen und ins Unendliche auszuweiten. Nach 1953 war Pierre Schaeffer wohl der erste, der die älteren Experimente auf diesem Gebiet ins Konkretistische radikalisierte, indem er lediglich mit sogenannten O-Tönen (Originaltönen) des Alltagslebens – ob nun der Natur, der menschlichen Rede, des Gesangs, der Straßengeräusche oder des durch die Technik erzeugten Lärms – arbeitete und diese Töne dann ›phonographierte‹. Einfacher gesagt: er speicherte diese Geräusche erst auf Magnettonbändern und verfremdete sie anschließend entweder durch Änderungen in der Ablaufgeschwindigkeit oder durch Eingriffe in die Lautstärkegrade. Und zwar ließ Schaeffer diese Musik, die sich nur durch Lautsprecher übertragen läßt, in Paris bei sogenannten »Concerts de bruits« aufführen. In der Bundesrepublik wurde die Musique concrète vor allem durch jenen Skandal bekannt, den Schaeffer 1953 durch die Vorführung seines *Orphée 53* in Donaueschingen erregte.
Aufs Große und Ganze gesehen, war es jedoch weniger die Musique concrète als die Einführung elektronischer Klangerzeugungsmethoden, welche den Fortgang solcher Experimente beeinflußten. Auch die Komponisten elektronischer Musik arbeiteten ausschließlich mit Magnettonbändern, bezogen jedoch ihr Klangmaterial nicht allein aus den O-Tönen der realen Welt, sondern auch mit Hilfe fünf verschiedener elektrischer Tongeneratoren: dem Sinusgenerator, dem

Multivibrator, dem Rauschgenerator, dem Rechtegenerator und dem Sägezahngenerator. Zu dem menschlichen, naturhaften und technischen Geräuschmaterial kam also hier noch eine Fülle künstlich erzeugter Klänge hinzu, die nicht nur über eine unbegrenzte Schwingungsbreite verfügen, sondern sich auch in allen nur denkbaren Tonfarben und Klangmischungen herstellen lassen. Sogar auf diesem Gebiet hatten sich bereits in den zwanziger Jahren einige Pioniere mit dem Bau von Instrumenten wie dem Trautonium und der elektrischen Orgel beschäftigt. In der Nachkriegszeit waren es in der Bundesrepublik vor allem der Komponist Herbert Eimert und der Naturwissenschaftler Werner Meyer-Eppler, welche solche Experimente fortsetzten. Diese Bemühungen führten 1951 beim Westdeutschen Rundfunk in Köln zur Gründung des ›Studios für elektronische Musik‹. Die ersten Kompositionen auf diesem Gebiet ließen allerdings noch eine Weile auf sich warten. Als Eimert 1953 in *Melos* einen Aufsatz unter dem Titel *Was ist elektronische Musik?* publizierte, in dem er auf die Möglichkeiten »paramusikalischer Klangwelten« hinwies, stand er noch mit leeren Händen da. Und auch in den folgenden Jahren, als die ersten dieser Werke ›realisiert‹ wurden, stellten sie meist Mischformen aus herkömmlicher Instrumentalmusik, Musique concrète und elektronischer Musik dar. Gute Beispiele dafür sind Ernst Kreneks Pfingstoratorium *Spiritus Intelligentiae Sanctus* (1956) für Singstimmen und Elektronik und Eimerts *Requiem für Aikichi Kuboyama* (1957) für Sprechstimme, Mundharmonika und elektronische Klänge, in denen versucht wird, das noch unerprobte und daher oft seltsam klingende Medium der elektronischen Musik durch religiöse Texte mit Bedeutung aufzuladen. Das gleiche gilt für den *Gesang der Jünglinge* (1956) von Stockhausen für Knabenstimmen und elektronische Klänge, der zwar stärker verfremdet wirkt, wo aber dennoch die Bibelzitate aus dem 3. Buch Daniel klar erkennbar bleiben. Auch auf diesem Gebiet war es wiederum Stockhausen, der den größten Erfolg einheimsen, ja sogar 1963 am Kölner ›Studio für elektronische Musik‹ die Nachfolge Eimerts antreten konnte.

All diese Impulse – ob nun die neodadaistischen, aleatorischen, konkretistischen und elektronischen – verbanden sich in den bewußt avantgardistischen Werken der zweiten Hälfte der fünfziger Jahre meist zu postseriellen Mischformen, für die sich damals der Begriff ›informelle Musik‹ einbürgerte. Was man darunter verstand, war eine Art musikalischer Tachismus, der mit dem vorgegebenen Material so spontan wie nur möglich verfährt und diesen Akt als ein ›Abenteuer der Freiheit‹ versteht. Auf eine exakte Notenwiedergabe wurde hierbei kein großer Wert gelegt. Alles sollte so wirken, als sei es aus momentanen Impulsen heraus entstanden, als sei es Produkt irgendwelcher undefinierbaren Impulse, für die man niemandem Rechenschaft schuldig ist. Wohl am besten läßt sich das wiederum an der Entwicklung Stockhausens zeigen, der gegen Ende der fünfziger Jahre die verschiedenen postseriellen Techniken zu neuen Großformen verband, die bei aller Härte des Ausdrucks, aller technischen Strenge und aller modernistischen Souveränität in der Materialbehandlung dennoch den Eindruck höchst subjektivistisch verworrener Klangglomerate erwecken. Besonders seine *Gruppen für drei Orchester* (1957) wirken so fragmentiert, so mißtönend, so zerrissen, daß sich beim ersten Hören überhaupt kein erkennbarer Zusammenhang ausmachen läßt. Hier wird lediglich geschmettert, geklatscht, getrommelt, gezischt, geknallt, und zwar so kraß, so grell, so hart wie nur möglich, um den Hörern einen Schock nach dem anderen einzujagen. Wenn der Begriff ›musikalischer Tachismus‹ überhaupt einen Sinn hat – dann hier. In diesem Werk ist alles direkter, unvermittelter, aggressiver Ausdruck eines nach radikaler Selbstverwirklichung trachtenden Ichs, das sich an seiner eigenen Motorik, seiner eigenen Ichhaftigkeit berauscht. Hier gibt es weder Rhythmik, Tonalität noch irgendwelche melodischen Ansätze. Hier wird auf die eher dämpfenden Streicher weitgehend verzichtet und dafür dem Blech, dem Schlagzeug das Feld überlassen. Hier herrscht ein Klanggetümmel isolierter, alternierender, rotierender Töne, die mit technischer Bravour ständig ins Schrille gesteigert werden.

Das gleiche gilt für Stockhausens *Carré für vier Orchester und vier Chöre* (1959), das ebenso direkt und ebenso verwirrend klingt. Diesmal wurden zwar auch menschliche Stimmen in das Ganze einbezogen, aber nur in der Form phonetisch konzipierter Texte, aus denen sich kein Sinn ergibt. Das Einzige, was man versteht, sind die Namen einiger Frauen, Kinder und Freunde, die das Direkte, Persönliche, Intime dieses Werkes unterstreichen sollen. Und so bleibt als Eindruck lediglich das Gefühl des Ausgeschlossenseins haften. Daran ändern auch Stockhausens eigene Bekenntnisse nichts. »Diese Musik«, heißt es im Begleittext, »erzählt keine Geschichte. Jeder Moment kann für sich bestehen. Man muß sich Muße nehmen, wenn man diese Musik in sich aufnehmen will; die allermeisten Veränderungen geschehen sehr behutsam im INNERN der Töne.« Mit solchen Äußerungen versuchte Stockhausen erneut auf den mystischen Quell dieser Abstraktheit hinzuweisen. Diese Musik sollte nicht bloß »geordnetes Material« vorstellen, wie es heißt, sondern »innere Stille, Weite und Konzentration« vermitteln. Doch letztlich tat sie weder das eine noch das andere. Den Hörern wurde lediglich bewußt, daß hier ein maßloses Verlangen nach formalen Innovationen im Vordergrund stand. Sie erfuhren jedoch nicht, zu welchem Ziel diese Experimente geschahen. Denn in all diesem Klanggetümmel, das vor lauter Veräußerlichung nie die erstrebte Verinnerlichung erreichte, wurden überhaupt keine Ziele, keine Inhalte greifbar. Was sich in dieser Musik manifestierte, war lediglich das Ausdrucksverlangen eines sich rücksichtslos auslebenden Ichs, das keinerlei Rücksicht auf irgendwelche überindividuellen Zielsetzungen nahm, sondern sich im abstrakten Raum der Privilegiertheit einzig und allein auf sich selbst konzentrierte.

Bemühungen um eine autonome Literatur

Da das Material der Literatur jene Sprache ist, die nicht nur ästhetischen, sondern auch alltäglichen Zwecken dient, also stets auf eine außerliterarische, in der objektiven Wirklichkeit vorgegebene Bedeutung bezogen bleibt, erschien sie vielen Vertretern des modernistisch-elitären Prinzips als ein höchst ungeeignetes Mittel, den steigenden Trend zur Abstraktion ebenso adäquat ausdrücken zu können wie die Farben und Formen der gegenstandslosen Malerei oder die Klänge der atonalen Musik. Dennoch wollten auch die ›avantgardistisch‹ eingestellten Autoren dieser Ära nicht hinter dem allgemein verkündeten ›Fortschritt‹ in den anderen Künsten zurückstehen. Es gab daher auch in diesem Bereich einige Modernisten, die selbst die Sprache so stark von der Bedeutungsebene der Realität abzuheben

suchten, daß sie zum symbolischen Ausdruck, zum Zeichen, zur Manifestation des Absoluten wird, das heißt nicht nur bereits Vorgegebenes, sondern auch noch Unerschlossenes widerspiegelt. In ihren Werken läßt sich deshalb im Laufe der fünfziger Jahre eine merkliche Lockerung der thematisch-motivlichen Verknüpfungszusammenhänge zugunsten einer die vorgegebenen Bedeutungen isolierenden, fragmentierenden, ja ins Irreale transportierenden Darstellungsweise beobachten, die sich als ›autark‹ verstand. Hier war also Sprache nicht mehr Mittel zum Zweck, sondern wurde sich selber zum Zweck. In den theoretischen Verlautbarungen dieser Gruppe stößt man demzufolge ständig auf Begriffe wie Sprachmaterial, Wortkunstwerk oder ästhetische Versprachlichung, als sei die Literatur in erster Linie Sprache und nichts weiter als Sprache. Im Gegensatz zu jener anspruchsvollen Literatur nach 1945, die fast durchgehend im Zeichen politischer, religiöser, nationaler oder gesamtgesellschaftlicher Fragestellungen gestanden hatte, trat somit in der ›höheren‹ Literatur nach 1950 auch eine Richtung in den Vordergrund, die sich dem modernistischen Trend zum Formalistischen, Innovationistischen, Sezessionistischen anschloß und schließlich zu einer Wortverkultung neigte, die in ihrem Autonomiestreben den konkreten Sinnbezug der Sprache weitgehend zu verdrängen suchte.
Während sich in der E-Malerei und E-Musik geradezu alle Modernisten dem Trend zur Abstraktion anschlossen, setzte sich diese Abstraktion im Bereich der E-Literatur, wo ganz andere ›materiale‹ Voraussetzungen herrschten, nur zum Teil durch. Zu den literarischen Modernisten im engeren Sinne, die sich vorwiegend artistischer, absurder oder konkretistischer Schreibweise bedienten, gehörten damals so unterschiedliche Geister wie Helmut Heißenbüttel, Walter Höllerer, Wolfgang Hildesheimer, Eugen Gomringer, Hans Carl Artmann, Konrad Bayer, Gerhard Rühm, Franz Mon, Diter Rot, Reinhard Döhl, Ferdinand Kriwet, Chris Bezzel und Claus Bremer. Eine andere Autorengruppe, zu der ebenso unterschiedliche Geister wie Gottfried Benn, Günter Eich, Ingeborg Bachmann, Paul Celan, Arno Schmidt, Wilhelm Lehmann, Max Frisch, Tankred Dorst und Ernst Jandl zählten, griff dagegen betont modernistische Stilmittel nur im Rahmen einer Schreibweise auf, die bei aller Tendenz zur artistischen Versprachlichung dennoch recht wirklichkeitsbezogen,

ja sogar gesellschaftskritisch blieb. Der Modernismus in der Literatur der fünfziger Jahre war darum wesentlich komplexer als der Modernismus in den anderen Künsten. Einerseits gab es hier eine Tendenz zur totalen Versprachlichung, die sich allen ideologischen Indienstnahmen dadurch zu entziehen suchte, indem sie das Inhaltliche soweit wie möglich aus der Literatur herauseskamotierte und sich einem nicht unproblematischen Solipsismus in die Arme warf. In diesem Bereich wurde gern von einer Sprache ohne politische und soziale Verbindlichkeit, einer Sprache ohne affirmativen Nutzen, einer Sprache des total isolierten Ich, kurz: einer rein literarisierten Sprache das Wort geredet. All das mündete schließlich in einen als positiv verstandenen Formalismus, der sich entweder als spielerischer Snobismus oder als hochgespannte Artistik äußerte. Andererseits gab es jedoch in diesem literarischen Modernismus auch die Tendenz, das Formale stets auf einen als ›widerständlerisch‹ empfundenen Inhalt zurückzubeziehen, also das Modernistische, Hermetische, Schwerverständliche gegen die nur allzu griffig gewordenen Klischees der herrschenden Kultur- und Meinungsindustrie auszuspielen. Was also diese beiden Gruppen gemeinsam hatten, war lediglich die prononciert hervorgekehrte Einsamkeit des schreibenden Ich, die von der einen Gruppe als Erwähltheit, von der anderen als Ausgeschlossensein verstanden wurde.

Zur theoretischen Rechtfertigung dieser Abstraktionstendenzen wurden auch im Bereich der modernistischen Literatur die bereits bekannten Argumente vorgebracht: ob nun die zunehmende Unwirklichkeit des modernen Weltbildes, der Prozeß der Ichdissoziierung oder der allgemeine Verfall verbindlicher Werte. Nach irgendwelchen utopischen Gegenentwürfen sucht man deshalb in beiden Spielarten dieser Literatur vergebens. Überall wird man mit geradezu kafkaesken Verfremdungen oder ins Absolute tendierenden Sprachgittern konfrontiert, die jeden Ausweg in ein Anderes, Besseres von vornherein versperren. Falls in dieser Literatur überhaupt ›Positives‹ auftaucht, dann nur auf groteske, absurde, manierierte, artistische, metaphorische Weise. Statt wie die älteren Avantgardebewegungen der schlechten Wirklichkeit mit neuen politischen oder gesellschaftlichen Postulaten entgegenzutreten, beschränkte sich diese Richtung weitgehend auf das Prinzip der ›Abweichung‹. Weniger die verstandene und damit wirkliche Wirklichkeit interessierte sie als jene Wirklichkeit, die man im Akt des eigenen Schreibens erfährt. Und so gingen viele Texttheorien dieser Richtung aus hochgespannten Seinslehren zusehends ins Zeichenhafte über. Das belegen am besten die Schriften von Max Bense, der 1960 in seiner *Programmierung des Schönen* behauptete, daß es heutzutage in einer ihres innovativen Charakters bewußten Literatur nicht mehr primär um das »Wahrnehmen« als um das »Machen« gehe. Bei ihm wurde darum Literatur – jenseits aller vorher festgelegten Sinnzusammenhänge – einfach mit fabrizierter Sprache gleichgesetzt, die darum Literatur ist, weil sie ›Text‹ ist.

Im Hinblick auf die verschiedenen Gattungen führte diese subjektivistische Entrealisierungstendenz zu einer deutlichen Bevorzugung von als privatistisch aufgefaßten Kurzformen wie Lyrik, Essay und Hörspiel, während man dem Drama und dem Roman – den auf Repräsentanz bedachten Großformen der Vergangenheit – wegen ihrer größeren Welthaftigkeit lieber aus dem Wege ging. Wohl die größte Vorliebe hegte diese Richtung, die sich anfänglich vor allem in Zeitschriften wie *Augenblick, Profile, Material, Spirale, Nota, Fragmente, Das Lot* oder *Akzente* manifestierte, für Lyrik, worunter sie eine besonders subjektivistisch-elitäre Gattung verstand. Dem entspricht, daß man in diesem Bereich vornehmlich das schätzte, was seit dem französischen Symbolismus in Richtung auf das ›absolute Gedicht‹ zielte. Selbst innerhalb der Gedichte des deutschen Expressionismus wurde damals weitgehend das Formale herausgestrichen, während man das Inhaltliche, vor allem wenn es ins Kritische oder gar Aufrührerische tendierte, als peinlich zu desavouieren suchte.

Das entscheidende Vorbild einer solchen Lyrikvorstellung lieferte Gottfried Benn, der sich nach anfänglichem Engagement für die Nazis gegen Ende der dreißiger Jahre in die »aristokratische Form der inneren Emigration« zurückgezogen hatte und erst durch Publikationen wie *Statische Gedichte* (1948), *Trunkene Flut* (1949), *Fragmente* (1951) und *Destillationen* (1953) wieder ins Rampenlicht der literarischen Öffentlichkeit zurückkehrte. In diesen Bänden sahen die modernistischen Literaturkritiker um 1950 das einzig Nennenswerte im Bereich der westdeutschen Lyrik. Von den lobenden Rezensionen Friedrich Sieburgs in der Zeitschrift *Die Gegenwart,* Karl Korns in der *Frankfurter Allgemeinen,* Alfred Anderschs in den *Frankfurter Heften* bis zu den Lobgesängen eines Walter Jens, die 1957 in *Texte und Zeichen* erschienen: In der Verehrung Benns waren sich alle einig. In den meisten dieser Kritiken wurde Benn zum Prototyp jenes ›modernen‹ Autors erhoben, der sich vornehmlich auf Ich und Sprache konzentriert und die Besorgung aller anderen Geschäfte den kunstfernen Normalbürgern überläßt. Hier erschien also Benn völlig als Dualist, als Überwinder des Lebens, als ein auf sein Werk konzentrierter Formalist. Zur Stützung solcher Thesen wurden damals gern folgende Zeilen aus seinem Gedicht *Satzbau* von 1950 zitiert:

> Alle haben den Himmel, die Liebe und das Grab,
> damit wollen wir uns nicht befassen,
> das ist für den Kulturkreis besprochen und durchgearbeitet.
> Was aber neu ist, ist die Frage nach dem Satzbau
> und die ist dringend:
> warum drücken wir etwas aus?

Wer selbst nach diesem Gedicht noch Zweifel an Benns subjektivistisch-elitärer Grundhaltung hatte, konnte sich in seiner Marburger Rede *Probleme der Lyrik* von 1951 überzeugen, daß es diesem Mann tatsächlich nur um die formalistischen Elemente der sogenannten avantgardistischen Lyrik ging, während er für alle politisch-konkreten, religiösen oder seelisch-verinnerlichten Tendenzen nur eisigen Spott übrig hatte. In dieser Rede erklärte Benn, daß die wahrhaft moderne Lyrik stets zum »Artistischen«, »Abstrakten«, »Anti-Geschichtlichen« und »Anti-Humanistischen« neige. »Ein Gedicht entsteht nicht aus Gefühlen«, lesen wir hier, »sondern aus Worten.« Bei solchen Bemühungen auf die Ansprüche der »Mitte« Rücksicht nehmen zu wollen, erschien ihm geradezu lächerlich. Aus dem gleichen Grunde setzte Benn 1955 in seinem Essay *Soll die Dichtung das Leben bessern?* folgenden Satz als den Schlußpunkt unter seine Ästhetik: »Das moderne Gedicht, absolute Gedicht ist das Gedicht ohne Glauben, das Gedicht ohne Hoffnung, das Gedicht an niemanden gerichtet, ein Gedicht aus Worten, die Sie faszinierend montieren.« Einen solchen Anspruch, den selbst Benn in seiner literarischen Praxis nur zum Teil einlöste, empfanden andere Lyriker dieser Jahre als etwas überzogen. Daher wurde Benn eher gelobt als wirklich nachgeahmt. Es gab zwar manche, die theoretisch durchaus mit ihm übereinstimmten und wie er ständig von Geschichtslosigkeit, Artistik, Ichdissoziierung oder vom »Tanz überm Abgrund« sprachen, aber eine wirkliche Benn-Schule entwickelte sich nicht. Den meisten war der »zum Kunstwerk erstarrte Traum vom beziehungslosen Ich«, wie Sieburg Benns Lyrikproduktion charakterisierte, wohl doch zu eisig. Nach einem kurzen Benn-Rausch wandten sich darum viele Lyriker lieber einer Modernität zu, die etwas gefälliger wirkte. Und als solche bot sich um 1950 die Tradition der Naturlyrik an. Diese Dichtung, über die Benn nur gelächelt hätte, entwickelte sich größtenteils aus jener Strömung, die man gemeinhin mit Namen wie Oskar Loerke, Wilhelm Lehmann, Peter Huchel, Friedrich Georg Jünger, Friedrich Schnack, Elisabeth Langgässer und Günter Eich verbindet. Unterm Faschismus waren diese Lyriker weitgehend in die Innere Emigration ausgewichen – eine Haltung, die sie auch nach 1945 beibehielten. Allerdings läßt sich dabei im Laufe der Jahre in ihren Gedichten eine merkliche Akzentverlagerung beobachten. Was einmal als Naturlyrik begonnen hatte, nahm in den Jahren nach 1950 – unter dem Einfluß modernistischer Strömungen – zusehends magische oder hermetische Elemente in sich auf, so daß die bisher eher idyllisch gesehene Natur mehr und mehr zum bloßen Vorwand für exquisite Wortspiele und erlesene Metaphern wurde. Während sich Benn im Gefolge Nietzsches aus der Welt der Geschichte in die Artistik zurückzog, zog man sich hier aus der Welt der Geschichte ins Biologisch-Metaphernhafte zurück und landete so auf dem Weg über die totale Versprachlichung ebenfalls bei einer bewußt elitären Artistik. Wenn darum in dieser hermetisch verschlüsselten Naturlyrik überhaupt ›Natur‹ auftaucht, dann selten im Sinne einer durch den Menschen umgewandelten Natur, sondern fast immer im Sinne einer poetisch-fiktiven Gegenwelt zur Welt der Technik, der Großstadt und der Geschichte, die eindeutig ins Mythische, Märchenhafte oder Magische übergeht. Wie schon im Jugendstil der Jahrhundertwende ist hier Natur nicht Wirklichkeit, sondern Bild. Und wie in jeder betont außergesellschaftlichen Dichtung kam es dabei zu einem Regreß in einen ästhetisierten Bereich des Seinshaften oder Lebensphilosophischen, durch den die naturbetonte Bildwelt der abgelegenen Gehöfte, Häherfedern und wispernden Gräser allmählich obsolet wurde und absoluten Metaphern wie schwarze Sterne oder schneeblauer Wind weichen mußte.

Durch diese Wandlungsprozesse vom Sein zum Zeichen geriet selbst die sogenannte Naturlyrik in den Sog einer Abstraktion, dem auch andere Hochlyriker dieser Jahre nicht widerstehen konnten. Überhaupt verbreitete sich während dieses Zeitraums in fast allen Bereichen der anspruchsvollen Lyrik jener Hang zum Metaphorischen, Dunklen, Schwerverständlichen, Disharmonischen, Schwierigen, den Hugo Friedrich 1956 in seinem Buch *Die Struktur der modernen Lyrik,* von dem sich bis 1960 70000 Exemplare absetzen ließen, als den Hauptzug der spezifisch ›modernen‹ Lyrik herausarbeitete. Im Gefolge solcher Thesen wurde es beliebt, für den Unterschied zwischen traditionellen und modernen Gedichten einfach Begriffe wie ›verständlich‹ und ›unverständlich‹ zu gebrauchen. Breiteren Schichten verständliche Lyriker wie Heine, Tucholsky oder Brecht hatten darum in diesen Jahren keine gute Presse. Um so höher pries die etablierte E-Kritik all jenes Experimentelle, was sich »nicht hersagen läßt« und sich deshalb nicht einprägt, wie Walter Höllerer 1954 unter dem Titel *Notizen zur zeitgenössischen Lyrik* in der Zeitschrift *Akzente* schrieb. Manche Modernisten gingen bei solchen Überlegungen soweit, die magisch-hermetische Lyrik wegen ihrer Abstraktheit als den Inbegriff der ›Moderne‹ schlechthin zu bezeichnen. Um Beispiele befragt, wiesen solche Kritiker gern auf die Lyrik von Ingeborg Bachmann hin, die in ihren Bänden *Die gestundete Zeit* (1953) und *Anrufung des Großen Bären* (1956) einen Gedichttyp entwickelte, der auf der Sprachkritik Heideggers und Wittgensteins beruhte und seine lyrische Sageweise bewußt am Rande jener Sprachbereiche ansiedelte, die man bisher als ›üblich‹ empfunden hatte. Ja, Bachmann stellte in diesen Jahren wiederholt die Forderung auf, daß eine wahrhaft poetische Sprache überhaupt erst gefunden werden müsse. Als weiteres Beispiel einer solchen lyrischen Obscuritas galt damals das Werk von Paul Celan, dessen Lyrikbände *Der Sand aus den Urnen* (1948), *Mohn und Gedächtnis* (1952) und *Sprachgitter* (1959) sich durch ihre ins Magische chiffrierte Bildwelt ebenfalls vor dem Zugriff der breiten Masse abzuschotten versuchten. Beeinflußt durch den französischen Symbolismus und den Buchstabenzauber der jüdischen Mystik trat Celan in seinen Gedichten gern mit dem Gestus eines seherisch-begnadeten Magiers auf, der an tiefste Geheimnisse zu rühren scheint, aber dennoch – trotz vieler erschütternder Einzelzüge – weitgehend im Bereich eines monologisch-esoterischen Ästhetizismus bleibt.

Wohl die extremste Spielart dieser sprachlichen Abstraktheit bildet jene Lyrik, die als ›Konkrete Poesie‹ bekannt geworden ist. Was bei den Naturlyrikern oder auch Bachmann und Celan stets mit äußerstem Ernst vorgetragen wird, geht in diesem Bereich aus dem Hermetisch-Suggestiven zusehends ins Spielerische, Groteske, Konstellative oder bewußt Unsinnige über, das heißt greift jene Traditionen des barocken Figurengedichts, der Unsinnspoesie und der dadaistischen Lautpoesie auf, über die man sich in dem Buch *Dichtung als Spiel* (1960) von Alfred Liede informieren kann. Die Götter dieser Richtung waren Autoren wie Arno Holz, Gertrude Stein, Gustav Stramm, Kurt Schwitters, Raoul Hausmann und Hans Arp. Wirklich greifbar wird diese Richtung erstmals in den kabarettistischen Aktionen der ›Wiener Gruppe‹ um Gerhard Rühm, Hans Carl Artmann, Friedrich Achleitner und Konrad Bayer, die ab 1952 durch ihren schockierenden Unsinn und ihren bewußt übertriebenen Formalismus von sich reden machte. Einen weiteren Ansatz zu diesem Konkretismus bildeten die *Konstellationen* des an der Ulmer ›Hochschule für Gestaltung‹ tätigen Eugen Gomringer, deren erste Folge 1953 erschien. In seinem Manifest *Vom Vers zur Konstellation* verglich Gomringer 1955 die Grundtendenz seiner konkretistischen Wortgebilde mit der geometrisierenden Abstraktheit auf den Quadratbildern eines Malers wie Josef Albers, der in den fünfziger Jahren ebenfalls eine Zeitlang in Ulm arbeitete. Was Gomringer zu dieser Zeit vor allem liebte, waren Einwortkonstellationen, die auf der puren Existenz des jeweils gewählten Worts beharren und bei denen die Grenzlinie zwischen Tiefsinn und totaler Sinnentleerung manchmal schwer zu ziehen ist. Dafür spricht etwa ein Ideogramm wie *schweigen*:

schweigen schweigen schweigen
schweigen schweigen schweigen
schweigen   schweigen
schweigen schweigen schweigen
schweigen schweigen schweigen

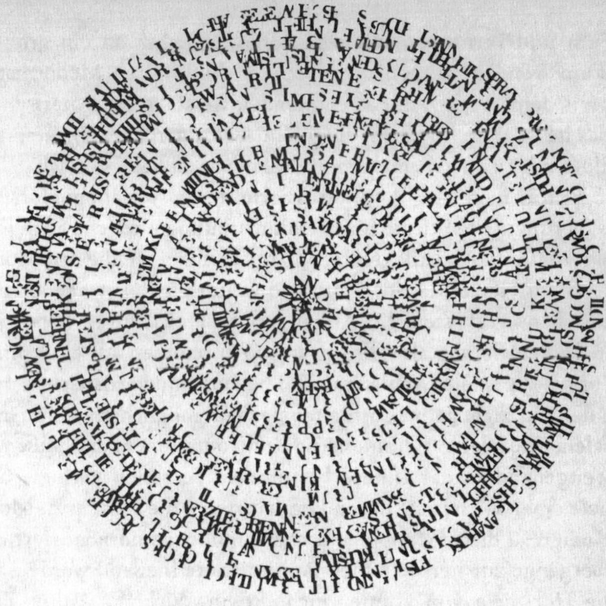

Ferdinand Kriwet: *Sehtext* (1965)

Aufgrund solcher Anregungen gingen nach 1954/55 auch Lyriker wie Helmut Heißenbüttel, Reinhard Döhl, Diter Rot, Franz Mon, Claus Bremer und Ernst Jandl zu einer Schreibweise über, für die sich neben der Bezeichnung ›Konkrete Poesie‹ auch Schlagworte wie materiale, absolute, spatialistische, experimentelle, evidente, visuelle, lettristische oder mobile Literatur einbürgerten. Das vorherrschende Element dieses Konkretismus blieb lange Zeit ein serielles Arrangement in Form von Diagrammen, Typogrammen, Piktogrammen oder Konstellationen, bei dem das Phonetische und das Grafisch-Visuelle eine möglichst innige Synthese eingehen. Kein Wunder, daß gerade ein Textästhetiker wie Max Bense dieser Form der totalen Versprachlichung, die nie ihre Nähe zu mathematischen Grundprinzipien leugnete, ein besonders großes Interesse entgegenbrachte und sie in seiner Zeitschrift *Augenblick* ausführlich zu Wort kommen ließ.

Szenisch-visuellen Repräsentationsformen von Literatur wie Theater, Film und Fernsehen, die sich von vornherein an ein größeres Publikum wenden, gingen die Vertreter des elitären Modernismus meist aus dem Wege. All das empfanden sie als nicht esoterisch genug, das heißt als zu kraß, zu vulgär. Äußerungen über Theaterstükke, Filme oder Fernsehspiele sind deshalb in diesem Bereich relativ selten. Wofür man sich hier interessierte, waren vor allem Hörspiele oder experimentelle Stücke für Kleinkunstbühnen, welche auch jener Subjektivität und Artistik genügend Freiraum ließen, die den Modernisten so am Herzen lagen. Statt also weiterhin Reportagehörspiele zu schreiben, verfaßten die Anhänger dieser Richtung lieber jene Originalhörspiele, die als Ausdruck des Autonomen auf einer ›inneren Bühne‹ zu spielen schienen. Die bewußt modernistischen Hörspiele der fünfziger Jahre enthielten deshalb möglichst wenig Handlungselemente oder gar dramatische Konfrontationen, das heißt wurden weitgehend in das Innere bestimmter Personen verlegt. Gute Beispiele einer solchen ›ortlosen Dramaturgie‹, die ständig zu Monologen neigt, ja diese Monologe so verinnerlicht und poetisiert, daß die Übergänge zur hermetischen Poesie relativ fließend werden, bieten die Hörspiele von Günter Eich, Erwin Wickert, Walter Erich Schäfer, Peter Hirche und Ingeborg Bachmann, die zwischen 1951 und 1958, der goldenen Zeit dieses Hörspieltyps, gesendet wurden. Den Auftakt dazu bildete das Hörspiel *Träume* (1951) von Günter Eich, das sich trotz seiner politisch gemeinten Schlußwarnung »Seid unbequem, seid Sand, nicht das Öl im Getriebe der Welt« weitgehend im Bereich einer als existentialistisch, ontologisch, ja irreal erfahrenen Welt abspielt, die erst jenseits der wirklichen Wirklichkeit beginnt. Das gleiche gilt für das Hörspiel *Zikaden* (1955) von Bachmann, wo eine imaginäre Inselwelt beschworen wird, aus der kein Weg ins Alltägliche zurückzuführen scheint, sondern sich nur die Möglichkeit einer ästhetisch-elitären Lebensform eröffnet. Ihren schärfsten Ausdruck erfuhr diese Zweiteilung von der als Liebe erfahrenen Innerlichkeit und der spießbürgerlichen Law-and-Order-Gesinnung in Bachmanns Hörspiel *Der gute Gott von Manhattan* (1958), wo die Handlung aus dem Unwirklichen schließlich ins rein Surreale übergeht. Das sogenannte ›Neue Hörspiel‹, das sich um 1960 durchzusetzen versuchte, entsprach dagegen eher den Tendenzen der konkretistischen Lyrik. Seine Autoren waren unter anderem

Helmut Heißenbüttel, Ernst Jandl, Franz Mon, Ferdinand Kriwet und Gerhard Rühm, die sich besonders auf dem Gebiet der Schall-, Sprach- und Sprechstücke hervortaten, in denen die noch wirklichkeitsbezogene Seinsstruktur immer stärker durch eine bloße Zeichenstruktur ersetzt wurde.

Im Bereich des Theaters blieb hingegen diese Richtung eine Randerscheinung. Obwohl sich nach 1950 auch auf diesem Sektor eine merkliche Wende ins Existentielle und Abstrahierende beobachten läßt, die mit der Verdrängung des Faschismus und des Zweiten Weltkrieges zusammenhängt, setzten sich hier die modernistisch-experimentellen Formen nie recht durch. Dafür ist die Institution Theater einfach zu publikumsbezogen. Was auf diesem Gebiet noch am ehesten Erfolge hatte, waren jene Formen des ›Absurden Theaters‹, die in diesem Jahrzehnt aus Frankreich und der Schweiz in die Bundesrepublik hinüberwirkten. Unter Absurdem Theater verstand man damals eine Dramatik, die angesichts der Undurchschaubarkeit und vor allem Unveränderlichkeit der Welt jeden gesellschaftlichen Reformwillen als unsinnig abweist. Viele dieser Stücke glichen deshalb Zustandsschilderungen ohne wirkliche Konflikte, die sich der Mittel des Surrealistischen und Grotesken bedienten, um damit auf die verzweifelt-lächerliche Fremdheit des Menschen in der Welt hinzuweisen. Wohl nirgends hat der allgemeine Ideologieverdacht, der mit der Verbreitung der Totalitarismustheorien verbunden war, so tiefe Spuren hinterlassen wie auf diesem Sektor. Was für Bilder das Absurde Theater eines Beckett, Ionesco oder Adamov auch vom Zustand der Welt entwarf, die meisten wirkten so hoffnungslos, daß sie fast an den Schwarzen Humor dieser Jahre erinnern.

Wohl am meisten beklatscht wurden in der Bundesrepublik auf diesem Gebiet die Stücke der Schweizer Max Frisch und Friedrich Dürrenmatt, obwohl auch sie ihre Zuschauer selten über die Hoffnungslosigkeit der heutigen Zustände im Unklaren ließen. In einer Welt, die »wie die unsrige am Zusammenpacken« sei, schrieb Dürrenmatt 1955 in seiner Schrift *Theaterprobleme,* könne man nur noch absurde Komödien schreiben. In ihr gebe es keine positiven Leitideen oder führenden Persönlichkeiten mehr, erklärte er, sondern nur noch anonyme Bürokratien, gegen die jeder Widerstand sinnlos geworden sei. Dürrenmatt exemplifizierte das wohl am eindrucksvollsten in seiner Komödie *Die Ehe des Herrn Mississippi* (1952), in der drei Weltverbesserer – ein Narr der Liebe, ein kommunistischer Revolutionär und ein religiös-moralisierender Staatsanwalt – höchst sarkastisch als wandelnde Anachronismen verspottet werden. Nicht viel anders geht es in seinen späteren Komödien zu, in denen alle idealistischen Reformvorstellungen stets an der nackten Habgier und starren Bequemlichkeit der Durchschnittsmenschen scheitern. Und auch Frisch machte vom *Graf Öderland* (1951) bis zu *Biedermann und die Brandstifter* (1958) kein Hehl daraus, wie wenig Vertrauen er in den Änderungswillen der Menschen setzte. Doch trotz dieser defätistischen Gesinnung wichen weder Frisch noch Dürrenmatt in irgendwelche dürren Abstraktionen aus, die man damals als ›experimentell‹ bezeichnet hätte. Im Gegenteil. Sie verzichteten keineswegs auf kritische Züge, die sich in ihren Stücken sowohl ideologisch als auch ästhetisch als ›realistische‹ Teilelemente manifestierten. Und so kann man sie zwar als modernistisch, aber nicht als elitär bezeichnen.

Unter den westdeutschen Vertretern des Absurden Theaters machte in den späten fünfziger Jahren vor allem Wolfgang Hildesheimer mit seinen Stücken *Pastorale* (1958), *Die Uhren* (1959) und *Landschaft mit Figuren* (1959) von sich reden. Was er unter dieser Richtung verstand, belegt am besten seine Erlanger Rede *Über das absurde Theater* von 1960, in der sich Hildesheimer unter Berufung auf Beckett und Ionesco gegen den Brechtschen ›Realismus‹ wandte, da Realität und Leben im Grunde bedeutungslos seien. »Die Wirklichkeit ist so absurd«, heißt es hier, »daß sie nirgends eine Lehre vermittelt.« Hildesheimer definierte deshalb das Absurde Theater einfach als »eine Parabel über die Fremdheit des Menschen in der Welt«. Angesichts dieser Fremdheit erschien ihm eine Übersetzung der Welt in die Metapher oder Parabel als das einzig angemessene Verhältnis des Dichters zu seinem Werk. Sein Absurdes Theater war also ein abstraktes, anti-thematisches, anti-realistisches, anti-ideologisches und zugleich defätistisches Theater, das zwar die zunehmende Fetischisierung der Dingwelt wie auch die Maskenhaftigkeit des Totalitären äußerst beklemmend auf die Bühne brachte, jedoch nirgends eine Möglichkeit andeutete, wie man diesen Entwicklungen entgegentreten könne. So unterwirft sich in seinem Stück *Die Uhren* ein gelangweiltes Ehepaar völlig der Herrschaft einer ins Gigantische gesteigerten Konsumwelt, indem es immer mehr Uhren kauft und sich schließlich dem mechanischen Rhythmus dieser Uhren anzupassen versucht. Fast ebenso absurd wirkt das Stück *Gesellschaft im Herbst* (1960) von Tankred Dorst, wo sich einige menschliche Scheinexistenzen – nach grotesken Schatzgräbereien – am Schluß in leblos-tändelnde Marionetten verwandeln. Dorst gebrauchte für diesen Dramentyp in seinem Essay *Die Bühne ist der absolute Ort* von 1962 Begriffe wie verfremdetes oder ortloses Theater. Was ihm hierbei vorschwebte, war eine »Dramatik der Absage, des ›Ich-weiß-nicht‹, des absoluten Scheins, der vorgetäuschten Haltung statt des metaphysischen Halts«. Und dafür erschienen ihm »Farcen, Grotesken, Parabeln« wesentlich geeigneter als sogenannte »Tragödien«, in denen es um große »geistige Auseinandersetzungen« gehe.

So wie in dieser modernistisch-elitären Literatur aus der Lyrik das lyrische und aus der Dramatik das dramatische Element verschwand, so verschwand im gleichen Zeitraum aus den epischen Gattungen das epische Element. Auch auf diesem Gebiet kam es im Zuge der forcierten Subjektivierung und Formalisierung zu einer fortschreitenden Entleerung des Inhaltlichen, das heißt zu einer Lockerung der thematischen Zusammenhänge, wenn nicht gar völligen Aufgabe der auf ein ideologisches Telos bezogenen Zielstrebigkeit des Erzählers überhaupt. Das Ergebnis dieser steigenden Entepisierung war eine Verfremdung ins Rätselhafte, die selbst für Eingeweihte etwas seltsam Irritierendes hatte, da sie zu einer Fragmentierung des Erzählverlaufs führte, die keine grundsätzlichen, sondern nur noch punktuelle Einsichten erlaubte. Das wirkungsmächtigste Schlagwort hierfür war das von der angeblichen ›Krise des Romans‹, mit dem man diesem Genre, das sich im Laufe des 19. und frühen 20. Jahrhunderts als das populärste und krisenfesteste der gesamten Literatur durchgesetzt hatte, wenigstens theoretisch den Anschein des Modernistisch-Interessanten zu geben suchte. Aus diesem Grunde liest man in den programmatischen Verlautbarungen dieser Richtung immer wieder, daß die Zeit des naiven Geschichtenerzählens endgültig vorüber sei. Da jedoch das qualitativ Andere der neuen Erzählweise – aufgrund der mangelnden ideologischen Zielsetzungen – nur als Absage an das Bisherige formuliert werden konnte, blieb es auf diesem Gebiet zwangsläufig beim Prinzip der Negation. Statt die Notwendigkeit einer neuen Erzählweise aus neuen Zielen abzuleiten, wurde sie lediglich als ein Produkt der fortschreitenden Dekomposition hingestellt. Und so tauchten im Zusammenhang mit der vielbeschworenen ›Krise des Romans‹ ständig Begriffe wie Ich-Zerfall, Enthumanisierung, schizoide Bewußtseinsstruktur, Motivationslosigkeit, Entfremdung, Einsamkeit, Ungeborgenheit oder auch schlichtweg Leere und Bodenlosigkeit auf, von denen es hieß, daß durch sie allen ›feiner organisierten‹ Autoren ein logisch-progressives Erzählen älterer Art unmöglich geworden sei.

Im Einklang mit solchen Thesen schrieb Theodor W. Adorno in seinem Essay *Form und Gestalt des zeitgenössischen Romans,* der 1954 in der Zeitschrift *Akzente* erschien, daß jede echte Narration geradezu zwangsläufig eine Welt voraussetze, der ein allumfassender »Sinn« zugrunde liege. In der »verwalteten Welt« der Gegenwart habe sich jedoch dieser Sinn aus dem Zentrum in die Randzonen des menschlichen Lebens verflüchtigt und sei deshalb für die Gesellschaft kaum noch greifbar. Adorno schlug daher vor, auf den »Realismus« der älteren Romane völlig zu verzichten. Mit einem solchen Realismus, schrieb er, könne man heute nur noch die Fassade des längst Verfestigten reproduzieren. Wenn Erzählen überhaupt noch einen Sinn habe, fuhr er fort, dann nur im Aufsprengen solcher Verfestigungen. Was allerdings mit solchen Aktionen politisch erreicht werden sollte, verschwieg Adorno seinen Lesern. In diesem Punkte blieb auch er, wie viele Vertreter des modernistisch-elitären Prinzips, im Rahmen eines Außenseiterkonzepts befangen, das zwar die eigene Isoliertheit innerhalb der Gesamtgesellschaft beklagt, sie jedoch zugleich als Ausdruck eines geistigen Andersseins in den Bereich einer spätbürgerlichen Erwähltheit erhebt.

Wenn also in der Folgezeit überhaupt von einem ›modernen‹ Erzählen die Rede war, dann stets von einer Prosa, welche jene Linie fortsetzt, zu deren Begründern Autoren wie Proust, Kafka, Joyce, Musil und Broch gehören, das heißt wo das Erzählerische ständig ins Reflektierende, Verfremdete, Subjektiv-Solipsistische, Essayistische übergeht und so jene ›Romane des Phänotyps‹ entstehen, die Benn bereits kurz nach 1945 als die einzig mögliche Form eines wahrhaft zeitgenössischen Erzählens bezeichnet hatte. Von den Prosaautoren der fünfziger Jahre akzeptierten die Vertreter dieser Richtung anfangs noch am ehesten einen Romancier wie Max Frisch, der 1954 mit seinem *Stiller* einen Künstlerroman vorlegte, in dessen Zentrum eine höchst subtil erzählte Identitätskrise steht, die ihren Protagonisten immer tiefer in eine leidvoll erfahrene Einsamkeit führt. Auch in Frischs *Homo faber* (1957) steht eine solche Ichkrise im Mittelpunkt, die durch die steigende Erkenntnis der Verfehlung des ›eigentlichen‹ Lebens ebenfalls immer gravierender wird. Seinen Höhepunkt erlebte dieser modernistisch-irreale Erzählstil dann in seinem Roman *Mein Name sei Gantenbein* (1964), wo im Zuge der fortschreitenden Subjektivierung die objektiv-gesellschaftliche Realität immer unwichtiger wird und sich schließlich alles nur noch im Konjunktiv abspielt.

Doch die wirklichen Modernisten verlangten schon in der zweiten Hälfte der fünfziger Jahre mehr als solche geistreich umspielten Identitäts- und Ehekrisen, mit denen Frisch – wenigstens zum Teil – auf der Ebene des bürgerlich Erwarteten blieb. Die wahren Außenseiter, die sich gern als ›Avantgardisten‹ ausgaben, bevorzugten deshalb Arno Schmidt, dessen Romane das Modernistische nicht nur im Inhalt, sondern auch in ihrer höchst eigenwilligen Rechtschreibung und Zeichensetzung zur Schau stellten, ja denen der unverkennbare Eindruck einer im Labor hergestellten ›Textlichkeit‹ anhaftet. Trotz mancher gesellschaftskritischen Elemente kam schon in Schmidts Romantrilogie *Nobodaddy's Kinder* (1951–1953) ein Solipsismus zum Durchbruch, dem das Gefühl eines sinnlosen Kreislaufs der Geschichte zugrunde liegt. In den folgenden Werken wurde diese Ich-Besessenheit, die oft die Form einer manischen Leseleidenschaft annimmt, schließlich so stark, daß die Wirklichkeit weitgehend hinter der Literatur zu verschwinden drohte. Ihren ersten Höhepunkt erlebte diese exzentrische Schreibweise in seinem Buch *Kaff auch Mare Crisium* (1960), das nicht nur durch seine phonetische Schreibweise, sondern auch durch seine Vielsträngigkeit, seinen collagierten Stil und seine ans Absurde grenzenden Science-Fiction-Elemente irritierte. Hier wurde die Sprache, wie schon in *Finnegan's Wake* von Joyce, immer stärker zum bloßen Material, was zu einer merklichen Abschwächung der inhaltlichen Verbindlichkeit führte. Doch gerade dieser exzentrische Umgang mit der Sprache war es, der Schmidt unter den Anhängern des modernistisch-elitären Prinzips so beliebt machte. Doch manchen Modernisten war selbst die Schmidtsche Prosa noch zu inhaltsbezogen. Sie wollten auch auf diesem Gebiet vornehmlich Experimentelles, Hermetisches, Innovatives, was in Richtung auf eine totale Abstraktion tendierte. Und diesen Wunsch erfüllten ihnen einige Autoren auch. Man denke an die frühe Prosa von Ludwig Harig, Jürgen Becker oder Helmut Heißenbüttel, der unter dem Titel *Abstrakte Prosa* bereits 1956 in der Zeitschrift *Texte und Zeichen* bewußt inhaltslose Prosastücke publiziert hatte und ab 1961 bei den alljährlichen Tagungen der ›Gruppe 47‹ mit wachsendem Erfolg aus seinen *Textbüchern* vortrug, die ebenfalls auf jede narrative Verknüpfung verzichten und einfach Bilder oder Bewegungsabläufe aneinanderreihen. Ebenso begrüßt wurden 1959 von dieser Gruppe die ersten Abschnitte aus dem Roman *Die Elephantenuhr* von Walter Höllerer, in dem das »hohe Wagnis« unternommen wurde, wie es damals hieß, die Sprache selbst zum Helden eines Romans zu machen. Ebenso akzeptabel fand diese Richtung die frühen Prosastücke von Peter Weiss, vor allem den Text *Der Schatten des Körpers des Kutschers* (1960), in dem sich Weiss die Aufgabe stellte, nicht das objektiv Vorgegebene, sondern nur das subjektiv Wahrgenommene im Rahmen einer zuständlichen Bilderfolge wiederzugeben. Ja, andere dieser modernistischen Experimentalautoren produzierten damals, unter Rückgriffen auf den Dadaismus und Surrealismus, Prosastükke, die durch die Art ihrer Textanordnung einen noch engeren Bezug zur konkreten Poesie oder abstrakten Malerei aufwiesen. Und so gab es schließlich auf dem Höhepunkt dieser Wendung ins Modernistische auch in der Prosa einige Texte, in denen die Sprache – wie Farbe, Linie und Klang – zu einem beliebig verfügbaren ›Material‹ für abstrakte Wortkonstellationen wurde.

Die neue ›Weltkunst‹ der Abstraktion

Abschließend bleibt noch zu fragen, welchen höheren oder tieferen Sinn die gesellschaftlichen Trägerschichten dieser modernistisch-elitären Richtung der von ihr so hochgeschätzten Kunst eigentlich zu geben suchten. All jene, die sich zu den snobistischen, aristokratischen oder sezessionistischen Spielarten dieses Modernismus bekannten, weil sie die linearen Fortschrittskonzepte oder gar utopischen Hoffnungen des älteren Liberalismus längst aufgegeben hatten und mit dem Interesse an einer betont elitären Kunst lediglich ihren Sonderstatus innerhalb der sie umgebenden Gesellschaft unterstreichen wollten, gingen einer solchen Frage selbstverständlich aus dem Wege. Außer der ästhetischen und sozialen Bestätigung ihres Andersseins, die ihnen diese Kunst vermittelte, erschienen ihnen alle anderen Sinnfragen reichlich marginal. Eine etwas bessere Ausgangsposition hatten bei solchen Sinnfragen lediglich jene – im Banne Theodor W. Adornos stehenden – Modernisten, die den Experimenten der abstrakten Malerei, seriellen Musik und konkreten Poesie, und mochten sie noch so ›abwegig‹ sein, einen kritisch-negativistischen Sinn unterzulegen suchten. Aber selbst sie landeten aufgrund ihrer Pauschalablehnung der ›verwalteten Welt‹ meist bei Gefühlen der Ohnmacht oder des Defätismus, weshalb sie auf die Frage nach dem höheren oder tieferen Sinn dieser Kunst ebenfalls keine schlüssige Antwort fanden.

Neben solchen resignativ oder kritizistisch eingestellten Gruppen gab es jedoch in diesem Umkreis, wie wir gesehen haben, auch Modernisten, die nicht von einer Außenseiterposition her argumentierten, sondern sich in ihren elitären Kunstanschauungen als ausgesprochen repräsentativ verstanden. Solche Künstler und Intellektuellen stützten sich bei den Sinndefinitionen der von ihnen befürworteten Kunst meist auf das Konzept der ›westlichen Freiheit‹ gegenüber der allgemeinen Unfreiheit hinter dem ›Eisernen Vorhang‹. Sie verstanden also ihren Liberalismus nicht nur als bürgerliches Privileg, sondern auch als politische Verpflichtung, nämlich die sich in der Abseitslage befindliche modernistisch-elitäre Kunst zur offiziösen Systemkunst oder gar Staatskunst der neugeschaffenen Bundesrepublik zu erheben. Diese Gruppe hielt sich zwar auch viel auf ihr Außenseitertum zugute, aber in einem elitär-führenden und nicht in einem elitär-verbitterten Sinn. Sie gab deshalb die modernistisch-elitäre Kunst der fünfziger und frühen sechziger Jahre nicht als etwas hoffnungslos Esoterisches, sondern als eine Kunst des wahrhaft Neuen, Innovativen, Zukunftszugewandten, Kosmopolitischen aus. Ihre Anhänger waren also durchaus stolz auf *ihre* Moderne, weil sie in ihr – nach der faschistischen Gleichschaltung – den ästhetischen Ausdruck einer

Befreiung ins Uneingeschränkte und Unverbindliche im weitesten Sinne des Wortes erblickten. Und damit erwies sich diese Richtung für die Kulturpolitiker der Bundesrepublik als die weitaus wichtigste. Was nämlich von diesen auf Repräsentanz bedachten Modernisten auf der einen Seite als subjektiv erlebte Befreiung aus politischer Unterdrückung und Indienstnahme empfunden wurde, unterstützte auf der anderen – objektiv gesehen – eine allgemeine Verdrängung der nationalen Schuldgefühle, eine fortschreitende Westintegrierung und damit einen kulturellen Identitätsverlust, der letztlich der Stabilisierung der Adenauer-Erhardschen Restauration zugute kommen mußte.

In den theoretischen Programmen dieser offiziösen Spielart der bewußt modernistischen Kunst wurde darum – neben der unabweislichen Abstraktion – meist die neue West- oder gar Weltorientierung als der positivste Faktor dieser Richtung herausgestrichen. Im Bereich der bildenden Künste war es vor allem Werner Haftmann, der schon 1954 im Schlußabschnitt seines Buchs *Malerei im 20. Jahrhundert* davon sprach, daß die »Große Abstrakte«, in der sich das »kommende Glück einer neuen großen Gemeinschaft aller Menschen« andeute, bereits einen »globalen Charakter« angenommen habe. Im gleichen Sinne stellte Haftmann 1959 bei seiner Eröffnungsrede zur zweiten ›Documenta‹ die tachistisch-informelle Malerei als den »Modellfall einer Weltkultur« hin, an deren erdkreisumspannender Geltung fast niemand mehr zweifle. Nicht minder großsprecherisch behauptete Hans Curjel 1961 im Februarheft der Zeitschrift *Melos,* daß die »Dodekaphonie« innerhalb der Musik im Laufe des letzten Jahrzehnts zu einer »Weltsprache« geworden sei, an der kein wahrhaft moderner Komponist mehr vorbeikönne, ohne sich als chauvinistisch verengt oder hoffnungslos veraltet zu blamieren. Lediglich die Theoretiker der modernistischen Literatur konnten damals ihre Produkte zwar schon als innovationistisch, aber noch nicht als internationalistisch anpreisen, da sie trotz ihrer westorientierten Gesinnung weiterhin an die deutsche Sprache gebunden blieben.

Bereits um 1955 wurde bei solchen Proklamationen gern gefragt, worin denn eigentlich das Gemeinsame dieser höchst verschiedenen Spielarten einer esoterischen ›Weltkunst‹ der oberen drei bis vier

Prozent der westdeutschen Bevölkerung bestehe. Obwohl man bei solchen Fragen selten die ästhetische Spezifik der einzelnen Künste aus dem Auge verlor, stellten die von ihrer Repräsentanz überzeugten Modernisten entweder das extrem Subjektive oder das extrem Abstrakte als die geeignetsten Ausdrucksformen einer Kunst der formalisierten Freiheit hin. In ihren Schriften trat darum sowohl die bisherige Forderung nach nationaler oder gesamtgesellschaftlicher Verbindlichkeit als auch die nach realistischer Allgemeinverständlichkeit merklich in den Hintergrund. Kompensiert wurde dieser Verlust durch das paradoxale Bemühen, das sogenannte ›schöpferische Ich‹ mit irgendwelchen ahistorischen, existentiellen oder psychomotorischen Urkräften gleichzusetzen, die sich nur in von aller Zeitlichkeit abgehobenen Klanggebilden, abstrakten Bildern oder formalisierten Sprachkomplexen ausdrücken ließen, in deren Zentrum zwar bedeutungsgeladene, aber konkret nichts aussagende ›Chiffren‹ ständen. Während bei solchen Theoriebildungen zu Anfang der fünfziger Jahre noch vornehmlich das Seinshafte oder Archetypische herausgestellt wurde, betonte man später auf diesem Gebiet eher die materialbezogenen Aspekte. Ein guter Beleg dafür sind die Diskussionen auf dem West-Berliner Kongreß *Gibt es Gemeinsamkeiten moderner Literatur, Musik und bildender Kunst?* von 1961, wo als Hauptredner Walter Höllerer (Literatur), Hans Heinz Stuckenschmidt (Musik) und Hann Trier (Malerei) auftraten. Im Bereich des Formalen sah man hier solche Gemeinsamkeiten vor allem in der deutlichen Neigung zum Athematischen, die in allen drei Künsten zu einer auffälligen Reduktion ins Strukturelle und rein Materialhafte geführt habe. Im Bereich des Inhaltlichen wurde dagegen, wie zu erwarten, fast ausschließlich auf das Spielerische, Serielle, Solipsistische, Absurde, kurz: auf all das hingewiesen, wofür nur eine ästhetisch hochgebildete Elite Verständnis aufbringe. Der Kunst auch eine Verpflichtung zu »Besserung und Bildung« zu geben, wurde dagegen höhnisch abgelehnt.

Als Inbegriff dieser auf Repräsentanz bedachten Richtung galt fast immer die bildende Kunst, da in ihr das Prinzip der Abstraktion am augenfälligsten in Erscheinung trete. Auf diesem Sektor ging überhaupt die Westintegration am weitesten, ja führte zeitweilig zu einem völligen Aufgehen der bundesdeutschen Malerei in den abstraktionistischen Tendenzen des französischen Tachismus und des us-amerikanischen Abstract Expressionism. Selbst anspruchsvolle Formen von Musik und Literatur mußten sich in dieser Zeit gefallen lassen, ständig am Vorbild der gegenstandslosen Malerei gemessen zu werden. Besonders häufig wurde auf die innere Affinität von abstrakter Malerei und serieller oder auch postserieller Musik hingewiesen. Während man sich bei der einen Kunstart auf die Materialwerte von Farbe, Linie und Raum beschränke, wie es hieß, beschränke man sich in der anderen völlig auf Klang, Rhythmik, Reihenanordnung usw. Demzufolge sprach Werner Haftmann 1959 in seinem Essay *Musik und moderne Malerei* von der »farbigen Instrumentierung« bei Ernst Wilhelm Nay, vom »dissonanten Anprall schwerer Taktgefüge« auf den Bildern Hans Hartungs und verglich Vieira da Silvas kleinteilige Flächenkompositionen mit der »punktuellen Satzweise eines Anton Webern«. Ähnliches findet sich 1962 in dem *Melos*-Aufsatz *Klangfarbe und Farbklang in der modernen Musik und Malerei* von Gertrud Meyer-Denkmann, der mit einem Vergleich Schönbergs mit Kandinsky beginnt, dann Webern mit Mondrian in Parallele setzt und schließlich auf die Gemeinsamkeiten in den formalen Aufbauprinzipien der seriellen Komponisten und der us-amerikanischen Abstract Expressionists eingeht. Auch manche der modernistischen Komponisten haben diese innere Affinität nur allzu deutlich empfunden. So ging Giselher Klebe 1950 bei seiner *Zwitschermaschine* von einem Bild Paul Klees aus, während er sich 1968 bei seiner *Photoptosis* durch die monochromen Wandflächen von Yves Klein anregen ließ. Die Zeitschrift *Melos* bebilderte darum in der Zeit um 1960, aber auch schon früher, ihre Aufsätze häufig mit Illustrationen von Werken der jüngsten abstrakten Kunst, um so ihre Leser bereits im äußeren Erscheinungsbild auf die immer offensichtlicher werdenden Gemeinsamkeiten der modernen ›Weltkünste‹ hinzuweisen.

Wesentlich schwerer hatten es die Theoretiker der modernistisch-elitären Literatur, den ›Standard‹ der abstrakten Malerei zu erreichen. Doch auch hier bemühten sich manche, diesem Anspruch gerecht zu werden. Das beweist unter anderem die auffällige Vorliebe für neodadaistische Textkonstellationen innerhalb der konkreten Poesie und experimentellen Prosa, die als ›Textbilder‹ in die Litera-

turgeschichten eingegangen sind. In die gleiche Richtung zielte das Bemühen, die Literatur in irgendwelche multi-medialen Aktionen einzubeziehen. Gute Belege dafür liefert der Band *Movens. Dokumente und Analysen zur Dichtung, bildenden Kunst, Musik, Architektur,* den Franz Mon 1960 herausgab. Dieses Buch wirkt wie eine einzige Textbild-Collage, indem es sowohl konkretistische Textverschnitte, experimentelle Prosastücke, Gedichte auf Tinguely-Objekte als auch Aufsätze über John Cage und elektronische Musik enthält – und diese obendrein mit Op-Art-Bildern von Viktor Vasarely, Lichtspiralen von Heinz Mack und kinetischen Objekten von Harry Cramer bebildert. In der Tradition malerisch-dichterischer Doppelbegabungen wie Kurt Schwitters und Hans Arp wurde hier selbst die Sprache vornehmlich als ästhetisches Material, als Objekt, als ›Zeichen‹ verstanden, als sei es der höchste Zweck der endlich zu sich selbst gekommenen Avantgarde des Modernismus, die längst verbrauchten Schockwirkungen des Dadaismus, Konstruktivismus und Surrealismus noch einmal auf einer formalisierten und damit ›höheren‹ Ebene durchzuspielen.
Was in den zwanziger Jahren innerhalb einer sich als politisch *und* ästhetisch verstehenden Avantgarde noch eine Kunst rebellischer Außenseiter war, die sich gegen den ausbeuterischen und kunstfeindlichen Charakter des sie umgebenden Systems aufzulehnen versuchten, verflüchtigte sich also im Rahmen dieser – auf Repräsentation bedachten – Spielart des Modernismus der fünfziger Jahre entweder ins rein Formalistische oder wurde zum systemimmanenten Bestandteil einer sich selbst unterhaltenden Schicht höchst privilegierter Bildungskünstler und der dazu gehörigen Schickeria. Doch gerade das machte diese Kunst, die auf den ersten Blick so inhaltslos oder spielerisch wirkt, für die Vertreter der kommunalen und technischen Intelligenz, die nach möglichst unspezifischen, das heißt unverbindlichen Emblemen des Fortschritts Ausschau hielten, so anziehend. Ihre reinste Verwirklichung erlebte deshalb die westliche ›Weltkunst‹ des Modernismus nicht im Bereich des Privaten (wo viele nur wenig mit ihr anzufangen wußten), sondern bei all jenen offiziellen oder offiziösen Anlässen, wo es um die Repräsentation des technisch und ästhetisch Avancierten ging: also bei internationalen Festivals, Documentas, Industriemessen, Weltausstellungen und

ähnlichen Anlässen. Hier konnte diese ins Repräsentative erhobene Kunst alle nationalen, gesellschaftlichen und politischen Verbindlichkeiten hinter sich lassen und ganz sie selber sein, nämlich eine formalisierte Interkunst der ›Zeichen‹, die einen so abstrakten Charakter hat, daß man bei ihren Bild-, Klang- oder Wortkomplexen zwischen bedeutungsgeladenen Chiffren und rhythmisch gereihtem Dekor manchmal kaum zu unterscheiden vermag. Und so erfüllte diese Art von Kunst – trotz oder wegen ihrer betonten Ideologielosigkeit – den höchsten Zweck, den eine modernistische Kunst im Rahmen einer ökonomischen Konjunktursituation überhaupt haben kann: sie demonstrierte durch ihre weitgehende Abstraktion, daß sich ein technischer Fortschritt auch ohne einen ideologischen Fortschritt erreichen läßt.

Am eindeutigsten zeigte sich das in der Ausstellungskunst dieser Ära, wo das Technische und das Ästhetische eine besonders enge Synthese eingingen. Hier, wo die besten Designer miteinander konkurrierten, wo das große Geld zu machen war, wo sich alles der jeweiligen Mode anpassen mußte, wo von vornherein für einen bestimmten Zweck entworfen wurde, wo es sich um eine Wegschmeißkunst handelte, wo also das Prinzip der geplanten Obsolenz regierte, äußerte sich dieser Modernismus um des Modernismus willen wohl in seiner reinsten Form. Das beweist schon der hypermoderne West-Berliner Pavillon, den zwei frühere Konstruktivisten wie Wassili und Hans Luckhardt 1951 für die erste ›Constructa‹ in Hannover entwarfen, der nur durch seine elegante Formgebung zu brillieren suchte und dessen einziger Schmuck eine kugelförmige Skulptur von Hans Hartung war. Ähnliches sah man seitdem immer wieder: bei den großen Industriemessen in Hannover, den verschiedenen Verkehrsausstellungen, Bundesgartenschauen, Verkaufsmessen westdeutscher Industrie im Ausland sowie den Pavillons der Bundesrepublik auf den Weltausstellungen, deren Gestaltung unter anderem in den Händen von Architekten wie Georg Lippsmeier, Hans Maurer, Wolfgang Bley, Horst Döhnert, Walter Kuhn und John Zerning lag. Die von ihnen entworfenen Bauten, Räume und Stände waren häufig einfallsreicher als das, was sich in der gegenstandslosen Malerei, kinetischen Objektkunst oder Plastik dieser Jahre findet. In vielen ihrer Environments herrschte ein internationaler Designerstil vor, der geradezu alles aufbot, was es damals an technischen und ästhetischen Innovationen gab: Mobiles im Stile Calders, Sonnensegel, reflektorische Lichttürme, Leichtmetalljalousetten, schwimmende Skulpturen, Polyesterwellplatten, rhythmisch angeordnete Stahlseile, glänzende Metallbleche, eindrucksvolle Glasfronten und bunte Kunststoffe. In diesen Räumen, die zum Teil die Form von Würfeln, Kugeln, Prismen, Sechsecken oder Pyramiden hatten, schien sich alles zu drehen, zu gleiten, zu schweben, aufzuleuchten. Außerdem wurden hier neben den Mitteln der Architektur, des Designs, der Plastik und der Malerei auch die Mittel der Kinetik und der elektronischen Musik eingesetzt, um möglichst viele multimediale Effekte zu erzielen. Manche dieser Räume sollten die Besucher geradezu hypnotisch ansaugen und sie dann allseitig mit Licht, Klang und Farbe umgeben, wie das Le Corbusier 1958 erstmals in seinem Pavillon *Le Poème électronique* für die Firma Philips versuchte. Zu ähnlichen Mitteln griff später Karlheinz Stockhausen. Die einzige Kunst, die in solchen Environments nur in Randphänomenen wie den Textbildern von Ferdinand Kriwet zur Geltung kam, war die Literatur, welche sich aufgrund ihrer starken Inhaltlichkeit in diesen Modernismus ohnehin nicht voll integrieren ließ. Doch alle anderen Künste konnten sich bei Ausstellungen dieser Art in ihrer besten, elegantesten Form präsentieren. Hier wurde also selbst dem elitären, abseitigen Modernismus eine Chance gegeben, sich in den Dienst der Werbung und des Verkaufs zu stellen und so die attraktivste Rolle zu spielen, die der Kunst im Rahmen einer industriellen Konjunkturperiode überhaupt zufallen kann.

Der mittelständische Kulturkonservativismus

Zur Ideologie des bürgerlichen Stellvertretungsanspruchs

Die konservativ oder gar reaktionär gesinnten Schichten der westdeutschen Bourgeoisie gerieten durch den wirtschaftlichen Aufschwung der fünfziger Jahre ideologisch in eine prekäre Situation. Als politisch und ökonomisch denkende Menschen begrüßten sie diese Entwicklung natürlich, die ihnen einen höchst erwünschten Komfort bescherte und zugleich der CDU/CSU, der Partei des sogenannten Bürgerblocks, zu einer absoluten Mehrheit im Bundestag verhalf. Als Vertreter herkömmlicher Bildungsvorstellungen versuchten sie jedoch der allgemeinen Wirtschaftswundermentalität, die zu einer fortschreitenden Polarisierung in eine vulgäre Massenkultur und einen elitären Modernismus führte, in aller Entschiedenheit entgegenzutreten, indem sie sich auf den ideologischen Stellvertretungsanspruch jenes Bürgertums beriefen, das schon im 18. und 19. Jahrhundert als eine Klasse aufgetreten sei, an der sich die anderen Stände – vor allem moralisch und kulturell – ein Vorbild genommen hätten. Das Nebeneinander eines »kulturellen Konservativismus« und einer technisch-pragmatischen »Fortschrittlichkeit«, wie es Arnold Gehlen 1957 in seinem Buch *Die Seele im technischen Zeitalter* nannte, bewirkte also bei den Vertretern von ›Besitz und Bildung‹ einerseits eine das rasante Tempo der wirtschaftlichen Expansion durchaus gutheißende Gesinnung, während es andererseits dazu führte, daß die gleichen Schichten alle kulturellen Begleiterscheinungen dieser technischen Fortschrittlichkeit, nämlich die eklatante Aufspaltung der Künste und zugleich Kommerzialisierung ihrer massenbezogenen Subbranchen, deren Ergebnis eine Art ästhetischer Gemischtwarenhandlung war, radikal ablehnten. Schließlich blieben aufgrund dieser Entwicklung, die sich bereits in der Weimarer Republik anbahnte, aber erst im Zuge des Erhardschen Neoliberalismus ihre volle Auswirkung erlebte, von der älteren, repräsentativen bürgerlichen Kultur lediglich einige elitäre Schwundformen übrig, die man sich in der Gourmetecke dieses Supermarkts suchen mußte, da

die Nachfrage nach den Produkten der mittelständischen Kultur – ob nun den älteren oder den modernen – immer kleiner wurde.
Der bürgerliche Stellvertretungsanspruch in Sachen ›Kultur‹ stand also in den fünfziger Jahren von vornherein unter einem ungünstigen Stern und wurde – angesichts der sich schnell verändernden Marktbedingungen – immer anachronistischer. Dennoch versuchten die Konservativen – zum Teil geheuchelt, zum Teil höchst verbissen – solange wie möglich an älteren Formen der bürgerlichen Kultur festzuhalten, um im Rahmen einer zwar objektiv begrüßten, aber subjektiv verachteten technischen Aufwärtsentwicklung wenigstens in der Kunst eine defensive, dem Status quo verpflichtete Haltung einzunehmen. Die meisten beriefen sich hierbei sowohl auf religiöse als auch auf existentialistische, abendländisch-humanistische oder einfach gutbürgerliche Traditionen. Das kulturtheoretische Schrifttum dieser Kreise, das sich unter anderem in Zeitschriften wie *Sammlung, Besinnung, Universitas, Hochland, Eckart, Welt und Wort, Musica* und *Stimmen der Zeit* manifestiert, strotzt darum nur so von Begriffen wie ›heile Welt‹, ›neue Geborgenheit‹, ›Weg nach innen‹, ›Rückkehr zum Ursprung‹ und anderen hochtönenden Appellen, hinter denen bei aller ideologischen Verschiedenheit immer wieder das gleiche zyklische, aus sich selbst erneuernde Weltbild steht, das auf der tröstenden Vorstellung der ›ewigen Wiederkehr des Immergleichen‹ beruht. Während bei den Liberalen, die im 19. und frühen 20. Jahrhundert noch durchaus linearen Fortschrittsvorstellungen vertraut hatten, die Erfahrung des Faschismus, des Zweiten Weltkriegs, der Atombombe und des Kalten Krieges, also die ›ewige Wiederkehr des Immergleichen‹ in Form einer unaufhörlichen Barbarei, eher zu Ideologieverdacht oder gar Defätismus führte, sahen sich die Konservativen, die an solche Fortschrittskonzepte ohnehin nie geglaubt hatten, durch die Abfolge all dieser Schrecken lediglich darin bestätigt, daß der eigentliche Sinn des Lebens und der Geschichte nicht im Hiesigen, sondern in wesentlich höheren Ordnungen gesucht werden müsse. Gerade das, was die Liberalen zutiefst verstörte, nämlich der nie endenwollende Horror, bekräftigte sie in dem Bemühen, nur um so intensiver auf höhere Ordnungen zu vertrauen und sich eine Wiederkehr des Heilenden, Gesunden von einem durch nichts zu erschütternden Glauben oder eine Rückbin-

dung an seit Ewigkeiten bestehende Normen menschlichen Verhaltens zu versprechen.
Im Sinne eines solchen Traditionsbewußtseins stellten die Konservativen nicht bloß ihre weltanschaulichen Konzepte, sondern auch sich selbst gern als Stellvertreter des ewig-einen Status quo oder der vielbeschworenen ›Mitte‹ hin, die sich schon immer gegen die elitären Ansprüche der Oberklassen sowie die kruden Ansprüche der Unterklassen zur Wehr gesetzt habe. Diese Schichten vertraten also in der Kunst vornehmlich Traditionen, welche sie aus dem breiten Strom der kulturellen Vergangenheit, die in der Inneren Emigration der dreißiger Jahre einen neuen Glanz erhalten hatte, in die Adenauersche Periode hinüberzuretten versuchten: die seelische Verinnerlichung, den innigen Bezug zur Natur, die Geborgenheit innerhalb des Häuslichen, die Liebe zu den großen Meistern sowie das religiöse Vertrauen in die göttliche Vorsehung. Und zwar enthistorisierten sie alle diese Werte aus dem Gesellschaftlichen und Geschichtlichen ausdrücklich ins Ewige. Überhaupt ging es ihnen weniger um die Kunst der Gegenwart als um die bereits kanonisch gewordenen Großwerke der Vergangenheit. Aus der Gegenwartskunst duldete man in diesem Bereich lediglich das, was sich an diese Großwerke anschloß oder ihnen in Form und Inhalt gleichzukommen versuchte. Während sich die Neoliberalen auch im Bereich der Kunst um gewisse Innovationen bemühten, wurde bei den Neokonservativen das ältere Entwicklungsdenken fast völlig außer Kurs gesetzt. Als wahrhaft groß galt hier à la Hans Sedlmayrs *Verlust der Mitte* oder Ernst Robert Curtius' *Europäische Literatur und lateinisches Mittelalter* letztlich bloß die Kunst der Antike, des Mittelalters, des Barocks und der klassisch-romantischen Tradition, also eine Kunst, die im Gegensatz zur trivialen Massenkunst sowie zur Kunst des elitären Modernismus die ›ewigen Werte‹ akzentuiert. Überhaupt war Kunst für diese Schichten nur das, was für Bewahrung eintritt, was Vorbilder liefert, was Trost und Lebenshilfe bietet, was hinter dem oberflächlichen Getriebe der Welt seit Ewigkeit bestehende Ordnungen aufleuchten läßt, was also wesentlich, eigentlich, beseelt, substantiell oder gar religiös ist und somit den Menschen mit irgendwelchen höheren Mächten in Berührung bringt. Die bevorzugten Kunstformen dieser Richtung waren deshalb die durch die Tradition geheiligten und nicht die durch

den Modernismus oder Kommerzialismus entheiligten. In der Musik zählten dazu die Opern, Symphonien, Instrumentalkonzerte und Kammermusikwerke, in der Literatur die Gedichte, Dramen und Romane, in der bildenden Kunst die Gemälde, Skulpturen und Grafiken. All das, was vom Makel einer ›entwürdigenden‹ Verheutigung gezeichnet war, also Radio, Fernsehen, Film, Schlagermusik, Jazz, Plakat, Comic Strip und Illustrierte, oder in den Bereich des Modernistisch-Elitären gehörte, wurde hingegen von den meisten Vertretern dieser Richtung scharf abgelehnt.

Die gesellschaftliche Trägerschicht dieser kulturkonservativen Gesinnung war sicher größer als die der modernistisch-elitären Kunst. Grob geschätzt, stammte sie hauptsächlich aus dem Reservoir jener Bevölkerungsschichten mit Abitur oder Mittelschulabschluß, die in den fünfziger und frühen sechziger Jahren etwa 18 Prozent der Bevölkerung ausmachten. Wenn man von diesen Schichten die modernistisch Orientierten und die an Kunst Uninteressierten abzieht sowie noch einige Bildungsbeflissene aus den Unterklassen hinzunimmt, kommt man – den Statistiken dieses Zeitraums zufolge – auf etwa 10–12 Prozent der westdeutschen Bevölkerung, welche dieser Richtung zuzurechnen sind. Für diese Schicht, zu der neben den Vertretern der älteren Bourgeoisie auch jene Mittelkläßler gehörten, die sich mit dem Dekor des bereits Bewährten umgeben wollten, war ›Kunst‹ noch eine feste Institution. Sie schätzte deshalb vornehmlich bereits Etabliertes, Beständiges, Klassisches. Sie wollte nicht mit jenen Außenseitern und ›Eierköpfen‹ verwechselt werden, die sich vor allem für Entlegenes, Schwieriges, Modernistisches interessierten. Im Gegenteil. Sie wollte jene Schichten repräsentieren, die sich als die Siegelbewahrer der geistigen Güter der Nation verstanden.

Allerdings muß man auch innerhalb dieser Richtung zwischen mehreren Gruppen unterscheiden: erstens jenen, welche die Erbepflege in Schule und Universtät als Berufsstand vertraten, zweitens jenen, die sich auf privater Ebene bei der Kunst der Vergangenheit Trost zu holen suchten, und drittens jenen, die bei ihrem Umgang mit älterer, anerkannter Kunst vor allem auf gesellschaftliche Repräsentation bedacht waren. Die akademische Erbepflege, um mit der ersten Gruppe zu beginnen, war damals im Bereich der Geistes- und Kunstwissenschaften an Schulen wie Universitäten noch ungebrochen. Statt sich auch mit den von den Nazis unterdrückten liberalen, demokratischen und sozialistischen Traditionen zu beschäftigen, lag hier der Akzent eindeutig auf den ›Klassikern‹ und den an ältere Wertvorstellungen anschließenden Vertretern der Inneren Emigration. Das galt vor allem für den schulischen Bereich, wo in 116 westdeutschen Lesebüchern der fünfziger Jahre jene 12 Autoren, die man 1933 aus der Preußischen Akademie entfernt hatte, ganze zwölfmal, die damals Nachgerückten dagegen dreihundertvierunddreißigmal vertreten waren. An den Universitäten sah es kaum anders aus. Sogar hier war die überwiegende Mehrzahl aller Vorlesungen und Seminare – unter Akzentuierung religiöser, existentialistischer oder geisteswissenschaftlicher Gesichtspunkte – den großen Zeitaltern der Vergangenheit gewidmet. Im Bereich der Kunstgeschichte sind dafür unter anderem Fachvertreter wie Hans Sedlmayr (*Die Entstehung der Kathedrale,* 1950), Hans Tintelnot (*Die barocke Frescomalerei in Deutschland,* 1951), Kurt Bauch (*Abendländische Kunst,* 1952), Harald Keller (*Die Kunstlandschaften Italiens,* 1960) und Hans Jantzen (*Die Gotik des Abendlandes,* 1962) repräsentativ. Ja, das *Reallexikon zur deutschen Kunstgeschichte* nahm damals nur Artikel auf, in denen es um ästhetische Phänomene vor dem Jahr 1800 ging. In der Musikwissenschaft gruppierten sich die Erbepfleger, also Männer wie Friedrich Blume, Wilhelm Ehmann, Hans Engel, Heinrich Hüschen, Bruno Stäblein und andere, vornehmlich um ein Gemeinschaftswerk wie *Die Musik in Geschichte und Gegenwart* (ab 1949), das trotz seines vielversprechenden Titels den Hauptakzent eindeutig auf die »Geschichte« und nicht auf die »Gegenwart« legte. Selbst weltbekannte Komponisten des 20. Jahrhunderts wurden hier recht kursorisch behandelt. Das gleiche gilt für die *Annalen der deutschen Literatur,* die 1952 von Heinz Otto Burger herausgegeben wurden. Und so wie Burger verhielten sich viele der ›führenden‹ Germanisten dieser Epoche, ob nun Benno von Wiese (*Die deutsche Tragödie von Lessing bis Hebbel,* 1948, *Eduard Mörike,* 1950, *Friedrich Schiller,* 1959), Erich Trunz (*Hamburger Goethe-Ausgabe,* 1948–1960), Friedrich Sengle (*Wieland,* 1949) oder Emil Staiger (*Goethe,* 1952–1959), die sich ebenfalls völlig der ›großen‹ Tradition widmeten und die ›Moderne‹ den Journalisten überließen, wie sie es nannten. Und wer darüber hinausging, behandelte wie Otto Friedrich Bollnow

54 *Plakat* (um 1955)

55 Willy Engelhardt: *Plakat* (um 1950)

56 *Plakat* (1955)

57 Wieland Wagner: *Bühnenbild zu »Tristan und Isolde«,* Bayreuth (1962)

58 Bernhard Heiliger: *Seraph* (1952)

59 Hann Trier: *AHA* (1952)

60 Fritz Winter: *Ohne Titel* (1950)

61 Julius Bissier: *22. XI. 56* (1956)

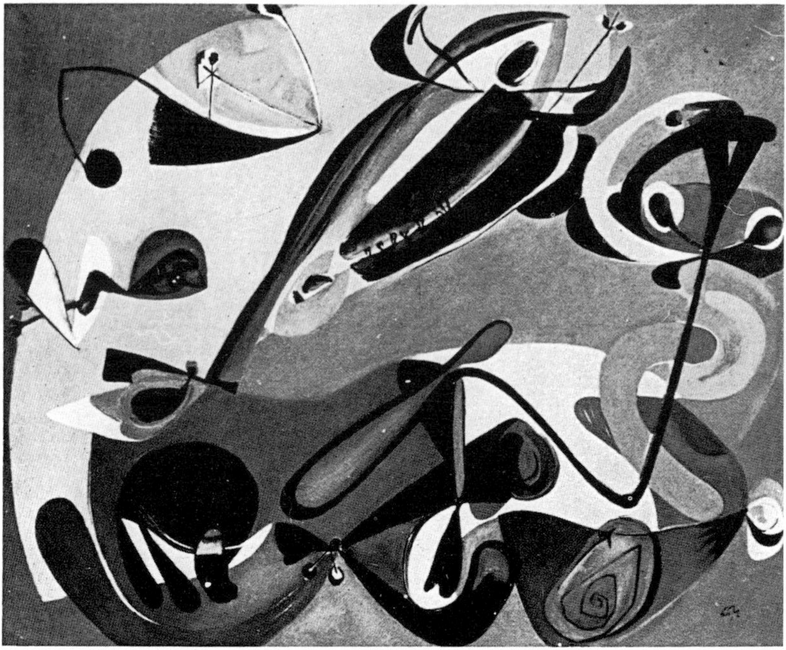

62 Georg Meistermann: *Fisch, Kuh und Vogel* (1950)

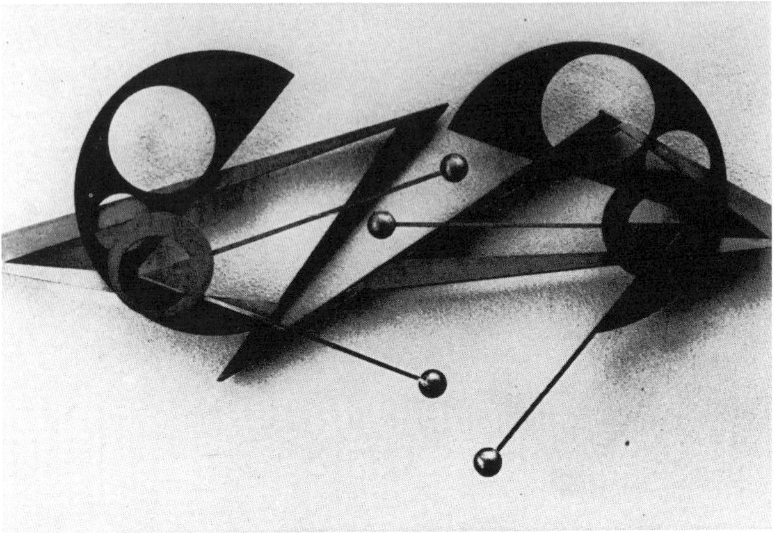

63 Hans Uhlmann: *Wandrelief* (1957)

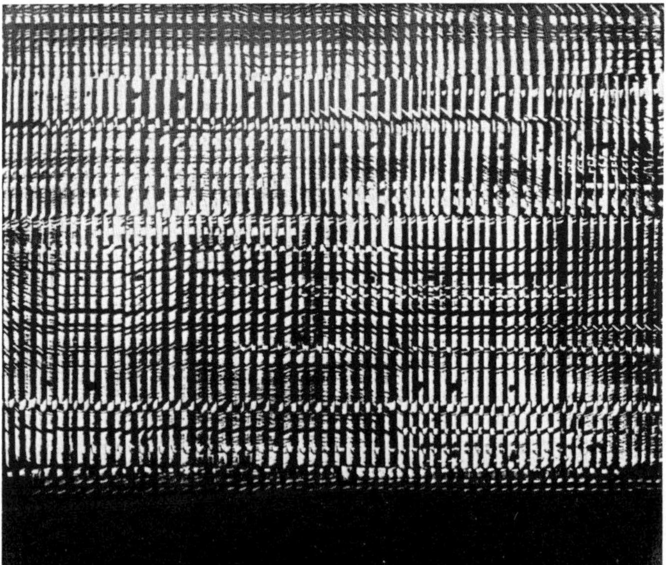

64 Heinz Mack: *Dynamische Struktur* (1958)

65 Manfred Malzacher und Hans Staeger: *RTS-System für demontable Ausstellungselemente* (1953)

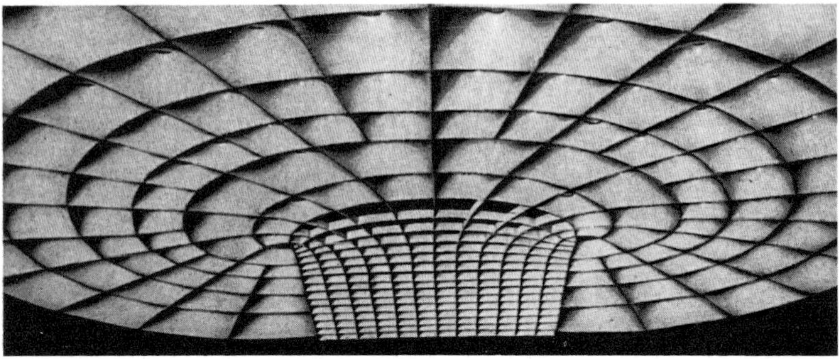

66 John Zerning: *Entwurf einer Ausstellungsdecke* (1964)

67 Georg Lippsmeier: *Deutsche Industrieausstellung*, Khartum/Sudan (1961)

68 Horst Döhnert: *Internationale Verkehrsausstellung*, München (1965)

69 Gerhard Marcks: *Auferstehender Christus,* Marktkirche Hannover (1958)

70 Hubert Distler: *Bäume im Winter* (1956)

71 Albert Burkart: *In der Straßenbahn* (1952)

72 *Anti-Atomtod-Demonstration,* Hannover (1958)

73 A. Paul Weber: *Die Produktion von Orden läuft wieder an* (1951)

konkret

konkret - Die Unabhängige Deutsche Studentenzeitung für Kultur und Politik. Herausgegeben im Auftrage des Arbeitskreises Progressive Kunst an der Universität Hamburg, Sektion Literatur, von Claus Rainer Röhl, Hamburg. Verlag: Selbstverlag. Anschrift für Verlag und Redaktion der Deutschland-Ausgabe: Hamburg 36, Kaiser-Wilhelmstr. 76/II. Ruf: 34 72 33. Verantwortl. Redakteur: Cl. R. Röhl.

1/58

UNABHÄNGIGE ZEITSCHRIFT FÜR KULTUR UND POLITIK

40 Pf, Studenten 10 Pf — Postverlagsort Hamburg — JANUAR 1958

Ausgabe C (Süddeutschland)

74 *Titelblatt* (1958)

75 Siegfried Dorschel: *Der Kanzler spricht* (1959)

76 A. Paul Weber: *Die öffentliche Meinung* (1955/56)

77 Günther Strupp: *Die Nana von Frankfurt* (1958)

78 German Beccera: *Haltestelle* (1963)

79 Karl Hubbuch: *Selbstbildnis* (um 1952)

80 Hanns Kralik: *Selbstbildnis* (um 1955)

81 Gerhart Bettermann: *Selbstbildnis* (1960)

82 Manfred Oesterle: *Das war halt noch a anderes Fressen früher: Schlotbarone, Krautjunker, Gardeleutnants, Korpsstudenten – und heutzutag? Das ganze Jahr Adenauer, nix wie Adenauer!* (1957)

in seinem Buch *Unruhe und Geborgenheit im Weltbild neuerer Dichter* (1953) meist nur jene deutsch-romantische Linie, die mit Novalis und Eichendorff beginnt und dann bei Hermann Hesse, Josef Weinheber und Friedrich Georg Jünger ihren Endpunkt findet. Während sich einige der Formanalytiker wie Wolfgang Kayser, Peter Szondi und Eberhard Lämmert zur gleichen Zeit auch dem Modernismus zuwandten, blieb in diesen Bereichen entweder ein bürgerlicher Klassikerkult oder ein ethisch-metaphysischer ›Dienst am Sein‹ à la Heidegger dominierend.
Die eher auf unmittelbare Herzstärkung bedachte Schicht rekrutierte sich hauptsächlich aus jenen Kreisen, welche in der Kunst vornehmlich nach Ersatzbefriedigungen für nichtgelebtes Leben Ausschau hielten oder sich auf jene Inseln der ›heilen Welt‹ zu flüchten suchten, wo es noch keine Technik, keinen Kapitalismus, keine moderne Vermassung gab. Sie bevorzugten daher weniger eine klassisch-anspruchsvolle als eine besinnliche, gefühlvolle, beschauliche Kunst, die ihren emotionalen Bedürfnissen entgegenkam. Dafür brauchten sie weder einen universitären noch einen gesellschaftlich-repräsentativen Rahmen. All das ließ sich – wie eh und jeh – auch im stillen Kämmerlein abmachen. Diese Schichten ließen deshalb ihre Kinder weiterhin Klavier, Violine oder Blockflöte spielen, veranstalteten Hausmusikabende, lasen abends im Kreise der Familie aus Werken von Eichendorff, Mörike, Keller oder Hesse vor, hatten ihre Freude an bibliophil eingebundenen Klassikerausgaben, verschenkten geschmackvoll broschierte Inselbändchen, besahen sich schöne Kunstbücher aus dem Hirmer-Verlag, erbauten sich an den *Blauen Büchern* bei Langewiesche oder an Carl Larssons *Haus in der Sonne,* ja blätterten sogar in *Westermanns Monatsheften,* die seit 1949 wieder neu erschienen und neben Bildern schöner Landschaften, Blumen und Tiere auch Illustrationen von Werken alter Meister brachten. Kurzum, diese Kreise liebten alles, was ihnen das Gefühl einer ›großen Tradition‹ vermittelte und sich zugleich in den Rahmen einer kultivierten Wohnzimmerkultur einfügte.
Doch nicht alle Konservativen gaben sich mit einer Kunst für die gute Stube oder das ›schöne Heim‹ zufrieden. Die eher auf Repräsentation bedachten Kreise, obwohl auch sie – nach gutbürgerlicher Tradition – die Kulturpflege im engsten Familienkreise keineswegs ver-

schmähten, wollten diesem Kulturbewußtsein auch einen gesellschaftlichen Ausdruck verleihen. Ihre kulturellen Heimstätten waren daher neben dem Wohnzimmer vor allem das Museum, die Ausstellung, der Konzertsaal und das Theater, wo sie sich als gute Bürger vor anderen guten Bürgern ›zeigen‹ konnten. Sie wollten bei allem dabeisein, was ›man‹ gehört oder gesehen haben mußte: ob nun der letzten *Faust*-Inszenierung, einer von Furtwängler dirigierten Bruckner-Symphonie oder einer Aufsehen erregenden Friedrich-Ausstellung. Vor allem über den Theaterbesuch dieser Schichten sind wir recht gut informiert. Zwischen 1955 und 1965 waren es durchschnittlich 20 Prozent der westdeutschen Bevölkerung, welche erklärten, wenigstens einmal im Jahr ins Theater zu gehen. Zieht man hiervon die sogenannten Marginalbsucher ab, bleiben etwa 10 bis 12 Prozent der Bundesbürger oder -bürgerinnen, die sich als Intensivbesucher bezeichnen lassen. Fast alle diese Leute hatten das Abitur oder einen Mittelschulabschluß. Nach den Gründen ihrer Theaterbesuche befragt, gaben sie meist den »Wunsch nach Befriedigung geistiger Genüsse«, die »leidige Gewohnheit« oder das »soziale Prestigebedürfnis« an. Sie empfanden also das Theater vornehmlich als gesellschaftliches Ereignis oder als lokale Bildungsinstitution. Indem man ins Theater ging, festlich gekleidet, versteht sich, wollte man zu den besseren Kreisen, den oberen Zehntausend gehören, wollte man sehen und gesehen werden, wollte man sich in kultivierter Atmosphäre bewegen, mit einem Wort: wollte man Kulturträger sein.

Während also die beiden anderen Schichten eher im Verborgenen blieben oder sich höchstens durch Forschung und Lehre hervortaten, stellte sich die dritte Gruppe bewußt ins gesellschaftliche Rampenlicht. Allerdings sollte man die Unterschiede zwischen diesen Gruppen nicht überbewerten. Was alle drei verband, war ihr Anspruch, die ›einzig wahre Kultur‹ zu vertreten, nämlich die Kultur der seit jeher hochgeschätzten großen Meister. Dieser Stellvertretungsanspruch geriet jedoch im Rahmen des sich immer stärker kommerzialisierenden Kulturbetriebs schon in den späten fünfziger Jahren merklich ins Gedränge. Indem die Konservativen sowohl die Massenmedien als auch den elitären Modernismus ablehnten, ja sich zugleich dagegen sperrten, irgendeine kulturelle Alternative ins Auge zu fassen und sich statt dessen lediglich auf die Bewahrung des von der Tradition Anerkannten versteiften, nahm ihr Umgang mit Kultur schließlich Züge an, die sich nur als ›museal‹ bezeichnen lassen. Und damit verlor die von ihnen favorisierte Kunst zusehends jene gesamtgesellschaftliche Verbindlichkeit, welche ihr das Bürgertum in den letzten 200 Jahren – wenigstens in der Idee – immer wieder zugestanden hatte.

Gegen Modernismus und Kommerz

Wie fast alle Status-quo-Bewegungen war auch die kulturkonservative Richtung der fünfziger und frühen sechziger Jahre relativ theorielos. Wer von vornherein glaubt, die gesamte kulturelle Tradition des Abendlandes hinter sich zu haben, fühlt keine Notwendigkeit, sich ideologisch ausweisen zu müssen. Daher haben viele Schriften dieser Bewegung weder das Bedürfnis, sich zu verteidigen noch verraten sie den geringsten Selbstzweifel, sondern laufen einfach auf eine huldigende Selbstbestätigung hinaus. Wenn in ihnen überhaupt kritische Töne laut werden, dann gilt diese Kritik stets den anderen, die vom rechten Weg abgewichen seien, das heißt die das Klassisch-Bewährte zugunsten irgendwelcher Verheutigungskonzepte aufgegeben hätten. Als die beiden Hauptübel wurden hierbei, wie gesagt, der immer stärker werdende Trend zur Kommerzialisierung der Künste sowie die daraus resultierende Absonderungstendenz gewisser Ästhetenkreise hingestellt. Besonders scharf verurteilte diese Richtung den Modernismus. Die Kommerzialisierung wurde zwar ebenfalls lebhaft bedauert, jedoch als etwas hingestellt, was zu niedrig und deshalb indiskutabel sei. Im Modernismus sah sie dagegen ein Phänomen, mit dem sie sich auf der gleichen ›bürgerlichen‹ Ebene auseinandersetzen mußte. Und zwar verstanden die Konservativen darunter all jene Strömungen, denen irgendwelche linearen Fortschrittskonzepte zugrunde lagen – und mochten diese noch so formalistisch sein. Daß der Modernismus durch diese innere Entleerung seinen avantgardistischen Charakter längst verloren hatte, sah man sehr wohl. Statt jedoch der falschen, weil unverbindlichen Avantgarde das Leitbild einer wirklichen Avantgarde entgegenzuhalten, zogen die antimodernistischen Kreise aus dieser Erkenntnis lediglich den Schluß, in Zu-

kunft auf jeden Avantgardismus zu verzichten und sich lieber in den Dienst einer Rückbindung an die Tradition zu stellen.
Wohl den besten Einblick in dieses Denken bietet das Büchlein *Die Revolution der modernen Kunst* (1955) von Hans Sedlmayr. In ihm wird jener »Verlust der Mitte«, den Sedlmayr 1948 vornehmlich innerhalb der bildenden Künste konstatiert hatte, nun in *allen* modernistischen Künsten nachgewiesen. Obwohl Sedlmayr für diesen Verlust auch das Nouveauté-Wesen des gegenwärtigen Kunsthandels verantwortlich machte und an einer Kritik des Kapitalismus von rechts keineswegs sparte, gab er vor, sich in dieser Studie um die Erkenntnis wesentlich ›tieferer‹ Vorgänge zu bemühen. Nach seiner Meinung geht die Funktionslosigkeit der modernen Kunst, die sich vor allem in der steigenden Verabsolutierung der künstlerischen Mittel von ihren ursprünglichen Zwecken manifestiere, auf jenes verhängnisvolle Autonomiestreben zurück, das mit dem Entwicklungsdenken der Renaissance und der Aufklärung einsetze. Seitdem strebe man in allen Künsten nach ›Reinheit‹, was in der Malerei zur Gegenstandslosigkeit, in der Musik zur Atonalität und in der Literatur zu einer formalistischen Poésie pure geführt habe. Auf diese Weise sei ein Trend zum Spielerischen, Ausdruckslosen, ja Absurden entstanden, der in letzter Konsequenz auf eine Negation des Kunsthaften an sich hinauslaufe. »Man kann keine Kunst machen«, heißt es bei ihm, »wenn man nichts als Kunst machen will.« Falls die Kunst jede »Bindung an eine vorgegebene objektive Ordnung« verleugne, falls sie nicht mehr Spiegelbild des Guten, Wahren und Schönen sein wolle, sondern zum Objekt eines dem Menschen und der Natur entfremdeten technischen Geistes werde, müsse das, wie Sedlmayr immer wieder beteuerte, notwendig auf einen unheilvollen »ästhetischen Nihilismus« und damit einen Kult des Frappanten, Pikanten, Chokanten, wenn nicht Krankhaften und Ekelerregenden hinauslaufen. Eine solche »Sucht nach Neuerungen«, bei der das »Interessante zum Ersatz für das Schöne« werde, behauptete er, führe letztlich zu »Maßlosigkeit« oder auch »Mitte-Losigkeit«.
Auf eine etwas verbindlichere Art wurden die gleichen Thesen noch einmal in dem Buch *Avantgardismus und die Zukunft der modernen Kunst* (1964) von Hans Egon Holthusen vorgetragen. Auch er wies auf die innere ›Hohlheit‹ der sogenannten modernistischen Kunstre-

volutionen hin, denen lediglich eine Sucht nach »autonomer Selbstbestimmung des Künstlers« zugrunde liege und die sich inzwischen »längst zu Tode gesiegt« hätten. Jenen Modernisten, die sich trotzdem mit dem Schein des Avantgardistischen umgäben, erklärte Holthusen, sei immer noch nicht aufgegangen, daß sich inzwischen das »postrevolutionäre« Prinzip des Restaurativen durchgesetzt habe. Die führenden Köpfe der Gegenwart sah er daher in Traditionalisten wie Ernst Robert Curtius und Gustav René Hocke, die nie aufgegeben hätten, auf gut abendländisch in Kategorien der Kontinuität zu denken. Allerdings habe sich daraus keine Diktatur des Konservativismus ergeben, wie Holthusen als Anhänger westlicher Freiheitskonzepte ausdrücklich versicherte. Im Gegenteil. Selbst an Künstlern, die sich weiterhin als Formalrevolutionäre aufspielten, nehme heute fast niemand mehr Anstoß, sondern überschütte sie eher mit Preisen oder Stipendien. Für ein so ›eitles Getue‹ weiterhin Begriffe wie Moderne oder Avantgarde zu gebrauchen, fand Holthusen allerdings unpassend. Überhaupt erschien ihm der Neoavantgardismus der fünfziger und frühen sechziger Jahre, wenn man ihn mit den avantgardistischen Tendenzen des Dadaismus oder eines James Joyce vergleiche, geradezu lächerlich.

Neben solchen Pauschalurteilen über den Modernismus als Gesamtbewegung wurden im kulturkonservativen Schrifttum dieser Jahre selbstverständlich auch die elitär-abstrusen ›Auswüchse‹ in den *einzelnen* Künsten schärfstens verurteilt. Wie entschieden man auf konservativer Seite schon in der Zeit von 1945 bis 1950 gegen die abstrakte Malerei zu Felde gezogen war, haben wir gehört. Zu diesem Zeitpunkt schwebte vielen anspruchsvollen Kulturtheoretikern, und damit auch den Konservativen, der Wunschtraum einer ›Hohen Kunst für jedermann‹ vor, den man durch eine modernistisch-elitäre Kunst, die sich vom Rest der Bevölkerung bewußt absondere, gefährdet sah. Nach dem Ausbruch des Kalten Krieges und der Vorherrschaft der Totalitarismustheorien wurde es jedoch für diese Gruppen zusehends schwerer, sich weiterhin gegen den Modernismus auszusprechen, ohne sofort als Faschist oder Kommunist verschrieen zu werden. Daher wurden die kritischen Argumente, welche die konservative Richtung gegen die abstrakte Malerei vorbrachte, im Laufe der fünfziger Jahre zwar verbitterter, aber seltener, zumal selbst die katholische Kirche ab 1955 die Wendung zur gegenstandslosen Kunst ausdrücklich guthieß und sich auch das politische Establishment mit der abstrakten Kunst, die sich wegen ihrer unrealistischen Freiheit gut als Schützenhilfe gegen den ›primitiven‹ Allgemeinverständlichkeitsanspruch des östlichen Realismus ins Feld führen ließ, mehr und mehr arrangierte.

Was deshalb in den fünfziger Jahren von kulturkonservativer Seite gegen die abstrakte Kunst geäußert wurde, kam weitgehend aus den Reihen jener älteren Bildungsbourgeoisie, die sich schon in den zwanziger Jahren mit dieser Kunst nicht anfreunden konnte. Hierfür sprechen Schriften wie *Über die Einsamkeit der modernen Kunst* (1951) von Alfred Stange oder *Das Phänomen der Kunst* (1952) von Karl Scheffler, in denen die gesamte moderne Malerei seit 1900 als bindungslos und dilettantisch angeprangert wird. Noch schärfer äußerte sich der recht konservativ gewordene Oskar Kokoschka um 1955 über die Abstrakten, welche das Naturvorbild und damit jeden Maßstab einer wahrhaften Einschätzung des Künstlerischen aufgegeben hätten. Ja, Hans Sedlmayr bezeichnete in seinem Statement *Bis wohin ist Malen Kunst?,* das 1959/60 im *Jahresring* erschien, jene abstrakte Kunst, die von ihren Gegenständen jegliche »Bedeutung« abgestreift habe, als eine Anti- oder Parakunst, die sich mit der älteren Kunst überhaupt nicht vergleichen lasse. »Diese Parakunst«, lesen wir hier, »ist die adäquate Kunstgestalt für den Menschen, der sich als absolut proklamiert hat und, um diese illusionäre Autonomie zu behaupten, sich gegen die Natur und die lebendige Tradition abschließen muß, indem er sich mit einer Welt umgibt, die ganz von ihm selbst gemacht ist.« »Für diejenigen«, erklärte Sedlmayr im Hinblick auf diese Unkunst weiter, »die den Glauben an den absolut autonomen Menschen für die verhängnisvollste aller Illusionen halten, ist sie unannehmbar.« Und zwar nicht nur, wie er abschließend behauptete, »weil dort, wo sie herrscht, die ganze glorreiche Tradition der europäischen, ja aller hohen Kunst rücksichtslos abgebrochen wird«, sondern weil damit die »Würde der Kunst« schlechthin in Frage gestellt werde.

Andere dieser Kulturkonservativen gingen bei ihrer Kritik der abstrakten Malerei wesentlich direkter vor und verzichteten – im Gegensatz zu Sedlmayr – auf eine Fundierung ihrer Standpunkte im

Religiösen. So wirken etwa die Angriffe auf einen Verfechter des Abstraktionismus wie Franz Roh, die Alois Melichar in sein Buch *Überwindung des Modernismus. Konkrete Antwort auf einen abstrakten Kritiker* (1954) einbaute, fast materialistisch, ja marktbezogen. Hier wird die gegenstandslose Kunst als eine »snobistische Modekrankheit« charakterisiert, die bereits in den späten zwanziger Jahren im Abflauen gewesen sei und heute nur durch die Wiedergutmachungskampagne für die ›Entarteten‹ erneut in den Vordergrund trete. Während sich das opportunistische ›Kunstgesindel‹ unterm Faschismus der Gleichschaltung ins Realistische angepaßt habe, heißt es bei Melichar, paßten sich die heutigen ›Kunstscharlatane‹ des neoliberalen Modernismus weitgehend der Diktatur des Abstrakten an, wodurch eine Herrschaft der »surrealistischen Kitschiers und abstrakten Tapezierer« angebrochen sei, deren Werke zwar in den Blättern des Establishments eine »tolle Presse« hätten, aber künstlerisch keinen Pfifferling wert seien. Auf einem ähnlichen Niveau bewegen sich die Angriffe gegen die modernistische Kunst in den Büchern *Könner, Künstler, Scharlatane* (1960), *Der gesteuerte Kunstverfall* (1965) und *Viel Gunst für schlechte Kunst* (1968) von Richard W. Eichler. Auch er prangerte vor allem jene Opportunisten an, die in den dreißiger Jahren hübsch realistisch gemalt hätten und heutzutage nur noch »abstrahierende Dürftigkeiten« produzierten. Die Schuld an dieser Wandlung von der einen Gleichschaltung zur anderen gab Eichler unter anderem dem ›Kulturkreis‹ im ›Bundesverband der deutschen Industrie‹ sowie opportunistischen Kunstkritikern wie Will Grohmann und Franz Roh, die mit ihren »rücksichtslosen Ellbogen« nur noch jene Kunst in die maßgeblichen Ausstellungen lancierten oder bei Stellenbesetzungen fast ausschließlich jene Künstler favorisierten, die sich dem »jämmerlichen Konformismus« der abstrakten Malerei unterworfen hätten.
Wohl am schärfsten war die kulturkonservative Kritik an den ›Auswüchsen‹ des Modernismus auf dem Gebiet der Musik, die in diesen Kreisen seit altersher als die höchste und heiligste aller Künste galt. Hier schlug also die Empörung über die Korrumpierung des Seelischen ins Technische besonders hohe Wellen. Die Hauptsprecher dieser Empörung waren in den fünfziger Jahren tonale Komponisten wie Paul Hindemith, national eingestellte Dirigenten wie Wilhelm

Furtwängler, konservative Musikkritiker wie Walter Abendroth, Hans Schnoor und Alois Melichar sowie die Vertreter jener Singebewegung, die sich um den Bärenreiter-Verlag scharten, welche dem Einbruch der expressionistischen Atonalität, der Schönbergschen Dodekaphonie und der Vulgarisierung der Musik innerhalb der Massenmedien zum Teil bereits in den zwanziger Jahren mit dem Konzept der Rückbindung an folkloristische, musikantische und sakrale Traditionen entgegengetreten waren. Während es sich bei dem Streit zwischen Konservativismus und Modernismus im Bereich der Malerei und Plastik weitgehend um eine Auseinandersetzung zwischen zwei konkurrierenden Spielarten der gleichen E-Kunst – der realistischen und der abstrakten – handelte, ging es bei dem gleichen Streit auf musikalischem Gebiet, wo neben der Frage der modernistischen Absonderung zugleich das Problem der technischen Reproduzierbarkeit und damit Massenverbreitung ins Spiel kam, von vornherein um wesentlich weitere Bereiche. Hier wandte sich also die konservative Kritik nicht nur gegen den Modernismus, sondern zog mit gleicher Schärfe auch gegen jene skrupellose Kommerzialisierung von Musik in den gängigen Massenmedien vom Leder, die sie als eine fortschreitende Internationalisierung, Nivellierung oder ›Amerikanisierung‹ der ehemals so hochstehenden deutschen Musik empfand.
In den oberen Rängen der konservativen Komponisten, Dirigenten und Musikkritiker, die sich seit 1950 durch den Siegeszug der Atonalität in der Hintergrund gedrängt sahen, stand allerdings auch auf diesem Sektor die Ablehnung des Modernismus im Vordergrund. Und zwar nahm diese Kritik, angesichts der Restauration der Moderne, das heißt dem Durchbruch serieller und postserieller Kompositionstechniken, im Laufe der fünfziger Jahre recht schrille Töne an, in denen sowohl die Wut als auch die verzweifelte Ohnmacht dieser Gegenbewegung zum Ausdruck kommt. Während man bis 1950 in Schönberg und Webern noch allgemein skurrile Außenseiter gesehen hatte, mußten die Konservativen plötzlich erleben, daß gerade die Werke dieser beiden Komponisten zum schlechthinnigen Maßstab alles modernen Komponierens erhoben wurden. Kein Wunder, daß sich ein Mann wie Paul Hindemith, dessen Ruhm in den fünfziger Jahren rasch verblaßte, wegen seines Beharrens auf Tonalität und Melodie ungerechterweise zurückgesetzt fühlte. Er konnte sich des-

halb 1966 in seiner *Zürcher Rede* nicht versagen, all jenen Modernisten, die das zukünftige Heil allein in »Zwölftontechnik, Reihenkomposition, punktueller und konkreter Musik« sähen und jegliches Traditionsbewußtsein als »verabscheuungswürdige Hinterweltlerei« anprangerten, mit einer ebenso polemisch gefärbten Kritik entgegenzutreten.

Unter den konservativen Musikkritikern dieser Jahre war wohl Alois Melichar der angriffslustigste, der in seinen Büchern *Die unteilbare Musik* (1952), *Überwindung des Modernismus* (1954), *Musik in der Zwangsjacke* (1958) und *Schönberg und die Folgen* (1960) nicht müde wurde, gegen den »Neosnobismus« und »Pseudoradikalismus« der sogenannten ›Avantgardisten‹ zu Felde zu ziehen und dafür von Wilhelm Furtwängler, Hans Knappertsbusch, Werner Egk, Karl Münchinger, Hans Joachim Moser, Walter Abendroth, Wilhelm Hausenstein, Hans Sedlmayr und anderen Konservativen mit reichlichem Lob bedacht wurde. Wie Eichler nahm sich Melichar vor allem jene Opportunisten des »posthitlerischen, neudeutschen Musiklebens« aufs Korn, die nach 1950, selbst wenn sie vorher ganz anders gedacht hätten, nur noch einen höchst elitären Modernismus gelten ließen. So kreidete er etwa Karl H. Wörner an, daß dieser 1949 in seiner *Geschichte der Musik* mit dem Atonalen noch recht kritisch umgesprungen sei, während er 1954 in seinem Buch *Musik in der Entscheidung* die »Zwölftonsekte« der Schönbergianer plötzlich mit Lob überschüttet habe. Ebenso hämisch wies Melichar auf die faschistische Vergangenheit eines Musikkritikers wie Karl Heinz Ruppel hin, der sich heute als einer der Gläubigsten innerhalb der nach Alleinherrschaft strebenden »Zwölftonclique« aufspiele. Ja, eine Zeitschrift wie *Melos,* deren Ton manchmal nicht frei von geschmacklosem Caféhausliteratentum sei, nannte Melichar einfach ein »atonales Kampfblatt«, in dem lediglich »Gaukler«, aber keine »Künstler« den Ton angäben. Und solche Leute besäßen obendrein die Unverfrorenheit, hieß es weiter, die großen Werke der deutsch-romantischen Musik einfach als »präschnulzoid« zu diffamieren.

Ebenso verbittert äußerte sich Hans Schnoor 1954 in seiner *Geschichte der Musik* über jene modernistische Musik, die ständig ins »Anarchische«, »Chaotische«, ja »Anti-Humane« tendiere, weil sie der Ausdruck eines »vielfach gegen sich selbst gekehrten Menschen-

hasses« sei. All das klinge zwar recht »interessant«, schrieb Schnoor unter Berufung auf Ortega y Gasset und Sedlmayr, habe aber jede »Mitte« und damit jede »Volksläufigkeit« verloren. Noch polemischer trat Schnoor 1962 in seinem Buch *Harmonie und Chaos* gegen die »widernatürliche Atonalität«, das »Trugbild der zwölftönigen Linie«, wie überhaupt jene Moderne auf, bei der lediglich eine »lautstarke Rhetorik um ein nullmäßiges Nichts« kreise, und strich nur die tonale Musik von Strauss, Reger und Pfitzner bis zu Hindemith, Egk, Pepping, Kodály und Britten als die wahrhaft »abendländische Musik« des 20. Jahrhunderts heraus. Wie in den Schriften Furtwänglers wurde hier jeder »sich selbst verabsolutierende Fortschritt«, wie er besonders im »Terror der Seriellen und Opportunitätszwölftöner« und der »denaturierten« Elektronik zum Ausdruck komme, schärfstens verurteilt. Nicht minder entschieden wandte sich der Komponist und Musikkritiker Walter Abendroth in seinem Büchlein *Selbstmord der Musik? Zur Theorie, Ideologie und Phraseologie des modernen Schaffens* (1963) gegen die Abstraktion, Verarmung, ja Entleerung innerhalb jener »esoterischen, sozusagen privat kursierenden« Musik, die sich heute als »modern« aufspiele und mit ihren »brutal lärmenden und quälend mißklingenden« Tönen die Aufnahmefähigkeit der meisten Menschen sowohl physisch als auch psychisch einfach überfordere. Abendroth empfahl daher diesen Komponisten, sich bei all ihrem Tun endlich wieder die Frage »Cui bono?«, das heißt »wem zuliebe, wem zu Gewinn, wem zur Freude« zu stellen.
Zu jenen Musikkritikern, die unter volkspädagogischen Gesichtspunkten geradezu alle Spielarten der Musik in das Bezugsfeld ihrer kritischen Reflexion hineinzogen, gehörten vor allem die Beiträger zu der vom Bärenreiter-Verlag herausgegebenen Zeitschrift *Musica,* in der sich Autoren wie Fred Hamel, Walther Krüger, Wilhelm Maler, Fritz Winkel, Hermann Keller, Hans Vogt, Andreas Liess, Walter Wiora und andere sowohl gegen die formalistische Avantgarde der sogenannten »Revolution in Permanenz« als auch gegen die totale Kommerzialisierung der Musik innerhalb des »modernen Unterhaltungsbetriebs« zur Wehr zu setzen suchten. So schrieb Winkel schon 1949, daß die Musik durch die zunehmende Technisierung der verschiedenen Tonträger, wie des Radios, der Schallplatte und des

Tonbands, immer stärker in Gefahr gerate, zum bloßen »Hintergrundsgeräusch« zu werden. Maler kritisierte im gleichen Jahr jene »Verkünstelung« der modernistisch-elitären Musik, die zu einem merklichen Verlust an Allgemeinverständlichkeit geführt habe. Keller wandte sich 1950 – unter ausdrücklicher Berufung auf Sedlmayrs *Verlust der Mitte* – gegen eine Musik, die sich in der Absolutheit ihrer Klangstrukturen der steigenden Normung und Technisierung anzupassen suche. Vogt verdammte 1951 vor allem jenen Fortschritt, der zu einer immer größeren Esoterik der sogenannten ›Neuen Musik‹ geführt habe. Krüger verurteilte 1953 die fatale Gleichsetzung von modernistisch und fortschrittlich, welche notwendig zu einem ›Sturz ins Leere‹ führen müsse. Wiora schrieb 1956, daß unter »fortschrittlich« von vielen heute das gleiche wie »markt- und situationsgerecht« verstanden werde, wodurch die Silbe »fort« einen ganz neuen Sinn erhalten habe, nämlich fort vom Menschen, fort vom Kosmos, fort von der Gottheit. Hamel warnte 1957 davor, die Entstehung verschiedener musikalischer Teilkulturen zuzulassen, was in letzter Konsequenz zu einer »akustischen Gemischtwarenhandlung« führen könne, wo alles nur noch Geldeswert habe. Ja, ein Kritiker wie Liess hielt noch 1959 nur jene Musik dieser modernistischen Richtung für gerechtfertigt, wo – wie bei Messiaen und seinen Schülern – innerhalb der seriellen Tonstrukturen wenigstens ein Rest der alten Ordo-Vorstellung durchschimmere.
Da in der Literatur der fünfziger Jahre, aufgrund des stärkeren Sinnbezugs der Sprache, das Modernistische im Sinne des Abstrahierenden oder gar Gegenstandslosen ein Randphänomen geblieben war, hielt sich die kulturkonservative Kritik auf diesem Gebiet, ob nun von religiöser oder altnationaler Seite her, in gewissen Grenzen. So blieben etwa die Modernismusvorwürfe eines Hans Egon Holthusen – bei aller Neigung zu religiös gefärbten Argumenten – stets im Bereich des Abwägenden. Ja, an manchen Stellen spürt man, daß sich selbst Holthusen der Suggestion des Modernen, wie etwa im Falle Benns, nicht ganz entziehen konnte. Schärfer wurde er deshalb nur dann, wenn sich diese Moderne mit gesellschaftskritischen Tendenzen verband. So kanzelte er etwa den jungen Hans Magnus Enzensberger im *Jahresring* von 1958/59 als einen »zornigen jungen Mann« ab, der kein wirklicher Revolutionär, sondern nur ein heimatloser,

»nichtkonformistischer« Intellektueller sei. Als ein wesentlich rabiaterer Kritiker des Modernismus trat dagegen der ehemalige Völkische Kurt Ziesel in seinem Buch *Das verlorene Gewissen. Hinter den Kulissen der Presse, der Literatur und ihrer Machtträger heute* (1957) auf, das bis 1962 in sieben weiteren Auflagen herauskam. Wie Melichar und Eichler wandte sich Ziesel vor allem gegen die neoliberalen Meinungsmacher des Modernismus, worunter er »Umfaller und Opportunisten« wie Rudolf Pechel, Friedrich Sieburg, Wolfgang Weyrauch, Bruno E. Werner und Gunter Groll verstand, die sich als ehemalige Nazis nach dem Krieg skrupellos dem neuen Trend angeschlossen hätten. Wie nach 1933, heißt es bei ihm, herrsche heute in Presse und Verlagswesen wiederum eine kulturelle Gleichschaltung, wie sie perfekter kaum zu denken sei. Während jedoch damals die ›Besseren‹ noch das Gefühl einer »Mission« beseelt habe, betrachteten die gegenwärtigen Autoren ihr Schreiben lediglich als »Spiel um die Macht und den Augenblick« und nicht mehr als »Aufgabe ihres Gewissens und ihrer Verantwortung vor ihrem Volk«. Trotz aller ideologischen Verbohrtheit kommt in solchen Äußerungen eine Kritik am Kapitalismus von rechts zum Durchbruch, die zum Teil so konkret ist, daß Ziesel von seinen Kritikern im Sinne der gängigen Totalitarismustheorien gern als »Neonazi« oder »verkappter« Kommunist angegriffen wurde. Am peinlichsten wirken in diesem Buch all jene Abschnitte, wo er gegen die sogenannten Hochliteraten zu Felde zieht und sich durch sein eitles, journalistisches Geschwätz selbst jener »Würde« entäußert, die er bei den anderen so vermißt. Etwas überzeugender klingt dagegen das, was er über jene Kommerzautoren zu sagen hat, die sich ihr Geld bei Illustrierten und Boulevardblättern zu verdienen suchten und sich hierbei gezwungen sähen, mit ihrer Schreiberei an die »niedersten Instinkte« im Menschen zu appellieren. Bei der Lektüre solcher Blätter, schrieb Ziesel, habe man den Eindruck, als »gebe es nichts Wichtigeres in unserem Jahrhundert, als welches Filmhürchen mit welchem Weiberhelden gerade geschlafen hat, wer wen mit welcher betrog, wer die perfektesten Morde, die erfolgreichsten Einbrüche und die skrupellosesten Fälschungen begangen hat«. Deshalb sei in diesen Bereichen von der vielgepriesenen ›westlichen Freiheit‹ nur wenig zu spüren. Hier dürfe niemand schreiben, was er »für falsch oder richtig halte«, sondern

nur das, »was seinem Chef, sei es dem Herausgeber, dem Verleger, dem Intendanten, dem Produktions- oder Verleihchef« gefalle. Während früher bei der Herausbildung der öffentlichen Meinung auch die »Macht der Persönlichkeit und die Freiheit des Geistes« eine wichtige Rolle gespielt hätten, seien heute nur noch diejenigen tonangebend, welche über »die Macht oder das Geld« verfügten. Ein solches System laufe auf seiten der weniger Mächtigen notwendig auf Opportunismus und Subalternität hinaus. Wer hier nicht »mit den Wölfen heule«, werde einfach »abgeschossen«.
»Idealen nachzuhängen, die Natur zu lieben oder an Gott zu glauben«, behauptete Ziesel, gelte darum bei den liberalen Meinungsmachern geradezu als Schande. Um des lieben Geldes willen opfere heutzutage fast jeder seine Gesinnung dem Phantom einer ziellos gewordenen Demokratie, die auch kulturell mit der größtmöglichen Masse die größtmöglichen Geschäfte zu machen versuche. Statt jedoch diesem als falsch erkannten System die Vorstellung einer echten Demokratie entgegenzustellen, die auf einer sinnvollen Balance von Freiheit und Gleichheit beruht, zog sich Ziesel am Schluß selbstredend auf zutiefst konservative Positionen zurück und schrieb im Sinne jenes mittelständischen Stellvertretungsanspruchs, der keinen anderen Maßstab als sich selber kennt, daß die Zukunft Deutschlands allein von der Herausbildung neuer »Eliten« abhänge, die »dieser Entwicklung ein geistiges Konzept, eine künstlerische Macht entgegensetzten« und somit für »alle guten Kräfte unseres Volkes« ein »Hort des Widerstandes gegen die Entgöttlichung des Menschen und des Lebens« werden könnten.

Kunst als Ordnungsmacht, Trost und Lebenshilfe

Soviel dürfte klar geworden sein: was die Konservativen wollten, war eine Kunst, die wieder ›Mitte‹ repräsentiert, und zwar Mitte im Sinne jenes bürgerlichen Stellvertretungsanspruchs, der sich selbst als Manifestation des Ganzen versteht. Was sich in den oberen Rängen der Kultur als modernistisch-elitäre Kunst etablierte, wurde deshalb von ihnen ebenso entschieden abgelehnt wie die ›niedere‹ Kunst der Massenmedien. Statt dessen faßten sie eine Kunst ins Auge, wel-

che sich im traditionellen Sinne als Ordnungsmacht, Trost oder Lebenshilfe versteht, sich also weniger an das Intellektuelle oder Sensualistische als an das Gemüthaft-Seelische wendet.
Die Frage war nur, wie sich eine solche – teils religiöse, teils humanistische, teils nationale – Kunst unter den Voraussetzungen des vorgegebenen Kulturbetriebs überhaupt schaffen und dann verbreiten ließ. Verstieß nicht ein solcher Stellvertretungsanspruch von vornherein gegen die offizielle Ideologie der freien Marktwirtschaft, die jedes auf eine ideale Gemeinschaft zielende Ordnungsprinzip als undemokratisch ablehnte und selbst in der Kultur nur das Prinzip von Angebot und Nachfrage gelten ließ? Wie sollten sich also in einem solchen Gesellschaftssystem auf die Dauer Kulturansprüche behaupten können, die vorgaben, nicht von materiellen, sondern von ideellen Werten bestimmt zu sein? Wie realistisch war es überhaupt, darauf zu hoffen, daß sich mit solchen Stellvertretungsansprüchen die immer krasser werdende Aufspaltung in eine E-Kultur und eine U-Kultur wieder aufheben ließ? Und mit welchen Mitteln konnte man bestimmte Künstler sowie das ihnen vertrauende Publikum über Jahre hinaus auf Ideale verpflichten, die in dieser Gesellschaft notwendig utopistisch bleiben mußten? All das sind Fragen, auf die man schon damals keine wirklich überzeugenden Antworten fand.
Noch die meisten Hoffnungen setzten die Idealisten innerhalb dieser Richtung – wie eh und je – auf die Erziehung. Doch selbst auf diesem Gebiet, ob nun an Oberschulen, Kunstakademien, Musikhochschulen oder Universitäten, mußten sie nur allzu bald erkennen, daß sie gegen den überwältigenden Einfluß der Massenmedien sowie gegen die Suggestionskraft des Modernismus auf ästhetisch interessierte junge Menschen relativ machtlos waren. Trotz des geradezu übermenschlichen Idealismus, den manche dieser konservativen Professoren, Kunsterzieher und Musikpädagogen aufboten, die bürgerliche Jugend für Bedeutsames, Hohes, Abendländisches zu begeistern, schlugen auch auf diesem Gebiet die kapitalistischen Marktgesetze des Nouveauté-Wesens und der durch sie ausgelösten Moden voll durch. Im Zuge dieser Entwicklung wählten sich die jungen Künstler schon zwischen 1950 und 1955 eher Baumeister als Hofer, eher Schönberg als Hindemith, eher Benn als Weinheber zum Vorbild,

mit denen sie sich vor allem unter dem Gesichtspunkt des Andersseins und des technisch Avancierten voll identifizieren konnten. Und so mußten die Konservativen bereits zu diesem Zeitpunkt erleben, daß ihnen gerade die interessiertesten und damit besten unter den sogenannten Nachwuchskünstlern die erwartete Gefolgschaft verweigerten oder zumindest Kompromisse mit anderen Kunstvorstellungen schlossen. Doch nicht nur das. Sogar viele der älteren Maler, Bildhauer und Komponisten, die kurz zuvor noch dem Realismus oder der Tonalität gehuldigt hatten, also Künstler wie Alexander Camaro, Werner Heldt, Bernhard Heiliger, Carl Orff, Werner Egk oder Hermann Reutter, griffen in diesen Jahren zusehends ›avantgardistische‹ Stilmittel auf, um von ihren Kollegen im modernistischen Lager überhaupt ernstgenommen zu werden. Doch diese kompromißlerische Haltung nützte ihnen wenig, da sie sich auf diese Weise zwischen alle Stühle setzten. Indem sie sich für eine ›Halbmoderne‹ entschieden, blieb es nicht aus, daß sie von den Modernisten als nicht avanciert genug und von den Konservativen als zu ›verheutigt‹ abgelehnt wurden. Gerade durch diesen halbherzigen Kompromiß geriet also eine stattliche Zahl von Künstlern mehr und mehr ins Hintertreffen und wurde schließlich im Rahmen des offiziellen Kulturbetriebs kaum noch beachtet.

Aber auch das angestammte Publikum leistete den Theoretikern des bürgerlichen Stellvertretungsanspruchs, je stärker sich der Segen des westdeutschen Wirtschaftswunders innerhalb dieser Gesellschaft auswirkte, immer weniger Gefolgschaft. Auch hier sahen daher die Vertreter der neokonservativen Erneuerungsbewegung bald ihre Felle wegschwimmen. Aufs Große und Ganze gesehen, spaltete sich dieses Publikum im Laufe der fünfziger Jahre in zwei Lager. Das eine Lager machte mehr und mehr Zugeständnisse an den Modernismus (ja, gab sich im geheimen sogar den ›Wonnen der Gewöhnlichkeit‹ in den Massenmedien hin), das andere Lager, daß sich seinen ästhetischen Geschmack und seine Weltanschauung nicht von den Marktgesetzen der herrschenden Kulturindustrie zudiktieren lassen wollte, zog sich dagegen immer erbitterter zu den Meisterwerken der Vergangenheit zurück. Und so versandete der hochgespannte Kulturkonservativismus, der sich in seinen Anfängen durchaus als Erneuerungsbewegung aus dem Alten und Fernsten verstanden hatte, schließlich in einer höchst konventionellen Erbepflege. Von der Kunst des 20. Jahrhunderts, vor allem in ihrer gegenwärtigen Ausprägung, die ganz im Zeichen eines Diktats von Masse und Moderne stehe, wollte besonders die zweite Gruppe immer weniger hören. In ihr fand sie schlichtweg nichts, was ihre Sehnsucht nach Würde, nach Schönheit, nach Gemüt befriedigte, das heißt ihnen den Menschen als ein bedeutsames, wertvolles, nach Höherem strebendes Wesen vorgeführt hätte. Im Rahmen ihrer Sehweise war dies eine Kunst, die sich entweder rein dem finanziellen Gewinn verschrieb, indem sie an die niedersten Instinkte der breiten Massen appellierte, oder die sich dieser korrumpierenden Indienstnahme durch eine Absonderung ins Elitäre zu entziehen suchte und sich bemühte, diesen Verweigerungsakt in besonders schockierende, absurde, unschöne Formen einzukleiden.

Die eindeutig konservativen Schichten zogen sich deshalb in der Folgezeit immer stärker in die Oasen der älteren Kunst zurück. Hier glaubten sie all das zu finden, was ihnen die gegenwärtige Kunst versagte: Trost, Lebenshilfe, Stärkung, Gemüt, Schönheit, Erbauung, innere und äußere Größe. Eine solche Einstellung, so verbiestert sie sich manchmal äußert, sollte man nicht nur kritisieren. Schließlich lagen diesem nostalgischen Rückzug die gleichen Ursachen zugrunde wie dem Sprung ins Modernistisch-Elitäre. In beiden Haltungen äußerte sich ein spezifisch bürgerliches Unbehagen an der immer krasser werdenden Kommerzialisierung und damit Depravierung von Kunst im Rahmen einer nur noch auf privaten Gewinn bedachten Gesellschaft. In der Entschiedenheit, zwischen der Kunst und ihrem sonstigen Leben einen scharfen Trennungsstrich zu ziehen, stimmten also diese beiden Richtungen durchaus überein. Aber ebenso unübersehbar sind ihre Unterschiede. Während die Modernisten wenigstens durch ihr Interesse an der technischen Innovation mit der allgemeinen Entwicklung Schritt zu halten versuchten, verdammten die Konservativen jede nur denkbare Neuerung innerhalb der Künste als entwürdigende Verheutigung (und genossen die Errungenschaften des technischen Fortschritts nur außerhalb des ästhetischen Bereichs). Auf diese Weise wurde zwar die ältere Kunst in die Gegenwart ›verrettet‹, wie Brecht gesagt hätte, büßte jedoch durch ihre forcierte Unzeitgemäßheit und ihren gesellschaftlichen Funktionsverlust gerade jenen Stellvertretungsanspruch ein, an dem das Bürgertum bisher so energisch festgehalten hatte.

Im Bereich der Malerei lehnte diese Schicht anfangs fast die gesamte Gegenwartskunst ab, nahm jedoch im Lauf der Zeit wenigstens ›Klassiker der Moderne‹ wie Vincent van Gogh, Paul Gauguin, Georges Rouault, Franz Marc und Paula Modersohn-Becker in den Kanon des Wohlgelittenen auf. Auch einige expressionistische Bilder, vor allem die Strandszenen der ›Brücke‹-Maler sowie die Landschaften und Blumenaquarelle Emil Noldes, wurden in diesen Kanon eingegliedert. Ebenso akzeptabel fanden diese Kreise gewisse Bilder des rechten Flügels der Neuen Sachlichkeit, also die besten Werke von Alexander Kanoldt, Franz Lenk, Bernhard Dörries und Jo Pieper. Die Abstrakten blieben dagegen den überzeugten Konservativen auch in den fünfziger Jahren ein Anathema. Ihre Bilder lehnten sie durchweg als unkünstlerisch und damit sinnentfremdet ab. Bei der eher geometrisierenden Richtung verurteilte man das Abgleiten ins Tapetenhafte, bei der eher tachistisch-informellen Richtung das Abgleiten ins Willkürliche, Unschöne, Brutale. Aber auch ›Realisten‹ wie Otto Dix, Franz Radziwill und Max Beckmann erfreuten sich bei diesen Schichten keines besonders hohen Ansehens, da man ihre Motivwelt als zu kraß, zu düster und somit im weitesten Sinne zu unästhetisch empfand. Selbst Bilder dieser Art enthielten für die Beharrungstheoretiker immer noch zuviele Elemente jenes Technischen und Aggressiven, von denen man wenigstens in der Kunst verschont bleiben wollte. Sehr hoch schätzten sie dagegen jene realistischen Bildhauer ein, die vor allem im Bereich der sakralen Plastik im Rahmen des Traditionellen geblieben waren. Gerhard Marcks, dessen Statuen sowohl ein enormes handwerkliches Können verraten als auch eine verinnerlichte Würde ausstrahlen, wurde aus diesem Grund von manchen Vertretern dieser Richtung direkt neben Barlach, wenn nicht gar neben die anonymen Bildhauer der Gotik gestellt.

Doch das blieben Ausnahmen. Aufs Große und Ganze gesehen, bevorzugten die Konservativen fast ausschließlich die Kunst der Vergangenheit, und auch dort nur das, was das Edle und Hoheitsvolle herausstreicht. Die Kunst des Manierismus und des Rokoko, die zum Teil ins Verspielte, Leichtfertige oder Intellektualistische übergeht,

lag ihnen darum weniger am Herzen als die Kunst der klassisch-realistischen Perioden. Sie wollten sich an Kunstwerken erbauen, die ihnen Mut machten, die ihnen Stolz auf das vom Menschen Geleistete einflößten, kurz: die sie menschlich bestärkten, statt sie in die Bereiche des von ihnen als ›fragwürdig‹ Empfundenen herabzuziehen. Ihre Lieblingswerke waren deshalb jene Bilder und Statuen der Antike, des Mittelalters und der frühen Neuzeit, in denen sich die Kunst über das Niedrige ins Abendländisch-Humanistische oder Abendländisch-Religiöse erhebt.
Noch stärker äußerte sich diese Beharrungstendenz, wie in fast allen konservativen Bewegungen seit der Romantik, im Bereich der Musik. In ihr sah man den eigentlichen Innenbereich, die Tempelzone der Kunst, wo sie – unter Absehung alles Äußerlichen – ganz innerlich, ganz Gefühl, ganz tiefstes seelisches Erleben wird. Auf diesem Sektor versuchte darum die neokonservative Bewegung am aktivsten, der immer krasser werdenden Spaltung in eine modernistische Abstraktion sowie der Verflachung ins Massenhafte Einhalt zu gebieten und die Kunst wieder an die großen Traditionen rückzubinden. Während die Modernisten das Paradigma der Moderne vornehmlich in der Malerei gesehen hatten, betrachteten die Konservativen die Musik als ihre eigentliche Domäne. Im Hinblick auf diese Kunst wurden deshalb in ihren Reihen die meisten Stimmen laut, endlich neue und doch traditionsreiche Werke zu schaffen, die »vom Gestern über das Heute hinweg zum Morgen« eine Brücke zu schlagen versuchen, wie Hermann Keller 1950 in der Zeitschrift *Musica* schrieb. Hier wollte man nicht nur bewahren, sondern tatsächlich erneuern. Walter Krüger prägte für diese Gesinnung 1951 in *Musica* die Formel: »Überwindung des ›Verlustes der Mitte‹ durch ihre Wiedergewinnung.« Da wir heute in einer »postrevolutionären« Zeit lebten, behauptete derselbe Krüger zwei Jahre später im gleichen Blatt, sei es momentan weniger »radikal«, sich »vom Ursprung zu lösen« als »sich zu diesem zurückzuwenden«. Während die Modernisten stets das »Außerordentliche« wollten, erklärte er, müßten sich die Konservativen bemühen, wieder jenes »Ordentliche« zu wollen, in dem sich eine höhere Ordnung offenbare. Statt in hybrider Überschätzung des Intellektuellen immer entlegenere Klänge interessant zu finden, hieß es 1951 in *Musica* bei Hans Vogt, tue der Gegenwart

eine Musik not, die wieder »von Herzen kommt – und zu Herzen geht«.
Als die drei Hauptwurzeln einer solchen Erneuerung aus dem Geiste der Tradition bezeichnete Fred Hamel 1957 in seinem *Musica*-Beitrag *Vom wahren Wesen der Musik* das »Folkloristische, das Humane und das Sakrale«. Nur eine Musik, die sich auf sie besinne, heißt es hier, sei würdig, den »Ehrentitel Musik« zu tragen. Das geeignetste Mittel, diese Erneuerung in Gang zu setzen, sahen die Idealisten dieser Bewegung in einer Reaktivierung der Sing- und Jugendmusikbewegung der zwanziger Jahre. Statt die Haltung eines passiven Rezipienten einzunehmen, das heißt sich durch die massenhaft verbreitete Unterhaltungsmusik ›der eigenen Seele berauben zu lassen‹ oder gar mit der intellektuellen ›Verbildung‹ des Modernismus zu sympathisieren, befürworteten diese Kreise, wieder selber zu singen oder selber ein Instrument zu spielen. Und zwar lief diese Erneuerungsbewegung in den frühen fünfziger Jahren meist unter dem Stichwort ›musische Bildung‹, wobei man nicht nur an die Musik in den Schulen und Jugendgruppen, sondern auch an die Haus- und Kirchenmusik dachte. Aus diesem Grunde förderten die aktiven Vertreter dieser Richtung auf all diesen Gebieten eine Gebrauchs- oder Zweckmusik, die der zunehmenden Verflachung der Musik ins Internationalistische, Kommerzielle und Glaubenslose durch eine massive Reaktivierung nationaler, humanistischer oder religiöser Elemente zu begegnen suchte.
Im Bereich der Jugendmusik unterstützten diese Kreise sowohl die Einführung des Orffschen *Schulwerks* von 1930, das zwischen 1950 und 1954 in einer Neufassung herauskam, als auch das Blockflötenspiel und die Chorwerke der älteren Sing- und Jugendmusikbewegung. Was sich daraus entwickelte, war jene ›Junge Musik‹, die in den fünfziger Jahren vor allem von der ›Arbeitsgemeinschaft Musikerziehung und Musikpflege‹ (AGMM) organisatorisch unterstützt wurde, welche sich bemühte, der us-amerikanischen Kommerzmusik sowie den gängigen Schlagern und Schnulzen der westdeutschen U-Musik-Industrie mit dem bündischen oder religiösen Liedgut von Komponisten wie Hugo Distler, Joseph Marx, Armin Knab, Heinz Lau, Ernst Pepping und Johann Nepomuk David entgegenzutreten. Hierbei handelte es sich um eine Musik, die in ihren Traditionsbezü-

gen bis zur Gregorianik, den Kirchentonarten und dem frühbarocken Gesangsstil eines Heinrich Schütz zurückreichte, jedoch das aus der Vergangenheit Herübergenommene häufig mit halbmodernen Klängen vermischte. Zu den bekanntesten Werken dieser Richtung gehörte das *Mörike-Liederbuch* (1939) von Distler, das diesen Stil wohl am reinsten (und besten) vertrat. In seinem Sinne versuchten auch die jugendbewegten Komponisten der fünfziger Jahre durch eine traditionelle Tonalität und durch ›gute Texte‹ ihr Scherflein zur ›Gesundung‹ der deutschen Seele beizutragen. Sie traten deshalb in Anlehnung an Fritz Jöde und Wilhelm Ehmann gern als ›Musikanten‹ auf, veranstalteten 1951 ihr erstes großes Singtreffen in Göhrde, propagierten ihre Ideen in Zeitschriften wie *Junge Musik* (1950–1957) und *Kontakte* (1958–1968), die erst von Fritz Jöde und dann von seinem Schüler Wilhelm Twittenhoff herausgegeben wurden, hielten in Jugendherbergen ›Musische Lehrgänge‹ ab, gründeten 1959 in Remscheid eine ›Akademie für musische Bildung‹, ja taten überhaupt alles, um der idealistisch gesinnten bürgerlichen Jugend Oasen der Verinnerlichung anzubieten. Dies waren also jene Kreise, die sich ständig auf das Buch *Musische Bildung* (1954) von Felix Messerschmid beriefen – und dafür von einem Modernisten wie Theodor W. Adorno 1957 in seinem Aufsatz *Kritik am Musikanten* als hoffnungslos anachronistisch angegriffen wurden.

Neben der Schul- und Chormusik schätzte diese Richtung vor allem die Hausmusik, bei der ebenfalls das Prinzip des Selbermusizierens und damit der Verzicht auf eine musikalische Berieselung durch die Massenmedien im Vordergrund steht. Um sich nicht willenlos der Schallplatte, dem Radio oder dem Fernsehen auszuliefern, das heißt passiv zu werden, setzten sich die konservativen Kreise nachdrücklich dafür ein, aus jedem deutschen Bürgerhaus wieder eine Heimstätte des Klavier-, Geigen-, Trio- oder Quartettspiels zu machen. Führend in dieser Hinsicht war der 1933 aus dem ›Finkensteiner Bund‹ hervorgegangene ›Arbeitskreis für Hausmusik‹, der in den fünfziger Jahren seine alljährlichen Tagungen in Kassel, der Stadt des Bärenreiter-Verlags, abhielt und hierbei von der Zeitschrift *Hausmusik* unterstützt wurde. Ein wahrer ›Hausmusikant‹ war in diesen Kreisen lediglich ein Mensch, der sich selbstlos den Werken der großen Meister widmet, sich im Zusammenspiel mit anderen die nötige

Feinfühligkeit im zwischenmenschlichen Bereich aneignet und zugleich jenen Hang zur Eitelkeit überwindet, wie er sich beim Spiel vor einem großen Publikum geradezu notwendig einstelle.
Eine noch stärkere Verinnerlichungstendenz versprach sich diese Richtung von einer Aktivierung der seit langem brachliegenden Kirchenmusik. Anstatt weiterhin an der herkömmlichen Bach-Pflege festzuhalten oder gar zur Musik der Vorbachzeit, zu den Werken eines Leonhard Lechner oder Heinrich Schütz zurückzukehren, hoffte man auf diesem Gebiet, daß die seelischen Erschütterungen des Zweiten Weltkriegs sowie der Ekel vor den rein intellektualistischen Experimenten der Moderne zwangsläufig eine neue Frömmigkeit in der Musik befördern würden. Man berief sich hierbei gern auf das hohe Ansehen, das Werke wie Arthur Honeggers *Liturgische Symphonie* (1946), Benjamin Brittens *Missa solemnis pro pace* (1948), Frank Martins *Golgatha-Oratorium* (1948) und Paul Hindemiths Kantate *Ite angeli veloces* (1955) in der Welt genössen. Als ebenso vorbildlich empfanden die Konservativen, was Komponisten wie Distler, Pepping und David bereits in den dreißiger Jahren zur protestantischen Kirchenmusik beigesteuert hatten. Schon diese Komponisten, hieß es, hätten das Neue aus dem Alten abgeleitet, indem sie von der älteren Polyphonie, vom protestantischen Kirchenlied und barocken Concerto grosso durch eine Erweiterung der Tonalität zu jener halbmodernen Sakralmusik vorgestoßen seien, wie sie Pepping in seinem Buch *Stilwende der Musik* bereits 1934 gefordert habe. Andere bemühten sich, diesen Geist der religiösen Verinnerlichung sogar auf die weltliche Musik zu übertragen. »Glücklich derjenige«, schrieb Hans Vogt 1951 im Hinblick auf solche Versuche in *Musica,* »der ehrlich ›Soli Deo Gloria‹ unter seine Partituren schreiben kann. Denn einzig darum geht es schließlich.«
Auch die weltliche Musik dieser Richtung hat darum, wie gesagt, oft einen sehr ernsten und verinnerlichten Charakter. Im Bereich des Liedschaffens gilt das vor allem für die Kompositionen von Hermann Reutter, dem es in den späten dreißiger und frühen vierziger Jahren um eine geradlinige Volkstümlichkeit gegangen war, für welche seine *Hochzeitslieder* von 1944 wohl die gelungensten Beispiele liefern, der jedoch nach 1945 zu jener erwähnten Halbmoderne fortschritt, das heißt in seiner Tonsprache ständig schwieriger wurde und

schließlich in den sechziger Jahren sogar die Schönbergsche Dodekaphonie in seine Kompositionen einbezog. Sein künstlerisches Credo, das als Motto fast über der gesamten neokonservativen Musik dieses Zeitraums stehen könnte, lautete dementsprechend: »Nichts ist schlimmer als die Konservierung abgestorbener Ausdrucksmittel, nichts aber auch sinnloser als eine stur deklarierte Rebellion in Permanenz.« Das war als Absichtserklärung durchaus ehrenwert, führte aber zu einer Kompositionsweise, mit der sich Reutter – wie viele dieser Halbmodernen – zwischen alle Stühle setzte, weshalb ihn selbst die Neokonservativen schließlich links liegen ließen.

Ähnliches spielte sich im Bereich der symphonischen Musik ab. Was die Konservativen hier noch am ehesten akzeptierten, waren die Werke eines Walter Abendroth, Karl Höller, Harald Genzmer oder Walter Braunfels, die sich in ihren Kompositionen an Pfitzner oder Hindemith orientierten, das heißt an einer erkennbaren Thematik und Tonalität festhielten. Als das bedeutsamste Werk auf diesem Gebiet galt damals die Symphonie *Harmonie der Welt* (1952) von Hindemith, die in *Musica* noch im gleichen Jahr als eine gelungene Synthese von handwerklicher Meisterschaft und tiefer Beseelung, also ein Werk echter »re-ligio« gepriesen wurde. Allerdings verhielten sich die bürgerlichen Konzertgänger sogar diesem Werk gegenüber recht zurückhaltend. Nicht einmal die Opern eines Carl Orff, die von einer ebenso konservativen Gesinnung zeugen, rissen dieses Publikum zu wirklichen Begeisterungsstürmen hin. Schließlich gab auch Orff, der in Werken wie *Carmina burana* (1937), *Der Mond* (1939) und *Die Kluge* (1943) höchst allgemeinverständlich komponiert hatte, nach 1945 das Volkstümliche zusehends auf und konfrontierte seine verblüfften Hörer 1949 mit einer *Antigone*, in deren Orchesterbegleitung das Schlagzeug und sechs Klaviere dominierten. Dies war zwar ein Werk, das auf höchst konservative Weise den Eindruck des Kultischen erwecken wollte, jedoch durch seine laute und dissonante Musik die Möglichkeit einer seelischen Einfühlung unmöglich machte. Als ebenso mißtönend empfand dieses Publikum die Musik zur Oper *Irische Legende* (1955) von Werner Egk nach einem Text von William Butler Yeats, in der zwar inhaltlich, wie Egk in einem Brief vom gleichen Jahr an Reinhold Kreile erklärte, dem »Zeitalter der anonymen Machtballungen, der Zusammenbündelung menschlicher Energien in Kollektive, der gelenkten Gleichschaltung der Instinkte, der Vermassung und Dissoziation« die sittliche Verantwortlichkeit des Einzelmenschen als positives Leitbild entgegengehalten und damit ein »Ausbruch aus der Hoffnungslosigkeit« der in der modernistisch-elitären Kunst dargestellten Welt angedeutet wird, wo jedoch die Musik wiederum so ›zerrissen‹ klang, daß sie für die nach Trost verlangenden Hörer keine Grundlage für eine unmittelbare Identifikation abgab.

Trotz aller konservativen Inhalte stießen also selbst die Werke von Komponisten wie Reutter, Orff oder Egk bei dieser Schicht auf wenig Gegenliebe. Indem ihre Schöpfer den Modernismus nicht völlig ablehnten und ihn wenigstens zum Teil in ihre Werke integrierten, verdarben sie sich alles. Auf die Modernisten wirkten sie dadurch nicht avantgardistisch und auf die Konservativen nicht traditionell genug. Deshalb hielten sich die konservativen Konzert- und Opernbesucher lieber an die Meisterwerke der barocken, klassischen und romantischen Musik, die ihnen all das zur Genüge boten, was ihnen die Halbmodernen nur in verstümmelter und darum nicht recht schmackhafter Form gab: nämlich Tonalität, Melodie, Beseeltheit und klanglichen Schmelz. Und so nahm innerhalb dieser Schicht, die sich mit der neueren Musik – ob nun in ihrer hohen oder mittleren Form – nicht recht anfreunden konnte, der Bezug zur älteren E-Musik oft eine Tendenz ins Museale an. Man kann eine solche Haltung als wertebetonte Erbe-Bewahrung, ja als zutiefst ›humanistisch‹ bezeichnen. Man kann jedoch in ihr, wie bei Gala-Inszenierungen gewisser Opernhäuser, auch eine bloße Prestigeangelegenheit sehen. Jedenfalls ist bei dieser neokonservativen Schicht manchmal schwer auszumachen, ob sie es mit ihrem Protest gegen die kapitalistische Veräußerlichung wirklich ernst meinte oder ob sie lediglich Machtansprüche älterer Art aufrechterhalten wollte, zu deren ästhetischer Verbrämung sie auch die Werke der älteren Kunst heranzog.

Auf dem Feld der Literatur äußerte sich dieser Neokonservativismus in etwas anderer Form. Da hier das Modernistische von vornherein nur eine unter- oder beigeordnete Rolle spielte, lasen und förderten die zu Beharrung neigenden Schichten aus dem Bereich der Gegenwartsliteratur vornehmlich jene Werke, die aus der Inneren Emigration sowie dem konservativen Schrifttum der zwanziger Jahre stammten und denen ein höchst komplexes Gemisch aus abendländisch-humanistischen, existentialistischen, naturmagischen, religiösen und volkhaft-nationalen Tendenzen zugrunde lag. Diese Literatur, die in den Jahren nach 1950 mit vielen Preisen bedacht wurde und zu deren Hauptvertretern so unterschiedliche Autoren wie Stefan Andres, Emil Barth, Werner Bergengruen, Georg Britting, Hans Carossa, Paul Fechter, Gerd Gaiser, Albrecht Goes, Ernst Jünger, Friedrich Georg Jünger, Hermann Kasack, Rudolf Krämer-Badoni, Karl Krolow, Gertrud von Le Fort, Wilhelm Lehmann, Ernst Meister, Wolf von Niebelschütz, Reinhold Schneider, Ina Seidel, Ernst Wiechert und Fritz Usinger gehörten, hatte noch jenen Zug ins ›Höhere‹, in dem das mittlere Bürgertum bis 1960 eine Conditio sine qua non des Kulturbewußten erblickte.

Wohl mit dem größten Aufwand trat innerhalb dieses Lagers die Gruppe jener traditionsverpflichteten, das heißt abendländisch orientierten Humanisten auf, die sich als rückwärtsgewandte Propheten empfanden. Was dieser Gruppe imponierte, waren lediglich die Meisterdichter der Vergangenheit oder jene Klassiker der Moderne wie George, Rilke und Hofmannsthal, die sich als ihre besten Jünger erwiesen. Das große Vorbild einer solchen Haltung lieferte Ernst Robert Curtius, der 1950 in seinen *Kritischen Essays zur europäischen Literatur* Autoren wie Vergil, Calderon, Goethe, Friedrich Schlegel, Emerson, Hofmannsthal, Eliot und Ortega y Gasset als Leitbilder einer neokonservativen Gesinnung aufstellte. Als ebenso vorbildlich empfand man in diesem Umkreis jene Beiträge zu Vergil, Horaz, George, Proust, Hofmannsthal, Borchardt, Gide und Valéry, die Max Rychner in der *Neuen Zürcher Zeitung* oder der *Neuen Schweizer Rundschau* veröffentlichte. Im Rahmen der westdeutschen Literaturkritik war es vor allem Friedrich Sieburg, der im Dritten Reich zum Mitarbeiterstab der *Frankfurter Zeitung* gehört hatte und 1956 das Literaturblatt der *Frankfurter Allgemeinen* übernahm, welcher bei den neokonservativen Schichten das höchste Ansehen genoß, ja von Gottfried Benn als der »große Sieburg« bezeichnet wurde. Sieburgs Sammelband von 1955, den er *Nur für Leser* nannte, huldigte der Überzeugung, daß die Literatur an dem »Zustandekommen jener Gesellschaft« mitwirken solle, »die der Politik nicht gelingen will«. Im

Sinne des alten bürgerlichen Stellvertretungsanspruchs ließ Sieburg hierbei durchblicken, daß er mit dieser ›Gemeinschaft‹ vor allem jene ein bis zwei Prozent der westdeutschen Bevölkerung, also jene ›feinen Leute‹ meinte, die das Feuilleton der *Frankfurter Allgemeinen* lasen.
Neben das Triumvirat ›Curtius-Rychner-Sieburg‹ traten um 1950 auch einige jüngere Kritiker, die sich dem gleichen Kulturkonservativismus verschrieben. Wohl das meiste Furore machte Hans Egon Holthusen mit seinen Sammelbänden *Der unbehauste Mensch* (1951), *Ja und Nein* (1954) und *Das Schöne und das Wahre* (1958), in denen er Autoren wie Rilke, George, Hofmannsthal, Gide oder Eliot als die unverbrüchlichen Garanten jener Hoffnung hinstellte, daß sich selbst in einer Welt, die äußerlich »aus den Fugen geraten« sei, das »alte Wahre« stets in neuer Form wiederherstellen lasse. Unter Abwehr modernistisch-nihilistischer sowie orthodox-christlicher Strömungen rühmte er hier vor allem jene Dichter, bei denen die ›große Form‹ ein getreues Spiegelbild der dahinter aufschimmernden Ordo-Vorstellung sei. Einen aufschlußreichen Beleg für diese Sicht der Literatur des 20. Jahrhunderts lieferte Holthusen mit seiner Lyrikanthologie *Ergriffenes Dasein*, die er 1953 mit Friedhelm Kemp herausgab. Hier hieß es im Nachwort ohne jede Verblümtheit: »Wir befinden uns heute, wie im Politischen und Sozialen, so im Künstlerischen, offenbar in einer nachrevolutionären Situation.« Alle Dichter der »politischen Radikalität«, die der Welt ein »neues Gesicht« zu geben versuchten, lehnte daher Holthusen radikal ab. Aus diesem Grund fand er Richtungen wie den Naturalismus und den Expressionismus reichlich veraltet. Um so mehr schätzte er Formkünstler wie George, Rilke, Hofmannsthal, Borchardt, Weinheber und Rudolf Alexander Schröder, Kosmiker wie Mombert und Däubler oder Dichter der Inneren Emigration wie Werner Bergengruen, Georg Britting, Oskar Loerke, Wilhelm Lehmann, Konrad Weiss oder Georg von der Vring, während er die Gedichte politischer Lyriker wie Kurt Tucholsky, Johannes R. Becher, Erich Weinert, Ernst Toller, Walter Mehring und Stefan Hermlin einfach überging.
Assistiert wurde Holthusen bei dieser Tendenz ins Ewige und zugleich formal Vollendete von einem Kritiker wie Hans Hennecke, der bereits in seinem Sammelband *Dichtung und Dasein* (1950) die glei-

che abendländisch-konservative Haltung einnahm und vornehmlich Dichter wie Werner Bergengruen, Rudolf Alexander Schröder und T. S. Eliot zu den Heiligen jener Richtung hochstilisierte, die selbst im Neuen nur das alte Wahre auszudrücken versuche. Im gleichen Sinne stellte Willi Fehse 1955 im Vorwort seiner Anthologie *Deutsche Lyrik der Gegenwart* die dichterische »Sprache« als das »letzte Heiligtum in dieser mythenlosen und entgötterten Welt« hin, das überhaupt noch »Huld und Trost« spenden könne. »Ohne Zweifel«, heißt es hier, »ist es die Aufgabe des Dichters, die zerdachte und zerstörte Welt wieder zusammen, weil heil, zu denken, und sie singend zu ordnen.« Ja, Rudolf Ibel ging 1962 in seinem Buch *Mensch der Mitte* von der These aus, daß es das Telos eines jeden wahren Dichters sein müsse, auch in der »veränderten Welt der Gegenwart« wieder – im Sinne Georges, Weinhebers und Carossas – jene großen Bilder und Tafeln aufzustellen, in deren Zentrum der »aus dem Humanismus reifende Mensch der Mitte« steht.
Was diesen theoretischen Proklamationen eines neuen Humanismus an dichterischen Leistungen entsprach, war meist recht zweitklassig. Jedenfalls sind die Werke eines Hans Carossa (*Ungleiche Welten,* 1951), Friedrich Georg Jünger (*Der erste Gang,* 1954), Wilhelm von Scholz (*Zwei Besucher,* 1954), Rudolf Hagelstange (*Zwischen Stern und Staub,* 1953) oder Ernst Wilhelm Eschmann (*Alkestis,* 1950), auf die man in diesem Bereich noch am ehesten hinweisen könnte, weder so tiefschürfend noch so formvollendet wie jene Dichtung, die kurz nach 1900 als ›neuklassisch‹ galt. Die meisten wirken eher wie Zeugnisse eines »permanenten Auf-der-Flucht-Seins vor den Zeitereignissen«, wie Heinrich Vormweg diese Art von Dichtung später charakterisierte. Ihre Autoren spielten sich zwar oft als die großen ›Heilenden‹ auf, verharrten jedoch ideologisch und ästhetisch im Rahmen einer geist-elitären Außenseiterposition, die nur das eigene Ich in ein unverbindliches Höheres zu retten versucht.
Dasselbe gilt für jene Gruppe neokonservativer Dichter, die von existentialistischen Vorstellungen herkam. Während kurz nach dem Kriege in dieser Strömung auch einige kritische, ja aggressive Töne laut wurden, die an den frühen Heidegger, an Sartre und Camus anklangen und dabei das Bild vom ›verlorenen Posten‹ beschworen, stieß diese Richtung im Laufe der Jahre durch ihre Ablehnung aller

psychologischen und sozialkritischen Gesichtspunkte schließlich zu einer metaphysischen Sehweise vor, bei der weniger die Existenz als die Essenz, weniger das Seiende als das Sein im Vordergrund stand. Diese Autoren beriefen sich in ihren ästhetischen Konzepten gern auf Heideggers Begriff der ›Kehre‹, der eng mit seiner Abwendung vom Philosophischen und seiner Hinwendung zum Dichterischen verbunden war. Im Gegensatz zum ›Begriff‹, der den Zugang zum Sein oft nur verstelle, betonte der nachfaschistische Heidegger immer wieder, sei gerade das dichterische ›Bild‹ bestens geeignet, einen neuen Zugang zu den immer wieder verschütteten Urgründen des Seins zu eröffnen. Von nachhaltiger Wirkung war dabei sein Aufsatz *Der Ursprung des Kunstwerks,* der 1949 in seinem Essayband *Holzwege* erschien. Das wahre Kunstwerk, hieß es hier, sei ein Vehikel des »Entbergenden«, in dem sich das »Sein des Seienden« zu erkennen gebe. In den Werken der großen Künstler sah daher Heidegger »Lichtungen«, die einem Durchstoß aus der alltäglichen Welt des Gegebenen in die ewige Offenheit des Ungegebenen glichen. Aus diesem Grund schrieb er der Kunst all jene Bedeutungsqualitäten zu, die mit Wörtern wie Mitte, Ganzheit, Wesensfülle oder Göttlichkeit verbunden sind. Kurz gesagt: Kunst war für ihn »Wahrheit«, und zwar eine Wahrheit, die unmittelbar aus dem Absoluten stammt und somit jenseits aller politischen, sozio-ökonomischen, bildungsmäßigen oder im weitesten Sinne geistesgeschichtlichen Voraussetzungen steht. Dementsprechend erblickte er nur in jenen Autoren wahre Dichter, die über »seherische Qualitäten« verfügten oder sich unentwegt auf der »Spur der entflohenen Götter in das Finstere der Weltnacht« befänden.

Die existentialistisch orientierte Literaturkritik der fünfziger Jahre ging darum stets von Heideggers Stichwort aus, daß das Wesen der Kunst das »Sich-ins-Werk-Setzen der Wahrheit des Seienden« sei, das heißt daß Kunst eine offene Stelle im Gestrüpp der vom »Man« überwucherten Alltagswelt bilde. Alle wahrhaft großen Dichtungen wurden somit zwangsläufig in den Bereich des Nur-Anzudeutenden entrückt, der den Banausen stets verschlossen bleibe und nur den höheren Menschen, also jenen mit dem notwendigen »Gespür«, offen stehe. Deshalb war in den Interpretationen dieser Richtung ständig von ›Seinserhellung‹, vom ›Existenzwunder der Dichtung‹, vom

›seinshaften Anliegen‹ oder vom ›menschlichen Angerührtsein‹ die Rede. Überhaupt verbreitete sich in diesem Bereich eine unglaubliche Prätention des ›Betroffenseins‹. Alles mußte an Geheimnisse rühren, die sich nur erahnen lassen. »Dichtung enthält kein Urteil über einen Sachverhalt, dem sie sich anzugleichen hätte«, schrieb Johannes Pfeiffer 1956 in seinem Büchlein *Über das Dichterische und den Dichter,* »sondern Dichtung beschwört eine bildhafte, selbstgenügsam-schwebende Wirklichkeit, über die hinauszufragen sinnwidrig wäre.« Aus dem gleichen Grunde bestand Emil Staiger in seiner *Kunst der Interpretation* (1955) auf einem menschlichen »Ergriffensein«, ohne das sich beim Umgang mit Dichtung nichts wirklich begreifen lasse. Ja, Otto Friedrich Bollnow forderte in seinem Buch *Neue Geborgenheit* (1956) von allen künstlerisch Ergriffenen eine »Seinsgläubigkeit«, ohne die selbst im Bereich des Ästhetischen alles leer und schal bleibe.
Und damit ging auch die existentialistische Spielart dieses Kulturkonservativismus, wie schon die abendländisch-humanistische, häufig ins Religiöse über. Doch das war bei einer Einstellung, die sich von Dichtung in erster Linie Trost und Lebenshilfe versprach, kaum anders zu erwarten. Weder die Künder noch die Leser einer solchen Literatur verlangte es nach einem Schrifttum, das sie kritisch gestimmt oder gar politisch aufgerüttelt hätte. Was sie wollten, waren Werke, die ihnen Tiefe, Gemüt, Seelenspeise offerierten, in die man sich ›versenken‹ konnte. Und diese Aufgabe erfüllte am besten jene religiös grundierte Literatur, der es in diesen Jahren weder an offiziellen noch an offiziösen Fürsprechern mangelte und die sich obendrein einer regen organisatorischen Unterstützung erfreute. Wie eh und je muß man bei dieser Art von Literatur, so allgemein sie auch klingt, zwischen einem katholischen und einem protestantischen Flügel unterscheiden. Daß im Zuge der Adenauerschen Restauration das Katholische zeitweilig stärker im Vordergrund stand als das Protestantische, versteht sich wohl von selbst. Zu den Zeitschriften, die sich dieser Richtung annahmen, gehörten damals vor allem *Das Hochland, Welt und Wort, Stimmen der Zeit* und *Neues Abendland.* In ihnen wurde sowohl gegen eine modernistisch-verstiegene als auch gegen eine realistisch-platte Literatur polemisiert und statt dessen eine Dichtung gefordert, die im Sinne der französischen Renou-

veau-Catholique-Literatur eines Paul Claudel, François Mauriac, Georges Bernanos und Gabriel Marcel alles Menschliche wieder auf eine heilsgeschichtliche Perspektive zurückführt. Wohl die größte Aktivität auf diesem Gebiet entfaltete Reinhold Schneider, der 1956 in seiner Schrift *Der Bildungsauftrag des christlichen Dichters* erklärte, daß die »Wahrheit, die uns frei macht«, nur aus christlichem Glauben kommen könne. Allerdings gab er dabei zu bedenken, daß auch die christlichen Dichter nie jenes »Apokalyptische« aus dem Auge verlieren sollten, das gerade in unserer Zeit so bedrohlich zugenommen habe.

Doch solche Äußerungen fielen gegen Mitte der fünfziger Jahre bereits auf taube Ohren. Während in der unmittelbaren Nachkriegszeit in den Werken der katholischen Literatur die Glaubensgewißheit stets der totalen Absurdität des Weltlichen abgerungen werden mußte, wofür Werke wie Franz Werfels *Stern der Ungeborenen* (1946), Elisabeth Langgässers *Das unauslöschliche Siegel* (1946) oder Gertrud von Le Forts *Die Tochter Farinatas* (1950) Zeugnis ablegen, in denen noch die erschütternden Erfahrungen des Faschismus und des Zweiten Weltkriegs nachwirken, herrschte in den fünfziger Jahren im Bereich der katholischen Literatur entweder ein hymnisch-erbaulicher Ton, dem die Gewißheit des Offiziellen und Repräsentativen zugrunde liegt, oder ein eher resignativer Ton, der schon von der Erkenntnis angekränkelt ist, daß der Materialismus der Wirtschaftswundermentalität doch den Sieg über die angestrebte religiöse Verinnerlichung davontragen wird. So wählen bereits in Langgässers Roman *Märkische Argonautenfahrt* (1950) die sieben Protagonisten den Weg in die Abseitslage, indem sie sich aus dem verwüsteten Berlin in das nur schwer auffindbare Kloster Anastasiendorf zurückziehen. Ähnliche Entscheidungen treffen die letzten Gläubigen in der umfangreichen Romantrilogie *Die Sintflut* (1949–1959) von Stefan Andres, die gegen Ende des Ganzen lieber in entlegenen Höhlen kampieren, als ihren weltlichen Widersachern weiterhin aktiv entgegenzutreten.

Im Bereich des Protestantismus war es vor allem der ›Eckart‹-Kreis, dem schon zwischen 1933 und 1943 Autoren wie Rudolf Alexander Schröder, Otto von Taube, Ricarda Huch und Ina Seidel angehört hatten, der sich nach dem Krieg erst in der Zeitschrift *Eckart* und dann im *Eckart-Jahrbuch,* die beide von Kurt Ihlenfeld herausgegeben wurden, für eine christlich fundierte Literatur einsetzte. Auch Hans Egon Holthusen stand der Weltanschauung dieses Kreises nahe. Er distanzierte sich zwar mehrfach von einem bloßen »Christianismus«, sprach aber in seinem Buch *Der unbehauste Mensch* (1951) dann doch von einem »neuen Advent« der religiösen Literatur und berief sich hierbei auf den Satz von Novalis, daß sich gerade in »anarchischen Zeiten der Zerstörung alles Positiven« die Religion stets als »neue Weltstifterin« bewährt habe. Daher gehe es auch in der heutigen Literatur, wie Holthusen unmißverständlich erklärte, vornehmlich um die »Entscheidung für oder gegen das Kreuz«.

Zu den literarischen Werken, die dieser Vorstellung entsprachen, gehörte unter anderem der Roman *Missa sine nomine* (1950) von Ernst Wiechert, in dem ein Adliger, der sich im Konzentrationslager von triebhaftem Egoismus zu altruistischer Friedfertigkeit durchgerungen hat, nach dem Krieg aufs Land zurückkehrt, sich völlig »entäußert«, ja sogar seinen früheren Gegnern vergibt und in ständiger Gottnähe zu leben versucht. Überhaupt erwies sich der Heimkehrerroman als ein besonders gutes Modell einer solchen Lebenshaltung. Dafür spricht unter anderem Gerd Gaisers *Eine Stimme hebt an* (1950), wo es um einen jener zutiefst verinnerlichten Menschen, diesmal den Soldaten Oberstelehn, geht, der nach dem Krieg in seine Heimat zurückkommt, dort jedoch in den Städten lediglich materialistischer Lebens- und Besitzgier sowie entleerter ›Zivilisation‹ begegnet und die ›heile Welt‹ der Selbstgenügsamkeit schließlich in der Rückbindung an die Ehe, das Bodenständige, das Dörfliche findet. Wie in vielen Werken dieser Richtung wird dabei das oberflächliche Wesen der in Politik und Wirtschaft aufgehenden ›Massen‹ ständig mit dem Verantwortungsbewußtsein religiös empfindender Einzelmenschen konfrontiert. Das gleiche gilt für seinen Roman *Schlußball* (1958), wo Gaiser der westdeutschen Wirtschaftswundergesellschaft, in der lediglich Habgier, Neid und Besitzenwollen herrschen und somit eine moralische und religiöse Aushöhlung schlimmster Art eingetreten ist, wiederum nur die integre Haltung einiger Edelmenschen entgegensetzt.

Eine solche Gesinnung fand selbstverständlich den Beifall all jener Kreise, welche sich eine Kritik am herrschenden Kapitalismus – aufgrund ihrer altbürgerlichen Lebensvorstellungen – nur von rechts vorstellen konnten. Vor allem die gebildeten oder nach Bildung strebenden Kleinbürger, die vom großen Kuchen des Wirtschaftswunders nicht allzuviel abbekamen, machten damals aus ihrer Not noch eine Tugend und leiteten ihr Selbstbewußtsein vor allem aus der bildungsmäßigen, moralischen oder religiösen Überzeugung ab, ›tiefer‹ zu sein als all jene, die über dem unmäßigen Kuchenessen das wahrhaft Bedeutungsvolle im menschlichen Leben vergessen hätten. Vieles an dieser Gesinnung stammte aus jenem Bereich der Inneren Emigration, in dem man auch die ›Nazihorden‹ – aufgrund ähnlicher Elitevorstellungen – als glaubenslos und vor allem ›niedrig‹ empfunden hatte. Bei der Beurteilung einer solchen Weltanschauung ist daher nur eine Optik sinnvoll, die sowohl das Bornierte als auch das indirekt Kritische dieser kulturkonservativen Ideologie im Auge behält. In dieser Gesinnung stecken nämlich stets zwei Möglichkeiten: einerseits war sie durch ihre kritische Einstellung dem Kapitalismus gegenüber, falls diese nicht auf dem Ressentiment von Schlechtweggekommenen beruhte, gegen den ins Konsumistische drängenden Sog dieses Systems relativ gefeit, andererseits hatte sie jedoch durch ihre zutiefst vergangenheitsorientierte Haltung stets die Tendenz, aus dem Konservativen ins offen Reaktionäre umzukippen.

Es gab daher auch Schichten innerhalb dieser konservativen Richtung, die für eine ideologische Verhetzung von rechts, welche sich weniger antikapitalistischer als religiös-reaktionärer oder gar volkhaft-nationaler Argumente bediente, deren polit-ökonomische Absicht nicht sofort zu durchschauen war, ein recht offenes Ohr hatten. Sie ließen sich deshalb leicht gegen jenen angeblich kulturlosen und kollektivistischen Bolschewismus aufputschen, der all jene ›abendländischen‹ Werte, die dem Bürgertum so teuer waren, nämlich Bildung, Kunst und Religion, wie ein gräßlicher Moloch zu verschlingen drohe. Als darum ab 1952 die Remilitarisierung in der Bundesrepublik auf vollen Touren lief und jene Flut an Romanen gegen die Sowjetunion erschien, in denen der Zweite Weltkrieg aus einem Raubkrieg Nazi-Deutschlands in einen Verteidigungskrieg des Abendlandes gegen die asiatischen Horden umgefälscht wurde, hatten diese Schichten einer solchen Sicht nur wenig entgegenzusetzen. Selbstverständlich lasen sie keine *Landser*-Hefte oder Konsalik-

Romane. Das überließen sie weitgehend den Unterschichten. Aber dafür lasen sie Romane wie *Dreimal Orel* (1952) von Josef Michaels, in dem man die Sinndeutung des Zweiten Weltkriegs einfach Gott anheimstellt und weiter für Hitler kämpft, oder *Und was bleibt, ist der Mensch* (1951) von Kurt Ziesel, *Der fünfte Reiter* (1952) von Clemens Laar, *Jenseits der Schleuse* (1953) von Werner Klose und *Der Wind weht nicht, wohin er will* (1960) von Friedrich Griese, die anhand von Vertriebenenproblemen fast alle das ›deutsche Leid‹ im Osten beklagten. Wohl das anspruchsvollste Werk dieser Gruppe war der Roman *Woina, Woina* (1951) von Curt Hohoff, in dem sich die gottesfürchtigen Christen aus den Kriegen der faschistischen und kommunistischen Satansanhänger so weit wie möglich herauszuhalten suchen. Als guter Konservativer liest hier der Protagonist des Ganzen an der Ostfront vor allem Augustinus, zeigt sich jedoch ebenso angetan von den Schriften eines Jünger oder Clausewitz.
Und diesen Jünger, der 1949 auf der Frankfurter Buchmesse sein offizielles Comeback erlebt hatte, lasen auch die kulturbewußten Schichten der fünfziger Jahre gern. Besonders von seinen *Strahlungen* (1949), in denen er seine Kriegstagebücher zusammengefaßt hatte, ließen sie sich nur allzu willig blenden. Schließlich fanden sie in diesem Buch alles, was auch sie als zutiefst bedeutungsvoll schätzten: eine konservative Grundgesinnung, ein enormes Bildungsbewußtsein, das in seiner Orientiertheit auf das ›Abendländische‹ neben den Werken der Antike auch die Kulturleistungen des Christentums hochzuhalten suchte, und zugleich ein ins Arrogante überhöhtes Standesgefühl, das in seiner Massenverachtung eindeutig ans Elitäre grenzte. In Jünger besaßen also diese Schichten endlich einen Autor, dessen sie sich weder inhaltlich noch stilistisch zu schämen brauchten. Er galt darum im Bereich des Kulturkonservativismus als *der* Geistesaristokrat schlechthin, der eine Gesinnung vertrat, die traditionsbewußt war, ohne je ins offiziell Politische überzugehen.

Systemkritische Tendenzen

Das gesellschaftliche und ideologische Potential eines möglichen Widerstands gegen die Wirtschaftswundermentalität

Nach dem bisher Gesagten ist es kaum vorstellbar, daß es in den fünfziger und frühen sechziger Jahren auf dem Territorium der Bundesrepublik auch eine ernstzunehmende Opposition gegeben hat. Waren nicht in diesem Lande – nach der Beseitigung der faschistischen Diktatur, der Errichtung einer freiheitlich-parlamentarischen Demokratie und einer ökonomischen Aufwärtsentwicklung, die in aller Welt als das westdeutsche ›Wirtschaftswunder‹ galt – sämtliche nur denkbaren Voraussetzungen einer allgemeinen Zufriedenheit gegeben? Hatte nicht dieser Wandlungsprozeß zu einem ungewöhnlich breiten Konsensus aller an ihm Beteiligten geführt? Ja, mußte nicht der Gedanke einer möglichen Alternative zu dem von diesem System ermöglichten Lebensstandard den meisten Bundesbürgern von vornherein als vermessen, wenn nicht gar hybrid erscheinen? Gab es daher in diesen Jahren überhaupt noch Gesellschaftsschichten, welche der Adenauerschen Restauration weiterhin kritisch gegenüberstanden?

Nun, an dem allgemeinen Konsensus ist auf den ersten Blick kaum zu zweifeln. Sowohl auf wirtschaftlicher als auch auf politischer und gesellschaftlicher Ebene kam es (von kulturellen Absonderungstendenzen der ökonomisch bessergestellten Oberschichten einmal abgesehen) zu einer immer größeren Konvergenz der einzelnen Bevölkerungsteile. Die CDU/CSU, die in ihren Anfängen noch als eine Partei des Bürgerblocks gegolten hatte, konnte sich deshalb schon gegen Ende der fünfziger Jahre damit brüsten, aufgrund der Erfolge eines Adenauer und Erhard zu einer wahren Volkspartei geworden zu sein, die sich zwischen 1957 und 1961 im Bundestag einer absoluten Mehrheit erfreute. Vor allem innerhalb der Mittelschichten, aber auch in Teilen der Unterschichten verbreitete sich in diesem Zeitraum ein Gefühl der Zufriedenheit mit diesem Staat, der ihnen all das zu verbürgen schien, wonach sie sich sehnten: nämlich Sicherheit, einzelpersönliche Mobilität, ein steigendes Einkommen und eine sich ständig erweiternde Freizeit. Und das waren Dinge, welche vielen Bundesbürgern nach der allgemeinen Unruhe, Unsicherheit und Unfreiheit, die Faschismus und Nachkriegszeit mit sich gebracht hatten, erst einmal als die vordringlichsten erschienen. Das Adenauersche Motto »Keine Experimente« fand darum ihre vollste Zustimmung. Um sicher zu sein, daß auch in Zukunft alles beim alten bleiben würde, wählten sie deshalb immer wieder CDU/CSU. Sogar Teile der Arbeiterklasse gerieten auf diese Weise in den Sog einer steigenden Selbstzufriedenheit, das heißt paßten sich jener ›positiven Entfremdung‹ an, die meist das logische Produkt einer Beschränkung auf das materiell Erreichbare ist, zumal selbst die Gewerkschaften und die SPD ihre älteren Klassenkampfparolen zusehends über Bord warfen und eine Politik der Angleichung befürworteten. Statt staatliche, wirtschaftliche oder gesellschaftliche Alternativmodelle aufzustellen, griffen auch diese Organisationen den Slogan »Keine Experimente« auf und begnügten sich mit der lohnpolitischen Forderung, daß auch für die Arbeiter und Angestellten von dem großen Kuchen des erwirtschafteten Gewinns ein gehöriges Stück abfallen müsse. All das führte letztlich zu jener indirekten Anerkennung des von Adenauer und Erhard eingeschlagenen Kurses, die 1959 im Godesberger Grundsatzprogramm, mit dem sich die SPD von ihrer marxistischen Vergangenheit endgültig verabschiedete, ihre ideologische Rechtfertigung und Besiegelung fand.

Von diesem Zeitpunkt an standen sich in der Bundesrepublik nicht mehr zwei klar geschiedene Parteien gegenüber, sondern nur noch der rechte und der linke Flügel einer großen Mehrheitspartei, die beide mit dem gleichen Anspruch auftraten, breitgefächerte Volksparteien zu sein und beide von sich behaupteten, die besseren Manager des alleinseligmachenden Systems der ›Sozialen Marktwirtschaft‹ zu sein. Sowohl die CDU/CSU als auch Teile der SPD reklamierten seit 1960 mit demselben Eifer, die Bundesrepublik durch eine auf die Segnungen des Kapitalismus vertrauende Politik zu jenem Staat gemacht zu haben, an dem sich viele Länder ein Vorbild nehmen könnten. Als daher um 1960 die Bundesbürger vom Allensbacher Institut nach ihrer Zufriedenheit mit diesem Staat gefragt wurden, lag die Ja-Quote unter den CDU/CSU-Wählern bei 76, unter den SPD-Wählern bei 64, ja unter den Jugendlichen beider Parteien zwischen 16 und 30 Jahren bei 80 Prozent. Allerdings beruhte diese geradezu überwältigende ›Zufriedenheit‹ auf einer weitgehenden Entpolitisierung, wie aus den gleichen Meinungsbefragungen hervorgeht. Nur 27 Prozent der westdeutschen Bevölkerung erklärten damals, sich überhaupt noch für Politik zu interessieren. Noch kleiner war die Schicht jener, die von sich behaupteten, daß Politik für sie etwas ›Wichtiges‹ sei. Sie umfaßte 19 Prozent.

Das unleugbare Faktum, daß die ehemalige Linke diesem Prozeß einer steigenden ideologischen Integrierung, ja Homogenisierung so wenig entgegenzusetzen hatte und zum Teil selber in den allgemeinen Konsensus von »Einigkeit und Recht und Freiheit« einstimmte, allein auf die korrumpierende Wirkung des sogenannten ›Wirtschaftswunders‹ zurückzuführen, wäre selbstverständlich monokausal. Dafür sind auch andere Gründe verantwortlich. Und zu diesen gehört die bekannte, aber immer wieder tabuisierte Tatsache, daß die westdeutsche Linke nach 1945 eine wesentlich schwächere Ausgangsposition hatte als die Rechte. Während die Rechte den Faschismus, wenn auch zum Teil in der Inneren Emigration, ohne nennenswerte Einbuße überstanden hatte, war die Linke von den Nazis aufs unbarmherzigste unterdrückt, verfolgt, ins Exil getrieben oder umgebracht worden – und hatte somit nicht nur ihre Führer, sondern auch einen Großteil ihrer besten, intelligentesten und aktivsten Anhänger verloren. Die neue KPD, die nach 1945 in den drei Westzonen zugelassen wurde, war daher nicht mehr die alte Kampfpartei von vor 1933. Da man ihr im Dritten Reich politisch am unbarmherzigsten zugesetzt hatte, wirkt es fast wie ein Wunder, daß nach dem Krieg überhaupt wieder Menschen den Mut aufbrachten, sich zu dieser Partei zu bekennen. Doch jene, welche diesen Schritt wagten, mußten schon nach einer kurzen Schonzeit (1945-1949) erleben, daß sie im Staat der Adenauerschen Restauration nicht nur als unbequeme Ruhestörer, sondern als regelrechte Staatsfeinde beargwöhnt wurden. Adenauer ließ zwar die KPD als eine von den Alliierten offiziell zugelassene Partei noch eine Zeitlang gewähren, da sie ohnehin nicht allzuviele Anhänger hatte, begann aber schon Anfang der fünfziger Jahre, sie indirekt zu kriminalisieren. So wurden aufgrund zweier im Jahre 1951 erlassener Gesetze alle Kommunisten, aber auch Mitglieder ihnen nahestehender Organisationen kurzerhand aus dem öffentlichen Dienst entlassen, ja zu Hunderten vor Gericht gebracht und dann ins Gefängnis geworfen. Bereits im November 1951 stellte die Adenauer-Regierung – im Vertrauen auf die wachsende Abneigung breiter Schichten gegen Stalin und seine ›DDR‹-Statthalter – beim Bundesverfassungsgericht einen Antrag auf Verbot dieser Partei. 1952 wurde durch eine weitere strafrechtliche Verfügung, welche den lokalen Behörden die Möglichkeit zu Verboten, Verhaftungen und Beschlagnahmen gab, die politische Arbeit der KPD soweit eingeschränkt, daß sie mehr und mehr aus dem Blickfeld der westdeutschen Öffentlichkeit verschwand. Bei den Bundestagswahlen von 1953 blieb deshalb die KPD, in der die CDU/CSU lediglich einen Handlanger der Sowjetunion sah, unter der inzwischen eingeführten Fünf-Prozent-Klausel und war fortan nicht mehr im Bundestag vertreten. Auch aus führenden Gewerkschaftspositionen wurden ihre Mitglieder durch die zuständigen Arbeitsgerichte systematisch entfernt. Als die KPD am 17. August 1956 vom Bundesverfassungsgericht in Karlsruhe als Partei offiziell verboten wurde, weil sie die »freiheitlich-demokratische Grundordnung« in Frage stelle, war ihre Mitgliederzahl seit 1946 bereits von 300000 auf 70000 zurückgegangen und auch die Zahl ihrer Sympathisanten relativ klein geworden.

Ähnlich erging es jenen Linken innerhalb der SPD, welche Exil, Gefängnis, Konzentrationslager und Strafbataillone überstanden hatten und nach 1950 weiterhin für die Enteignung der Großkapitalisten eintraten. In diesem Falle übernahm nicht der Staat, sondern die SPD die nötigen Säuberungsmaßnahmen. All jene, die von linken Splittergruppen wie der ›Sozialistischen Arbeiter-Partei‹ (SAP) oder der Gruppe ›Neubeginnen‹ herkamen und den pragmatischen Revisionismus der rechten Parteiführung zu kritisieren wagten, wurden deshalb im Laufe der fünfziger Jahre entweder mundtot gemacht oder, wo das nicht möglich war, aus der Partei ausgeschlossen. Aus diesem Grunde hatten es die Vertreter einer sozialistischen Alternative zum offiziellen Angleichungskurs der Parteispitze immer schwerer, sich bei breiteren Schichten überhaupt noch Gehör zu verschaffen. Dabei vertraten sie meist nur die These, daß eine Demokratie ohne sozialistischen Unterbau notwendig zur Herrschaft der wirt-

schaftlich Stärkeren führen müsse, was der von dieser Gruppe gern zitierte Arthur Rosenberg schon 1938 in seinem Buch *Demokratie und Sozialismus* behauptet hatte. Doch solche Rückgriffe auf ein sozialistisches Gedankengut, für das Marxismus und Demokratie noch nicht sich wechselseitig ausschließende, sondern – im Gegenteil – sich einander bedingende Vorstellungen waren, erschienen der SPD in diesen Jahren immer unangebrachter. Zu einem Zeitpunkt, als nicht nur der KPD, sondern auch der SPD von seiten der Regierungsparteien unentwegt vorgeworfen wurde, durch ihre Oppositionspolitik den Machthabern in der »DDR« geradewegs in die Hände zu arbeiten, hielt sie es für opportun, ihre sozialistischen Forderungen lieber etwas abzuschwächen. Das einzige, was linken Außenseitern innerhalb der SPD wie Viktor Agartz, Leo Kofler, Wolfgang Abendroth, Willy Huhn oder Peter von Oertzen in einer solchen Situation übrig blieb, war das angestrengte Bemühen, wenigstens in Splittergruppen wie der ›Unabhängigen Arbeiter-Partei Deutschlands‹, der ›Internationalen Gesellschaft für sozialistische Studien‹, der ›Vereinigung unabhängiger Sozialisten‹ und dem ›Sozialistischen Bund‹ den Marxismus am Leben zu erhalten und in linksunabhängigen Blättern wie *Funken, Pro und Contra, Standpunkt* oder *Sozialistische Politik* zu publizieren. Doch die meisten dieser Bemühungen erwiesen sich als ineffektiv. In einer politischen Situation, in welcher der Antikommunismus die offizielle Grundlage aller staatlichen und gesellschaftlichen Rechtfertigungsstrategien bildete, man die KPD als Partei illegalisiert sowie die Linken aus der SPD und den Gewerkschaften entfernt hatte, war eine parteipolitische Arbeit in marxistischem Sinne – konkret gesehen – kaum noch möglich.
Und so blieben als drittes gesellschaftliches Potential einer möglichen Systemkritik nur die Linksintellektuellen übrig. Doch auch diese Schicht hatte durch die faschistische Vertreibungs- und Unterdrükkungspolitik eine Reihe ihrer wichtigsten Vertreter verloren. Zudem waren viele der Überlebenden, also antifaschistische Künstler und Wissenschaftler wie Bertolt Brecht, Johannes R. Becher, Arnold Zweig, Friedrich Wolf, Ludwig Renn, Anna Seghers, John Heartfield, Hanns Eisler, Ernst Busch, Jürgen Kuczynski, Werner Krauss, Ernst Bloch, Hans Mayer und Alfred Kantorowicz nach dem Kriege nicht in eine der drei Westzonen oder die spätere Bundesrepublik,

sondern in die sowjetische Besatzungszone oder die spätere DDR gegangen. Während also im Osten die führenden Positionen in Kultur und Wissenschaft weitgehend von den Verfolgten des Naziregimes übernommen wurden, setzten sich im Westen in ähnlich gearteten Positionen schon um 1949/50 die Vertreter der Inneren Emigration oder auch frühere Nazis durch. Ehemals linke Künstler oder Wissenschaftler, von denen es im Westen ohnehin weniger gab als im Osten, wurden darum diesseits der Elbe schnell verunsichert oder machten die ihnen unvermeidlich erscheinenden Kompromisse mit dem Status quo, zumal sie erleben mußten, daß die US-Amerikaner nach dem Ausbruch des Kalten Krieges linke Organisationen wie den ›Kulturbund zur demokratischen Erneuerung Deutschlands‹ sowie linke Blätter wie die Zeitschrift *Der Ruf* einfach verboten, ja die Bundesregierung nach 1949 im Bereich von Kultur und Wissenschaft eine noch unnachgiebigere Haltung gegen alles Linke an den Tag legte.

Doch nicht nur die Enttäuschung über die Entwicklung im eigenen Lande, auch die Enttäuschung über die Entwicklung in Ostdeutschland, wo es seit 1947/48 im Zuge des Kalten Krieges ebenfalls zu einer merklichen Verhärtung der politischen, ideologischen und kulturellen Fronten kam, trug zu einer weiteren Verunsicherung dieser Kreise bei. Schon die Blockade West-Berlins in den Jahren 1948 und 1949 wirkte sich auf das Bewußtsein vieler westdeutscher Linken geradezu verheerend aus. Ähnliche Schocks lösten die Unruhen vom 17. Juni 1953, der Ungarnaufstand von 1956, die in den folgenden Jahren rapide zunehmende ›Republikflucht‹ und schließlich 1961 der Berliner Mauerbau aus. Durch all diese Ereignisse, wie auch ihre publizistische Ausschlachtung, wurden selbst viele der alten Linken in der Bundesrepublik für eine antikommunistische oder zumindest antitotalitaristische Propaganda immer anfälliger und zogen sich – im Sinne einer ideologischen Askese, der eine große Enttäuschung zugrunde lag – mehr und mehr ins Private zurück. Kein Wunder, daß gerade das von Adorno bereitgestellte Denkmodell, nämlich nach den Erfahrungen des Faschismus und Stalinismus jeder mit einem Ganzheitsanspruch auftretenden Ideologie von vornherein skeptisch entgegenzutreten und nur noch der eigenen Erfahrung zu trauen, unter ihnen rege Zustimmung fand. Begriffe wie Staat, Gesellschaft, Kollektiv, Partei, Organisation, Programm, Solidarität, Disziplin oder Opferbereitschaft, die in der Vergangenheit nur allzuoft zu falschen Zielen mißbraucht worden seien, galten deshalb in diesen Schichten in steigendem Maße als ›negativ besetzt‹. Vor allem die Auseinandersetzung mit dem Totalitarismus, der im Rahmen des Adornoschen Denkens vornehmlich als Ausprägung eines anonymen autoritären Geistes hingestellt wurde, trug zu einer fortschreitenden Enthistorisierung der konkreten Geschichte und einem schwindenden Vertrauen in gesellschaftlich zu organisierende Gegenkräfte bei. Die ältere Klassenkampfperspektive, wie überhaupt das Gefühl für soziale und ökonomische Konflikte, verblaßte dadurch zusehends ins Unzeitgemäße. Wer also nach 1945 noch linke Positionen bezogen hatte, nahm sie spätestens um 1955 immer stärker zurück, wobei zwischen einem gewandelten Bewußtsein und der Angst vor Unterdrückung manchmal kaum zu unterscheiden ist.

Aufgrund dieser Entwicklung machte schließlich die Mehrheit der Intellektuellen in den fünfziger Jahren eine gute Miene zum unguten Spiel der Restauration – und schwieg. Viele hatten gar kein schlechtes Gewissen dabei. Eine solche Haltung, die auf jedes ideologische Telos verzichtet, erschien ihnen nach den Erfahrungen der letzten zwanzig Jahre geradezu ›natürlich‹. Da es ihnen auch ökonomisch recht akzeptabel ging, sahen sie immer weniger Anlässe zu einem kritischen Engagement, sondern begrüßten jede Möglichkeit der Entpolitisierung und bezogen weitgehend Haltungen des Ausweichens, des Absonderns, des Repräsentierens oder des bloßen Genießens. Falls sich hierbei dennoch ein schlechtes Gewissen einstellte, beriefen sie sich auf die These, daß der Geist gegen die Macht nun einmal keine Chance habe (und es die Unteren ohnehin nicht zu einer Veränderung der bestehenden Verhältnisse dränge). Die Vorstellung einer anderen, besseren Gesellschaft, welche die Vertreter der Neuordnungskonzepte nach 1945 gehabt hatten, verschwand somit zusehends hinter dem Horizont der gesellschaftlichen Erwartungen, ja wurde von vielen als demagogisch, ideologisch oder gar utopistisch abgelehnt.

Und doch gab es auch in diesen Schichten einige und schließlich immer mehr kritisch Gesinnte, die sich entweder gar nicht oder nur zum Teil in den Sog der allgemeinen Wirtschaftswundermentalität hineinziehen ließen, sondern einen skeptischen Außenseiterstandpunkt bezogen. Trotz des KPD-Verbots, trotz der Ausschaltung der Linken in der SPD, trotz der Zurücknahme der Neuordnungskonzepte und trotz der selbstgenügsamen Verkleinbürgerlichung der Arbeiterklasse sahen diese Kritisch-Gebliebenen ihrem Staat recht genau auf die Finger und beklagten den traurigen Verzicht auf alle politischen, gesellschaftlichen und kulturellen Alternativvorstellungen zugunsten eines blinden Konsumismus, der sich allein an der Eskalation der wirtschaftlichen Wachstumsrate berausche. Im Rahmen des erwähnten Meinungstests zu Anfang der sechziger Jahre, bei dem die westdeutsche Bevölkerung nach ihrer Zufriedenheit mit dem Adenauer-Staat befragt wurde, lagen darum die »Schreibtischberufe der Mittelschicht« mit einer Ja-Quote von nur 57 Prozent sehr weit unten. Wenn man innerhalb dieser Schicht lediglich die Nur-Intellektuellen befragt hätte, wäre diese Quote sicher noch niedriger ausgefallen. Schließlich galt in dieser Schicht, jedenfalls in ihren oberen Rängen, das kritische Element noch immer als ein unverzichtbares Berufsmerkmal. Ja, manche definierten den Intellektuellen geradezu als jenen, der eine eigene Meinung hat, sich hierdurch über die breite Masse der indirekt Manipulierten erhebt und somit zum kritischen Außenseiter wird.

Wenn die kritischen Intellektuellen der fünfziger Jahre ihren Standpunkt als ›links‹ bezeichneten, verstanden sie darunter vor allem ihre Opposition zum herrschenden Konsumismus. Da sie jedoch mit dieser Kritik nicht im Rahmen alternativ eingestellter Klassen oder Parteien auftraten und somit keine wahrhaft konkreten Gegenvorschläge anzubieten hatten, blieb ihr Widerspruch oft recht negativistisch. Aus diesem Grunde wirkten sie auf jene Gesellschaftsschichten, die ihre politischen und gesellschaftlichen Hoffnungen allein auf das ungehemmte industrielle Wachstum setzten, zwangsläufig als ›Oddballs‹. Während die anderen Bürger, ob nun die Manager, die Freiberuflichen, die Beamten oder Angestellten, lediglich den steigenden Wohlstand ins Auge faßten, erkannten die kritisch bis linksliberal eingestellten Intellektuellen – schon durch ihre berufliche Verstricktheit in den Sektor des Kulturellen – zugleich jene dirigistischen Einebnungs- und Manipulierungstendenzen, die im Zuge des Kalten Krieges und der forcierten Wirtschaftswundermentalität auch auf den Bereich des Geistigen überzugreifen begannen. Ja, diese Einsicht verlieh vielen überhaupt erst ihr politisches und menschliches Selbstbewußtsein. Die zur Negation tendierenden Intellektuellen empfanden darum die von Adenauer und Erhard tolerierten Monopolisierungsprozesse keineswegs als gesellschaftspolitische Notwendigkeiten. Und auch der diese ›Realpolitik‹ flankierende Antitotalitarismus, der dazu herhalten mußte, einen unnachsichtigen McCarthyismus zu rechtfertigen, erschien ihnen wesentlich fragwürdiger als jenen Gesellschaftsschichten, die sich unter geistiger Freiheit ohnehin nichts Rechtes vorstellen konnten. Demzufolge blieb der linke Flügel dieser Intellektuellen der Remilitarisierungspolitik, den Vorschlägen zur atomaren Bewaffnung der Bundeswehr und schließlich der geplanten Notstandsgesetzgebung äußerst kritisch gegenüber. Aus dem gleichen Grunde gehörten diese Gruppen nach 1960 zu den ersten, die nicht nur auf eine wesentlich konkretere Auseinandersetzung mit dem Faschismus drangen, sondern auch auf eine innere Wandlung der SPD unter Willy Brandt hofften und ihrem Bekenntnis zu dieser Partei anläßlich der Bundestagswahlen von 1961 den unmißverständlichen Titel *Die Alternative* gaben. Bei genauerem Zusehen finden sich also in diesem Zeitraum, der wegen der Dominanz der konservativen und rechtsliberalen Kräfte oft fälschlicherweise als die Zeit der ›unpolitischen fünfziger Jahre‹ hingestellt wird, doch wesentlich mehr Kritiker, als die systemverbundene Geschichtsschreibung gemeinhin zugibt.

Politische Aktivitäten

Was der CDU/CSU nach ihrem Regierungsantritt im September 1949 von linker Seite als erstes angekreidet wurde, war, daß bereits das Faktum der Gründung der Bundesrepublik zu einer Westintegrierung und damit vertieften Spaltung Deutschlands geführt habe. Oppositionsparteien wie die SPD und KPD ließen deshalb in den frühen fünfziger Jahren nicht davon ab, immer wieder die Frage einer möglichen Wiedervereinigung aufzuwerfen. Selbst Adenauer sah sich angesichts dieser Kritik schließlich gezwungen, sich öffentlich zu »unseren Brüdern und Schwestern in der Soffjetzone« zu bekennen.

Doch solchen Äußerungen glaubten die Linken nicht so recht, da sie wußten, daß Adenauer als katholischem Rheinländer der östliche Teil Deutschlands ohnehin ›halbasiatisch‹ vorkam und eine Wiedervereinigung – parteipolitisch gesehen – lediglich zu einer Stärkung der SPD geführt hätte. Die konservative Mehrheit der westdeutschen Bevölkerung teilte dagegen Adenauers Zurückhaltung in dieser Frage durchaus. Erstens hatte der Nationalismus nach dem faschistischen Debakel keine rechte Anziehungskraft mehr, und zweitens ging es dieser Mehrheit auch ohne die ostdeutsche Industrie von Jahr zu Jahr immer besser. Eine wirklich militante Kritik wäre also in diesem Punkt nur von rechts möglich gewesen. Und gerade dieses Lager hatte Adenauer in den frühen fünfziger Jahren voll und ganz hinter sich.

Als ebenso unwirksam erwies sich die Kritik an den neofaschistischen Aktivitäten innerhalb der neugegründeten Rechtsparteien, die ein linksliberaler Publizist wie Erich Kuby bereits 1950 vorbrachte. Das gleiche gilt für den Protest gegen den wachsenden Einfluß der »früheren Förderer des Dritten Reichs« in der »privaten Wirtschaft«, welchen der Deutsche Gewerkschaftsbund im gleichen Jahr anmeldete. Äußerungen dieser Art drangen nur in Ausnahmefällen in die Massenmedien und wurden deshalb kaum beachtet. Noch weniger Widerhall fanden jene Warnungen, mit denen die Linksliberalen der durch den Kalten Krieg ausgelösten antikommunistischen Propagandawelle entgegenzutreten suchten. So wurde etwa die in französischen und englischen Zeitungen weitverbreitete Erklärung Thomas Manns von 1950, daß die »liberale Demokratie« endlich zu einer »sozialen Demokratie« werden müsse, um auf diese Weise zu einem Abbau der weltweiten Spannungen zwischen den USA und der UdSSR beizutragen, von der westdeutschen Presse einfach totgeschwiegen und hätte selbst bei ihrem Bekanntwerden kaum erregte Diskussionen ausgelöst. Vor allem der Satz, daß der Westen lediglich versuche, den »Sozialismus niederzuhalten« und sich aus diesem Grunde sogar mit dem »Faschismus verbünde«, wäre damals bei den bereits antikommunistisch beeinflußten Massen sicher auf allgemeines Unverständnis gestoßen.

Anders stand es hingegen mit dem von Adenauer sofort nach seinem Regierungsantritt forcierten Plan einer Remilitarisierung Westdeutschlands im Rahmen der vieldiskutierten ›Europäischen Verteidigungsgemeinschaft‹ (EVG). In diesem Punkte waren die Befürchtungen weiter Kreise, daß es dadurch zu einem Dritten Weltkrieg kommen könnte, wesentlich konkreter. Der Gedanke der Wiederbewaffnung stieß deshalb sowohl bei den gewerkschaftlich und sozialdemokratisch organisierten Schichten als auch innerhalb religiöser oder intellektueller Kreise auf erbitterten Widerstand, ja war selbst in der CDU/CSU nicht besonders populär. Und so faßte Adenauer auf diesem Gebiet einen seiner bekannten ›einsamen Entschlüsse‹ und bot bereits am 17. August 1950 den westlichen Alliierten seine grundsätzliche Bereitschaft zur Remilitarisierung der Bundesrepublik an. Als das bekannt wurde, trat am 31. August Gustav Heinemann aus Protest gegen das autoritäre Verhalten des Kanzlers als Innenminister zurück und verlangte in der Frage der Remilitarisierung, bei der es um Wohl und Wehe der gesamten Nation gehe, eine allgemeine Volksbefragung. Am 17. September 1950 sprach sich auch Kurt Schumacher, der Vorsitzende der SPD, gegen die Adenauerschen Remilitarisierungspläne aus. Im folgenden Monat meldete Martin Niemöller in einem *Offenen Brief an den Bundeskanzler* seinen scharfen Protest gegen den Gedanken der Wiederbewaffnung an, dem sich viele Mitglieder der ›Bekennenden Kirche‹ anschlossen. Auch in weiten Schichten der westdeutschen Bevölkerung verbreitete sich in den gleichen Monaten eine steigende Unruhe, die sich in einer Fülle öffentlicher Demonstrationen entlud, deren ›Ohne-mich‹-Gesinnung vor allem von ehemaligen Soldaten und Jugendlichen unterstützt wurde.

Im Februar 1951 etablierte sich deshalb, unter aktiver Mitwirkung der Kommunisten, der ›Hauptausschuß für Volksbefragung gegen Remilitarisierung‹, der in fast allen westdeutschen Städten Meinungsbefragungen durchführen ließ. Auch an Einzelaktionen engagierter Künstler und Intellektueller gegen die geplante Wiederbewaffnung fehlte es in diesem Zeitraum keineswegs. So veranstalteten im März 1951 in München 30 Realisten, unter ihnen Otto Dix, Jörg Wiesbeck, Walter Schulz-Matan, Otto Pankok und Dorothea Meyer-Vax, eine Ausstellung unter dem Titel *Du sollst nicht töten.* Im gleichen Monat veröffentlichte Reinhold Schneider im Ostberliner *Aufbau* ein katholisch-pazifistisches Manifest gegen die Wiederbewaffnung in Ost und West und beteiligte sich zugleich höchst aktiv am ›Hauptausschuß für Volksbefragung gegen Remilitarisierung‹. Alle diese Aktionen wurden von Adenauer, der CDU/CSU-Presse und den offiziellen Würdenträgern der katholischen Kirche als politische Dummheit, Kommunistenfreundlichkeit, wenn nicht gar als Landesverrat angeprangert. Um dem Unmut des Volkes zuvorzu-

Erhard Heinke: *Bereit für den Frieden zu kämpfen* (1951)

kommen, von dem sich schon in den ersten vier bis fünf Wochen der Kampagne gegen die Wiederbewaffnung von 6267000 Befragten 5917000 gegen die geplante Remilitarisierung ausgesprochen hatten, erließ das Bonner Innenministerium am 24. April 1951 ein Verbot sämtlicher Volksbefragungsaktionen. Daraufhin gründeten Gustav Heinemann, Mitglieder der ›Bekennenden Kirche‹ und katholische Pazifisten wie Reinhold Schneider die ›Notgemeinschaft für den Frieden Europas‹. Der Pazifismus dieser Gruppe war so entschieden, daß nicht nur die CDU/CSU, sondern auch die SPD und FDP ihren Anhängern eine Mitgliedschaft in dieser Organisation verbot. Durch diese Drohungen wurde die ›Notgemeinschaft für den Frieden Europas‹ – wie auch Heinemanns spätere ›Gesamtdeutsche Volkspartei‹, die ähnliche Ziele vertrat – schon nach kurzer Zeit ins Cliquenhafte abgedrängt und löste sich wieder auf.

Doch der harte Kern dieser Widerständler ließ auch in den folgenden Jahren nicht davon ab, immer wieder in aller Offenheit auf die autoritären, spalterischen, ja aggressiven Tendenzen innerhalb des sogenannten ›CDU-Staats‹ hinzuweisen. Schon 1952 kam es zu mehreren Protestaktionen gegen den von Adenauer unterzeichneten ›Generalvertrag‹ mit den westlichen Alliierten, durch den die Bundesrepublik auch in ihrer Außen- und Wehrpolitik ein souveräner Staat wurde. In Hamburg demonstrierten etwa 150000 Menschen gegen diesen Vertrag. Auch in Essen fand eine große Protestversammlung statt, bei welcher der zweiundzwanzigjährige Philipp Müller von der Polizei erschossen wurde. Selbst Erich Ollenhauer, der nach dem Tode Schumachers den SPD-Vorsitz übernommen hatte, sprach sich – wenn auch recht gemäßigt – gegen den ›Generalvertrag‹ aus, durch den die Spaltung Deutschlands besiegelt werde. Doch trotz all dieser Aktionen setzte die CDU/CSU aufgrund der Mehrheitsverhältnisse im Bundestag sowohl die Ausführungsbestimmungen des Generalvertrags als auch die geplante Wiederbewaffnung durch und schuf damit Verhältnisse, die schlecht wieder rückgängig gemacht werden konnten. Außerdem gewann die CDU/CSU in diesen Jahren durch den enormen wirtschaftlichen Aufschwung immer mehr Anhänger, welche die Gründung eines separaten Weststaats und dann die Remilitarisierung zuerst als notwendiges Übel und dann immer stärker als lebensnotwendige Voraussetzung ihrer zunehmenden Saturiertheit

empfanden. Als daher der Bundestag am 18. März 1953 gegen die Stimmen der SPD und KPD den Vertrag über die Gründung der ›Europäischen Verteidigungsgemeinschaft‹ annahm, ja Adenauer im Herbst des gleichen Jahres bei den Bundestagswahlen den Vorsprung der CDU/CSU vor allen anderen Parteien wesentlich vergrößern konnte, sah es so aus, als ob der Widerstand gegen die Remilitarisierung allmählich nachlassen würde.
Jedenfalls hörten die Massendemonstrationen erst einmal für eine Weile auf. Das bedeutete jedoch nicht, daß es von nun ab keine Kritiker mehr gab. Selbstverständlich griff die KPD das Adenauer-Regime weiterhin als die »Herrschaft der deutschen Monopolherren und Großgrundbesitzer, der Revanche-Politiker und Militaristen« an, wie es in ihrem *Programm zur nationalen Wiedervereinigung Deutschlands* vom 2. November 1952 heißt. Auch Gustav Heinemann und seine ›Gesamtdeutsche Partei‹ gaben nicht einfach klein bei. So wandte sich Heinemann im Januar 1953 in der *Gesamtdeutschen Rundschau* erbittert gegen jene »bürgerlich-pharisäische Selbstgerechtfertigkeit«, die sich in der Bundesrepublik verbreite, und prangerte zugleich die immer deutlicher werdende »militärische Kriegsvorbereitung« an, die von einer »antisowjetischen Hetze« größten Ausmaßes begleitet sei. Ebensolche Äußerungen finden sich in den Publikationen des ›Fränkischen Kreises‹, der 1954 von Wissenschaftlern, Künstlern und Erziehern gegründet wurde und sich für eine kulturelle Annäherung von Ost und West, die volle diplomatische Anerkennung der DDR und eine friedliche Koexistenz von Kapitalismus und Kommunismus einsetzte – wofür er von der CDU/CSU selbstredend als »trojanisches Pferd« des Kommunismus verdächtigt wurde. Auch im ›Bund der Deutschen‹, der 1952 unter aktiver Mitwirkung des ehemaligen Reichskanzlers Joseph Wirth entstanden war, gab es damals viele bürgerliche Kritiker der Adenauerschen Remilitarisierungspolitik. Nicht minder entschieden traten einige der älteren liberalen Schriftsteller gegen den von der CDU/CSU eingeschlagenen Kurs auf. So schrieb etwa Erich Kästner 1954, daß die Außenpolitik der Adenauer-Regierung geradezu hybrid sei und daß diese Regierung jeden, der nicht mit ihr übereinstimme, einfach des »Landesverrats« beschuldige. Noch schärfer wandte sich Thomas Mann im Oktober 1954 in der Zeitschrift *L'Express* gegen jene

Hanns Kralik: *Der kalte Krieger* (1955)

Mächte in der »DBR«, wie er schrieb, die schon wieder eine rücksichtslose »Hochrüstung« in Gang setzten und damit eine Katastrophe heraufbeschwörten, welche »der Zivilisation den Rest geben könnte«.

Doch die Adenauer-Regierung ging über solche Proteste einfach hinweg. Sie forcierte jenen Weg, der dann zur Unterzeichnung der sogenannten ›Pariser Verträge‹ und zum Beitritt der Bundesrepublik in die NATO führte. Um ihr auf diesem Weg noch einmal entschieden entgegenzutreten, formierte sich Ende 1954 die sogenannte ›Paulskirchenbewegung für ein wiedervereinigtes Deutschland‹, die alle nichtkommunistischen Gegner der Wiederbewaffnung zusammenzufassen suchte. An der Spitze dieser Bewegung standen der Deutsche Gewerkschaftsbund, die SPD und eine Reihe bekannter linker und liberaler Intellektueller, zu denen unter anderem Max Bense, Margret Boveri, Walter Dirks, Albrecht Goes, Helmut Gollwitzer, Gustav Heinemann, Ernst Penzoldt und Alfred Weber gehörten. Ihre erste Großkundgebung, zu welcher Erich Ollenhauer, der DGB-Vorsitzende Walter Freitag, der Theologe Helmut Gollwitzer und der Soziologe Alfred Weber einluden, fand am 29. Januar 1955 vor der Frankfurter Paulskirche statt, auf der man ein *Deutsches Manifest* verabschiedete, das sich vor allem gegen die Spaltung und die Wiederbewaffnung Deutschlands wandte. Statt durch »die Ratifizierung der Pariser Verträge die Tür zu Viermächteverhandlungen über die Wiederherstellung der Einheit Deutschlands in Freiheit« endgültig zuzuschlagen, wurde in diesem *Manifest* die Bundesregierung aufgefordert, noch einmal eine neue Initiative im Hinblick auf ein wiedervereinigtes, blockfreies, friedfertiges Deutschland zu ergreifen. Auch Bertolt Brecht unterstützte dieses *Manifest* durch eine öffentliche Erklärung gegen die Pariser Verträge, die er an den Weltfriedensrat in Helsinki weiterleitete. Weitere Kundgebungen gegen die Ratifizierung der Pariser Verträge fanden im Januar 1955 in Bayern, Baden-Württemberg und im Ruhrgebiet statt. Doch alle diese Proteste waren letztlich zwecklos. Auch die ›Pariser Verträge‹ wurden am 27. Februar 1955 im Bundestag mit den vereinten Stimmen der CDU/CSU, FDP, DP und des BHE gebilligt. Darauf folgte am 9. Mai die feierliche Aufnahme der Bundesrepublik in die NATO.

Neue Konfrontationen zwischen der CDU/CSU und ihren Kritikern ergaben sich erst wieder 1956. Im Februar dieses Jahres gründete Hans Werner Richter, der frühere Mitherausgeber der Zeitschrift *Der Ruf* und der Mitbegründer der ›Gruppe 47‹, den sogenannten ›Grünwälder Kreis‹, um den Linken ein neues Forum zu geben. Diese Gruppe, zu der neben Richter vor allem die SPD-Politiker Hans-Jochen Vogel und Waldemar von Knoeringen, die Publizisten Erich Kuby und Gerhard Scszesny, der Verleger Kurt Desch und der Kabarettist Werner Finck gehörten, verstand sich in erster Linie als »Feuerwehr der Demokratie«, entwickelte also keine bestimmten Organisationsformen, sondern wollte sich lediglich auf einer Ad-hoc-Basis in die Politik einmischen. Ihre Hauptkritik wandte sich gegen die schleichende Refaschisierung, die mit der Wiederbewaffnung verbunden war. Auch die ›Gruppe 47‹ entfaltete im Jahr 1956 erstmals ähnliche Aktivitäten, wie etwa die Strafanzeige gegen die Verbreitung neofaschistischer Literatur durch den Druffel-Verlag, den Protest gegen das sogenannte ›Maulkorbgesetz‹ und die Beantragung einer Einstweiligen Verfügung gegen die *Soldatenzeitung.* Über das am 17. August ausgesprochene Verbot der KPD durch das Bundesverfassungsgericht wagte sich dagegen fast niemand zu äußern. Hier kamen die Protestnoten, darunter eine besonders scharfe von Ernst Bloch, fast ausschließlich aus der DDR.

Wohl die größte Kampagne, die in den fünfziger Jahren gegen die CDU-Regierung anlief, war die Anti-Atomtod-Kampagne. Sie wurde ausgelöst durch eine Pressekonferenz vom 5. April 1957, auf der Adenauer zum erstenmal öffentlich erklärte, daß er die Bundeswehr mit atomaren Waffen ausstatten wolle. Als sich die Reporter daraufhin bestürzt zeigten, versuchte er sie mit dem Satz zu beschwichtigen, daß die »taktischen Waffen« lediglich eine »Weiterentwicklung der Artillerie« darstellten. Die erste Reaktion auf diese Äußerung war jene berühmte *Erklärung der Göttinger Achtzehn* vom 12. April, welche unter anderem von Physikern wie Otto Hahn, Max Born, Werner Heisenberg, Max von Laue und Carl Friedrich von Weizsäcker unterzeichnet war und in der ein Verzicht auf jegliche Form von Atomwaffen gefordert wurde, deren katastrophale Konsequenzen heute noch gar nicht abzusehen seien. Diese Protestnote löste zwischen April und Juli 1957 eine kaum übersehbare Welle an Resolutionen und Beschwerdebriefen aus, unter anderem von Reinhold

Maier, dem Vorsitzenden der FDP, von Erich Ollenhauer im Namen der SPD, von Otto Brenner, dem Vorstand der IG Metall, von dem in aller Welt verehrten Tropenarzt Albert Schweitzer, von verschiedenen Frauenorganisationen, in denen Luise Rinser, Gertrud von Le Fort und Ina Seidel tätig waren, von Vertretern der protestantischen Kirche wie Martin Niemöller, Kurt Scharf, Heinrich Grüber, Karl Barth und Helmut Gollwitzer, von Linkskatholiken wie Eugen Kogon und Walter Dirks, von linksengagierten Professoren wie Renate Riemeck und Wolfgang Abendroth, vom ›Fränkischen Kreis‹, zu dessen Unterzeichnern Albrecht Goes, Hans Henny Jahnn, Wolfgang Koeppen und Ernst von Salomon gehörten, von Schriftstellern wie Heinrich Böll, Erich Kästner, Alfred Andersch, Leonhard Frank und Günter Weisenborn, von bildenden Künstlern wie Otto Dix, Otto Pankok, Willi Geiger und Ewald Mataré, von Komponisten wie Karl Amadeus Hartmann und Werner Egk sowie von weiteren 99 Wissenschaftlern und Künstlern, die einen *Offenen Brief an den Kanzler* publizierten. Außerdem stellte die SPD im Bundestag einen Antrag auf Verbot der Stationierung atomarer Waffen auf dem Gebiet der Bundesrepublik, der jedoch von den Regierungsparteien abgelehnt wurde. Anfang September sprach sich eine größere Gruppe von Schriftstellern, zu der Stefan Andres, Axel Eggebrecht, Hans Henny Jahnn, Ernst Kreuder, Paul Schallück und Wilhelm Lehmann gehörten, nochmals entschieden gegen eine atomare Bewaffnung der Bundeswehr aus. Doch Adenauer und Erhard rückten in diesem Herbst, in dem die dritte Wahl zum Bundestag ins Haus stand, allein das Faktum des wirtschaftlichen Aufschwungs und damit des steigenden Wohlstands breitester Bevölkerungskreise in den Vordergrund, wodurch die CDU/CSU auch diesmal aus dem Konkurrenzkampf mit der SPD als Sieger hervorging, ja mit 50,2 Prozent der Stimmen zum erstenmal die absolute Mehrheit im Bundestag errang.

Trotz dieser deprimierenden Niederlage gaben jedoch die Gegner der atomaren Bewaffnung der Bundeswehr nicht auf, sondern verstärkten ihre Aktivitäten sogar noch. Schon im Januar und Februar 1958 kam es zu neuen Protesten, an denen sich neben den bereits erwähnten Politikern, Wissenschaftlern, Theologen und Künstlern erstmals auch jüngere Schriftsteller wie Peter Rühmkorf und Hans Magnus Enzensberger beteiligten, die sich in Zeitschriften wie *Studenten-*

kurier, Konkret und *Blätter für deutsche und internationale Politik* gegen die aggressiven Remilitarisierungspläne der CDU/CSU aussprachen. Ihren ersten Höhepunkt erlebte diese neue Protestwelle am 10. März 1958, an dem der Arbeitsausschuß ›Kampf dem Atomtod‹ gegründet wurde, dem unter anderem Erich Ollenhauer, der DGB-Vorsitzende Willi Richter, der FDP-Politiker Thomas Dehler sowie die Theologen Martin Niemöller und Helmut Gollwitzer angehörten. Ollenhauer rief am gleichen Tag zu einer großangelegten Volksbewegung ›Gegen den Atomtod‹ auf, von der er sich eine breite Unterstützung erhoffte, da sich bei Meinungsbefragungen des Allensbacher Instituts 52 Prozent der westdeutschen Bevölkerung dafür ausgesprochen hatten, daß sie zur Verhinderung der atomaren Ausrüstung der Bundeswehr sogar den Generalstreik als letztes Kampfmittel befürworten würden, und sich zum gleichen Zeitpunkt auch auf internationaler Ebene eine Bewegung zur Abschaffung der Atomwaffen formierte, die in den USA vor allem von Linus Pauling und in England von Bertrand Russell unterstützt wurde. Darauf erschien am 14. März im *Vorwärts* eine scharfe Erklärung gegen die geplante atomare Bewaffnung der Bundeswehr, die neben den Unterschriften von Politikern, Wissenschaftlern und Theologen auch die Unterschriften von Schriftstellern wie Stefan Andres, Axel Eggebrecht und Heinrich Böll trug. Die erste Großveranstaltung des Aktionsausschusses ›Kampf dem Atomtod‹ fand am 23. März des gleichen Jahres vor der Frankfurter Paulskirche statt. Auf ihr bekannte man sich zu einem *Manifest,* das unter anderem von Erich Ollenhauer, Carlo Schmid, Willi Richter, Helmut Gollwitzer, Eugen Kogon, Walter Dirks, Alfred Weber, Erich Kästner, Hans Henny Jahnn und Heinrich Böll gezeichnet war und in dem es hieß: »Das deutsche Volk diesseits und jenseits der Zonengrenze ist im Falle eines Krieges zwischen Ost und West dem sicheren Atomtod ausgeliefert. Einen Schutz dagegen gibt es nicht. Beteiligung am atomaren Wettrüsten und die Bereitstellung deutschen Gebietes für die Abschußbasen von Atomwaffen können diese Bedrohung nur erhöhen. Ziel einer deutschen Politik muß deshalb die Entspannung zwischen Ost und West sein.«

Diese Aktivitäten fanden einen weiten Widerhall, obwohl die CDU/CSU und die DP am 25. März Adenauer im Bundestag noch einmal einen Blankoscheck zur atomaren Ausrüstung der Bundeswehr ausstellten. Beweis dafür sind die vielen ›Komitees gegen Atomrüstung‹, die in den folgenden Wochen mit Unterstützung der SPD und des DGB in fast allen westdeutschen Städten gegründet wurden und die eine erneute Protestwelle in Gang setzten. Die Arbeiter demonstrierten im Zuge dieser Kampagne vor allem in Kassel, Braunschweig, Wolfsburg, Hamburg, Bremen und Hannover, also Hochburgen der SPD, und legten zum Teil sogar vorübergehend die Arbeit nieder. Die SPD wandte sich vor allem am 1. Mai noch einmal an die westdeutsche Bevölkerung, für die Schaffung einer »atomwaffenfreien Zone« in Mitteleuropa einzutreten. Doch auch die Intellektuellen beteiligten sich an vielen dieser Demonstrationen, indem sie Petitionen verfaßten, Reden hielten oder Unterschriften sammelten. Unter den Schriftstellern waren dabei die engagiertesten wiederum Erich Kästner, Hans Magnus Enzensberger, Hans Henny Jahnn, Hans Werner Richter und Luise Rinser, obwohl in diesem Zusammenhang auch eine Fülle anderer Namen zu nennen wäre. So erschien etwa am 1. April in *Die Kultur* ein Aufruf gegen die Atombewaffnung der Bundeswehr, den fast alle Mitglieder der ›Gruppe 47‹ unterschrieben hatten. Höhepunkte dieser Aktivitäten bildeten Großveranstaltungen im Münchner Zirkus Krone mit Hans Werner Richter, Erich Kästner und Erika Runge sowie jene Massenkundgebung in Hamburg, auf der Hans Henny Jahnn vor etwa 150000 Menschen den geradezu apokalyptischen Charakter des atomaren Wettrüstens an die Wand malte. Bei den Feiern zum 1. Mai marschierten damals in München bei einem vom DGB veranstalteten Umzug Hans Werner Richter und Georg Leber an der Spitze von rund 80000 Arbeitern, die unter anderem Schilder wie »Generalstreik verhindert Atomaufrüstung« trugen.

Erst als die SPD und der DGB von solchen Aktionen im Laufe des Sommers 1958 allmählich Abstand nahmen, begann die als breite Volksbewegung gestartete Anti-Atomtod-Kampagne merklich abzuflauen. Dieser Stimmungswechsel machte sich auf seiten der SPD bereits auf jenem Parteitag bemerkbar, der vom 18. bis 23. Mai in Hannover stattfand und auf dem das Prinzip der Landesverteidigung erstmals eindeutig bejaht wurde. Noch vorsichtiger wurde die SPD, als das Bundesverfassungsgericht – auf einen Antrag der CDU/CSU hin – am 30. Juli 1958 die von ihr ursprünglich befürwortete Volksbefragung gegen die Atombewaffnung als verfassungswidrig erklärte. Daraufhin gab der SPD-Vorstand am 4. August zu wissen, daß er das Verbot über die Volksbefragung akzeptiere und in Zukunft weitere außerparlamentarische Aktionen ablehne. Von diesem Zeitpunkt an taktierte die SPD überhaupt wesentlich vorsichtiger, was in letzter Konsequenz dazu führte, daß sie sich im November 1959 in dem in Bad Godesberg verfaßten neuen Grundsatzprogramm ihren Anhängern als staatsverpflichtete Reformpartei vorstellte, die fest auf dem Boden der ›freiheitlich-demokratischen Grundordnung‹ stehe und sowohl die kapitalistische Marktwirtschaft als auch die Bundeswehr als gegebene Tatsachen anerkenne. So gesehen, war die Anti-Atomtod-Kampagne die letzte große Aktion der SPD als Oppositionspartei.

Die Linksintellektuellen ließen hingegen selbst nach dem Verbot der Volksbefragung durch das Bundesverfassungsgericht nicht davon ab, weiterhin ihren Widerspruch gegen die geplante atomare Bewaffnung der Bundeswehr anzumelden. Daher gab es auch im Herbst und Winter 1959 noch eine Reihe von Veranstaltungen des ›Komitees gegen Atomrüstung‹. Ja, im Januar 1959 fand in der Westberliner Freien Universität ein ›Studentenkongreß gegen Atomrüstung‹ statt, aus dem dann die von Wolfgang Fritz Haug herausgegebene Zeitschrift *Das Argument. Blätter der Westberliner Studentengruppe gegen Atomrüstung* hervorging. Zum 19. Januar 1959 lud das ›Komitee gegen Atomrüstung‹ noch einmal zu einer Großveranstaltung in die Frankfurter Paulskirche ein, bei der sich vor allem Hans Magnus Enzensberger, Ernst Kreuder und Günter Weisenborn hervortaten und auf der Hans Werner Richter zum Präsidenten der ›Europäischen Föderation gegen Atomrüstung‹ gewählt wurde.

Alle diese Aktionen wurden von der CDU/CSU selbstverständlich von vornherein als ›kommunistische Umtriebe‹ diffamiert. So erklärte etwa Bundesinnenminister Gerhard Schröder, der für den Verfassungsschutz verantwortlich zeichnete, damals angesichts der Anti-Atomtod-Kampagnen im Bundestag: »Meine Damen und Herren! Der Mob ist los in Deutschland! Die KPD kommt aus ihren Schlupflöchern gekrochen.« Um diesem ›staatsgefährlichen‹ Treiben Einhalt zu gebieten, gründete die CDU/CSU Anfang 1959 das Anti-Anti-

Atomtod-Komitee ›Rettet die Freiheit‹, welches am 20. Februar in Köln seine erste Großveranstaltung inszenierte und kurze Zeit später in München eine Art Rotbuch unter dem Titel *Verschwörung gegen die Freiheit. Die kommunistische Untergrundarbeit in der Bundesrepublik* herausgab, das die Namen von annähernd 500 westdeutschen Wissenschaftlern und Künstlern enthielt, die als Sympathisanten der Kommunisten hingestellt wurden.

Doch auch die SPD beobachtete seit dem Herbst 1958 solche Veranstaltungen mit wachsendem Mißtrauen und begann, sie im Sinne der CDU/CSU als ›verfassungswidrig‹ hinzustellen. Der harte Kern der Atomwaffengegner, der sich als systemkritische Fundamentalopposition verstand, geriet durch diese parteipolitischen Taktiken immer stärker in ein ideologisches und organisatorisches Niemandsland. Das zeigte sich schon 1959, aber noch mehr 1960, als die SPD den ersten Ostermarsch der Atomwaffengegner in Hamburg, der nach englischem Vorbild ablief und zu dessen Anführern Stefan Andres gehörte, als ›kommunistisch inspiriert‹ verdächtigte. Im gleichen Jahr begann die SPD, sich auch von einigen ihr zu radikalen Mitarbeitern der Zeitschrift *Konkret* abzusetzen und legte im Oktober auf ihrem Parteitag in Hannover, auf dem sie zwar weiterhin vor dem Einsatz von Atomwaffen warnte, ein offenes Bekenntnis zur allgemeinen Wehrpflicht und zur Stärkung der NATO ab. Ja, im folgenden Jahr erklärte der SPD-Parteivorstand am 20. Juli, daß eine Mitgliedschaft im ›Sozialistischen deutschen Studentenbund‹ (SDS) mit einer Mitgliedschaft in der SPD unvereinbar sei und schloß jene Universitätslehrer, die sich wie Wolfgang Abendroth und Ossip K. Flechtheim mit dem SDS solidarisierten, kurzerhand aus der Partei aus. Hierdurch wurde die geistige Linke zusehends heimatloser. Um nicht ganz ins Außerparlamentarische abgeschoben zu werden, schloß sich schließlich eine Reihe alter Atomwaffengegner am 17. Dezember 1960 zu einer neuen Bewegung zusammen, die sich ›Deutsche Friedens-Union‹ (DFU) nannte und bald darauf als regelrechte Partei etablierte.

Aufgrund dieser Situation wußten viele Linke außerhalb der SPD, als 1961 die Kampagnen für die Bundestagswahl anliefen, weder aus noch ein. Die KPD existierte nicht mehr und hätte auch nicht genug Stimmen erhalten, um es in den Bundestag zu schaffen. Auch der

DFU trauten die meisten Vertreter dieser Richtung nicht zu, mehr als fünf Prozent der Stimmen auf sich vereinigen zu können. Manche dieser Gruppen gingen deshalb ein Zweckbündnis mit der SPD ein, deren Auftreten ihnen wesentlich ›demokratischer‹ erschien als das bewußt autoritäre Gehabe der CDU/CSU. Das geht vor allem aus dem von Martin Walser bei Rowohlt herausgegebenen Sammelband *Die Alternative oder Brauchen wir eine neue Regierung* hervor, in dem sich unter anderem Carl Amery, Axel Eggebrecht, Peter Rühmkorf, Paul Schallück, Hans Magnus Enzensberger, Wolfdietrich Schnurre, Günter Grass, Heinz von Cramer, Hans Werner Richter, Siegfried Lenz und Erich Kuby gegen die CDU/CSU und für die SPD aussprachen, die 1961 zum erstenmal mit Willy Brandt als ihrem Kanzlerkandidaten in den Wahlkampf zog. Kein Zweifel, das ›Ja‹ zur SPD wirkt bei vielen Autoren dieses Bandes nicht besonders enthusiastisch. Selbst Günter Grass sah hier in der »rührend ungeschickten, der lauen, braven, muffigen SPD, der Tante SPD« noch lediglich das kleinere von zwei Übeln. Allzuviel dürfte dieses Büchlein, obwohl von ihm 70000 Exemplare verkauft werden konnten, nicht geholfen haben. Aber immerhin: die CDU/CSU verlor bei diesen Wahlen ihre absolute Mehrheit, während SPD und FDP drei beziehungsweise fünf Prozent hinzugewannen. Die DP und DFU blieben dagegen beide unter den erforderlichen fünf Prozent.
Die Fernwirkung dieses Büchleins war jedoch beträchtlich. Es markierte den Auftakt zu einer politisch-oppositionellen Publizistik, die es in dieser Form in den fünfziger Jahren kaum gegeben hatte, das heißt löste vielen Schriftstellern und anderen Intellektuellen die Zunge, sich über das Problem der Remilitarisierung hinaus endlich auch über andere politische Fragen offen auszusprechen. Und zu diesen Fragen gehörten vor allem die faschistische Vergangenheit, die 1961 durch den Eichmann-Prozeß in Jerusalem erneut ins allgemeine Bewußtsein trat, aber auch die pharisäische Selbstgerechtigkeit der führenden Wirtschaftswunderkreise, der autoritäre Regierungsstil des Kanzlers sowie die ideologische Verteufelung des Kommunismus. Statt sich weiterhin damit zu begnügen, lediglich auf die Antitotalitarismustheorie zu schwören und damit die Widersprüche im eigenen Lager einfach unter den Teppich zu kehren, wollten die kritischen Intellektuellen auch in solchen Fragen wieder ihre eigene, un-

abhängige Meinung vertreten und wehrten sich energisch gegen alle Verdächtigungen, hierdurch lediglich dem Kommunismus unter die Arme zu greifen. Sie hatten das Gefühl, daß die Kategorien ›Ost‹ und ›West‹, die sich während des Kalten Krieges geradezu versteinert hatten, angesichts der langen Alleinherrschaft der CDU/CSU allmählich zu Anachronismen wurden, und wandten sich deshalb immer konkreter den Problemen ihres eigenen Landes zu. Während die führenden CDU/CSU-Kreise damals nur die wirtschaftliche Expansionsrate im Auge hatten und alles daran setzten, diese durch eine immer größere Bedürfniserweckung ins Maßlose anzukurbeln, versuchten die Kritiker der CDU/CSU nach 1960 den Blick wieder auf die Neuordnungskonzepte der unmittelbaren Nachkriegszeit zurückzulenken. Dafür spricht etwa das Vorwort, das Hans Werner Richter 1962 zu einer Neuausgabe der Zeitschrift *Der Ruf* (1945–1947) verfaßte. Aber auch andere Schriftsteller, Publizisten und Wissenschaftler wie Erich Kuby, Rudolf Augstein, Robert Neumann, Hans Magnus Enzensberger, Robert Jungk, Günther Anders, Heinrich Böll, Ossip K. Flechtheim, Wolfgang Fritz Haug und Friedrich Tomberg ließen damals nicht nach, in Blättern wie *Spiegel, Konkret, Argument* und *Pardon* auf die offensichtlichen Mängel des CDU/CSU-Regimes hinzuweisen und sich dagegen zu wehren, einer ständigen Bespitzelung und Verteufelung von seiten der offiziellen oder selbsterklärten Ordnungshüter ausgesetzt zu sein.
Seinen ersten Höhepunkt erlebte dieses neue politische Selbstbewußtsein während jener Affäre, die am 26. Oktober 1962 durch eine nächtliche Besetzung und Durchsuchung der Büroräume des *Spiegels* und zugleich Verhaftung ihrer führenden Redakteure ausgelöst wurde. Hinter diesen Aktionen stand eindeutig der damalige Verteidigungsminister Franz Josef Strauß, der sich des Vorwands des ›Hochverrats‹ bediente, um auf diese Weise den Kritikern der CDU/CSU mit massiver Gewalt entgegenzutreten. Allerdings hatte er dabei die Gegenkräfte unterschätzt. In diesem Fall, mit dem nach Befragungen der Allensbacher etwa 90 Prozent der westdeutschen Bevölkerung vertraut waren, hagelte es nur so von Protesten. Sogar die eher zurückhaltende ›Gruppe 47‹ gab am 29. Oktober eine öffentliche *Erklärung zur Spiegel-Affäre* ab, in der sie sich gegen die Verhaftung Augsteins wandte und den Rücktritt von Strauß forderte. Diese Kri-

tik nahm schließlich solche Ausmaße an, daß im November alle FDP-Minister in Adenauers Kabinett zurücktraten und Strauß gegen Ende des Monats, nachdem alle Beschwichtigungsmanöver gescheitert waren, als Verteidigungsminister entlassen wurde.

Wohl das beste Bild des steigenden Widerspruchsgeistes innerhalb der Intellektuellenkreise sind jene publizistischen Einzel- und Sammelbände, die zwischen 1961 und 1965 erschienen und sich allgemein zur Lage der Bundesrepublik äußerten. Den Auftakt dazu bildete der 1961 von Wolfgang Weyrauch herausgegebene Sammelband *Ich lebe in der Bundesrepublik,* in dem von den Schriftstellern vor allem Wolfdietrich Schnurre, Hans Magnus Enzensberger, Paul Schallück, Wolfgang Koeppen, Marie Luise Kaschnitz, Walter Jens, Martin Walser, Ernst Kreuder und Hans Werner Richter vertreten sind. Richter, noch immer einer der Aktivsten der gesamten Gruppe, verglich hier die beiden deutschen Staaten und konstatierte dabei auf seiten der Negativbilanz der Bundesrepublik vor allem drei Minuspunkte: die »Wiederkehr der Nationalsozialisten, die Entwicklungstendenz zur Diktatur und die übersteigerte Remilitarisierung plus atomarer Bewaffnung«. Außerdem beklagte er, daß in der Bundesrepublik noch immer ein »reaktionäres, veraltetes und völlig überholtes Lehrsystem« existiere und so eine Jugend heranwachse, die weder eine »Kenntnis des Marxismus« noch eine Kenntnis der jüngsten »deutschen politischen Vergangenheit« habe. In einem System, das hauptsächlich auf konsumanheizenden Verheißungen basiere, heißt es bei ihm, werde heute eine Generation groß, die nur aufs »Sensationslüsterne« aus sei, während sie das Politische weitgehend denen ›da oben‹ überlasse. Im Jahr 1962 folgte auf dieses Buch die politische Streitschrift *Wider die deutschen Tabus* von Gerhard Zwerenz sowie der von Richter herausgegebene Sammelband *Bestandsaufnahme. Eine deutsche Bilanz,* dessen Hauptbeiträger unter den Schriftstellern wiederum Heinrich Böll, Carl Amery, Erich Kuby, Paul Schallück und Hans Magnus Enzensberger waren. Als besonders auffallende Themen stechen in diesem Band die Bemerkungen zur Lage der Juden im Nachkriegsdeutschland, die Angriffe auf den offiziellen Katholizismus und die Kritik an der Manipulation in den Massenmedien ins Auge. Im Nachwort Richters wird vor allem bedauert, daß die »sozialistischen Ideen« in der Bundesrepublik noch immer von

vielen »Tabus« umstellt seien und deshalb alle planenden, utopischen Vorstellungen zugunsten einer Status-quo-Gesinnung verschwunden seien, die immer stärker ins Eindimensionale verflache. »Überall fehlt es an Konzeption«, lautete hier Richters Summe. Was statt dessen herrsche, sei die »Angepaßtheit an die Angepaßtheit«.
Aufgrund solcher Publikationen behauptete Hermann Dufhues, der CDU-Innenminister von Nordrhein-Westfalen, am 19. Januar 1963 vor Journalisten in Hannover, daß sich die ›Gruppe 47‹ immer stärker zur »geheimen Reichsschrifttumskammer« der Bundesrepublik entwickle, und vertrat den Standpunkt, daß Kunst Kunst sei und nicht ins »Politische« ausgreifen solle. Richter und 11 weitere Autoren der ›Gruppe 47‹ reichten daraufhin in West-Berlin eine Zivilklage gegen Dufhues ein. Doch auch andere Autoren traten von diesem Zeitpunkt ab dem politischen Alleinvertretungsanspruch der CDU/CSU immer kritischer entgegen. Man denke an das höchst polemisch angelegte Buch *Franz Josef Strauß,* das Erich Kuby 1963 publizierte, sowie jenen von Horst Krüger im gleichen Jahr herausgegebenen Sammelband, der den provozierenden Titel *Was ist heute links? Thesen und Theorien zu einer politischen Situation* trägt und an dem sich vor allem Wolfgang Abendroth, Heinrich Böll, Gerhard Zwerenz, Hans Werner Richter und Reinhard Baumgart beteiligten. Während Abendroth auf einer Position links der SPD bestand und auch Böll der SPD vorwarf, seit ihrem Godesberger Grundsatzprogramm alle wahrhaft linken Traditionen über Bord geworfen zu haben oder mit Totschweigen zu übergehen, drangen andere Autoren dieses Bandes, darunter auch Richter, mit aller Entschiedenheit darauf, die Position einer ›heimatlosen Linken‹, das heißt den Status bloßer ›Neinsager‹ endlich aufzugeben und sich zu einem konkreten Engagement für die Sozialdemokratie – als der einzig realen Alternative zur CDU/CSU-Herrschaft – durchzuringen.
Dieser Trend hielt auch in den nächsten beiden Jahren an und führte schließlich dazu, daß sich viele der kritischen Intellektuellen im Wahlkampfjahr 1965 auf seiten der SPD engagierten. Das belegt wohl am besten jener von Hans Werner Richter im Mai dieses Jahres herausgegebene Sammelband *Plädoyer für eine neue Regierung oder Keine Alternative,* in dem sich Autoren wie Helmut Heißenbüttel, Hans Werner Richter, Günter Grass, Dieter Wellershoff, Peter

Rühmkorf, Walter Jens, Axel Eggebrecht, Siegfried Lenz, Paul Schallück, Rolf Hochhuth, Hubert Fichte, Jürgen Becker, Reinhard Lettau, Erich Fried, Peter Weiss, Peter Härtling, Christa Reinig und Carl Amery in zum Teil recht enthusiastischen Tönen zur SPD bekannten. Die meisten gingen dabei nicht auf irgendwelche ideologischen Grundsatzfragen ein, sondern stellten ihnen genehme SPD-Politiker wie Willy Brandt, Carlo Schmid, Gustav Heinemann, Karl Schiller, Fritz Erler, Helmut Schmidt, Herbert Wehner und andere in liebevoll gezeichneten Kurzporträts vor. Obendrein engagierten sich viele dieser Autoren im Rahmen eines ›Wahlkontors‹ bis in die letzten Tage vor der Wahl für die SPD, indem sie Reden hielten oder bei Aufrufen Formulierungshilfe leisteten. Wenn auch die SPD bei dieser Wahl noch einmal der CDU/CSU unterlag, die diesmal unter Ludwig Erhard in den Wahlkampf zog, so waren doch diese Aktivitäten Symptome jener Entwicklung, die im Jahre 1966 zur Großen Koalition von SPD und CDU/CSU und schließlich 1969 zur Koalition von SPD und FPD und damit zum Regierungsantritt einer sozial-liberalen Koalition führten.

Zur Kritik an der Kultur der Herrschenden

In ihren politischen, gesellschaftlichen und volkswirtschaftlichen Vorstellungen waren sich die SPD, der DGB und die Vertreter der ›geistigen Linken‹ in den fünfziger Jahren relativ einig. In ihren kulturellen Ansichten divergierten sie dagegen sehr. Da sowohl die SPD als auch die Gewerkschaften eine eigenständige Kulturpolitik ablehnten, um nicht in den Verdacht des ›Totalitären‹ zu geraten, mußten die kritischen Intellektuellen auf diesem Sektor zwangsläufig eigene Initiativen entwickeln. Den meisten schwebte hierbei das Leitbild jener räsonierenden Kulturkritik vor, wie sie sich zwischen dem 18. Jahrhundert und der Weimarer Republik entwickelt habe und die jetzt – im Zeichen einer durch nichts gehemmten demokratischen Freiheit – endlich ihre Erfüllung finden sollte. Kurzum, sie drangen auf kulturelle Institutionen, die im Rahmen einer wohlfunktionierenden Öffentlichkeit allen Bundesbürgern und -bürgerinnen die Chance geben würden, sich über sich selbst aufzuklären und damit einen höheren Bewußtseinsstand zu erreichen.

Womit sich diese Kritiker statt dessen konfrontiert sahen, war eine weitgehend kommerzialisierte Kulturindustrie, bei der weniger die kritisch-aufklärerischen Funktionen von Kunst als die höchstmögliche Profitmaximierung und zugleich dirigistische Tendenz zur ideologischen Manipulation im Vordergrund standen. Die Hauptschuld an dieser allgemeinen Depravierung der Kunst dem Kapitalismus zu geben, empfanden viele dieser Linksliberalen, zumal auch innerhalb der SPD und des DGB die antikapitalistische Kritik merklich zurücktrat, als oberflächlich oder zumindest nicht mehr zeitgemäß. Aus diesem Grunde konzentrierte sich ihre Kritik an der herrschenden Kulturindustrie, die auf der einen Seite eine triviale U-Kultur für die Massen, auf der anderen eine konservative oder modernistische E-Kultur für die Gebildeten produziere, mehr und mehr auf die manipulativen oder dirigistischen Tendenzen innerhalb der verschiedenen Branchen dieser Industrie. Zu Anfang, als noch der scharfe Wind des Kalten Krieges wehte, griff man vor allem die Zensur, also die direkte Lenkung an. Später, als sich die Erhardsche Linie des neuen Konsumverhaltens durchsetzte, wandte sich die Kritik vornehmlich gegen jene indirekte Lenkung, die mit dem Primat von Angebot und Nachfrage verbunden war. Wie kann da noch ›Kultur‹ sein, hieß es jetzt, wo die Entfremdung ins Konsumistische immer stärker werde, die Menschen alle höheren Ideale verlören und auch die Kunst zu einem lediglich unterhaltenden oder aparten Konsumgut werde? Statt der Kunst entweder eine kritische oder eine utopische, das heißt eine die Gesamtgesellschaft bewegende Funktion zu geben, erklärten diese Kritiker, verbreite sich heute die Tendenz, selbst Kunsterzeugnisse – ob nun in ihren hohen, mittleren oder niederen Formen – zu folgenlosen Konsumprodukten zu degradieren, die man nur noch als oberflächliche Sehreize, dudelnde Hintergrundsgeräusche oder flüchtige Leseeindrücke wahrnehme.

Die ersten Kritiker, die so argumentierten, waren jene, die im Sinne Theodor W. Adornos der herrschenden Kulturindustrie das Leitbild des kritisch räsonierenden, bürgerlichen Intellektuellen entgegenstellten, der seine Mitbürger zu einer vertiefteren Auseinandersetzung mit ›Kunst‹ zu bewegen sucht. So schrieb Jürgen Habermas in seinen *Notizen zum Mißverhältnis von Kultur und Kunst,* die 1955 im *Merkur* erschienen, daß sich heute eine allgemeine »Subsumption der Kultur unter die Komfortgüter« und damit ein Sieg des Konsums über die Kultur beobachten lasse. Während der Kulturmensch noch »bewegt« werden wollte, lesen wir hier, verharre der »Konsument«, selbst wenn er in Kontakt mit Kunst gerate, völlig bewegungslos. Der Konsument kenne nichts anderes als »produzierte Konsumgüter in Form von Waren«, heißt es weiter, die im Gegensatz zu »Kulturgütern« weitgehend beliebig hergestellt würden. Jene Kunst, die eine echte Auseinandersetzung erfordere, spiele daher neben dem folgenlosen »Tun«, den Sport und Tourismus böten, eine immer kleinere Rolle. Überhaupt degeneriere so die frühere »Muße« mehr und mehr zur sogenannten »Freizeit«, in der man zwar »etwas haben« wolle, wie Habermas beteuerte, aber nichts mehr »aufs Spiel« setze und deshalb den »ungefährlichen Konsum« der oftmals verwirrenden Begegnung mit echter Kunst vorziehe.

Eine solche Haltung des Bedauerns, die weitgehend in einem moralischen Appell steckenblieb, war jedoch den engagierteren Kritikern der herrschenden E- und U-Verhältnisse nicht konkret genug. Sie zogen auch die politischen, gesellschaftlichen und ökonomischen Voraussetzungen des kulturellen Verhaltens in ihre Überlegungen ein und wiesen darauf hin, daß die hohe Kultur schon immer auf eine äußerst dünne Oberschicht beschränkt gewesen sei und noch heute unter der Fünf-Prozent-Grenze liege. Diese Kritiker bedauerten weniger die arme, kulturell verstörte Bourgeoisie als jene breiten Massen, denen der Zugang zu den meisten Formen höherer Kultur sowohl durch ihre mangelnden Bildungsvoraussetzungen als auch durch ihre enervierende, gratifikationslose Arbeit versperrt sei. Die unteren Schichten, schrieben sie, speise man in ihrer Freizeit fast ausschließlich mit den Produkten jener Kulturindustrie ab, die ihnen zwar eine gewisse Zerstreuung und Unterhaltung gewährten, sie jedoch zugleich – ob nun direkt oder indirekt – immer weiter in eine kulturelle und damit politische Unmündigkeit hineinmanövrierten. Die auch die breiten Massen ins Auge fassenden Kritiker wiesen also darauf hin, daß es für diese Schichten der Bevölkerung – nach der Zerschlagung der älteren Volkskultur – unter den gegebenen Verhältnissen geradezu unmöglich geworden sei, sich die höhere Kultur anzueignen. Und so sei eine schreckliche Antinomie entstanden. Was sich als höhere Kultur ausgebe, sei lediglich eine Schwundform der älteren E-Kultur. Was dagegen als Massenkultur angeboten werde, repräsentiere diese Massen überhaupt nicht, sondern verdumme sie nur, indem es sie immer stärker homogenisiere, manipuliere, standardisiere und somit zu einer einheitlichen Konsumschicht zusammenschweiße, die stets das gleiche wolle. Das Ergebnis dieser Entwicklung sei eine kapitalistische oder auch amerikanistische Vergesellschaftung von Kultur, die im Rahmen der allgemeinen »Waren-Ästhetik«, wie Wolfgang Fritz Haug in den frühen sechziger Jahren in *Argument* schrieb, alles den Gesetzen einer »manipulativen Reklame« unterwerfe und somit auch die Kunst ins Warenhafte fetischisiere.

Zu den besten Beispielen dieser Form der Kritik gehört der Aufsatz *Maschinelle Infantilisierung,* den Günther Anders 1961 im *Merkur* publizierte. Anders geht hier von der These aus, daß das Grundproblem der sogenannten Massenmedien nicht die Masse, sondern die technische Reproduzierbarkeit sei. Durch diesen Wandel im Technischen, behauptete er, sei es für die Herrschenden möglich geworden, auf dem Weg über die Reklame, über Plakate, Fotos, Filme, Fernsehsendungen, Bildzeitungen und Illustrierten die gesamte Welt in eine »Bilderwand« zu transferieren, die man zwar konsumiere, aber mit der man sich innerlich nicht mehr auseinandersetze. Die Hauptform des Kulturkonsums bestehe heute in einer geradezu gigantischen Bilderfresserei, während das Lesen nur noch eine sekundäre Bedeutung habe. Indem die Wirklichkeit zusehends zum Abbild ihrer Abbilder werde, heißt es in diesem Essay, seien viele gar nicht mehr fähig, zwischen Realität und Schein einen klaren Trennungsstrich zu ziehen. Immer mehr Menschen, erklärte Anders, würden auf diese Weise »passivisiert«, »maschinell infantilisiert«, »hörig« gemacht und somit »vermasst«. Kein Wunder daher, daß Hans Magnus Enzensberger 1960 in seinem Essay *Das Plebiszit der Verbraucher* als das repräsentativste Buch der Bundesrepublik den reich bebilderten Verkaufskatalog des Versandhauses Neckermann bezeichnete, in dem Romane wie *Ben Hur, Soll und Haben* und *Quo vadis* sowie Schallplatten mit dem *Largo* Händels und der *Träumerei* Schumanns den gleichen Stellenwert wie Büstenhalter, Taschenlampen, Kaiserin-Soraya-Parfüms oder Singles mit *O sole mio* hätten. Mit einem solchen Konsumangebot, wie es heißt, stelle sich die Kulturindustrie

– im Rahmen der allgemeinen Reklamewelt und Warenästhetik – endlich in unverblümter Nacktheit bloß.
Für dieses Phänomen prägte der gleiche Enzensberger 1962 – im Gefolge Adornos – den Begriff »Bewußtseins-Industrie«, wie einer seiner Essays in dem Band *Einzelheiten* heißt, um damit klarzustellen, daß es bei diesem Prozeß nicht nur um eine Depravierung der älteren Kunst ins Kommerzielle, sondern zugleich um einen ideologischen Manipulationsprozeß größten Ausmaßes gehe, der zu einer Affirmation und Legitimierung des gesellschaftlichen Ganzen tendiere. Die Bewußtseins-Industrie, schrieb Enzensberger, habe es nicht mit jenen kulturellen Extras zu tun, auf die man notfalls auch verzichten könne, sondern sei durch die steigende Bedeutung der Massenmedien und der Reklame zur eigentlichen »Schlüsselindustrie« aller modernen Industriestaaten geworden. Statt also lediglich die zunehmende Kommerzialisierung, das heißt das Absinken der Kunst ins Warenhafte zu beklagen, müsse man endlich erkennen, erklärte er, daß es innerhalb dieser »Bewußtseins-Industrie« vor allem um die Verbreitung von »Meinungen, Urteilen, Vorurteilen« und »Bewußtseins-Inhalten« gehe, welche die bestehenden Herrschaftsverhältnisse »verewigen« sollten. Mächtig seien heute nicht nur jene, die über »Kapital, Fabriken und Waffen« verfügten, wie es in *Einzelheiten* heißt, sondern auch jene, welche das »Bewußtsein der anderen« kontrollierten. Das Ergebnis dieser Entwicklung sei, daß es den Herrschenden durch die »Elimination von Alternativen im industriellen Maßstab«, ob nun durch »ökonomischen Druck« von oben oder durch »Verbot, Zensur und Staatsmonopol der Bewußtseinsindustrien« im Laufe der fünfziger Jahre gelungen sei, zwar nicht die »Ausbeutung« selber, aber doch das »Bewußtsein der Ausbeutung« abzuschaffen. »Daß dieser Zustand von der Majorität hingenommen und freiwillig ertragen wird«, schrieb Enzensberger höchst treffend, »ist heute die wichtigste Leistung der Bewußtseins-Industrie.« Als guter kritischer Intellektueller forderte er demzufolge die anderen Intellektuellen auf, nicht in ihrer Kritik an den herrschenden Massenmedien nachzulassen, ja zu versuchen, sich selber in diesen Bereich einzumischen, um nicht in die Position der absoluten Marginalisierung zu geraten.
Diese Kritik übte Enzensberger fast an allen Massenmedien, wobei

ihm leider nur wenige folgten. Die meisten Linksliberalen attackierten damals noch ihre bürgerlichen Kollegen im konservativen oder modernistischen Lager. Wenn sie sich überhaupt gegen die Massenmedien wandten, dann gegen die manipulierenden Tendenzen innerhalb des Pressewesens, mit denen sie selbst am unmittelbarsten in Berührung kamen. So griff Erich Kuby in seinem Essay *Die Massenmedien der Meinungsmache,* der 1962 in dem von Hans Werner Richter herausgegebenen Sammelband *Bestandsaufnahme* erschien, die Presse dafür an, daß sie die Massen nicht aufkläre, sondern – im Gegenteil – bewußtlos mache. »Sie verbreitet und festigt die Ideologie«, lesen wir hier, »sie hilft mit, die Gesellschaft zu organisieren, sie gehört zu den Instrumenten der Machtausübung«, indem sie zugunsten des herrschenden Establishments alles ins Tendenziöse »verzerrt«. Durch ihre Abhängigkeit von der Werbung diene die Presse nicht mehr der Mehrheit des Volkes, sondern sei lediglich ein Vehikel, wie noch radikalere Kritiker erklärten, mit dem »100 reiche Leute« ihre Ansichten verbreiten ließen. Ja, selbst das Marxsche Diktum »Die Freiheit der Presse wäre ihre Aufhebung als Ware« machte unter diesen Kritikern bereits die Runde.

Die Hauptkritik dieser Kreise richtete sich gegen die Springer-Presse, vor allem gegen die seit 1952 erscheinende *BILD-Zeitung,* bei der die Tendenz zum Unterhaltenden, Spannenden, Sensationalistischen mit unleugbaren Manipulierungsversuchen verbunden werde. Aber auch konfessionelle Zeitungen wie der *Rheinische Merkur* und der *Bayernkurier* sowie rechtsradikale Blätter wie *Der Reichsruf* und die *Soldatenzeitung* wurden in den Jahren nach 1960 erstmals in aller Offenheit angegriffen. Selbst eine so ›gediegene‹ Zeitung wie die *Frankfurter Allgemeine* mußte damals als Organ des Establishments einige Federn lassen. So verglich etwa Enzensberger in seinem Essay *Journalismus als Eiertanz* dieses Blatt mit anderen »bürgerlichen Zeitungen von Weltgeltung« wie der *Neuen Zürcher Zeitung,* der *New York Times* oder *Le Monde* und fand, daß die *Frankfurter Allgemeine* fast überhaupt keine objektiven Fakten enthalte, da sie nirgends sauber zwischen Meldung und Kommentar unterscheide und deshalb für einen »kritischen Leser« nur einen höchst geringen Informationswert habe. Was in ihr vorherrsche, sei eine »Technik der unablässigen Wiederholung politischer Parolen«, die Enzensberger fast an die Formen »totalitärer Propaganda« erinnerte. Sogar der *Spiegel,* eins der wenigen kritischen Wochenblätter der fünfziger Jahre, erschien den engagierteren Kritikern zu diesem Zeitpunkt nicht mehr aufsässig genug. Auch er tendiere zu stark ins Sensationalistische, schrieben damals Kuby und Enzensberger, das heißt beschränke sich auf das Aufdecken menschlicher Schwächen und Unzulänglichkeiten, statt das korrupte System dahinter anzugreifen. Überhaupt zeige der *Spiegel* bloß die Kehrseite der Medaille, ohne zugleich eine positive Alternative aufleuchten zu lassen. Kurz: er biete zwar Kritik, aber Pseudokritik, die nicht hinter die Oberfläche dringe.

Verglichen mit der Kritik an der Presse wirkt die Kritik an anderen Formen der Massenmedien eher beiläufig. Worüber man sich noch am häufigsten mokierte, waren jene eskapistischen Heimat- und Prominentenfilme, die damals die Kassen der großen Filmverleiher füllten. All das bewege sich unterhalb jenes Niveaus, hieß es, das man selbst von einem guten Unterhaltungsfilm erwarten dürfe. Die Linken riefen deshalb die ›besseren‹ Schriftsteller auf, auch diese Domäne der Massenbeeinflussung nicht einfach den minderen Talenten zu überlassen, sondern endlich brauchbarere Szenarios zu entwerfen. Wohl die beste Kritik auf diesem Gebiet verfaßte wiederum Enzensberger, der 1957 in seinem Essay *Scherbenwelt* eine Analyse jener Wochenschauen vorlegte, die sich als informierend ausgäben, jedoch kaum reale Informationen enthielten. Ein Viertel sei hier dem Sport, ein weiteres Viertel der Unterhaltung vorbehalten, wodurch für die politische Berichterstattung meist nur wenige Minuten übrigblieben. In dieser Verdrängung des Politischen sah Enzensberger das spezifisch Politische dieser Wochenschauen. Um diesen Mangel endlich wettzumachen, trat er für Wochenschauen ein, die auf dem Prinzip einer Diskussionen auslösenden Öffentlichkeit beruhen. »Eine Wochenschau, wie sie sein müßte«, heißt es in diesem Essay, »verlangt Mut, Phantasie und publizistische Lauterkeit. An diesen Eigenschaften fehlt es nicht. Es fehlt an einer Institution, die ihnen die Möglichkeit gäbe, sich zu äußern; an einer Wochenschau, die der Öffentlichkeit gehört, die von Monopolen, Parteien, Regierungen, Konfessionen unabhängig ist, und die uns statt eines Scherbenhaufens ein triftiges Bild unserer Welt an die Wand malen kann.«

Noch weniger Kritik von links wurde am Fernsehen laut, da dieses

Medium noch in den Kinderschuhen steckte und obendrein einer Institution der öffentlichen Hand unterstellt war. Erst als Adenauer ein der CDU genehmes ›Deutschland-Fernsehen‹ gründen wollte, merkten auch die kritischen Intellektuellen, welche Möglichkeiten in diesem Medium steckten und protestierten gegen den geplanten Regierungskanal. Am bekanntesten wurde jener Protest, den die ›Gruppe 47‹ 1960 in dieser Hinsicht verfaßte und den unter anderem Heinrich Böll, Günter Grass, Walter Jens, Robert Jungk und Hans Werner Richter unterzeichneten. Doch von einer wirklich linken Fernsehkritik kann man in diesem Zeitraum ebensowenig sprechen wie von einer linken Kritik an der sogenannten trivialen oder massenverbreiteten Literatur der Groschenhefte. All das lehnten die linksgerichteten Kritiker zwar ab, fanden es allerdings nicht der Mühe wert, genauer darauf einzugehen. Selbst die geradezu pausenlos dudelnde Unterhaltungsmusik wurde von diesen Gruppen nur am Rande kritisiert, da ihnen noch nicht aufgegangen war, dies als ›Kunst‹ oder gar als Instrument der ideologischen Massenbeeinflussung ernstzunehmen.

Wesentlich schärfer wurden hingegen diese Kritiker, wenn es um die modernistisch-elitäre Kunst ihrer bürgerlichen Kollegen aus dem E-Kunst-Lager ging. So betonte schon die nonkonformistische, aber noch nicht linksorientierte Zeitschrift *Texte und Zeichen,* die Alfred Andersch von 1955 bis 1957 herausgab, daß sie bei aller Kritik keine »avantgardistische« Zeitschrift sein wolle. Auch hier war es Enzensberger, der 1956 in einem Beitrag unter dem Titel *Die Kunst und das Meerschweinchen oder: Was ist ein Experiment?* dieser Gesinnung den klarsten Ausdruck verlieh. Der »Ruf nach dem Experimentellen«, der heute in der »fortschrittlichen deutschen Literatur-, Theater- und Kunstkritik« so laut ertöne, erklärte er, sei längst zum Selbstzweck geworden und habe einen rein formalistischen Charakter. Voll ausgeführt hat Enzensberger diese Kritik dann 1961 in seinem bekannten Essay *Die Aporien der Avantgarde,* wo er die alte Avantgarde, die sich als kämpferisches Kollektiv verstand und eine Ars militans produzierte, mit jener Modernistenclique von heute verglich, die nicht mehr kämpfe, sondern nur noch artistische Experimente anstelle und dafür vom Establishment in jeder Weise gefördert werde. Was sich gegenwärtig innerhalb des »Tachismus, der

Art informel, der monochromen Malerei, der seriellen und elektronischen Musik sowie der sogenannten konkreten Dichtung und Literatur der Beat-Generation als Avantgarde« aufspiele und immer noch verkünde, »vorn« zu liegen, schrieb Enzensberger, wirke geradezu wie ein Hohn auf die ältere Avantgarde. Die frühere Avantgarde sei zwar in ihrem bürgerlich-antibürgerlichen Revoluzzertum auch problematisch, aber keineswegs feige gewesen. Sie habe sich »nie durch die Ausrede zu sichern versucht«, daß das, was sie betreibe, »nichts weiter als ein Experiment« sei. Enzensberger erklärte dementsprechend apodiktisch: »Eine Avantgarde, die sich staatlich fördern läßt, hat ihre Rechte verwirkt.«

So wie Enzensberger dachten in diesem Punkt auch andere. Und zwar wandten sich die meisten dieser Kritiker eher gegen den sogenannten ›Avantgardismus‹ in der zum Abstrakt-Artistischen tendierenden Malerei und Musik als gegen die moderne Literatur, die selbst in ihren formalistischsten Ausprägungen stets auf Inhaltliches bezogen blieb. Im Bereich der Malerei waren es anfangs vornehmlich alte ›Realisten‹ wie Carl Hofer, Otto Pankok, Karl Hubbuch, Oskar Kokoschka und Otto Dix, die sich gegen den nach 1950 schnell um sich greifenden Abstraktionismus zur Wehr setzten. Am eindringlichsten verteidigte wohl Hofer das bisherige Mimesiskonzept und lehnte alle Ausflüge ins Gegenstandslose als sinnlos ab. Das belegt unter anderem sein Manifest *Aus Leben und Kunst* von 1952, wo er den Modernismus in der Malerei als eine »wilde Flucht vor allem, was gestern noch als geheiligtes Gut europäischer Menschheit galt«, anprangerte. Als wahrhaft fortschrittlich bezeichnete er hier nur eine Haltung, die den Mut aufbringe, »unmodern zu sein«. Was Hofer an der abstraktionistischen Kunst vor allem ablehnte, war ihre »intellektuelle Künstlichkeit« und damit »Entseelung«, durch die sich die gegenwärtige Malerei von der Mehrheit der Bevölkerung elitär abgesondert habe. Hofer wurde demzufolge zwischen 1950 und 1955 nicht müde, in immer neuen Statements, Essays und Reden den Modernismus als »Indifferenz im Anonymen«, als Ausdruck einer »hochgezüchteten Artistik«, ja als »Luxuskunst« anzugreifen, die nur für einen »beschränkten Kreis von Interessenten« von Belang sei. Dix verwarf dagegen an der modernistisch-abstrakten Kunst vorwiegend den »kunstgewerblichen« Aspekt. »Ich bin gegen die Gegenstandslosen«, schrieb er 1958 in seinem *Gespräch im Wartezimmer,* »die mit dem Besen malen, mit der Armbrust die Leinwand beschießen und farbige Soßen herunterlaufen lassen. Die Erfolge sind Bilder, die man kilometerweise fortsetzen könnte. Die Erfindung bleibt winzig und eignet sich höchstens für Tapeten und Damenröcke.«

Eine so entschiedene Verteidigung des Realismus in der Malerei findet sich um die Mitte der fünfziger Jahre sonst nur in kleinen und damals kaum beachteten Periodika wie der Zeitschrift *Atelier* oder dem *Studentenkurier,* die sich im Zeichen einer »Verteidigung des Objekts« ebenfalls gegen eine nichtssagende Verflachung ins »Abstrakte« wandten. So traten die Autoren des *Ateliers* schon 1954 entschieden gegen jene »geistigen Gleichschaltungspolitiker« auf, die trotz ihrer lauthals verkündeten demokratischen Gesinnung keine realistische Malerei mehr neben sich duldeten. Während es im *Atelier* vor allem materialistisch orientierte Kunstkritiker wie Richard Hiepe und Jürgen Beckelmann waren, die solche Thesen vortrugen, war es im *Studentenkurier* ein unter dem Pseudonym Lyng schreibender Kritiker, der im Juni 1955 eine Ausstellung der ›Zen‹-Gruppe in Hamburg zum Anlaß nahm, gegen die »Experimentiergesinnung« von »demi-modernen Gerne-Snobs« wie Hubert Berke, Bernard Schultze und Emil Schumacher aufzutreten, die sich mit ihren »Linien, Kreisen und Klecksen« wunder wie »revolutionär« vorkämen. Lyng sah darin einen »Reklame-Radikalismus«, der seine »Modernität« nur als »Verkaufsferment« gebrauche. Alle diese »bosselnden Formfans« wollten zwar »Freiheit« demonstrieren, heißt es bei ihm, seien aber gegen den Realismus oder gar den sozialistischen Realismus »höchst intolerant«. »Anstoß erregen, wahrhaften Anstoß, die Zeit anstoßen und die Kanaken vor den Kopf«, wie man es von wahren Revolutionären erwarten würde, schrieb Lyng am Schluß, »sie denken nicht daran.«

In die breitere Öffentlichkeit drang diese Kritik erstmals im Jahr 1959, als in Kassel die 2. ›Documenta‹ stattfand, die von den Modernisten als der Totalsieg des Abstraktionismus gefeiert wurde. Richard Hiepe schrieb damals in *Atelier,* daß für die »auf das Neue in der Gesellschaft orientierten Kunstrichtungen« – im Gegensatz zu den ›Documenta‹-Künstlern – stets das Thema der entscheidende

Anlaß zur Formgebung sei. Jürgen Beckelmann gab im selben Jahr seine Streitschrift *Das Ende der modernen Kunst* heraus und meldete sich beim 1. Baden-Badener Kunstgespräch mit dem Einwand zu Wort, das Moderne nicht einfach mit dem Gegenstandslosen gleichzusetzen. Um seinen Gegenargumenten mehr Gewicht zu geben, wies er in diesem Zusammenhang auf das Weiterwirken realistischer Maler wie Albert Heinzinger, Otto Pankok, Karl Hubbuch, Günther Strupp, Carlo Schellemann sowie auf neugegründete Gruppen wie ›Tendenz‹, ›Figura‹, und ›Junge Realisten‹ hin. Fast den gleichen Kurs steuerte ab 1960 die Zeitschrift *Tendenzen,* die immer wieder auf die ideologischen Implikationen des als unideologisch auftretenden Abstraktionismus aufmerksam machte. Bereits in seinem ersten Heft wandte sich dieses Blatt gegen den »konformistischen Begriff einer offiziösen Moderne«, die rein rückwärts orientiert sei und längst Formen eines »abstrakten Akademismus« angenommen habe. »Der Troß der Avantgarde«, hieß es hier, »ist zur Garde der Restauration geworden, die kläglich aus den Fußstapfen der großen Vorgänger schaut.« Wohl der aufschlußreichste Essay über die »Ware abstrakte Kunst«, den Reinhard Müller-Mehlis verfaßt hatte, erschien im Aprilheft des Jahres 1962, in welchem Kritiker wie Haftmann, Grohmann und Schulze-Vellinghausen beschuldigt wurden, mit Hilfe des ›Kulturkreises‹ im ›Bundesverband der deutschen Industrie‹ eine Kunst zu fördern, die sich vornehmlich an die »Happy Few« der »Wohlstandsindustriellen« wende. Um dem »kritischen Ausschließlichkeitsanspruch« dieser Parteigänger der absoluten Gegenstandslosigkeit entgegenzutreten, den sie mit der »Penetranz eines Meinungsmonopols« verteidigten, hieß es in diesem Heft programmatisch: »Natürlich muß jeder Staat über eine gegenstandslose Kunst äußerst erfreut sein, denn eine solche Kunst hat ja keine Möglichkeit, zu entlarven, Widerstand zu bieten. Groß ist deshalb die Freude in der Bundesrepublik an allem, was sich Avantgarde nennt; man muß nur einmal prüfen, wer die offiziellen und industriellen Preise erhält: da gehen schlimmster Ästhetizismus und schönster Konformismus Hand in Hand. Tatsächlich unbequem, unbestechlich, weil hart am Gegenstand, ist nur eine Handvoll Leute – allein auf die kommt es an. Was aber wird nicht alles getan, um diese Leute zum Schweigen zu bringen.«

Von ähnlicher Schärfe war die Kritik jener Linken, die sich auf dem Feld der modernistisch eingestellten E-Musik dem Trend zum rein Experimentellen und Formalistischen entgegenzustellen versuchten. Allerdings äußerte sich ein solcher Widerspruch erst in den späten fünfziger Jahren. Eine grundsätzliche Kritik an dieser Musik, wie sie Hanns Eisler in seinem *Brief an Westdeutschland* bereits 1951 formulierte, wurde wegen des Kalten Krieges im Bereich der Bundesrepublik in den frühen fünfziger Jahren noch kaum zur Notiz genommen. Dabei hätten gerade Eislers Argumente, nämlich daß die sogenannte Massenmusik längst zu einem Kommerzprodukt der »monopolisierten Industrie« und die sogenannte Avantgardemusik zu einer Musik des »Selbstzwecks« geworden sei (die bei aller Modernität gar nicht mehr frage, worin denn das Ziel ihrer Experimente eigentlich bestehe), den dortigen Linken eine nützliche Schützenhilfe leisten können. Aber gab es damals in der Bundesrepublik überhaupt schon Linke, die wie Eisler in den Darmstädter Experimenten nur »Spielerei und Privatspaß« gesehen hätten? Der erste, der auf westdeutscher Seite gravierende Einwände gegen diese Musik vorbrachte, war interessanterweise Theodor W. Adorno, der 1955 in seinem Essay *Das Altern der Neuen Musik* Bedenken an einer musikalischen Experimentierfreude anmeldete, die mehr und mehr ins Ausdruckslose tendiere. Vor allem in der seriellen Musik, wo das individuelle Moment völlig hinter dem technischen Arrangement zurücktrete, werde die »Organisation der Mittel«, wie Adorno schrieb, immer stärker zum »Ersatz für den verleugneten Zweck«. Was bei Schönberg noch einen höchst subjektiven, ja ekstatischen Charakter gehabt habe, sinke hier zu einer »verblendeten Bastelei« herab, die im Zuge der steigenden Technisierung nur noch »Tapetenmuster tönend bewegter Formen« fabriziere. Aus dem »Radikalen« sei somit das »Ratzekahle« geworden, das nicht mehr den Sinn, sondern die Sinnlosigkeit zum Programm erhebe. Dies sei eine Musik, heißt es abschließend, wo an die Stelle jener Ausdrucksgesten eines »hilflos Einsamen«, in denen sich ein indirekter Widerspruch zum gesellschaftlich Gegebenen manifestiere, eine ästhetische Leere getreten sei, in der lediglich die »reale Ohnmächtigkeit« der gegenwärtigen Komponisten zum Ausdruck komme.

Von den jüngeren Komponisten war wohl Hans Werner Henze der

erste, der 1955 in seinem Essay *Gefahren in der neuen Musik,* welcher in *Texte und Zeichen* erschien, auf den wachsenden »Akademismus« innerhalb der Schönberg-Nachfolge aufmerksam machte und die sogenannte »Avantgarde« als eine »kleine abgekapselte Bourgeoisie innerhalb der Bourgeoisie« charakterisierte, deren »mathematische und physikalische Spiele« jede »Expression« vermissen ließen. Henze wandte sich daher wiederholt gegen jene Snobs, die nur noch Serielles goutierten und wie Stockhausen und Boulez sofort den Saal verließen, wenn sie Tonales hörten. In einem späteren *Argument*-Interview erklärte Henze, daß die Darmstädter Richtung gegen Mitte der fünfziger Jahre in ein »trend- und marktbestimmendes Diktat« ausgeartet sei, das lediglich die Tendenz zum Wortlosen, Enigmatischen, Abstraktionistischen, Mystischen, kurz: Modernistisch-Elitären unterstützt habe. Vor allem die Weberianer hätten damals von ihren Anhängern eine Disziplin verlangt, die Henze mit Begriffen wie »Korpsgeist und Kadavergehorsam« umschrieb. Das Hauptbestreben dieser »steinreichen Sekte« sei es gewesen, sich unentwegt als »neu« und »sensationell« aufzuspielen – und jeden, der sich dieser Wendung ins Elitäre, Geschichtslose, Ungesellschaftliche widersetzt habe, als »altmodisch« anzuprangern.

Eine solche Position war, wie gesagt, in den fünfziger Jahren noch relativ selten. Erst nach 1960 gab es auch andere, die der Ziellosigkeit dieses Modernismus, dieser Musik der Nachtprogramme und Fan-Festivals, des ›Elfenbeinturms‹ und der ›versteinerten Verhältnisse‹ immer entschiedener mit der Forderung nach einer neuen Verständlichkeit entgegentraten. Doch die Modernisten, welche das »materialgerechte Komponieren« zu ihrer letzten »Legitimations-Instanz« erhoben, wie Wolfgang Martin Stroh später erklärte, erwiesen sich auch in der Folgezeit als eine höchst einflußreiche Fraktion. Ihnen Autonomiestreben oder Formalismus vorzuwerfen, traf sie gar nicht, da sie solche Begriffe längst als positiv empfanden. Und so blieb es bis zu den frühen siebziger Jahren in den oberen Regionen der E-Musik weiterhin bei einer konsequenten Abschirmung gegen jede inhaltliche Diskussion, ja überhaupt bei jenem Widerspruch zwischen selbstherrlicher Autonomie und gesellschaftlicher Ohnmacht, der für einen Großteil dieser Form des Modernismus typisch ist.

Noch weniger Kritik, wenn auch aus ganz anderen Gründen, regte sich auf seiten der Linken gegen die modernistische Literatur. Schließlich trat der Modernismus auf diesem Gebiet weder so abstrakt, konstruktivistisch oder seriell noch so aristokratisch, snobistisch oder gar repräsentativ auf wie in den beiden anderen Künsten, sondern orientierte sich in seinen besten Ausprägungen weitgehend am adornistischen Modell eines Rückzugs ins Kritizistische. Aus diesem Grunde unterstützte selbst ein engagierter Kritiker wie Enzensberger auf diesem Gebiet lange Zeit die Adornosche These, daß auch die Poésie pure wegen ihrer nichtideologischen Haltung in einem indirekten Widerspruch zur Gesellschaft stehe. Das belegt unter anderem sein Essay *Die Weltsprache der Poesie* von 1960, in dem er das modernistische Gedicht als eine »Antiware« charakterisierte, die sich durch ihre Schwerverständlichkeit den »Gesetzen des Marktes« entziehe und somit dennoch einen »gesellschaftlichen Sinn« habe. Der Hauptwiderspruch solcher Kritiker richtete sich darum nicht gegen den Modernismus, an dem sie auf ihre Weise zum Teil selbst partizipierten, sondern gegen jene Literatur und Literaturbetrachtung, die sich ganz offen zu ›überlebten‹ Inhalten bekannte. Eine wichtige Rolle in dieser Hinsicht spielte der von Hans Werner Richter herausgegebene Sammelband *Bestandsaufnahme* (1962), in dem Walter Jens zum erstenmal in aller Offenheit gegen jene völkisch-konservative bis klerikal-reaktionäre Literaturgeschichtsschreibung vom Leder zog, deren ideologischer Grundzug nicht eine kritische Zukunftszugewandtheit, sondern eine unkritische Vergangenheitsverklärung sei. Er meinte damit Literaturüberblicke vom Schlage eines Georg Ried oder Hans Schwerte, in denen bei der Behandlung der jüngsten Zeit noch immer Kolbenheyer, Bergengruen und Paul Ernst im Vordergrund ständen, während man von Brecht, Tucholsky, Karl Kraus oder Heinrich Mann wenig oder gar nichts höre. Im gleichen Band erschien auch jene erste Generalabrechnung mit dem ›Adenauerismus‹ in der Literaturkritik von Franz Schonauer, in der er Friedrich Sieburg, den konservativen Starkritiker der *Frankfurter Allgemeinen,* aufs Korn nahm und nachwies, daß die Misere der westdeutschen Literaturkritik vor allem in der »fehlenden gesellschaftlichen, didaktischen Funktion« dieser Kritik liege.

Mit dem Verzicht der SPD auf ihren bisherigen Charakter als Arbeiterpartei verzichtete sie auch auf eine systemkritische oder zumindest eigenständige Kulturpolitik. Das gleiche taten die Gewerkschaften. Beide Organisationen hielten in den fünfziger Jahren nicht einmal an Slogans wie »Wissen ist Macht« oder »Die Kunst dem Volke« fest, die sie noch in den zwanziger Jahren für ihre Ziele eingesetzt hatten, sondern beschränkten sich mehr oder weniger auf eine von lohnpolitischen Erwägungen ausgehende Integrationspolitik. Oppositionelle Kulturprogramme wurden deshalb in diesem Zeitraum vornehmlich von jenen Linksintellektuellen vertreten, denen nach den Unterdrückungsmaßnahmen der Nazi-Ära auch die Adenauer-Regierung mit äußerstem Mißtrauen entgegentrat. Diese Gruppen hofften weiterhin auf jene ›Hohe Kunst für jedermann‹, wie sie der ›Kulturbund zur demokratischen Erneuerung Deutschlands‹ nach 1945 durchsetzen wollte. Das beweist – nach dem Verbot dieses ›Kulturbunds‹ – vielleicht am besten das Periodikum *Heute und Morgen*, das Johannes Fladung seit 1951 beim Düsseldorfer Progreß-Verlag herausgab. In dieser *Illustrierten Monatsschrift für Kunst, Literatur, Wissenschaft, Zeitgeschehen und Unterhaltung* herrschte noch immer jener volksfrontähnliche Kulturanspruch, wie ihn Willi Münzenberg um 1930 in Blättern wie der *Arbeiter-Illustrierten-Zeitung* vertreten hatte. Neben den großen Werken der Weltkultur, dem ›Erbe‹, wurden hier innerhalb der Gegenwartskunst vor allem jene Werke herausgestrichen, die einen deutlichen Friedenswillen und damit die Hoffnung auf eine bessere Zukunft enthielten, die also das ›Positive‹, und zwar in einer allen Menschen verständlichen, realistischen Form akzentuierten. Doch dieses Blatt drang nicht in die breite Öffentlichkeit vor, sondern scheiterte wie alle linken Kulturaktivitäten der fünfziger Jahre an dreierlei: der allgemeinen Wohlstandspropaganda, der abschreckenden Wirkung stalinistischer Praktiken in den Ostblockländern und dem 1956 erlassenen Verbot der KPD. Während sich die ›Rote Kampfkunst‹ um 1930 einen recht beachtlichen Sektor innerhalb des Kulturlebens erobern konnte, entstand also nach 1950 keine proletarische Gegenöffentlichkeit und somit auch keine systemalternative, linke Kunst.

Das Konzept einer kritisch-engagierten Kunst wurde demzufolge in den nächsten Jahren lediglich von recht diffusen Gruppen oder von Einzelgängern ohne parteipolitische Bindung am Leben erhalten, die sich von dem eskapistisch-trivialisierenden, modernistisch-elitären oder neokonservativ-sentimentalen Charakter der herrschenden Kulturvorstellungen abgestoßen fühlten und auf einer Kulturvorstellung bestanden, die auch kritischen Stimmen eine reale Wirkungschance gibt. Die ideologische Orientierung dieser Richtung reichte von kommunistisch über linkssozialistisch und sozialdemokratisch bis zu linksliberal oder auch nur liberal, das heißt von Konzepten einer offenen Parteilichkeit bis zur Forderung eines kritischen Räsonnements innerhalb einer radikaldemokratischen Gesellschaftsordnung à la Jürgen Habermas, in der alles, auch die schärfste Kritik, zum Wohle der Gesamtheit an die Öffentlichkeit dringen muß. Viele dieser Gruppen sprachen sich darum wiederholt gegen den offiziellen Antikommunismus aus, zumal sie die berechtigte Furcht hegten, daß das Verbot der KPD zu einem allmählichen Abbau der staatsbürgerlich-demokratischen Rechte führen könne. Sie beriefen sich hierbei gern auf das Grundgesetz, welches jedem Bundesbürger ein freies Organisationsrecht und eine freie politische Willensbildung zusichert. Überhaupt erkannten die Vertreter dieser Richtung schon sehr früh, daß die CDU/FDP-Koalition mit der Ausschaltung der Linken nicht nur die oft beschworene ›Gefahr aus dem Osten‹ bannen, sondern auch eine fortschreitende Integration der Gesamtgesellschaft im Sinne der von Adenauer vertretenen Konzern- und Kanzlerideologie durchsetzen wollte.

Doch mit welcher Form von Kunst hätte man dieser Politik kritisch entgegentreten und zugleich für eine andere, bessere Gesellschaft werben sollen? Schließlich wäre es im Rahmen der durch die rapide Ausbreitung der Massenmedien grundsätzlich veränderten Bedingungen des allgemeinen Kulturbetriebs nur dann möglich gewesen, an eine breitere Öffentlichkeit zu dringen, wenn es einen freien Zugang zu diesen Medien gegeben hätte. Aber dieser Zugang war fast allen linksorientierten Systemkritikern von vornherein versperrt. In diesem Punkte kamen also die Linken schnell zu jener Einsicht, die Brecht schon in den späten zwanziger Jahren machen mußte und wovon sein *Dreigroschenprozeß* ein beredtes Zeugnis ablegt, nämlich

daß sich alle Systemkritiker stets ihre eigene Öffentlichkeit schaffen müssen, falls sie überhaupt eine breitere Wirkung haben und nicht in irgendwelchen Winkeln eines pluralistischen, das heißt vom Kapitalismus beherrschten Kulturlebens verkümmern wollen. Eine solche Gegenöffentlichkeit kam jedoch trotz der Bemühungen des Progreß-Verlages in den fünfziger Jahren nicht zustande. Deshalb mußten sich die Linken in ihrer Kritik an der herrschenden Kultur weitgehend jener älteren E-Kunst-Formen bedienen, die innerhalb der neuen Medienkultur als Mittel der politischen Meinungsbildung von Jahr zu Jahr immer obsoleter wurden. In Hochkulturformen wie dem Roman, dem Drama, dem Gemälde oder dem anspruchsvollen Musikstück war nämlich – unter den gegebenen Bedingungen – noch am ehesten die Möglichkeit gegeben, etwas Kritisches auf den Markt zu bringen, da sich besagte Hochkulturformen vornehmlich an jene Oberschicht wandten, der das System von vornherein eine gewisse Narrenfreiheit einräumte.
Während Adorno und die Vertreter modernistisch-elitärer Kunstkonzepte aus dieser unübersehbaren Aporie die Folgerung zogen, sich überhaupt aus dem kulturellen Dienstleistungsgewerbe zurückzuziehen und nur noch eine hermetisch-abgekapselte, das heißt unideologische Kunst zu unterstützen, ließ also die kritisch-engagierte Richtung nicht davon ab, selbst unter den Bedingungen des kapitalistischen Kulturbetriebs, das heißt der immer größeren Kluft zwischen U-Kultur und E-Kultur, einen Freiraum für eine mögliche Allgemein-Kultur ins Auge zu fassen. Dabei setzten sie sich zwangsläufig der Gefahr aus, zwischen alle gesellschaftlichen Formationen zu geraten. Schließlich mußte eine solche Allgemein- oder A-Kultur den Anhängern des elitären Modernismus als zu platt und den breiten Massen, die man von jeder höheren Kultur durch unüberwindliche Bildungsbarrieren ausgeschlossen hatte, immer noch als zu hoch erscheinen. Während sich also die drei anderen Kulturkonzepte – das triviale, das modernistische und das neokonservative – von vornherein an klar erkennbare Gesellschaftsschichten wandten, blieb es das Dilemma der kritisch-engagierten Kunst, sich ihr Publikum überhaupt erst heranbilden zu müssen.
Und zwar sah sich diese Richtung hierbei vor mehrere Probleme gestellt. Erstens mußte sie einen kritisch-räsonierenden Ton anschla-

gen, durfte jedoch nicht zu sensationalistischen Mitteln greifen, da man ihr sonst ein unlauteres Geschäft mit der Kritik vorgeworfen hätte. Zweitens mußte sie dem Adenauer-Regime zwar negativ gegenübertreten, durfte jedoch nicht ins rein Negativistische umkippen, um nicht den Eindruck bloßer Neinsager, Miserabilisten, Nestbeschmutzer oder gar unzufriedener Neurotiker zu erwecken, denen überhaupt nichts zusagt und die daher an allem herumnörgeln. Drittens mußte sie Leitbilder einer anderen, besseren Gesellschaft aufrichten, ohne bereits zu wissen, wie eine solche alternative Gesellschaft jenseits des kapitalistischen Systems auszusehen habe. Viertens mußte sie auch unterhaltende, vielleicht sogar gemütsstärkende Elemente enthalten, um mit den anderen Kunstrichtungen konkurrieren zu können, ohne dabei ins unfreiwillig Triviale oder Sentimentale abzugleiten. Mit einem Wort: diese Richtung mußte eine Superkunst entwickeln, die geradezu *allen* Bedürfnissen der von ihr ins Auge gefaßten Gesellschaftsschichten – den kritischen, unterhaltenden, emotionellen, satirischen und utopischen – gerecht wird, dabei jedoch vermeidet, in ein soziales Niemandsland zu geraten. Ihre Anhänger sahen sich also vor die Aufgabe gestellt, zwischen kapitalistischer Kulturverramschung sowie modernistischer oder neokonservativer Kulturverrettung eine A-Kunst zu schaffen, die sich sowohl neben den großen realistisch-humanistischen Kunstwerken der Vergangenheit sehen lassen kann als auch den Anspruch einer wahrhaft zeitgemäßen Kunst zu erfüllen trachtet. Ein solches Konzept, obwohl es idealiter das einzig richtige war, erwies sich jedoch – unter den gegebenen Marktbedingungen – als viel zu hochgespannt. Jedenfalls waren die meisten Vertreter einer kritisch-engagierten Kunst, die sich lange Zeit mit einer Rolle außerhalb des offiziellen Kulturlebens begnügen mußten, diesem Anspruch weder ideologisch noch ästhetisch gewachsen. Um so mehr sollte man ihren moralischen Mut bewundern, den sie trotz alledem aufbrachten.

In den bildenden Künsten waren es lediglich die Maler und Grafiker, die sich in den Dienst solcher Konzepte stellen konnten, da es damals noch keine Auftraggeber gab, die eine spezifisch linke Architektur, Formgestaltung oder Plastik unterstützt hätten. Zu Anfang der fünfziger Jahre gehörten zu dieser kritischen Richtung vor allem alte Realisten wie Otto Dix, Karl Hubbuch, A. Paul Weber, Otto Pankok,

Otto Pankok: *Christus zerbricht das Gewehr* (1950)

Hanns Kralik, Franz Radziwill und zum Teil auch Carl Hofer, während Maler wie Hans Purrmann, Xaver Fuhr, Hans Meyboden, Franz Frank, Ernst Schumacher, Paul Berger-Bergner, Max Pfeiffer-Watenpfuhl, Albert Burkart oder Bildhauer wie Richard Scheibe, Ewald Mataré, Gerhard Marcks, Hans Mettel, Toni Stadler, Kurt Lehmann und Alfred Lörcher zwar auch gegenständliche Werke schufen, sich aber irgendwelcher politischen oder gesellschaftsbezogenen Aussagen weitgehend enthielten. Zu einer effektiven Solidarisierung der kritischen Realisten kam es in diesen Jahren noch nicht. So beteiligten sich zwar Otto Dix, Erwin Oehl, Jörg Wiesbeck, Walter Schulz-Matan, Otto Pankok, Klaus Hansmann und andere Realisten schon 1951 an mehreren gegen die drohende Remilitarisierung gerichteten Ausstellungen, blieben aber selbst in den folgenden Jahren trotz ihres deutlichen Engagements weiterhin Einzelgänger. Das gleiche gilt für die meisten jener 50 westdeutschen Maler, die im gleichen Jahr – trotz schwerster Diffamierungen – an der Ost-Berliner Ausstellung *Künstler schaffen für den Frieden* teilnahmen und dabei neben traditionellen Stilmitteln auch Darstellungsformen linker Realisten wie Pablo Picasso, Renato Guttuso, Diego Rivera und André Fougeron aufgriffen. Da der Widerstand gegen die Remilitarisierung in den folgenden Jahren nicht nachließ, sondern eher stärker wurde, ließen auch diese Künstler nicht davon ab, immer wieder Werke gegen die Gefahr eines Dritten Weltkriegs zu schaffen. Von Otto Pankoks berühmten Holzschnitt *Christus zerbricht das Gewehr* von 1950, den er auch auf Postkarten verbreiten ließ, um ihm die nötige Breitenwirkung zu verschaffen, bis zu dem Wandgemälde *Krieg und Frieden,* das Otto Dix 1960 für das Rathaus in Singen schuf, zieht sich daher eine geradezu ununterbrochene Reihe von Werken, deren kritisches Engagement von den Oberen mit äußerstem Mißbehagen zur Kenntnis genommen wurde.

Neben die Antikriegsthematik trat bei den gleichen Künstlern im Laufe der fünfziger Jahre als zweiter Hauptthemenbereich die Darstellung jener skrupellosen Nutznießer des sogenannten Wirtschaftswunders, die nur ihren niedersten Bedürfnissen frönten. So malte Helmut Goettl schon 1954 feiste Bürgersfrauen, die sich in Cafés mit Torte vollstopften, während Günther Strupp 1958 auf seinem Bild *Nana in Frankfurt,* und zwar mit einer veristischen Direktheit,

die an Grosz, Hubbuch und Schlichter gemahnt, das Nachtleben der Herrenklasse dieser neureichen Bourgeoisie an den Pranger stellte. Ähnlich gesinnte Maler wiesen zur gleichen Zeit auf die Zukurzgekommenen dieses ›Wunders‹ hin, indem sie wie Emil Scheibe das Flüchtlingselend der frühen fünfziger Jahre zum Thema wählten oder wie Otto Dix auf seinem Bild *Der Former* (1952) die geradezu unmenschliche Schwerstarbeit der Hüttenarbeiter darzustellen versuchten. Die einzige Ausstellung zum Thema ›Lohnabhängige‹ wurde 1954 von der Industriegewerkschaft Metall unter dem Titel *Arbeit, Soziales, Beruf in der Kunst* in Hannover veranstaltet. Auch hier waren es wiederum Maler wie Dix, Hubbuch, Pankok, Radziwill und Heinzinger, die neben einigen gemäßigten Modernisten und Klassikern des kritischen Engagements wie Kollwitz, Grosz, Pechstein und Masereel besonders stark vertreten waren. Da jedoch die DGB-Führung diesen Vorstoß der IG Metall als »unzeitgemäß« empfand, kam es zu keiner weiteren Ausstellung dieser Art.
Um die Mitte der fünfziger Jahre wurde jedoch den kritisch-engagierten Künstlern durch die Gründung satirischer Blätter, wie des *Simplicissimus* und des *Studentenkuriers,* ein neues Betätigungsfeld eröffnet. Der *Simplicissimus,* von dem dänischen Witzzeichner und Werbefachmann Olaf Iversen herausgegeben, begann im Oktober 1954 zu erscheinen und druckte in den folgenden Jahren die Satiren von rund 70 Zeichnern ab. Als ein »politisch unabhängiges« Blatt wandte er sich jenseits aller parteipolitischen Bindungen vornehmlich an jene liberalen bis linksliberalen Kreise, die nicht nur aufgeklärt, sondern auch unterhalten sein wollten. Eine Alternative zu den von ihm beklagten Zuständen bot dieses Blatt kaum. Immer wieder kritisierte der *Simplicissimus* die USA *und* die UdSSR, die führenden Politiker in der Bundesrepublik *und* der DDR, den Kapitalismus *und* den Kommunismus, ohne hierbei einen ›Dritten Weg‹ anzudeuten. Im Hinblick auf die internen Probleme Westdeutschlands galt die Hauptkritik dieses Blatts der forcierten Wiederbewaffnung, der faschistischen Vergangenheit gewisser Würdenträger des Adenauer-Regimes, der militanten Restaurationspolitik der katholischen Kirche sowie der allgemeinen Wirtschaftswundermentalität, welche vor allem in der Fetischisierung des Konsums und der geheuchelten Moral der gesellschaftlichen Oberschichten zum Ausdruck komme. Im

Zentrum dieser Kritik stand dabei eindeutig Adenauer, der meist als schlauer, durchtriebener Fuchs dargestellt wird, neben dem alle anderen CDU/CSU-Politiker, sogar Erhard und Strauß, ins Unbedeutende verblassen. Nicht einmal Ollenhauer erschien den Beiträgern dieses Blatts als karikaturwürdig. Letztlich war es immer wieder Adenauer, an dem sie sich abarbeiteten, ja für den sie fast eine geheime Verehrung hegten. Den roten Mops, das alte Wappentier des *Simplicissimus,* ergreift darum manchmal fast die Wut, daß man ihm ständig nur Adenauer, diesen eisernen, unverdaulichen Kanzler, zum Fraße vorwerfe.

Unter den Zeichnern dieses Blatts, von denen Manfred Oesterle, H. E. Köhler, Wigg Siegl und Max Radler durchaus ihre Meriten haben, ragt als einsame Größe lediglich A. Paul Weber heraus. Während die meisten anderen auch das leichte Genre der Partywitze über Sekretärinnen, sexhungrige ›grüne Witwen‹, Strichmädchen und Starlets nicht verschmähten, um für ein amüsantes Ambiente des Liberalen und Leichtlebigen zu sorgen, herrscht bei ihm stets der grimmige Witz des radikal Entlarvenden vor. Seine Zeichnungen gegen die Remilitarisierung und Kriminalisierung sogenannter ›Staatsfeinde‹ sind daher inzwischen geradezu klassisch geworden. Allerdings fehlt es auch bei Weber an einer klaren Alternative. Als die ›Höhe-

Albert Heinzinger: *Rast am Schmelzofen* (1958)

Heinz Lanzendorf: *Freiheit allen unterdrückten Völkern* (1959)

ren‹ erscheinen bei ihm lediglich jene arroganten Oberschichten, zu deren Hauptcharakteristika Dünkel, Snobismus und Bildungshochmut gehören. Das Volk tritt dagegen auf seinen Blättern meist als jene Masse auf, welche durch die widerlichen Taktiken der Massenmedien in einem Zustand völliger Verdummung und damit Hörigkeit gehalten wird. Die zwischen diesen beiden Schichten stehenden Intellektuellen wirken somit wie hilflose Einzelgänger, die das politische Establishment, falls sie sich auflehnen sollten, sofort mit Verboten oder Rufmordaktionen zur Strecke bringt.

Doch von Webers Satiren einmal abgesehen, ging der *Simplicissimus* in seiner Kritik am Bestehenden selten über eine relativ harmlose Oberflächenkritik hinaus und wurde deshalb vornehmlich von jener liberalen Elite goutiert, die bei aller Einzelkritik mit den Adenauerschen ›Errungenschaften‹ letztlich ganz zufrieden war. Der *Studentenkurier,* der zwischen 1955 und 1956 als »Unabhängiges Nachrichtenmagazin für deutsche Studenten« erschien, hatte hingegen von Anfang an einen wesentlich schärferen Ton. Zwar vertrat auch er eine liberale Grundhaltung, die sich sowohl vom Monopolkapitalismus als auch vom östlichen Staatskommunismus absetzte, druckte jedoch als eines der wenigen Blätter dieser Jahre sogar Texte von Brecht, Tucholsky und Heinrich Mann ab. Noch kritischer wurde der *Studentenkurier,* als er sich unter der Herausgeberschaft von Claus

Rainer Röhl und mit der Unterstützung des ›Arbeitskreises Progressive Kunst‹ 1957 in *Konkret. Die unabhängige Studentenzeitung* und 1958 in *Konkret. Unabhängige Zeitschrift für Kultur und Politik* umbenannte. Neben Fotomontagen sowie Bildern von A. Paul Weber erschienen jetzt auf seinen Seiten auch Originalgrafiken von Heinz Lanzendorf, Karl Weisgerber und W. Grässe, auf denen das allgemeine Wettrüsten, die Herstellung von Atombomben, die Macht der Massenmedien, die Wirtschaftswunderskandale und der weiterbestehende Kolonialismus in der Dritten Welt angeprangert wurden. Während im *Studentenkurier* noch die Aversion gegen das Totalitäre vorgeherrscht hatte, setzte sich in *Konkret* ab 1958 eine Tendenz ins Linke durch, die sich unter anderem in Sympathieerklärungen für Renate Riemeck, Bekenntnissen zu Fidel Castro, einer größeren Toleranz dem Osten gegenüber und einer deutlichen Wendung zu ›Realismus‹-Konzepten in den einzelnen Künsten manifestierte.
In diesen Jahren nahm überhaupt das kritische Engagement in den bildenden Künsten allgemein zu und führte zu einer Reihe von Gruppenbildungen realistischer Künstler, die im Rahmen der Anti-Remilitarisierungs- und Anti-Atomtod-Kampagnen miteinander bekannt geworden waren. Eine der ersten Vereinigungen dieser Art war die ›Gruppe Schlewig-Holstein 1960‹, die sich unter dem Vorsitz von Werner Roegers und des früheren ASSO-Mitglieds Gerhart Bettermann gegen die Vorherrschaft der Abstrakten wandte und Kontakte mit norddeutschen Realisten in der DDR aufnahm. 1957 schlossen sich die Düsseldorfer Maler Thomas Häfner, German Beccara, Anne Hennecka und Eberhard Golner zu den ›Jungen Realisten‹ zusammen, entwickelten jedoch keinerlei politische Ambitionen. Im Gegensatz dazu verstand sich die Münchner Gruppe ›Neuer Realismus‹, die bereits seit 1954 bestand und zu der neben einem sozialistischen Linken wie Albert Heinzinger auch christliche Linke wie Emil Scheibe, Walter Habdank und Ernst Oberle gehörten, durchaus als politisch. Sie trat vor allem mit Großstadt-, Industrie- und Arbeiterbildern an die Öffentlichkeit und wandte sich in ihrem Programm gegen jene »Avantgarde der Formauflösung«, die wegen ihres »überzüchteten Individualismus« notwendig ins Expertenhafte und Snobistische tendiere. Als ihr eigenes künstlerisches Ziel bezeichneten die Vertreter des ›Neuen Realismus‹ die »Gestaltung der Wahrheit

W. Grässe: *John Foster Dulles* (1958)

unseres heutigen Lebens«, um so durch »zeitnahe Bildideen« die Beschauer zu einer gesellschaftlichen Auseinandersetzung mit den gezeigten Objekten anzuregen.

Wohl die wichtigste Künstlervereinigung dieser Art war die Gruppe ›Tendenz‹, die auf eine Initiative von Carlo Schellemann zurückgeht, der Anfang 1958 in Augsburg eine Anti-Atomtod-Ausstellung plante, sich der Unterstützung der SPD, des DGB sowie bekannter Künstler wie Otto Dix, Karl Hubbuch, Otto Pankok, Willi Geiger und Frans Masereel versicherte, jedoch diese Ausstellung erst im Spätherbst in München zeigen konnte, da die lokalen Augsburger Behör-

den ihre Zustimmung nach kurzer Zeit wieder zurückzogen. Aufgrund dieser Erfahrung und zugleich des Öffentlichkeitserfolgs der Abstraktionisten auf der 2. ›Documenta‹ im Sommer 1959 gründeten Carlo Schellemann und Richard Hiepe im Winter 1959/60 in München die Gruppe ›Tendenz‹, der sich schnell Maler wie Willi Geiger, Karl Hubbuch, Siegfried Dorschel, Dorothea Meyer-Vax, Günther Strupp und Albert Birkle anschlossen, die sich in ihrem Programm im »Widerspruch zum bloßen Ästhetizismus innerhalb der modernen Kunst« zu einer thematischen Eindeutigkeit bekannten, die wieder »Position bezieht«. Diese Gruppe ging also in aller Offenheit vom Inhaltlichen aus, betonte jedoch wie fast alle diese Richtungen, daß sie keine »bildliche Werbung für eine bestimmte Weltanschauung« treiben wolle. Ihr Verbandsorgan, die Zeitschrift *Tendenzen,* deren erstes Heft im Februar 1960 erschien, unterstützte darum fast alle Formen des internationalen Realismus, ob nun die Malerei des Mexikaners Diego Rivera, des Italieners Renato Guttuso, des US-Amerikaners Ben Shahn, der DDR-Realisten sowie all jener westdeutschen Realisten, die über die bloße Gegenständlichkeit hinaus ins Kritische vorzustoßen suchten. Ihre erste Ausstellung, der sie den provozierenden Titel *Engagé. Künstler, die nicht schweigen* gab, veranstaltete die Gruppe ›Tendenz‹ 1960 in West-Berlin, wo sie im Sinne der ›Deutschen Friedens-Union‹ und mit Unterstützung des West-Berliner ›Arbeitsausschusses gegen Atomtod‹ eine Ausstellung von Grafiken mit Antikriegsthemen zeigte, die von der CDU/CSU sofort als »kommunistisch verseucht« angegriffen wurde und von der sich sogar Willy Brandt distanzierte, da die SPD inzwischen von jenen Anti-Atomtod-Ausschüssen, die sie selber mitbegründet hatte, nichts mehr wissen wollte.
Auf die Frage, wer eine solche Kunst, die immer nur das Häßliche, Kritische, ja Schreckliche zeige, eigentlich sehen wolle, antwortete Schellemann im Augustheft der Zeitschrift *Tendenzen* für die ganze Gruppe: »Warum ist ›Engagé‹ nötig? Weil die Gefahren sehr groß sind und alle Aussagemöglichkeiten eingesetzt werden müssen, um sie abzuwenden. Vielleicht wird ›Engagé‹ eines Tages nur Schönes und Glückliches darstellen, wenn die schlimmsten Gefahren abgewendet sind, und es darum geht, ein friedliches Leben zu gestalten und einzurichten.« Und so hielten die Vertreter der Gruppe ›Ten-

denz‹ trotz aller Opposition weiterhin am bewußt unschönen, aufrüttelnden Charakter ihrer Kunst fest, zumal auch andere neugegründete Gruppen von Realisten wie die Gruppe ›Figura‹ in West-Berlin, die Gruppe ›Kontur‹ in Bayern und die ›Neue Gruppe Münster 60‹ ebenfalls einen bewußt unverklärenden Realismus propagierten. Eine weitere Unterstützung erfuhr dieser neue Realismus durch die zwischen 1962 und 1964 einsetzende Wiederentdeckung der Neuen Sachlichkeit der zwanziger Jahre und das allmähliche Bekanntwerden der us-amerikanischen Pop Art. Daß dadurch das Realistische auch in andere Bahnen gelenkt werden konnte, beweisen Maler wie Konrad Klaphek, Dieter Asmus und Peter Nagel, die sich 1964 zu der Gruppe ›Zebra‹ zusammenschlossen und in ihren Werken weniger das Kritische als das Dingfetischistische betonten. Doch ungeachtet solcher Kursschwankungen wuchs damit der neue Realismus zu einer so beachtlichen Bewegung an, daß sich die Vertreter des Abstraktionismus, die ihn bis 1960 weitgehend totgeschwiegen hatten, in den folgenden Jahren zu einer offenen Anti-Realismus-Kampagne bemüßigt fühlten. So wandte sich Alfred Schmeller schon 1960 im 30. Heft der Zeitschrift *Magnum* gegen jene Maler, welche sich noch immer mit der »sozialen Frage« herumschlügen. Das »Politisch-Tendenziöse«, heißt es hier unverblümt, sei doch angesichts der gefüllten Schaufenster längst zur »Farce« geworden. Und auch Klaus Jürgen-Fischer kritisierte 1962 im *Kunstwerk* jenen neuen Realismus, der durch die Hereinnahme von Fundstücken aus der realen Welt, das heißt durch »Außerbildliches«, gegen die elementarsten Gesetze des modernen Malens verstoße. Doch auf solche Vorwürfe reagierten die Vertreter der Gruppe ›Tendenz‹ zu diesem Zeitpunkt schon mit einer Zuversicht, die den Eindruck des Unbeirrbaren und ideologisch Richtigen erwecken sollte.

Auf dem Gebiet der Musik standen dagegen die Vertreter eines kritischen Engagements vor geradezu unüberwindlichen Schwierigkeiten. Hier war dieser Richtung unter den Bedingungen des wirtschaftswunderlichen Kulturbetriebs die Möglichkeit zu einer Breitenwirkung fast völlig verwehrt. Vor allem in den weiten Bereichen der Unterhaltungsmusik lag die Kontrolle über das Musikmachen fast ausschließlich in den Händen derer, die über das nötige Kapital verfügten. Während sich Bilder oder Grafiken relativ leicht vervielfältigen ließen, stand der Reproduktion von Musik, vor allem wenn sie von politisch unerwünschter Seite kam, im Bereich des Rundfunks, des Fernsehens, des Films, der Schallplatte oder des Orchesterbetriebs eine Barriere gegenüber, die nicht leicht zu überwinden war. Worauf sich also die kritisch-engagierte Musik in ihrer Tendenz ins Populäre beschränken mußte, war der Versuch, über die Protestbewegung gegen die Remilitarisierung und dann gegen die Atomwaffen einen Anschluß an die breiten Massen zu bekommen. Doch auch das erwies sich – wegen der Liquidierung des älteren proletarischen Kampfliedes und der Korrumpierung des nationalen Liedguts unter den Nazis – als äußerst schwierig. Die ersten Lieder, welche die westdeutschen Ostermarschierer sangen, wurden darum weitgehend von den englischen Ostermarschierern übernommen. Eine wichtige Übermittlerrolle spielten hierbei die Düsseldorfer ›Skiffle Plackers‹ (später die ›Conrads‹) und die Frankfurter ›Bricklayer Skiffle Group‹, welche diese Lieder mit Gitarre, Baß und Banjo begleiteten. Unter den Vorsängern ragten anfangs besonders Fasia Jansen und Dieter Süverkrüp heraus. Alle diese Lieder waren höchst eingängig, das heißt von vornherein zum Mitsingen gedacht. Manche von ihnen zündeten so schnell, daß der Düsseldorfer Pläne-Verlag bereits 1962 die ersten Schallplatten davon herausbringen konnte. Doch sonst regte sich in diesen Jahren noch wenig oder nichts, was man als populäre und zugleich kritisch engagierte Musik bezeichnen könnte.

Ebenso dürftig sah es in diesem Zeitraum im Bereich der sogenannten E-Musik mit kritisch-engagierten Tendenzen aus. Hanns Eisler hatte zwar in seinem *Brief nach Westdeutschland* schon 1951 geschrieben, daß sich die »neue Volkstümlichkeit« auf diesem Gebiet aus einem »Umschlag des Neuen in das Einfache« ergeben müsse, war damit jedoch auf taube Ohren gestoßen. Um nicht der steigenden »Dummheit« in der Musik zu verfallen, stellte Eisler bereits damals die Forderung auf, den Fortschritt nicht in den »neuen Techniken«, sondern in den »neuen gesellschaftlichen Zwecken« zu sehen, um endlich die verheerende Kluft zwischen »Unterhaltung und Kunst« zu schließen. Da es jedoch in der Bundesrepublik in den fünfziger Jahren fast niemanden gab, der verstanden hätte, was solche »neuen gesellschaftlichen Zwecke« sein könnten, blieb die Funktionsfrage in der Musik lange Zeit undiskutiert. Hans Werner Henze sagte später in einem *Argument*-Interview, daß vor 1960 eigentlich nur Hermann Scherchen und Karl Amadeus Hartmann Sinn für eine Musik gehabt hätten, in der es neben dem Technischen auch um eine »intellektuelle und moralische Veränderung«, eine »Vermenschlichung«, eine »schöpferisch-humanistische Freiheit« gegangen sei. Ihm selbst habe damals, wie Henze ausdrücklich beteuerte, vor allem die enge Freundschaft mit Paul Dessau eine neue Richtung gewiesen. Deshalb sei er schon Mitte der fünfziger Jahre dazu übergegangen, neben den neuen Techniken auch Folkloristisches zu studieren, ja sich um eine größere Verständlichkeit zu bemühen. Dafür sprechen etwa Henzes 1958 komponierte *Nachtstücke und Arien,* von denen sich ein Text gegen den Krieg und den möglichen Einsatz von Atomwaffen wendet.

Doch zu einer wirklichen Politisierung von Musik kam es, wie gesagt, auf diesem Sektor erst um 1960, als Hartmann für seine Münchner ›Musica-viva‹-Konzerte plötzlich Lotte Lenya mit sozialkritischen und antifaschistischen Liedern von Brecht engagierte und im Foyer Bilder von George Grosz, Otto Dix und Max Beckmann aufhängen ließ. Ein Jahr später folgte in Köln die deutsche Erstaufführung von Luigi Nonos *Intolleranza,* die auf Texten von Paul Eluard, Bertolt Brecht, Wladimir Majakowski und Jean-Paul Satre beruht, welche Alfred Andersch ins Deutsche übertragen hatte. In diesem Werk wurden die westdeutschen Opernbesucher zum erstenmal ganz konkret mit Dingen wie Folter, Verrat, Zwangsarbeit, Verhören und Konzentrationslagern konfrontiert, ohne daß das Ganze einen Ausweg ins Private oder Sentimentale bot. Ob die moderne Oper, die in den fünfziger Jahren thematisch weitgehend auf den Bereich des Weltliterarischen, Mythischen, Märchenhaften oder Religiösen zurückgegriffen hatte und deren Publikum vor allem aus den oberen Rängen der westdeutschen Gesellschaft stammte, für eine Umfunktionierung à la Nono das geeignete Medium war, sei dahingestellt. Da jedoch die E-Musik von vornherein ins Unpopuläre tendierte, war auf diesem Gebiet eine Politisierung nur über kritisch-engagierte Texte zu erreichen. Eine solche Politisierung lehnten jedoch die Konservativen und Modernisten höchst entschieden ab,. weil dadurch die Musik ins »Außermusikalische« abglitte und eine

»soziale Anklage« – angesichts der gefüllten Schaufenster – ohnehin »ins Leere stoße«, wie es 1960 nach dem Lotte-Lenya-Auftritt in der Zeitschrift *Melos* hieß.

In der anspruchsvollen Literatur, der E-Literatur, nahm dagegen das Kritisch-Engagierte von vornherein einen wesentlich breiteren Raum ein, da sich hier nach 1945 ein deutlich antifaschistischer Kurs herausgebildet hatte, der auch in der Folgezeit – vor allem im Bereich der *Ruf*-Autoren, der ›Gruppe 47‹, aber auch anderswo – nicht wieder völlig aufgegeben wurde. Da Worte nun einmal wesentlich stärker an bestimmte Bedeutungen gebunden sind als Farben oder Klänge, kam es selbst im Bereich der betont modernistischen Literatur, im Gegensatz zur anspruchsvollen Malerei und Musik, nur in Ausnahmefällen zu einem ins Bedeutungslose übergehenden Formalismus. Überhaupt blieb in der Literatur das Inhaltliche und damit Realistische auch in diesen Jahren eine nur schwer zu unterdrückende Macht. Sogar jene Autoren, die in die Einflußzone Adornos gerieten, gaben damals zwar ihr bisheriges Engagement und damit die Tendenz zum Widerstand auf, liefen jedoch aufgrund dieser Entscheidung nicht automatisch zu den Vertretern der »Großen Abstrakten« über. Das beweist ein früherer *Ruf*-Autor wie Alfred Andersch, der sich in seinem bekannten Essay *Die Blindheit des Kunstwerks,* der 1956 in *Texte und Zeichen* erschien, in seiner Absage an alle Ideologien unter anderem auch auf Adorno berief, aber dann doch die Idee einer zwar »ziellosen«, wenn auch »keineswegs sinnlosen Revolte« befürwortete und zugleich auf die »dialektische Spannung von Form und Inhalt« in jedem ernstzunehmenden literarischen Kunstwerk hinwies. Neben den reinen Sprachartisten hielten darum er und andere weiterhin an Darstellungsmethoden fest, die in ihrem kritischen Realismus zum Teil bis zu Heinrich Mann zurückreichen. Vor allem im Umkreis von Autoren wie Wolfgang Koeppen, Heinrich Böll, Martin Walser, Hans Magnus Enzensberger, Günter Grass und Peter Rühmkorf entstand so eine Literatur, die sich im Laufe der politischen Aktivitäten, welche durch die Anti-Remilitarisierungs- und Anti-Atomtod-Kampagnen ausgelöst wurden, zusehends Themen wie der faschistischen Vergangenheit, dem Wiedererstarken nationalistischer Tendenzen, der atomaren Bedrohung oder den Folgeerscheinungen der Wirtschaftswundermentalität zuwandte.

Im Bereich der Lyrik mußte sich diese kritisch-engagierte Richtung erst einmal gegen jene subjektivistische, existentialistische und hermetisierende ›Naturlyrik‹ durchsetzen, die Peter Rühmkorf 1962 in dem von Hans Werner Richter herausgegebenen Band *Bestandsaufnahme* als die »Wiedergeburt des Mythos aus dem Geiste der Kleingärtnerei« charakterisiert hat, bevor sie an die Öffentlichkeit dringen konnte. Dem stand jedoch bis in die späten fünfziger Jahre eine modernistisch-orientierte Kritik entgegen, die vornehmlich das Experimentelle, Hermetische, Formalistische, Eskapistische, das heißt das Schwierige oder Unverständliche pries, um im Bereich jener ästhetischen Autonomie zu bleiben, der jenseits aller vorgegebenen Ideologien zu liegen scheint. Das zentrale Anliegen dieser Hochkritik war das reine, absolute, ›unpolitische‹ Gedicht, das sich weitgehend an der Grenze des Sagbaren oder des Verstummens bewegt. Da Adorno gerade in dieser Form der Autonomie keine Flucht, sondern einen letztmöglichen Widerstand gesehen hatte, setzte sich selbst Enzensberger noch 1962 in seinem Essay *Poesie und Politik* gegen eine Lyrik zur Wehr, die sich bestimmter politischer Agitationsformen bedient und sich damit ins ›Außerkünstlerische‹ begibt. Dennoch wurden schon zwischen 1955 und 1960 immer mehr ›politische‹ Gedichte geschrieben, ob nun von Marie Luise Kaschnitz, Günter Grass, Werner Riegel, Wolfgang Paul, Peter Rühmkorf oder auch besagtem Enzensberger, der in seiner Lyrik seine eigenen Theorien zum Glück Lügen strafte. So finden sich bereits in seinem ersten Gedichtband, der *Verteidigung der Wölfe* von 1957, neben einer komplizierten, fremdwortreichen Lyrik auch relativ einfache ›politische‹ Gedichte wie *Bildzeitung* oder *Sozialpartner in der Rüstungsindustrie,* in denen er in aller Offenheit gegen die manipulierende Wirkung der Massenpresse sowie das lügnerische Gerede der Großindustriellen agitiert. Am meisten Aufsehen erregte Enzensberger damals mit dem Gedicht *Schaum,* das er 1959 beim Treffen der ›Gruppe 47‹ vortrug und das ein Jahr später in seinem Band *Landessprache* erschien, in dem Enzensberger das gesamte Wirtschaftswundergeschmeiß mit einem »ranzigen Schaum« vergleicht, der alles unter sich zu begraben drohe. »Was habe ich hier verloren«, heißt es im Anfangsgedicht dieses Bandes im Hinblick auf die Bundesrepublik, »wo es aufwärts geht, aber nicht vorwärts« und somit letztlich »rückwärts aufwärts geht«? In diesem Gedicht wird darum das Wirtschaftswunderland BRD als jenes »unheilige Herz der Völker« angeprangert, das einer allgemeinen »Schlachtschüssel«, einem »arischen Schrotthaufen«, einem »krächzenden Parkplatz«, einer »Mördergrube«, einer »tiefgefrorenen Wildnis« oder einem »Nacht- und Nebelland« zu gleichen scheint.

Doch in den gleichen Jahren, in denen sich im Rahmen der Anti-Atomtod-Kampagnen zum erstenmal eine außerparlamentarische Opposition formierte, entstand neben den hochliterarischen Gedichten eines Enzensberger auch eine Agitprop-Lyrik, die sich wesentlich volkstümlicher gab und über das intellektuelle Ghetto hinauszudringen versuchte. Die frühesten Gedichte dieser Art, welche sich gegen die erste Phase der westdeutschen Wiederbewaffnung wandten und von Gerd Semmer, Pelle Igel und Arno Reinfrank stammten, erschienen von 1954 bis 1957 in der Zeitschrift *Der deutsche Michel*. Ihren entscheidenden Durchbruch erlebte diese Richtung, die sich vor allem Brecht, Tucholsky und Weinert zum Vorbild nahm und von dem 1958 gegründeten ›Komitee Volkskunst gegen Atomtod‹ unterstützt wurde, während der Ostermarschbewegung. Auch diesmal war es Gerd Semmer, der neben Hannes Stütz und Hanns Dieter Hüsch die meisten solcher Protestgedichte verfaßte und sie zwischen 1962 und 1964 durch den von ihm gegründeten Pläne-Verlag auf Schallplatten oder in Liederbüchern herausbrachte. Neben Semmers *Lieder gegen die Bombe* machten damals innerhalb dieser Richtung hauptsächlich Gedichte gegen den neuen Nationalismus und das »Rattengift« der *BILD*-Zeitung Furore. Das Hauptkriterium für ein gelungenes Gedicht war für diese Lyriker stets die unmittelbare politische Wirksamkeit. Wie einfach sie ihre Worte setzten, belegt wohl am besten die Anfangsstrophe eines Ostermarschliedes von Stütz:

> Unser Marsch ist eine gute Sache,
> weil es für eine gute Sache geht.
> Wir marschieren nicht aus Haß, nicht aus Rache,
> wir erobern kein fremdes Gebiet.
> Unsere Hände sind leer.
> Die Vernunft ist das Gewehr,
> und die Leute verstehn unsre Sprache.

Wesentlich schwerer hatten es dagegen die zeitkritischen Dramatiker in diesen Jahren, ihre Werke unter die Leute zu bringen. Schließlich unterstanden die meisten Theater irgendwelchen Kommunalbehörden, die aus Rücksicht auf den politischen Proporz allen ›ideologisch riskanten‹ Stücken von vornherein aus dem Wege gingen. Linke Stücke, wie die Dramen von Bertolt Brecht oder Friedrich Wolf, wurden deshalb in den frühen fünfziger Jahren auf westdeutschen Bühnen nur in Ausnahmefällen gespielt. Ja, selbst in der zweiten Hälfte der fünfziger Jahre war es lediglich ein Regisseur wie Harry Buckwitz in Frankfurt, der Brecht als politischen Autor inszenierte, während die meisten anderen BRD-Regisseure seine Stücke ins Allgemein-Menschliche umfunktionierten. Um so leichter hatten es in diesem Zeitraum all jene Dramatiker, die mit existentialistischen, religiösen oder absurd-experimentellen Stücken aufwarten konnten, die von vornherein auf der gewünschten Linie lagen und somit nicht bearbeitet zu werden brauchten. Wirklich kritisch-engagierte Dramen lassen sich darum in den fünfziger Jahren an den Fingern einer Hand abzählen. Da wäre erst einmal das Stück *Der Hauptmann und sein Held* (1954) von Claus Hubalek, das im Sinne der Brechtschen Schweyk-Bearbeitung eine Satire auf den faschistischen Militarismus darstellt. Ein ebenso kritisches Potential enthielt die Dramatisierung des *Tagebuchs der Anne Frank,* die ab 1958 über viele westdeutsche Bühnen ging, wenn auch bei diesem Stoff stets die Gefahr der Individualisierung und damit Privatisierung eines kollektiven Vorgangs gegeben war. 1958, im Jahr des Appells der Göttinger Achtzehn gegen die Atomtoddrohung, verfaßte Günter Weisenborn seine *Göttinger Kantate,* eine Art oratorischer Dokumentarrevue mit Streitgesprächen und Statistiken, welche die IG Metall in einer Inszenierung von Erwin Piscator in der Berliner Kongreßhalle aufführen ließ und die noch im gleichen Jahr auf dem Parteitag der SPD in Stuttgart nachgespielt wurde. Hier wurde die von der Mehrheit des Bundestags untersagte Volksbefragung gegen die atomare Bewaffnung der Bundeswehr einfach auf die Bühne verlegt, wo sie selbstverständlich positiv ausfiel. Ebenfalls 1958 lief auf vielen westdeutschen Bühnen das Stück *Biedermann und die Brandstifter* von Max Frisch an, das jene ängstliche Anpassungsbereitschaft der Bourgeoisie zum Thema hat, die es faschistischen oder anderen totalitären

Parteien so leicht macht, in Zeiten nationaler Krisen die Macht an sich zu reißen.

Doch zu einer wirklich scharfen Auseinandersetzung mit der faschistischen Vergangenheit auf dem Theater kam es erst nach dem Eichmann-Prozeß von 1961 und dem Frankfurter Auschwitz-Prozeß von 1963/65. Das belegen vor allem Stücke wie *Andorra* (1961) von Max Frisch, *Der Stellvertreter* (1963) von Rolf Hochhuth und *Die Ermittlung* (1965) von Peter Weiss, die von einer moralisierenden Kritik allmählich zu einer Systemkritik vorstießen, welche neben den Schuldigen von damals auch die Schuldigen von heute ins Auge faßte. Die ideologische Entwicklung in der Bundesrepublik wurde in diesen Jahren wohl am schärfsten in dem Drama *Eiche und Angora* (1962) von Martin Walser gegeißelt, das in den Jahren 1945, 1950 und 1960 spielt und auf höchst groteske Weise darzustellen versucht, wie sich jene Spießer, die den Parolen der Nazis nachgelaufen sind, auch der Adenauerschen Restauration in all ihren Phasen fügen. Ein Außenseiter bleibt hier lediglich jener verschrobene ehemalige Kommunist Alois Grübl, den man im Konzentrationslager kastriert hat und der sich aufgrund seiner langsamen Denkart den verschiedenen Wandlungen nicht so schnell anpassen kann, so daß er immer wieder unliebsam auffällt.

Im Bereich des politischen Kabaretts war es das Düsseldorfer ›Kom(m)ödchen‹, das unter der Leitung von Kay und Lore Lorentz zu Anfang der fünfziger Jahre mit unbequemen Programmen von sich reden machte, sich dann jedoch allmählich auf die Wirtschaftswundermentalität seines gebildeten bürgerlichen Publikums umstellte und schließlich bei einer tiefgehenden Resignation landete. Ebenso harmlos klangen die meisten Texte, die im Münchner Kabarett ›Die kleine Freiheit‹ vorgetragen wurden, das in den späten fünfziger Jahren zu einer Kleinkunstbühne mit Boulevardgeschmack absank. Die Frankfurter ›Schmiere‹ unter Rolf Rolfs blieb dagegen in dem gesamten Zeitraum bei ihrem antirestaurativen und antikapitalistischen Kurs. Das gleiche gilt für die im Dezember 1956 von Dieter Hildebrandt gegründete Münchner ›Lach- und Schießgesellschaft‹, wo neben brillantem Klamauk eine scharfe Kritik an der Bonner Politik dominierte. Hier wurde über Revanchismus, Kapitalismus, Wiederbewaffnung und Atomtoddrohung nicht nur gelacht, sondern auch auf die

Konsequenzen solcher Probleme hingewiesen, wodurch dieses Kabarett sowohl in seiner politischen Schärfe als auch in seiner relativ breiten Wirkung, die vor allem durch Fernsehauftritte befördert wurde, eine Sonderrolle innerhalb der satirischen Verarbeitung von Zeitgeschichte in diesen Jahren spielte.
Viel schwerer hatten es dagegen die kritischen Filmemacher, die mit ihrem Engagement immer wieder an dem kapitalistisch-institutionellen Charakter dieses an hohe Investitionen geknüpften Mediums scheiterten. Dennoch gab es auch hier einen Regisseur wie Wolfgang Staudte, der in mehreren Filmen, darunter *Rosen für den Staatsanwalt* (1959), ein systemkritisches Bild der westdeutschen Wirtschaftswundergesellschaft zu zeichnen versuchte, dafür jedoch von der Mehrheit der bundesrepublikanischen Presse als ›kommunistisch verseucht‹ angegriffen wurde. Auf weniger Kritik stieß dagegen ein Film wie *Das Mädchen Rosemarie* (1958) von Rolf Thiele, wo es um das Schicksals eines Frankfurter Callgirls namens Rosemarie Nitribitt geht und das westdeutsche Wirtschaftswunder, vor allem in der Form der doppelten Moral der wirtschaftlich Stärkeren, ebenfalls in einem recht fragwürdigen Licht erscheint, wo jedoch die systemkritische Tendenz immer wieder von reißerischen Kolportageelementen überdeckt wird. Noch weniger Kritik wurde an einem Antikriegsfilm wie Bernhard Wickis *Die Brücke* (1958) geübt, in dem sich einige verblendete Hitlerjungen in den letzten Kriegstagen mit höchst ungeeigneten Mitteln gegen die vordringenden us-amerikanischen Panzer zur Wehr zu setzen suchen. Dieser Film hatte zwar die nötige Schärfe, prangerte aber keine wirklichen Gegner an und löste darum auch keine politischen Bedenken aus.
Wohl die größte Wirkungschance innerhalb der kritisch-engagierten Richtung hatte in diesen Jahren sicher der sozialkritische Roman. In diesem Genre ließen sich Faschismus, Zweiter Weltkrieg und Adenauersche Restauration relativ ungehindert beschreiben und nötigenfalls auch angreifen, da hier die Produktionskosten wesentlich niedriger waren als in der Filmbranche und dieses Genre nach alter Tradition eine größere Anhängerschaft hatte als die Lyrik oder das Drama. Hier war also die Chance zu wirklich großen Leistungen, bei denen das Erzählerisch-Gekonnte und das Politisch-Massenwirksame eine gelungene Synthese eingehen würden, erheblich größer. Und zu

solchen Leistungen kam es dann auch. Allerdings gab es selbst auf diesem Sektor Autoren, denen es zwar nicht an einer kritischen Perspektive fehlte, die jedoch aufgrund der verbreiteten Status-quo-Gesinnung und des allmählichen Verschwindens konkreter Gegenbewegungen immer vorsichtiger wurden, hinter den Objekten ihrer Kritik noch mögliche politische oder gesellschaftliche Alternativen aufleuchten zu lassen. Und so kippten sogar manche dieser Autoren – wie ihre Kollegen im kritizistisch-elitären Lager – geradezu notwendig in eine nonkonformistische, wenn nicht defätistische Ichbezogenheit um, die sich stilistisch als Neigung zum Esoterischen und damit Unpolitischen, weil Massenunwirksamen äußerte.
Noch am engagiertesten wirken jene Romane, deren Kritik sich gegen Faschismus und den durch ihn herbeigeführten Zweiten Weltkrieg wenden. Hier war die kritische Perspektive – ob nun antifaschistischer oder pazifistischer Natur – von vornherein klar, während es in einigen Romanen, die sich gegen die gesellschaftlichen, moralischen und kulturellen Auswirkungen der Adenauerschen Restauration wenden, relativ unklar bleibt, von welcher ideologischen Warte aus hier eigentlich kritisiert wird. Im Bereich der Kriegsliteratur äußert sich dieses kritische Engagement – neben der beängstigenden Fülle an revanchistischer und neomilitaristischer Kriegsliteratur, die im Gefolge der Wiederbewaffnung um 1955 erschien – wohl am deutlichsten in Werken wie *Wo warst Du, Adam?* (1951) von Heinrich Böll, *Der Barras* (1953) von Karlludwig Opitz, *Zeit zu leben und Zeit zu sterben* (1954) von Erich Maria Remarque, *Es war Mord, meine Herren Richter!* (1958) von Heinz Becker-Trier, *Sieg! Sieg!* (1960) von Erich Kuby und *Schlachtbeschreibung* (1964) von Alexander Kluge. Allerdings kommt auch in ihnen die antimilitaristische Tendenz manchmal nur in unreflektierten Fluchtreaktionen, wie dem Wunsch wegzulaufen oder sich zu verkriechen, zum Durchbruch. Ja, in manchen Werken dieser Art wird dieses Aussteigen als eine recht allgemeine Abwendung von allen Bindungen, Verpflichtungen und Ideologien hingestellt. Eins der besten Beispiele dafür liefert jener romanhafte Erlebnisbericht *Die Kirschen der Freiheit* (1952), in dem Alfred Andersch seinen Protagonisten, der wie er selber einmal an den Kommunismus geglaubt hatte, im Jahr 1944 an der italienischen Front einfach desertieren läßt, und zwar in die abso-

lute Freiheit einer als grenzenlos anvisierten Zeit- und Geschichtslosigkeit. Entgegen jeder Form eines konkreten Engagements wird hier angesichts der Verhärtung aller Ideologien, auch der sozialistischen, im allgemeinen Chaos der Welt, bei aller kritischen Gesinnung nur noch das Untertauchen, die Inversion, die Suche nach existentiellen Fluchtpunkten als positiv hingestellt. Wohl am eindringlichsten äußert sich diese Grundstimmung in folgendem Bild: »Ach, Odysseus, an den Mast gefesselt, den Liedern der Sirenen lauschend, umtönt von den Klängen der das Herz zerfleischenden Ideologien. Erzverrat: sich losbinden zu lassen.« Selbst der Roman *Sansibar oder der letzte Grund* (1957), wo Andersch die Flucht einer jungen Jüdin, eines Fischerjungen und eines enttäuschten Kommunisten aus dem Dritten Reich beschreibt, wirkt wiederum wie ein existentialistischer Aufbruch in eine nicht näher qualifizierte Freiheit, dem sowohl die Engagementsvorstellung Sartres als auch die Abenteuerlust eines Jünger zugrunde liegt.

Eine ähnlich existentielle Haltung drückt sich, wie gesagt, in vielen Romanen aus, die sich kritisch mit der politischen und gesellschaftlichen Entwicklung in Westdeutschland nach 1945 auseinandersetzen. Auch in ihnen wird meist aus der Perspektive irgendwelcher resignierenden Nonkonformisten oder heimatlosen Linken kritisiert, die aufgrund ihrer antitotalitären Skepsis an jeder Form von Parteilichkeit und Solidarität nur allzuoft in die Nähe eines elitären Negativismus geraten, der bei aller Schärfe der Kritik an den Auswüchsen des Adenauerismus und der Erhardschen Wirtschaftswundermentalität letztlich solipsistisch bleibt. Wohl die frühesten und zugleich schärfsten Beispiele einer solchen Erzählhaltung bieten die bewußt modernistisch erzählten und doch höchst kritischen Romane von Wolfgang Koeppen. Schon in seinen *Tauben im Gras* (1951) nimmt Koeppen kein Blatt vor den Mund und stellt Westdeutschland als ein Land der Geschlagenen und Gesinnungslosen, ein Land der Prostitution und des Schwarzen Marktes, ein Land des Opportunismus, der Ziellosigkeit und des falschen Bewußtseins hin, in dem sich überhaupt keine politische Alternative abzeichnet. Hier herrschten nur Raffgier, Brutalität und Machtverlangen, lesen wir, hier stehe jeder für sich allein. Statt ein soziales Gewissen zu entwickeln, sich in Humanität zu üben oder irgendwelche übergreifenden Ziele ins Auge zu fassen, breite sich in diesem Staat, der aus der Dekomposition des Dritten Reiches hervorgegangen sei und daher wie ein Kadaver stinke, ein ressentimentgeladener Egoismus aus, der vornehmlich auf Mißgunst, Lustlosigkeit und Schadenfreude beruhe. An der »Nahtstelle« zweier Welten, heißt es gegen Schluß, habe Deutschland die »karge Spanne« einer möglichen Neubesinnung »vertan«. In seinem nächsten Roman, *Das Treibhaus* von 1953, ging Koeppen noch direkter auf den korrumpierenden Einfluß der neugeschaffenen Verhältnisse ein. Hier handelt es sich um einen Bundestagsabgeordneten, der sich als »Gewissensmensch« eine Weile gegen die Remilitarisierungspläne der CDU-Mehrheit sträubt und sich dann, als die Wiederbewaffnung dennoch durchgesetzt wird, das Leben nimmt. Selbst in diesem Roman bleibt also alles beim Alten. Die Masse der Wähler läuft weiterhin jenen Politikern mit dem meisten »Schaum vorm Maul« hinterher, wodurch jede echte Alternative von vornherein verhindert wird. Alles, ob nun die Ideologien, die Fahnen oder die Parolen, erweist sich als austauschbar. Koeppens Protagonist findet niemanden, der bereit wäre, sich für ein »aufrechtes Vertreten der Menschenrechte« einzusetzen. Sowohl im Treibhaus Bonn als auch in der restlichen Bundesrepublik, wo man weder der Parole »Freiheit, Gleichheit, Brüderlichkeit« noch irgendwelchen »Friedens«-Parolen Glauben schenke, breite sich zusehends das Niedrige, Dreckige, Verlogene aus. In diesem Bereich habe man nur die Wahl, heißt es an einer Stelle mit einem deutlichen Affekt gegen ›Politisches‹ schlechthin, »unter welcher Diktatur man leben will«. Angesichts solcher Zustände wird schließlich eine »Politik des kleineren Übels« als das einzig Mögliche empfohlen. Doch worin eine solche Politik bestehen könne, bleibt ungesagt. In Koeppens Roman *Der Tod in Rom* (1954), in dem ein gealterter SS-General eine ›damals‹ nicht liquidierte Jüdin erschießt, bevor ihn selbst der Herzschlag trifft, taucht in Gestalt des Komponisten Pfaffrath zum erstenmal eine positiv gezeichnete Gegenfigur auf. Von diesem Pfaffrath, der in Rom eins seiner neuen Werke aufführen läßt, nimmt jedoch aufgrund seines extremen Modernismus fast niemand Notiz. Und damit wird selbst die elitäre Außenseiterposition in einer Welt, die nun einmal nicht zu ändern ist, als problematisch, wenn nicht sinnlos entlarvt. Im Gegensatz zu vielen modernistisch-elitären Künstlern, die sich in den fünfziger Jahren an

der angeblichen Progressivität ihrer artistischen Experimente geradezu berauschten, bleibt bei Koeppen eine kritisch-negativistische Grundtendenz vorherrschend, die selbst seinen eigenen Außenseiterstandpunkt relativiert. Da das Publikum auf diese Romane kaum reagierte, zog sich Koeppen in den folgenden Jahren ins Schweigen zurück – und auch die offiziöse Literaturkritik schwieg sich fortan über ihn aus.
Sehr ähnlich reagierte Alfred Andersch auf die Adenauersche Restauration. Auch er bezog, wie Koeppen, eine so extreme Gegenposition, daß er schließlich die Rolle eines ›Nihilisten auf Zeit‹ spielte, der zwar nicht völlig verstummte, aber immer wieder mit ›Aussteiger‹-Figuren sympathisierte. Dafür spricht sein Roman *Die Rote* (1960), dessen Heldin von dem Wohlstandsmilieu in der Bundesrepublik so angeekelt ist, daß sie nach Süden, nach Venedig flieht, um dort im völlig Andersartigen unterzutauchen und schließlich an der Seite eines enttäuschten italienischen Kommunisten einen vorläufigen Fluchtpunkt zu finden. Dennoch gab Andersch, im Gegensatz zu Koeppen oder auch Kolbenhoff, der zu diesem Zeitpunkt ebenfalls verstummte, die Hoffnung nicht auf, seinen politischen Gegnern weiterhin mit sozialkritischen oder zumindest militant-melancholischen Romanen entgegenzutreten. Aus diesem Grunde stellte er bereits 1956 in der von ihm herausgegebenen Zeitschrift *Texte und Zeichen* einen Preis für den besten »realistischen, zeit- und gesellschaftskritischen Roman« in Aussicht, mußte jedoch seinen Lesern ein Jahr später bedaucrnd mitteilen, daß unter den eingesandten Manuskripten leider keins den Vorstellungen der von ihm ernannten Jury entsprochen hätte.
Allerdings setzte schon kurze Zeit später eine Welle von Romanen ein, mit denen Andersch vielleicht eher zufrieden gewesen wäre. Eins der ersten Werke, das ein kritisch-engagiertes Bild der Bundesrepublik zu entwerfen suchte, war der Roman *Ehen in Philippsburg* (1958) von Martin Walser. Hier steigt ein junger Mann mit Studienabschluß – im Rahmen der westdeutschen Wirtschaftswunderwelt – zum Schwiegersohn eines süddeutschen Fabrikanten auf, indem er seinen kritischen Geist aufgibt und sich ›anpaßt‹. Und zwar stellt Walser diese durchaus zeittypische Karriere innerhalb eines sozialen Milieus dar, in dem eine geradezu unentwirrbare Verfilzung von In-

dustrie, Medienapparat, politischer Meinungsbildung, gesellschaftlichem Status, moralischer Heuchelei und Degradierung von Kunst ins Repräsentative herrscht. Der einzige Intellektuelle, der sich dieser Welt zu entziehen sucht und sich als Pförtner am lokalen Theater verdingt, ist ein Mann namens Klaff, der als kafkaesker Nonkonformist von vornherein etwas Sonderlingshaftes hat, ja sich schließlich das Leben nimmt, da ihm innerhalb der allgemeinen ideologischen Depravierung jedes Engagement als sinnlos erscheint.
Andere dieser kritisch-engagierten Romanciers begannen in diesen Jahren sogar schon, erste Gesamtbilder der verfehlten nationalen Entwicklung zu entwerfen, indem sie den Faschismus und die Adenauersche Restauration in das weiträumige Beziehungsfeld der ›deutschen Misere‹ rückten. Das meiste Furore innerhalb dieser Gruppe machte der Roman *Die Blechtrommel* (1959) von Günter Grass, dessen Held, der gnomenhafte Oskar Matzerath, welcher aus Protest gegen die korrupte Erwachsenenwelt mit drei Jahren sein Wachstum eingestellt hat, sowohl die Nazis als auch die offiziellen Vertreter der Bundesrepublik mit einem gespielten Infantilismus zu täuschen sucht und schließlich 1954 in einer Düsseldorfer Heil- und Pflegeanstalt landet. Neben höchst virtuosen, ja sich teilweise ins Modernistische steigernden Erzählelementen greift dabei Grass auch auf die handfeste Darstellungsweise des älteren Schelmenromans zurück, um sich nicht ins Esoterische zu verlieren. Und das gibt seiner *Blechtrommel,* in der es ideologisch um die Konstanz jenes kleinbürgerlichen Denkens geht, das sich in autoritär geführten Staaten stets am wohlsten fühlt, eine bildhafte Prägnanz und Lesernähe, die nicht nur die Auflagen dieses Romans in die Höhe trieb, sondern auch seiner apolitischen Breitenwirksamkeit zugute kam.
Eine ebenso große Wirkung hatte damals Heinrich Böll, der in Romanen wie *Und sagte kein einziges Wort* (1953), *Haus ohne Hüter* (1954) und *Das Brot der frühen Jahre* (1955) bei aller Kritik an Faschismus, Krieg und Restauration seinen Lesern erst den Ausweg in ein kleines, individuelles Glück geboten hatte und dann 1959 in *Billard um Halbzehn* plötzlich eine Vergangenheitsbewältigung großen Stils vorlegte, in welcher er das Schicksal der Familie Fähmel in den Gesamtverlauf der deutschen Geschichte zwischen 1907 und 1958 einzubetten versuchte. Böll ging dabei höchst engagiert vor und

zeigte, wie aus völkisch-antisemitischen Radaubrüdern nach 1945 mit einemmal piekfeine bundesdeutsche ›Demokraten‹ werden, die geradezu unentwegt auf ihre fleckenlose Weste hinweisen. Um ein Erklärungsmodell für diese ›Dauer im Wechsel‹ zu haben, griff er in diesem Roman zum Teil auf mythologische Elemente zurück, indem er die Welt des ewigen Büffels, also die Welt des Militarismus und Faschismus, mit der Welt des ewigen Lamms, also der Welt der zu allen Zeiten hilflos-leidenden Bevölkerung, konfrontierte. Wesentlich konkreter wird dagegen Bölls Kritik an den Fehlentwicklungen innerhalb der Bundesrepublik in seinem Roman *Ansichten eines Clowns* (1963), dessen Hauptheld Hans Schnier aus einer Industriellenfamilie stammt, jedoch von den anderen von vornherein als ›schwarzes Schaf‹ betrachtet wird. Als dieser Mann seine Freundin an einen typischen CDU-Aufsteiger verliert, erkennt er plötzlich, daß in dieser Gesellschaft – ob nun im kirchlichen oder weltlichen Bereich – nur der gesellschaftliche Status zählt. Darauf wird Schnier zum totalen Aussteiger und singt schließlich auf den Treppen des Bonner Hauptbahnhofs höchst unmißverständliche Spottlieder auf den Staat, die Kirche und die CDU.

Bei aller Widerborstigkeit läuft so das kritische Engagement häufig auf eine individuelle Selbstvergewisserung hinaus, in der noch immer die Ideologiemüdigkeit und der Organisationsskeptizismus der frühen fünfziger Jahre weiterwirken. Wie in Ernst Glaesers zwar wohlgemeintem, aber mißlungenem Roman *Glanz und Elend der Deutschen* (1960) wird in diesem Bereich der Adenauer-Staat zwar durchweg als eine total korrupte Wirtschaftswundergesellschaft geschildert, in der lediglich Macht, Geld und Sex vorherrschen, jedoch als positiver Faktor allein die Humanität hoffnungslos Vereinzelter herausgestrichen, die ihren Feinden eher mit bestimmten Kunstformen als mit politisch-moralischen Bekenntnissen entgegentreten. Selbst da, wo sich gewisse kollektive Alternativen andeuten, wie in dem Roman *Maiglöckchen blühen überall* (1960) von Peter Breckwoldt, in dem die Kampagne eines bestimmten Wohngebiets gegen die Remilitarisierung thematisiert wird, wirkt das Ganze einfach zu begrenzt, um ein gesamtgesellschaftliches Modell abgeben zu können. Neue Alternativen zeichnen sich auch im kritischen Roman erst gegen Mitte der sechziger Jahre ab, als sich jene gesellschaftlichen

Gegenkräfte zur Adenauerschen Restauration zu formieren begannen, die schließlich zur außerparlamentarischen Opposition und zur sozial-liberalen Koalition führten.

Namensregister

Quellennachweis der Abbildungen

Die angegebenen Ziffern beziehen sich auf die Abbildungsnummern bzw. die Seitenzahlen der Textillustrationen

Originalfotografien:

Marburg, Foto Marburg 16
München, Münchner Stadtmuseum 1, 2, 16, 22, 46, 47, 54, 55, 56
Stuttgart, Galerie der Stadt Stuttgart 3
Archiv des Verfassers 50, 52, 53 Seiten 174, 568

Reproduktionen aus Ausstellungskatalogen:

Willi Baumeister. Württembergischer Kunstverein, Stuttgart 1979 17
Julius Bissier. Nationalgalerie, West-Berlin 1974 61
Carl Hofer. Staatliche Kunsthalle, West-Berlin 1978 12, 13
Kurt Lehmann zum 75. Geburtstag. Landesmuseum, Mainz 1980 7
Deutscher Künstlerbund. Hochschule für Bildende Kunst, West-Berlin 1951 62
Grauzonen – Farbwelten. Kunst und Zeitbilder 1945–1955. Neue Gesellschaft für Bildende Kunst, West-Berlin 1983 23, 59 Seite 430
Junge Realisten. West-Berlin 1965 78
Zwischen Krieg und Frieden. Frankfurter Kunstverein, West-Berlin 1980 77 Seiten 106, 535

Reproduktionen aus Zeitschriften:

Film und Frau 30, 31
Heute und Morgen Seite 532

Horizont Seite 121
Konkret 74, Seiten 569, 571
Die Kunst und das schöne Heim 35, 38
Kunst und Kirche 42
Magnum 20, 40, 41, 72
Prisma Seite 187
Simplicissimus 82
Tendenzen 75, 80, 81, Seiten 118, 565
Texte und Zeichen Seite 143
Thema Seite 160
Ulenspiegel 6
Wespennest Seite 139

Reproduktionen aus Büchern:

Absender Deutschland, West-Berlin 1955 Seite 122
Bikini. Die fünfziger Jahre. Hrsg. von Eckard Siepmann, West-Berlin 1981 29, Seite 301
Bilder und Gedichte auf das Jahr 1948, Norden 1948 Seite 124
Erika Brödner, *Modernes Wohnen,* München 1954 33
Wolfgang Brückner, *Elfenreigen – Hochzeitstraum.* Die Öldruckfabrikation, Köln 1974 48, 49
Wolfgang Clasen, *Expositions,* Stuttgart 1968 65, 66, 67, 68
Fritz Helmut Ehmke, *Karl Rössing,* Dresden 1963 Seite 186
Gerd-Wolfgang Essen, *Hans Thiemann,* Hamburg 1977 9
Erinnerungen. Die Frau von Gestern und heute, Festschrift zum 75. Geschäftsjubiläum der Karstadt Aktiengesellschaft, 1956 27, 28
Willi Geiger, *12 Jahre,* Wiesbaden 1947 4
Will Grohmann, *Willi Baumeister,* Köln 1963 18, Seite 441
Gute Möbel. Schöne Räume. Hrsg. von Mia Seeger, Stuttgart 1953 36
Alfred Henzen. *Werner Gilles,* Köln 1960 15
Karl Hubbuch. Hrsg. von Helmut Goettl, München 1981 79
Wolfgang Hütt, *Deutsche Malerei und Graphik im 20. Jahrhundert,* Ost-Berlin 1969 14 Seite 163

Erhard Karkoschka, *Das Notenbild der Neuen Musik,* Celle 1966 Seiten 453, 454, 469
Horst Keller, *Fritz Winter,* München 1976 60
Kirchen und Gemeindezentren. Darmstadt 1970 44
Heinrich Klotz, *Architektur in der Bundesrepublik,* Frankfurt 1977 37
Fritz Löffler, *Otto Dix,* Wiesbaden 1978 10
Paul Maenz, *Die 50er Jahre,* Stuttgart 1978 21
Gerhard Marcks, Das plastische Werk. Hrsg. von Günter Busch, Frankfurt 1977 11, 69
Neue Kunst nach 1945. Hrsg. von Will Grohmann, Köln 1958 Seite 443
New Furniture. Neue Möbel. Hrsg. von Gerd Hatje, Stuttgart 1962 32, 34
Horst Reimann, *Demokratie heißt miteinander, Heidelberg 1961* *24, 25, 26*
Karl Rössing, Passion unserer Tage, Dietz 1946 Seite 119
Franz Roh, *Geschichte der deutschen Kunst von 1900 bis zur Gegenwart,* München 1958 39, 58, 70
Walter Erich Schäfer, *Wieland Wagner,* Tübingen 1970 57
Wieland Schmied, *Werner Heldt,* Köln 1976 8, Seite 183
Manfred Schmidt, *Nick Knatterton,* Reinbek 1977 51
Karin Thomas, *Heinz Mack,* Recklinghausen 1975 64
Hans Uhlmann. Leben und Werk. Hrsg. von Werner Haftmann, West-Berlin 1975 63
Hans Vogt, *Neue Musik nach 1945,* Stuttgart 1972 Seite 452
A. Paul Weber, *Graphik,* Oldenburg 1956 73, 76 Seite 138
Erich Widder, *Europäische Kirchenkunst der Gegenwart,* Linz 1968 43, 45
Rainer Zimmermann, *Otto Pankok,* West-Berlin 1972 5
Rainer Zimmermann, *Die Kunst der verschollenen Generation,* Düsseldorf 1980 71

Heinrich Graf von Einsiedel

Tagebuch der Versuchung

1942 bis 1950

Ullstein Buch 33046

Zeitgeschichte

Karl Jaspers schrieb 1951, nach Erscheinen dieses Buches, an den Autor: »Ich schreibe Ihnen als Leser Ihres Buches ›Tagebuch der Versuchung‹, einfach um Ihnen zu danken. Es ist keine schöne Lektüre. Sie ersparen dem Leser nichts. Aber daß Sie in rückhaltloser Ehrlichkeit schreiben ... Widersprüche nicht scheuen, Ihre Wandlungen offenbaren, das, scheint mir, muß den Leser, je länger er liest, um so mehr befriedigen ... Ihr Buch wirkt als Dokument einer von allen Befangenheiten sich befreienden Seele in den Jahren des versinkenden Deutschlands ...«

Michel Foucault

Dies ist keine Pfeife

Mit vier Zeichnungen von René Magritte

Ullstein Buch 36073

Ullstein KunstBuch

Michel Foucault, einer der einflußreichsten Geisteswissenschaftler des heutigen Frankreich, untersucht in dieser Studie charakteristische Merkmale der surrealistischen Malerei am Beispiel einer Zeichnung René Magrittes. Unter Einbeziehung der Werke Klees und Kandinskys arbeitet er das revolutionäre Moment in der bildnerischen Darstellung des Verhältnisses von Sprache und Bild in der Kunst des Surrealismus heraus. Skizzen und Briefe von Magritte bilden das Anschauungsmaterial für dieses wichtige Dokument einer geistigen Auseinandersetzung der modernen französischen Kulturtheorie mit dem Surrealismus.

Hermann Glaser, Jakob Lehmann, Arno Lubos

Wege der deutschen Literatur

Eine geschichtliche Darstellung

Ullstein Buch 35061

Ullstein Materialien

Die Darstellung gibt – unter Einschluß sachlicher literarhistorischer Information – ein anschauliches Bild vom geschichtlichen Werden der deutschen Literatur, wie es sich auf die vielfältigste Weise im Laufe der Jahrhunderte vollzog. Entscheidend war das Bemühen, im jeweiligen dichterischen Beitrag gleichzeitig ein die Epoche sowie den Dichter charakterisierendes Beispiel und eine allgemein – wenn auch oft nur bedingt – gültige menschliche Aussage zu haben.

Hermann Glaser
Jakob Lehmann
Arno Lubos

Wege der deutschen Literatur

Ein Lesebuch

Ullstein Buch 35062

ein Ullstein Buch

Die Textsammlung will die literarhistorischen Entwicklungslinien innerhalb des deutschen Sprachraums erleben lassen, die vielfältigen Wege der deutschen Literatur aufzeigen und nachvollziehbar machen. Die exemplarisch zu verstehenden Quellenauszüge spiegeln über ihren geschichtlichen Aspekt hinaus Welthaltung und Lebensgefühl der Epochen und Strömungen und stellen somit in künstlerischer Gestaltung verdichtete menschliche Zeugnisse dar.